배틀그라운드, 새로운 전장으로
: 크래프톤 웨이 두 번째 이야기

배틀그라운드, 새로운 전장으로: 크래프톤 웨이 두 번째 이야기

1판 1쇄 인쇄 2025. 3. 7.
1판 1쇄 발행 2025. 3. 14.

지은이 이기문

발행인 박강휘
편집 심성미 | 디자인 유상현 | 마케팅 이헌영 | 홍보 이한솔
발행처 김영사
등록 1979년 5월 17일(제406-2003-036호)
주소 경기도 파주시 문발로 197(문발동) 우편번호 10881
전화 마케팅부 031)955-3100, 편집부 031)955-3200 | 팩스 031)955-3111

값은 뒤표지에 있습니다.
ISBN 979-11-7332-113-9 03320

홈페이지 www.gimmyoung.com   블로그 blog.naver.com/gybook
인스타그램 instagram.com/gimmyoung 이메일 bestbook@gimmyoung.com

좋은 독자가 좋은 책을 만듭니다.
김영사는 독자 여러분의 의견에 항상 귀 기울이고 있습니다.

KRAFTON WAY

크래프톤 웨이 두 번째 이야기

이기문 지음

배틀그라운드, 새로운 전장으로

김영사

하늘로 치솟는 로켓에 탑승한 인간은 견뎌야 한다. 땅에 있을 때보다 몇 곱절에 달하는 중력가속도가 작용하며, 그만큼 늘어난 자기 몸무게의 중량에 짓눌린다. 시야는 점차 흐려져 아무것도 보지 못하게 되거나, 동공이 풀리며 정신을 잃을 수 있다. 높이 오른 만큼 강해져야 한다. 이 책은 게임 'PUBG: BATTLEGROUNDS(배틀그라운드)' 성공의 무게를 짊어진 크래프톤 사람들의 이야기다. 왕복선이 아닌 탐사선에 오른 이들의 항해일지이자 투쟁기이며 생존 기록이다. 도대체 어디까지 갈 것이냐고? 갈 수 있는 데까지.

게임 회사 창업부터 배틀그라운드 신화를 만들기까지 10년의 도전을 담은 《크래프톤 웨이》를 2021년 출간했다. 집필 작업에 착수하며 크래프톤 측으로부터 'history_writer@bluehole.net'이라는, 다소 직관적이면서 상징적인 이름의 이메일 계정을 받았다. 2022년 말 "《크래프톤 웨이》 다음 이야기를 이어가자"는 장병규 의장의 제안에 "그 이후를 궁금해하는 독자들이 많다"며 응했다. 멈춰 있던 이메일은 다시 분주해졌다. 크래프톤과 PUBG(펍지) 전사 발표 영상, 이사회 회의록, 경영 평가, 주요 연혁과 매출, 인력

자료 등 385기가바이트 용량의 정보가 전달됐다.

　방식은 그대로였지만 사람과 무대는 달라졌다. 김효섭 전 대표는 김강석 전임 대표와 마찬가지로 책을 위해 자신의 이메일을 통째로 넘겼다. 장병규 의장, 김창한 현 대표를 비롯한 크래프톤과 PUBG의 주요 인물들을 릴레이로 인터뷰했다. 그사이 크래프톤은 코스피에 상장해 한국을 넘어 글로벌 시장에서 존재감을 발휘하는 게임 회사로 변모했고, 본사는 경기도 성남 판교를 떠나 서울 강남구 테헤란로에 새 둥지를 틀었다. 대다수의 인터뷰는 이 새로운 공간에서 이뤄졌다.

　크래프톤은 마천루의 꼭대기 35층을 포함한 8개 층을 내리 쓰고 있었는데, 강남 시내가 한눈에 내려다보이는 최고층에 사내 식당과 카페, 접객실이 마련돼 있었다. 그 전망만큼이나 한쪽 벽면을 가득 채운 수많은 트로피와 상장에 눈이 갔다. 윗줄에는 '가장 빠르게 1억 달러 수익을 올린 스팀 얼리 액세스 게임' 등 기네스북 세계 기록 7개가 자리해 있었다. 그 아래로 '대한민국 일자리 으뜸기업' 연도별 4개, 6억·8억·10억 달러 '수출의 탑' 3개, '대한민국 게임대상' 등이 빼곡했다. 그 위용만큼이나 식사는 풍성했고, 공간은 사원증을 목에 건 직원들로 북적였다.

김창한 대표와 함께 '배틀그라운드의 아버지'로 불리는 브렌던 그린은 직접 만날 수 없어 온라인 화상으로 대면했다. 네덜란드 자택을 리모델링하느라 스페인의 한 호텔 방에서 머물고 있다는 그는 "정말 많은 사람들이 있었다"고 회상했다. "이 모든 것은 저 혼자만의 일이 아니었어요. 저는 제 꿈을 가졌고, 그 사람들이 꿈을 현실로 만들어준 것이죠. 그들이 바로 게임을 만든 주인공들입니다."

하지만 내가 마주한 주인공들의 얼굴과 목소리에는 하나같이 고단함이 배어 있었다. 그것은 활기가 아닌 명백한 피로였다. 그들은 소중한 무언가를 얻기 위해 다른 소중한 어떤 것을 잃은 사람들처럼 보였고, 그 선택의 대가(혹은 상처)를 짊어진 채 일하는 듯했다.

무엇이 이들을 그렇게 만들었는지 감히 알 수 없다. 직접 겪어보지 않았으니까. 'history_writer'로서 다만 할 수 있는 최선은 그들의 이야기를 충실히 전달delivery하는 것뿐이다. 상공에 남긴 흰 궤적을 따라가며, 중력과 시간이 달라지는 우주선의 안과 밖에서 벌어진 치열했던 현장을 비추는 것뿐이다. 그렇게 취재 자료 72기가바이트를 더했다. 이 모든 것이 1메가바이트도 안 되는 워드 파일 원고가 되기까지 2년이 걸렸다.

어차피 오를 사람은 오를 것이다. 태양에 날개가 녹을 것을 알면서도 비상하려는 이카루스들은 언제나 있다. 닿고자 하는 사람은 끝내 어디든 닿기 마련이다. 해답을 제시할 수 없으니 실마리라도 건넬 수 있기를 바란다. 현실에서 이상으로, 익숙한 곳에서 새로운 데로, 안녕安寧에서 미지未知로 달음박질치는 이들의 앞이 아닌 옆에 놓인 책이 되기를 소망한다.

이기문

2017 ———

일시정지 버튼 없음
: 배틀그라운드 출시 이후

KRAFTON

2017년 6월

———

블루홀 전체 직원: 591명
배틀그라운드본부 직원: 101명

———

배틀그라운드 수익은 개발 인센티브
기준을 지붕을 뚫고 하늘까지 자라난
콩나무처럼 아득히 넘어서 버렸다.
생각하지 못한 수익을 어떻게 나눌지
아무도 생각하지 못했다는 게
문제라면 문제였다.

———

1년과 1일

　블루홀에서 게임 플레이어언노운스 배틀그라운드(이하 '배틀그라운드') 출시를 이끈 김창한 PD는 일본 만화 〈드래곤볼〉의 한 장면으로 2017년 하반기 첫 발표를 시작했다. 발표 화면에 만화 속 장면 한 컷을 띄웠다.

　주인공 손오공은 말한다. "단 하루로 1년간의 수련이 가능한 방이 신神님네 신전에 있어." 또다른 주인공 베지터의 아들 트랭크스가 신전神殿에 있는 '정신과 시간의 방'을 증언한다. "여기엔 신기한 방이 있는데 밖(지구)에서의 하루는 안(정신과 시간의 방)에서의 1년과 같아…. 그 방에서 나랑 아버지는 수련을…."

　신이 만든 정신과 시간의 방에 들어서면 아무런 지형지물도 없는 새하얀 공간이 펼쳐진다. 그곳에서의 시간은 바깥과 다르게 흐른다. 방 안에서 1년을 보내고 나오면 지구에서는 단 하루의 시간만이 지나 있다. 산소량은 지구의 4분의 1 수준이며, 중력의 크기는 지구의 10배가 넘는다. 그렇기에 정신이 쉽게 피폐해진다. 전사들은 위험을 무릅쓰고 정신과 시간의 방에서 수련에 매진한다. 그들의 목표는 한계를 뛰어넘는 힘을 얻는 데 있었다.

　2017년 6월, 배틀그라운드는 정식 출시에 앞서 나온 얼리 액세스early access(앞서 해보기) 버전으로 출시 13주 만에 누적 매출 1억 달러, 판매량 400만 장을 돌파했다. 전체 판매량의 95퍼센트는 미국, 중국, 러시아 등 해외에서 발생했다. 동시 접속자 수는 23만 명. 하루 평균 10만 회 넘게 게임이 플레이되고 있었다. 8월엔 글로벌 게임 유통 플랫폼 스팀에서 가장 많은 동시 접속자 수를 기록한 게임이 됐다. 얼리 액세스 버전이 5개월 만에 동시 접속자 수 80만 명을 돌파하며 파죽지세로 스팀 1위 게임으로 올라섰다.

접속자가 몰리면서 수많은 장애가 발생했지만 팀원들은 자발적이고 능동적으로 대처했다. "모두가 자신이 맡은 영역에서 최선을 다한 결과라고 생각합니다. 우리는 우리 미래를 스스로 예측할 수 없을 만큼 새로운 역사를 쓰는 중입니다." 김창한에게 배틀그라운드는 첫 번째 성공의 역사였다. 지난 17년간 게임 개발자로 살며 출시했던 3개의 게임은 모두 실패했다.

김창한은 아마존 창업자 베조스 이야기를 꺼냈다. 1994년에 아마존을 설립한 제프 베조스는 1997년에 회사를 나스닥에 상장한 날을 가리켜 'Day 1'이라고 칭했다. 이후로 그는 "아마존은 언제나 Day 1이며 Day 2는 오지 않을 것"이라고 말했다. 베조스에게 'Day 2'는 기업의 혁신과 성장이 멈춘 날과 동의어였다.

스팀 1위 게임에 배틀그라운드가 오르자, 김창한에게 종종 "배틀그라운드의 'Day 1'이 언제인가"를 묻는 사람이 나타났다. 이 기세라면 1,000만 장 판매도 꿈이 아니라 현실이 될 것이 분명했다. 김창한에게 'Day 1'은 도래한 것인가. 뭇사람들이 판매량이나 매출 목표를 물을 때마다 김창한은 같은 대답을 했다. "핵심 가치를 만들어내는 데 최선을 다할 것이며, 숫자는 그에 따라오는 것이니 알 수 없다"라고.

"숫자는 결과이지 목표가 될 수 없습니다. 판매 1,000만 장도, 스팀 1등도, 동시 접속자 수 100만 명도 목표가 아닙니다. 숫자는 한 일의 결과일 뿐 목표가 아닙니다. 저에게 'Day 1'은 우리가 만족할 수 있는 '배틀그라운드 1.0' 정식 버전을 공식 출시하는 날입니다. 배틀그라운드는 온라인 서비스이기 때문에 1.0 버전의 기준이 명확하지 않습니다. 1.0을 출시해도 업데이트는 꾸준히 계속될 겁니다."

이어 김창한은 페이스북을 '영구적인 임시 서비스permanent beta'라고 칭했던 창업자 마크 저커버그의 발언을 인용했다. "현재 이용자 모두가 배틀그라운드 1.0 버전을 고대하고 있습니다. 적어도 1.0 버전에서는 고객이 만족할 수 있는 품질의 제품을 선보이는 것이 중요합니다. 콘텐츠 부분에서 개편된 UI(유저 인터페이스), 신규 맵이 메인이 될 것이고, 서비스 품질 부분에선 성능과 안정성이 중요한 기준이 될 겁니다. 서비스가 아무리 커져도 결국 '제품이 왕product is king'입니다. 핵심 가치를 놓치지 말아야겠습니다."

20명으로 시작한 배틀그라운드 개발팀은 100명을 넘어섰다. 일은 사람이 하는 것이라 사람이 제일 중요한 자원이었다. 모인 사람만큼 무게는 점점 무거워져 조직을 예전처럼 기민하게 움직이기 힘들었다. 김창한은 공격적으로 조직을 확대하면서도 작고 효율적인 조직 문화와 성과를 유지하는 방법을 찾는 데 하루 중 가장 많은 시간을 쏟았다.

　그가 탐독했던 수많은 경영 서적은 조직의 혁신과 성장을 유지하기 위한 필수 조건으로 '수평적인 소통'과 '실력 중심'을 꼽았다. 나이와 서열, 직급에 따른 톱다운top-down(상명하달) 방식의 문화가 강한 한국에선 특히 어려운 일처럼 느껴졌다.

　"구글, 페이스북, 넷플릭스 같은 미국 최고의 회사들에서도 수평과 자율적인 문화를 강조하는 것을 보면, 이것이 한국만의 문제는 아닌 것 같습니다. 그만큼 그런 조직 문화와 환경을 만들기가 어렵다는 뜻이겠죠. 우리 조직 안에 수평적인 문화, 실력 위주로 기회를 얻는 문화를 만들어내지 못한다면 우리의 역사는 멈추게 될 겁니다. 이런 문화를 만들려면 직급이 높은 사람, 나이나 경력이 많은 사람, 먼저 합류한 사람들이 열린 자세를 지녀야만 가능하다는 사실을 꼭 명심하면 좋겠습니다."

　김창한은 "전염병을 없애야 건강한 조직 문화를 지킬 수 있다"고 강조했다. 팽창하는 조직에서 일을 제대로 하지 않는다며 상대방을 탓하는 하소연과 비난의 소리가 곰팡이처럼 번지고 있었다. 김창한은 성장하는 조직에서 무임승차의 문제는 어쩔 수 없는 일이라는 걸 인정하면서도, 이를 억제할 수단으로 냉정한 평가를 약속했다.

　"누군가 일을 하지 않는다면 그냥 내버려두십시오. 우리는 각자 자기 자신의 인생을 사는 것이지 남 때문에 사는 것은 아니지 않습니까? 무임승차자에게 영향받을 필요없이 본인만의 이유를 가지고 자신의 일을 하면 되는 것입니다." 스스로 한 일이 조직에서 제대로 평가만 받는다면, 굳이 다른 사람을 신경 쓰지 않아도 된다는 게 그의 생각이었다.

"냉정하게 평가하겠습니다. 이를 통해 다른 사람, 일이나 조직이 나아갈 길에 걸림돌이 되는 사람을 허용하지 않겠습니다. 대체로 자신의 능력 이상의 역할과 공로를 탐하면서 더 나은 사람이 기여할 수 있는 기회를 빼앗거나, 스스로의 실력 이외에 직급이나 관계, 정보 독점을 이용해 공을 세우려는 사람들이 이에 해당합니다."

책《구글은 어떻게 일하는가》의 일부분을 소개했다. 에릭 슈미트는 '네이브knave'(카드의 잭, 부정직한 사람)를 추방하고 '디바diva'(인기 있고 뛰어난 스타, 돌출 행동을 하는 인재)를 위해 싸우라고 주문한다. 슈미트에 따르면 네이브는 불성실하고 이기적이며 비열한 방법으로 조직에서 일한다. 동료의 성공을 질투하고, 그 공을 가로채려고 하는 이가 네이브다. 그 대척점에 나이트knight(카드의 기사, 정직한 사람)가 있다. 나이트의 가치를 존중하는 건전한 조직 문화 안에선 네이브는 설 자리를 잃는다.

반대로 '성공하기 위해 네이브가 될 필요가 있다'는 믿음이 조직에 퍼져나가는 순간, 네이브는 암세포처럼 불어나 조직을 좀먹는다. 네이브는 나이트보다 개인의 영달에 민감한 존재들이기 때문이다. 중요한 건 네이브를 디바와 혼동해선 안 된다는 점이다. 네이브는 팀보다 자신을 우선시한다. 디바 역시 자신이 팀보다 뛰어나다고 생각하면서 성공을 바란다는 점에서 둘은 비슷하다.

에릭 슈미트는 디바의 예시로 스티브 잡스를 들었다. 압도적으로 뛰어난 사람들이 종종 그러하듯, 디바는 타인과 불화하면서 커다란 성과를 낸다. 조직에서 솎아내야 할 네이브와 달리, 성과를 내는 한 디바의 이해하기 힘든 개성과 인격을 조직 차원에서 용인해야 한다고 슈미트는 주장한다.

"아무튼 사람들이 디바와 함께 일하는 의미를 이해하고, 디바의 실적이 디바의 방식으로 생기는 부수적인 손실보다 더 큰 가치가 있는 한, 여러분은 디바를 위해 노력하고 싸워야 합니다. 디바는 흥미로운 일을 함으로써 여러분의 투자에 기대만큼의 성과를 올릴 것입니다."

김창한은 팀원들에게 "우리 팀에 누가 네이브이고, 누가 나이트이고, 누가 디바일까요?"라고 물었다. "성과와 조직이 커지는 시기야말로 가장 조심해야 할 순간입니다. 지금 이 자리에 있는, 내 옆에 있는 사람들의 행동이 앞으로 배틀그라운드 개발팀 10년의 조직 문화가 될 것입니다. 우리의 'Day 1'이 얼마 남지 않았습니다. 모두가 각자 역할에 충실한다면 우리는 계속 역사를 써나갈 수 있을 겁니다. 우리가 쓸 역사는 꽤 오랫동안 남을 것이고, 우리가 노년이 되었을 때에도 자랑스러운 추억이 될 것입니다."

역사를 쓰는 사람들에게 쥐여줘야 할 것은 다름 아닌 보상이었다. 김창한은 '모두가 만족할 수 있는 보상'을 약속했다. 단 조건을 하나 달았다. '다른 사람과 비교하지 않고 자기 자신의 기준으로만 비교할 것.' "우리의 성과가 목표가 아니라 결과로 따라오는 것이듯, 우리의 보상도 목표가 아니라 결과로 따라오는 것이라고 믿습니다."

발표 마지막에 재차 〈드래곤볼〉의 장면 한 컷이 등장했다. 다시

'정신과 시간의 방'이 등장하는 그림이었다. 사람의 키를 훌쩍 넘는 거대한 모래시계가 방 입구의 좌우에 놓여 있다. 정신과 시간의 방에 입장한 인물들은 말한다. "아, 아무것도 없네…!" "그냥 새하얀 공간이야…!"

　무채색의 황량한 시공간에 들어선 이들은 1년 같은 하루를 살아야 한다. 이곳에 던져진 사람들에게는 시간도 정신도 바깥세상과 다르게 작동한다. 김창한과 팀원들은 1년 동안 겪을 일을 하루만에 해치우는 나날을 보내고 있다고 여겼다.

10배수 초과 수익

　"이렇게 갑작스럽게 이뤄지다니, 누군가에게는 배부른 소리겠지만 성취 이후 약간의 나른함과 허무함." 배틀그라운드가 출시 13주 만에 매출 1억 달러(판매량 400만 장)를 달성하자 블루홀 공동창업자이자 이사회 의장인 장병규가 소셜미디어에 창업 후 10년간의 소회를 남겼다. "블루홀로 이루고 싶었던 꿈 가운데 하나는 10억 달러 IP였다"며 공을 김창한에게 돌렸다.

　"전 세계 고객의 사랑이 근본 바탕이겠지만, 단 한 명만 꼽으라면 이는 두말할 나위 없이 김창한의 업적입니다. 그리고 2명을 꼽으라면 본인 삶의 믿음을 입증한 배틀로열 모드의 창시자 브렌던 그린이겠지요. 물론 저는 두 사람이 배틀그라운드팀과 블루홀에 성과를 돌릴 것이라고 믿습니다. 특히나 고객의 질책을 온몸으로

느끼는 배틀그라운드팀의 서버 파트, 최적화 파트엔 더욱 감사하
겠지요."

장병규는 3년 전 블루홀 2.0으로의 전환 당시를 떠올렸다. 글
로벌 게임 서비스와 'MMORPG(다중 접속 역할 수행 게임)의 명가'를
꿈꾸며 2007년에 블루홀을 설립하고 수백억 원을 들여 게임 '테
라'를 출시했지만 그 이후로 내리막길을 걸으며 직원 20퍼센트를
감축하는 구조 조정을 단행했다.

이후 블루홀은 성장이 아니라 생존을 도모해야 했다. 그렇게
탄생한 블루홀 2.0 전략은 '게임 제작의 명가'를 표방하며 중소 게
임 회사의 인수 합병으로 소규모 게임을 최대한 많이 시장에 출
시하는 연합 전략을 폈다. 게임 제작사 지노게임즈, 피닉스게임
즈, 스콜을 연합의 일원으로 품었다. 지노게임즈 소속 PD로 블루
홀에 합류한 이가 김창한이었다.

"여러 인수와 합병을 이끈 김강석 블루홀 CEO가 없었다면, 제
작과 연합의 가치를 믿고 지지해준 블루홀 가족과 투자자가 없었
다면, 테라, 피닉스게임즈의 게임들 그리고 출시 예정인 테라M,
프로젝트W 등을 비롯해 정말이지(!) 수많은 도전과 실패가 없었
다면, 오늘의 배틀그라운드가 없었을지도 모릅니다.

조금 생뚱맞지만 한국 게임 산업의 발전과 글로벌한 협력도
생각나면서, 불현듯 혹은 멜랑콜리하게 칼 세이건의 '우리는 별
들로 이루어져 있다We are star stuff'라는 문구가 떠올랐습니다. 여하
튼 한국 게임 산업은 배틀그라운드 전후로 나뉠 것이라고 생각합
니다.

마일스톤(이정표) 하나를 이뤘으니, 저는 또 다음 블루홀의 마일스톤을 꿈꿉니다. 그러려면 블루홀이 제작 리더십들을 포함하여 수많은 제작 장인의 삶의 터전이기를 바랍니다.

그나저나 저는 초고속으로 성장하는 스타트업에 익숙함에도 불구하고, 배틀그라운드의 성장 속도가 경이로운 수준이어서 때로는 현기증이 나고 때로는 잠에 들지 못할 정도로 불안합니다. 엔터테인먼트 고객의 열정적인 사랑은 순식간에 식을 수도 있음을 가슴에 새기고, 항상 겸허한 자세로 최선을 다해야 할 것 같습니다."

몇 달 전 장병규는 배틀그라운드 200만 장 판매를 축하하는 조촐한 사내 축하 파티에 참석했다. "배틀그라운드를 200만 장 팔면 김창한 PD는 은퇴해도 좋다"는 말을 농담처럼 던지던 그였다. 케이크와 와인이 차려진 행사장에 장병규와 김강석 대표, 홍보팀과 HR 직원들이 참석했지만 정작 주인공인 김창한과 그의 팀원들은 자리하지 않았다.

배틀그라운드 출시 직전인 연초만 해도 개인 자산 중 3분의 2를 대출 담보로 묶을 정도로 막다른 길에 몰렸던 장병규는 마냥 기쁘기만 했다. 꼼짝없이 날릴 뻔한 350억 원을 보전한 것이다. 직원 월급이 2개월분밖에 남지 않았을 정도로 언제 망해도 이상하지 않을 회사였다. 회사가 살아났는데, 배틀그라운드 판매량이 얼마든 조직에 어떤 문제가 있든 그게 무슨 대수겠는가.

'살아남았다'는 안도감과 '이제 돈 걱정은 덜었다'는 후련함이 행복의 정체였다. 환한 얼굴로 손뼉을 치고서 케이크를 자르던 장병규가 그제야 두리번거리며 말했다. "배틀그라운드 사람들이 아무도 없네?"

"배틀그라운드팀과 블루홀에 성과를 돌릴 것"이라던, 김창한에 대한 장병규의 믿음은 절반만 이뤄지고 있는 듯 보였다. 김창한은 배틀그라운드 개발팀에 지급할 인센티브를 두고 블루홀 경영진과 씨름했다. 배틀그라운드 출시 이전부터 블루홀이 내부 게임 개발 프로젝트에 마련해놓았던 보상책 가운데 하나인 개발 인센티브[1]를 두고 샅바 싸움이 치열했다.

개발 인센티브는 게임 개발 프로젝트에서 지속적으로 수익이 나는 경우에 수익의 일정 부분을 개발에 참여한 구성원과 나누는 제도였다. 블루홀이 내부와 외부 모두에 자랑하던 보상 제도였다. 개발 인센티브는 개발팀에 주는 성과 보상이자, 지속적으로 게임을 개발하고 운영하도록 독려하는 동기 부여 수단이었다. 그와 동시에 인재를 회사에 머물게 하는 유인책이기도 했다.

사내에서 배틀그라운드 개발팀에 대한 보상을 궁금해할 때마다 장병규는 "약속을 지키는 경영진"이라는 표현을 여러 차례 썼다. 블루홀에는 제작비를 기준으로 초과 수익의 규모에 따른 보상 체계가 마련돼 있다는 설명도 덧붙였다.

개발 인센티브는 게임 출시 후 1년 성과를 기준으로 산정했다. 투입한 제작비에 대비해 1배수 이하, 2~5배수 이하, 6~10배수에 대한 초과 수익의 일부 비율을 직원에게 나누는 보상 정책이었다. 그간 '블루홀은 제작에 열심히 투자하고, 성공했을 때 더 많이 보상한다'는 원칙을 바깥에 알리며 유능한 개발자들을 불러들이려고 했지만, 안타깝게도 회사를 운영한 지난 10년 동안 실제 사례는 없었다. 큰 성공을 거둔 게임이 없었기 때문이다. 이런 제도가 있다는 사실조차 많은 회사 구성원이 모를 정도였다.

김창한이 보기에 보상안을 두고 경영진과 배틀그라운드팀 사이의 인식은 어긋나 있었다. 배틀그라운드의 수익은, 동화 속 지붕을 뚫고 하늘까지 자라난 콩나무처럼 개발 인센티브 기준을 아득히 넘어섰다. 생각하지 못한 수익을 어떻게 나눌지 아무도 생각하지 못했다는 게 문제라면 문제였다.

경영진은 10배수 이상의 초과 수익분에 대해선 개발 인센티브 상한(캡cap)이 있다고 가정하는 듯 보였지만, 김창한을 포함한 배틀그라운드 개발팀 그 누구도 그렇게 생각하고 있지 않았다. 더욱이 김창한에겐 개발 인센티브와 같은 단기적인 보상뿐 아니라, 기존 인재를 계속 유지하고 새로운 외부 인재를 포섭할 수 있는 장기적인 관점에서의 인센티브 설계가 중요했다. 그는 전체 경영진에 배틀그라운드 개발팀 인센티브에 관한 논의를 시작하자는 이메일을 보냈다.

"맥락에 대한 상식적인 이해를 근거로 보상이 논의돼야 합니다. 말꼬리 위주로 논의를 진행하다 보면 반대로 배틀그라운드팀 내부에서도 '얼리 액세스가 공식 출시냐' '제작비의 정확한 기준이 뭐냐'와 같은, 여러 가지 의미 없는 주장이 나올 수 있다고 봅니다. 이 기회에 더 장기적인 체계를 잡아가는 것이 중요합니다."

배틀그라운드 보상에 대한 문제 제기를 시작한 지 한 달 뒤,

CEO 김강석을 비롯한 경영진이 김창한과 마주 앉았다. 주요 안건은 '배틀그라운드팀에 대한 개발 인센티브 6개월 조기 지급과 장기적인 개발팀 인사와 보상 체계 마련'이었다.

김강석은 "배틀그라운드 인센티브에 대한 경영진의 생각을 전달하고 논의하는 것이 미팅의 목적"이라며 "당장 빠르게 결론을 내리자는 것은 아니다"라고 운을 떼었다. "의제는 2가지입니다. 배틀그라운드 구성원들의 장기적인 유지와 동기 부여가 가능한 인센티브 체계를 마련하는 것이고, 10배수 이상의 초과 이익에 대해 결정되지 않은 개발 인센티브의 제안입니다."

김창한이 답했다. "10배수 이상의 초과 이익에 대해서는 그동안 명확하게 이야기되지 않아서 구성원들은 모르고 있을 겁니다. 명확한 이야기가 없었고 주요 주제로 논의된 적도 없습니다."

김강석은 "경영진은 10배수 이익의 보상분에 대해선 상한이 있다고 생각한다"고 전했다. "지난해 경영진 논의에서 10배수를 넘어서는 초과 이익은 하늘이 준 성과의 영역일 수 있으니 캡이 있어야 한다고 정했지만, 이 내용을 구성원들에게 전달하지 못한 상황입니다."

김창한은 "10배수에 상한이 있었다면 이번 인센티브 논의 체계를 다시 설계했었어야 했다"며 맞섰다. "그동안 회사에서 했던 보상의 역사를 보아도 캡이 있다고 받아들이기 어렵습니다."

김강석과 김창한의 대화는 서로 만나지 못하고 각자의 자리를 맴돌았다.

"이미 수익이 10배수를 초과하는 상황인데, 개발 인센티브에 캡이 필요하다는 점은 김창한 PD도 동의하시나요?"

"캡이 있는 인센티브를 만들려고 했다면 설계를 다시 했어야 합니다. 이전의 기준이었던 '퍼센트'의 의미는 재원(파이)을 키우면 키울수록 보상한다는 의미였습니다. 그런데 캡을 둔다면 또 다른 설명이 필요합니다. 그동안 블루홀 제작 게임이었던 테라나 개발 중인 게임 프로젝트W, 모바일 게임 모두에 적용했던 보상책에서 캡은 없었습니다. 지금 와서 캡 이야기를 하면 사람들은 성과가 잘 나니까 캡을 둔다고 오해할 수 있습니다. 과거 블루홀 10년의 역사에서 캡은 없었는데, 배틀그라운드부터 처음 적용하는 그림이 되니 당연히 오해가 생기는 겁니다."

"지난 경영진 논의에서 일정 수준 이상의 초과 이익은 개발팀의 노력과 성과이기도 하지만, 한편으론 하늘이 내린 홍행(성과)이기도 하니 그 영역에 대해서도 높은 비율의 인센티브를 적용하는 것이 적절한지를 고민한 겁니다."

김강석의 대답을 듣고 김창한이 "2가지 문제가 있다"며 목소리를 높였다. "하나는 인센티브 철학이 없습니다. 다른 하나는 경영진 생각이 바뀐 상황이라는 겁니다."

김강석이 "오해하지 말아야 할 게 있다"며 설명을 이어갔다. "배틀그라운드가 성과를 내기 전인 지난해 경영 논의 때부터 캡을 도입했습니다. 달라진 제도가 구성원에게 제대로 전달되지 못한 겁니다. 성과가 많이 나서 생각이 바뀐 건 아니에요."

"설사 그렇다고 해도 어쨌든 배틀그라운드에만 적용되는 것이 아닙니까?"

김창한의 말에 김강석이 답했다. "물론 구성원들이 오해할 수 있는 상황인 점을 이해합니다. 다만 김창한 PD에게 캡에 대한 경영진의 과거 논의는 충분히 설명해야 한다고 생각한 겁니다."

"10배수 이상의 수익은 하늘이 내린 것은 저도 이해합니다. 하지만 여전히 그 돈을 어떻게 나눌 것인지에 대한 문제는 있습니다." 김창한은 김강석의 답을 기다렸다.

"그래서 고민한 아이디어는 초과 이익이 10배수를 넘어서는 높은 성과를 냈으니, 보너스를 6개월 조기에 지급하자는 겁니다. 구성원의 동기 부여나 리더십 발휘에 도움이 될 거예요. 그리고 10배수 이상 이익의 일부 비율은 배틀그라운드와 전사 인센티브, 사내 유보로 나누자는 겁니다. 회사에 큰 성공이 있으니 전사 인센티브도 고민하는 것이고요. 그 밖에 핵심 인재 스톡옵션과 해외 워크숍도 전체 보상 패키지로 보시면 됩니다."

"재원과 숫자보다는 철학과 구조가 더 중요하다는 점은 제가 계속 강조하고 있습니다. 고민해보고 의견을 드리겠습니다."

김창한은 곧이어 블루홀의 인센티브 체계 자체를 문제 삼았다. 블루홀의 낡은 제도로는 배틀그라운드를 품을 수 없다는 게 그의 주장이었다.

"인센티브는 기업의 사명에서 나와야 할 테지요. '게임 제작의 명가'라는 블루홀 비전에 비춰보면 게임의 지속적인 제작이 가능한 형태로 인센티브가 설계돼 있습니다. 하지만 배틀그라운드팀은 제작 명가와 다른 비전을 갖고 있습니다.

　예를 들면 배틀그라운드가 게임 '리그 오브 레전드LoL'나 인터넷 서비스처럼 앞으로 10년, 20년 서비스가 지속돼야 한다는 우리의 비전은 '제작의 명가'와 다릅니다. 그에 맞는 인센티브 체계가 필요합니다. 이를 위해선 다른 회사를 학습해야 합니다.

　아마존은 지속적으로 성장하고 신규 인재를 영입하면서 더 크게 성장하고 있습니다. 라이엇게임즈의 리그 오브 레전드도 하나의 게임으로 10년 이상 성장하고 있습니다. 이들의 보상 체계를 학습해달라는 게 제 요청입니다. 잘하는 곳이 어떻게 하는지 보고 깊게 학습하고 제도를 설계해야 합니다. 개발팀도 최선을 다해서 일하는 만큼 경영진도 인사와 보상 체계를 최선을 다해 고민해달라는 겁니다."

　"서비스 관점에서 장기적으로 핵심 인재를 사내에 붙잡아두고 더 좋은 신규 인재를 영입할 수 있는 인사와 보상 체계를 마련하는 게 필요하다는 점에선 공감합니다."

　김창한은 배틀그라운드를 '제작의 명가'라는 블루홀 틀에 가두면 리그 오브 레전드처럼 성장하기 어렵다고 보았다. "배틀그라운드팀은 이제 미국과 유럽에서도 우수한 인재를 채용해야 합니다. 단순히 연봉만으로는 이들의 마음을 얻을 수 없습니다. 우리는 이들을 채용하기 위한 근본적인 방법을 학습해야 합니다."

　"장기적으로 배틀그라운드에 적합한 체계를 다시 마련하겠습니다. 단기적으로 풀어야 할 문제는 해결하고 가는 방향에는 동의하시나요?"

"동의는 합니다. 그런데 장기적인 체계도 빠르게 정비해주십시오."

"다만 인사 문제는 정보가 모여도 고민하는 데 시간이 걸릴 수 있다는 점은 이해해주세요."

"네. 시간은 빠르게, 고민은 깊게 해주시기 바랍니다. 단순히 숫자나 시뮬레이션 차원의 고민 말고요."

"그 과정에서 김창한 PD도 의견을 적극적으로 내주세요."

"음, 솔직히 저는 개발에 집중하고 싶습니다. 경영 철학과 관련된 일이니 경영진이 고민하시는 게 적합하다고 생각합니다."

"배틀그라운드팀은 기존 블루홀의 제도나 계획과 다르게 움직여야 한다는 말씀은 맞는 것 같습니다."

"여하튼 제안해주신 인센티브 보너스 조기 지급은 고민해보겠습니다. 한 번은 빠르게 정리하고 가는 게 이후에 장기 계획을 수립하는 데 도움이 될 수도 있을 것 같습니다. 장기적으로 인센티브 체계가 좋을지 스톡옵션 체계가 좋을지도 고민입니다. 저도 잘 모르니 많이 학습하고 연구해야 합니다. 다시 말씀드리지만 스톡옵션을 준다는 것도 단기적인 처방이고, 10년 동안 어떻게 사업을 성장시킬지에 대한 인사와 보상 체계가 필요합니다."

"애플과 아마존에선 매년 스톡옵션이 나가기도 합니다. 그동안 블루홀 경영진은 한국에는 이 모델이 맞지 않을 것 같다는 생각을 해왔는데, 배틀그라운드팀에는 맞을 수도 있겠다는 생각이 듭니다. 한국 개발사라서 고려하지 않았던 부분을 배틀그라운드팀은 해야겠죠. 글로벌 무대로 일하는 것이니 이제는 고민해봐야 한다는 점을 이해하고 공감합니다. 일단 학습부터 시작해보시죠."

　김창한은 김강석을 포함한 경영진을 만날 때마다 "배틀그라운드를 게임으로 보고 있지 않다"고 말했다. 보상에서 촉발한 논의는 어느덧 기업 비전과 경영 방향에까지 이르렀다. 물론 마이크의 주인은 김창한이었다.

　"배틀그라운드는 게임이 아니라 서비스 형태로 성장하고 있습니다. 배틀그라운드를 e스포츠(게임 스포츠)라고 본다면 무언가 다른 체계가 필요합니다. 리그 오브 레전드에 속한 2,000명 직원 가운데 500명이 e스포츠 분야를 담당하고 있다고 합니다.

　스톡옵션 대신 다른 보상 체계가 있을수도 있으니 빨리 학습해야 합니다. 배틀그라운드는 서비스로 바라봐야 해서 내부 커뮤니케이션도 서비스 관점으로 하고 있습니다. 그러니까 우리 조직 내부에서 신작 게임을 만들고 싶은 사람은 배틀그라운드팀을 떠나야 해요."

　김강석은 "여러 가지로 배틀그라운드 상황에 대해 많이 이해했다"고 답했다.

　"김강석 대표님께 여쭤볼게요. 스톡옵션은 기업 가치에 따라 이득이 상승하는데, 그 이득에 캡이 있나요?"

　"스톡옵션은 캡이 없죠."

　"인센티브에 퍼센트라는 의미가 들어가면 캡은 없는 겁니다. 커지면 커질수록 나눈다는 것이죠. 캡이 있었다면 가볍게 넘어갈 이슈가 아닙니다. 깊이 있게 고민하고 구성원에게도 충분히 설명했어야 한다고 생각해요. 경영진의 제안에 대해서 구성원들이 쉽게 납득하기 어려울 겁니다. 단순히 인센티브를 많이 받자고 하는 이야기가 아닙니다. 앞으로 배틀그라운드를 잘 성장시키기 위한 철학과 구조를 만들어가자는 겁니다."

"네, 경영진도 10~20년을 내다보는 관점에서 서비스 관점의 보상 체계를 어떻게 만들지 고민하겠습니다."

300만 장

블루홀 비상장 주식의 가치는 배틀그라운드 출시 이후 석 달 새 2배가 올랐다. 티켓 400만 장을 팔아치운 배틀그라운드 함정의 물밑은 치열했다. 승선해 있는 게이머 20만 명을 위해 배틀그라운드 개발 직원 100명이 밑바닥에서 팔이 부서져라 노를 젓고 있었다. 선장 김창한은 안팎에서 가해지는 작은 충격만으로도 곧장 터질 것 같은 시한폭탄처럼 보였다. 그의 신경은 팽팽하게 당겨진 실과 같았고, 이를 주변에 몇 겹씩 둘러쳤다. 누군가 선을 넘었다고 판단되면 여지없이 폭발 버튼이 눌렸다.

홍보실에서 배틀그라운드 얼리 액세스 판매량이 300만 장을 돌파했다는 내용의 보도자료 초안을 공유하려고 할 때였다. 홍보팀 계획을 접한 배틀그라운드팀에서 "300만 장 판매 소식이 보도되는 건 큰 의미가 없으며, 북미와 유럽 판매 소식도 보도자료로 내지 않아도 된다"라고 반응했다.

　"300만 장 판매 보도자료는 내지 않겠습니다. 그런데 자료가 나갈지 말지는 홍보실이 판단합니다. 미디어에 큰 의미가 있는지 직접 판단하지 마세요. 의견을 주시면 좋겠고, 논의된 내용을 미리 알려줬더라면 의미 없이 자료를 만들고 있지 않겠죠. 협업을 제대로 할 거면 잘 정리해줬으면 합니다."

　홍보실장의 답장 메일을 본 김창한이 답했다. "300만 장 판매 보도자료에 대해서 아무런 사전 논의가 없었습니다. 홍보실이 판단하셔서 내고 싶으시다면 원하는 대로 하십시오."

　비슷한 시기에 블루홀 경영진과 PD 등 10여 명이 하루 일정으로 대학 MT처럼 가볍게 서울 근교에서 모임을 했다. 장병규가 "블루홀은 이제 작지 않은 규모이며, 리더십들이 완전히 동일할 수는 없지만 비슷한 생각으로 조직을 이끄는 게 상당히 중요해졌다"며 행사를 기획했다.

　"정보를 공유하고 서로의 생각을 나눌 수 있는 자리를 의도적으로 만들고 있습니다. 그런 노력의 하나로 반년에 한 번씩 비공식적으로 '리더십MT' 성격의 행사를 열어 편하게 이야기를 나누는 시간을 마련했습니다." 장병규는 참석자들에게 3분 발표를 주문했다. "지난 6개월을 돌아보고 앞으로를 생각해보면서 본인의 의견을 내는 '3~5분 스피치'는 중요합니다. 적어도 키워드 정도는 준비해오셔서 이런저런 대화의 단초를 제공해주셔야 합니다. 저도 몇 가지 키워드를 준비해서 참석하겠습니다!"

　모임이 끝난 뒤 서기를 담당한 직원이 3분 스피치 내용을 참가자들에게 공유했다. "회의록으로 기록해두면 나중에라도 가끔 읽어보시면서 리더십 분들이 생각하는 키워드들을 떠올리는 데 도움이 되시리라 생각합니다."

정리 메일을 받은 김창한이 답장을 보냈다. 참석자 전원이 볼 수 있는 전체 회신 메일이었다. "이 3분 스피치 정리 내용으로는 전혀 핵심이 전달되지 않는데요. 제가 말한 내용이 저렇게 3행으로 정리된다면 차라리 폐기하시는 것이 오해를 없애는 길이 될 것 같습니다."

이를 본 장병규가 회신했다.

"적절한 지적이라고 생각합니다. 다만 일전에도 제가 다른 건으로 한 번 언급한 바가 있듯이, 높아지고 있는 배틀그라운드와 김창한 님의 위상을 고려하면, 그리고 글은 지속적으로 남는다는 점을 생각한다면, '차라리 폐기하시는 것이'라는 표현은 본인의 의도와 다르게 전달될 수 있겠다는 생각이 듭니다. 배려보다 성과가 중요하다고 저는 생각합니다만, 배려하면서 성과를 낼 수 있으면 더욱 좋을지도요.

추신. 생각해보니, 서기님이 정리한 회의록도 글이고, 김창한 님이 쓴 메일도 글이네요. 역시 글은 말보다 더욱 신경 써야 한다는…."

이번엔 배틀그라운드팀과 블루홀 경영지원부서가 배틀그라운드 파트너 게임 스트리머(온라인 실시간 방송 운영자)에게 지급하는 티셔츠 속 로고 그림을 두고 충돌했다. 배틀그라운드팀 내 담당자는 블루홀 로고를 노출하고 싶지 않다는 의견을 냈다. "블루홀Bluehole 이라는 사명으로 영어권에서 butthole(똥구멍), blue asshole(파란 똥

구멍)이라고 놀림을 받습니다. 북미 행사에선 티셔츠에 블루홀 로고를 노출하면 매일 입거나 남에게 보이는 스웨그SWAG(멋을 가리키는 은어) 면에서 난감한 게 현실입니다."

브랜드를 관리하는 홍보실은 "블루홀 사명이 유저에게 놀림의 대상이 된다고 사명을 바꿀 수는 없다"며 맞섰다. "디자인적으로 해결할 수 있는 부분을 고민해봅시다. 여러 시안을 만들어보고 결정했으면 합니다. 로고의 크기나 위치 등에 대해선 제한이 없습니다. 여러 게임이 성과를 냈다고 해서 해당 브랜드 이미지만 사용하지 않습니다. 장기적 관점에서 기업 로고의 가치를 높이는 고민을 함께 해주셔야 합니다."

이를 확인한 김창한이 반응했다.

"블루홀 브랜딩에는 전혀 관심이 없었고 배경도 공유된 바가 없기에 배틀그라운드에 국한된 편협한 의견일 수 있습니다만, 유저에게 놀림을 받는다면 사명 변경을 진지하게 고민해야 합니다. 이미 블루홀은 같은 이유로 미국 지사에서 이름을 버리고 엔매스 EnMass로 이름을 바꾼 사례가 있습니다. 블루홀이라는 이름은 서구권에서 놀림 수준이 아니라 심각하게 나쁜 이미지를 연상시키기 때문입니다.

테라 시절에는 서구권에서 엔매스로, 나머지는 블루홀이라는 이름으로 대응했다고 하지만 배틀그라운드는 글로벌 IP입니다. 과거보다 앞으로의 긴 미래의 가치를 고려한다면, 특히 글로벌에서의 브랜드 가치를 고민한다면, 10년간 블루홀이라는 사명에 애착을 가지신 분들에게는 안타까운 일입니다만 사명을 바꾸는 리

브랜딩rebranding도 고려해야 한다고 봅니다. 특히 블루홀이라는 브랜드 가치가 아직 글로벌에서 높지 않을 때 빠르게 변경해야 비용이 적게 들 겁니다.

이유는 알 수 없지만 당장에 블루홀 로고를 서구권 고객에게 꼭 각인시키고 싶다면 제발 배틀그라운드 로고와 어울리는 디자인으로 변경해주시길 요청드립니다. 브랜드의 가치는 어디서 오는 것이며, 그 가치는 궁극적으로 어디로 향하는 것인지 깊이 고민하시길 바라며….”

메일을 접한 장병규가 “역시 몇 가지”라는 제목으로 답장을 했다.

“미국 지사에서 엔매스로 이름을 변경한 것은 엔매스 초창기 구성원이자 추후 CEO를 지냈던 크리스에게 힘을 실어주기 위해서였습니다. 크리스는 블루홀이라는 이름이 ‘강하고 논쟁적인’ 것은 맞지만, 제작사 이름으로 사용하는 것은 괜찮다고 했어요. 하지만 서비스하는 퍼블리셔 이름으로는 적절하지 못하니 엔매스라는 새로운 이름을 쓰겠다고 했던 것으로 기억합니다.

저는 블루홀을 세상에 없던 배틀그라운드와 같은 게임을 만드는 제작사라는 느낌으로 본다면 여전히 ‘강하고 논쟁적인’ 느낌이어도 무방하다고 생각합니다. 서비스는 이미 배틀그라운드라는 이름으로 하고 있으니까요.

브랜드에 대해서 제가 신뢰하는, 혹은 고객의 목소리가 정말 강한 경우에 한해서 오랫동안 사용한 이름을 변경하는 건 진지하게 고려해보겠습니다. 김창한 님이 느끼는 이슈가 크다면 꼭 이야기를 해주세요. 그때는 심각하게 고민하는 것이 맞으니까요.

제가 브랜드나 회사명에 관해 아는 것 중 하나는, '오랫동안 아낀 이름의 무형 가치가 상당히 크다'는 것입니다. 현재 블루홀 로고가 다른 게임이나 서비스 이미지와 어울리지 않는 문제가 있다는 점은 120퍼센트 공감합니다. 이 문제는 김창한 님 손톱 밑의 문제로 보이니 빠르게 챙길 수 있는 방안을 고민해볼게요."

김창한이 답했다.

"지금까지 블루홀 로고를 배틀그라운드에 적극적으로 함께 사용할 계획이 없었기 때문에 함께 사용한다면 어느 정도 심각한 이미지 타격이 있을지 깊게 고민하지 않았습니다만, 함께 노출되어야 할 필요가 꼭 있다면 다시 내부에서 논의하여 의견을 드리겠습니다. 물론 블루홀 브랜드를 배제했다는 뜻은 아닙니다. 현재도 배틀그라운드에서 게임을 한 판 할 때마다 블루홀 CI가 노출되고 있습니다. 다만 블루홀 로고의 배제는 배틀그라운드 북미 커뮤니티팀의 강력한 주장입니다. 그리고 블루홀 이름에 대해서도 같은 이야기를 반복해서 듣고 있습니다. 조금 적나라하게 말씀드리자면, 멍들어서 파랗게 된 '그' 구멍이 연상된다는 것이죠."

김창한은 전 세계에서 밤낮으로 서비스되는 배틀그라운드 그 자체로 살았다. 눈은 보통 충혈돼 있었다. 24시간 깨어 있었기 때문이다. 눈자위가 충혈되지 않았다면 그건 전날 수면제를 복용한 증거였다.

이메일은 실시간 메신저처럼 상시로 작동했다. 김창한과 일과 시간에 마주친 장병규는 메일 속 텍스트에서 가늠했던 수준보다 훨씬 더한 날카로움을 느꼈다. 잠을 이루지 못하고 늘 깨어 있는 사람의 주변에는 핏빛 칼날이 붕붕 날아다니는 듯했다. 상대가 조금만 잘못하면 여지없이 튕겨나가 무엇이든 벨 것처럼 벼려진 상태였다.

장병규는 과거에 타인에게서 이런 느낌을 딱 한 번 받은 적이 있었다. 일본 국민 메신저 '라인'을 진두지휘했던 신중호 LINE 주식회사 공동 대표에게서였다. 그는 장병규와 함께 온라인 검색 서비스 '첫눈'을 개발했던 동료이기도 했다. 네이버 자회사인 라인이 일본 도쿄증권거래소에 상장한 직후인 2016년 8월, 한국 선술집에서 만난 신중호는 "잠을 자지 않고 버틴다"고, 심지어 "술을 마시는 날에도 잠을 이루지 못하고 곧장 깬다"고 토로했다.

장병규는 술잔 너머로 보이는 신중호의 번득이는 안광에서 광인狂人의 그것을 발견했다. 그는 미쳐 있는 듯 보였다. 존대하는 사이였던 신중호는 이 자리에서 장병규에게 간혹 반말을 하기도 했다. 처음 본 위태로운 모습에 장병규는 그의 건강을 염려했다.

1,000억 원

배틀그라운드 서비스에만 몰두하던 김창한은 블루홀과 보상을 논의하던 중, 게임 출시 직전인 2017년 3월에 열린 블루홀 주주 총회에서 블루홀 직원들에게 스톡옵션이 발행됐다는 사실을 알게 됐다. 배틀그라운드는 회사의 기대를 받던 프로젝트가 아니었기에 대상자 명단에 배틀그라운드 개발팀원의 이름은 없었다. 도저히 핵심 인력이라고 생각하기 어려운 직원들의 이름을 발견하고는 배신감에 몸을 떨었다. 그는 장병규에게 블루홀 직원들에게 발행된 스톡옵션을 취소할 것을 제안했다.

배틀그라운드 개발 인센티브 논의는 타협점 없이 진행 중이었다. 김창한은 "경영진이 제시한 기본적인 수정안에 대해 내부 논의를 하고 있다"는 메일을 경영진에 보냈다.

"경영진이 내부적으로 캡이 있다고 생각한 것과 무관하게 왜 배틀그라운드에만 캡이 있어야 하는지, 또는 있었어야 했는지에 관해 납득이 갈 만한 설명이 없었습니다. 다만 한 가지 납득이 가는 설명이 있었는데, 그건 개발비 기준 10배수 이상의 수익은 하늘이 내린 선물이라는 점입니다. 맞습니다. 저 또한 믿을 수 없을 정도의, 인간이 노력으로 만들어낼 수 없는 성과에 겸허해지고 감사한 마음을 가지고 있습니다.

그런데 말입니다. 저를 포함해 주식을 소유하고 있는 사람들은 이 프로젝트에 기여를 했든 하지 않았든, 이미 회사를 떠났든 혹은 앞으로 곧 나갈 사람이든 상관없이 하늘이 내린 선물을 캡 없이 받게 됩니다. 이미 제시된 외부 회사의 투자 조건을 받아들이면 6배가 되고, 앞으로 더 얼마나 하늘이 내린 선물을 받게 될까요? 저는 그것이 나쁜 것이라고만 생각하지 않습니다만, 하늘이 내린 선물인 만큼 하늘에 돌려주는 것이 어떨까요? 게임 출시 후 1년이 되는 시점에 제작비 10배수 이상의 수익에 대해선 사회에 환원하는 방안을 제안드립니다."

장병규는 "하늘이 내려준 선물은 하늘에 돌려줄 방법이 없으니, '소중하게 활용'하는 것이 맞다고 생각한다"고 답했다.

"블루홀이 장기적으로 잘 성장하는 것이 선물을 '소중하게 활용'하는 '장기적 사회 환원'이라고 생각합니다. 기업이 노력으로든 운으로든 이익을 냈을 때, 현재 사회 시스템에서 사회에 환원하는 방법은 세금을 내든지 혹은 무언가 사회적인 역할과 책임을 잘할 것으로 보이는 재단이나 개인, 종교 단체 등에 기부하고 헌납하는 방법만 있는 것 같습니다. 아니면 지적해주시기 바랍니다.

그런데 저는 그보다 블루홀 경영진이 이익을 사내에 유보하여 잘 운영하는 것이 '장기적 사회 환원'을 더욱 크게 만들 수 있다고 생각합니다. 세금을 계속 잘 내고 꾸준히 블루홀과 게임 산업, 더 나아가서 국가와 인류가 잘 발전할 수 있도록 기여하는 것이죠. 결과적으로 여전히 성장에 목마른 블루홀 정도의 기업 규모에서는 '사회'보다 '블루홀 경영진'이 더 '소중하게 활용'할 수 있다고 믿습니다.

그렇기에 10배수 이상의 수익을 모두 사회 환원하는 것으로 결정한다면, '수익 모두 블루홀 사내 유보' 그리고 '사내 유보금을 통한 재투자'가 돼야 한다고 생각합니다."

장병규는 추가로 김창한이 제기한 '주식 소유자들은 앞으로 더 얼마나 하늘이 내린 선물을 받게 될까'에 대한 생각을 밝혔다.

"임직원들은 월급을 먼저 받습니다. 투자한 주주들은 뭔가 캡 없이 받는 것처럼 느낄 수 있는데, 반대로 주식은 '0'이 되기도 합니다. 둘은 본래 비교가 쉽지 않습니다. 뭐, 그러니까 늘 싸우는 것이겠지만요. 투자하지 않고 인센티브 성격으로 주식을 받은 사람들이 있고, 그들에 대한 이야기일 수 있습니다. 음… 그런 부분이라면, 그들이 블루홀에 기여했고 기여할 것이라고 생각하면 어떨까요? 물론 인센티브의 양과 질은 논란의 여지가 있는데… 여러 현금 인센티브도 그렇지 않나요?

　주주 자본주의 시스템에 어느 정도 결함이 있다는 점은 저도 인정합니다만, 그런 결함을 수정할 역량과 경험이 부족하다면 주어진 시스템에서 그 나름대로 최선을 다해서 행하면 된다고 믿습니다. 참고로 저는 하늘이 내려준 선물을 주주에게 배당하지는 말자는 의견은 백분 이해할 수 있습니다. 다시 강조드리지만, 제 의견은 김창한 님의 제안에 대한 의견이지, 배틀그라운드 보상을 어떻게 하자는 의견은 아닙니다. 그럼!"

　"장문의 해설 (사회 시스템을 포함하여) 감사드립니다." 30분도 안 돼 김창한의 답변이 도착했다.

　"저의 요점은, '하늘이 주신 선물'을 개발자에게 주는 것에 대해서는 맞느냐 틀리느냐를 고민하시는데, 주주인 직원(돈보다는 본인의 기여를 통해 퍼센트 이익을 얻으려는 사람들)이 하늘의 선물을 받는 것에 대해선 감사하게 여기기만 해도 되는 것인지 경영진 미팅에 참석하시는 분들께 질문을 드리는 것이고요. 왜냐하면 대부분의 경영진이 이에 해당할 것이기 때문입니다.

　내년 3월이면 10배수 이상의 초과 수익이 1,000억 원은 될 것 같은데요. 진지하게 말씀드리자면 그 1,000억 원으로 세상에 봉사하는 단체 수백 곳을 선정해 기부하는 것도 매우 멋진 일이고, 그동안 사회에 별다른 기여 없이 받기만 했던 것에 대한 사죄도 될 것 같습니다. 1,000억 원을 기부한다고 해도 그 이후의 서비스는 그 10배 이상을 벌어다 줄 것이기에 퍼센트로 보자면 그다지 크지 않다고 생각합니다. 물론 이것들도 여전히 하늘이 주신 선물이 곱하기로 커지는 것이니 얼마나 계속 기부를 해야 할지 말지 고민이 되긴 하겠네요."

금요일이었다. 둘 사이의 이메일 핑퐁은 자정까지 이어졌다.

"김창한 님, 메일 혹은 문서는 제대로 작성하지 않으면 오해가 일어나기 쉬운 것을 김창한 님도 잘 이해할 겁니다. 회의록의 완성도에 대해서 김창한 님이 이전에 지적한 바도 있었지요. 저는 김창한 님의 메일만으론 요점을 여전히 이해가 힘듭니다.

제 이해가 맞다면 저는 이 문장으로 답을 했다고 생각합니다. '투자하지 않고 인센티브 성격으로 주식을 받은 사람들이 있고, 그들에 대한 이야기일 수 있습니다. 음… 그런 부분이라면, 그들이 블루홀에 기여했고 기여할 것이라고 생각하면 어떨까요? 물론 인센티브의 양과 질은 논란의 여지가 있는데… 여러 현금 인센티브도 그렇지 않나요?' 나머지 경영진 의견도 필요하다고 말하는 것인가요?"

장병규는 곧바로 휴가 중인 김강석을 찾았다.

"대표님, 다음 주 내내 휴가인 거죠? 해외로 나가시나요?"

"해외로 갑니다. 다소 우발적인 상황이긴 한데요. 월요일에 출국하고, 일요일에 귀국합니다."

"네, 잘 다녀오시고요. 김창한 님이 투지에 불타는 것은 좋은데, 그것이 폭주까지 가면 곤란해서… 음, 다음 주에 무슨 일이 일어날지 모르겠지만… 뭐, 큰 사고가 있지 않을 것이라 기대하고, 땜빵은 가능할 것이니… 잘 다녀오세요."

"제가 번아웃 모드인지라 비관적인 사고가 깔려 있음을 전제로, 과연 품고 갈 수 있을까? 의장님이면 가능할까? 저는 불가능할 듯하니, 품고 갈 수 없다면 매각이 답은 아닌가? 아니면 연합의 해체를 검토해야 하나? 이런 생각도 하게 됩니다."

"네, 일단 다음 주에 좋은 시간 보내고 오세요!"

장병규가 언급한 '무슨 일'은 다음 주를 기다릴 것도 없이 이틀이 지난 일요일 밤에 일어났다. 김창한의 메일이었다.

"장 의장님께서 저를 직접 대면하여 솔직하게 이야기하지 않으시고, 이렇게 교과서적인 내용으로 커버하는 모습에 깊은 실망을 느끼고 신뢰에 금이 생기고 있습니다. 그러나 이메일로 제가 시작한 것이니 끝까지 가보겠습니다. 요점을 누구보다 빠르게 파악하시는 분이 요점을 모르시겠다니 최대한 자세히 설명하겠습니다."

김창한은 배틀그라운드팀에 그간 보냈던 7통의 편지가 담긴 파일을 첨부했다. "저로 말할 것 같으면 3개월 전까지 빚의 무게를 감당하기 위해 고군분투 중인 사람이었고, 현재는 빚을 다 갚은 자유인이자 더 이상 잃을 게 없는 미친 개로서 가식, 위선, 품격을 다 벗고 알몸으로 이야기해보겠습니다."

그는 먼저 '하늘이 주신 선물'에 대해 말했다.

"일단 내년 3월 말까지 개발비 10배수 이상의 수익이 1,000억 원가량으로 예상되고, 그중 인센티브로 가정된 300억 원을 줘야 하는지 고민스러워서 '경영진과 배틀그라운드 사이의 커뮤니케이션 오류'라는 자기합리화와 '하늘이 주신 선물'이라는 명분을 개발하셨다는 것인데요.

지금 경영진에 있는 네 분의 최근 3개월간 상승한 주식 가치가 대략 2,500억 원에서 3,000억 원이 될 것입니다. 그 직전 가치 평가를 할 당시에 이미 다른 개발 프로젝트들인 W, 테라 모바일, 테라 콘솔이 모두 목록에 있었고 배틀그라운드엔 아무도 관심이 없는 상태였습니다. 그러니 이 주식 가치의 상승분은 대부분 배틀그라운드의 현재 그리고 미래 기대 가치에 의해 만들어졌다고 볼 수 있겠지요? 이 이득에 대한 설명은 아래와 같이 하고 계십니다.

'투자하지 않고 인센티브 성격으로 주식을 받은 사람들이 있고, 그들에 대한 이야기일 수 있습니다. 음… 그런 부분이라면, 그들이 블루홀에 기여했고 기여할 것이라고 생각하면 어떨까요? 물론 인센티브의 양과 질은 논란의 여지가 있는데… 여러 현금 인센티브도 그렇지 않나요?'

그러면 당신들께서 '1년 안에 투자 대비 10배수까지는 노력(기여)에 의한 것이고 그 이상은 하늘이 준 것'이라는 듣도 보도 못한 기준을 세우실 때, 본인들이 얻게 된 인센티브 중에 어느 정도는 과거의 기여분이고 어디까지는 미래의 기대 기여분이고 그 이상은 하늘이 주신 것이라고 근거를 가지고 선을 좀 그어보셨나요?

하늘이 주신 몫을 어떻게 하면 다시 돌려줄 수 있는지, 어떻게 하면 '사내에 유보하여 잘 운영'하기 위해서 '주주 자본주의 시스템의 어느 정도 결함'을 극복하는 방법에 대해서 연구는 좀 해보셨는지요? 하늘이 주신 선물을 감당하기 위해 매일 밤잠을 이루지 못하고 목구멍에 밥이 넘어가지 않는 상태인지, 아니면 하늘이 주셨으니 그냥 하늘에 감사 기도를 올리고 발 뻗고 행복하게 주무시고 계신지요?

개발비 10배수 이상의 수익이 하늘이 주신 선물이라는 말을 할 때 스스로에게 일말의 부끄러움은 없으셨는지요? 물론 억울한 것도 있으실 겁니다. 경영진은 경영진의 '일'이라도 하는데, 그것도 안 하면서 수익이 비슷하게 늘고 있는 다른 여러 사람을 잘 알고 계실 테니 말이죠. 하늘이 주신 선물을 감당하기 버거우실 것 같습니다. 저도 잠을 잘 못 자는데 경영진은 얼마나 더 힘드시겠습니까?

그래서 사회 환원이라는 제안을 드리는 것입니다. 수익을 최대한 사회에 환원한다면 자연스럽게 블루홀의 수익은 낮아질 것이고 블루홀의 가치도 줄어들 것이니, 주식을 통한 가치 평가 이익이 저절로 줄어들어서 감당하실 수 있는 수준, 그리고 실제로 기여에 비례하는 양에 가까워지지 않겠습니까?

그것도 싫다면 배틀그라운드 본부에서 공격적으로 비용을 집행하는 방법도 있습니다. 왠지 이렇게 이야기하면 돈을 낭비하는 것처럼 보이니 '재투자'라고 하지요. 공격적으로 '재투자'를 하여 배틀그라운드를 통해 할 수 있는 모든 성장 기회를 살려보도록 하지요. 그러면 당분간은 수익률이 줄어들 것이고 경영진도 기여를 통해 <u>스스로의 가치를 증명할 시간을</u> 조금은 벌 수 있을 것 같네요.

아니면 반대로 이야기해보겠습니다. 하늘이 준 선물이라는 표현, 그 당시에 누구도 이 이상의 사례를 고려하지 못했단 말은, 블루홀 경영진은 개발비 10배수 이상의 수익에 대해서는 기대하지도 않았다는 자기 고백입니다. 중간에도 1년에 200만 장을 팔 수는 없느냐고 여러 번 이야기하셨죠.

그렇다면 반대로 거기까지, 즉 경영진이 기대했던 최대치까지만 블루홀의 이익으로 삼고 그 이상은 전부 배틀그라운드 본부의 이익이 되어야 한다는 논리는 말이 안 될까요? 작년에 그 정도 수준에서 '안'이 만들어진 것이지 맥락을 오해로 덮으려고 하지 마시기 바랍니다. 그만큼 진지하게 듣지 않았다는 자기 고백일 뿐이니 말입니다."

알몸의 남자는 상대방도 발가벗을 것을 요구하고 있었다.

"'사회보다 블루홀 경영진이 더 소중하게 활용할 수 있다고 저는 믿습니다'라고요? 6주 전에 보상 관련 이메일을 보냈고 5주 만에서 얄팍한 숫자 놀음인 수정안이 왔습니다. 업무의 질과 속도 측면에서, 만약 배틀그라운드 본부에서 저런 결과물을 들고 오는 사람이 있다면 당장 짐을 싸라고 했을 것 같네요.

경영진이 배틀그라운드 이외에 얼마나 다른 일로 바쁜지 제가 아는 바는 없지만, 수익의 대부분을 배틀그라운드 본부의 결과로 얻으면서 시간의 대부분을 다른 일에 쓰고 있다면 그것 역시 납득하기 어렵습니다.

블루홀 경영진은 어떻게 구성되어 있습니까? 두 분은 본업이 있으시고 일주일에 2회씩 미팅에 참석하시는 사외이사 수준으로 일하고 계신 데다가, 그중 한 분은 싫은데 등 떠밀려 앉아 계시고 다른 한 분은 개발 이외에는 모르신다며 본인 성과급이나 잘 챙겨달라고 부탁하시는 분이고, 유일하게 전업인 한 분(김강석)은 번아웃이니 뭐니 하며 곧 그만두신다는 분이고, 제일 중요한 한 분(장병규)은 늘 직접 일하기 싫으시다면서 피터 드러커가 말하는 최고경영자팀을 10년째 빌딩하고 계신데, 그중 한 분은 나가실 예정이고 두 분은 올초에 선임되셨으니 언제 그 팀이 제대로 팀 빌딩이 될지 모르겠네요.

더군다나 제가 블루홀에 들어온 이후로 모든 사람이 블루홀은 실제로는 장 의장님이 결정하는 대로 돌아가는 조직이라고, 심지어 본인이 경영진인 사람조차도 그렇게 말하고 있으니, 지금 구축되고 있는 것이 최고경영자팀인지 꼭두각시를 앞세운 상왕 정치를 포장하고 싶은 것인지 모르겠습니다. 언젠가 역사가 평가해주겠지요.

평가할 가치가 있는 그레이트 기업이 된다면, 이런 상황에서 어떻게 '사회'보다 '블루홀 경영진'이 더 나을 것이라는 '믿음'을 가지게 되셨는지 궁금합니다. 아니면 '주주 자본주의 시스템'의 한계로 주식을 빼앗을 수는 없으니 잘하리라는, 기여하리라는 '믿음'을 가지는 것 말고는 달리 할 수 있는 게 없다는 자기 고백인지요?

대체로 사람을 미래에 대한 기대보다는 과거의 경력으로 평가

하시는 것 같은데, 수천억 원을 재투자하여 블루홀을 그레이트 기업으로 성장시키고 이를 통한 '장기적 사회 환원'을 만들어내시려면 그만한 경험이 있는 사람을 찾으셔야 할 것 같은데, 본인은 직접 도전하길 원하지도 않으시니, 지켜보겠습니다.

저는 농부가 밭을 탓하지 않듯 리더십을 입증하는 책임은 리더에게 있다고 생각합니다. 또한 배틀그라운드의 폭발적인 성공으로 발생한 조직의 보상 밸런스 붕괴에 대해 '주주 자본주의 시스템'의 한계로만 치부하고 적극적인 리스트럭처링(구조 개조)을 위해 노력하지 않는다면 블루홀은 절대 그레이트 기업이 될 수 없을 것이라고 믿습니다. 아니, 다른 여러 회사가 사용하는 방법이 있긴 합니다.

자기가 만들었다고 시끄럽게 주장하는 사람들에게 돈 좀 쥐여주고 내보낸 다음에 월급을 올려주고, 들어올 사람들로 새로 구성하여 진행하는 것이죠. 아마 그래도 전체를 이끌 사람은 스톡옵션 정도는 줘야 그 일을 맡겠죠? 이 방법도 단기적인 해결은 되겠지만 그 방법으로는 그레이트 기업은 될 수 없겠지요.

여기까지 읽고도 '그래서 개발 인센티브를 얼마를 더 달라는 거야? 본인에게 주식을 더 달라는 거야?'라고 독해하고 계신 분이 있다면 앞으로 저와 말 섞지 말아주시길 부탁드립니다."

김창한에 중요한 건 오로지 배틀그라운드였다.

"배틀그라운드본부의 기여에 의한 결과와 하늘이 주신 결과를 구분하기에 앞서, 즉 10배수라는 숫자를 선택하기에 앞서 배틀그라운드본부에 대해 얼마나 공부하셨나요? '일'과 '결과' 사이의 인과 관계를 조사해보셨나요?

얼리 액세스 출시 이후 동시 접속자가 최소 30만 명이 넘는 글로벌 서비스를 쉬지 않고 매주 업데이트하고 있습니다. 밤이건 주말이건 전 세계에서 방송을 모니터링하며 메신저로 의견을 교환하고 일주일에 수십 개의 커뮤니티 이벤트를 진행하고 있습니다. 또 수십 개의 국내외 업체들과 비즈니스 미팅을 진행하는 한편 쉼 없이 새로운 구성원을 뽑고 있습니다.

일단 그간의 게임 업데이트 노트와 유저 반응의 변화를 다 읽어보시기를 추천합니다. 배틀그라운드본부원들이 글로벌 서비스의 무게감을 극복하려고 어떻게 자신과의 투쟁을 하고 있는지 들여다보셨나요? 마치 아메바처럼 자발적이고 동시다발적으로 스스로 일을 찾아서 열정적으로 일하고 있는데, 큰 불만도 없이 앞만 보고 달려가고 있습니다. 이들이 바보처럼 일만 좋아하는 사람이라서 회사에 돈이 쌓이고 있는 것을 아는데 복지나 보상에 대해서 눈 돌리지 않고 일에 집중하고 성장에 집중하고 있을까요? 유일하게 팀 내부에서는 S군만 추가적인 주식을 요구했는데, S군만 똑똑하고 나머지는 바보들이라서 가만히 있는 걸로 생각하시나요? 이유가 궁금하시면 스스로 연구해보시기 바랍니다.

앞으로 리그 오브 레전드를 운영하는 라이엇게임즈 정도의 기업이 되려면 이런 사람이 2,000명으로 늘어나고 전 세계에 흩어져 있어야 하는데 이런 조직을 어떻게 만들어낼 수 있을까요? 이런 규모와 퀄리티의 조직을 구축해본 사람을 찾으러 다니고 계신가요? 아마도 듣도 보도 못한 조직의 운영이고 실행일 텐데 이 원리를 이해하지 못하면 그저 하늘이 주신 선물처럼 보이겠지요.

조직이 움직이는 핵심에는 리더십이 존재하는데 그 리더십이 생기는 원리는 무엇입니까? 이 정도로 자발적인 조직을 만들어보신 적이 있으십니까? 정 쉬워 보이시면 한 분이 저 대신 본부장을 맡으셔서 자신만의 새로운 리더십을 구축해보시고, 저는 일주일에 2회씩 경영진 미팅에서 하고 싶은 말을 하는 식으로 역할을 바꿔봐도 좋겠네요.

경영진으로서 최소한의 책임감이 있으시다면 일주일 정도 투자하셔서 배틀그라운드의 역사와 현재를 공부하실 수 있도록 자료를 첨부합니다. 하나는 제안부터 출시 직전까지 대내외에 발표된 자료의 모음이며, 다른 하나는 출시 직후 조직이 성공에 취하지 않고 명확한 비전을 바라보고 전진할 수 있도록 팀 내 소통에 사용한 자료입니다."

향후 10년

배틀그라운드에 미쳐 있는, 배틀그라운드로 미쳐버린 김창한은 독립 상장이 가능한 구조로의 분사를 요구했다.

"오해하지 마시기 바랍니다. 이 구조가 주어지지 않으면 '향후 10년을 바라보는 리더십'을 유지할 수 없고, 프로젝트 초반부터 말씀드렸던 비전을 성취하기 어렵기 때문에 요구하는 것입니다. 특히 인센티브를 지급하는 순간부터 리더십이 무너지기 시작할 것입니다.

　독립된 회사 내에 비전, 리더십, 도전, 성장, 성과, 보상의 구조를 제대로 구축하고, 성장하고 있는 기존 구성원과 새롭게 영입할 구성원을 융합해 새로운 e스포츠, 세계 1위 슈터(총싸움) 게임이라는 담대한 비전을 완성하겠습니다.

　추가로, 보상을 설명할 때 늘 나오는 파이라는 단어로 설명하자면 제대로 파이를 키워 블루홀 경영진, 주주, 투자자가 받게 될 '하늘의 선물'은 줄어들지 않을 것임을 약속드립니다.

　추신. 지난 1년가량의 배틀그라운드 역사를 공유하기 위해 문서들을 모아봤습니다."

　메일 아래로 배틀그라운드 관련 파일을 내려받을 수 있는 온라인 주소를 남겼다. 배틀그라운드 제안, 승인 과정, 개발 프로젝트 진행 과정 등이 담긴 12건의 문서였다.

　다음 날 오전, 장병규가 답장을 보냈다. "메일로 왔다 갔다 할 일이 아닌 것은 확실해진 것 같네요. 대화가 필요할텐데, 음… 김강석 대표님도 금주에 휴가이니, 일단 제가 오전에 우선 전화할게요!"

　이날 통화를 마친 둘은 배틀그라운드 보상책과 관련된 좁은 안건이 아니라 '배틀그라운드의 미래'라는 폭넓은 안건을 두고 대화해나갈 계획임을 경영진에게 알렸다. 김창한은 "김강석을 포함한 다른 경영진은 나의 대화 상대가 아니다"라고 선을 그었다. 장병규 역시 "주주 관점에서 가장 큰 이해관계가 걸린 일이기에 대주주이자 이사회 의장인 내가 안건을 담당하는 것이 적절하다"고 발표했다.

　매분 매초 뛰고 있는 김창한에게 일시정지 버튼은 없었다. "배틀그라운드본부는 하반기 연봉 조정을 하고자 합니다." 구성원 보상책에 이어 연봉 조정 계획을 경영진에게 통보했다. 기본급은 시장 가치에, 인센티브는 성과에 연동되어야 한다는 게 그의 원칙이었다. 폭발적으로 조직이 커지면서 내년 1월을 기다리지 못하고 연봉을 조정할 필요가 생겼다.

　"현재 배틀그라운드본부의 개발과 사업의 진행 속도는 1년 단위가 아니라 1주, 1개월 단위로 성장이 일어나고 있습니다. 이 속도를 따라잡기 위해선 좋은 인재 구인에 더 노력해야 하고 내부의 변화도 더 빠르게 조정해야 합니다."

　본격적으로 구인 업무에 착수하면서 인재의 시장 가치를 파악했다. 연봉 격차 때문에 구인에 실패하는 사례도 생겼다. 최고의 역량을 보여주던 한 직원은 1억 원이 넘는 연봉에 더해 스톡옵션을 받는 조건으로 부동산 중개 플랫폼 회사로 떠났다. 에픽게임즈 코리아에서 근무하는 직원에게 러브콜을 보냈지만, 배틀그라운드본부의 낮은 연봉 테이블 때문에 이직을 주저했다. 헤드헌팅을 돕던 전문가에게서 "블루홀 연봉이 낮다는 소문이 자자해 개발자들이 오기를 꺼린다"라는 말을 듣기도 했다. 구인 업무를 맡은 팀장들도 이성적으로는 현재의 격차를 이해하고 자신보다 높은 연봉을 받는 지원자들을 대하고 있지만, 심정적으론 거부감이 일어 좋은 인재를 구인하는 데 어려움이 있어 보였다.

　블루홀 경영진은 곧바로 김창한에게 연봉 조정 대상자와 조정 수준에 대한 구체안을 요청했다. 김창한은 경영진과 배틀그라운드본부 내 핵심 인재 11명에 대한 기본급 인상에 합의했다. "저는, 성과 연동형 인센티브가 있으니 연봉을 적게 받으라는 식으로 보상을 설계하고 싶지 않습니다. 특히 지금같이 충분히 능력이 있는 회사에서는요."

　경영진은 서둘러 연봉 조정을 마무리하고 김창한에게 이를 알렸다. "이 정도 예산이면 해당 인원이 배틀그라운드본부에서 열심히 일한다는 가정하에 배틀그라운드본부가 그냥 결정하고 진행해도 무방한 것 같습니다."

　김강석이 휴가에서 복귀하자 장병규와 김창한의 논의가 시작됐다. 안건은 '배틀그라운드의 미래 논의.' 보상 문제에서 촉발한 대화는 회사 비전과 성장, 운영과 미래에 대한 전반적인 주제로 확대됐다. 둘의 대화를 기록할 서기로 직원 한 명이 배정됐다. 김창한이 신뢰하는 사람으로서 회의록 작성뿐 아니라 담당자들 사이의 오해나 감정의 소모를 줄여주는 역할이었다. 장병규의 요청으로 김강석도 동석자로 지목됐다. 장병규가 신뢰하는 블루홀 대표로서 안건에 대한 일차적인 의견을 장병규에게 제공하는 역할을 맡았다.

　김창한의 주된 요구는 향후 배틀그라운드본부를 독립적으로 상장할 수 있는 구조를 만드는 것이었다. 그는 배틀그라운드의 비전은 블루홀의 비전과 다르다고 주장했다.

　"배틀그라운드의 미래 가치를 보수적으로 추정해도 2019년까지 3년간 영업 이익만 7,600억 원에 달합니다. 배틀그라운드엔 종적(높이) 확장의 비전이 있습니다. 배틀그라운드 IP를 영화, 드라마, 미디어, TV, 온라인, 머천다이징(상품화 계획)으로 확장하는 프랜차이즈로 만들며 e스포츠 시장에서 승부를 봐야 합니다. 이는 단순히 게임 하나를 길게 서비스하는 수준이 아닙니다. 계속 신작을 추진해야 하는 블루홀의 횡적 확장 비전과 가는 길이 다릅니다."

김창한에겐 독립적인 운영과 보상이 보장되는 구조 분할을 통해 배틀그라운드가 더 큰 성장을 이룰 수 있다는 믿음이 있었다. "기존 블루홀 보상 제도를 배틀그라운드본부에 적용한다면 배틀그라운드를 키워나갈 인재에게는 형평성 문제가 생길 것이고, 일하지 않아도 돈을 버는 조직이 생겨나 헝그리 정신이 없어지는 부작용이 생겨납니다."

보상안을 두고 격론이 오갔다. 김창한은 "배틀그라운드 조직에 스톡옵션을 대규모로 발행해야 한다"고 요구했다. 장병규는 "김창한의 스톡옵션 인센티브에 대한 이해가 다소 이상적"이라며 현실적으로 현금 중심의 보상과 소수 리더십에 특화한 스톡옵션 인센티브를 제안했다. 주식과 현금 인센티브는 기본적으로 이익에 기반한 것으로, 지급하는 가치가 동일하다면 원론적으론 같다는 게 장병규의 입장이었다.

그에 따르면 내재 가치를 기반으로 미래 가치를 반영한 주식의 가치는 널뛰기를 하는 속성이 있다. 현재 사업뿐 아니라 앞으로 잘될 것이냐 아니냐 하는 시장의 심리와 미래 가치, 수요와 공급 등 여러 요소가 복합적으로 주가에 영향을 끼친다. 그렇기에 누군 가 시장과 교감하면서 기대치를 관리해야 하는 문제가 생긴다. 장 병규가 김창한에게 "배틀그라운드 하나만 있다면 주가는 어떻게 될 것 같은가?"라는 질문을 던지고 스스로 답했다.

"배틀그라운드가 e스포츠 비전을 이루는 일을 사람들은 초반 에 믿지 않을 테니 게임 회사의 일반적인 PER(순이익 대비 주가 비율) 인 10 전후가 될 겁니다. 한국은 이 수치가 좀 높아서 20인 경우 도 있습니다. 하지만 e스포츠 비전을 이루고 누구나 비전을 믿게 되면 PER가 40까지도 올라갈 수도 있어요. 엔씨소프트는 PER가 60까지 간 적도 있습니다.

그런데 그다음 포화가 되면 시장은 '이제 더 없네?' 하는 판단 을 하면서 수치는 다시 내려갑니다. 이렇게 되면 주식을 누가 언 제 파느냐와 같은 혼란이 오면서 주식 보상은 아무도 예측할 수 없는 영역이 됩니다. 반면 현금 보상은 가치가 딱 정해진 것을 나 누는 것이므로 이상적입니다. '올해 얼마 벌었으니 나누자'는 것 이죠."

김창한은 맞섰다. "주식이 더 어려운 보상 수단이라고 하셨는 데, 개인 입장에선 회사에서 현금 보상으로 초과 이익의 몇 퍼센 트를 나눈다고 해도 실제로 얼마를 받을지 모르기 때문에 예측이 불가능한 것은 마찬가지입니다. 주식은 성장하고 있을 때 가격 변 동은 있겠지만 적어도 수량은 정해져 있습니다."

장병규는 "배틀그라운드의 미래 전망에 모두 공감한다"면서도 "철학과 비전의 관점에서 제작의 명가라는 블루홀의 비전이 종적 확장을 추구하는 배틀그라운드와 같은 모습으로 존재할 수 있다"
고 김창한을 설득했다. 장병규는 분할보다 CIC(사내 독립 기업)를
대안으로 꺼냈다. "배틀그라운드의 독립적인 운영 필요성에는 공
감하고 김창한 님이 더 잘할 것으로 기대합니다. CIC는 의사 결
정과 운영, 인사권 독립이 가능하기에 김창한 님의 요구를 충족할
수 있을 거라고 봅니다."

　장병규에겐 블루홀과 배틀그라운드가 함께하는 방안이 더 큰
그림이면서 동시에 기업 가치를 높이는 데 유리하다는 믿음이 있
었다. 배틀그라운드뿐 아니라 '넥스트 배틀그라운드'로 확장이 가
능한 신작 라인과 IP를 여럿 가진 회사가 더 크게 성장할 수 있다
는 생각이었다. 이는 장기적인 보상 시스템을 마련하는 데에도 도
움이 된다.

　"주가 널뛰기를 줄여야 인센티브로 쓰기 쉽습니다. 주주들도
그걸 바라고 있습니다. 배틀그라운드 하나만 있는 건 무조건 좋지
않습니다. 기대치 관리에는 변수가 많은 게 유리합니다. 파동도
여러 개가 있어야 중화가 가능하듯 말이죠.

　엔씨소프트는 리니지 게임 IP 하나로 대부분의 영업 이익을 내
고 있고, 이는 게임 던전 앤 파이터를 가진 넥슨도 마찬가지입니
다만, 엔씨소프트도 넥슨도 대응할 카드가 많은 것이 좋기에 여러
게임 라인과 함께 큰 덩치를 유지하고 있습니다. 블루홀도 마찬가
지입니다. W나 테라 콘솔 버전 같은 제작 라인과 실적, 지역 확장
과 같은 카드가 많아야 게임 제작사에 좋습니다."

　장병규는 김창한에게 "비판과 질문을 하는 건 좋지만 내가 다

른 사람이나 나 스스로를 위해서 이야기한다고 생각하지 말아달라"고 당부했다.

"지금처럼 현금이 많은 상황에선 주식 인센티브가 좋지 않은 수단인데, 믿지 못하겠다면, 안을 가져오시면 그것을 고민하겠습니다. 이 논의 테이블의 시작은, 김창한 PD가 원하는 그림이 있으면 그 안을 가지고 고민하는 것이었으니까요.

다만 제가 의도를 가지고 있다고 생각하진 말아주세요. 제가 틀렸다고 생각하실 수 있겠지만, 제가 의도를 가지고 이야기한다고 받아들이시면 모든 것이 의심스러워 이야기의 진도가 나가지 않게 됩니다. 저는 지난 20년간 의도를 갖고 행동하지 않았습니다. 항상 회사 입장에서 최선의 선택을 고민했습니다. 만약 제 행동이 블루홀이나 배틀그라운드가 잘되는 방향이 아니라 개인이나 특정인을 위한 것이라고 생각하신다면, 지난 20년간의 제 삶이 부정당하는 것이기에 참을 수 없습니다. 액면 그대로 받아들였으면 합니다."

대화가 뜨거워지면 종종 김창한은 장병규에게 "의장님이 직접 하시든가요" "제가 나가고 의장님이 하시면 되겠네요"라고 말했다. 그런 말을 들을 때면 장병규는 "너무 감정을 섞지 말자"며 그를 달랬다. 그러고선 집으로 돌아와 삭였다. 이따금씩 '진짜 직접 해야 하나?'라는 생각이 치밀었지만 이내 생각을 멈췄다. 바보가 아닌 이상에야 전혀 해결책이 되지 않는다는 걸 잘 알고 있었기 때문이다.

5번의 만남

논의를 시작한 2017년 7월 한 달 동안 김창한과 장병규는 5번을 만났다. 말일 장병규는 편지 한 통을 발신했다.

"지난 몇 번의 대화로 김창한 님의 몇몇 생각은 이해하게 됐고 제 생각도 좀 더 정립됐습니다. 그렇더라도 추가로 대화를 나눠야 할 것 같긴 하고요. 여하튼 대화를 나누다 보면 어떤 근본적인 생각이나 믿음이 다르기 때문에 논의가 겉도는 것 같기도 해서 그중 하나를 정리해봅니다. 김창한 님의 질문과 도전으로 저의 믿음과 생각이 좀 더 정리되기를 기대하는 마음도 있으니 생각해보시고 필요하면 의견을 주세요."

장병규는 '연합'을 언급했다.

"연합은 지속 가능한가?

블루홀이 추구하는 연합이라는 것이 과연 무엇인가? 이런 질문은 여전히 저도 애매합니다. 김창한 님은 연합은 지속 가능하지 않다고 직관적으로 생각합니다. 블루홀이 3년 전 인수 합병 전략을 시작할 때 이름을 대면 알 만한 게임업체의 대표들은 연합의 가능성을 일축하며 합류를 거절했습니다. 그들은 하나같이 그 이유로 '힘들면 일시적으로는 뭉치겠지만 성공하면 결국 나갈 것'이라고 말하더군요. 즉 블루홀 연합은 일시적일 것이라는 지적이었습니다.

여전히 이 문제는 제게 풀리지 않은 숙제로 남아 있습니다. 그럼에도 '흥행 사업을 영위하는 한, 지속 가능한 회사가 되려면 연합을 반드시 추구해야 한다'는 어렴풋한 합리성과 개인적인 믿음이 있었습니다. 그리고 김창한 님과의 논의는 그런 믿음을 흔드는 대화이기도 해서, 제가 가슴이 답답해지는 순간이 간혹 있는 것 같아요.

연합은 무엇인가?

그래서 연합에 대해 좀 더 생각해봤습니다. 연합은 '함께'라는 의미를 제외하고는 애매한데, 여하튼 논점을 명쾌하게 하는 방법 중 하나는 뭔가 나눠서 생각하는 것이죠. 그런 관점에서 블루홀을 구성하는 주체인 주주(투자자), 제작 리더십, 다수 구성원들로 나눠봤습니다.

먼저 주주입니다. 특히 투자자 관점이죠. 주식 투자자들은 여러 라인을 함께 운영하는 회사에만 투자가 가능합니다. 본질적으로 흥행 사업의 가치 평가는 바이너리(0과 1, 혹은 ㄱ과 ㅋ)입니다. 단계적으로 성장하지 않습니다. 보통 스타트업은 단계적으로 성장하기에 시리즈 A·B·C 등의 투자 단계로 표현되는 투자자들의 생태계가 형성될 수 있지만 흥행 사업은 힘듭니다.

좀 더 과장해서 말하면 여러 라인을 함께 투자하는 회사가 없다면 흥행 사업은 발전할 수 없습니다. 혹은 여러 라인을 함께 운영하는 회사들에만 사업이 집중됩니다. 흥행 사업의 불확실성으로 인해 실제로 실리콘밸리에는 게임 투자가 거의 자취를 감췄습니다. 한국 역시 지금은 게임 투자가 많이 사라졌죠.

지속 가능한, 혹은 지속적으로 발전하는 회사가 되려면 끊임없이 여러 라인에 투자해야만 합니다. 물론 특정 IP는 보통의 회사들보다 더 오래 살아남겠지만, 수십 년 동안 지속 가능한 회사가 되려면 여러 흥행에 도전할 수밖에 없습니다.

다음은 제작 리더십입니다. 트랙 레코드를 쌓기 전까지는 연합에 속하고 싶어 하지만, 트랙 레코드를 쌓고 난 이후에는 연합에 있을 이유가 없습니다. 이는 여러 게임 회사 대표들이 지적한 바이기도 하죠.

정말 많은 예가 있는데, 유명 게임의 대주주와 제작자 사이의 갈등과 결별, 콜 오브 듀티Call of Duty 프랜차이즈의 초석을 다진 인피니티 워드Infinity Ward 스튜디오의 두 창업자가 EA로 옮겨서 타이탄폴Titanfall 게임 개발을 시작한 일화 등을 들 수 있습니다. 물론 넥슨의 데브캣처럼 회사 내에서 독립성을 유지하는 경우도 있으나 다수라고 할 수는 없습니다.

근본적인 대책은 없을 것 같기도 하지만 저와 김강석 대표님 등은 이 문제를 해결하고자 각기 나름대로 노력해왔습니다. 제작 리더십 간의 주식 인센티브 형평성 완화를 위해서 계속 고민하고 실행해왔고, 합병 시에도 평생 함께 제작할 것이라는 믿음이 약하면 합병하지 않았습니다. 물론 사람은 알기 힘들고 저희 판단은 틀릴 수 있기에 실제 성과는 다를 수 있습니다만.

마지막으로 다수의 구성원이 있겠죠. 블루홀의 구성원들에게는 회사가 여러 제작 라인을 운영하면서 규모가 커지는 게 필요합니다. 원할 때 사내에서 이동할 수 있는 것이 좋습니다. 흥행 사업이기에 자꾸 도전하고 계속 실패할 수밖에 없습니다.

조직이므로 구조 조정도 필요한데 한국의 노동 유연성은 낮죠. 노동 유연성이 높아지더라도 이직이 사내 이동보다 더 효율적이긴 힘듭니다. 실패로 끝났지만 블루홀에서 실패한 팀의 구성원들이 소속할 팀을 찾는 'NEXT팀 제도'를 운영했던 이유이기도 합니다.

　규모는 다수의 구성원에게 안정감을 제공합니다. 직장 어린이집처럼 규모에 따른 복리후생도 제공할 수 있고, 야구단이 있는 회사를 배우자가 될 사람이 선호한다는 어느 퇴직자의 말처럼 규모와 상장 여부에 따라 가족에게 안정감을 제공할 수도 있습니다.

　물론 이런 안정감이 지속 가능한 회사를 만들진 않지만 인재 유치에는 도움이 됩니다. 구성원들이 다양한 제작 라인과 다양한 시장에서 여러 학습을 공유하기에도 용이합니다. 다수의 구성원에게는 연합의 존재 이유가 있고, 한국에선 그 이유가 더욱 큽니다.

　그럼 배틀그라운드는?

　김창한 님은 독립을 해야 하는 이유로 '배틀그라운드는 게임과 다르다, 서비스다, 혹은 플랫폼이다'라고 언급했습니다. 물론 독립도 연합만큼 애매한 단어인데, 그럼에도 위의 관점에서 생각해봤습니다.

　주주의 입장에서 배틀그라운드는 '흥행 사업'이라는 점에서 별반 다를 바가 없습니다. 게임이 서비스라는 관점은 이미 존재하고 있었고 배틀그라운드 투자 시점에 플랫폼이라 생각하고 투자하진 않았으니까요. 그렇기에 김창한 님이 '과거' 혹은 '주주'는 인정하는 것일 수도 있죠.

　제작 리더십 입장에서는 배틀그라운드를 정말 '빠르게' 그리고 '제대로' 키우고 싶은 마음에 블루홀이 발목을 잡는 것처럼 보이고 그렇게 느낄 수 있습니다. 블루홀이 보상을 잘 해주지 않는다는 관점에서 불만일 수 있습니다. 배틀그라운드 구성원들 입장에서도 해외에서 온 사람들이라면 원래 프리랜서였고 노동이 유연한 사람들이었고 능력도 뛰어난 사람들이기에, 영어 지원도 못하는 블루홀 연합은 발목을 잡는 것처럼 보일 수 있습니다. 하지만 본인이 게임 제작과 서비스를 계속할 한국인이라면 블루홀 연합을 바랄 것이라고 믿습니다.

배틀그라운드와 관련된 이야기는 아니고 연합에 대한 이야기였습니다. 다시 강조하지만 결론을 내자는 것이 아니라 김창한 님과의 대화를 통해서 저도 블루홀의 존재 가치를 좀 더 명쾌하게 정립하고 싶어서 한 번 정리해봤습니다."

김창한은 이후 장병규에게 "기존 블루홀 주주들을 존중하겠다"라는 의사를 전했다. 블루홀 투자자들을 프리라이더(무임승차자) 취급을 했던 그의 입장에 변화가 생긴 것이다. 장병규는 "그 토대 위에서 대화를 지속해보자"라고 했다. 블루홀 주주들의 투자와 공헌에 대한 김창한의 인정은 향후 논의의 중요한 분수령이라고 장병규는 여겼다.

이런 결정을 하기 전에 김창한은 솔로몬의 판결 이야기를 떠올렸다. 한 아이를 두고 두 여자가 자신의 아이라며 다투자, 솔로몬은 칼로 아이를 반으로 갈라서 나눠 주라고 명한다. 아이를 차마 죽게 할 수 없었던 친모는 주장을 굽히며 도리어 자신이 친모임을 입증한다. 배틀그라운드의 친엄마이기에 자식을 살리는 결정을 해야 했다.

　김창한은 배틀그라운드를 만든 핵심 직원 5명을 한 명씩 면담하면서 보상 협상 현황을 알리고 괴로움을 전했다. "기존 블루홀 구성원과 상대적으로 비교해보면 당신을 만족시킬 수 있는 균형 있는 보상을 협의하기 어려울 것 같다"고 말했다. 이들은 김창한에게 전권을 위임하며 "어떤 보상에도 만족하겠다"고 도리어 지지해줬다.

450억 원

　2017년 8월, 배틀그라운드본부는 독일에서 열리는 글로벌 게임 행사 게임스컴에서 국제 e스포츠 리그인 ESL과 함께 세계 처음으로 배틀그라운드 공식 오프라인 대회를 열었다. 행사에 맞춰 경영진은 배틀그라운드본부 전원이 일주일간 참가하는 해외 워크숍을 결정했다. 2007년에 블루홀이 설립된 이후로 프로젝트 팀원 전체가 해외 워크숍에 가는 일은 처음이었다. "뛰어난 성과를 낸 팀과 프로젝트에는 그에 합당한 보상이 제공되어야 한다고 믿습니다." 김강석이 배틀그라운드 워크숍 소식을 블루홀에 알렸다.

　"기존에 없던 보상의 형태이고 꽤 파격적이라고 할 수 있는데요. 이를 제도화하는 것까지는 아니고 배틀그라운드의 성과를 축하하는 의미로 한번 해보고자 합니다. 이 결정을 하면서 혹여 다른 프로젝트 입장에서 다소 서운할 수도 있겠다는 생각을 많이 했습니다. 그러나 제작에 열정이 있는 블루홀 구성원이라면, 배틀그라운드 구성원들을 축하하며 보내주고 '우리도 한 번 더 열심히 해보자'는 각오를 다져주시리라 기대합니다.

배틀그라운드본부 모두가 유익하고 즐거운 시간을 보내시고, 더 도약할 수 있는 힘을 충전하여 돌아오시기 바랍니다. 그리고 경영진으로서는 이런 기분 좋은 결정을 앞으로 자주 할 수 있기를 소망합니다."

배틀그라운드 개발팀은 게임스컴에서 팬들의 열렬한 환대를 받았다. 배틀그라운드 로고가 프린트된 티셔츠를 입고 '개발자 developer' 모자를 쓴 팀원들은 행사 내내 "PUBG! PUBG!" 환호했다. "당신들이 배틀그라운드를 만들었나요?" "차기작은 뭔가요?" 시상식 주인공처럼 갈채와 사인 공세를 받았다.

배틀그라운드 개발팀 일부가 커피를 마시러 현장을 빠져나갔다가 화장실에서 외국인 남성과 그의 여자친구를 마주쳤다. "난 배틀그라운드 광팬이야!" 남성은 방방 뜨면서 소리를 질렀다. 한 팀원이 모자를 벗어서 선물로 건네자 남성은 비명을 지르며 무릎을 꿇고 절을 했다. 여자친구는 영문을 모른 채 어안이 벙벙해져 이 광경을 쳐다만 봤다.

행사가 끝나고 주변 호프집에서 뒷풀이를 할 때 건너편 테이블에서 외국인 무리가 개발팀을 힐끔힐끔 쳐다봤다. 처음엔 경계했지만 알고 보니 배틀그라운드 스트리머들이었다. 그들과 'PUBG'를 연호하며 코가 비뚤어질 때까지 술잔을 부딪쳤다.

"정말 좋은 경험이었어요." "개발자로 살면서 앞으로 기억에 계속 남을 것 같다." 저마다 개발자 인생 사진첩에 영원히 담길 한 장면씩 가지고 한국으로 돌아왔다.

　김창한은 장병규가 제안한 CIC 구조를 받아들였다. 새로운 회사의 이름은 'PUBG주식회사.' 김창한과 배틀그라운드본부가 속했던 블루홀의 자회사 블루홀지노게임즈가 사명을 변경하고 체제를 정비했다.

　블루홀은 "글로벌 게임으로 급성장한 배틀그라운드를 주축으로 하는 독립 법인으로 분리해 경영의 독립성과 효율성을 배가하고 선택과 집중을 통해 글로벌 게임 시장에 유연하고 민첩하게 대응하겠다"며 PUBG 출범을 알렸다.

　PUBG는 글로벌 확장을 위해 미국 지사도 설립했다. 사내 독립 회사로 시작하는 만큼 PUBG에 재무, 인사, 법무, 홍보 부서 기능이 추가됐다. PUBG 사옥은 서울 서초구에 마련하기로 했다.

　장병규와 경영진은 김창한과 협의해 인센티브와 스톡옵션 보상안을 확정했다. 장병규는 임시 주주총회를 열어 PUBG 핵심 구성원에게 스톡옵션을 발행하는 한편, 과거 블루홀 핵심 구성원에게 지급한 스톡옵션 수량도 줄였다. 받기로 했던 스톡옵션을 도로 토해내는 데에 일부 직원이 반발했지만, 장병규는 일대일로 면담하며 이들을 설득했다.

　블루홀은 배틀그라운드 이익의 일부를 PUBG 구성원들에게 단기와 중장기 현금 인센티브로 지급하고, 핵심 구성원에게 스톡옵션을 지급하기로 했다. PUBG의 핵심 구성원에게 주어지는 스톡옵션은 블루홀 내 기존 다른 부서나 조직 사람들과 비교했을 때 사기가 저하되지 않을 수준을 반영했다. 이와 함께 스톡옵션을 추가로 발행하는 부담을 줄이고자 현금으로 스톡옵션에 준하는 보상을 하자는 장병규와 경영팀 의견도 받아들여졌다.

주가에 연동해 현금 인센티브를 주는 SAR Stock Appreciation Rights 이 PUBG 핵심 구성원과 경영팀에게 부여됐다. 특히 논의의 시발점이 된 개발 인센티브도 정비해 지급됐다. 새롭게 합의한 개발 인센티브는 제작비 대비 초과 이익 대신 매출로 지급 기준을 바꿨다. 성장에 방점을 둔 인센티브 체계였다. 안정적인 운영이나 유지보다 빠르고 폭발적인 성장에 집중하자는 취지로 설계됐다.

논란이 된 캡 규정은 삭제됐다. 김창한의 의견이 받아들여진 것이다. 게임 출시 후 최소 3년간은 '성장'에 방점을 두고 매출 일부를 구성원과 나누고, 이후 게임 서비스를 운영하는 성숙기에는 영업 이익을 기준으로 전환해 개발 인센티브를 지급하기로 결정했다. 단기적이고 일시적인 성장이 아니라 장기적이고 지속적인 성장을 위해 함께 노력하자는 의미도 담았다.

배틀그라운드의 이익이 본격적으로 발생한 2017년 4월부터 2018년 3월까지 매출은 어림잡아 7,000억 원으로 예상됐기에, 개발 인센티브 재원은 450억 원 정도로 추산됐다.

PUBG 인센티브를 이사회에 설명하면서 장병규는 "경영진으로서 라인 쏠림 현상이 고민"이며 "PUBG 외 다른 조직에도 일회성 인센티브를 지급하겠다"고 전했다. "구성원들의 70~80퍼센트는 경제적 인센티브로 움직이기 때문에 PUBG에만 인센티브가 몰리면 장기적인 관점에서 조직이 피폐화될 수 있습니다. 이를 보완하기 위해 다른 조직에도 인센티브를 주고자 합니다. 전사 구성원들에게 순매출의 1~2퍼센트 정도를 써야 한다고 생각합니다."

새 인센티브 제도를 도입한 1년 차에 순매출의 10퍼센트를 PUBG 인센티브로, 1~2퍼센트를 전사 인센티브로 사용할 계획을 잡았다.

"한 판 더!"

2017년 10월, PUBG 오피스 입구에는 강인하고 거친 이미지의 새 CI(기업 이미지)가 걸렸다. 김창한은 PD가 아닌 CEO로서 직원들에게 새로운 시작을 알렸다.

"사명은 배틀그라운드라는 제품과 서비스를 글로벌 시장에서 성공시키겠다는 선언입니다. PUBG의 성공을 위해 오로지 PUBG만을 위해 일할 것이며, 그렇기에 다른 신규 게임 개발에 대한 고민은 하지 않을 겁니다. 'CEO 김창한'에서 타이틀은 중요한 게 아니고, 지금 하는 일과 실질적으로 차이는 없습니다. 타이틀을 떼고 '자연인 김창한'이 할 수 있는 일이 진짜 자기 것이고 중요한 부분이겠지요. 다만 PUBG CEO 타이틀에 걸맞은 역할을 수행하기 위해 노력하겠습니다.

여기 'PUBG 서울' 오피스를 비롯해 상하이, 암스테르담 등에 글로벌 로컬 오피스도 생길 것입니다. 이 모두를 통틀어 PUBG

Corp.가 되는 겁니다. 8층에 200석이 마련돼 있고 7층에 100석을 수용할 수 있습니다. 아래층 절반은 휴게 공간으로 활용하기로 했는데 공사하는 데 시간이 좀 더 걸릴 것 같네요."

김창한의 칼날은 언제나 PUBG 바깥으로 향해 있었다. PUBG 구성원 눈에 김창한은 '자연인'이었다. PUBG 안에서 김창한은 큰소리를 내지 않고 변함없는 태도로 직원을 대했다. PUBG 직원에 한해선, 미친 개의 탈을 쓴 알몸의 김창한을 본 사람은 없었다. 김창한은 블루홀 경영진과의 협의 내용이나 그로 인한 마찰을 PUBG 내부에 전하지 않았다. 그가 PUBG 바깥에서 어떤 모습을 하고 다니는지는 아무도 알지 못했다.

다만 김창한은 성취에 인생의 모든 것을 건 사람처럼 보였다. 사석에서도 업무 이야기만 할 뿐, 취미나 여가와 같은 개인적인 주제를 입 밖으로 꺼내는 법이 없었다. 일로 받은 스트레스를 다시 일로 푸는 사람이었다.

새 회사 PUBG의 출근은 오전 10시까지, 점심은 1시부터 2시까지, 퇴근은 오후 6시로 하루 7시간 근무가 기본 규정이었다.

"우리는 시간제 노동자가 아닙니다. 시간제 노동이란 시간별로 결과가 나오는 것인데, 우리는 시간과 결과가 비례하지 않습니다. 그래서 포괄 임금제와 자율 출퇴근이 엮여 있는 것이죠. 근무 위치나 시간과 별개로 '결과물에 기여하는 것'이 나아가야 할 방향입니다. 일은 본인이 알아서 하는 거고, 이에 따른 평가 보상을 회사가 하는 겁니다. 그래서 사실 식사 시간이 중요하지 퇴근 시간이 중요한 건 아닙니다. 사람이 적당한 시간에 밥을 먹어야죠."

김창한은 인센티브 소식을 전하며 "기본급은 개인의 시장 가치인 반면, 인센티브는 개인의 기여도와 성과에 따라 차등적으로 지급된다"는 원칙을 분명히 했다.

"개인별 기여도나 성과 평가는 PUBG에 대해서만 고려됩니다. 양적·질적·결정적·조직적 기여에 따라 달라지기 때문에 남과 비교하지 말고 본인의 몫만 생각했으면 합니다.

인센티브는 전반적으로 충분할 것이니 모두 자신의 업무에 집중해주세요. 기여나 성과 대비 다른 곳에서 주는 것보다 많이 받을 수 있을 겁니다. 인센티브에 대해서 타인과 상대 비교를 하는 순간 아무리 많이 받아도 행복하지 못할 겁니다. 공정한 배분을 위해 최선을 다해 평가 프로세스를 준비하겠습니다."

아무도 가보지 못한 길을 달리는 조직에서 도전과 실패의 문화를 고민했다.

"어떻게 성공했는가? 과거로부터 배울 수는 있으나 과거를 답습해서는 안 됩니다. 새로운 시도가 필요하고 새로운 시도를 하면 실패를 경험할 수밖에 없겠죠. 실패 자체는 문제가 아닙니다. 실행하기 전에는 결과를 알 수 없기 때문입니다. 단, 시도를 해봤는데도 배우지 못한다면 그건 문제입니다. 혹은 개인의 믿음이나 고집 때문에 결과를 보고서도 제대로 판단하지 못하는 것도 문제입니다. 새로운 도전을 하기 어려워지는 조직 문화를 낳을 수 있기 때문입니다.

도전하고 실패하고, 또 실패하더라도 결과를 그대로 직면해야 배우고 성장할 수 있습니다. 새로운 것을 시도해보면서 실패하는 것은 상관없는데, 문제를 문제로 인식하는 데 시간이 걸리면 안됩니다. '문제가 아니다'라고 하면서 대응이 늦어지는 것만은 피해야 합니다. 과거 경험으로 인한 개인의 아집을 버리고, 시도한 결과를 있는 그대로 받아들이고 대응하는 문화를 만듭시다."

PUBG CEO 김창한은 개발 실무보다 글로벌 서비스와 사업 방향에 집중했다.

김창한과 손발을 맞춰 사업을 이끈 건 PUBG 부대표이자 COO(최고 운영 책임자)인 조웅희였다. 장병규와 김창한 사이에서 벌어진 배틀그라운드 미래 논의에서 '김창한이 신뢰하는 사람'으로 지목돼 회의록을 작성한 사람이 바로 그였다. 회의에서 볼펜을 집어 던지는 행동까진 기록하지 않았지만.

조웅희는 2000년대 네오위즈에서 장병규, 김강석과 차례로 일하다 2013년 모바일 게임 붐을 타고 제작사 '마우이게임즈'를 창업했다. 회사가 2015년 블루홀에 인수 합병된 후 조웅희는 퍼블리싱 부서에서 일하다 2017년 미국 시애틀에 있는 지사 법인 엔매스로 파견을 갔다.

어려운 회사 사정에도 장병규는 "미국 사정을 잘 아는 경영진이 필요하다"며 조웅희에게 미국행을 권유했다. 블루홀 소속인 조웅희는 배틀그라운드 미국 사업을 준비하던 김창한의 팀원들과 자주 교류하게 됐다.

글로벌 성공을 창업 목표로 세웠던 블루홀은 엔매스를 북미 시장 퍼블리셔로 운영했다. 엔매스는 현지 고객과 해외 게임을 만나

게 하는 전통적인 로컬 퍼블리셔로서의 역할을 강조했지만, 김창한의 생각은 달랐다.

스팀으로 대표되는 글로벌 게임 유통 플랫폼이 등장하면서 게임은 고객과 직접 만날 수 있게 됐다. 로컬 퍼블리셔의 위상과 영향력이 무너지는 상황에서 기존 방식을 고집하던 엔매스와 김창한은 자주 충돌했다. 배틀그라운드 북미 시장 서비스를 위해 어떤 역할을 해야 할지 엔매스와 김창한이 티격태격하던 시기에 조웅희는 중간에서 다리를 놓고 소통을 도왔다.

조웅희는 배틀그라운드 돌풍의 기미를 가까이서 감지했다. 얼리 액세스 출시를 앞둔 2017년 2월, 배틀그라운드팀은 온라인 방송 플랫폼 트위치의 해외 게임 스트리머에게 알파 테스트를 실시했다. 한 스트리머가 배틀그라운드 게임 방송으로 시청자를 긁어모으는 모습을 보고, 다른 스트리머도 배틀그라운드를 틀었다.

구르는 눈덩이에 바닥 눈이 붙듯 배틀그라운드 게임 방송에 스트리머들이 속속 합류했다. 어떤 방송을 해야 많은 사람이 열광하는지 가장 민감해하는 스트리머들이, 너나 할 것 없이 배틀그라운드에 붙어 "한 판 더one more game! 한 판 더!"를 외치며 방송을 이어나갔다. 배틀그라운드를 방송하면 시청자에게서 받는 도네이션donation(현금식 보상)의 횟수와 금액이 다른 게임보다 3배 높은 것으로 조사됐다. 알파 테스트 기간 동안 배틀그라운드는 트위치 뷰어십viewership 랭킹 2위에 올랐다. 알파 버전만으로도 사실상 전 세계 모든 게임 중 2위를 차지한 것이다.

충격이었다. 이런 전략과 방법으로 이만한 반응을 끌어낸 국내 게임은 본 적이 없었다.

얼리 액세스 출시를 목전에 둔 2017년 2월 말, 스팀에서 2주간 프리오더pre-order(사전 예약 주문)를 진행하다 비상이 걸렸다. 프리오더 고객에게 CBTClosed Beta Service(비공개 시범 테스트)를 할 수 있는 키key를 제공하겠다고 약속했지만, 스팀 측으로부터 '판매 금지' 통보를 받았기 때문이다. CBT 키는 미끼 상품이었다. 게임을 먼저 할 수 있는 기회를 스트리머나 진성 유저들은 매력적으로 여겼지만, 스팀은 상용 목적으로 취급할 수 없는 CBT 키를 프리오더에 끼워 파는 것으로 해석했다. 이미 'CBT 키'를 내세우며 프리오더를 일주일간 진행한 시점이었다.

8억 원어치를 팔아치우며 게임 판매에 대한 감을 잡았다. 스팀에서 퇴출될 순 없으니 '완판sold out' 간판을 걸고 판매 중단을 결정했다. "온라인 패키지를 파는 데 '완판' 문구는 처음 본다"라는 고객의 비아냥과 비난이 온라인 판매 댓글창을 가득 채웠다.

판매 금지를 통보한 스팀 직원은 연락되지 않았고 스팀에 아는 사람은 없었다. 스팀은 독특한 회사였다. 수평적인 조직 문화를 바탕으로 의사 결정권자가 바깥에 노출되지 않는 것으로 유명했다. 배틀그라운드 담당자가 누군지조차 제대로 파악할 수도 없는 상황에서 문제를 해결해야 했다.

같은 시각 샌프란시스코에서 GDC(게임 개발자 회의)가 열리고 있었다. 김창한은 미국에 있던 팀원들과 대책 회의를 하던 중 "GDC에서 스팀 관계자를 만나보라"고 했다. 무작정 그리고 무작전으로. 함께 회의하던 조웅희에게도 불똥이 튀었다. "웅희도 같

이 좀 가줘." "저도요?" 조웅희는 배틀그라운드팀원들과 그 자리
에서 일어나 가방을 싸고 시애틀에서 샌프란시스코로 날아갔다.

3박 4일 동안 GDC 스팀 부스 앞에 진을 치고 앉아 노트북으
로 메일을 줄기차게 보내며 스팀 관계자와의 만남을 타진했다. 결
과는 허탕이었다.

20분 인터뷰, 10분 휴식

2017년 3월 23일, 얼리 액세스 출시 당일 배틀그라운드 동시
접속자 수는 4만 명을 기록했고, 트위치 게임 스트리밍 순위는
1위를 차지했다. 블루홀 소속이던 조웅희는 사업총괄실장으로 새
로 개편된 배틀그라운드본부에 합류해 미국에서 일을 계속했다.
배틀그라운드본부에서 개발팀을 제외하고 사업 쪽 인력은 그를
포함해 4명이 전부였다.

얼리 액세스 출시 후 나흘이 지난 시점부터 이름만 대면 누구
나 알 만한 글로벌 회사들이 모조리 연락해오기 시작했다. 엔매스
로, 한국 지사로, 업계 내 지인 편으로, 생각할 수 있는 모든 채널
을 통해 미팅과 협의 요청이 쇄도했다. 신기하게도 큰 회사 순서
로 연락이 왔다. 미국에선 아마존, 마이크로소프트, 트위치가, 중
국에선 텐센트, 넷이즈가, 러시아에선 최대 인터넷 기업 메일알유
Mail.ru가 협의 요청을 넣었다. GDC에서 그토록 만나고자 했던 스
팀 담당자의 얼굴도 스팀 사무실에서 마주할 수 있었다.

  2017년 4월 중순경 조웅희가 한국에 방문했을 때, 배틀그라운드본부는 거의 모든 글로벌 인터넷·게임 메이저 회사들의 협력 제안 프레젠테이션을 받은 상황이었다. 그들의 메시지는 한결같았다. "너희가 원하는 건 다 해줄 수 있다." 그러니까 "우리에게 서비스 권한만 줘." 프레젠테이션 1시간 동안 열변을 토하고 나서 마무리 멘트는 "이제 우리랑 할래?" 조웅희는 김창한과 어떤 회사와 무슨 협력을 해야 할지를 전략적으로 고민했다.

  마이크로소프트, 아마존, 트위치의 핵심 의사결정자들이 서울을 찾았다. 같은 날 배틀그라운드본부와 회의가 잡혀도 회사들끼리 시간과 동선이 겹치지 않게 조정했다. 하루는 배틀그라운드본부에서 마이크로소프트 관계자들을 위해 서울 서초동 한정식 식당에서 저녁 회식을 마련했는데, 건너편 자리에서 식사하고 있는 아마존 관계자들과 마주치기도 했다. 이후 아마존으로부터 5,000억 원 규모의 인수 제안을 받았지만 거절했다.

  브렌던 그린과 김창한은 당대 글로벌 게임업계의 히어로이자 록스타였다. '배틀로열의 창시자인 CD(크리에이티브 디렉터)와 배틀로열을 게임으로 완성한 PD.' 전 세계가 브렌던 그린과 김창한을 찾았다. 게임업에 속한, 아니 모든 사람이 김창한과 함께 일하길 원하는 것처럼 보였다. 글로벌 게임사들의 핵심 의사결정자들이 김창한을 만나러 오거나, 김창한이 그들을 보러 외국에 나갔다. 팝스타가 글로벌 투어로 세계를 돌 듯, 김창한은 브렌던 그린, 조웅희와 따로 또 같이 글로벌 게임 행사에 순회 공연을 다녔다. 미국에서 네덜란드로, 다시 스웨덴을 찍고 모스크바로. 한번 해외 출장을 떠나면 2~3일씩 도시에 머물며 한 달 여정을 채웠다.

브렌던 그린은 배틀그라운드의 얼굴로서 출시 초반 북미 시장을 개척하는 데 중요한 역할을 했다. 초기 배틀로열 게임을 즐기던 약 2만 명의 게이머들은 브렌던 그린의 열성팬이었으며, 스트리머로 활동하는 이들은 배틀그라운드 테스트 기간에 활발히 게임을 방송하며 열기를 더했다.

브렌던 그린은 개발자라기보다 모더moder(게임의 일부를 수정해 새로운 게임을 만드는 사람)였고, 스스로도 좋은 개발자라고 여기지 않았다. 배틀로열 게임 모드를 확립한 이후 본격적으로 게임 개발에 참여한 것도 처음이었다. 배틀그라운드 아이디어를 나눌 때마다 한국 개발자들은 이렇게 말했다. "우리는 게임을 이렇게 만들어본 적이 없다." 장르 게임 대부분이 내러티브(이야기)를 기반으로 한 선형적인 플레이를 지향했기 때문이다. 배틀그라운드 개발자들 역시 그동안 퀘스트(임무)를 수행하는 MMORPG를 만들어온 팀이었다. 배틀그라운드는 거대한 공간에서 참여자들에게 아이템을 제공하고 살아남으라는 간단한 룰만 제시했다.

'생존하라.' 이것은 퍼즐도 내러티브도 스토리도 아니었다. 브렌던 그린은 패턴(일정한 형태)이 있는 게임이 아니라 랜덤한(무작위한) 게임을 원했다. 포커처럼 플레이어가 알 수 없는 패를 받아들고 얼마나 똑똑하게 게임하느냐에 따라 다른 결과가 펼쳐지길 바랐다. 기획자의 의도가 아니라 게이머의 정신에 따라 플레이가 이뤄지길 꿈꿨다. 창발적인 공간을 제공하는 게 그의 핵심 목표였다.

게임의 모든 요소를 고려해 균형 잡힌 플레이 환경을 조성하는 데 익숙한 개발자들은 브렌던이 제시한 게임 방식을 쉽게 받아들이지 못했다. 브렌던 그린은 팀 내에서 '아니요no'라고 말하는 사람이 됐다. 팀원들이 다른 총싸움 게임 요소를 추가하자는 제안을 할 때마다, 배틀로열 게임 모드의 단순함을 믿던 그는 "노, 노"를 외치며 맞섰다.

기존의 개발 방식을 고수하는 사람들과 마찰이 있을 때마다 김창한은 여러 반대를 물리치고 브렌던의 손을 들어줬다. 브렌던 그린은 그런 김창한을 '시수sisu'라고 불렀다. 핀란드어인 이 단어의 개념을 온전히 담아낼 표현은 없지만, '끈기' '인내' '결단력' '불굴의 정신' 정도로 번역된다. 스웨덴과 옛 소련의 압제를 수백 년간 견뎌낸 핀란드인들이 스스로를 가리킬 때 자주 사용하는 시수는, 어렵고 암울한 상황 속에서도 포기하지 않고 앞으로 나아가는 힘, 혹은 어떤 상황에서도 일을 끝내는 사람으로 표현되기도 한다. 김창한은 결국 배틀그라운드를 완성해냈다.

게임 출시 후 브렌던 그린은 개발에서 점차 손을 떼고 배틀그라운드의 스피커가 됐다. 글로벌 무대에서 열리는 각종 게임쇼에서 브렌던 그린은 배틀그라운드 신화의 주인공으로 연단에 서서 소회와 계획을 발표했다. 아일랜드에서 호주 멜버른으로, 이후 브라질 상파울루에 들렀다가 러시아 모스크바에 저녁에 도착해 다음 날 하루 종일 인터뷰를 진행했다. 아침부터 20분 인터뷰와 10분 휴식을 하루 종일 반복했다. 그러고선 로스앤젤레스행 비행기에 올랐다. 얼굴 한 번 본 적 없는 팬을 만나는 건 기쁜 경험이었고, 세상을 돌며 배틀그라운드를 홍보하는 일이 곧 자신의 역할을 다하는 것이라고 생각했다.

출시 3개월이 안 된 시점인 2017년 6월, 배틀그라운드는 로스 앤젤러스에서 열린 E3 게임쇼의 메인 무대를 장식했다. 브렌던 그린이 메인 연사를 맡아 개발팀이 밤새 만든 게임 영상과 업데이트 소식을 전 세계에 소개했다.

서비스 초창기만 해도 북미에서 시작해 아시아로 서비스를 확장하는 전략을 취했지만, 중국 시장이 커지면서 상황은 오히려 반대가 됐다. 중국 시장 판권에 관해서는 중국 최대 게임업체 텐센트는 가장 발빠르고 적극적인 협상자였다. 블루홀에서 개발 중인 MMORPG 프로젝트W에 관심을 쏟으며 블루홀과 교감해온 회사이기도 했다.

'배틀그라운드가 텐센트와 협력할 것'이라는 소문이 파다해진 E3 게임쇼에서 중국 넷이즈 직원이 김창한과 조웅희를 찾아왔다. 그의 손엔 118쪽짜리 제안서가 들려 있었다. 너드처럼 보이는 넷이즈 직원은 김창한 앞에서 2시간 동안 회사의 계획과 자신의 생각을 열정적으로 토해냈다. 그는 스트리머 – 뷰어viewer(시청자) – 유저user(게임 이용자)의 선순환 고리로 스노볼링snowballing(눈덩이 굴리기)을 해나가는 배틀그라운드의 성장 방식을 정확히 이해하고 있었다.

김창한의 생각을 꿰뚫어 본 것처럼 배틀그라운드가 추구하는 방식 그대로를 중국에서 펼치겠다고 약속했다. 그동안 만났던 텐센트 등 중국 게임업계 관계자들이 자신들의 플랫폼에 배틀그라운드를 올려 모객하고 서비스하는 전통적인 배급 방식을 내세웠던 것에 비해 질적으로 다른 발표였다. 그의 제안에 마음을 빼앗긴 김창한은 장병규에게 '넷이즈와 계약하겠다'는 내용의 메일을 썼다.

김창한의 선언에 한국 본사가 발칵 뒤집혔다. 미국에서 곧장 네덜란드로 떠난 김창한팀에 이번엔 텐센트의 한국 지사장이 "제발 콘퍼런스콜을 한 번 해달라"고 요청했다. 네덜란드 통신 사정으로 목소리가 제대로 들리지 않는 상황에서도 텐센트 측의 메시지는 확실했다. "우리가 전략을 바꾸겠다. 어떤 요구 사항도 좋으니 우리가 무조건 하게 해달라." 이후 텐센트는 고수하던 자세를 바꾸고 배틀그라운드의 전략을 학습하며 김창한과 생각을 맞췄다.

텐센트와 넷이즈를 사이에 두고 장병규, 김창한, 조웅희는 막판까지 저울질했다. "어디와 일을 해야 할까요?" 장병규의 질문에 김창한은 "두 회사 모두 우리와 어느 정도 코드가 맞춰진 상태이기에 고민이 된다"고 했다. 조웅희는 "배틀그라운드는 이미 자체적으로 굴러가며 성장하는 힘이 있기 때문에 누구와 해도 상관없다"면서도 "중국 시장 내 영향력의 관점에서 텐센트의 우위를 인정해야 한다"며 텐센트 쪽에 무게를 실었다.

"이제는 오히려 우리가 배틀그라운드 서비스 운영이나 권한 등을 얼마나 통제할 수 있느냐가 중요합니다. 중국 시장은 워낙 예상할 수 없는 리스크가 많습니다. 우리가 손댈 수 없는 영역을 텐센트가 잘 해낼 것이라고 생각합니다."

이후 조웅희는 배틀그라운드본부의 요구를 최대한으로 담은

계약 조건을 텐센트 한국 지사에 새롭게 제시했다. "이 조건을 그
대로 받아들인다면 텐센트 손을 잡겠습니다. 경영진의 승인을 받
아낼 수 있겠어요?"

텐센트는 접수 1시간 만에 모든 조건을 승인했다. 조웅희는 텐
센트와의 판권 계약을 안건으로 이사회에 올린 뒤, 미국 E3에서
만난 넷이즈 직원에게 정성스러운 사과 메일을 보냈다.

10시와 10시

개발 중심이었던 PUBG 조직은 배틀그라운드를 글로벌 서비스
로 확장하려는 목표를 지닌 회사로 거듭났다. 조웅희는 하루 시간
의 3분의 1을 채용 인터뷰에 썼다. 4명뿐이던 사업 인력을 10배
넘게 늘렸다. 8월 15일 광복절에도 조웅희는 김창한과 해외 출장
을 떠나야 했다. "죄송하지만 제가 시간이 없어서 휴일에 면접을
하셔야 합니다." 공항에 가기 전 잠시 짬을 내 서울 시내 카페의
방 하나를 빌려 지원자 5명을 차례로 만났다.

김창한과 조웅희가 계속해서 세계를 돌아다니며 사업을 챙기
는 건 불가능했다. 현지 커뮤니티 서비스와 파트너십, e스포츠
를 챙겨야 했다. 지역과 국가, 시장에 따라, 혹은 플랫폼마다 전략
이 달라야 했고 마케팅과 판권 등 제휴의 성격도 다양했다. 전 세
계에서 동시다발적으로 들어오는 요청도 제대로 소화하기 힘들
었다. '글로벌한 일을 할 수 있는 글로벌 조직'을 꾸리는 것이 조

웅희의 1순위 목표였다. 미국에 이어 중국과 유럽, 일본, 태국에 PUBG 해외 지사를 세우는 일을 맡았다. 김창한과 함께하는 '글로벌 투어'는 그 연장이기도 했다. 해외 지점으로 세울 만한 땅을 보거나 지사장 후보를 만나러 다녔다.

김창한이 맡던 개발PD 역할을 물려받은 이는 PUBG 개발실장 이창호였다. 이창호는 2009년에 김창한이 지노게임즈를 공동으로 창업할 때부터 함께한 핵심 개발 구성원이었다. 배틀그라운드를 만들 때 각종 게임 시스템 개발을 도맡던 이창호를 김창한은 개발 전체를 책임지는 PD로 낙점했다.

배틀그라운드 개발 당시 폴란드 출신 개발자 마렉은 게임 안에서 실제 총기를 사용하는 듯한 건플레이gunplay를 구현해내는 데 천부적인 소질이 있었지만, 주니어 프로그래머였기에 코드 품질이 떨어졌다. 이창호는 마렉이 합류한 초창기에 그의 코드를 검토하고 보완하며 팀에 적응하는 것을 도왔다. 마렉이 본격적으로 건플레이 작업에 착수한 이후에는 기존에 건플레이를 담당하던 팀원에게 뒷정리를 전담케 했다. 보통의 개발자라면 자기 업적으로 잡히지 않는 뒤치다꺼리라며 기피할 일이었다. 이창호는 전체 개발을 조율하면서 부족한 손을 거드는 역할을 많이 했다.

얼리 액세스 출시 이후로도 눈앞은 깜깜절벽에 갈수록 첩첩산중이었다. 고객들은 게임 접속이 되지 않는 서버 장애, 앞으로 이동해도 고무줄에 튕긴 것처럼 제자리걸음을 하는 '러버밴딩 현상', 총기 간 능력치에 차이가 나는 '밸런싱' 문제를 호소했다. 이를 수정하면서도 새로운 맵과 플레이 시스템도 추가해야 했다. 치명적인 버그들은 매일, 간단한 버그들은 일주일마다, 큰 이슈는 한 달에 한 번씩 업데이트를 했다. 그리고 연말 대규모 업데이트가 과제로 남아 있었다.

10시 출근, 10시 퇴근은 기본이었고 주말 업무는 당연했다. 패치 업데이트를 해야 게임 방송자와 게이머들이 좋아했다. 서버에 문제가 생기거나 큰 버그가 생겼을 때 빠르게 대응해야 한다는 강박이 생겼다. 이창호의 업무용 메신저는 24시간 울려댔다. 하루가 멀다 하고 버그 원인에 대한 가설을 세우고 이를 검증해 고쳤다. 어떤 버그는 게임에 꼭 100명이 들어찰 때만 생겼다. 전체 직원을 라이브 서버에 접속하게 하고 버그를 불러들여 잡아냈다. 안정적으로 패치 업데이트를 하고 싶었지만 속도를 중시하는 김창한은 빠른 패치를 요구했다.

한 주가 시작하는 월요일 밤마다 이창호는 "월요일이 맞느냐?"는 푸념을 했다. 주초가 아니라 며칠이 지난 것 같았다. 월요일이 분명한데 목요일이나 금요일처럼 느껴졌다.

게임을 좋아했지만 총싸움 게임은 아니었다. 눈이 어지러워 아예 하질 못했기 때문이다. 그래도 배틀그라운드를 개발할 땐 활기와 신명이 있었다. 게임 개발자로 살며 전설처럼 회자되는 미국 게임사 블리자드의 개발 이야기를 동경했다. 그들은 스스로 만들고 있는 게임이 너무나 재미난 나머지 개발자이기 이전에 게이머로서 게임을 즐긴다고 했다. 김창한과 지노게임즈에서 MMORPG 데빌리언을 만들 때 직원들은 게임을 즐기기보단 일로 대했다. 분석하고 테스트하기 위해 게임을 했다.

배틀그라운드를 개발할 때에는 그간 보지 못한 풍경을 목도했다. 개발 중간 테스트를 할 때면 모든 개발자가 게임에 열중하며 환호와 탄식을 뱉었다. 직원들은 업무를 잊을 정도로 게임 그 자체에 몰입했다. 이창호는 언제나 이들이 게임을 끝낼 때까지 기다렸다가 "버그가 생겼으니 고치자"고 말했다.

그렇게 만든 배틀그라운드는 어느 순간 조兆 단위 물건이 돼 있었다. 개발에 관한 최종 결정은 이창호가 내렸다. 큰 결정을 내린 다음 날이면 외국의 유명한 게임 잡지에 해당 기사가 나왔다.

업데이트 직전 혹은 직후에 큰 버그를 발견할 때마다 이창호는 공포에 몸서리쳤다. 어떤 결정이나 업데이트를 잘못했을 때 갑자기 모든 유저가 없어질지 모른다는 두려움이었다.

어느 날부터 그의 자리 뒤편 작은 테이블에 위스키 병과 잔이 놓였다. 점심이면 독주 한 잔을 털어넣는 버릇이 생겼다. 퇴근길이나 주말에 이어폰을 꽂고 하염없이 걷는 일도 습관이 됐다. 그는 아내에게 "대형마트 캐셔를 하고 싶다"고 말했다. 아내는 웃었지만 농담이 아니라 진심이었다. 그의 소원은 '배틀그라운드 생각을 하지 않는 시간이 있었으면 좋겠다'는 것이었다. 퇴근할 때면 이창호는 '일이 머릿속에서 없어졌으면 좋겠다'는 몽상을 하곤 했다.

PC, 콘솔, 모바일 등에서 배틀그라운드를 모방한 게임들이 속속 생겨났다. 2017년 9월, 글로벌 게임업체 에픽게임즈는 하반기 신작 게임 '포트나이트'에 배틀로열 모드를 추가했다. 원래 포트나이트는 전투를 벌이며 좀비를 막기 위해 방어 건물과 함정을 건설하는 액션 게임이었지만, 배틀그라운드의 핵심 콘셉트인 100명이 참가해 최후 1인이 승자가 되는 배틀로열 방식을 도입했다.

PUBG 유저 커뮤니티로부터 "포트나이트 배틀로열 모드의 게임성과 핵심 요소, 게임 UI 등이 배틀그라운드와 매우 유사하다"는 내용이 제기됐다. 에픽게임즈는 배틀그라운드에 쓰인 게임 엔진 '언리얼 엔진 4'를 공급한 회사였기에 초기에는 우호적인 파트너 관계를 맺었지만 시장 논리는 냉혹했다.

"따라잡히지 않으려면 우리가 더 빨리 가는 수밖에 없어요. 우리가 그동안 우리 IP를 바탕으로 강한 브랜드를 구축한 걸 다행이라고 생각합니다. 빠르게 따라와 경쟁하려는 후발주자를 볼 때, 우리는 더 빠르게 나아가는 방법밖에는 없다는 생각이 듭니다."

"배틀로열은 하나의 게임 장르가 될 것"이라는 김창한의 예언은 현실이 되고 있었다. 배틀로열 게임 장르에 속하는 각종 게임이 시장에 등장하는 상황에서 김창한은 "배틀그라운드가 배틀로열 게임 장르의 프런티어가 돼야 한다"라고 강조했다.

"사람들이 PC 시장이 죽었다고 했지만 우리는 '보는 콘텐츠'로서의 재미까지 더해 PC 게임이 취미인 사람들에게 문화로서의 기폭제가 되고 있습니다. 핵심 가치란 우리가 우리 역사에서 실제로 한 것, 그래서 실제 피부에 느껴지는 리추얼ritual이 된 것을 말합니다. 핵심 가치는 잘 다듬어서 신규 입사자까지도 체화할 수 있어야 합니다. 그래야 조직 문화를 쌓아갈 수 있습니다. 우리는 여전히 적은 인원으로 높은 목표를 추구합니다. 그렇기에 우리는 아직 언더독underdog(이길 가능성이 낮은 약자)입니다."

김창한은 PUBG의 목표를 매출이 아니라 '고객 늘리기'와 '고객 충성도 높이기'로 제시했다. PUBG의 우선순위와 자원 할당은 '고객 선점'을 기준으로 세워졌다. 매출 위주의 아이템과 업무는 후순위에 놓였다.

"고객은 관객viewer과 게이머player 모두를 말합니다. 초기에는 돈을 조금이라도 버는 게 중요했습니다. '돈이 벌리네? 신기하다, 재밌다!' 고객을 늘리고 고객이 계속 우리 게임을 즐길 수 있도록 하는 것이 목표였는데, 돈과 고객 간의 선후 관계를 잠시 헷갈렸습니다.

우리는 고객이 늘어나면 매출이 높아지기 때문에 매출을 높이기 위해 고객을 늘리고 있다는 착각에 빠진 겁니다. 다시 말하지만, 고객이 매출보다 중요합니다. 고객을 더 모을 수 있다면 차라리 돈을 쓰십시오.

이를 위해 무료로 게임을 풀 수도 있겠지만 3만 원이라는 서비스 가격은 진입 장벽이라기보단 우리 게임이 고사양 PC에서만 작동하기 때문에 저사양 PC를 가진 고객이 우리 게임에 손쉽게 접했다가 부정적인 경험을 갖게 되는 걸 막는 역할을 하고 있다고 생각해서 그대로 둔 겁니다."

김창한은 전 세계 지역별 게임 접속 시간, 이용자 수 같은 고객 정보를 나타내는 대시보드를 만들어 모든 구성원이 볼 수 있도록 사내에 설치했다. "Out of sight, out of mind!(눈에서 멀어지면 마음에서 멀어진다) 글로벌 성공을 위해 세계 곳곳에서 일어나는 일을 쉽게 볼 수 있는 환경을 만들어야 합니다."

3년 임기

블루홀 경영진은 변화를 맞았다. 2017년 9월, 장병규는 정부의 4차산업혁명위원회 위원장에 임명되며 그의 이력에 처음으로 공직을 추가했다. 새 정부가 출범하면서 신설한 이 위원회는 급변하는 4차 산업혁명 시대의 변화에 대응해 정부 전략과 정책을 심의하고 부처 간 정책을 조정하는 대통령 직속 기구였다. 장병규는 블루홀 경영진에게 취임 소식을 알렸다.

"저도 오늘 급하게 최종 선정 소식을 들어서 경황이 다소 없습니다. 몇 가지 필요한 이야기를 간략하게 드리면 제가 4차산업혁명위원회 위원장으로 위촉됐고 임기는 1년이고 비상근입니다. 제가 지금까지 해왔던 블루홀 업무에 지장이 없도록 최선을 다하겠지만, 여러 이유로 지금보다 다소 바빠질 가능성이 있습니다. 또 저와 관련된 분들이 귀찮아질 가능성도 있습니다.

'현장 경험' '디지털 세대' '40대' 같은 키워드로 공직에서 잠시 봉사한다는 것이고 그 이상도 그 이하도 아닙니다. 장병규 개인의 일이니 평소대로 블루홀 업무가 잘 진행되도록 챙기고 도와주시면 되겠습니다. 정부 업무는 처음이라 잘할 수 있을지 모르겠으나 항상 나라의 미래를 가슴에 새기고 최선을 다하겠습니다. 많이 도와주세요!"

　장병규 초대위원장을 포함해 장관 4명, 산업·학계·연구 분야에서 민간위원 20명이 위촉되면서 위원회 활동이 시작됐다. 장병규는 취임 후 첫 회의에서 "아들이 셋인데 아들의 국적을 바꿀 수 없다면 국가에 조금이라도 봉사해야 한다는 생각이 평소에 있었다"며 팀플레이를 강조했다. 4번의 창업이 모두 공동 창업이었기에, 혼자만 잘하는 것이 아니라 민간과 정부가 팀플레이를 잘해야 한다는 뜻이었다.

　그는 '민관 협력을 통한 규제·제도 혁신'을 위원회의 가장 중요한 역할로 꼽으며 제도 혁신을 위한 해커톤hackaton을 제안했다. 해커톤은 해커와 마라톤의 합성어로 정해진 기간에 특정 주제에 관한 이해관계자가 집중적으로 만나 대화하며 결과물을 도출하는 행사였다. 1차 의제는 핀테크(금융 기술), 위치 정보 보호, 혁신 의료 기기였다. 공무원과 스타트업 대표들이 참석해 1박 2일, 12시간 동안 끝장 토론을 진행했다. 위원회는 합의 결과를 바탕으로 규제 혁신안을 만들어 정부 정책의 초안 역할이 될 수 있도록 지원했다.

　장병규는 "정답보다 정답을 찾아가는 과정이 중요하다고 생각한다"고 말했다. 그는 규제 혁신이 필요한 사례로 차량 공유 서비스를 꼽았다. 카풀 앱 '풀러스'는 이용자가 스마트폰으로 차량을 부르면 주변에 있는 카풀 차량을 연결해주는 서비스를 내놓았지만, 서울시는 법률 위반이라며 경찰에 고발했다. 서울시의 조치에 스타트업업계는 과도한 규제라며 거세게 반발했다. 장병규는 "4차 산업혁명 시대에 출현하는 새로운 서비스와 기존 교통 산업의 충돌"이라며 "이런 충돌이 생산적인 논의로 이어질 수 있도록 민관이 대화할 수 있는 토대를 만들어가겠다"고 말했다.

　블루홀에 새로운 대표이사가 선임됐다. 김강석의 후임은 김효섭 경영기획실장이었다. 김효섭은 네오위즈 재무팀과 퍼블리싱 사업부, 블루홀 전략기획팀장과 테라사업실장을 거쳐 2017년부터 경영기획실장을 맡아왔다. 블루홀은 신임 대표를 바깥에 소개하길 "다방면의 업무 수행 경험을 바탕으로 블루홀의 경영 철학을 이해하는 준비된 CEO"라고 표현했다.

　김효섭이 맡았던 경영기획실장은 인사, 기획, 총무, 투자, 내외부 행사 등 경영 전반을 총괄하는 자리였다. 그가 대표에 오르기 직전 경영기획실장으로서 보고한 업무 내역은 다음과 같다.

　PUBG 워크숍 준비, 지스타 전시 참가 행사, 단기 사무실 임대 검토, PUBG 중장기 인센티브 보완, PUBG 채용, PUBG 인사 제도 벤치마킹, PUBG 일본 연락 사무소 설치, 기술본부 조직 개편, 하반기 사내 이동, 2017년 신입 공채 준비 시작, 신규 입사자 교육, 상반기 정기 평가, 출장 규정 업데이트, 사무실 이전 검토, 출장 규정 업데이트, 복리후생 제도 점검….

　김효섭은 2007년 블루홀 창업 시기부터 합류한 초기 구성원이었다. 직전 회사였던 네오위즈에서 일할 때 김강석을 알게 됐다. 김효섭이 예산을 편성하고 집행하는 재무팀장으로 일할 때 김강석은 게임사업팀을 조율하고 퍼블리셔들과 계약하는 사업부장이었다. 함께 일할 기회가 없었기에 김강석은 김효섭에게 일하며 만나는 형 정도의 사람이었다.

숫자만 들여다보는 스태프 부서 일을 하던 김효섭은 사업 일선에 서고 싶었다. 김강석이 이끄는 게임사업부에 지원해 사업팀장을 맡게 됐다. '말이 잘 통하는 부장님'이던 김강석은 김효섭과 일한 지 6개월 만에 블루홀 창업을 위해 퇴사를 알렸다.

그로부터 반년 뒤 김강석에게서 연락이 왔다. "지금 하고 있는 일 재밌으세요? 할 만하세요?" 김효섭이 게임 사업에 발을 들인 지 1년이 돼가던 시점이었다. 퍼블리셔로서 외부 게임 개발사가 만든 게임을 가져와 서비스하고 있던 때였다. 개발사의 파트너로 게임 서비스나 홍보 마케팅 전략을 협의하는 일을 주로 했다.

"게임 사업을 하는 건 처음이니까 열심히 하고 있습니다. 많이 배우고 있어요. 어렵긴 한데 해봐야죠. 재밌지는 않은데 재무부서에서 똑같은 일을 했던 것보단 나아요. 게임은 매일 매출이 나오는 동네니까요. 작지만 결과들이 바로바로 나오니깐."

김강석은 "우리 같은 사람들이 게임 비즈니스를 잘하려면 개발사에 들어가 일해야 한다"고 말했다. 영입 제의였다.

"이미 다 만들어진 게임을 어떻게 홍보하느냐에 따라 게임의 본질이 크게 달라지지 않죠. 다른 유명 게임 제작사에 좋은 개발자가 많습니다만, 저희 블루홀처럼 초기 단계부터 개발에 전념하게끔 돕는 스태프 인력은 없습니다. 지금 하고 계신 일도 중요하다는 걸 알고 있습니다만, 블루홀엔 좋은 개발팀이 있습니다.

단순히 '잘하는 사업 기획자'가 되는 게 중요하신가요? 그보다는 괜찮은 회사 하나 만드는 게 더 큰 경험이지 않을까요?"

퍼블리셔 회사 소속으로 일하던 김효섭은 게임 서비스의 본질적인 가치에 과연 기여하고 있는지 고민했다. 몇 달 뒤 김효섭은 맡고 있던 퍼블리싱 프로젝트를 마치자마자 김강석에게 연락했다. "개발자들과 잘 소통하면서 일하는 정도는 제가 할 수 있을 것 같아요. 개발팀과 개발사에 확 붙어서 일해보고 싶습니다."

그렇게 김효섭은 김강석과 한 몸이 되어 블루홀 사업 일선에서 일했다. 투자 유치를 시작으로 테라 퍼블리셔 계약, 테라 일본과 대만 서비스 출시를 함께 했다. 블루홀 사정이 어려워지면서 중소 게임업체 인수로 요약되는 '연합' 전략을 추진한 숨은 주역도 김효섭이었다.

배틀그라운드가 성공하면서 김강석은 3년 전 장병규와 했던 약속을 재확인했다. CEO 자리에서 사임하는 것이었다. 김강석은 "정신과 육체가 지쳐 더는 예전과 같은 마음으로 CEO를 할 수 없다"며 사임 의사를 재차 피력했고 장병규는 이를 받아들였다.

장병규의 고민은 2가지였다. 하나는 경영진이 갈수록 복잡해지는 블루홀 연합을 강화하고 내외부에서 성장 동력을 더 찾아야 한다는 것. 다른 하나는 PUBG의 성장이 너무나 빠르기 때문에 독립성과 속도를 보장하면서 화합을 꾀할 수 있는 CEO가 필요하다는 것이었다.

장병규와 김강석은 여름부터 새 CEO를 물색하는 작업을 시작했다. 경영기획실장이던 김효섭도 함께였다. 한 달에 2~3회 만나 각자 찾아본 CEO 후보군을 발표하고 의견을 나눴다. 차기 CEO에 대한 확실한 기준이 있었다. 게임 개발에 대한 이해가 있는 사람. 그렇기에 게임업계 사람을 후보로 세워야 했다.

"그분은 매일매일 돌아가는 우리 회사 사정을 너무 잘 아십니다. 이런 상황에서 오시겠어요?" "그분은 힘들게 독립하셔서 최근 게임 회사 대표 자리를 맡으셨는데, 그 자리를 박차고 오실 것 같진 않은데요." 마땅한 CEO 인재는 생각보다 적었다. 자격을 갖춘 후보들은 각자 사정으로 떨어져 나갔다. 급기야 채용업체를 통하거나 업계 바깥의 사람을 알아보거나 공개 모집으로 CEO 지원자를 찾는 방법까지 논의됐다.

그러다 장병규가 말했다. "김효섭 님이 맡으셔야 할 것 같습니다. 그 대신 부담 갖지 않도록 개발팀과 하는 직접 업무는 다른 경영진이 하도록 최대한 정돈하면 되잖아요. PUBG는 알아서 독립적으로 운영될 테니까요." "무슨 소리를 하시는 거예요?" 김효섭은 웃고 넘겼다. "그럼 되겠네요." 김강석은 동조했다. "아니요, 안 될 것 같아요." 김효섭은 내키지 않았다.

2개월간 장병규와 김강석의 설득이 이어졌다. "우리는 개발자가 아니잖아요. 개발팀과 소통하고 개발 리더들과 대화하는 게 어려운 일이라는 건 서로 너무나 잘 알고 있잖아요?" "그렇죠. 그게 제일 중요한 역할인 것 같아요." 게임 회사 CEO는 어쩌면 대단한 걸 만드는 사람이 아닐 수 있었다. 블루홀 개발팀은 흩어져 있었고 돈을 버는 팀과 그렇지 않은 팀이 있었다. 모든 구성원이 끝까지 결과를 낼 수 있도록 중심을 잡아주는 일이 블루홀 CEO의 역할로 요구됐다.

"김효섭 실장님은 개발팀과 크게 문제없이 잘 지내고 계십니다. 개발 리더십들과 또래이기도 하고, 지금껏 다투거나 얼굴을 붉힌 사람도 없었죠." "힘들 때 술 한잔할 수 있는 친구들이죠. 개발 이야기를 직접적으로 하진 않지만요." "그러니까요. 블루홀에 개발팀들을 끌어들이는 단계부터 대화하신 분이잖아요. CEO가 되셔도 지금과 책임만 달라질 뿐이지 하는 일은 크게 다르지 않으실 겁니다."

경영기획실장으로서 주요한 업무 가운데 하나는 외부에서 역량 있는 개발팀을 들여와 팀 리더들과 대화하며 회사에 잘 적응하고 연결되도록 돕는 일이었다. 이런 일을 중심으로 하는 CEO라면 하지 못할 건 없겠다는 자신감이 김효섭 안에서 일었다. 그런 역할을 외부 사람이 맡기엔 힘들 게 분명했다.

김효섭은 "필요하면 CEO를 맡겠다"는 뜻을 전했다. 2가지 전제 조건을 걸었다. 첫째는 분사할 내부 개발팀은 분사할 것. 둘째는 PUBG 경영은 그들이 알아서 하도록 인력을 보내 경영 영역에서 선을 명확히 그어줄 것. 장병규는 이를 받아들였다.

"연합을 강화하는 일 말고도 새로운 경영팀이 해야 하는 대단히 중요한 일 중 하나가 있죠. 모든 잉여 현금은 기본적으로 블루홀로 모일 겁니다. 잉여 현금을 성장 동력에 잘 투자하고 잘 운영하는 것도 커다란 일이 될 겁니다. 지금까지는 투자할 현금이 없었고 생존을 고민했습니다. 그런 시기를 저희는 이제 지났습니다. 만들어지는 자금을 잘 활용해 내부 성장 동력을 어떻게 만들 것이냐, 하는 고민을 해야 합니다."

장병규는 이사회에 김효섭 신임 대표 선임 안건을 상정했다.

"김효섭 님이 2007년에 입사해서 거의 김강석 대표님 정도로 오래 있었습니다. 그동안 묵묵히 여러 블루홀의 구성원과 신뢰 관계를 탄탄하게 쌓아 놓은 것 같고, 게임 제작과 관련된 사업 경영 등에 두루 능통해서 역할을 해줄 수 있을 것 같습니다. 지금 PUBG로 인해 워낙 조직의 변화가 크기 때문에 안정에 방점을 두는 게 맞는 것 같습니다. 이런 상황에서 외부 CEO까지 오게 되면 어디로 튈지 모르겠다 싶기도 합니다. 안정에 방점이 있는 인사라고 보시면 될 것 같습니다."

CEO 내정자 김효섭의 화두는 '연합'이었다. 여러 개발팀이 공존하는 구조를 어떻게 정리하고 지속할 수 있는지, 나아가서 어떻게 하면 생산적으로 끌고 나갈 수 있느냐가 과제로 주어졌다. 모체인 블루홀은 어떤 역할을 해야 하는지, 그 물음에 대한 답을 해야 하는 것도 김효섭의 숙제였다.

김효섭은 조직 구성을 포함해 모회사와 자회사의 관계, 개발팀의 발굴과 육성 등 전반적인 회사 시스템을 정비하기로 했다. 블루홀 새 CEO 김효섭의 임기는 3년이었다.

블루홀 2.5

장병규와 김효섭이 블루홀 직원들 앞에 섰다. 전체 직원과 매월 모여 소통하는 BLT Bluehole Live Talk(블루홀 라이브 토크) 무대였다. 대형 스크린에 주제가 띄워졌다. '블루홀 2.5, 지속성을 위한 긴 걸음의 시작.' '블루홀 1.0'은 블루홀의 설립 이유이자 간판이었던 MMORPG 테라에서 시작했다.

수백억 원을 투입해 하나의 대작 게임을 제작해내면, 비전으로 세운 'MMORPG의 명가'가 될 줄로 알았다. '블루홀 2.0'은 풍전 등화였던 3년 전 닻을 올렸다. 키워드는 연합과 생존이었다. 기대 보다 못한 테라의 성적에 회사가 구조 조정을 한 뒤였다. 모바일 로 변화하는 게임 시장 환경에 발맞춰 여러 중소 제작 회사들을 블루홀 내부로 인수 합병을 하는 승부수를 뒀다. 그렇게 인수한 게임 회사에 속했던 PD 김창한이 배틀그라운드를 내놓았다.

이제 경영진은 새로이 '블루홀 2.5'란 방향을 제시했다. 왜 3.0 이 아니라 2.5인가. 장병규가 답했다. "연합이란 키워드를 계속 계 승하고자 합니다. 그런데 큰 변화가 저희에게 필요합니다. 생존이 란 키워드로 지금까지 왔다면, 앞으로는 지속이란 키워드로 가야 한다는 겁니다." 그는 "우리가 하는 일에 정답은 없다"고 했다.

"계속 걸어가는 거죠. 어떤 지향점을 위해 계속 걸어갑니다. 그 러다 보면 시행착오도 의견 충돌도 서로 얼굴 붉히는 일도 있습 니다. 이런저런 문제가 늘 생기죠. 하지만 중요한 건 그런 단편적 인 사건들을 뒤로하고 앞으로 나아가고 있느냐는 겁니다. 전진하 려면 약간은 여백이 있는 게 좋아요. 딱딱 정해진 답이 아니라 '이 렇게도 해보자' '저렇게도 생각해보자' 하면서 시행착오를 하고 도전하는 게 더 좋다고 생각합니다."

다음 화면 문구는 'PUBG의 경이적인 성공' 그리고 '감사하지 만 PUBG의 현기증 나는 속도'.

"PUBG 성공은 경이적이죠. 물론 배틀그라운드를 만든 팀은 예상했을 수도 있지만 적어도 저는 예상하지 못했습니다. 그런데 글로벌 고객의 사랑으로 인해 지금 PUBG는 물론이고 블루홀이란 조직도 매우 큰 도전을 받고 있습니다. 고객의 요청을 PUBG와 블루홀이 대응하기에 기본적으로 준비가 너무 안 돼 있기 때문입니다. 고객 요구에 맞추기 위해 PUBG와 블루홀엔 속도가 필요한데, 그 속도를 행여나 못 맞출까 봐 늘 노심초사하고 있습니다.

경영진의 한 명으로서 PUBG의 발목을 경영진이 잡으면 안 되겠다는 생각을 늘 하고 있습니다. '빠른 속도로 성장하고 있다는 건 그만큼 수많은 고민과 노심초사가 있기 때문'이라고 생각해주세요. 물론 일차적으론 PUBG가 워낙 잘하고 있기 때문이죠. '블루홀 2.5'가 된 중요한 변화이면서 동시에 저에게 주어진 현실이기도 합니다."

장병규는 다시 연합 이야기를 꺼냈다.

"연합이란 키워드가 상당히 애매합니다. 3년 전 블루홀 연합을 시작할 때 이런 질문을 많이 받았습니다. 안 되는 사람들은 모이겠지만 잘되면 제작하는 사람들은 분명히 다 나갈 것이다. 그렇기 때문에 연합이란 건 존재할 수 없다. 실제로 PUBG가 잘되고 난 다음 경영진에게 그런 숙제가 주어졌죠.

지난 6개월간 수많은 일이 있었습니다. 그런데 각자 스타일이 있습니다. 게임사를 예로 들면 중국 같은 곳이 있어요. 엔씨소프트나 넷마블이 그렇습니다. 이런 곳은 어떻게 합니까? 엔씨소프트 게임 블레이드 앤 소울에는 EPD로 김택진 사장님 이름이 들어가잖아요.

저희의 경우, 늘 제가 강조하지만, 그런 이름 목록에서 '나를 제발 빼달라, 나는 제작인이 아니다'라고 합니다. 저희는 여전히 시도하고 있습니다."

블루홀과 제작 리더십 사이에는 인력과 척력이 때에 따라 다르게 작용했다. 제작 리더십은 힘들 땐 속하려고 하고 잘될 땐 벗어나려고 했다. 제작 리더십은 어떨 땐 연합을 강하게 바라고, 어떨 때는 자기 고집대로 일을 밀어붙이길 바랐다. 게임이란 이 요상한 물건은 재미도 제작 방식도 저마다 다르기 때문이었다.

제작 리더십은 제작을 시작한 뒤 이를 완성하고 시장에 내놓아 운영할 때까지 거의 변치 않고 오랫동안 서비스를 이끌어야 했다. 이해관계자마다 연합의 의미를 다르게 받아들였기에 블루홀은 여전히 그 구조를 고민하고 있었다.

블루홀 연합과 제작 리더십의 현재는 다음과 같았다. PUBG는 김창한, MMORPG 테라와 개발 중인 프로젝트W는 김형준, 피닉스게임즈는 김정훈, 스콜은 박진석. 블루홀 2.5를 계기로 대규모 MMORPG인 프로젝트W 제작을 이끌던 김형준 PD가 테라 조직까지 챙기는 역할을 맡았다.

장병규는 '제작 리더십이 끌고 블루홀이 민다'는 원칙을 재확인했다. 블루홀은 제작 리더십의 자율과 주체를 인정했다. 게임 제작 방법과 재미가 다른 만큼 각자 다른 리더십 스타일을 존중하고자 했다.

"제작 리더십이 원하는 역할과 책임과 권한을 부여해드릴 겁니다. 예를 들면 김창한 대표에겐 PUBG가 있지 않습니까? 반면 김형준 PD는 자회사를 만들고 싶지 않다고 이야기하셨어요. 그러면 저희는 안 만들 겁니다. 제작 리더십마다 원하는 바가 조금씩 다 다릅니다. 그에 맞는 역할과 책임, 권한을 부여하는 겁니다.

그분들이 블루홀의 비전 이외에 추가로 제작 조직만의 독특한 비전과 미션, 가치를 부여하고 싶다면? 독자적인 브랜드를 만들고 싶다면? 일단은 해봅니다. 왜 일단 해본다고 표현하냐면, 저희가 안 가본 길이에요. 그렇기 때문에 서두에 말씀드렸던 대로 지속성을 만들기 위해 여러 가지 다양한 시행착오를 해야 한다고 생각해주세요. 해보고 좋은 점이 있으면 받아들이고, 좋지 않은 점은 걷어낼 수 있다고 믿습니다."

장병규는 제작 리더십에게 약한 연합의 구조를 제시한 반면 구성원에겐 강한 연합의 필요성을 강조했다.

"이런 구조에서 제작 리더십은 독자적으로 빠른 속도로 일하게 될 겁니다. 문제는 구성원들 사이에서 인재 순환 같은 연합의 장점을 만들기 힘들어진다는 겁니다. 그렇기 때문에 블루홀을 이끄는 김효섭 대표님이 연합을 더 강화하기 위한 여러 가지 일들을 챙기실 겁니다. 구성원들의 연합은 강화되어야 합니다.

예를 들어 인사는 통합돼야 해요. 구성원들이 특정 제작팀에서 다른 제작팀으로 이동하려면 인사 시스템이 공통적으로 돌아가야 합니다. 그래야 그 사람이 어떤 사람인지 다른 제작팀이 알고, 순조롭게 이동할 수 있습니다.

　제작 리더십은 제작 라인만을 돌볼 것이기에 누군가는 인재 순환을 끊임없이 챙겨야 합니다. 그런 일을 김효섭 대표님을 중심으로 한 경영팀이 하는 겁니다."

　장병규가 블루홀 2.5 전략의 적임자로 김효섭을 호명했다.

　"블루홀의 가장 중요한 키워드는 안정입니다. 저희가 추진하는 일들이 개별적으로 보면 별 게 아닌데, 사실 상당히 큰 변화입니다. 배틀그라운드의 대성공과 거기에 따른 블루홀의 속도를 생각하면 매우 불안정한 상황입니다. 이런저런 실수도 일어나고 있죠. 안정이란 키워드로 시작해 지속성을 키우는 작업을 하고자 합니다.

　내부 구성원들의 신뢰뿐 아니라 조율, 조정, 인내 면에서 좋은 인재란 판단이 들어서 이사회가 신임 대표로 모시게 됐습니다. 곧 구체적인 방향과 내용을 발표하실 테니 오늘은 큰 박수와 짧은 인사로 맞아주세요."

　갈채 속에 김효섭이 단상에 섰다. "많이 부족하겠지만 여러분이 도와주시고 질책해주시고 격려해주신다면 지금보다 좋은 회사 만드는 데 제 한 몸 바쳐서 노력하겠습니다. 앞으로 잘 부탁드립니다."

　"한 몸 바쳐서 일하겠다. 아주 옛날 멘트 아닌가요? 보셨죠? 스타일! 매우 안정지향적인 옛날 스타일! 그렇습니다." 장병규는 '세상 속의 블루홀'이란 문구로 발표를 맺었다.

　"지속성을 만들기 위해 긴 걸음을 간다. 이렇게 표현하겠습니다. 이제는 블루홀이 단순히 블루홀 혼자만 바라보고 생존을 위해 앞만 바라보고 달리는 시대는 지났어요. 그래선 안 됩니다. 지속할 수 있는, 뭔가 독특한 존재 이유가 있어야 합니다. 누군가는 IPO(기업 공개)를 이야기합니다. 단기적으론 IPO는 없습니다.

대중이 거래할 수 있는 주식이 되려면 첫째는 그 회사가 오랫동안 존재할 수 있다는 보장이 있어야 합니다. 둘째는 그 회사만의 독특함이 있어야 해요. 그래야만 중장기적으로 투자하는 주주들과 오랫동안 호흡하면서 성장할 수 있습니다. 단기적으로 잘못된 IPO를 하면 단기 주주에게만 좋아요. 그러면 회사는 무너집니다. 그걸 알기 때문에 단기적으로 IPO는 없다고 단언드리는 겁니다. 중장기적으로는 IPO를 해야 할 수 있습니다. 저희는 주주가 매우 많기 때문에 중장기적으로 고민해야 됩니다. 모든 문제를 이제 긴 호흡으로 바라봐야 합니다.

저희가 지향해야 하는 건 무엇이냐? 사람의 수명보다 조직의 수명은 길 수 있습니다. 수명이 훨씬 긴 조직을 만들기 위해 우린 어떻게 해야 하느냐, 이런 고민을 저희가 해야 할 때가 된 거죠. 사회 공헌과 책임 활동, 게임 산업과 한국 산업, 나아가서 글로벌 게임 산업과 함께 성장해야 합니다. 심지어 학계와도 우리가 호흡을 같이 맞춰야 할 수도 있습니다. 그러면서 삶의 터전이 되어야 합니다.

옆에서도 뒤에서도 총체적으로 바라보는, 세상 속의 블루홀로 일단 커가는 게 블루홀 2.5의 시작입니다."

발표 뒤로 이어진 질의응답 시간에 한 직원이 손을 들었다. "그동안 의장님 본인은 게임맨이 아니다, 고생스럽다, 라고 말씀하셨습니다. A회사에 좀 팔고 적당히 그만두실 수도 있을 것 같은데요. 잠깐도 아니고 장기적으로 바라보고 게임업을 계속하시는 이유가 뭐예요?"

"정말 훌륭한 질문이라고 생각합니다. 으하하. 저의 방점은 여기 있는 거 같아요. '존재의 의미'에. 블루홀이 추구하는 연합이 게임 산업에서 많았던 모델인가를 생각해보면, 적어도 한국 게임 산업에선 저희가 적어도 유일하게 도전하고 있는 회사 같아요. 돈 버는 것만으로 세상을 살아갈 순 없거든요. 돈은 물론 중요하지만, 어떤 한도 이상이 되면 존재 이유가 더 중요해집니다.

너는 왜 사니? 너는 왜 존재하니? 블루홀은 왜 존재해야 하는가? 저는 블루홀이 추구하는 연합이라는 키워드가 애매모호하고, 어떨 때는 헷갈릴 수 있고, 누군가는 그걸 믿지 않지만, 적어도 저는 지난 3년간 일을 하면서 또 제작 리더십과 호흡하면서 블루홀이 그런 독특한 가치를 가지고 있다고 생각하게 됐습니다. 그리고 한 번쯤 도전해서 성취해볼 만한 가치가 나에게 있겠다, 라는 생각을 하고 있어요. 만약 그 가치가 없다고 생각이 들면… 말씀대로 왜 A회사에 팔아요. 돈 제일 많이 주는 데에 팔아야지. 그쵸?"

"보너스 나오나요?" 젊은 직원이 거침없이 마이크를 잡았다. "많이 줬으면 좋겠습니다. 지난 6개월 동안 블루홀이 나오는 뉴스들을 보면 배틀그라운드 대박이다, 돈 어마무지하게 벌었다, 심지어 잉여 현금이란 단어도 보입니다. 조직의 미래 등 다 떠나서 정말 속물적으로 여쭤봅니다. 물론 블루홀이 잘됐으면 좋겠고 저도 여기서 뼈를 묻고 일하고 싶지만, 그것에 앞서 올해 뭔가를 더 받을 수 있을까요?"

마이크를 넘겨받은 장병규가 웃었다. 질문한 직원은 테라본부 소속이었다.

"테라본부에 대한 애정이 상당히 큽니다. 그중 가장 큰 애정은 뭐냐 하면, 이렇게 솔직하게 이런저런 대화를 할 수 있는 문화이고 그걸 용인하는 조직 문화입니다. 그런 조직력과 팀워크를 새로 테라본부를 맡으시는 김형준 PD가 계승하고 발전시킬 거라고 강하게 믿고 있어요.

질문 감사합니다. 말씀대로 속물적인 게 아니에요. 노벨경제학상 받은 사람의 이론이 있는데, 미국의 경우 일정 수준의 연소득까지는 행복과 소득이 비례한다고 합니다. 그런데 그 이상이 되면 소득과 행복은 상관관계가 별로 없대요.

달리 이야기해서 특정한 수준까진 소득이 주는 가치가 대단히 크다는 겁니다. 그렇기 때문에 그건 속물적인 질문이 아니라 응당 해야 하는 질문입니다. 그리고 경영진은 반드시 그에 대해 답을 해야 하죠. 그래야 이 조직이 지속성을 가지고 앞으로 나갈 수 있기 때문입니다. 좋은 질문이 맞고요."

장병규는 구체적인 보상에 대해 눙치고 넘어가면서도 방향은 분명히 했다.

"그러나 그 답에 대해선 신임 김효섭 대표님이 고민하실 거예요. 제 고민 사항은 아니에요. 으하하. 물론 피드백을 상당히 많이 드릴 겁니다. 다만 이런 고민은 해요. PUBG가 너무 잘되잖아요.

그래서 PUBG 구성원들이 인센티브를 당연히 받을 텐데, 그것과
다른 팀의 차이가 너무 많이 나면 역차별 문제가 생겨요. 다른 제
작 라인에 있고 싶어 하지 않게 되죠. 지금 제가 구체적으로 뭐라
이야기드릴 순 없습니다. 다만 한 가지, PUBG에 많이 나가면 다
른 조직에도 뭔가 나가긴 해야 한다. 그래야 조직이 건사가 된다."

　퇴근길에 장병규는 한 개발팀장에게 "팀원들이 만족스러워할
만한 인센티브 금액이 얼마인지 알아봐달라"는 부탁을 했다. "기
본적으로 인센티브는 경영진이 고민할 사항이긴 하지만, 구성원
의 생각을 많이 들으면 좀 더 합리적인 결정을 할 수 있고 소통도
잘할 수 있다고 생각해요. 고민해보고 의견을 주세요. 다른 사람
들에게도 한번 물어봐주시고요."

　하루가 지나 답이 왔다. "주변에 물어봤습니다. 이런 결론이 나
왔습니다. 0원: 기대 안 한다. 우리 인센티브도 나눠 주고 싶지 않
다. 100만 원: 두 자릿수는 기분이 나쁘다. 300만 원: 엔씨소프트
가 준 정도? 1,000만 원: 우리가 이 정도 받으려면 PUBG가 얼마
정도 받았을지 상상이 되고, 다른 팀도 희망을 가질 수 있다." 장
병규는 답변 메일을 김효섭에게 공유했다.

　"전사 발표에서 제가 언급했지만, 자칫 잘못하면 PUBG에 인센
티브를 주는 것이 다른 조직의 역차별 문제를 불러일으킬 가능성
이 높습니다. 이것을 누그러뜨리는 방법은 PUBG의 인센티브가
적절하게 집행되고, 비PUBG에도 전사 공통 인센티브가 지급되
는 겁니다. 앞으로 챙겨야 할 일인데 구성원들의 인센티브에 대
한 생각이 중요합니다. 평소에 여론을 파악해두시면 좋을 것 같

습니다."

블루홀의 추석 명절 선물 가격은, 한 치 앞을 내다보기 힘든 위기 상황이던 연초에 세운 계획 그대로인 1인당 10만 원이었다. 연초 예산을 세울 당시 재무부서는 비용 절감을 위해 기존에 1인당 13만 원이었던 명절 선물 예산을 5만 원으로 조정하려고 했다. 구성원의 정서와 사기를 챙기는 피플팀장 임재연은 "줬던 것을 뺐는 것은 안 된다"며 "제대로 설명하지 못하면 직원들의 상처와 반발이 커서 비용 절감 이상의 역효과가 날 것"이라고 맞섰다. 이에 2월 설 예산은 그대로 13만 원을 유지했지만, 추석 예산은 "회사 상황이 최악으로 흐르면 급여 지급조차 어려워질 수 있으니 10만 원으로 해두자"고 결론을 냈다.

그 이후 어느 누구도 예산 증액에 신경을 쓰지 못한 채 추석 명절을 맞게 됐다. PUBG가 제작한 반팔 티셔츠와, 프로젝트W의 퍼블리셔를 맡은 카카오게임즈에서 보내준 무릎 담요가 선물로 추가됐다. 수령한 물건을 나눠줄 때를 놓쳤던 담당 부서는 마침 다가오는 명절 선물에 이를 더하기로 한 것이다.

공지를 접한 구성원들이 격한 반응을 쏟아냈다. "철 지난 여름 반팔 쪼가리를 초겨울에 입으라는 것인가?" "줄어든 예산 3만 원을 반팔과 담요로 대체하려는 회사." 특히 일 욕심 많은 PD 아래서 일하며 '계속된 업무 추가, 잦은 제작 방향 변경, 그럼에도 마감 일자는 그대로'인 업무 분위기에서 지쳐 있던 한 개발팀 소속 직원들은 극도로 예민해졌다. "가뜩이나 팀원들 눈치를 보며 마음

을 달래고 있었는데 명절 선물로 분위기가 더욱 나빠졌습니다. 회
사가 너무하다는 생각이 듭니다. 이러면 안 주는 것만 못한 것 아
닙니까?" 회사 익명 게시판에 올라온 불만의 글을 그대로 보내온
직원도 있었다. 게시글에 댓글이 계속 달리면서 험악한 분위기가
이어졌다. 블루홀의 명절 선물은 직원들의 자존심을 건드렸다.

  PUBG의 대성공으로 회사 운명이 완전히 뒤바뀐 만큼 직원들
의 기대치는 불어나 있었다. 심상찮은 공기를 감지한 장병규가 임
재연을 불렀다. "명절 직전이라 어려운 건 알겠지만, 혹시 구성원
모두가 만족할 만한 선물을 확보할 수 있다면 최대한 구매해 추
가로 지급해주세요." 명절 선물 담당 부서원들과 함께 백화점을
포함한 기존 거래처 모두를 뒤져서 육포와 와인, 홍삼 선물 세트
를 확보했다. 임재연이 미션 성공을 알리며 말했다.

  "경영부서는 회사의 어려운 사정을 더 잘 알기에 당장 뒤바뀐
회사 상황에서도 보수적으로 선물 지급을 준비했지만, 일반 구성
원의 생각은 전혀 달랐습니다. 회사가 대박이 났으니 당연히 명절
선물부터는 그에 상응한 수준으로 지급되어야 할 것이라고 생각
한 것이죠. 생각의 간극을 줄여야 하는데, 회사 규모가 커질수록
간극이 더욱 커지는 걸 느낍니다."

듀얼 라인

  팽창하는 회사의 대표가 되고 나니 김창한에겐 부쩍 이런 요청

이 많아졌다. '협의를 하자'거나 '의견을 달라'거나 '결정을 하자'는 말들. 김창한 귀에는 "CEO가 결정을 하면 책임도 질 것 같으니 결정을 위임합니다"라는 말로 들렸다.

'CEO' 김창한은 정작 아무 생각이 없는데, 눈치를 살피는 직원도 여럿 눈에 보였다. 배틀그라운드를 개발할 때와 다른 풍경이었다. 헌신적으로 일하던 사람들이 무턱대고 찾아와 "지금 이대로 가면 망한다"는 식의 이야기를 많이 했었다.

그때의 김창한에겐 힘이 없었다. '버텨달라' '미안하다' '실패해도 내가 책임지는 것 아니냐'며 설득해 힘겹게 팀을 이끌었다. 가만히 생각해보면 지금은 '책임을 지느냐 마느냐'가 문제의 핵심이 아니었다.

극단적인 예로, 수십만 명의 배틀그라운드 유저가 일시에 환불을 요청한다면? 회사의 일개 개인이 어떻게 무슨 책임을 질 수 있단 말인가. 대표인 자신이 옷을 벗는 게 책임을 지는 행동처럼 보일 수 있겠지만, 그것이 진짜 문제를 해결하고 책임지는 행동은 아니었다. 책임을 진다는 건, 특히 결과에 대해 책임을 진다는 건 어쩌면 불가능한 일이었다. 누군가 결정을 하더라도 책임을 지는 게 쉽지 않다는 걸 김창한은 문득 깨닫게 됐다. 책임보다 중요한 건 문제 해결이었다.

문제 해결을 위해선 '결정 – 실행 – 평가'의 순환 구조가 빠르게 돌아가는 것만이 유효했다. 빠른 결정 – 실행 – 평가를 반복하며 당면한 문제를 해결해나가는 것. 이것 하나에만 의지해 PUBG가 여기까지 오게 됐다는 게 그의 판단이었다.

　김창한은 이런 문제의식에서 의사 결정과 조직 운영 방식으로 'Dual Line(이중 리포트 라인)'을 도입했다. 간단하게 말하자면 개인 입장에서 2명의 상사가 있는 형태였다. 국내 기업들엔 익숙치 않아도 글로벌 조직들이 곧잘 쓰는 방식이기도 했다. 지역별 조직 체계 안에서 '실행'과 본사의 '지휘', 이 2가지를 통합하기 위해 이런 방법을 적용했다. 일반적인 기업에선 조직의 특성과 역할에 따라 주요 의사 결정 라인을 만들고 결정 권한도 한곳에 집중한다. 하지만 듀얼 라인은 어느 한쪽에도 결정권을 명확히 하지 않는 방식이었다. 한쪽에는 매일매일 그리고 자주 논의를 하면서 사안을 결정하고 실행하는 라인이 있다. 다른 한쪽에선 좀 더 장기적 관점을 가지고 결정을 돕는 보조적인 역할을 맡는 식이었다. 중요한 일은 3자가 협의를 거쳐 결정한다.

　새로운 의사 결정 방식을 도입하자 PUBG 조직 곳곳에서 "결정 권한이 불분명하다"는 볼멘소리가 터져 나왔다. 김창한은 "결정 권한이라는 건 표면적이고, 결국엔 실행과 평가의 반복이 중요하다"고 설명했다. "권한은 책임을 전제로 주어지는 것입니다. 권한이 필요한 사람이라면 먼저 본인이 실질적인 책임을 질 수 있는가를 생각해보면 좋겠습니다. 책임을 질 수 있는 사람이 된다면 권한은 자연스럽게 생길 겁니다. 또 실력이 증명되고 쌓인다면 자연스럽게 권한이 위임될 겁니다."

　모든 인간은 사고 체계와 생각이 다르다. 하지만 조직이 존재하는 이유는 사람들을 모아서 혼자선 할 수 없는 큰일을 하기 위해서였다. 다른 색을 지닌 여러 사람을 모아 어떻게 하나의 커다란 일을 하게끔 할 것인가. 김창한은 이를 효율적으로 해내기 위해 고안된 조직으로 종교와 군대를 꼽았다. 종교와 군대는 꽤 오랜 시간 이런 문제를 해결하는 힘을 증명해왔다. 모두가 같은 생각을 하도록 세뇌하거나 조직 상부에 속한 소수의 명령을 나머지가 따르는 방식.

그럼에도 왜 혁신적인 기업들은 수평적이고 자율적인 문화를 그토록 강조할까? 당연하게도 소수보다 다수의 지성과 창의성이 기업 경쟁력을 높이기 때문이다. 그뿐만 아니라 모든 구성원이 자기 생각과 의지로 업무에 참여할 때, 그 일은 자신의 것이 된다. 동시에 수평적인 조직과 불분명한 결정 권한은 필연적으로 조직 내 의견 충돌을 불러일으킨다. "생산적인 충돌이 중요합니다. 생산적인 충돌의 기본은 '의견은 다를 수 있어도 잘하고 싶은 마음은 같다는 것'입니다."

의견이 다를 때 실행은 어떤 기준으로 해야 하는가? 서로 다른 사람들의 충돌을 어떻게 생산적인 과정으로 만들 것인가? 이 과제는 여전히 PUBG 앞에 놓여 있었다.

김창한은 '콘텍스트'를 해답의 실마리로 제시했다. 배틀그라운드 개발PD 시절 전체 구성원에게 발신한 편지 내용과 발표 자료를 누구나 열람할 수 있게 했다. 여기에 PUBG가 지나온 역사와 굵직한 의사 결정이 어떻게 이뤄졌는지에 관한 설명도 녹였다. 조직이 왜 그렇게 생각하고 행동하는지에 관한 이유를 이해하는 데 콘텍스트가 도움이 된다는 판단에서였다.

조직에 새로운 구성원이 빠르게 늘기 때문에 콘텍스트를 공유하는 일은 더욱 중요해졌다. "콘텍스트를 알고 있다면 의사 결정에 동의하지 못하더라도 이해는 할 수 있습니다. 제가 매번 PUBG 히스토리를 읽어달라고 당부하는 이유입니다."

강하게 주장하는 사람일수록 실패를 빠르게 받아들이지 못했다. 받아들이는 데 오랜 시간을 쓸수록 좋지 못한 결과는 더욱 악화됐다. 김창한은 아마존의 'disagree and commit(반대하더라도 결정에 헌신한다)' 문화를 전파했다. 조직이 빠르게 실행하고 성장하는 데 중요한 건 분명한 결정 권한도 의견의 일치도 아니라는 주장이었다.

"상황에 따라 어느 누군가는 결정 권한을 갖고 결정할 겁니다. 그 결정이 이루어지기 전까지 각자 의견을 가지고 충돌할 수 있습니다. 하지만 권한을 가진 이가 결정한다면 따라야 합니다. 이때 결정의 적법성이나 옳고 그름보다 중요한 건 'disagree and commit'을 할 만한 결정인가일 겁니다. 의견을 주장하는 이는 열심히 설득해야 할 것이며, 결정 권한자는 스스로의 동의보다 실행할 만한 것인지를 기준으로 결정하면 됩니다.

이 모든 게 전제된다면 조직의 생산적 충돌은 장려될 수 있으며 모두의 지혜가 모여 빠르게 성장할 수 있을 겁니다. 이 과정에서 우리는 수많은 실패와 성공을 경험하게 될 것입니다. 이 반복을 쌓아가면 그것이 바로 우리의 콘텍스트가 됩니다."

PUBG에게 'disagree and commit'란 실패의 가능성을 열어두는 자세를 의미했다. "절대 실패해선 안 되는 일이라면 이런 자세를 가지기 어렵겠죠. 한편으론 누가 봐도 쉬운 결정을 할 수 있는 일에 대해선 이런 복잡한 설명이 필요하지 않을 겁니다. 우리가 하는 많은 일이 처음입니다. 외부에서도 경험한 사람이 없는 일입니다. 여전히 우리에겐 도전이 필요합니다. 새로운 시도를 하지 않고 이미 가지고 있는 걸 지키려고만 한다면 그다음 단계로 나아갈 기회는 없을 겁니다."

도전을 장려하기 위해선 실패를 빠르게 받아들여야 한다. 실패를 제대로 평가하고 빠르게 수정할 수 있어야 했다. "결정과 실행, 그로 인한 결과를 평가할 때 의견을 낸 사람이나 결정을 한 사람을 제외하고 '일'과 '결과' 자체만을 바라봐야 객관적으로 평가할 수 있습니다. 그래야 조직이 제대로 받아들이고 성장할 수 있습니다."

실패에 아랑곳하지 않고 빠른 결정을 반복하며 해답을 찾는 문화를 지닌 팀빌딩team building이 중요해졌다. "계속 사람이 늘어나다 보니 팀빌딩을 하는 일이 힘들다는 걸 알고 있습니다. 저 없이 담당자들이 협의해 내린 결정에 책임을 절대로 강요하지 않겠습니다. 결정을 두려워하지 말고 최선을 다해 주시길 바랍니다. 각자 결정이 잘되고 평가도 잘되면 문제가 없습니다. 아마존의 예를 들자면 되돌릴 수 없는 결정만 신중하게 하고 나머지는 빠르게 결정합니다. 사실 이게 원래 우리의 문화였습니다."

각종 외부 일정과 정식 버전 출시 준비로 PUBG 조직 내 스트레스 지수는 갈수록 높아지고 있었다. "1년 전 배틀그라운드를 개발하며 외부 마일스톤(중간 평가)을 여러 차례 하는 동안에도 스트레스는 매우 높았습니다. 이것을 돌파하며 여기까지 왔습니다. 차이가 있다면 '이것이 마지막이라는 스트레스'가 아니라 '1,900만 유저가 기대하고 있다는 스트레스'이지 않을까 싶습니다. 어느 것이 더 크다고 말하기 어렵겠죠. 우리가 마주하는 모든 순간이 가장 어려운 순간입니다. 지금까지처럼 난관을 돌파하고 앞으로 나아갈 것이라고 믿습니다."

　사람은 돈으로만 움직이지 않는다. '역사를 쓰고 있다'는 자부심과 기대야말로 지친 러너의 다리를 다시 움직이게 하는 각성제였다. "우리가 하고 있는 일은 과거의 어떤 제품과 서비스, 기업과 비슷할지 모르겠으나 전체로 보자면 새로운 역사입니다. 이런 일을 할 수 있다는 건 개인과 기업을 넘어 국가나 세계적인 관점에서 소중한 경험일 겁니다. 지금은 상상하기 어려운 PUBG의 미래 모습을, 제가 추상적으로 말했던 새로운 게이머 문화를 만들어낸다면 여기 있는 모두에게 평생 남을 자부심과 경험이 될 겁니다."

2,000만 장

　2017년 11월, 배틀그라운드는 2017년 대한민국 게임대상을 수상했다. 블루홀엔 2011년 테라로 수상한 이후 6년 만의 타이틀 탈환이었다. 14개 부문에서 총 24개의 상이 시상됐는데, 배틀그라운드는 대상을 포함해 국내 인기 게임상, 프로그래밍 우수 개발자상, 기획·디자인 우수 개발자상, 게임 비즈니스 혁신상, 사운드 부문 기술 창작상 등 6관왕을 달성했다.

"저와 배틀그라운드팀은 하루하루 새로운 환경과 맞닥뜨렸습니다. 1년이 몇 년 같았습니다." 시상대에 오른 김창한이 소감을 전했다. "배틀그라운드는 e스포츠로서의 가능성을 확인했습니다. e스포츠 분야에서 한국은 처음으로 프로 리그를 만들며 종주국이라고 불렸습니다. 최고 수준의 선수들을 보유한 국가임에도 불구하고 우리 IP가 없어 산업 발전에 어려움이 많았다는 이야기를 들었습니다. 앞으로 PUBG주식회사는 한국이 e스포츠 종주국으로서 위상을 드높이는 데 기여하겠습니다."

김창한은 PUBG 내부에 '전쟁' '위기'라는 단어를 꺼내며 상황의 심각성을 전했다. 총싸움 서바이벌은 게임을 넘어 현실로 확전되고 있었다. 배틀그라운드를 출시할 당시만 해도 서비스와 고객만 신경 쓰면 됐다. 이는 내부에서 벌어지는 싸움이었다.

배틀그라운드 판매량이 2,000만 장을 넘어서면서 국경 없는 게임 비즈니스 현장에서 총알과 술수가 이리저리 오갔다. 출시 초기에는 글로벌 기업들이 앞다투어 나타나 PUBG를 사겠다고 제안했다. PUBG가 스스로의 가치를 깨닫기 전에 싸게 사려는 모습으로 보였고, 당연히 거절했다. 인수가 여의치 않자 대형 게임사부터 소규모 기업까지 모두가 PUBG가 개척한 배틀로열 시장에 도전장을 내밀었다.

PC 시장에선 미국 에픽게임즈의 포트나이트가 배틀로열 모드를 공짜로 풀고서 파죽지세로 11월 다운로드 2,000만 회, 동시 접속자 100만 명을 기록했다. 에픽게임즈는 이를 홍보하는 보도 자료를 내며 PUBG에 맞불을 놨다.

다음 격전지는 모바일 시장이었다. PUBG가 그동안 진출하지 못한 영역이었지만, 갈수록 치열해지는 배틀로열 게임 장르 주도권 싸움에서 이 시장을 속수무책으로 내줄 순 없었다. 자연스럽게 "스마트폰으로 즐기는 모바일 게임을 자체 제작해야 한다"는 목소리가 안팎에서 나왔다.

블루홀과 PUBG는 스스로 모바일 게임을 만들거나 국내 외부 제작사를 섭외하는 방안을 고심했다. 여러 방안을 모색하던 중 10월에 텐센트가 제안을 해왔다. "파트너십을 확장해 배틀그라운드 라이선스를 받아 모바일 게임을 개발해보고 싶다"는 것이었다. 김창한과 조웅희는 텐센트에게 "배틀그라운드 모바일 게임의 프로토타입(시제품)을 만들어보라"고 요청했다. 얼마나 잘 만들 수 있는지 보자는 속내였다. 2주 뒤 텐센트는 중국 선전深圳에 있는 개발 사무실로 둘을 초청했다. 선전에서 김창한은 신음을 뱉었다. 시제품이 아니라 제품이 있었다. 이미 그리고 벌써 텐센트는 배틀그라운드 모바일 게임을 거의 완성해놓고 있었다. 그것도 2가지 버전으로.

김창한은 엄청난 충격을 받았다. 게임을 한 번 보자마자 "당장 이만한 모바일 게임을 만들 역량이 우리에겐 없다"며 자체 개발을 포기하겠다고 선언했다. 게임 수준이 배틀그라운드 PC 버전과 구분하기 힘들 정도로 높았다. PUBG 정도의 개발팀을 한 다스 거느리고 있는 텐센트는 이미 전속력으로 게임을 개발 중이었다. 개발력에서 중국과의 격차는 상상 이상이었다.

김창한이 언급한 '개발력'에는 단순히 인력의 수뿐 아니라 '시간을 쏟아붓는 방식'까지 포함되어 있었다. 텐센트 관계자는 "개발 인력 300명이 5개월간 매일 새벽 3시까지, 주말 없이 개발에 집중했다"고 말했다. 한국에서는 도저히 상상할 수 없는 개발 속도였다. 이들은 개발 5개월 만에 '돌아가는(실행할 수 있는)' 수준이 아니라 구글 안드로이드와 애플스토어에 당장 출시할 수 있을 만큼 완성된 게임을 만들어냈다.

한국에 돌아오자마자 김창한은 장병규를 찾아갔다. "우리는 아무것도 안 췄는데 이미 다 만들어져 있어요." 이상과 현실, 당위와 현상 사이에서 고민하다 결론을 내렸다. 시간이 곧 경쟁력이었다. "앞으로 개발 생산성 면에서 중국을 따라잡을 순 없겠다는 생각이 들었습니다." 텐센트와 경쟁하기보다 협력하는 쪽을 택했다. 치고받고 싸우기보다 배틀그라운드 IP를 이식한 모바일 게임을 빠르게 출시하는 편이 생존에 유리했다. 텐센트는 "중국에서 PUBG주식회사와 협력해 배틀그라운드 모바일 게임을 개발한다"고 발표했다.

배틀로열 게임 장르의 패권을 두고 중국에서 굵직한 전선이 그어졌다. 중국은 배틀그라운드 일간 동시 접속자 수 70퍼센트 이상을 차지하는 주요 시장이었다. 텐센트와 중국 시장을 양분하는 넷이즈가 배틀로열 모바일 게임 '황야행동'과 '종결자2:심판일'을 출시하며 기습 작전을 단행했다. 배틀그라운드 판권 계약이 어그러지고 나서 3개월이 지난 시점이었다. PUBG와 협상을 진행하면서 동시에 내부 개발을 했다고 생각할 수밖에 없는 속도였다. PC 플랫폼에서 배틀그라운드와 직접 경쟁하기보다 모바일로 전장을 옮겨 주도권을 가져가는 전략을 선택한 것이다.

　같은 날 출시된 두 게임은 이튿날 앱스토어 무료 게임 순위에서 나란히 1위, 2위를 차지했다. 황야행동은 한국에서 '짝퉁 배그(배틀그라운드)'라는 멸칭을 얻었지만, 중국 현지에서 1,000만 명이 넘는 일일 이용자 수DAU를 기록하며 중국 게임의 흥행 역사를 새로 썼다. 2012년에 일일 이용자 수 430만 명을 달성하며 기네스북에 등재된 이후 한때 800만 명에 올라선 총싸움 게임 크로스파이어, 2014년에 500만 명을 기록한 액션 RPG 던전 앤 파이터를 뛰어넘는 폭발적인 반응이었다. 배틀로열은 게임 시장의 판도를 뒤바꿀 게임 체인저였다.

　배틀로열이 열어젖힌 거대한 시장에 사활을 건 중국 게임업체들은 인해전술식 전투를 벌였다. 중국에서 11월 한 달 동안 배틀로열 모바일 게임이 30개 등장했고, 이들 게임에 6,000만 명이 접속했다. 넷이즈의 황야행동은 한 달 만에 이용자 수 1억 명, 하루 이용자 수 1,500만 명을 돌파했고 종결자2:심판일은 이용자 수 5,000만 명을 찍었다. 넷이즈는 유명 게임 스트리머와 협력해 중국 동영상 플랫폼에서 자사 게임을 적극적으로 홍보했다. 유명 사회자를 초청해 생중계 이벤트까지 진행하며 게임 띄우기에 열을 올렸다. 몸이 달은 텐센트가 이를 가만히 보고 있을 리 없었다. 텐센트는 배틀그라운드 '짝퉁'으로 불리는 모바일 게임 '광영사영'과 '크로스파이어 모바일 황도특훈'을 연달아 선보였다.

　중국이 PUBG의 최대 시장으로 떠오르면서 김창한의 고민도 깊어졌다. 경쟁작들은 무료 서비스로 고객을 확대하고 있었고

PUBG도 이에 맞서 플랫폼을 확장하며 더 많은 고객을 확보해야 했다. "위기감이 듭니다. 사실상 열심히 한 것만으로 여기까지 성장한 것이 이상하고 기적 같은 일이라는 생각이 들 정도입니다."

김창한은 "지표가 우리를 속이고 있다"고 말했다. 꾸준히 상승하는 지표에 맹점이 있었다. 글로벌 게임 유통 플랫폼인 스팀의 지표를 주로 참고했지만, 성과의 대부분이 중국 시장에서 발생하고 있다는 점이 문제였다. 글로벌 관점에서 보면 중국을 제외한 다른 시장에서 PUBG는 힘을 잃고 있었다. 성장 국면에 변곡점이 다가왔음을 의미했다. "그냥 열심히 했더니 잘 팔리더라"고 말하기엔 형편이 달라졌다. 배틀로열 경쟁작이 하나둘 등장하며 시장은 빠르게 변하고 있었다.

김창한은 '업데이트'와 '사업 활동'을 중요 목표로 제시했다. 신규 콘텐츠와 기능 업데이트를 통해 새로운 즐길거리를 만들어 유저들에게 확실하게 차별화된 경험을 제공하려고 했다. 출시 전 막판 담금질을 하고 있는 정식 버전 게임에 게임성을 강화할 기능을 대거 장착하기로 했다.

장애물을 만나도 돌아갈 필요없이 바로 뛰어넘어 빠른 전개와 전략적인 플레이를 가능하게 하는 볼팅 앤 클라이밍 기능, 완전히 새로운 게임 경험을 선사할 사막 맵(지도) 등이 그 예였다. "중간 개발 과정이 어렵지만 올해 안에 하기로 한 것에 감사합니다. 새로운 형태의, 더 진화한 배틀로열 게임으로 자리매김할 수 있도록 배틀그라운드를 만들어야 합니다."

사업 활동의 주요 방향을 '게임 방송 시청자 수 확대'로 잡았다.

배틀그라운드의 트위치 게임 시청자 수가 20만 명대에서 10만 명대로 떨어졌다. 그 틈을 경쟁 게임인 포트나이트나 콜 오브 듀티가 꿰차며 시청자 수를 불리고 있었다. 경쟁사들은 스트리머에게 돈을 쥐여주면서 자사 게임을 방송하게 만드는 공격적인 마케팅을 벌였다.

"게임 시청자 수를 확대할 필요성을 절감하고 있으며, 이를 위한 행동을 고민하고 있습니다. 특히 전체 시청자의 70퍼센트를 차지하는 중국 시장에서 어떻게 되느냐에 따라 전체 비즈니스의 향방이 움직일 것 같습니다. 주춤하는 시기가 왔습니다. 심하게 이야기하자면 위기 시기가 올 수 있다고 봅니다. 새로 입사하신 분들에겐 기회가 온 겁니다. 위기가 있어야 돌파할 실력을 보여줄 수 있으니까요. 일하다 보면 올라갈 때도 내려갈 때도 실력을 발휘할 기회가 있다고 생각해주세요."

그동안 배틀그라운드는 경쟁 없는 무주공산에서 빠르게 독주했지만 상황은 달라졌다. PUBG의 방식을 그대로 따라 하는 게임이 갈수록 늘어났다. 김창한이 보기에 '간단simple하고 진지serious하며 현실적realistic이면서 핵심core에 집중했던' PUBG의 게임 포지셔닝이 크게 위협받고 있었다. 결과만 놓고 봤을 때 배틀그라운드는 성공적으로 자리 잡았지만, 중국의 모바일 게임처럼 배틀그라운드를 모방하는 사례는 더 많이 등장하고 있었다.

넷이즈의 황야행동과 종결자2:심판일은 심지어 중국을 넘어 미국 F2P Free to Play(무료 이용) 게임 앱스토어에서 각각 2위와 6위에 올랐다. 카피캣(모방) 게임들은 PUBG의 게임 자원asset을 많이 차용한 것처럼 보였지만, 막상 플레이를 해보니 할 만한 게임이라는 인상을 받았다. 연이은 충격이었다. 경쟁 상황은 PC, 모바일뿐 아니라 콘솔, 게임 방송 등 모든 영역에서 심화되고 있었다. "지금 우리가 처한 상황을 봤을 때 연말부터 연초까지가 새로운 기로라고 생각됩니다. 한편으로는 PUBG가 지금까지 쉽게 여기까지 온 게 운이 좋다고 할 수 있겠네요."

글로벌 e스포츠의 원대한 꿈을 품고 돛을 펼치자마자 역풍이 감지됐다. 아시아권, 특히 중국에서 배틀그라운드가 새로운 바람을 불러일으켰지만, 서구 시장이야말로 원래 목표로 했던 무대였다. '아시아권에서만 잘되는 글로벌 e스포츠'는 허망한 수식어이자 성립하지 않는 표현이었다. 서비스가 굴러가면서 서구 시장은 오히려 배틀그라운드의 가장 허약한 고리이자 아픈 손가락이 됐다. 장르를 선점해야 했다. 특정 장르를 선점하는 것이 얼마나 강력한 시장 유지력을 만드는지는 기라성 같은 게임들이 이미 증명했다. PUBG가 이 싸움에서 밀려선 안 됐다.

김창한은 넷플릭스 드라마 〈겟 다운〉을 흥미롭게 시청했다. 이 드라마는 다큐멘터리 〈힙합 에볼루션〉을 바탕으로 힙합 장르의 태동기를 다뤘다. 힙합은 1970년대 중반 흑인 하층민들 사이에서 시작되어 점차 세력을 넓혀나갔다. 뉴욕 흑인 지역에서 하나의 장르로 발전하는 힙합의 모습과 배틀그라운드의 현재가 포개어졌다. 힙합 장르가 빠르게 확장하며 공연 문화가 형성되고 있을 때, 한 여성 제작자가 재빠르게 힙합을 앨범으로 제작해 대중화에 성공했다. 유명해진 그녀를 두고, 사람들은 힙합이 공연 위주여야 하는지 앨범화해야 하는지를 두고 논쟁한다.

"우리는 배틀로열 장르를 빠르게 대중화했습니다. 그래서 사람들이 속속 뛰어들고 있는 겁니다. 온갖 사람들이 배틀로열 장르 형식에 변주를 줄 겁니다. 우리가 갖고 있는 포지셔닝(Simple, Serious, Realistic, Core)을 통해 e스포츠로 가야 합니다.

하지만 여전히 PUBG에 질문이 남아 있습니다. 이 장르가 대중화된다는 것을 보여주고만 끝날 것인지, 아니면 이 장르를 선도하는 게임이 될 것인지 말입니다. 정식 1.0 버전 출시 결과에 따라 그 답이 달라질 것 같습니다. 모두가 스트레스를 받고 있는 걸 알지만, 이 기회가 PUBG의 갈림길이 될 것이라고 봅니다."

PUBG는 중대한 기로에 서 있었다. 미국 출장에서도 김창한은 예상보다 심각한 상황을 감지했다. 포트나이트는 100일 만에 사용자 4,000만 명과 동시 접속자 200만 명을 기록하며, 가장 빠르게 성장하는 게임으로 스포트라이트를 받고 있었다. 대형 게임회사가 압도적인 자본과 화력을 동원해 배틀로열 게임을 서비스하는 모습을 보고 있자니, PUBG가 배틀그라운드로 이만큼 성장한 건 차라리 천운이었다.

경쟁이 치열해질수록 사업이 어려워질 것은 분명해 보였다. 배틀로열 게임 장르의 선도자로서 PUBG는 빌드와 서비스, 커뮤니티만으로 성장했다. 가진 것들로 승부를 계속할 수밖에 없었다. 정식 출시 게임인 1.0 버전이 그만큼 중요해졌다.

PUBG는 힘겹게 새로운 사막 맵을 테스트 서버에 올렸다. 다행히 커뮤니티에서 고무적인 반응을 확인했다. 김창한은 PUBG

에 새로운 기회가 찾아왔다고 여겼다. "1.0 콘텐츠를 계기로 다시 한번 우리 페이스를 지킵시다. 내년에는 어쨌든 북미와 아시아에서 같은 포지션을 유지하며 더 확장했으면 좋겠습니다. 테스트 서버 출시까지 고생이 많으셨을 텐데, 남은 기간 동안 열심히 해서 올해를 잘 마무리합시다."

PUBG는 개발 완성도를 높이는 폴리싱polishing(연마 작업) 작업을 거듭하며 정식 출시를 목표로 달음질했다.

Xbox 1

PUBG는 정식 게임 외에도 연말 출시를 목표로 마이크로소프트의 콘솔인 Xbox용 배틀그라운드 개발에 착수했다. 이 개발은 김창한의 대학 후배이자 석사과정 동료로 줄곧 게임 개발에 합을 맞춘 프로그래머 김상균이 주도했다. 김상균은 개발실장 이창호와 마찬가지로, 2009년에 김창한이 지노게임즈를 창업할 때 발기인으로 참여해 배틀그라운드 개발에 중추적인 역할을 했다.

개발자로서 김상균이 느끼는 온도는 김창한과 분명 달랐다. 게임 출시 이후, 김창한은 배틀그라운드의 아버지이자 PUBG 대표로서 대부분의 시간을 사람들을 만나는 데 썼다. 김창한의 주요 업무는 개발에서 글로벌 전략과 사업 쪽으로 옮겨갔고, 이는 당연한 수순이었다.

개발자들의 상황은 크게 달라지지 않았다. 게임 출시 후에도

10여 명의 개발자들은 이전과 다름없이 사무실에 웅크려 하루 종일 일했다. 배틀그라운드가 엄청나게 팔렸다느니, 돈을 쓸어 담고 있다느니 하는 말들은 사무실 밖의 이야기였다. 전 세계 게임 개발자들의 존경이나 팬들의 환호는 문 밖에서 벌어지는 일이었을 뿐, 모니터에 머리를 파묻은 개발자들은 그러한 반응을 느낄 새도 없이 또 다른 개발 과제에 매달렸다.

얼리 액세스로 일찍 내놓은 게임은 엄청난 결과를 냈지만, 어찌됐든 설익은 물건이었다. 김상균의 입장에서는 부끄러운 작품이었다. 팔아먹을 수 있는 수준이 아니었으니까. 버그는 수시로 튀어나왔고, 게임이 요구하는 컴퓨터 사양도 지나치게 높았다. 유저들 사이에서는 "3만 원짜리 배틀그라운드를 하려면 200만 원짜리 컴퓨터를 사야 한다"는 씁쓸한 농담이 돌았다. 최적화가 제대로 이뤄지지 않았던 탓이다.

얼리 액세스 전략을 선택할 때만 해도 하루빨리 게임을 내놓아 시장의 피드백을 받고 개발을 이어나가려는 방침이었지만, 게임 판매량은 예상을 까마득하게 뛰어넘었다. 유저 목소리를 반영해 문제를 바로잡고, 신규 콘텐츠를 만들고, 서버를 관리해야 했으며, 최적화 문제도 해결해야 했다. 고객의 반응을 정리해 전달해주는 조직이 갖춰지지 않아 개발자들은 온라인 카페와 게시판에 접속해 게시글 전부를 수시로 읽어야 했다. 아침에 고칠 항목을 정하면 퇴근할 때까지 키보드를 뚝딱거렸다.

원래 이렇게 일했으니 힘들다는 소리는 하지 않았다. 그 대신 정신이 없다고 말했다. 문제는 매일 생겼고, 종류도 참 다양했다.

어느 날은 "오늘은 서버가 터진다(고장 난다)"는 알람 경보를 받고 조직 전체에 비상이 걸렸다. 동시 접속자가 매달 2배씩 증가하면서 서버 용량이 모자라 몇 차례 서비스가 중단되기도 했다. 처음에만 해도 "10만 동접(동시 접속자)이 나오면 대박"이라며 최대 10만 명을 계산해 넉넉하게 서버를 설계해놨다. 막상 뚜껑을 열자 출시한 지 며칠이 안 돼 10만 명을 넘어설 조짐을 보였다.

한쪽에서는 서버가 터지는 걸 막기 위해 긴급 대응을 하면서, 다른 한쪽에서는 새로운 서버 설계를 하고 증설 작업을 진행했다. 이후 100만 명을 수용할 수 있는 서버 설계를 마쳤지만, 몇 달이 지나 또다시 사이렌이 울렸고 같은 작업을 반복했다.

"갑자기 게임에 랙lag(지연 현상)이 엄청나게 생긴다"는 신고가 수시로 접수됐다. 예를 들어 게임에 수류탄 아이템 콘텐츠를 추가했는데, 게이머들이 사용하는 순간 에러가 발생했다. 한두 명으로 내부 테스트를 할 때는 아무런 문제가 없었다. 실제로 100명이 접속한 게임에서 누군가 수류탄을 던지면 예기치 못한 난리가 나는 것이었다. "어떻게 해야 해요?" 매번 새로운 문제를 들고 뛰어오는 직원들에게 김상균은 늘 이렇게 대답했다. "열심히 잘."

어느 날 김창한이 또 다른 숙제를 던졌다. Xbox용 게임 출시였다. 배틀그라운드의 폭발적인 판매량에 군침을 흘리던 마이크로소프트는 파격적인 지원을 약속했다. 배틀그라운드를 Xbox 최고 타이틀로 지명하고 "PUBG에 필요한 모든 자원을 제공하겠다"며 게임 모시기에 총력을 기울였다. 콘솔용 게임 전환을 위해 다양한 규격spec을 협의하는 총괄 개발자를 전담으로 배정할 정도였다.

　마이크로소프트 담당자는 회사 경영진으로부터 "무조건 일을 성사시켜라"는 명령을 받고 김상균에게 말했다. "당신이 원하는 모든 걸 들어주겠다. 마이크로소프트의 모든 능력을 끌어다 필요한 곳에 붙여주겠다"라고. 김상균은 "지원을 아무리 많이 해줘도 우리가 받아먹을 수가 없다"며 탄식했다. "우리가 너무 허술합니다. 우리 수준이 너무 낮아서, 우리가 하는 일의 수준이 너무 낮아서 마이크로소프트가 인력 1,000명을 지원해줘도 쓸 수 없는 상황입니다. 우리는 받아먹을 능력이 안 됩니다."

　최적화 문제가 이번에도 주요 난제였다. Xbox 기기의 성능을 PC와 비교하면 10년 전 PC 수준에 불과했다. 사실상 10년 전 PC에서 게임이 작동하게 만들어야 했던 것이다. 마이크로소프트 담당자는 "우리 엔지니어와 프로그래머, 인프라를 PUBG에서 원하는 만큼 제공할 테니 Xbox에서 게임이 돌아가게만 해달라"고 애걸복걸했다.

　Xbox 게임 개발을 해본 적 없는 PUBG는 그런 자원을 어디에 어떻게 활용해야 할지조차 모르는 깜깜이었다. 마이크로소프트가 하나하나 방법을 알려줘도, 이를 실행할 역량이 없었다. 계약부터 출시까지 주어진 시간은 7개월. 김상균이 보기에 2~3년은 족히 걸릴 프로젝트였다. 그는 Xbox용 게임 개발 매뉴얼을 논문 읽듯 뒤적이며 공부와 개발을 병행했다.

　김상균의 Xbox 게임 개발을 도운 이는 남영선 PUBG 글로벌 사업실장이었다. 그녀는 PUBG의 글로벌 사업을 발굴하고 해외 파트너사와 협상하는 역할을 맡아 10월 PUBG에 합류했다. 이전 직장인 마이크로소프트에서 글로벌 퍼블리싱 전략 파트너십 아시아 담당 이사로 근무했던 경력을 살려 콘솔 사업을 챙겼다. 김창한과의 인연은 배틀그라운드 개발 직전인 2016년 하반기로 거슬러 올라간다.

당시 싱가포르에서 Xbox 콘솔 퍼블리싱 제휴 업무를 담당하던 남영선은 블루홀 게임 테라의 콘솔 사업을 논의하기 위해 판교 사옥을 방문했다. 미팅이 끝나고 떠나려는 남영선을 블루홀 관계자가 붙잡았다. "제작을 준비 중인 프로젝트가 하나 더 있는데, 담당 PD가 콘솔에도 관심이 많으니 소개해주고 싶다"는 것이었다. 시간이 촉박해 20분만 간신히 냈다. 깡마른 몸이 드러나는 반소매 티셔츠를 입은 남자가 통역사와 함께 회의실에 들어왔다. 김창한이었다. 그는 당시 '프로젝트 BRO'로 불리던 배틀그라운드의 개발 구상을 6페이지짜리 프레젠테이션으로 설명했다.

남영선은 별다른 매력을 느끼지 못했다. 이후 사무실로 돌아와 김창한의 경력을 조사하니, 그는 10년 넘게 RPG 개발에 매달리며 실패를 거듭한 제작자였다. 총싸움 서바이벌 게임이 완성될 수 있을지조차 의심하며 김창한에 대한 관심을 접었다.

이듬해인 2017년 3월, 남영선은 글로벌 게임 커뮤니티에서 김창한의 이름을 발견했다. 배틀그라운드는 새로 나온 게임이 아니라 이미 팬층이 형성된 게임처럼 보였다. 그리고 이틀 동안 스팀에서 배틀그라운드의 첫 성과 지표가 발표되길 기다렸다.

지표 사이트를 연 순간, 아니나 다를까 배틀그라운드의 성과 그래프는 하늘을 찌르고 있었다. 즉시 한국행 비행기 티켓을 예약하면서 스마트폰에서 김창한의 이름을 찾았다. 거절당할 것을 상상하며 전화를 걸었다. "혹시 저 기억나세요? 축하드립니다. 한국에 가서 한 번 뵐 수 있을까요?" 김창한의 대답은 간단했다. "오셔도 됩니다".

남영선은 훗날 김창한이 아닌 이창호에게서 그날 일을 들었는데, 김창한은 이렇게 말했다고 한다. "그래도 남영선이 빨랐지. 나를 서운하게 한 사람들 중에서."

남영선은 그 후 마이크로소프트 쪽에서 PUBG의 Xbox용 게임 출시를 돕는 일을 시작했다. 6월에 열린 Xbox 글로벌 발표회에서 배틀그라운드는 한국 게임 최초로 메인 무대 주인공이 되어 연내 출시 계획을 공개했다. "발표는 했는데 진짜 가능할까?" "연내 출시할 수 있을까?" 김상균이 이끄는 개발팀에서 의심과 걱정이 새어 나왔다.

이를 알아챈 남영선은 Xbox와의 파트너십을 확장하는 제안을 했다. Xbox가 배틀그라운드의 퍼블리싱까지 맡아 PUBG의 업무 부담을 줄이는 동시에, 개발에서도 전폭적인 지원을 해주는 추가 계약이었다. 이 논의를 위해 Xbox 수장인 필 스펜서가 직접 한국으로 날아왔다. 소니 플레이스테이션에 밀려 추락한 Xbox를 무덤에서 부활시키고 새로운 전성기를 일군 구원자이자 세계 게임업계의 거물이었다. 일본에 자주 방문했지만, 한국 방문은 처음이었다.

필 스펜서는 블루홀과 PUBG 경영진을 저녁 만찬에 초대했다.

장병규는 "제가 만난 마이크로소프트 사람 중에서 제일 높으신 분"이라며 웃었다. "글로벌 게임 시장에서 한국은 어떤 의미가 있을까요? 앞으로 한국에 어떤 기대를 하고 계신가요?" 김창한의 질문에 필 스펜서가 답했다.

"한국은 MMORPG 같은 특정 게임 장르에서만 힘을 발휘했지만, PC 개발자 풀이 기본적으로 굉장합니다. 최근에는 그런 개발자들이 모바일 게임으로 많이 이동했죠. 콘솔 시장이 커지지 않았던 이유에도 그런 특수성이 있었던 것 같습니다. 그간 콘솔 시장은 한국 고객의 관심을 얻지 못했습니다.

이제 스팀으로 대표되는 글로벌 플랫폼이 등장하면서 크리에이터가 직접 시장과 고객을 만날 수 있는 시대가 되었습니다. 예전처럼 각 나라의 퍼블리셔를 통해 게임을 유통할 필요가 없어졌죠. 크리에이티브creative가 있고 그걸 받쳐줄 수 있는 기술력이 있다면 충분히 글로벌 시장에서 성공할 수 있는 환경이 조성됐습니다. 한국은 오랫동안 PC 게임 개발에서 실력을 쌓았습니다. 이미 그런 백그라운드를 많이 가지고 있죠. 앞으로 배틀그라운드 같은 콘텐츠가 더 많이 나오길 기대합니다."

필 스펜서는 계약 내용보다는 주로 지구 평화와 건전한 산업 생태계에 대해 이야기했다. "마이크로소프트 정도 되는 회사라면 지구 평화를 이야기하는 게 맞겠네요!" 장병규는 "많이 배웠다"며 껄껄댔다. 그후 PUBG는 파트너십 확장 계약서에 사인했다.

PUBG와 마이크로소프트는 8월 말 독일에서 열린 게임스컴 게임쇼 무대에서도 Xbox용 배틀그라운드 출시 소식을 발표했다.

행사 이튿날 김창한은 "맥주나 한잔하자"며 남영선을 회식 장소로 불렀다. "미국 회사를 위해 오랫동안 일하셨는데, 한국 회사의 글로벌 성장을 위해 일해보시는 건 어떠세요?" 김창한은 입사를 제안했다.

두 달 뒤 남영선은 싱가포르에서 짐을 빼 PUBG에 합류했다. 대학생 때인 2001년 온게임넷 스타리그 게임 중계를 보며 전율을 느꼈고, 이후 게임 방송사 온게임넷 기획PD로 게임업계에 발을 들였다. 한국 게임 회사를 거쳐 마이크로소프트에서 글로벌 퍼블리싱 업무를 맡으며 커리어를 쌓았다. 프로필에는 '178개국에 48개 게임을 출시해본 경험'이라고 적혀 있지만, 정작 리스트에 사람들이 기억할 만한 게임이 없다는 데 갈증을 느끼고 있었다. 이번 기회를 자신이 타인과 함께 성장할 수 있는, 그리고 모두가 기억할 게임을 담당해볼 수 있는 중요한 순간이라고 여겼다.

남영선이 PUBG에 입사해보니 공식 메일함에는 늘상 협업이나 제휴를 제안하는 이메일 폭탄이 쏟아졌다. 이 무더기 속에서 옥석을 가려내야 했다. 중요해 보이는 메일을 골라내고 내부로 전달하거나 거절 답변을 보내는 일만 하는 직원을 뽑을 정도였다. 똑같은 거절 메시지를 복사해 붙여넣기를 하다가 상대 회사의 이름을 틀리는 경우도 부지기수였다.

파트너가 된 회사의 비즈니스 제안이나 질문, 요청 사항을 따로 수신하는 메일함을 만들고, 이를 담당자에게 전달하는 전담 인력도 붙였다. 게임의 외형에 비해 인력이 부족하다는 사실에 놀랐다. 무엇보다 콘솔 전담 엔지니어가 없다는 사실에 경악했다. 사실상 김상균 혼자서 Xbox 개발에 필요한 매뉴얼을 숙지하고 있었다. 시급함을 인식한 남영선은 김상균의 일을 거들기 시작했다. 산적한 Xbox 개발 업무에서 중요한 일을 발라내고 우선순위를 세웠다.

11월 파리 게임쇼에서 Xbox는 최대 규모의 부스를 차리고 코앞에 다가온 배틀그라운드 출시를 홍보했다. 데모 게임 시연을 예고했지만, 이때까지도 PUBG는 콘솔 빌드를 완성하지 못한 상태였다. 결국 PC용 빌드를 Xbox 조작기로 작동하게 만들어 시연을 진행했다.

김상균과 그의 팀은 천신만고 끝에 12월 중순 Xbox용 배틀그라운드 발매를 해냈다. PC 버전의 인기가 콘솔로도 이어지며, 발매 이틀 만에 누적 게이머 100만 명을 돌파했다. 기분 좋은 출발이었다.

"우리는 배틀로열 게임 장르를 선도하고 있습니다. 이 자리를 지키는 데 상당히 많은 도전이 있습니다. 모든 플랫폼이 이 장르에 뛰어들고 있습니다. 지위를 유지하기 위해선 먼저 치고 나가는 수밖에 없다고 생각합니다. Xbox 버전 출시는 성공적이었습니다. 애쓰셨습니다."

김창한은 반복iteration의 힘을 강조했다.

"건축에서 말하는 반복은 문제를 확인한 후 곧바로 고치는 것입니다. 예전 게임에선 반복 작업이 불가능했습니다. 옛날의 패키지 게임 시절에는 반복이 불가능했기 때문에 고객이 원하는 것을 사전에 파악한 뒤 작업해야 했습니다.

하지만 저희가 채택한 얼리 액세스 방식 덕분에 달라졌습니다. 건물을 올리면서 바로바로 문제를 확인하고 고칠 수 있게 된 것입니다. 이런 반복 원칙 아래에서 개발 작업, 고객 해석, 얼리 액세스, Xbox 출시를 빠르게 해냈습니다. 우리가 가진 가치라고 생각합니다."

정신없이 달리는 와중에도 시선은 언제나 고객에 머무르길 주문했다.

"반복 작업을 비롯해 콘텐츠 공개 과정에서 PUBG는 초기보다 커뮤니티 응대를 제대로 하지 못하고 있습니다. 커뮤니티 소통 창구가 느려진 거죠. 어떻게 보면 정치와 비슷한 것 같아요.

'대중은 무지하기 때문에 우리가 개발하는 대로 따라온다'는 생각은 위험합니다. 고객은 스스로 무엇을 원하는지 모를 수 있지만, 최소한 게임이 좋은지 나쁜지는 알고 있습니다. 고객은 게임에서 무엇이 중요한지는 모를 수 있어도, 콘텐츠의 좋고 나쁨은 표현합니다. 고객이 무엇을 원하는지에 대한 해석이 중요합니다."

Xbox용 배틀그라운드를 출시한 후, 마이크로소프트의 CEO 사티아 나델라가 미국에서 초대장을 보내왔다. 인수한 회사도 아니고 퍼블리싱 계약을 맺은 파트너 회사의 관계자를 직접 만나겠다고 나선 것은 이례적인 일이었다. 배틀그라운드만큼 PC와 콘솔, 아시아뿐만 아니라 북미 시장까지 아우르며 존재감을 발휘한 게임 프로젝트는 없었다.

김창한, 조웅희, 남영선이 마이크로소프트 미국 본사로 사티아 나델라를 만나러 갔다. 버기카를 타고 빌딩숲을 통과해 시애틀 레드먼드 캠퍼스에 당도했다. 전 세계 190개국에서 100여 개 언어로 14억 명이 사용하는 서비스를 제공하는 이 회사는 마을 하나를 통째로 사무실로 꾸몄다. 일부 사무실은 나무로 만들어져 자연 속에 파묻혀 있었고, 어떤 건물은 현대적이면서 세련된 미술 조형물 같았다. 사티아 나델라를 기다리는 대기실은 랄프로렌 퍼플 라벨 광고에 나올 법한 고급 별장을 연상케 했다.

사티아 나델라는 김창한 일행을 맞이하며 "PC에서 성공하신 것만큼 콘솔에서도 성공하시길 바란다"며 악수를 청했다. 미팅룸에서 차를 마신 후 돌아오는 길에 김창한이 조용히 입을 열었다. "마하트마 간디 같은 모습이었어."

1.0 오픈

블루홀 연합의 깃발은 변함없이 나부꼈다. 블루홀스콜은 11월 모바일 MMORPG '테라M'을 출시했다. 블루홀 간판 PC 게임인 테라의 IP를 활용해, 테라의 강점인 캐릭터와 그래픽, 논타기팅(대상을 정하지 않는 공격 수행) 액션을 스마트폰 화면에 그대로 옮겼다. 넷마블게임즈가 퍼블리셔로 나서며 분위기를 한층 띄웠고, 사전 예약을 시작한 지 40여 일 만에 예약자 150만 명을 돌파하며 흥행 기대감을 키웠다.

블루홀스콜은 네오위즈 창업 구성원인 박진석이 설립한 모바일 게임 개발사로, 2015년 블루홀의 연합 전략에 따라 주식 교환 방식으로 인수됐다. 같은 시기, 같은 방식으로 블루홀에 인수된 피닉스게임즈 역시 모바일 골프 게임 '미니골프킹'을 구글과 애플 앱스토어에 올리며 글로벌 무대를 노크했다. 김정훈이 이끄는 피닉스게임즈는 2015년 볼링킹, 2016년 아처리(양궁)킹 등 스마트폰으로 간편하게 즐길 수 있는 스포츠 게임을 꾸준히 출시하며 충성 고객층을 탄탄하게 구축해나갔다. 볼링킹 100만 명, 아처리킹 200만 명으로 하루 접속 이용자 수 기록도 갱신하며 '킹' 시리즈 명가를 꿈꿨다.

블루홀이 한 외부 개발사 인수 논의를 무기한 연기했다. 연초부터 교감하며 연합 합류를 논의해온 상대였다. 인수 의지는 여전했지만, 안건을 이사회에 상정하기 직전에 대화를 멈췄다. 인수 조건은 바뀌지 않았으나, 블루홀이 달라진 게 문제였다.

블루홀 이사회에서 피인수 기업의 적정 가격을 문제 삼았다. "무기한 연기보다 시간을 갖고 안건을 정비해 이사회에 상정해보겠다"는 김효섭을 장병규가 붙잡았다.

"보통 미묘한 단서들이 동시다발적으로 터질 때 문득 공통점을 느낄 때가 있습니다. 요즘 제가 많이 느끼는 것 중에 하나는, 예전에 블루홀과 인연이 있었던 사람과 대화하기가 참 힘들다는 겁니다. 그들은 예전 블루홀을 기억하고 있기 때문에, 어떤 조건도 낮아 보이는 것 같아요. 오히려 새롭게 합류하는 사람들은, 예전에 블루홀을 보지 않던 사람들은, 예전은 예전 사람들 이야기이고 지금도 꽤 괜찮아, 이렇게 자기합리화가 된다고나 할까요.

최근 블루홀 공동 창업자인 김정한 님과 저의 대화가 미묘하게 틀어진 것도, 결국 그가 '나는 테라 원년 블루홀 공동 창업자인데'라는 생각을 갖고 있기 때문 아닐까 싶습니다. 이번 인수 회사도 마찬가집니다.

기업 가치에 따른 주식 교환 비율 1 대 100을 이야기하는데, 그렇죠, 예전을 생각해보면 그것도 이 회사 입장에선 정말 많은 것을 양보한 것이겠죠. 하지만 예전 기억이 전혀 없었다면, 김강석 전 대표님과의 인연이 없었다면, 과연 그렇게 계속 주장했을까? 뭐 이런 생각이 드는 거죠. 이런 것들은 결국 경영진에게 부담으로 다가오겠죠. 마음을 챙겨야 하니까요.

제가 PUBG 인센티브를 김창한 대표에게 말하면서 '출시 전에 일했던 40명에게는 억만금이 가도 사람들이 뭐라고 하지 않겠지만, 나중에 합류한 사람들에게 인센티브가 많이 가면 다른 조직을 역차별하는 문제가 발생할 것'이라고 계속 강조하는 것도 그런 이유에서입니다. 출시 전에 있었던 사람들이 많이 받는 건 자신과 비교하지 않겠지만, 출시 이후 합류한 사람들과 비교하는 건 당연한 심리인 것 같거든요.

여하튼 저는 김효섭 대표를 지지하는 쪽이니 이사회 구성원을 설득하고, 합류할 회사 리더십의 마음을 다독이는 일까지 각오하신다면 시도해도 된다고 생각합니다. 그게 아니라면 적어도 저는 이 펑크를 막을 심적인 여유가 너무 없다는 점을 다시 강조드려요. 김정한과 오늘 한 번 다퉜는데, 그걸 바로잡을 시간도 없어요,

저는."

　김형준 PD가 이끄는 PC MMORPG 프로젝트W가 '에어A:IR'라는 이름을 얻고 1차 CBT(비공개 시범 서비스)를 예고했다. 블루홀은 국내 최대 게임 전시회인 지스타에서 전용 부스를 차리고 대대적으로 에어를 알렸다. 테라 이후 블루홀에서 심혈을 기울인 대규모 MMORPG인 만큼, 배틀그라운드 흥행과 상관없이 블루홀의 미래를 책임질 중요한 작품으로 여겨졌다.

　이 프로젝트는 개발 기간만 3년을 넘겼다. 간판으로 내세운 이름처럼 다양한 비행선과 탈것을 이용해 하늘을 무대로 벌이는 집단 공중전을 핵심 재미로 내세웠다. 공중에서 대규모 싸움을 벌이는 설정은 기존 MMORPG에서 찾아볼 수 없던 새로운 시도였다.

　김형준은 "웰메이드 대작을 만들자"며 개발팀을 이끌었다. 지스타 현장에서 취재진에게 "테스트가 진행되면 여러 이슈와 스트레스가 발생할 것"이라고 말했다. "비행선 100대가 뜨면 서버가 제대로 유지될지 살펴봐야 합니다. 다양한 경로로 문제가 발생할 수 있다고 생각하고, 최대한 자세하고 면밀하게 체크할 겁니다. 수습해야 할 게 많습니다. 남다른 재미를 추구하는 만큼, 남다른 버그도 많을 것 같아요."

　맛보기 게임을 즐긴 유저들 사이에서 애매한 반응이 쏟아졌다. "스토리나 조작법이 특별하진 않지만 나쁘지도 않다" "테라와 비교해 그래픽이 나아지지 않았다" "화면이 부드럽지 못하고 뚝뚝 끊긴다" "기존에 흥행했던 MMORPG를 다 섞어놓은 느낌인데,

특별한 매력이 없어 과유불급."

한 유튜브 게임 방송 진행자는 "너무 지루하다"며 혹평을 내놨다. "몰입 불가능한 스토리에 왜 가야 하는지 알 수 없는 싸움터, 재미를 도통 찾을 수 없는 공중전." 그는 "베타보다는 알파에 가까운 게임 상태다. 공중전과 이야기 진행은 '노답(답이 없다)' 수준"이라며 전면적인 개선을 주문했다. CBT 3일 차부터 참여자가 급감하기 시작했다. 70퍼센트 개발을 끝낸 에어의 정식 출시 목표는 2018년 말이었다.

블루홀은 대규모 부스를 차리고 지스타에 참석했다. "블루홀 정도 되는 규모의 회사는 의도적으로 지스타를 활성화해야 할 책임이 있다"는 장병규의 신념 때문이었다. 이번 지스타에서는 블루홀 연합의 모든 스튜디오가 모였다.

PUBG 성공으로 회사의 기세는 어느 때보다 드높았다. 배틀그라운드를 비롯해 에어, 테라M까지 3개 게임을 지스타에 출품하며 달라진 블루홀의 위용을 뽐냈다. 모든 연합 구성원들에게 입장권과 교통비, 숙박과 식사를 지원하고, 팀워크를 다질 수 있도록 저녁 회식을 위한 식당도 예약했다. 직원 대부분이 참여했지만 PUBG는 바쁜 일정으로 인해 10명 안팎의 소규모 인원만 참석했다.

연말 PUBG는 얼리 액세스 서비스를 선보인 지 9개월 만에 배틀그라운드 정식 버전 1.0을 출시했다. 기존 게임성을 이어가면서도 이용자 편의성을 향상하는 데 중점을 뒀다. 예고했던 대로 장애물을 만났을 때 돌아갈 필요없이 바로 뛰어넘을 수 있는 '볼팅 앤 클라이밍' 액션을 도입했으며, 광활한 사막을 배경으로 한 새로운 맵과 신규 차량, 총기 등을 새 콘텐츠로 마련했다. 플레이어 주변 상황을 녹화해 게임이 끝난 뒤에도 확인할 수 있는 리플레이 기능과 어떻게 사망했는지 보여주는 데스캠death cam 기능도 도입했다.

2017년이 저물어갈 무렵, 김창한은 미국 지사에 머물고 있었다. 여러 어려움에도 그사이 배틀그라운드의 지표는 다시 정상 궤도에 올랐다. 일간 활성 이용자 수는 1,300만 명을 넘어서며 최고치를 찍었고, 한때 30만 명까지 빠졌던 미국 시장 지표도 70만 명으로 회복됐다.

Xbox 역시 견고한 수치를 보이며 전체 이용자 수 수복에 힘을 보탰다. 중국 판매량은 줄었지만 미국 판매량이 다시 힘을 받으며 미국 전역에서 판매 호조세가 이어졌다. 1.0 정식 버전의 출시 효과는 분명해 보였다.

반대편에선 서버 장애나 러버밴딩 현상, 밸런싱 문제가 여전했다. 김창한이 내린 처방은 "PD 자원을 늘려야 한다"는 것이었다. 전체 개발, Xbox, 신규 맵 등 어느 하나 중요하지 않은 분야가 없었고, 각 분야에서 PD들이 달라붙어 제 역할을 해내고 있었다.

"문제는 PD 타이틀이 아니라 누가 PD 역할을 하느냐입니다. 서비스를 비롯해 각 부문 PD의 역할은 내부의 전문 자원을 모아서 조율하고, 하나의 제품을 만들고, 외부와 조율하는 일입니다. 내부 PD 자원이 늘어나야 합니다. 업무가 복잡하기 때문에 PD는 희귀한 자원입니다. 저는 EPD(총괄PD) 타이틀을 갖고 있지만, 사실상 업무를 하지 않고 있습니다. 아니, 하지 못하고 있죠. 부문별로 PD들이 나와야 합니다. 지금 PD 역할을 하시는 분들이 계속해주면 좋겠지만, 본인들이 싫어할 것 같긴 합니다."

배틀그라운드를 출시한 해의 매듭이 지어지고 있었다. PUBG의 2017년 종무식은 따로 없었다. 신년 맞이 중국 시장을 겨냥한 신규 콘텐츠 테스트를 비롯해 여러 작업이 산적해 있어 행사를 생략하기로 했다. 2017년 마지막 주에 김창한은 '처음'에 대해 말했다. "처음으로 돌아가서 고생스럽게 Xbox와 PC 1.0를 오픈했습니다. 이 기세를 이어나가는 연말을 보내시기 바랍니다."

식사비 2만 원

"우리는 아이폰X 안 주나요?" 판교역 인근 영화관에서 직원들이 피플팀장 임재연에게 물었다. 블루홀의 연말 행사는 영화 〈스타워즈:라스트 제다이〉 관람으로 진행됐다. "아이폰X요?" "PUBG는 전 직원에게 뿌렸다고 하던데요?" 현장에 있던 인사, 총무 직원 그 누구도 그 소식을 아는 사람이 없었다. "처음 듣는 이야기인데요? 확인해볼게요."

임재연은 며칠 뒤 한 PUBG 직원의 결혼식에서 그 말이 사실임을 알게 됐다. "PUBG 부럽다, 우리는?" PUBG가 조용히 진행했던 아이폰X 지급 소식이 블루홀 직원들에게 빠르게 퍼져 나갔다. 일부 직원은 저녁 식사비 차이에 대해서도 불만을 제기했다. PUBG는 2만 원이었던 반면 블루홀은 그 절반에 불과했기 때문이다.

임재연의 눈에 블루홀 구성원은 PUBG 구성원을 판교 사옥에서 함께 근무하다 대박을 터뜨린 동료이자 한 회사 식구로 생각하는 듯했다. 이는 판교 사무실에서 면접을 보고 입사했던 PUBG 초기 구성원들도 마찬가지였다. 하지만 PUBG가 서초로 사무실을 옮긴 후 합류한 인원들 가운데에는 '우리는 우리, 블루홀은 블루홀'이라는 인식이 강한 이들도 제법 있었다. "우리가 벌어서 왜 블루홀을 먹여 살려야 하지?"라는 말이 공공연하게 나올 정도였다. PUBG 경영부서도 블루홀 경영부서의 제안이나 협의에 대해 "저희는 저희가 알아서 할게요"라는 무미건조한 대답을 자주 내놓았다. 'PUBG는 블루홀과 다르게 독립적으로 나아간다'는 의식을 지닌 사람이 늘고 있었다.

눈을 돌리면 피닉스게임즈나 스콜 같은 직원 수 50~100명 수준의 연합 스튜디오에 속한 직원들은 반대로 블루홀의 복리후생 제도를 부러워했다. 블루홀의 피플팀은 연합 스튜디오를 주기적으로 방문해 간식을 전달하고 대화를 나누며 직원들을 격려하는 시간을 만들었다. 연합 스튜디오들은 피플팀을 반갑게 맞았지만, PUBG는 다소 달랐다. PUBG 내 개발팀원들은 피플팀을 반겼지만, 인사부서 직원은 "한동안 오지 말아 주셨으면 한다"고 말했다. 임재연은 '한동안'이 어느 정도의 기간인지 고민하다 발길을 끊었다.

PUBG의 성공으로 회사 분위기가 고조되던 시기에 조용히 사라진 개발팀이 있었다. VR(가상현실) 게임 개발에 도전했던 'VR 프로젝트'였다. 시작부터 상업적인 성공을 기대하기보다는, 블루홀이 다양한 장르의 게임에 도전하는 실험적이고 상징적인 개발 프로젝트로 시작됐다.

사내에 VR 게임 개발 경험을 갖춘 전문가가 없었기에 외부에서 PD를 영입했다. 경험이 풍부한 아트 인력도 충원했지만 짧게는 1주, 길게는 1개월 만에 퇴사 의사를 속속 밝혔다. 사직 이유로 "부득이한 사정"을 말하던 이들은 시간이 흐른 뒤에야 속사정을 털어놓았다. "프로젝트가 가능성이 없어 보여서" "AD(아트 디렉터) 리더십이 너무 강압적이어서."

결국 신입 직원 위주로 아트 부문을 구성해 힘겹게 1인칭 칼싸움 액션 VR 게임을 출시했지만, 별다른 반응을 얻지 못하고 팀은 소리소문 없이 해체됐다. 인사부서는 빠르게 절차를 마무리하려 했고, 팀원들은 "회사가 우리를 빨리 내보내려는 데만 관심이 있다"고 호소했다. 주니어와 신입 직원들로 이뤄진 소규모 개발팀에 관심을 갖는 사내 부서는 거의 없었다. 아트 직군 인원들은 모두 퇴사했다.

블루홀에서 모바일 RPG 제작을 총괄하던 한 PD는 연말에 팀 해산을 결정했다. 과거 지노게임즈에서 김창한과 함께 PD로 일하며 게임을 만들던 이였다. 개발 성과가 나지 않자 지난 수개월 간 괴로움을 호소했다. 12월에 마일스톤을 끝내고서 프로젝트를 조기에 종료하겠다는 뜻을 경영팀에 전했다. 하반기부터 기존 개

발 방향을 크게 틀어 사실상 새로운 게임을 개발해왔지만 "번아
웃 상태라 솔직히 프로젝트를 살릴 수 있는 '뒤치기'를 할 만한 에
너지가 없다"고 했다. 매일 수차례 어금니를 꽉 깨물었고 분노와
강박, 짜증이 잦아지며 일상이 무너졌다고 전했다. 무기력증으로
집중을 하기도 어려워졌다. 수면과 소화에 문제가 생겼고, 한의원
과 정신건강의학과 의원에 다녔다. "회의 때 짜증을 많이 냈습니
다. 정신 질환을 겪고 있는 상태였기 때문에 상황은 더 좋지 않았
을 겁니다. 죄송합니다."

그는 팀원들을 불러모아 한 해의 끝을 알리는 종무식을 열고,
팀 해산과 인사 이동 계획을 알렸다.

"게임 개발 프로젝트의 최종 책임은 PD인 제 몫입니다. 개발
방향을 바꾸는 상황 판단을 제대로 하지 못했고, 팀을 꾸리는 과
정에서도 중요한 의사 결정을 잘못 내렸습니다. 저 스스로가 프로
젝트를 뒤집을 만한 역량을 갖추지 못했습니다.

다음 마일스톤의 결과를 세상에 던져서 심판의 날을 기다릴까
요? 직접 무언가를 하기 힘든 상황이라면 심판의 날보다 더 좋은
선택은 없는 것일까요? 결자해지를 하고자 합니다.

현실적으로 생각해봅시다. 다들 감정적으로 별로일 겁니다. 연
말인데 프로젝트가 어그러져서 기분이 별로겠죠. 올해 새롭게 한
경험들을 떠올려봅시다. 어떻게 해야 내년은 올해보다 좋을지 생
각해봅시다. 중요한 변화점에서 감상에 치우치지 맙시다. 안정적
인 프로젝트는 좋지 않겠죠?

하지만 세상은 빠르게 변하고 있습니다. 과거는 참고할 뿐, 잊

는 게 좋습니다. 옛날에 한주먹 했다는 이야기는 그만했으면 합니다. 이제 주먹 싸움은 안 하잖아요. 게임 산업뿐 아니라 모든 산업군에서 안정적인 직업이란 없는 것 같습니다. 자신의 실력과 마인드로 변화를 수용하고 학습하는 것이 최상의 안정 전략입니다. 소중한 삶을 낭비하지 맙시다.

우리는 개발 프로젝트를 진행한 반 년 동안 무엇을 배웠을까요? 아쉬움이 많지만 과거를 바꿀 순 없습니다. 오로지 배우는 것만이 중요한 이유입니다. 시행착오가 많았다는 건 배울 재료가 많았다는 걸 의미할 수도 있습니다. 적어도 자신에게 솔직해집시다. 스스로를 검증한다는 관점에서 이번 결과를 바라봅시다. 모르면 모른다고, 해본 적이 없으면 해본 적이 없다고 생각합시다. 적어도 배울 점은 많았던 프로젝트였습니다.

블루홀이라는 회사가 지향하는 바는 '글로벌 시장' '게임 제작의 명가' '연합의 정신' '장인 정신을 가진 개발자' 정도로 요약될 겁니다. 블루홀은 올해에도 크게 변했지만 내년에도 지속적으로 크게 변화할 겁니다. 그럼 어떤 프로젝트에 참여해야 할까요? 성장하고 배울 게 있는 프로젝트로 가야 합니다. 팀을 확장하거나 구인을 원하는 프로젝트가 많습니다. 어떤 프로젝트가 진행되고 있는지 적극적으로 알려고 노력합시다. 방법은 매우 많으니까요.

스스로에게 동기 부여가 조금이라도 더 되는 일을 하세요. 나태하거나 수동적인 모습은 이제 그만 보입시다. 지금만 생각하지 말고 3년 뒤를 생각해보세요. 2020년에는 어떤 모습이 되고 싶으신가요? 더 좋은 내년을 위한 실질적인 준비를 합시다. 사내 이동

면접을 소홀히 하지 말고 준비합시다. 그리고 상대방의 입장이 되어봅시다. 적극적이고 관심 있는 개발자에게 호감이 갑니다. 포트폴리오에 최신 결과물을 반영하고, 긍정적인 생각을 가집시다.

새해는 지금보다 더 나아질 겁니다. 솔직히 참담한 마음이 큽니다만, 최악의 상황이 될 수 있는 걸 막았다고 생각합니다. 저는 이제 건강을 회복하기 위해 노력할 겁니다. 회사는 여러분의 2018년을 위해 노력하고 지원할 겁니다."

PD는 새해 1월 1일부터 반년간 무급휴직을 신청했고, 팀원들은 휴가 기간 중 사내 희망 부서를 결정했다. 사내 이동을 위한 시간이 1개월가량 주어졌다. 피플팀과 인사기획팀 등 경영부서가 사내 이동을 만들려고 애썼지만 이들을 받아줄 만한 팀은 거의 없었다. 마침 시니어 개발자가 필요하던 테라 개발팀과 시니어 애니메이터를 구인하던 에어모션팀으로 극히 일부 인원이 이동했다. 나머지 팀원 대부분이 퇴직했다.

2018 ———

게임맵을 위한 로드맵
: 빠르고 다양한 시도들 끝에 얻은 것

KRAFTON

2018년 1월

———

블루홀 전체 직원: 827명
PUBG 직원: 202명

———

낙하산을 타고 착륙한 100명의
게이머가 동쪽으로 움직일지
북쪽으로 움직일지 알 수 없는 노릇이었다.
의도가 있어야 정답이 있을 텐데,
배틀그라운드는 정답이 없는 게임이었다.

———

3가지 왕

배틀그라운드의 유료 고객이 3,000만 명을 넘어섰다. 하루 동안 스팀, Xbox, PC방에서 게임에 접속한 사용자 수는 1,100만 명이었다. 정식 게임 버전인 1.0 출시를 지휘하며 조직 내에 위기감을 지속적으로 표현해왔던 김창한은 "당장의 위기는 지나간 것 같다"며 안도했다.

"한 고비는 넘겼습니다. 연말에 다들 한 해를 되돌아보셨을 겁니다. 배틀그라운드를 개발할 때 중간 목표는 1년에 100만 장을 파는 것이었습니다. 당시 블루홀의 사정도 좋지 않았습니다. 장병규 의장님은 1년에 200만 장 판매를 주문하셨지만, 저는 '어렵다'고 답했습니다. 스팀에서 50만 장을 판 게임도 10개 안팎이었으니까요. 그런데 9개월 만에 3,000만 장을 판매하면서 내부 목표의 30배를 달성했습니다. 결과적으로 우리 게임에 3,000만 장의 유료 고객이 있다는 뜻입니다."

배틀그라운드는 명실상부한 배틀로열 게임 장르의 원조이자 선두주자로 자리 잡았다. "다음에 무엇을 해야 하는지 생각해보면 솔직히 잘 모르겠습니다." 김창한은 '안정적인 정체는 없다'는 경구를 자꾸만 되뇌었다. '몰락하거나 성장하거나.' 그는 자신에게 남은 선택지가 몰락과 성장, 단 2가지뿐이라고 여겼다. 당연히 후자를 선택했다.

"여전히 시장을 확장해야 합니다. 중국과 동남아 시장에서 속도를 내는 동시에 콘솔 시장에서도 적극적으로 움직여야 합니다. 서구권이나 한국에서는 시장 확장에 점점 어려움을 겪을 겁니다. 콘텐츠 업데이트로 원상 복구한 상태를 어떻게 유지를 할 것인지 고민해야 합니다.

앞으로 우리를 앞서는 배틀로열 게임이 나올 겁니다. 우리 역량을 과소평가하는 것이 아니라 객관적으로 봤을 때 그렇다는 말입니다. 늘 하는 이야기지만 우리가 배틀로열 게임 장르의 선두 주자입니다. 우리는 계속해서 배틀로열 게임 장르의 혁신을 이뤄내야 하는 위치에 있는 겁니다."

2년 전의 김창한에게 가장 버거운 일은 배틀그라운드 개발 승인을 얻어내는 것이었다. 뛰기도 전에 지칠까 봐 걱정하던 처지였다. 개발 승인을 받기까지 진력을 다한 탓에, 승인이 나더라도 개발할 여력이 남아 있을지 우려할 정도였다. 동굴에서 걸어나왔지만 어깨를 짓누르는 불안의 무게는 여전했.

비전이 아니라 실행을 고민해야 할 시점이었다. 배틀로열 게임 장르의 선두 주자로서 PUBG가 5년, 10년 뒤에도 지속 가능한 회사가 될 수 있을지에 대한 고민이 머릿속을 가득 채웠다. 문제는 그에 대한 답이 없다는 것이었다. 3,000만 유료 고객과 어떻게 동행하며 미래로 나아갈 것인가.

Do or Die(실행할 것인가 죽을 것인가).

뮤지션 아프로잭이 부른 이 노래를 김창한은 매일 아침 일어나자마자 크게 틀었다. 비트 소리를 회초리 삼아 정신을 무장했다. 가만히 있어도 어차피 죽을 거니까, 차라리 하고 죽자. 그는 직원들에게 실행 중심의 조직 운영을 강조했다. 일단 하자고. 무엇이든 하고, 결과를 보고 바꾸든지 하자고. "아무것도 하지 않는 것보다 무엇이든 하는 게 낫다"는 게 그의 지론이었다.

김창한은 "제약이 곧 혁신"이라는 말을 주문처럼 하고 다녔다. 자원, 시간, 경험은 언제나 부족했고 앞으로도 그럴 것이었다. 그러나 바로 그 제약 안에서 가로·세로 8킬로미터 세계에서 펼쳐지는 총싸움 게임을 개발해냈다. 주변 사람들은 온갖 이유를 들며 목표를 달성하기 어렵다는 예언을 쉽게 해댔다. 그럴 때마다 김창한은 앵무새처럼 같은 대답을 반복했다.

제약은 알겠다고. 그 제약 안에서 어떻게든 해야 하는 것이라고. 해내자고. 그 안에서 혁신이 나온다고. 그렇게 세상에 내보낸 배틀그라운드는 상상할 수 없는 결과를 안겼다.

김창한은 "회사의 외형은 커졌지만 제품과 서비스의 질은 그에 미치지 못한다"며 선을 분명히 그었다. 조직 구성원이 늘어난 만큼 유대는 약해졌다. 외형적인 성장에 비해 조직의 역량은 여전히 제자리걸음이었으며 아마추어적인 모습이 만연했다. 서구권에서 에픽게임즈가 포트나이트로 배틀그라운드를 압도하는 모습을 보고 있자면 부아가 치밀었다. PUBG보다 덩치 큰 회사가 더욱 유연하고 솜씨 좋게 여러 자원을 배틀로열팀에 투입하고 있었다.

"활동 맵이 좁아지며 1인만 살아남는 배틀로열 방식은 아시다시피 겉보기에 매우 단순합니다. 우리가 단순simple하고 사실적인 realistic 배틀로열을 추구했지만, 현실적인 건플레이 등은 기존 1인칭 FPS(총싸움 게임) 회사들이 갖고 있던 역량입니다. 올해는 다양한 플랫폼에서 빠르게 경쟁작들이 나올 것으로 예상됩니다."

성장만이 생존의 유일한 방법이었다. 김창한은 화두 몇 개를 사내에 던졌다.

Innovate or Die(혁신할 것인가 죽을 것인가).

"작년까지만 해도 'Do or Die'였는데 조직과 서비스 규모가 커지면서 실행 방식이 상당히 보수적으로 변했습니다. 실행이 보수적인데 안정적이지도 않은 어려운 상황입니다. 우리가 처음 시작할 때는 아무것도 가진 게 없었기에 '뭐라도 해보자'는 태도를 유지할 수 있었습니다. 지금은 그게 힘듭니다. 잘못되면 안 된다는 두려움이 커졌습니다. 반대로 경쟁자들은 우리가 처음 시작할 때와 같은 입장일 겁니다. 그곳에서 다양한 혁신이 나옵니다. 장르의 선도자로서 꾸준히 혁신하지 못한다면 결국엔 서서히 죽는 길을 걸을 겁니다. 곧바로 죽는 것보다 서서히 죽는 게 더 고통스러울 수 있습니다. 우리 조직 안에서 어떻게 혁신을 되살릴 것인가가 요즘 제 고민입니다."

Create or War(창조할 것인가 싸울 것인가).

"무언가 끊임없이 가치value를 만들어가면 되는 것인지, 아니면 이것이 전쟁 상황인 것인지에 대해 고민하고 있습니다. 라이엇게임즈처럼 회사 이미지가 좋은 글로벌 게임 회사들은 이렇게 말합니다. '경쟁을 생각하지 않고 우리의 가치관에 집중한다.' 저는 이런 말도 결국 이기기 위한 그들의 전략이며, '가치 창조'와 '경쟁 추구'라는 양면성이 있다고 생각합니다. 저는 꼭 이기고 싶습니다. 그래서 둘 다 하고 싶습니다."

두 마리 토끼를 잡으려면 결정→실행→평가 과정의 '빠른 반복'이 필요하다는 결론을 내렸다. 조직이 커지면서 과거의 장점이었던 빠른 반복과 그에 따른 혁신이 더디게 진행되고 있었다.

이 문제를 해결하려고 '버츄얼virtual팀'을 만들고 'e스포츠' '게임 모드(방식) 추가' '배틀로열 자체의 룰 개선'을 과제로 줬다. 빠른 반복이 일어나도록 팀에 권한을 많이 부여했다. 빠른 결정과 실행이 일어나고, 그 결과물이 신속하게 반영되는 체계를 구축하고 싶었다. 예를 들어 e스포츠 버츄얼팀의 첫 번째 과제는 '선수들을 만족시켜라'였다. 실제 서비스와 차이가 있어도 좋으니, 먼저 e스포츠 선수들의 요구를 충족하는 서비스를 제공하자는 취지였다.

"e스포츠는 유저, 선수, 뷰어(관객) 등 3개 주체가 만족해야 성공할 수 있습니다. 현실적으로 이 주체들을 만족시키는 일을 동시에 진행할 수 없습니다. 그래서 먼저 선수들이 실제로 원하는 바가 무엇인지 파악하는 것이 목표입니다. 그다음에 문제를 어떻게 해결할지 논의해봅시다."

대규모 업데이트 준비 때문에 게임 모드를 추가하는 작업이 자꾸만 미뤄지고 있었지만, 버츄얼팀은 맞춤custom 게임을 자유롭게 만들 권한을 얻어 그 작업을 빠르게 진행할 수 있게 됐다.

유리한 고지를 선점해야 전쟁에서 승리할 수 있다. 김창한은 포지셔닝을 "이기는 싸움을 하기 위한 자리"라고 설명했다. PUBG가 남보다 앞서 차지한 고지는 뷰어였다. 출시 초기부터 스트리머들과 교감하며 게임 방송을 띄웠고, 관객이 자연스럽게 유저로 전환됐다.

다음 고지는 e스포츠 선점이었다. 다른 배틀로열 게임은 아직 e스포츠에 적극적으로 뛰어들지 않고 있었다. 그렇다고 PUBG가 배틀로열 e스포츠를 선점했다고 말하기도 민망한 수준이었다.

"우리가 '사실적'이면서 '진지한' 배틀로열이라는 점을 다시 말씀드립니다. 이 포지션을 유지하는 게 중요합니다. 북미와 서유럽 시장에서 포트나이트가 날이 갈수록 우리를 위협하고 있습니다. 우리는 여러 측면에서 많이 밀리고 있습니다. 단순한 경쟁보다 더 무서운 것은, 그들이 우리 포지션 안에서 경쟁할 만한 무언가를 갖고 나오는 것입니다."

Product Is King But(제품은 왕이다. 하지만)….

김창한은 "PUBG의 핵심 가치로 3가지 왕king이 있다"고 설명했다. '제품product' '반복iteration' '맥락context'에 왕관을 씌웠다. 추가로 그는 "하나의 왕이 더 필요해졌다"며 '연결connection'을 지목했다. "장기적으로 외부와의 연결을 통해 그물망을 만들어야 합니다. 유저와의 관계, 선수와의 관계, 팬과의 관계, 일반 고객과 충성고객과의 관계, 외부 서비스와의 관계, 게임 데이터 플랫폼 'OP. GG' 같은 통계 서비스와의 관계를 챙겨야 합니다. 우리가 제공하는 게임을 다른 서비스와 연결할 수 있는 그물망을 점점 더 넓혀야 합니다. 그래야 선발 주자로서 우리의 영향력을 키울 수 있습니다."

　김창한이 2018년 목표를 제시했다. "첫째, 배틀로열 e스포츠의 선점자가 돼야 합니다. 지금까지는 플레이어와 뷰어를 선점했다면, 올해는 e스포츠의 선점자가 되는 것이 중요합니다. 둘째, 단순한 제품과 커뮤니티를 넘어서 더 넓은 관점에서 연결을 해야 합니다. 하던 걸 열심히 하는 것에서 나아가 혁신하는 게 중요합니다. 경쟁자들을 물리치면서 시장에서 포지션을 지켜내는 일이 올해의 중요한 과제가 될 것입니다."

3가지 과제

　김효섭은 자신의 '제2기 블루홀 경영팀'을 꾸렸다. 게임업계에서 잔뼈가 굵은 전문가들을 회사로 불러들였다. COO(최고 운영 책임자), CIO(최고 투자 책임자), HR(인사 관리) 본부장, 기술본부장을 영입해 새로운 회사 구조와 시스템을 고민했다. 공식적인 주간 미팅인 경영 회의를 통해 실무를 처리했고, 회사 방향과 전략은 각자 브레인스토밍을 한 뒤 틈틈이 만나 회의했다. 경영팀은 새해 첫 BLT에서 전 직원에게 첫선을 보였다.

　주제는 '2018년에 달라지는 것들:3개년 핵심 실천 과제'였다. 김효섭은 임기 동안 추진할 3가지 과제를 제시했다.

　첫째는 '제작 역량 강화'였다.

제작 리더십을 지속적으로 발굴하고 투자를 확대하기 위해 투자본부를 신설했다. "지난 3~4년간 신규 게임 제작에 투입한 자금을 앞으로 1년간 집행할 계획입니다. 물론 좋은 제작팀을 찾아낸다는 전제로 말씀드립니다. 숫자를 맞추기 위한 투자는 하지 않을 것입니다." 제작 라인이 게임 개발에 전념할 수 있도록 투자 유치와 게임 유통 같은 제작 지원 조직을 강화할 계획도 세웠다. "사운드, 분석실, 기술본부 등 각 부문에 인력을 보강하고, 제작에 필요한 인프라를 개선하겠습니다." 블루홀의 무게 중심은 항상 제작에 놓여 있어야 했다.

둘째는 '연합 비전 정립'이었다.

여전히 연합의 개념과 가치에 대한 인식이 뚜렷하지 않다고 느꼈다. "더 많은 구성원이 연합을 이해하고 실천해나갈 수 있도록 하겠습니다. 개념에 대한 논의뿐 아니라 연합 구성원들과 함께 공유하는 경험을 늘리려고 합니다. 실제로 연합을 체감하게끔 하는 것이죠. 대외적으로 블루홀 연합의 가치를 알리고 설명하는 작업을 병행할 것입니다."

셋째는 'HR 경쟁력 강화'였다.

게임은 결국 사람이 만드는 것이며, 좋은 제작 인력을 많이 확보하고 유지하는 것이 블루홀의 핵심 과제였다. "회사와 조직의 성장도 중요하지만 개별 구성원들이 회사와 함께 성장할 수 있는 기회를 늘리겠습니다."

김효섭은 이런 계획을 바탕으로 3년 뒤에 달성할 '희망 사항'을 띄웠다. 신임 블루홀 CEO의 희망은 다음과 같았다. 10개 이상의 게임운영(라이브)팀과 30개 이상의 게임제작팀, 2,000명 이상의 구성원, 실력과 품격에서 글로벌 최고 수준의 자질과 인프라 보유, 여전히 다양하고 의미 있는 게임 제작을 지속하는 팀들, 연합 내에 다양한 기회가 있고 게임 제작인들이 가장 일하고 싶어 하는 회사.

"숫자가 중요한 건 아니지만 상당한 규모를 갖춘 제작 집단으로 거듭나 내용이 충실한 회사가 되길 희망합니다. 이 기반이 마련된다면 다음 미래를 도모하는 데 충분하다고 생각합니다."

CFO(최고 재무 책임자)는 김효섭 경영팀의 마지막 퍼즐이었다. 장기적으로 IPO를 준비해야 할 블루홀에 CFO의 역할과 책임이 어느 때보다 더 중요해졌다. 투자은행 JP모건에서 근무하는 배동근이 CFO 후보로 지목됐다. 국내 상무급 인력 가운데 IPO 경험이 가장 많았으며, 관련 실무를 직접 챙긴 인물이었다. 2017년 넷마블의 상장 업무를 처음부터 끝까지 주도했으며 대규모 IPO를 9건 경험한, 국내 뱅커 중에서도 손에 꼽힐 만한 경력을 보유한 인재로 평가받았다.

배동근이 처음 블루홀의 이름을 들은 건 2017년 초, 지인에게서였다. "조만간 진짜 잘될 것 같은 게임이 나올 거야"라는 친구의 말에 코웃음을 쳤다. 넷마블 상장 이후 오만가지 경로로 "IPO를 하고 싶다"는 게임 회사들의 연락을 받았다. 자료를 찾아보면 작은 성공을 이룬 소규모 회사들이었다. 몇 달 뒤 여름, 지인은 판교의 블루홀 사옥을 방문해 재무 담당자와 차담할 것을 권유했다.

그렇게 만난 블루홀 재무 담당자는 배틀그라운드의 성공에 한껏 고무된 상태였다. 게임 하나를 성공한 회사는 대한민국에 셀 수 없이 많고, IPO는 나중에 뱅커로서 보겠다는 생각으로 자리를 파했다.

도대체 이 회사 게임이 뭔데? 그래서 직접 게임을 해보기 시작했다. 하루 5시간을 내리 배틀그라운드에 쏟았다. 주말 골프 약속을 취소하고, 금요일 퇴근길에 간편식을 사서 귀가했다. 컴퓨터 전원을 켜고 다음 날 새벽까지 키보드와 마우스를 두드리다 까무룩 침대로 쓰러졌다. 일어나 점심을 배달시키고는 다시 컴퓨터 앞에 앉았다.

처음엔 다른 게이머를 한 명도 죽이지 못했다. 낙하산을 타고 내려서 땅바닥에 놓인 무기들을 집어 그것을 이용해 살아남는 조건은 누구나에게 동일했다. 상대보다 빨리 몸을 움직여 총을 얻고 장전, 그리고 격발. 긴장감이 엄청났다. 땀이 잘 나지 않는 체질임에도 마우스와 키보드가 젖을 정도였다.

컴퓨터 사양을 최고급으로 업그레이드하고 인터넷 게임 방송을 교재 삼아 다른 게이머의 플레이를 연구했다. 한 달쯤 지나자 꼴찌를 면했다. 조준해서 분명 쏘았는데 도리어 내가 죽어버렸다. 죽은 장면을 리플레이로 볼 수 있는 '데스캠' 기능으로 사망 이유를 살펴봤다. 다른 건물 옥상에서 누군가가 나를 조준하고 있었다. 내가 다른 상대를 잡으려고 했던 방식 그대로.

배틀그라운드는 인생과 닮았다는 생각이 들었다. 이런 게임을 만든 회사는, 확실히 그저 그런 게임 회사와는 다르겠구나. 그리고 2018년 초 헤드헌터에게서 연락이 왔다. 블루홀이 새로운 CFO를 찾고 있다는 소식이었다.

배동근은 처음엔 김효섭과 그의 경영팀을 만났고, 좋은 인상을 받았다. 형동생 같은 분위기가 형성돼 있어 그간 일해온 다른 회사 경영진들과 사뭇 다른 느낌이었다.

다음으로는 장병규를 비롯한 경영진과 인터뷰했다. 이 자리에는 블루홀에 초기 투자를 했던 미국계 벤처캐피털 알토스벤처스의 한 킴 대표도 동석했다. 배동근은 처음으로 장병규를 만났는데, 자신보다 네 살이 많은 사람이 20년을 더 산 사람처럼 말을 하고 있다는 인상을 받았다. 거의 '아버지 뭐하시니?' 수준의 질문 세례를 받았다. 학업과 결혼, 육아 같은 일상부터 업무와 커리어 경로까지 온갖 이야기를 풀어놓아야 했다.

"왜 이직을 생각하셨나요? 또 왜 블루홀을 선택하셨나요?"

"최근 들어 '내가 이걸 하려고 태어났나'라는 생각이 듭니다. 주니어 때는 성장해가는 느낌을 받았습니다. 지금은 글쎄요, JP모건 지점장? 크게 매력을 느끼지 못하고 있습니다. 과연 투자은행 뱅커 말고 다른 일을 할 수 있을까 하는 의문도 들었지만요."

나이가 40대에 접어들면서 앞으로 20년, 30년의 인생을 고민하기 시작했다. 투자 은행에서 성취할 수 있는 높은 직함이 썩 자랑스럽게 여겨지지 않았다. 배동근은 "물건에 대한 딜deal이나 협상을 잘하는 것보다 여럿이 인정해줄 수 있는 것에 기여하고 싶다"고 말했다. 넷마블 상장을 성공적으로 이끌면서 게임 산업에 대한 애정과 관심이 생겼고, 한국 게임업계에 조兆 원 단위의 상장 사례가 없었던 만큼 게임 산업의 성장 가능성을 크게 보았다. 게임업계 맏형 노릇을 하는 엔씨소프트는 회사 규모가 수천억 원 수준이던 2000년에 상장했다. 어느새 게임 산업은 자본 시장에서 의미 있는 한자리를 차지할 만큼 커져 있었다.

"배동근 님이 생각하는 블루홀은 어떤 것인가요?"

"블루홀은 무엇을 고민할까 궁금합니다. 제 판단으로는 향후 2~3년 동안 잘하면 글로벌한 게임사, 국내에서 손꼽히는 대표 게임사가 될 수 있다고 봅니다. 이미 잘된 회사라기보다는 제대로 도약을 하느냐 마느냐의 단계에 있는 회사입니다. 저에게는 더욱 도전하는 의미가 있습니다." 배동근은 "IPO와 IR(투자 유치) 업무에만 CFO의 역할이 한정된다면 합류하지 않겠다"고 밝혔다. 경영진의 주요 구성원으로 회사 운영을 파악하고 의견을 개진하면서 가능한 한 많은 일을 경험하고 싶었다.

인터뷰를 마치고 배동근을 돌려보낸 장병규는 채용에 찬성했다. 단 2가지 조건을 걸었다. 첫째는 배동근의 고등학교 동기와 선후배에게 신뢰할 만한 레퍼런스를 확인하는 것이었고, 둘째는 김강석 전 대표와의 '와인' 인터뷰였다. 그 후 배동근은 김강석과 술집에서 만났다. 배동근은 지극히 비즈니스적인 질문을 던졌다. "배틀그라운드 다음으로 어떤 작품을 기대하고 계세요?"

무언가 향후 비즈니스에 대한 이야기이거나 미래지향적이고 성장지향적인 답변을 기대했지만, 알쏭달쏭하면서도 다소 황당한 대답이 돌려왔다. "게임은 성공하기가 매우 어렵습니다. 성공 확률은 지극히 낮죠. 이번에 김창한 대표님이 배틀그라운드로 엄청난 성공을 거두셨기 때문에, 다음번 성공 확률은 더욱 낮아질 수 있습니다. 아휴, 한 번 됐으니까 더 안 될 수도 있겠죠."

며칠 뒤 배동근은 블루홀로부터 정식 입사 제의를 받았다. 그는 하반기인 8월, 블루홀에 합류하기로 결정했다.

BLT에서 한 직원이 "제작팀에 인원이 부족하다"며 인력 충원을 요구했다. 그러고선 제작 리더십에 대한 불만을 내비쳤다. "PUBG를 제외하곤 블루홀의 이미지가 좋지 않습니다. 인재 추천이 힘듭니다." 경영팀과 단상 위에 앉은 장병규가 답변했다.

"저희 조직 구성은 기본적으로 제작 리더십에 의존도가 상당히 큰 구조입니다. 이 점을 이해하셔야 해요. 제작 리더십마다 다른 스타일을 인정하고 가급적 지원해주는 구조입니다. 그래야 다양한 게임의 재미, 다양한 플랫폼, 다양한 서비스가 나온다고 저희는 믿고 있습니다.

그럼 어떻게 하셔야 하냐면, 참으시면 안 돼요. 제작 리더십과 싸워야 해요. 여러분들이 제작 리더십에 가서 도전해야 합니다. 의견을 능동적으로 이야기하셔야 해요. 자, 그런데 제작 리더십이 바뀌지 않는다면 어떻게 해야 할까요? 적절한 한국 속담이 있죠. 절이 싫으면 중이 떠나야 합니다.

도전하셨는데 제작 리더십이 바뀌지 않는다? 그 리더가 정말 아니라고 판단했다? 그럼 떠나세요. 어디로? 블루홀의 다른 제작 라인으로요. 그러면 그 제작 리더십은 도태되겠죠. 저희는 그런 걸 바랍니다.

모든 제작 리더십이 성공할 수 없습니다. 그분도 도전해오면 듣겠죠? 왜냐하면 본인이 들어야지 성장한다는 걸 알기 때문이죠. 그래서 여기 계신 많은 분들이 제작 리더십에 도전해주는 게 대단히 중요합니다. 회사가 뭔가 하는 걸 기다리시기 이전에 제작 리더십에 도전하셔야만 합니다. 그래야 회사가 자꾸 바뀌고 제작 리더십도 성장합니다."

"전 직원에게 연합의 모든 게임 타이틀을 상시로 제공해달라"는 요청은 사내 건의함의 단골 소재였다. 유료 게임 패키지나 쿠폰을 무료로 쓰게 해달라는 요구에 장병규는 언제나 반대 목소리를 냈다. "고객과 같은 눈높이에 있어야 한다"는 이유였다.

"테라본부 구성원에게도 PC방 혜택이 있다가 없어진 걸로 압니다. 당시에도 저는 반대했지만 블루홀은 아주 훌륭하게도 의장의 개인 의견은 무시하기에 그 제도를 도입했습니다. 배틀그라운드는 3만 2,000원밖에 안 해요. 직접 사세요! 게임 산업을 위해 사세요! 그리고 기본급을 많이 받으려고 노력하십시오. '고객과 같은 눈높이에 있자'라는 원칙은 사소해 보여도 대단히 중요한 핵심 가치입니다.

과장해 말하자면, 게임을 직원에게 무료로 제공하기 시작하면 회사가 망가질 징조라고 봅니다. 원칙이 없는 회사가 되거든요. 돈을 원칙 있게 잘 쓰는 회사가 되어야지, 돈이 많다고 펑펑 쓰는 회사가 되면 안 된다고 생각합니다. 그런 회사가 좋은 회사가 될 수 없어요. 물론 블루홀 경영진은 훌륭하게도 제 의견은 막 무시하기 때문에 어떻게 될진 모르겠지만요."

4.5일 집중 근무제

　PUBG에 '4.5일 집중 근무제'가 도입됐다. 금요일엔 오전에 일을 마치고 주말을 더 길게 보내자는 취지였다. "이미 우리는 일을 많이 하고 있지 않습니까? 출퇴근 시간을 정하는 자체가 큰 의미가 없어 보입니다." 김창한에게 일하는 시간은 문제가 되지 않았다. 성과가 중요했다. 어떤 제도든 선순환과 악순환이 있기 마련이었다. 가급적 룰을 줄이고, 직원들이 자율적으로 책임 있게 제도를 활용하는 건 선순환이었다.

　반면 룰만 어기지 않으면 된다는 의식을 지닌 채 제도를 취지와 다르게 악용하고, 이를 방지하기 위해 룰이 복잡해지는 건 악순환이었다. 김창한은 식비 지원 제도를 예로 들었다. 상한선을 채워 사 먹으라는 것이 아니라 식비를 신경 쓰지 말고 일에 집중하라는 것이 본래 취지다.

　"사람 심리가 식비 상한선을 꽉꽉 채우지 않으면 손해라는 식으로 움직이는 것 같습니다. 이걸 돈으로 지불하고자 했으면 월급을 올려드렸을 겁니다. 만약 그렇게 되어 자기 돈에서 식비를 지출하기 시작하면 아끼게 되겠죠. 그러면 원래 취지와는 다른 방식으로 제도가 오용될 수 있습니다. 회식비 역시 액수로 제한하려고 만든 게 아닙니다. 제도가 의도에 맞게 자율적으로 실행되면 룰이 실패하지 않을 겁니다. 100퍼센트까진 안 되겠지만 그런 구성원들이 다수일 때 제도는 더 자율적으로 바뀔 겁니다."

　자율과 책임이 높아질수록 더 큰 자율을 확보할 수 있다는 주장이었다. "팀장급들이 더 자율적으로 야식비나 회식비를 쓰세요. 횟수나 금액에 구애받지 말고 팀에 필요한 지출을 책임 있게 하셨으면 합니다. 룰에 맞추려고 하기보다 의도에 맞게 사용하면 되는 겁니다."

연봉과 인센티브를 책정하려면 정확한 성과 평가가 선행되어야 했다. 김창한은 "평가는 최소한으로 해야 하는 것"이라며 "공정한 평가를 하기 위해 노력하겠다"고 알렸다. 평가 방식이 복잡하고 세분화되면 회사와 직원 모두 쓸데없는 힘을 들이는 부작용이 생기기 마련이었다.

기본급(연봉)은 구성원의 시장 가치에 따라 결정된다. 기본급은 다른 회사에서도 같은 일을 했을 때 받을 수 있는 대우를 기준으로 한 개인의 역량 평가였다. 인센티브는 조직 내 성과에서 나오는 보상이었다. 사업이 잘될 수도 있고 그렇지 않을 수도 있기 때문에 조직 성과를 기준으로 삼았다.

"기업들은 대체로 역량 평가와 성과 평가를 나눠서 합니다. 우리나라에서 연봉제를 도입할 때 이 제도가 '실제 능력에 기반한 것인가'에 대한 논란이 많았습니다. 실제로 역량은 경력에 비례하는 경우가 많지만, 신입이 10년 차보다 뛰어난 사례도 아주 간혹 있습니다. 그럴 때는 당연히 연봉이 조정됩니다.

반대로 전체 연봉 인상률에 개인 인상률이 못 미치는 경우, 자신의 역량이 떨어진다고 판단하게 됐죠. 어찌됐든 대체로 간결한 평가 체계를 유지하면서도 전체적인 만족도가 높은 방향으로 나가고자 합니다."

　　PUBG는 연봉 구간pay band을 간단하게 상위 게임업체 수준으로 높였다. 이와 함께 역량 평가와 성과 평가를 진행했다. "성과 평가를 하면서 각 조직장들이 구성원의 역량 등급을 설정하게 될 것입니다. 이에 따라 연봉 구간은 다 바뀔 것이고 성과 평가에 따른 인센티브가 지급될 겁니다."

　　블루홀 역시 연봉 수준을 높였다. 신입 초봉을 경쟁 게임사 수준에 맞추고, 그동안 어려운 시기를 겪으며 기본급 인상이 더뎠던 직원들의 연봉을 최우선으로 올렸다. 김효섭은 "보상은 성과가 계속되는 한 게임업계 최고를 지향하면서 올려나갈 것"이라고 발표했다. "블루홀에는 꿈이 있습니다. 여러분을 이 나라에서 가장 경쟁력 있는 인재로 키우겠습니다. 많은 회사가 여러분을 스카우트하고 싶게 만들겠지만, 여러분이 떠나고 싶지 않은 회사가 되겠습니다."

　　'블루홀 마음 케어! 2018년 시작과 함께 새로운 혜택이 여러분을 찾아갑니다.' 피플팀장 임재연이 새로 도입한 복리후생 제도인 심리 상담 프로그램을 소개했다. "게임 제작은 정말 힘든 일입니다. 많은 스트레스에 노출될 수밖에 없고, 상사나 동료와의 관계에서 어려움을 겪을 때가 많습니다. 일부 회사는 그런 감정적 스트레스를 스스로 해결하라는 입장입니다만, 블루홀은 창업 초기부터 피플팀을 통해 구성원들의 어려움을 듣고 공감해왔습니다. 구성원 수가 빠르게 늘어나고 있습니다. 이런저런 사연으로 힘들어하시는 분이 많습니다."

피플팀은 사무실에 상주하지 않고 회사 내를 돌아다니며 직원들과 대화하고 문제를 해결하는 독특한 인사 조직이었다. 생일 축하부터 건의 사항 수집까지 구성원을 세심하게 챙기는 일을 했다. 이번엔 심리 상담업체와 계약해 직원들이 연 5회 오프라인이나 온라인으로 심리 상담을 받을 수 있도록 도왔다. 장병규는 "전문가의 심리 상담보다 피플팀 상담을 늘려야 할 것 같다"고 반응했다.

"저는 블루홀 구성원들이 '일반 샐러리맨'이 되는 걸 어떻게든 막도록 최선을 다해야 한다고 생각합니다. 게임은 일반 샐러리맨이 잘 만들 수 있는 물건이 결코 아닙니다. 조직이 커지면 어쩔 수 없는 부분이 있기에 더 많이 노력해야 합니다. 다양한 수단이 있겠지만 '경영의 투명성을 높이고' '블루홀 문화를 끊임없이 소통하는 것'이 정말 중요한 축이라고 생각합니다. 그래야 지금까지 어떻게든 버텨온 블루홀의 색깔을 그나마 유지하고 발전시킬 수 있다고 봅니다."

회사 규모가 불어나면서 경영진은 경영진대로 바빠졌다. 커진 부피만큼 밀도는 떨어졌다. 경영진과 직원, 경영진과 장병규, 장병규와 직원들 간 거리가 벌어졌다.

"새로운 구성원들이 기존 구성원에게서 뭔가를 전수받겠지만, 그들을 둘러싼 우리 사회는 더욱 강력하기에 점점 일반 샐러러맨처럼 변해갈 것입니다. 자연스럽게 두면 다들 비슷해지는 거죠. 남들도 저런데, 저 회사는 저런데, 하면서요. 또 든 자리는 모르고 난 자리는 안다고, 다른 회사들과 비교하면서 나쁜 점에 대해 불평불만을 가지는 것은 인지상정이죠."

피플팀의 상담은 직원들의 마음 건강을 돌보는 데 효과가 있었고, 경영진에 대한 신뢰를 밑바닥부터 다지는 계기가 됐다. 무엇보다 구성원의 의문을 빠르게 해소하고 블루홀의 색과 문화를 신속하게 전파할 수 있는 좋은 수단이라고 장병규는 생각했다.

"피플팀의 업무는 조금만 잘못하면 회사 공식 채널처럼 느껴져서 부작용을 일으킬 수 있습니다. 피플팀에 전한 메시지가 경영에 반영되지 않으면 오히려 그 구성원이 회사를 욕할 수도 있습니다. 실제로 발생한 일이기도 하죠. 그렇기에 더더욱 소통의 절대량을 늘려서 피플팀에 대한 오해를 없애려는 노력이 필요합니다.

한국에서는 피플팀과 같은 조직을 운영하는 회사가 거의 없는 걸로 압니다. 그렇기 때문에 이 조직이 우리만의 강점이 될 수도 있다고 생각하고요. 피플팀의 상담 확대를 긍정적으로 검토해주시길 꼭 부탁드립니다."

'근로자 참여법(근로자 참여 및 협력 증진에 관한 법률)'에 따라 30명 이상 규모의 사업장에서는 근로자와 사용자 측이 만나 회사 운영에 관한 전반적인 사항을 논의하는 노사협의회를 설립해야 한다.

"노동자와 사용자를 가리키는 '노사'라는 단어는 대립적인 용어이니 가급적 쓰지 않았으면 좋겠습니다." 노사협의회 설립을 진행하는 실무진에게 장병규가 당부했다. "블루홀 경영진과 직원들은 그렇게 일해온 적도 없고 앞으로도 아니었으면 합니다. 노사협의회를 다른 이름으로 부를 수 없을까요? 법적으로 만들어야 하는 노사협의회를 어떻게 하면 더 잘할 수 있을까요?"

직원과 경영진, 피플팀이 함께 고민해 '소통위원회'가 출범했다. 국내 기업에서 노사협의회를 소통위원회로 명명한 첫 사례로, 그 이름처럼 소통을 강조했다. 블루홀이 설립된 2007년 초창기만 해도 흔히 볼 수 있었던 풍경들, 예를 들어 대표가 팀별로 돌아가며 식사를 하거나, 장병규가 구성원 5~6명과 차례로 만나 이야기를 나누고, 매월 생일파티를 열어 깜짝 간식을 먹는 모습은 옛이야기가 됐다.

자원을 받아 블루홀 직원 13명, 연합인 자회사 직원 3명을 소통위원으로 임명했다. HR본부장과 경영기획실장, 피플팀원 등이 참석하는 첫 번째 회의가 열렸다. 명절 선물과 조기 퇴근, 식대와 회식비, 평가 제도, 기본급 조정 등 여러 의견이 중구난방으로 쏟아졌다. "툭 까놓고 PUBG 식대 지원이 블루홀보다 크다" "배틀그라운드의 성과로 인해 작년 추석 선물을 이전보다 더 좋은 수준으로 기대했지만 도리어 못 미쳤다" "명절 전날 조기 퇴근을 했으면 한다" "회사 식당의 아침밥에 인스턴트식품만 있는데 김밥이나 주먹밥을 추가해달라" "회식비를 월 3만 원에서 인상해달라" "기본급이 상대적으로 높지 않다"와 같이 불만과 건의 사항이 대부분이었다.

회의록을 본 장병규가 "서로 생각을 맞췄으면 한다"며 소통위원회 담당자에게 미팅을 요청했다. 장병규는 "일방향이나 소원 수리가 아니라 양방향이 되어야 한다"고 말했다. 일반적으로 경영진이 회사 방향을 정하고 실행하면, 구성원들은 이해하지 못하거나 비현실적이라는 이유로 불만을 품기 마련이다. 이를 소통위원회에서 표출하게 되는 것은 뻔한 일이며, 구성원이 불만을 이야기하고 경영팀이 해명하는 구도로 흐르기 쉽다는 지적이었다. "제도와 정책을 시행하는 이유를 설명하고, 의견을 교류하면서 공감을 넓히는 자리가 돼야 합니다. 경영진과 직원은 공생 관계이므로 양방향 소통을 해야 합니다."

원칙과 이유를 공유한 상태에서 대화가 이뤄지면 서로의 이해가 높아지지만, 사전 지식 없이 개별 사안을 하나씩 따지다 보면 복리후생이나 급여 같은 이야기가 늘어날 수밖에 없고, 결국 다투게 될 것이라고 장병규는 진단했다.

"주제가 아침 식사라면 '회사가 아침 식사를 제공해야 하는 근본적인 이유는 무엇인가?'를 논의하는 데 시간을 더 할애했으면 합니다. 만약 주제가 복리후생이라면 모임 전에 내부 문서로 정리된 복리후생 원칙과 가이드를 읽어본 후 참석하라고 권장할 수도 있겠죠. 그렇게 되면 답변할 때 원칙을 다시 한번 상기할 수 있고, 대화가 더 쉽게 진행됩니다. 이해하고 받아들이기도 쉽고요."

장병규는 피드백의 중요성 역시 강조했다. "고민하겠다"는 애매한 피드백이 가장 나쁘며, 기한을 정해 명확한 피드백을 줘야 한다는 것이었다.

"회사에 큰 문제나 변화가 있을 때 멀어진 민심을 좁히려고 하면 이미 때는 늦습니다. 평소에 그런 노력을 해두어야 위기가 왔을 때 큰 힘을 발휘할 수 있습니다. 경영진과 직원이 수평으로 함께 움직일 수 있도록 하는 일이 몸에 배어야 합니다. 그래야 조직 규모가 커지더라도 조직의 역량을 유지할 수 있습니다. 모쪼록 구성원들이 '블루홀을 함께 이끌어간다'는 의식을 가지는 데 도움이 되는 장치로 소통위원회가 자리 잡길 기대합니다."

그렇게 시작된 소통위원회에서 한번은 '생일 축하 행사와 생일 선물'이라는 의제가 논의됐다. 장병규는 "생일 선물로 상품권을 지급하자"는 의견에 반대했다. "회사가 케이크를 제공하면서 생일 행사를 지원하는 목적에 부합하지 않는다"는 이유를 들었다. 동료들이 서로 모여 대화할 수 있도록 하는 것이 생일 축하 행사의 본래 의도였다는 것이다.

"상품권 지급은 결국 현금 보상으로 끝나게 될 겁니다. 생일 행사가 개별 보상으로 흐르는 건 막아야 합니다. 우리 업은 개인보다는 팀으로 움직이는 방향을 지향합니다. 그런 차원에서 회식과 생일 축하 행사도 묶어볼 수 있습니다. 오히려 생일을 맞은 직원에게 지급하는 축하비를 팀 회식에 보태 거하게 뒷풀이하는 것이 취지에 맞을 수 있습니다. 그런 차원에서 예산을 늘려 사용하는 건 좋습니다."

일관된 통일성

블루홀은 회사 로고를 교체하고 연합 스튜디오 체계를 수립하는 'CI 리뉴얼' 프로젝트를 시작했다. 연내에 사명과 개별 스튜디오 로고를 비롯해 사원증, 봉투, 쇼핑백 등 기존 기업 이미지가 박힌 모든 것을 바꾸기로 결정했다. 담당 부서는 수억 원을 들여 디자인 컨설팅업체와 계약한 뒤 제작 리더십들에게 미팅을 요청했다. "CI 리뉴얼에서 근본적으로 연합의 '따로 또 같이' 철학을 어떻게 적용할지 의견을 여쭙고자 합니다."

PUBG 김창한이 응답했다.

"미팅을 하기 전에 이번 브랜딩의 목적을 공유하고 공감대를 형성하면 좋겠습니다. 브랜딩 목표가 연합 내의 결속감과 통일감을 높이기 위해서인지? 고객을 대상으로 한 통합 브랜딩이 목표인지? 잠재 구인 대상과 업계를 향한 것인지? 그 방향성을 알고 싶습니다. 게임업체의 인수 합병 사례를 보면, 액티비전 블리자드 킹의 경우에도 통합 브랜딩은 하지 않는 것으로 알고 있습니다. 텐센트 역시 다른 회사를 인수하더라도 통합 브랜딩에 힘을 쏟는 것 같진 않은데요. 무엇을 얻기 위해 돈과 시간을 쓰시는지 각 자회사 리더들이 이해를 해야 협력할 수 있을 것 같습니다."

답변을 본 장병규가 "좋은 지적과 질문"이라며 의견을 보탰다. "'따로 또 같이' 혹은 '연합'이라고 부르는 것을 좀 더 구체화하고 정돈해야 한다는 생각이고, 이번 CI 리뉴얼도 그 노력 중 하나라고 볼 수 있습니다. 김창한 대표가 말씀하신 대로 내부 결속감과 통일감, 잠재 구인 대상과 업계 등을 위한 것이겠죠. 고객을 위한 통합 브랜딩은 아닐 것이고요."

2007년부터 쓰인 블루홀 로고는 3년 전에 수립한 '연합'이라는 핵심 가치를 충분히 반영하지 못해 대외적으로 블루홀 비전을 전파하는 데 어려움이 있었다. 게임 회사치고 너무 점잖은 이미지라는 의견도 자주 나왔고, 라이엇게임즈나 블리자드 같은 글로벌 게임 회사들의 강렬한 로고에 비해 게이머들에게 어필하는 힘이 약하다는 지적이 있었다. 연합에 속한 스튜디오와 유기적으로 연계하기에도 불편했고, 연합 스튜디오들의 로고 역시 특별한 원칙 없이 그때그때 만들어졌기 때문에 일관된 체계의 필요성이 제기됐다.

앞으로 늘어날 제작 스튜디오에 적용할 수 있는 '일관성과 확장성', 각 스튜디오의 독립성을 존중하면서 정체성을 보존할 수 있는 '스튜디오 아이덴티티', 개별 작품이 성공했을 때 블루홀의 브랜드 가치에 기여할 수 있는 '브랜드 시너지'가 중요한 고려 사항으로 떠올랐다.

담당자는 CI 리뉴얼을 "블루홀 연합이라는 독특한 체계에서 발생하는 혼란을 일관된 체계로 정리하려는 시도"라고 설명했다. 이어서 사원, 잠재 사원, 잠재 피인수 회사, 그리고 게이머들이 쉽게 이해할 수 있는 시각적이고 인지적인 요소를 정립하겠다고 덧붙였다.

"김창한 대표께서 사례로 언급하신 회사들은 저희와 같은 '블루홀 연합'이라는 복잡성이 없기 때문에, 문제를 해결할 필요도 없을 겁니다. 블루홀은 독특한 체계를 선택했으니 다른 회사 사례를 참고하는 방식만으로는 해결이 쉽지 않아 보이는 게 사실입니다. 저희도 통합 브랜딩을 하려는 건 아닙니다. 체계를 세워 현재와 미래의 혼란을 최소화하자는 취지입니다."

김창한이 답장을 이어갔다. 이번 답변 메일에는 김효섭을 비롯해 피닉스과 스콜 등 다른 스튜디오 제작 리더십까지 수신자로 추가했다.

"블루홀 연합의 혼란은 CI의 무체계함에서 온 것이 아니라 블루홀 연합의 비전, 목표, 시너지에 대한 공통의 이해가 없다는 데에서 나옵니다. CI와 브랜딩의 체계가 없어진 것인데, 이걸 역으로 공통 CI 브랜딩으로 풀어내겠다고 하니 일의 선후가 뒤바뀐 상황으로 보입니다.

피닉스, 스콜의 대표들에게서 제가 얻은 인식으로는 블루홀 연합에 대한 고민도 크지 않고, 자기가 책임지고 있는 사업을 살리는 데 여념이 없습니다. 재정, IP 자원, 약간의 인력 도움을 주고받는 수준 이상의 비전을 바라보고 있지 못합니다. 이야기를 나눠본 지 오래되었기에 최근에 어떻게 생각이 바뀌었는진 모르겠네요.

최근 PUBG와 블루홀 간 복지 차이로 인한 혼란은 연합의 혼란을 대변하고 있습니다. CI를 통합한다고 해결될 것으로 보이진 않습니다. 연합에 대한 구성원의 인식을 구체화해 '따로 또 같이'에서 어느 영역이 '따로'이고 어느 영역이 '같이'인지를 명확히 할 필요가 있습니다.

즉 연합은 하나의 회사가 아니기 때문에 각자의 다름을 받아들일 수 있도록 만들어야 혼란을 없앨 수 있을 것입니다."

김창한은 "블루홀 경영진 또한 진지하고 구체적인 연합의 비전에 대해 생각이 있었는지 의문"이라고 지적했다.

"그럼에도 불구하고 CI에 대해 의견을 드리자면 '블루홀'이라는 이름은 테라를 제작했던 독립 스튜디오 '블루홀 스튜디오'와 연관이 너무 큽니다. 이름에서 '스튜디오'를 떼었다고 하더라도 연합을 담기에는 그릇이 크지 않다는 한계가 있습니다.

사명 변경을 포함해 고민해야 합니다. 헤리티지를 내포하면서 사명을 변경할 때 의미 있는 특정한 단어를 사용하지 않고 약자 형태로 이름을 바꾼 사례가 있습니다. SK, LG, KT 등 우리나라 대기업들이 그렇게 변경했고, NHN 사명 변경도 이에 해당할 수 있습니다. 'BG(병규) Union(연합)'이나 'BG Entertainment' 등을 고려해볼 수 있을 겁니다."

나아가서 김창한은 "연합을 담아낼 그릇으로 홀딩스 체계를 고려해야 한다"고 주장했다.

"블루홀은 태생이 'MMORPG의 명가'를 비전으로 한 스튜디오형 회사였습니다. 현재 테라와 에어가 묶여 있는 체계도 이와 무관하지 않다고 생각합니다. 이 외에 모바일과 캐주얼 게임, 또는 더 이상 제작 스튜디오가 아닌 PUBG 같은 회사를 담을 수 있는 체계인지, 이런 이유로 연합이 더욱 체계가 없어진 건 아닌지 생각해볼 필요가 있습니다.

과거에는 블루홀과 테라만이 유일하게 가치가 있는 브랜드였기에, 지노게임즈를 포함한 다른 연합은 자체 브랜드를 바꾸는 데 아무런 부담이 없었습니다. 하지만 현재는 CI 브랜딩 관점에서 PUBG는 복잡합니다. PUBG는 구글, 아마존, 페이스북, 라인, 스노우처럼 제품 자체가 회사의 이름입니다. 지금 PUBG는 블루홀보다 세계적으로 더 큰 브랜드 인지도와 가치를 가지고 있기에, 사명 변경에 따른 득실을 신중히 고려해야 합니다.

PUBG의 CI는 'PUBG/Corporation/a Bluehole company' 형

태로 되어 있고 'Corporation' 부분을 각 지사에서 변경해 'PUBG Seoul' 'PUBG Amsterdam' 형태로 사용하고 있습니다. 추가로 손자회사가 생길 경우 이런 체계에 맞춰 'PUBG ○○○'가 될지, 아니면 자체 아이덴티티를 유지하는 방향으로 갈지를 두고 고민 중인 상황입니다. 이러한 복잡한 상황 속에서 블루홀 연합까지 고려한 CI 브랜딩을 하자고 한다면 더욱 복잡해질 것 같은데, 역시나 득실을 잘 따져봐야 합니다."

김창한은 "통합 체계를 갖추겠다고 쉽게 이야기하지 말고 더 깊이 연구하라"며 신중한 접근을 강조했다. "네이버, 라인, 스노우는 왜 통합 CI를 하지 않는지? 넷마블의 일부 회사는 왜 모두 넷마블로 시작하는지? 글로벌 게임업체 EA의 수많은 스튜디오는 어떠한지? 액티비전과 블리자드는? 액티비전 산하 스튜디오들은? 픽사 디즈니의 경우는? 이제 회사 외형이 작지 않은 만큼, 단순히 표면적인 CI 디자인 교체에 그치지 말아야 합니다. 깊이와 수준을 가지고 일이 진행되기를 기대합니다."

프로젝트 담당자는 연합 스튜디오 대표들과 차례로 면담해 CI 리뉴얼에 관한 의견을 모았다. 블루홀과 피닉스는 통합에 찬성 의견을 냈다.

테라본부와 에어제작팀을 이끄는 블루홀의 김형준은 "PUBG처럼 돋보이는 곳은 그렇게 해주고, 블루홀에 편승하는 게 유리한 스튜디오들은 그렇게 해주면 된다"고 말했다. PUBG는 별개로 하더라도 인재를 유치할 때 블루홀 이름이 유리하고, 연합의 힘을 발휘하려면 결속력이 필요하다는 의견을 냈다. 이번 기회에 스튜디오 간의 벽을 허물고 싶다는 의사도 내비쳤다.

피닉스의 김정훈도 "PUBG는 돋보이게 하고 나머지는 비슷한 아이덴티티를 구축하는 것이 서로에게 도움이 될 것"이라고 말했다. 블루홀 연합은 이름이 알려지지 않은 작은 스튜디오들이 모여 있어 외부에 통일된 CI를 제시하는 게 유리한 전략이라는 의견이었다.

스콜은 "상관없음." "크게 상관없으니 만들면 따르겠다"면서도 "통합이 되어도 심적으로는 그렇지 않을 수 있다"고 답변했다. 반면 새로 입사한 직원들에게 '블루홀 식구'라는 인식이 있다는 사실도 전했다. 박진석 스콜 대표는 블루홀의 이미지를 묻는 질문에 "블루홀은 장병규"라고 답했다. "장병규 의장이 말하고 행동하는 모든 것이 블루홀의 이미지"라고 설명했다. 그가 생각하는 '장병규의 이미지'는? 맞으면 맞고 아니면 아닌 사람. 일을 잘하고 열심히 하라고 요구하는 사람. 그리고 열심히 일한 만큼 보상하는 사람.

PUBG 김창한의 입장은 '개별 중시'였다. "블루홀은 제작 연합이라는 포지셔닝을 유지해왔지만, PUBG는 더 이상 단순한 제작 스튜디오가 아니다"라는 이유를 댔다. 이어 "늘어나는 직원들의 PUBG 소속감이 우선"이라는 입장을 분명히 했다. 2018년까지 글로벌 PUBG 지사 10곳이 생길 예정이었다. 김창한의 관심은 해외 지사에 합류한 직원들이 PUBG 소속이라는 인식을 강화하는 데 있었지, 블루홀 직원으로서의 소속감을 심어주는 것에는 없었다.

"이미지는 열심히 일하다 보면 다 알아서 따라오게 되어 있습니다. 지금 블루홀의 이미지는 PUBG가 잘되어서 높아진 것이지, 별도 작업을 한 것이 아니지 않습니까. 마찬가지로 다른 스튜디오도 자기네 일만 잘하면 됩니다. 어차피 사람들은 PUBG가 블루홀 자회사인 걸 다 압니다. PUBG CI에 블루홀 CI를 어떻게 붙일지 고민하지 마시고 블루홀은 블루홀대로 진행하시면 됩니다.

일단 우리는 여기에 시간을 쓰지 않을 것입니다. 이제 와서 뭘 합치고 통일하는 데 돈과 시간을 쓰는지 이해할 수 없습니다. 블루홀 사람들이 조급해서 이러시는 것 같아요. 대놓고 이야기하고 싶어 하는 조급함은 알겠지만, 안 그런다고 해서 블루홀이 사라지는 건 아니지 않습니까? 알 만한 사람들은 다 압니다."

1,000만 원

요동치는 배틀로열 게임 장르 시장에서 점령지에 꽂힌 적군과 아군의 깃발이 수시로 뒤바뀌었다. 전 세계를 무대로 펼쳐지는 전쟁이었다. 어지럼증이 날 정도로 빠른 속도와 큰 규모로 진행되는 전황은 시시각각 달라졌다.

동남아시아를 지배하는 싱가포르 게임업체 가레나는 2017년 12월에 배틀로열 모바일 게임 '프리파이어'를 출시해 구글 앱스토어 1위 자리를 1개월 넘게 꿰찼다. 게임 부제로 '배틀그라운드'를 붙여 동남아시아뿐만 아니라 인도와 미국, 스페인에서도 상위권을 기록했다. 한국에서마저도 흥행했는데, PUBG가 출시한 게임이라는 인식 때문이었다.

중국에서 재미를 본 넷이즈는 3종의 배틀로열 모바일 게임을 일본 시장에 출시해 트래픽을 긁어모았다. 이들 게임의 지도와 건물 구조, 총기 특성은 배틀그라운드와 놀라울 만큼 유사했다.

배틀그라운드는 중국에서 폭발적인 인기를 끌며 가파른 성장을 이어갔지만, 서구권에서는 2017년 11월부터 지표가 빠지기 시작했다. 게임 출시 당시 EPD(총괄PD)였던 김창한은 PUBG 주식회사의 경영자가 됐다. 게임을 만드는 PD는 투입한 비용을 넘는 수익을 창출하면 자신의 역할을 다한 것으로 평가될 수 있지만, 경영자는 그렇지 않았다. 경영자로서 그의 목표는 지속 가능한 회사를 만드는 것이었고, 지속 가능한 회사란 곧 지속적으로 성장하는 회사를 의미했다.

PUBG가 처음으로 꽂은 깃발이 부러질까 봐, 애써 정복한 영토가 줄어들까 봐 김창한은 늘 노심초사했다. 여러 기회 중 단 하나도 놓치기 싫어 매사에 온 신경을 곤두세웠다. 긴장의 끈을 붙잡고만 있다가 때로 불안과 두려움에 시달렸다. 그의 몸은 몇 년째 전시 상태였다.

성과 지표에 따라 널뛰는 마음을 다스리려고 정신건강의학과를 드나들었다. 거의 대부분의 약을 테스트했고, 그중에서 안정제는 그가 가장 신뢰하는 무기가 됐다. 어느 늦은 밤이면 줄곧 '온ON'을 유지하던 스위치가 툭 꺼졌다. 김창한은 이 증세를 '공허'라고 진단했다. 공허를 마주할 때마다 그는 약통을 열었다.

"블루홀은 변화가 빠르고 부침이 심한 게임업계에서 가장 빠르게 다양한 변화를 가져온 회사로 기록되길 바랍니다. 이런 변화는 저절로 이뤄지지 않습니다. 블루홀팀이 끊임없이 노력해야 얻어지는 것이죠. 변화의 속도에 맞춰 보상에 대한 즐거운 고민을 계속하겠습니다. 장기적으로는 업계 상위 수준에 맞추는 것을 넘어, 업계를 선도하는 보상 체계를 구축하는 것이 목표입니다. 우리가 업계를 선도하는 성과를 거둘 때 그 목표도 함께 이룰 수 있을 것입니다.

함께 시도하고, 그 과정에서 성장하며, 자주 성공을 이뤄내는 블루홀팀이 되길 바랍니다. 모두 즐거운 설 명절 보내시기를 진심으로 기원합니다."

2018년 2월, 블루홀 전 직원에게 특별 인센티브가 지급됐다. 배틀그라운드의 성공에 따른 특별 성과급으로, 1인당 평균 1,000만 원 수준이었다. 본사와 자회사를 포함한 모든 구성원에게 특별 격려금 400만 원이 주어졌으며, 재직 기간과 기여도에 따라 월급의 평균 170퍼센트에서 최대 200퍼센트에 해당하는 추가 인센티브도 배정됐다.

성과의 주역인 PUBG에겐 특별 인센티브 외에도, 국내 게임업계에서 상징적인 수준의 개발 인센티브가 별도로 지급될 예정이었다. 블루홀은 이번 인센티브 집행을 통해 개별 스튜디오의 성공에 따른 개발 인센티브 보상 외에도, 연합의 구성원이 함께 결실을 나누는 원칙을 명확히 했다. 전사 특별 인센티브는 블루홀 창립 이래 처음으로 실시한 이벤트였다. 성공의 규모가 큰 만큼 직원들의 기대감도 한껏 높아져 있었다.

"도대체 어느 수준으로 인센티브를 지급해야 직원들이 행복해할 수 있을까요? 무엇보다 받고도 불행해하는 일은 없어야 합니다." 경영진은 다양한 경로로 의견을 수렴했다. 직군별, 연령별, 근속 연수별로 직원들의 생각을 들었다. 공통 인센티브에 근속 연수를 고려한 별도 인센티브를 '차등 지급'하기로 결정했다. 이 과정에서 근속 연수 기준에 아슬아슬하게 미치지 못한 직원들이 생겼다. 일주일 차이로 비슷한 시기에 입사한 직원보다 적은 인센티브를 받게 된 이들은 동료들의 악의 없는 농담에도 스트레스를 받았다. "넌 삶이 꼬였구나" "전생에 무슨 죄를 지었냐?" 그때 상처를 입은 한 직원은 다른 회사로부터 이직 제안을 받고 퇴사하기도 했다.

블루홀은 '특별'이라는 단어를 강조하며, 이번 인센티브가 '큰 성공을 했을 때만 지급하는 일회성 보상'이라는 사실을 분명히 했다. 블루홀 인센티브는 월급의 100퍼센트 수준으로 지급하던 경쟁 게임사들과 비교해도 파격적인 규모였다. '블루홀은 성과에 대해 확실히 보상하는 회사'라는 이미지가 게임업계에서 각인되어야 한다는 장병규의 의지였다. 그는 '한 사람당 평균 1,000만 원'처럼 머리에 확 꽂히거나 회자될 만한 무언가가 나와야 한다고 강조했다.

장병규는 여전히 해결되지 않은 고민을 안고 있었다. "블루홀을 '하나'가 되도록 만든 것에 대한 격려, 블루홀 제작 라인들이 '교류'하도록 만든 것에 대한 격려가 너무 눈에 띄지 않아서 우리가 추구하는 방향에 다소 미흡한 느낌이 있습니다. 그냥 블루홀에 '오래' 있는 것으로 보상을 받는 구조인데, 물론 그 나름의 의미가 있지만 이것만으로는 '능동적으로 하나가 되자'는 메시지를 전하기가 쉽지 않네요."

모바일 게임 개발사 '레드사하라 스튜디오'가 블루홀 연합의 새로운 일원으로 합류했다. 블루홀은 레드사하라를 기존처럼 주식 교환 방식으로 인수 합병했다. 레드사하라는 모바일 RPG '불멸의 전사' '불멸의 전사 2'를 출시해 애플 앱스토어와 구글플레이에서 상위권을 차지했던 회사로, 게임 제작과 서비스, 운영 전반을 두루 경험한 데다 테라 IP를 활용한 모바일 게임을 개발하고 있어 좋은 평가를 받았다. 오랜기간 블루홀과 협력해오며 연합에 대한 이해도가 높았고, 전투와 그래픽을 강조한 신규 모바일 RPG로 블루홀의 글로벌 시장 공략에 힘을 실어줄 것으로 기대됐다. 김효섭은 "추가 인수를 통해 인재를 확충하고 게임 제작 라인을 다양하게 확장할 예정"이라고 밝혔다.

레드사하라의 인수 결정은 김효섭 체제에서 처음으로 열린 이사회에서 다룬 첫 번째 안건이었다. 참관인 자격으로 이사회에 처음 참석한 김창한은 "너무 비싸다"며 레드사하라 인수에 반대했다. 김효섭은 "레드사하라가 자신의 몸값인 블루홀의 1퍼센트 가치를 할 것이라고 믿는다"며 인수 의지를 드러냈다. 이에 김창한은 "그 평가가 말이 되느냐?"며 씩씩거렸다. "협상을 시작했을 당시와 지금의 상황은 다르며, 1퍼센트 가치 책정은 전혀 말이 안 된다"고 목소리를 높였다.

의장인 장병규가 김효섭에게 힘을 실어주어 안건은 통과됐다. 김창한은 장병규의 모습에서 '대표 이사를 선임했으니 그를 밀어 줘야 한다'는 입장을 읽었다. "다음 이사회에는 나오지 말아달라" 는 권유를 받은 김창한은 참관인 자격을 반납했다.

김창한은 PUBG 관련 회의를 할 때마다 블루홀의 그 누구든 바보 취급을 하거나 아무것도 모르는 사람처럼 대했다. 김창한의 날이 한껏 서 있을 때면 장병규는 4차산업혁명위원장 업무를 핑계로 회사 방문을 줄이고 대화를 피했다. 그는 "김창한에게 무슨 말만 하면 돌이 날아와서 이렇게 도망다닌다"고 푸념했다. "김창한과 대화하려면 나도 미친 사람이 돼야 하는데, 저는 이미 에너지가 없고 미친 사람도 아니에요."

둘 중 하나

블루홀은 제작 라인을 확충하고자 인수 합병 외에도 다양한 투자를 검토했다. 김효섭은 투자 전담 조직을 구성해 유망한 제작사나 팀을 발굴하는 임무를 맡겼다.

한 제작사에 대한 투자 논의가 최종 단계에서 어그러졌다. 7년 간 회사를 이끈 3명의 창업자는 열정을 말했지만, 그들은 지쳐 보였다. 그들은 은연중에 '기회가 되면 돈을 버는 엑시트(투자금 회수)를 하고 싶다'는 희망을 내비쳤다. 블루홀 연합이 추구하는 '지속적인 도전' '게임에 대한 열정'과는 거리가 멀다는 판단을 내렸다. 블루홀 연합의 의미와 비전에 공감하지 못하고, 당장의 급한 불을 끄는 데 급급해 보였다. 급전이 필요해 보였고 장기적인 협업이나 구조를 진지하게 고민한 흔적도 찾지 못했다.

　이들은 게임을 개발하는 목적으로 새로운 경험과 시도를 강조했다. 과거에 출시한 게임들에서는 이런 시도를 엿볼 수 있었지만, 최근 제작한 게임들은 그저 유행을 따르기만 한 제품처럼 보였다. "비슷한 개발사들이 앞으로 많이 접근해올 겁니다. 개발사의 급박한 사정에 맞춰주느라 블루홀이 시간에 쫓겨 개발사의 역량을 제대로 평가하지 못하고 급하게 대출해주는 회사가 되어선 곤란합니다. 선례를 남겨선 안 됩니다."

　2018년 3월, 텐센트는 중국에서 배틀그라운드 공식 모바일 버전인 '절지구생:전군출격'과 '절지구생:자극전장'을 발표했다. 이어 '배틀그라운드 모바일'을 북미와 동남아시아 등 해외 시장에 출시했다. 한국과 일본 서비스는 PUBG가 맡아 수개월 내에 공개할 계획을 발표했다.

　PUBG와 중국 텐센트가 공동으로 개발했다고 발표했지만, 실질적으로 배틀그라운드 모바일의 대부분은 텐센트의 개발력으로 나온 결과물이었다. 모바일 배틀로열 시장에서 넷이즈의 선제 공격에 독이 오를 대로 오른 텐센트는 배틀그라운드 IP의 적장자로서 개발에 총력을 기울였다.

　수많은 개발팀을 거느린 텐센트의 가공할 개발력은 경쟁과 보상 체계에서 비롯했다. 텐센트는 주력 게임을 개발할 때 산하 스튜디오들끼리 경쟁을 시켰다. 여러 스튜디오가 저마다 같은 콘셉트의 게임을 만들어내면, 텐센트는 성과에 따라 스튜디오 리더에게 보상을 차등 지급하고, 리더는 그 금액을 팀원들과 나누는 방식으로 돌아갔다. 스튜디오가 성과를 내지 못하면 구성원들은 다른 곳으로 떠난다. 돈을 쫓아 더 성공적인 부자 스튜디오로 옮기는 문화가 자리 잡았다.

배틀그라운드 모바일 게임 제작을 맡은 곳은 텐센트의 1등 스튜디오인 '티미 스튜디오TiMi Studio'와 2등 스튜디오인 '광자LIGHTSPEED Studio'였다. 티미는 이미 중국의 넘버원 모바일 게임인 '왕자영요'를 제작한 회사로, 라이엇게임즈의 인기 PC 게임 '리그 오브 레전드'를 비슷한 콘셉트로 모바일화한 성공적인 레코드를 자랑하고 있었다.

광자는 늘 티미의 그림자에 가려 이인자 신세를 면치 못했다. 두 스튜디오는 텐센트의 옷을 입었을지언정 사실상 다른 회사였다. 각자 사무실에 CCTV를 설치하고 서로의 정보를 절대 교류하지 않는 철저한 경쟁 구조를 유지하고 있었다.

라이선스 계약 초기, 텐센트와의 오전 콘퍼런스콜에서 PUBG가 "배틀그라운드 공식 모바일 게임 개발에 필요한 재료asset를 제공하겠다"고 말하자, 그날 저녁 당장 중국에서 티미와 광자 관계자가 하드디스크를 들고 한국 사무실에 찾아왔다.

티미가 광자보다 먼저 도착했지만, 문제는 그날 선전深圳으로 가는 비행기가 없었다는 것이었다. 티미 관계자는 이튿날 아침 첫

비행기를 탔으나, 광자 관계자는 그날 밤 광저우로 가는 비행기에
몸을 실었다. 광저우에서 내려 기차를 타고 새벽 3시에 선전에 도
착해 하드디스크 자료를 회사 컴퓨터에 옮기며 만세를 불렀을 것
이다. "이겼다!"

김창한과 조웅희는 중국 선전에서 티미와 광자가 개발한 게임
을 총 3회 확인했다. 두 스튜디오는 각기 다른 시간에 자신들의
게임을 선보였는데, 텐센트는 둘의 발표 동선을 엄격히 구분했다.
티미가 발표할 때 광자는 근처에 올 수 없었고, 그 반대도 마찬가
지였다. 텐센트 내부에선 1등 게임을 만든 티미가 광자보다 더 나
을 것이라는 인식을 내비쳤다.

1월 최종 품평회에서 뚜껑을 열어보니 두 게임의 품질은 우열
을 가리기 힘들 정도로 훌륭했다. 티미는 중국 시장의 취향에 맞
게 배틀그라운드를 해석했고, 광자는 오리지널 배틀그라운드에
최대한 가깝게 게임을 구현했다.

김창한이 조웅희에게 말했다. "나는 광자가 나은 것 같은데, 왜
다들 티미가 낫다고 그러지?" 결정을 내리지 못하고 한국으로 돌
아왔다. PUBG의 입장은 명확했다. "둘 다 출시하는 건 안 된다.
하나만 선택해라." 텐센트가 답을 해왔다. "둘의 경쟁이 너무 치열
해 우리가 결정할 수 없다." 고민 끝에 김창한이 최종 결론을 내렸
다. "둘 다 할게요."

그렇게 출시된 '절지구생:전군출격'(티미)과 '절지구생:자극전
장'(광자)은 중국에서 나란히 일간 이용자 수 800만 명을 넘기며
또다시 파란을 일으켰다. 시간이 지나면서 광자의 스코어가 티미

를 따돌리기 시작했고, 만년 2등이던 광자가 최종 승자가 됐다. 광자가 만든 배틀그라운드 모바일은 텐센트의 오랜 숙원이던 글로벌 시장 제패에 대한 갈증을 완벽하게 해소해줬다.

모바일 게임이 정식으로 출시되면서 지속적인 하락 추세를 보이던 북미 유럽 시장에 모처럼 훈풍이 불었다. 김창한은 팀원들에게 감상을 전했다. "배틀그라운드 모바일 게임을 해보시면 알겠지만 굉장히 잘 만들었습니다. 우리 IP를 기반으로 한 좋은 게임이 나와 다행이고, 매출도 잘 나올 것입니다. 당연히 PC 게임과 시너지 효과도 날 겁니다." 모바일 게임 시장은 PC 게임 시장과 비교가 안 될 정도로 접근성이 높아 PUBG 사용자층과 규모를 크게 늘릴 기회였다.

김창한은 "한편으론 참 씁쓸하다"고 했다. "배틀그라운드 모바일은 잘 작동하고 동시 접속자도 순식간에 300만 명을 넘어섰습니다. 음성 채팅 기능을 포함한 온갖 시스템이 다 들어가 있습니다. 한국에서 이런 게임 개발이 가능할까? 앞으로 중국과 과연 경쟁이 될까? 하는 고민이 듭니다." 모바일은 분명 배틀그라운드 IP를 키워갈 수 있는 중요한 동력이었다. "여전히 우리 IP를 잘 살려야겠다, 다신 오지 않을 기회구나, 하는 생각도 들었습니다. 이것을 계기로 우리의 취약한 부분을 정비합시다. 특히 일본과 북미, 유럽 시장에서 당장 어떻게 할 수는 없겠지만 계획을 잘 세우고 준비해서 다시 반격할 기회로 삼읍시다."

출시 1년

목요일인 삼일절 휴일을 계기로 PUBG는 주말까지 이어지는 연휴를 만들었다. 업무량이 많고 속도 경쟁도 치열했기에 샌드위치 휴일이나 명절이 되면 연휴를 만들어 쉬길 권장했다. "일할 때는 몰입해서 일하고, 쉴 때는 집중적으로 쉬는 게 좋습니다." 김창한의 권고에도 연휴를 반납하고 출장을 가거나 회사에 나오는 직원이 많았다. 배틀그라운드가 세상에 나온 지 1년이 되는 시점이었다.

김창한이 새삼 배틀그라운드 1주년을 곱씹었다. 너무 많은 일이 벌어졌고, 하나같이 믿기지 않는 일이었다. 2017년 3월 세상에 나온 얼리 액세스 버전은 오로지 배틀로열 모드 하나밖에 없는 미완성 게임이었다. 100명의 접속자를 묶어 한 판을 구성하는 '매치메이킹match making'과 배틀로열 방식이 전부였다. 그것 하나로 배틀그라운드는 폭발적인 성장을 시작했고, 게임은 자연발생적으로 커나갔다. 무엇을 해도 결과가 좋았던 호시절이었다. 장애가 나든 말든 게임의 인기는 활활 타올랐다.

김창한을 포함한 PUBG 직원들은 그 이유를 정확히 알 수 없었다. 눈에 보이는 일을, 코앞에 닥친 일을 그저 열심히 분질렀을 뿐이었다. 배틀그라운드는 배틀로열 장르를 대중적으로 만든 선구자가 됐고, 서구권을 시작으로 한국과 중국을 아우르며 거대한 게임으로 성장했다. 김창한은 성과에 만족하거나 놀라기보다 할 수 있는 일을 계속 이어갔다.

새로운 게임 맵을 탑재한 정식 버전을 출시하고 Xbox용 게임을 내놓아 추가로 고객 400만 명을 확보했다. 글로벌 게임 유통 플랫폼 스팀에서 최고 동시 접속자 수PCU 325만 명을 만들었고, 일간 이용자 수DAU 1,100만 명을 넘겼다. 유료 게임 PUBG가 1년 만에 이룬 성과였다.

천당과 지옥의 거리는 가까웠다. 2017년 말부터 미국에서 리텐션retention(잔존율, 게임에 복귀하는 유저 비율)이 빠지기 시작했다. 1년도 안 되어 전 세계를 평정했던 배틀그라운드가 서구권에서 '죽은 게임'이란 비아냥을 듣고 있었다. 무엇이든 태울 것 같던 기세는 저녁 노을처럼 희미해졌다.

1년간 스팀 동시 접속자 그래프는 위급 환자의 바이털 신호처럼 들쭉날쭉했다. 게임 방송 트위치 시청자 수는 PUBG의 현주소를 더욱 명확히 드러냈다. 1년 전쯤 "게이머들이 잠깐 즐기고 지나갈 것"이라며 우습게 여겼던 포트나이트는 어느덧 방송자 수와 시청자 수를 비롯한 모든 지표에서 PUBG를 더블 스코어로 압도하고 있었다. 김창한은 "오만했던 스스로를 반성한다"고 말했다.

"작년 이맘때 배틀그라운드 CBT를 진행하면서 동시 접속자 1만 명에 기뻐했던 걸 생각해보면, 현재도 너무나 큰 수치를 기록하고 있습니다. 하지만 사람이 무언가를 느낀다는 건 상대적인 것이기 때문에, 이전보다 하락세라고 느껴지면 기운이 빠지네요. 모든 것이 무한히 성장할 수는 없고 기복이 있을 수밖에 없습니다. 절대적인 수치로 보이는 성장보다 중요한 건 지속 가능한 서비스에 대한 비전입니다. 그럼에도 우리가 보여준 가능성을 보면, 아직은 더 나아갈 길이 있다고 믿습니다."

다른 글로벌 경쟁사들에 비해 부족한 PUBG의 역량은 엄연한 현실이었다. 위안을 삼자면 지난해 이맘때만 해도 40명이던 팀의 체급이 커졌다. 그럼에도 개발과 서비스 속도는 늦어졌다. 반면 경쟁사들은 더 많은 인력을 투입해 더 빠른 속도를 냈다. 반격의 기회를 되찾으려면 여전히 속도가 중요했다.

김창한은 속도를 되찾는 것만이 반격할 수 있는 힘이라고 믿었다. 인원이 늘어나면서 협의할 사람도 늘어났고, 다양한 의견이 나오다 보니 속도가 나지 않았다. PUBG 전체가 보수화돼 누구 하나 총대를 매고 앞장서 일을 추진하기 어려워졌다는 게 김창한의 불만이었다.

"속도를 내려면 실패를 빠르게 인정하고 버릴 수 있어야 합니다. 노력한 일이 버려지는 걸 좋아할 사람은 없습니다. 그러나 우리의 성공이 예측할 수 없었던 것처럼 앞으로의 일도 예측하기 어렵습니다. 뭐든 하는 일마다 성공할 거라고 생각하면 안 됩니다. 차라리 대부분 실패하고 한두 건만 성공할 수 있다고 생각하는 편이 이롭습니다.

빠르게 버릴 수 있을 때 더 빠르게 실행할 수 있습니다. 해보고 버릴 수 있는, 되돌릴 수 있는 결정을 빠르게 해야 합니다. 그래야 전체적인 속도를 높이고 더 빠르게 더 좋은 결과물을 얻게 될 겁니다."

김창한은 "성능, 해킹(핵), 치명적인 버그, 장애와 같은 '개발과 서비스의 안정성'과 '콘텐츠의 실패'는 다르게 판단해야 한다"고 전파했다. 안정성의 실패는 되돌리기 어려운 치명적인 결과를 낳기 때문에 최대한 보수적으로 접근해야 한다. 반면 콘텐츠의 실패는 빠르게 시도하고 빠르게 버릴 수 있는 환경을 만들어야 한다.

"결정권자는 이런 기준을 세우고 빠르게 결정을 내리고 위임을 해줘야 합니다. 담당자들이 더 빠르고 적극적으로 실행할 수 있도록 도와줘야 합니다. 반대로 모든 구성원은 자신에게 좋은 생각이 있다면 손을 들어야 합니다. 빠르게 시도하는 도전을 해야 합니다. 관리되지 않는 실행은 관리자를 괴롭히지만, 실행되지 않는 개발은 고객을 실망시킵니다. 모두가 자신의 행동action이 속도를 높이는 데 기여하는지, 아니면 일의 진행을 막고 시간을 늦추고 있는지 돌아보길 바랍니다."

김창한은 연초에 발표한 키워드를 두 달 만에 다시 짚었다. 반격의 방향은 'e스포츠와 시청자' '콘텐츠 확대' '열림open과 연결 connection'이었다.

배틀그라운드 e스포츠의 선점은 2018년 PUBG의 핵심 목표였다. 2017년 말부터 파트너사들과 함께 e스포츠 행사들을 조금씩 열기 시작했고, 한국에선 온라인 스트리밍 서비스와 방송, 스포츠 방송에서 각각 새로운 리그를 출범했다. 글로벌 리그 IEM 카토비체에서 초대 행사를 열었고, 우크라이나 수도 키이우에서도 e스포츠 행사를 개최했다.

e스포츠 사업을 운영할수록 풀기 어려운 과제가 하나둘 나타났다. 주최사와 파트너사 모두 100명이 참가해 한 명 혹은 한 팀

만 살아남는 방식의 e스포츠를 어떻게 진행해야 할지 몰라 혼란을 겪었다. 경기 장면을 어떻게 보여줄지, 점수제를 어떻게 적용할지, 리그 운영 방식을 어떻게 정할지 등을 두고 고민이 깊어졌다. 기존 e스포츠 문법과 달라 "배틀로열은 e스포츠에 적합하지 않다"는 비판도 이어졌다.

그럼에도 배틀그라운드 e스포츠는 걸음마를 떼고 달릴 채비를 하고 있었다. 행사를 거듭할수록 경기 진행 방식에 틀이 잡혔고 운영 노하우도 쌓였다. 상반기에 PUBG e스포츠의 청사진을 제시할 수 있다는 기대감도 높아졌다.

"명심해야 할 것은 오프라인에서 성대한 e스포츠 행사를 치르는 게 우리의 목표가 아니라는 점입니다. PUBG e스포츠는 배틀그라운드를 기반으로 한 2차 비디오 콘텐츠입니다. 보는 재미를 만들어내 여러 팬을 즐겁게 해주는 게 목표입니다. 목표의 결과 지표는 시청자 수viewership입니다.

실시간 온라인 게임 방송 시청자와 e스포츠 시청자는 분명 다른 영역입니다. 온라인 게임 방송 시청자를 되찾기 위한 노력과 별개로 e스포츠 시청자를 새롭게 만들어내야 합니다. 서구권에서 e스포츠 시청자를 만들어낼 방법을 찾아내야 합니다. 물론 e스포츠 시청자를 최우선으로 삼는다고 해서 게임 방송 시청자를 포기하는 건 아닙니다.

배틀그라운드는 장르 자체가 실시간 방송에 친숙한 장르입니다. 이러한 특성이 폭발적인 성장을 견인했습니다. 게임 방송자(스트리머)들이 빠르게 새로운 게임으로 옮기는 특성이 있고, 기존 배틀그라운드 플레이에 지친 것도 사실입니다. 이들에게 새로운 콘텐츠를 제공해 신선한 자극을 주는 한편, 이들을 지원할 수 있는 다양한 방법을 마련해야 합니다."

콘텐츠 확대는 사용자를 게임에 오래 붙들어두기 위한 유일한 전략이었다. 배틀로열의 재미는 매번 다른 경험을 할 수 있다는 데에서 나왔다. 100명 가운데 마지막 생존자가 되어야 하는 설정도 플레이 시간을 늘리는 데 한몫했다. 생사의 사투를 벌이며 최후의 1인으로 남는 쾌감을 맛보려고 게이머들은 시간과 돈을 아낌없이 쏟아부었다.

하지만 어떤 콘텐츠도 수백, 수천 시간을 소비하면 지루해지기 마련이었다. PUBG는 새로운 총기과 차량 콘텐츠를 꾸준히 추가하며 기대감을 형성해나갔고, 새 콘텐츠를 경험하려는 고객들은 다시 게임에 접속했다.

"진지한 배틀로열이라는 우리의 핵심 경험을 해치지 않는 선에서 적극적으로 콘텐츠를 추가해나갑시다. 새로운 모드나 맵 같은 중대형 업데이트뿐 아니라 자전거나 무기 같이 새로운 경험을 만들어낼 소형 콘텐츠도 지속적으로 늘립시다. 시즌제, 업적, 커뮤니티 등 게임 완성도와 서비스 수준을 높이기 위한 개발도 진행하고 있습니다. 배틀그라운드의 완성도를 높일 요소입니다. 전쟁 모드를 개발하고 있고 비상 조명탄 같은 새로운 즐길 요소도 테스트하고 있습니다. 새롭게 추가할 맵에선 더욱 쉬운 방식과 즐거움을 강조한 배틀로열을 선보일 수 있을 겁니다."

'연결connection이 새로운 왕king'이라는 정의는 여전히 유효했다.

배틀그라운드를 고립된 서비스로 두어선 안 됐다. 단순한 게임을 넘어 다양한 서비스를 연결할 수 있는 플랫폼으로 발전시켜야 한다는 것이다.

"거대하고 강력한 생태계이자 그물망이 되어야 새로운 기회를 얻을 수 있습니다. 게임을 외부 서비스와 결합할 수 있는 API(응용 프로그램 인터페이스)를 공개할 예정입니다. 온라인 리그 서비스는 물론이고 궁극적으로 맞춤형 게임custom game 형태로 다양한 서비스가 나오도록 유도하는 것이 목표입니다.

게임 이용자와 시청자가 단지 우리가 제공하는 랭킹 게임만 즐기게 해서는 안 됩니다. 다양한 형식과 목표를 가진 서비스를 제공해야 합니다. 우리의 역량이 부족해 다양하게 제공하지 못했던 서비스를 외부 파트너가 제공할 수 있게 합시다. 다양한 실험의 장도 열릴 겁니다.

배틀그라운드를 기반으로 한 생태계를 구축한다는 게 무슨 뜻일까요? 이 생태계에 참여하는 여러 주체의 노력으로 우리 서비스를 강력하게 만드는 것을 의미합니다."

PUBG에게 반격할 수 있는 힘이 있다고 김창한은 믿었다.

"반격이 성공하느냐에 따라 배틀그라운드가 운 좋게 반짝 성공한 게임으로 남을지, 아니면 10년 이상 지속될 서비스로 자리 잡을지 판가름날 겁니다. 인재가 끊임없이 합류해 저마다 역량을 발휘하고 있습니다. 모두가 결과를 만들어낼 준비를 하고 있습니다. 모든 일은 누군가가 실제로 행동해야만 결과가 나옵니다. 모두가 이 실행의 주인입니다."

　김창한은 "경쟁에 대해 어떤 태도를 가져야 할지 생각하는 계기가 됐다"며 SNS 소셜미디어 전쟁에서 구글에 승리한 페이스북의 사례를 공유했다. 2011년 6월 당시 사용자 수가 10억 명에 미치지 못하던 페이스북은 구글의 거센 도전에 직면했다. 페이스북의 대항마로 불린 구글 플러스가 출시된 것이다.

　구글은 매출 규모에서 페이스북보다 15배 큰 IT 공룡이었기에 모두가 구글의 압도적인 승리를 예상했지만, 3년간 피 튀기는 경쟁 끝에 구글은 서비스를 철수하게 된다. 당시 벌어진 일을 페이스북의 매니저였던 안토니오 가르시아 마르티네즈가 잡지 〈배너티페어〉에 기고했다.

　구글 플러스가 출시된 당일 오후, 페이스북 창업자 마크 저커버그는 록다운lockdown(폐쇄 조치)을 선포한다. 전 직원을 자신의 집무실로 소집한 뒤, 천장에 'Lockdown'이라고 적힌 네온사인 간판을 걸고 "이제 제로섬zero sum 게임으로 간다"고 선언했다. 구글이 시작한 이 전쟁은 한쪽이 이득을 보면 다른 한쪽이 손해를 보는 구조였다. 페이스북이 살아남거나, 구글 버전의 페이스북이 살아남거나 둘 중 하나인 것이다.

　저커버그는 자신이 가장 좋아하는 로마의 대카토Cato the Elder 연설 문구를 읊었다. "Carthago delenda est(카르타고는 반드시 멸망할 것이다)!" 3차 포에니 전쟁에서 로마 군인들은 이 구호를 마음에 새기고 숙적 카르타고를 무찔렀다. 곧바로 출퇴근 없이 회사에서 먹고 자고 씻고 일하는 '록다운'이 시작됐다. 가슴팍에 페이스북 로고가 박힌 후드 티셔츠를 입은 직원들은 스스로를 카르타고를 섬

멸하러 가는 로마 군인으로 여겼다.

3개월 만에 신규 서비스가 쏟아졌다. 친구 추가 없이도 상대방의 글을 볼 수 있는 '받아보기' 기능과 비슷한 관심사를 가진 사람들끼리 모일 수 있는 그룹 서비스도 그중 하나였다. 2011년 한 해에만 출시 후 성공한 서비스가 10여 건에 달했다. 2013년에 페이스북은 10억 명의 이용자를 달성했고, 구글은 목표치에 한참 못 미치는 3억 명의 이용자만을 확보한 채 백기를 들었다.

김창한은 "우리에게 명확한 방향이 있다면, 남는 것은 실행의 속도"라고 말했다. "결정을 미루는 문화, 다수의 협의로만 일하려는 문화, 실패를 두려워하는 문화, 앞으로 나아가기보다 걱정부터 하는 문화, 일을 잘되게 만들기보다 자기 영역을 지키고 보호하려는 문화, 경쟁에 대한 안일하고 순진한 태도, 이 모든 것을 타파합시다. 속도를 되찾을 때 승리할 수 있습니다. 지금 형성된 조직 문화는 앞으로 쉽게 바뀌지 않을 겁니다."

52시간

예고한 대로 블루홀은 전 직원의 기본급과 역량 등급을 조정하는 작업에 돌입했다. 역량 등급은 조직 운영의 기본이 되는 인사 자료로, 직무와 역량에 따라 총 12단계로 나뉘며 매년 한 번씩 조정될 수 있었다. 업무 난이도, 노력, 성과를 기준으로 개인 역량을 평가했고, 등급에 따라 기본급과 인센티브가 달라졌다. 이 등급은 사내 이동이나 채용에도 활용됐다.

기본 원칙은 '개인 역량에 적합한 기본급을 부여한다.' 다만 '성과가 창출되는 한 계속적으로 게임업계 최고 수준을 지향한다'는 회사 원칙을 반영해 기본급 총인상률을 2017년보다 높게 책정했다.

2018년도 조정 논의를 담은 회의록이 경영진에게 공유됐다. '기본급 조정에서 1차 조정자인 조직장의 역할이 중요하므로 이를 견제하고 확인할 수 있는 시스템 마련이 필요' '역량 등급이 너무 엄격하게 적용되지 않도록 기존 산정 사례를 참고 자료로 활용해달라는 내용을 조직장 안내 문서에 포함.'

해당 문구를 본 장병규가 당부했다. "중요한 문서에는 '왜?'라는 질문에 대한 답이 많이 담겼으면 합니다. '왜 역량 등급이 필요한가?'라는 질문을 하는 게 중요하다는 의미입니다. 단순히 '참고 자료로 활용해달라'고 쓰는 것이 아니라 '왜 참고 자료로 활용해야 하는가?'라는 질문을 던지고, 그것에 대한 답까지 제시하면 좋겠습니다. 그래야 문서가 제대로 읽히기 시작하고, 문서의 교조적인 해석을 막을 수 있습니다."

주당 근로 시간을 52시간으로 단축하는 근로기준법 개정안이 국회에서 통과됐다. 직원이 300명 이상인 기업들은 하반기부터 새로운 법을 적용받게 됐다. HR 담당자가 법안 통과 소식을 알렸다. "게임업계 특성상 야근이 불가피하다는 점, 특히 크런치 모드(게임 출시 전 완성도를 높이기 위한 집중·장시간 근무) 시 야근할 수밖에 없다는 점을 모두 이해합니다만, 우리도 대책을 세워야 합니다.

게임업계는 특히나 관심 대상이라고 하네요."

소통위원회에서 야근 문제가 의제로 올랐다. 비효율적인 개발 작업을 최소화하고 야근 제도를 효율적으로 정비해보자는 취지였다. 논의에서 테라본부가 자주 언급됐다. 테라의 경우 시스템 노후화가 골칫거리였다. 프로그래밍 하나를 고치면 연쇄적으로 다른 부분을 줄줄이 손봐야 했다. 업무 과부하로 야근이 잦아졌고 비용도 많이 들었다.

장병규는 "법을 당연히 존중해야 하지만, 게임업은 제조업과 업의 특성이 다르다"라고 반응했다. 전사적으로 글로벌 경쟁력을 유지하는 데 도움이 되는 관점에서 제도를 검토해야 한다고 주장했다. "글로벌 경쟁력 강화가 얼마만큼 중요하느냐 하면, 테라 개발 시스템의 문제가 글로벌 경쟁력 강화에 문제가 된다면 테라 서비스를 중단할 수도 있습니다."

장병규는 연봉제 구조에서 성장 속도에 따라 보상 수준이 달라지는 점을 강조했다. "빨리 성장하면 보상도 빠르게 상승한다는 원칙을 HR팀이 구성원에게 꾸준히 안내할 필요가 있습니다. 물론 성장은 개인의 가치 판단에 속하는 영역이므로, 제도만으로 해결하기엔 한계가 있습니다. 꾸준히 대화하고 설명하는 게 중요합니다."

이후 HR팀이 직원 면담 결과를 전했다. 면담에서 한 직원은 "늦게까지 야근하고 이튿날 정시에 출근할 때가 많다. 이 시간에 대한 회사 차원의 제도와 보호 장치가 필요하다"고 건의했다. 어떤 팀은 새벽 3시까지 일한 다음 날엔 점심 시간을 넘겨 출근하는 원칙을 세운 반면, 다른 팀은 새벽 4시까지 일하고도 다음 날 정오에 나오도록 하는 등 팀별로 기준이 제각각이었다. "일이 너무 많이 쏟아집니다. 긴 시간 집중해야 하는 주요 업무가 동시에 2건 넘게 주어질 때가 있는데, 그럴 때면 새벽 3~4시까지 야근할 수밖에 없습니다. 우리도 새로운 시도를 해보는 야근을 하고 싶습니다. 의장님께서 말하는 야근과는 다른 야근을 하고 있는 것 같아 서글프네요."

주 52시간 근무제를 적용하기 전, 블루홀 HR본부는 직원들을 세 그룹으로 나눠 각각 설명회를 진행했다. HR본부장의 마지막 발표에 참석한 에어팀의 구성원들이 강하게 반발했다. 높은 업무 강도에 시달리던 이들은 평소 "야근을 많이 하니 수당으로 보상해달라"는 요구를 해왔다.

대기업에서 근무하다 김효섭의 경영팀에 합류한 HR본부장은 "주 52시간을 채우면 귀가하라" "계약서상 주 50시간까지는 근무하는 게 맞다"와 같은 말을 통보하듯 전했다. 그의 옆에는 정장을 입은 노무사들이 함께 자리하고 있었다. 이 모습에 자극받은 에어팀원들은 "그게 말이 되는 소리냐"며 격앙된 반응을 보였다.

퇴직자 면담으로 설명회 현장에 있지 못했던 피플팀장 임재연은 뒤늦게 소식을 접했다. "블루홀은 창업 당시부터 구성원과의 소통에 많은 신경을 썼습니다. 통보 대신 대화로 설명을 풀어나가는 것이 큰 장점이었고, 이를 통해 경영진과 회사에 대한 신뢰가 쌓였습니다. 회사가 커지면서 큰 기업에서 경험을 쌓은 분들을 영입했는데, 이분들의 소통 방식에 이질감을 느끼는 직원이 많습니다. 메일이나 발표 커뮤니케이션에서도 디테일에 신경 써야 합니다. 이번 일로 깊어진 감정의 골은 더 큰 갈등을 불러올 것이라는 우려가 듭니다. 구성원의 다양한 질문에 더 구체적으로 답하기 위해 대동했던 노무사들조차 '경영진과 구성원 간 대치'나 '회사 측 통보 수단'으로 직원들이 오해했을 정도였으니까요."

'구로 등대' '판교 오징어배' 등 철야 근무로 사무실 불이 꺼지지 않는 게임 회사를 조롱하는 단어들이 무색해졌다. 블루홀을 포함한 주요 게임업체들은 개정된 노동법에 따라 야근과 주말 근무를 최소화했다. 주당 근무는 52시간 이내로 제한했고, 출퇴근 시간을 조정할 수 있는 유연근무 제도를 도입하면서 변화가 찾아왔다.

제도 시행 초기에는 잡음이 끊이지 않았다. 특히 관리자로 분류되어 52시간 근무 예외 대상이 된 팀장들 사이에서 의견이 엇갈렸다.

한 팀장은 "오전 8시 30분에 출근해 저녁 시간을 활용하는 직원이 많아지면서 만족도가 높아졌다"며 다양하게 제도를 활용하고 있다는 긍정적인 입장을 보였다. 어떤 팀장은 "팀원들을 정시에 보내야 하는데 팀에서 소화해야 하는 업무는 그대로"라며 불만을 표했다. 남은 업무를 도맡으며 스트레스가 심해진 현실을 호소하며 "이대로면 아무도 팀장을 맡으려고 하지 않을 것"이라고 말했다.

하루 8시간 근무를 제대로 채우지 않고 퇴근하는 직원도 생겨났다. "오전 10시부터 오후 7시까지 근무가 원칙인데, 10시 30분쯤 와서 7시에 가곤 합니다. 그렇다고 그만큼 이튿날 업무 시간을 채우는 것도 아닙니다. 8시간 근무를 지켜달라고 말하고 싶지만 괜히 문제를 일으킬까 봐 참고 있습니다. 회사 차원에서 이에 대한 가이드는 좀 해주십시오."

"나는 일을 더 해야 하고, 더 하고 싶은 사람"이라며 팀장 발령을 요구하는 직원도 있었다. "소속 팀원이 없어도 된다"면서 52시간 근무 제도는 게임업과 맞지 않는다고 주장했다. "게임을 제대로 만들려면 시행착오를 겪는 시간, 낭비하는 시간조차 필수적입니다. 생산적으로 일하는 것만으로는 좋은 게임을 만들 수 없습니다. 게임 제작에는 절대적으로 많은 시간이 필요합니다. 물론 상당수가 제 요청에 못마땅한 시선을 보내겠죠. 회사에서도 그걸 우려해 어떻게 하지 못하는 거라고 알고 있습니다. 하지만 정말 답답한 상황인 것은 분명합니다."

한동안 공란이던 장병규의 이메일 서명에 문구가 생겼다. "-chitos(BG) | 두 사람의 의견이 항상 같으면, 둘 중 한 명만 생각을 깊이 한 것_스티브 아이스먼의 할아버지." 스티브 아이스먼은 미국의 부동산 호황기에 역으로 2008년 글로벌 금융 위기를 예측해 천문학적인 이익을 얻은 투자자로, 그의 이야기는 영화 〈빅쇼트〉에서 다뤄졌다. 장병규는 3월에 있을 이사회를 앞두고 경영진이 미리 제출한 발표 자료를 검토하며 다른 의견을 꽤 많이 제출했다.

"너무 급해서 어느 정도 반영하실 수 있으실지 모르겠으나, 생각나는 걸 적습니다.

　3페이지: PUBG에 관해서는, 특히 잘되는 일에 대해서는 가급적 정보를 적정 수준에서 줄이는 방법을 고민해주세요. 너무 상세한 정보가 나가는 것이 반드시 바람직하지 않을 수 있으니까요. 이사회 자료의 기본 목적인 '기대치 관리'와 '의사 결정' 차원에서 항상 고민해주시면 좋겠습니다.

　다수의 장표: 이사회에서 반드시 전달할 포인트는 굵은 글씨나 이탤릭체로 강조해주세요. 나머지는 그에 대한 설명이 되길 바랍니다. 상황을 단순하게 표현하지 못한다면 그만큼 경영진이나 책임자의 고민이 깊지 않거나, 정말 사안이 복잡한 건데요. 보통은 후자보다 전자인 경우가 훨씬 많습니다. 이를 푸시하는 좋은 방법이 '형식'과 '분량'의 제한을 두는 겁니다. 제한은 창의성을 가져오죠.

　테라 M: 왜 없는지요? 우리의 개발이나 제작 리더십 현황을 볼 수 있는 장표는? 블루홀을 바라보면 결국 '제작 리더십이 라이브 조직으로 변화되는 과정'이라고 볼 수도 있습니다. 그런 걸 느낄 수 있는 장표는 전혀 없는데 앞으로 추가할 계획이 있는지요?

　5페이지: A사, B사 퍼블리싱 조건이 좋지 않더라도 퍼블리싱을 하자는 건가요, 아니면 조건을 보고 재고하자는 건가요? 추가로 '직접 서비스를 단기적으로 PD가 챙기기 힘들다'는 건 알겠습니다. 그러면 '장기적으로는 누가 직접 서비스를 책임지게 되나요?' 혹은 '앞으로도 안 하나요?'라는 질문에 명쾌한 답이 없습니다. 갑자기 나타난 이슈가 아니라면, 오늘 생각이나 계획이 없다면 내일이라고 생각이나 계획이 더 생기진 않습니다.

8페이지: 스톡옵션 인센티브 부여 가격과 행사 가격은 어떻게 되는지요? 적절하게 산정된 건가요? 추가로 개인별 규모가 모두 나와야 할 것 같은데 어디에도 자료가 없습니다. 추가로 스톡옵션 인센티브 계획은 매년 있었기에 기존과 달라진 점이 있다면 그것을 잘 설명해주는 게 필요합니다.

11페이지: 3명에 대한 조정은 제가 직접 협의한 것인데요. '왜' '어떤 원칙·기준'으로 조정이 되었는지가 전혀 나와 있지 않습니다. 김효섭 대표님에게는 관련 메일이 모두 공유되었을 텐데요. 그 내용이 문서로 잘 정리돼 있길 바랍니다. 결국 나중에는 '말'은 없어지고 '문서'만 남습니다.

12페이지: 주가에 연동해 현금 인센티브를 주는 SAR Stock Appreci-ation Rights이 '누구'에게 '얼마나' 부여되고, 그러면 '기존 블루홀 구성원' 중에 누구와 유사하게 되는 건가요? 조직 형평성 이슈를 늘 고려해야 하는데 그런 점이 잘 나타나 있길 바랍니다.

대략 이 정도입니다. 여전히 이사회 자료 수준이 기존과 유사한데 더욱 노력해주시길 부탁드립니다."

더블 스코어

"모바일 게임 제작업체 A사를 인수하기 위한 검토 작업을 시작하겠습니다." 투자본부장이 올린 품의서를 김효섭이 승인했다. A사의 최대 주주인 B사와 협의해 합의서를 체결하는 내용이 포함돼 있었다. B사는 A사가 개발한 게임의 글로벌 출시를 막아서고 있었고, 블루홀은 B사와 이 문제를 풀고 난 뒤에 A사 인수 검토를 시작하기로 했다.

승인 과정을 지켜보던 장병규가 의견을 얹었다. "제가 앞뒤 상황을 정확히 모르기에 문득 떠오른 생각을 말씀드립니다. 이번 건은 '인수'는 아니지만 '사실상 인수'를 위한 절차로 보입니다. 블루홀 이사회 안건이 아니라고 할 수도 있긴 한데, 경영 회의에서도 전혀 언급하지 않고 추진하는 게 맞는지요? 다른 일들을 아무리 잘해도 제작 리더십을 잘못 인수하면, 돈만 많이 쓰고 행여 발생할 수 있는 문제를 처리하는 데 에너지만 소비할 텐데요. 꽤 중요한 사안으로 보입니다. 물론 두 분을 믿기는 하나, 그리고 저나 다른 경영팀 구성원들이 바쁘긴 하지만 어떻게 생각하시는지요?"

투자본부장은 "인수 결정은 이사회 결정 사항"이라며 "다음 달 이사회 안건으로 올릴 준비를 하고 있다"고 답했다. "경영 회의 모임에 참여하고 있지 않지만, 필요하다면 어떤 자리에서든 적극적으로 이 팀의 인수 필요성과 당위성을 충분히 설명할 것입니다. 만약 이사회 이전에 설명해야 할 자리, 혹은 밟아야 할 다른 절차가 있다면 알려주시면 고맙겠습니다. 현재 논의하는 투자들은 블루홀 연합이 추구하는 철학에 부합합니다. 투자본부는 확고한 의지와 확신을 가지고 투자 대상 팀들의 미래를 바라보고 있습니다."

장병규는 인수 합병에 대한 생각을 나눴다.

"담당자가 최선을 다하고 있고, 책임을 질 것이란 점은 명확히 인지하고 있습니다. 최초 제 메일에서도 '두 분을 믿긴 하나'라는 표현을 쓴 이유입니다. 즉 저는 김효섭 대표님이나 투자본부장님에 대한 이슈를 제기한 건 분명히 아닙니다. 이사회에서도 인수와 관련해서 본인이 책임을 지겠다고 말씀하셨고, 제작 라인도 필요하면 책임지겠다고 표현하셨습니다. 지난 세월 두 분과 함께했던 경험을 돌아보면 두 분 모두 책임을 회피하는 스타일은 아니었으니까요. 그에 대한 신뢰는 명확하니 오해는 없으면 합니다.

A사는 이미 인수한 것입니다. 실은 이 관점에서 시각 차이가 있는 것 같습니다. 저는 '마음속으로는' 인수가 불발된 R사도, S사도 인수했었습니다. 형식적으로 여러 절차와 과정이 있습니다만, 계약을 한번 맺기 시작하면 '언젠가 합할 것이다'라는 마음을 먹어야만 합니다.

저희는 지금까지 100퍼센트 인수만 진행했다는 점을 기억해주세요. 단 이 전략은 바뀔 수도 있는데, 그렇다면 '전략의 변화'를 저희가 공유하고 공감해야만 합니다. 물론 인수 과정에서 그들의 마음이 변할 수도 있고 상황이 달라질 수도 있어서 결과적으로 인수를 하지 못할 수도 있습니다. R사, S사 모두 그랬지요.

하지만 블루홀 연합과 오랫동안 함께할 '제작 리더십'으로 인정할 것인가, 그렇기에 인연이 된다면 계속 함께할 것인가, 라는 결정은 이미 진행했었다는 것이죠. 그래서 최초 제 메일에서 '사실상 인수'라는 표현도 사용한 겁니다.

연합의 일원이 되려면 과정이 중요합니다. '계약서에 사인'한다고 해서 연합의 일원이 되는 구조가 아닙니다. 두 분은 그들을 일원으로 받아들일 수도 있지만, 연합을 이루는 다른 '제작 리더십'이, 특히 블루홀 현재 가치의 대부분인 PUBG가 그들을 일원으로 받아들이는 건 완전히 별개인 이슈입니다.

저도 아직 A사의 제작 리더십을 본 적이 없으니, 저도 PUBG에 그들을 어필할 재료가 전혀 없는 상태입니다. 이것이 현실이기에 절차와 과정이 중요하고, 필요하면 적절한 수준의 사내 정치도 필요한 겁니다. 형식적인 절차도 중요하지만 필요하면 다른 것들로 엮어서 서로 교류하고, 그래서 자연스럽게 서로 존중하는 그림이 나오면 가장 좋겠지요. 여하튼 다른 회사를 대상으로 인수와 투자를 진행하고 있다고 하니 그런 사례를 기반으로 대화를 한번 나누시면 좋겠습니다!"

"혹시 아래 글을 읽으신 적이 있으신가요? 혹은 처음 보신 글이신지요?" 장병규가 인사 업무 담당자와 피플팀장 임재연에게 웹사이트 링크를 공유했다. PUBG 직원이 개인 블로그에 올린 원격 근무 경험담이었다. 개발자인 직원은 1년 넘게 원격 근무를 한 소감을 남겼다. 그는 "해보니 더욱 원격 근무의 지지자가 되었다"며 "직원이 업무에 더 집중하고 잘할 수 있게 회사가 제공하는 게 복지라면, 원격 근무는 복지"라고 평했다. 팀원이나 감시자 없이 일하며 느끼는 죄책감이나 책임감, 관리의 어려움, 신규 입사자 지원에 대한 아쉬움 등을 솔직하게 풀어놓았다.

인사 업무 담당자는 "처음 읽어본 글"이라며 "다만 이 주제와 관련한 여러 찬반 자료를 많이 읽어보았고 토론도 많이 했다"고 답했다. "사실 이 주제는 원격 근무의 효율성 측면뿐 아니라 회사 전체의 일하는 방식, 성과 관리, 소통 방식, 시스템 등 여러 측면에서 고찰이 이루어져야 한다고 생각합니다. 다만 미래 트렌드로서 고민해야 할 주제라는 점만큼은 틀림없습니다."

임재연 역시 "처음 접하는 글"이라고 반응했다. "그럼 '우리 블루홀에서는?'이라고 묻는다면, 자기 관리가 어느 정도 철저한 분들만 원격 근무 제도를 좋은 취지로 활용할 수 있을 것이라고 생각합니다. 전체 직원을 대상으로 시행하기 전에 고민하고 챙겨야 할 게 무척 많을 거라고 예상하고요."

장병규가 회신했다. 그의 질문은 애초에 다른 곳을 향해 있었다. "두 분 모두 처음 접하시는 글이군요. 저는 '재택 근무'라는 것보다 'PUBG 직원이 쓴 글'이라는 데 좀 더 방점을 두긴 한데요. 의도적으로 혹은 전사적으로 임직원이 쓰는 글을 관리할 순 없는 노릇이고, 해서도 안 되겠지만요. 그래도 임직원의 피드백을 여러 경로로 듣는 건 경영진에게 정말 중요한 일입니다. 특히 가감 없이 올라오는 글은 더욱 의미가 있다는 생각이 듭니다. 문득 뭔가 방안이 없나 싶어서요."

김창한은 금요일에 잠시 업무를 잊고 게임을 즐기는 '플레이데이playday'를 되살렸다. 배틀그라운드를 즐기는 사내 문화가 어느새 가라앉았다. 격무에 지친 직원이 많아지면서 삼삼오오 게임을 하고 이를 방송하던 모습도 찾아보기 어려웠다. "플레이데이를 통해 스스로 게임에 공감합시다. 문제의식을 지니고 게임을 업그레이드하지 않으면 이미 우리에게서 배틀그라운드가 떨어져 나갔다고 생각할 수 있습니다." 직접 만드는 게임을 적극적으로 즐기길 바랐다. 그런 문화 속에서만 게임의 부족한 점을 빠르게 발견하고 보완할 수 있는 공감대가 형성된다고 믿었다.

김창한은 주말마다 포트나이트를 진지하게 플레이했다. 북미 시장에서 배틀그라운드의 가장 강력한 경쟁자로 급부상한 게임이었다. 추격자에서 경쟁자로 성장하더니, 이제는 성과 수치에서 배틀그라운드를 더블 스코어로 압도하고 있었다. 그토록 강조했던 개방형 개발open development과 순환iteration을 통한 실험이 오히려 포트나이트에서 더 잘 이루어지고 있다는 인상을 받았다. PUBG는 순환을 통해 실험하고 문제를 해결해나가는 모습을 보여주지 못했고, 애써 업데이트한 콘텐츠들의 완성도도 그리 높지 못했다.

넋 놓고 구경만 할 순 없었다. 배틀그라운드가 줄 수 있는 핵심 재미를 포트나이트에서 찾아볼 수 없었다는 점에서 희망을 봤다. 김창한은 포트나이트에 무언가를 빼앗기고 있는 것이 아니라는 사실을 깨달았다. PUBG가 무언가를 빼앗기고 있는 게 아니라 무언가를 하지 못하고 있는 것이다.

"초창기 스트리머들이 배틀그라운드 입소문을 낼 때는 선순환이 잘됐습니다. 우리가 별도로 마케팅을 하지 않았습니다. 우리가 스트리머에게 제공하는 것에 의해 그들의 시청자가 늘어났던 겁니다. 결국엔 스트리머들이 포트나이트를 선택하는 이유는 포트나이트를 할 때 시청자 수가 올라가기 때문입니다. 이는 반드시 게임의 재미와 직결된 문제는 아닙니다.

　새로운 맵이나 게임 모드를 테스트할 때 어떤 선순환이 있었는지 되돌아봐야 합니다. 한 가지 우리에게 유리한 점은, 포트나이트가 특정한 게임 세계가 필요하지 않은 게임이라는 것입니다. 포트나이트에 새로운 맵이 추가된다고 해서 새로운 게임 플레이로 이어지지 않습니다."

　배틀그라운드에선 맵이 달라지면 플레이 방식도 변화했다. "이런 관점에서 맵 제작을 잘 부탁드립니다. 앞으로 업데이트에서 과거에 갖고 있었던 우리의 장점을 잘 살렸으면 합니다. 여전히 우리의 핵심 플레이를 강화할 때, 우리가 더 커질 수 있다는 생각을 하게 됩니다. 포트나이트는 우리를 묶어서 배틀로열 게임 장르를 주장하고 있지만, 배틀그라운드와 포트나이트 플레이는 같은 재미를 주는 게임이 전혀 아닙니다. 다른 배틀로열 게임들이 자꾸 우리와 비슷해지려고 하면 도리어 그들만의 색을 잃을 겁니다. 우리가 믿고 있는 길을 강화하는 방향으로 갑시다."

최소 50억 원

　2018년 4월, PUBG에 개발 인센티브가 지급됐다. 언론에선 "인센티브 대박"이라는 표현으로 사실을 전했다. 흥행의 열매를 직원과 나누는 블루홀의 경영 문화를 보여줬다는 평가도 있었다. 배틀그라운드 개발 초기부터 참여한 직원 20여 명은 1인당 최소

10억 원에서 최고 50억 원에 이르는 인센티브를 받았다. 게임 출시 이후 합류한 직원들은 평균 3,000만 원의 인센티브를 호주머니에 넣었다. PUBG 직원 300여 명에게 지급된 전체 인센티브 규모는 수백억 원에 달했다. 2017년 블루홀 경영진과 김창한 사이에서 제법 맹렬하게 벌어진 합의의 결과물이었다.

김창한을 비롯한 PUBG 경영진은 기여도에 따라 합리적인 평가를 내리려고 최선을 다했지만, 모든 구성원을 만족시키기에는 역부족이었다.

"개발 인센티브 결과를 받아든 여러분은 실질적으로 저를 믿느냐, 아니면 믿지 않느냐의 문제로 고민하게 될 겁니다. 여기뿐만 아니라 어떤 조직에서도 마찬가지일 것입니다. 여러 차례 말씀드렸지만 처음 듣는 분도 계시니 다시 말씀드립니다.

인센티브 총액이 내외부적으로 크게 발표될 겁니다. 기여도 기준으로 보면 소수에게 집중된다고 볼 수도 있습니다. 그럴 수밖에 없는 이유는, 2017년 말까지 대상자가 175명입니다. 그런데 우리가 개발을 시작할 때는 20명 정도였습니다. 당연히 현재 남아 있는 사람은 20명이 안 될 겁니다. 그리고 출시 시점에는 40명이 채 되지 않았습니다. 그걸 고려해야 했습니다."

김창한은 "인센티브가 아무리 많아도 서로를 비교하는 순간 모두가 불행해질 것"이라고 말했다. "자기 자신과 비교하면 괜찮을 겁니다. PUBG 대신 다른 곳에서 내가 한 달이나 석 달을 일했을 때 받을 인센티브를 생각해보는 것이 더 현명하다고 봅니다. PUBG가 성공한 이후에 입사하신 분도 많습니다. 이분들 역시 성장을 위해 열심히 뛰고 계시다는 걸 저도 알고 있고, 옆에서도 다들 보고 계실 겁니다. 올해 우리가 목표한 대로 작년의 성장을 뛰어넘는다면 내년에도 비슷한 수준의 인센티브가 또 나올 겁니다. 그 미래를 보고 PUBG를 성공시키기 위해서 노력했으면 합니다."

보상을 둘러싼 여진이 이어졌다. 이번엔 블루홀 내 소수 리더십에게 부여할 SAR을 두고 진통이 발생했다. 2017년에 장병규를 비롯한 블루홀 경영진과 PUBG 김창한은 다음과 같은 원칙에 합의했다. '대다수 구성원에게는 현금 보상 체계를 적용하고, 스톡(주식) 보상은 극소수의 핵심 인재에게 부여한다.' SAR은 현금 보상의 성격을 띠고 있지만, 주가와 연동되어 보상액이 움직이므로 사실상 장기적인 스톡 보상으로 간주됐다. SAR 수여 기준은 '블루홀 주가에 장기적으로 기여할 전사 관점의 인재'였으며, 이 기준에 따라 지급 대상자로 PUBG의 핵심 인재 이외에도 블루홀 경영팀과 제작 리더십 일부가 이름을 올렸다.

"SAR 대상자 대부분이 신임 경영진 또는 직함에 'C'를 달고 계신 분들인 걸로 알고 있으니, 김효섭 대표님께 질문을 드립니다." 김창한이 물음표로만 끝나는 메일을 쏘았다.

"블루홀이 PUBG에 별다른 역할을 하지 않고 있는 상황에서 블루홀 경영진은 블루홀의 경영 성과에 따라 경영 성과급을 받아야 정당하다는 정도는 알고 계신 분들이죠? 경영진의 경영 성과가 없을 경우 경영 성과급을 포기할 자세를 갖추신 분들인지? 이를 SAR 계약서에 추가할 수 있습니까? 경영진이 경영 성과 없이 막대한 성과급을 받는 게 자본주의 기업의 커다란 도덕적 해이라는 건 알고 계시죠? 만약에 이분들이 경영 성과와 무관하게 몸값이 비싼 분들이라면, PUBG의 경영 성과에 연동된 인센티브 말고 연봉을 많이 주는 게 더 나은 방법이 아닌가요?”

"해당 질문은 블루홀 주주를 대리하는 이사회가 답해야 하는 문제입니다. 물론 김효섭 대표님도 이사회 구성원이므로 대표님의 의견도 있어야 하겠지만요." 장병규가 중간에서 답했다.

"어제 저와 잠시 논의한 내용을 김창한 대표님이 머리로 그리고 마음으로 받아들이셨으면 적절한 수준으로 톤을 낮춰 글을 써주는 게 더 좋았을 것 같긴 합니다. PUBG로 고생이 많은 것을 이해하고, 본인 주장을 강하게 할 수 있는 점도 이해합니다. 다만 사람은 단순히 이성과 합리가 아니라 가슴이 있다는 사실을 좀 더 이해해주셨으면 합니다. 관련 내용을 포함해 얼굴을 보며 이야기를 나누시죠!”

"메일로 답을 드리는 게 충분할지 모르겠지만 질문을 주셨으니 저의 기본적인 생각을 알려드리는 게 맞는 듯하여 회신합니다." 김효섭이었다.

"블루홀 경영진이 경영 성과에 따라 경영 성과급을 받아야 하고, 성과 없이 막대한 성과급을 받는 것은 도덕적 해이라는 생각에 전혀 이견이 없습니다. 다만 블루홀 경영팀의 경영 성과는 각 스튜디오의 직접적인 성과 창출에 얼마나 기여했느냐로만 판단할 수 있는 일은 아니라고 생각합니다.

현재 경영팀에 주어진 성과 미션은, 감당 가능한 범위 내에서 지속적으로 제작 리더십과 팀을 발굴하고 지원하며, 스튜디오들이 고유 IP를 만들어내고 성과를 낼 수 있도록 투자하거나 환경을 조성하는 것이라고 생각합니다. 이후에 또 다른 제작팀이 성과를 내더라도, 이를 경영팀의 직접적인 기여로 인정받긴 어려울 수 있다고 생각합니다. 이에 대해서는 블루홀 이사회와 투자자가 종합적으로 판단해줄 거라고 믿습니다.

이런 방식이라면 저는 개인적으로 어떤 평가나 결정을 담백하게 받아들일 생각을 명확하게 갖고 있습니다. 제가 구성한 경영팀에도 같은 기준으로 소통하고 있습니다. 경영팀이 혹시라도 현재 이룬 PUBG의 성과에 기대거나 앞으로 이룰 PUBG의 성과에 묻어가고 싶다는 생각을 한다면, 함께할 이유가 없다고 생각합니다. 저는 이 기준에 따라 판단하고 실행할 것이며, 저를 포함한 경영팀에 대한 판단은 이사회가 해줄 것이라고 기대합니다.

추가로 SAR 계약서에 이런 내용을 담는 건 이론적으로는 가능할 수 있겠지만, 매우 수치적인 판단 기준이나 규칙으로 인해 취지가 변질될 우려가 있습니다. 대상자들을 제대로 일하게 하는 데 오히려 방해가 될 수 있어 실행하고 싶진 않습니다."

장병규가 바라볼 때 김효섭에게 책정된 보상은 박했고, 다른 경영팀 구성원에 대한 보상은 과했다. 장병규는 김효섭에게 보상 규모를 재고해달라고 요청했다. "대표에게 충분한 보상을 주는 것에 대해선 아무도 문제 삼지 않을 것"이나 "경영팀이 많이 받는 건 그림이 적절하지 않다"고 말했다. "경영팀의 개인적인 자질뿐 아니라 PUBG 핵심 인재에 대한 보상을 상대적으로 고려했을 때 경영팀에 이 정도의 보상이 가는 건 말이 안 됩니다."

이에 김효섭은 평소와 다르게 강한 어조로 "내 보상을 줄여서라도 경영팀 사람들이 많이 받기를 바란다"고 주장했다. 장병규는 CEO의 뜻을 존중해 이사회에서 보상안을 처리했다. 김창한은 김효섭의 보상에 대해선 아무런 불만을 제기하지 않았지만, 블루홀 경영팀 보상에 대해선 PUBG 경영팀의 보상액 숫자를 비교하며 격하게 반응했다.

0 곱하기 0

미국에 방문할 때마다 김창한의 입에서 "어렵구나"라는 소리가 고장 난 스피커처럼 반복적으로 흘러나왔다. 수치상으론 북미 시장에서 배틀그라운드의 성과는 나쁘지 않았지만, 배틀그라운드와 견줄 만한 배틀로열 게임이 줄줄이 나왔다. 배틀로열 게임 장르에서 배틀그라운드 외에 제대로 된 게임이 없을 때만 시장을 반짝 지배할 수 있었던 것이다.

그나마 PUBG가 글로벌 회사로 거듭나고 있다는 점에서 위안을 삼았다. 중국 상하이, 일본 도쿄, 북미 산타모니카, 유럽 암스테르담에 새로운 지사를 설립하며 인력 충원에 속도가 붙었다. 부족한 인력 때문에 시도조차 하지 못했던 도전을 해볼 수 있는 기반이 마련되고 있었다. 정식 버전 출시 이후 진행했던 이벤트와 콘텐츠 추가는 다소 수비적인 조치였다. 하반기에 방대한 업데이트에 성공한다면 목표한 대로 '다시 반격'을 꿈꿀 수 있게 됐다.

한번은 미국 지사에 방문했을 때, 갓 입사한 현지 직원이 회사와 조직 문화, 운영 원리에 대한 질문을 쏟아냈다. 그 직원은 "한국 회사라서 위에서 아래로 일방적으로 지시를 내리는 톱다운 방식이 걱정된다"고 말했다. 한국 기업 특유의 상명하복식 문화와 경직된 조직 문화를 우려한 것이다. 김창한은 물론 손사래를 치며 "그렇지 않다"고 했지만, 그가 아니라고 한다고 아닌 것은 아니었다. PUBG의 조직 문화가 실제로 외국 직원들이 일하기에 좋아야 했다.

"우리 방식에 맞게 잘 풀어야 합니다. 궁극적으로 PUBG는 다문화 회사가 되어야 합니다. 한국 회사냐 아니냐를 떠나서 국제적인 회사 문화를 갖춰야 합니다. 다문화적인 회사를 만드는 것과 더불어 한국과 각 지사들 사이에 소통을 효율화하는 문제가 다가올 것입니다."

Xbox 개발을 이끈 김상균은 PUBG 암스테르담 지사에 있었다. 현지 지사 설립을 위해 연초에 발령을 받아 가족과 네덜란드로 건너왔다. 직원 5명과 함께 횡뎅그렁한 임시 사무실에 랜선을 깔고 책상과 PC를 놨다.

김창한은 배틀그라운드 총기 액션과 게임 디자인에서 혁혁한 공을 세운 폴란드 출신 개발자 듀오, 파벨과 마렉을 중심으로 해외 개발팀을 키우려고 했다. 예술가 성향의 이들은 게임의 완성도를 높일 수 있을지언정 조직을 운영하거나 키울 수 있는 사람들은 아니었다. 암스테르담의 조직을 관리하고 확장하는 업무가 김상균에게 주어졌다. 개발팀 이외에도 사업과 퍼블리싱 조직을 꾸려 현지 고객과 소통하는 창구를 두고, e스포츠 행정을 지원하는 팀도 갖췄다.

김상균은 해외 생활을 힘들어했다. 영어에 능숙하지 못한 데다 아는 사람도 없었다. 사람을 쉽게 사귀는 성향도 아닌 탓에 회사와 집만 왔다 갔다 했다. 한국 직원들과 만날 때면 "김창한이 나를 강제로 보냈다"며 툴툴거렸다. 그렇다고 회사 일을 완전히 내려놓을 수 있는 성격도 못 됐다. 최적화 관련 업무를 혼자서 할 수 있는 만큼만 했다. 이번에는 저低사양이 아닌 고高사양에서 게임이 원활하게 돌아가게 만드는 일을 붙들었지만, 한국에서 하던 만큼 일을 하진 않았다.

해외 지사들과 지리적으로 떨어져 있는 데다 시차가 있다 보니, 김창한에게 소통의 어려움을 호소하는 한국 직원들이 많아졌다. 인원이 늘면서 부쩍 "의사 전달이 안 된다" "효율적인 소통이 어렵다" 등의 불평불만이 속출했다.

암스테르담 지사에 현지 직원 10여 명이 새로 합류하면서 문제가 더욱 심각해졌다. 한국과 유럽의 시차보다 미국과 유럽의 시차가 더 문제였다. 일과 시간이 겹치는 때가 전혀 없어 협업에 자꾸 어려움이 생겼다. 같은 공간에 있어도 소통과 협업이 어려운데, 멀리 떨어져 있는 상황에서는 소통이 더 어려울 수밖에 없었다.

"이 문제를 해결하려면 소통을 자주 하는 방법밖에 없는 것 같습니다. '효율적인 소통'을 많이들 이야기하는데 실제로 효과가 없다면 효율이 아무리 좋아도 '0'입니다. 효율이 아무리 좋으면 무슨 소용이 있겠습니까. 0 곱하기 0은 0입니다."

여러 해외 지사끼리 소통을 해보면 이메일은 확실히 전달력이 떨어졌다. 이메일을 발신해도 누가 읽었는지 읽지 않았는지조차 확인하기 어려웠다. 가장 효과가 좋은 소통 방법은 뭐니 뭐니 해도 대면 소통이었지만, 바다 건너에 있는 직원들과 어떻게 상시로 얼굴을 맞대고 만난단 말인가.

"효과가 있는 선에서 효율을 높여야 의미가 있겠죠." 김창한은 비디오 콘콜(콘퍼런스콜) 회의 시스템을 구축했다. 대면 회의를 자주 하자는 이유에서였다.

"PUBG가 작은 규모였던 초창기엔 아시다시피 북미 시장만을 목표로 잡았습니다. 그때 북미 서비스를 담당하는 직원 3명만 미국에 있었습니다. 저는 한국에 있으면서 매일 아침 9시에 미국 팀과 콘콜을 하고, 10시에는 국내 개발팀과 미팅을 했습니다. 매일 얼굴을 보고 대화를 나눴습니다. 언뜻 보기에 비효율적으로 보일 수 있지만, 전체적으로 보면 매일 이렇게 하는 게 더 효율적이었습니다."

소통 문제를 놓고 김창한은 항상 골머리를 앓았다. 일부 직원은 "나는 이야기했는데 듣지 않았다"며 상대에게 손가락질을 했다. 김창한은 "이런 행동은 의미가 없다"며 나무랐다.

"어떤 일에 주인의식ownership이 있는 사람은 메시지의 전달delivery 까지 책임집니다. '내가 발신했는데 상대가 받지 않았다'는 말은 하지 맙시다. 그런 식으로 서로 책임을 돌리기 시작하면 결국엔 답이 나오지 않습니다. 수단과 방법이 효율적인지 따지기 전에, 소통이든 일이든 주인의식을 가진 사람이 메시지가 전달될 때까지 책임져야 합니다. 이런 대전제 아래에서 효율을 따져야 합니다. 각자 현지에서 어려움이 있을 텐데, 실제로 '소통이 이뤄지고 있는가' 혹은 '누가 그 책임을 지고 있는가'라는 관점에서 이 문제를 받아들이겠습니다."

PUBG는 전사 미팅인 '주간 회의weekly meeting'을 매주 한 번씩 진행했다. 주요 개발 또는 사업을 담당하는 책임자들이 온라인에서 현안과 계획을 3~5분씩 발표하는 형식으로, 짧게는 20분에서 길게는 1시간 동안 회의가 진행됐다. 회의 영상은 한국어와 영어 자막을 입혀 한국을 포함한 모든 글로벌 지사에 공유됐다.

마이너스

연합의 일원인 스콜은 2017년 말에 출시한 모바일 MMORPG 테라M을 하반기에 일본 시장에 선보일 계획을 세웠다. 스콜의 제작 리더십은 지난 5년간 동일 장르의 게임 2종을 출시했다. 테라M으로 80억 원을 쓰고 140억 원을 벌었다. 60억 원을 남겼다고 자축할 수만은 없었다. 이전 2번의 도전에서 뚜렷한 IP를 창출하거나 큰 성과를 낸 것은 아니었다. 기회비용까지 고려하면 사실상 마이너스 성과로 평가받았다.

일본 출시용 게임의 중간 개발 상황에 따라 앞으로 도전 여부를 결정하기로 했다. 스콜 경영진은 "일본 시장 출시를 통해 한국에서의 실패를 딛고 롱런할 수 있는 체계를 만들 수 있다"고 주장했지만, 블루홀 경영진은 "대단히 어려운 도전"이라고 반응했다.

장병규는 "스콜이 세월을 버리며 도전하는 길이 그렇게 녹록한 길은 아니다"라면서 냉정한 평가를 남겼다. 지금까지 롱런한 MMORPG가 극히 적었기 때문에 실패할 가능성이 높다고 판단하는 편이 현실적이라는 것이다. 그는 "된다고 정말 믿는다면 그만큼 열심히 해야 한다"며 스콜을 몰아세웠다. 회의를 끝낸 장병규는 그다음 날 스콜의 대표 박진석에게 편지를 보냈다.

"'RPG는 롱런하기 어렵다.'

어제 조금 심하게 이야기해 정말 미안합니다. 메일을 검색해보니 작년이 아니라 벌써 재작년부터 시작된 이야기입니다. 그동안 제가 계속 반복해서 '롱런하는 RPG를 만드는 건 어렵다'고 말했습니다. 그리고 현재 테라M은 그 관점에서 실패했습니다.

최근 흥행하고 있는 펄어비스의 '검은사막 모바일'은 '소비자가 즐기는 속도만큼 빠르게 업데이트한다'는 철학으로 롱런할 수 있는 기반을 만들고 있다고 저는 생각합니다. 여하튼 스콜은 롱런에 실패했고, 어제 말씀하신 시즌 업데이트나 일본 진출 계획은 반짝 반등에 그칠 가능성이 농후합니다.

지금 보면 테라M은 전투, 그래픽 목표를 어느 정도 달성했지만, '장기적 플레이를 위한 콘텐츠 및 보상'엔 실패한 것이죠.

'롱런하지 못하는 것이 문제인가?'

롱런하지 못하면 여러 문제가 발생할 수밖에 없습니다. 적어도 조직을 이끄는 사람이라면 이런 문제가 발생할 것을 고민하고 미리 준비해야만 합니다. 조직은 늙어갑니다. 조직은 성장하지 않으면 도태할 수밖에 없습니다. 구성원들은 천천히 늙어가고 점점 높은 기본급을 원합니다. 성장하지 못하면 그들에게 나눌 것이 점점 부족해집니다. 그러면 결국 언젠가 조직을 완전히 폐쇄해야 합니다. 즉 조직이 성장하지 않으면 천천히 죽어갈 뿐입니다. 롱런에 실패한 스콜은 지금 그런 상태라고 생각합니다.

신작을 만드는 일은 새로 시작하는 것과 같습니다. 신작은 훌륭한 제작 리더십이 전담해야만 합니다. 하지만 그런 제작 리더십은 항상 부족합니다. 훌륭한 제작 리더십이 있어도 성공을 보증할 수 없습니다. 회사를 새롭게 시작하는 것보다 가능성이 좀 더 있는 일을 찾아야 합니다. 테라M 개발과 서비스 경험을 활용하는 프로젝트라면 가능성이 더 높겠지만, 그럼에도 이번 신작은 새롭게 시작하는 것과 동일하다고 봐야 합니다.

적당히 밥 먹고 사는 건 가능할 수 있겠습니다만, 담대한 도전을 해야만 합니다. 스콜과 함께하기로 결정했을 때는 서로 적당히 밥 먹는 회사가 되길 바랐을 수도 있겠지만, 지금 블루홀은 많이 변했습니다. 도전할 수 있는 여력이 있고 주변의 기대도 많이 높아졌습니다. 스콜 리더십들이 보유한 블루홀의 주식 가치가 올라간 것만큼이나 요구되는 책임도 커졌음을 느끼셔야 합니다. 그러려면 더 높은 목표 의식이 필요합니다.

똑똑한 사람은 자기합리화를 경계해야 합니다. 제가 보기에 똑똑한 사람들은 자기합리화에 능하고 심지어 빠릅니다. 저도 그런 경향이 있습니다. 그리고 그런 자기합리화가 문제 인식을 늦추기도 합니다. 문제를 인식하지 못하면 변화와 발전은 없을 겁니다.

문제를 인식하더라도 변화와 발전을 하는 데 자기합리화가 속도를 늦추는 기제로 작용할 수 있습니다.

테라M을 그럭저럭 잘 출시했고, 서비스도 선방한 것 같고, 신작 준비도 하고 있는데, 왜 제가 이렇게 심하게 말하는지 의아해하실 수도 있습니다. 하지만 테라를 서비스했던 사람으로서, 천천히 죽어가는 블루홀을 경험한 사람으로서, 생각하시는 것보다 스콜이 위험에 처할 가능성이 훨씬 높다는 점을 강조하고 싶습니다.

-chitos(BG) | 두 사람의 의견이 항상 같으면, 둘 중 한 명만 생각을 깊이 한 것_스티브 아이스먼의 할아버지."

블루홀은 북미 자회사 엔매스를 통해 테라의 콘솔용 버전을 북미와 유럽 지역에 출시했다. 2011년에 출시된 테라를 콘솔 플랫폼에 재현한 것이다. 다양한 한국 MMORPG가 글로벌 시장에 진출했지만, 콘솔용 정식 게임으로 출시된 건 테라가 처음이었다. 콘솔 조작기에 최적화된 인터페이스와 조작 시스템을 선보였다. 테라가 자랑하던 논타기팅 시스템의 액션성을 극대화하고 신규 콘텐츠도 추가했다.

글로벌 콘솔 게임 시장은 47조 원 규모로 여전히 거대했고, 북미와 유럽이 이 중 80퍼센트를 차지하고 있었다. 한국 게임업체들은 콘솔 시장을 제대로 공략해본 적이 없었다. 미국과 일본 게임업체들의 홈그라운드와 다름없는 곳에서 개발 노하우와 트랙 레코드를 쌓기 쉽지 않았다. 한국 내에서도 콘솔 게임을 찾는 수요는 PC나 모바일 게임과 비교해 현저히 낮았다.

테라는 콘솔 시장 진출을 계기로 저단에서 돌던 기어를 바짝 올렸다. 콘솔 게이머들이 반응하면서 출시 3주 만에 다운로드 100만 회를 돌파했다. 2015년 스팀에서 MMORPG 1위를 기록하기도 했던 테라의 IP 인지도도 큰 역할을 했다. 확률형 아이템에 지나치게 의존해 비판을 받던 대부분의 한국 MMORPG와 다른 행보에 갈채를 받기도 했다. 테라는 누적 고객 2,500만 명이라는 기록을 세웠다.

장병규는 종종 "배틀그라운드를 스팀에 올리는 결정을 어떻게 경영진이 할 수 있었느냐?"라는 질문을 받았다. 그럴 때마다 그는 웃으며 "블루홀이 자랑할 게 많다"고 답했다. "한국 게임업계에서 제대로 된 콘솔 게임을 출시한 건 테라가 처음일 거예요. 저희가 처음 시도한 게 상당히 많아요. 그건 다 도전이거든요. 남들이 가보지 않은 길이었잖아요."

그럼에도 PC 게임으로 출발한 테라의 PC 부문 매출은 전성기 대비 80퍼센트 넘게 주저앉았고, 이마저도 계속 감소세를 보이고 있었다.

팀 내 허리 역할을 하던 개발자들이 사내 이동이나 이직으로 빠져나가면서 중간이 텅 비었고, 연차에 비해 중요한 개발을 맡은 주니어들은 업무를 버거워했다. 조직에 새로운 활력이 필요했다. 에어 제작 관리만으로도 벅찬 김형준은 외부에서 제작 리더십을 수혈해 테라 운영을 맡기기로 결정했다. PD를 포함한 AD(아트 디렉터), CD(크리에이티브 디렉터) 등 5명의 제작 리더십을 영입했다. 기대와 우려 속에 테라본부가 새롭게 출범했다.

업데이트를 하며 서비스를 힘겹게 이어갔지만 "오히려 테라를 빠르게 무너뜨리고 있다"는 직원들의 불만이 속출하면서 새 리더십에 대한 신뢰가 급격히 무너졌다. 김효섭은 "조금 더 지켜보자"며 테라 본부 직원들을 독려했다. 경영진은 "새 제작 리더십이 성과를 내려면 2년 정도의 시간을 줘야 한다"는 믿음을 전했지만, 직원들은 "이대로 그 시기에 이르면 테라는 다시 회복할 수 없는 상태에 빠질 것"이라며 경고했다.

'왜 그렇게 오랫동안 장수 게임들은 사랑을 받는가?' 장병규가 오랜 기간 고민해온 화두 중 하나였다. 엔씨소프트의 리니지에서 그 답은 게임 속 재화인 '아덴'에 있었다. 이 게임 머니는 현실의 현금성 재화로 연결돼 끊임없이 실제 가치를 창출했다. 리니지에서는 사용자 집단 간 '혈맹'으로 대변되는 권력욕이 게임의 핵심 동력으로 작용했다. 게임 속 세상의 권력을 잡기 위해 여러 세력이 끊임없이 이합집산하며 치열하게 경쟁했다. 게임은 단순한 오락이 아니라 현실을 닮은 거울이었으나, 그 거울에 비친 현실은 더욱 선명하고 극적인 색채로 재현됐다.

블리자드의 월드 오브 워크래프트WoW는 끊임없이 이야기가 생성되는 PvE Player versus Environment(플레이어 대 환경) 콘텐츠 덕분에 장수했다. 세븐 나이츠, 서머너즈 워, 퍼즐 앤 드래곤 같은 수집형 모바일 RPG는 수집 행위 자체가 의미와 즐거움을 주는 듯했다. 아이템을 모으는 데 상당한 시간을 투자해야 했지만, 사람들은 아랑곳하지 않고 수집과 소유에서 오는 즐거움을 탐닉했다.

모든 MMORPG가 오랫동안 플레이되는 운명을 타고나는 건 아니었다. '적당히 돈을 버는 것'과 '오랫동안 서비스되면서 돈을 버는 것'은 장병규에게 완전히 다른 명제였다. 장병규의 결론은 "오랫동안 고객에게 사랑받는 게임은 명확한 특징과 방향성을 가지고 있어야 한다"는 것이었다. 테라를 처음 제작할 때만 해도 제작팀에서 "콘텐츠의 물량이 많고 대세감을 형성하면 오래간다"라는 말을 들었다. 월드 오브 워크래프트가 이를 증명했다.

테라가 간과한 또 다른 요건이 있었다. 게이머가 콘텐츠를 소비하는 속도보다 게임사가 콘텐츠를 제공하는 속도가 더 빨라야 한다는 것이었다. 테라는 이를 충족하지 못하고 콘텐츠 업데이트에 실패하면서 낭패를 봤다. PD가 줄줄이 갈리는 비상 상황을 타개하고자 장병규 스스로 테라본부장을 맡기도 했지만 상황은 달라지지 않았었다.

수많은 시행착오를 겪다가 상시 업데이트는커녕 시즌제 업데이트라는 임기응변을 취하는 게 고작이었다. 테라는 모객에 어려움을 겪으며 정액제를 버리고 부분 유료화 과금 모델을 도입했다. 새로운 콘텐츠와 마케팅을 통해 고객을 불러들였지만, 경기를 뒤집을 만한 원더 골은 되지 못했다. 이탈하는 고객을 붙잡고 게임의 명맥을 유지하는 것이 최선이었다. 테라본부의 조직력은 약해져 시즌제 업데이트조차 힘겨운 상태에 이르렀다.

콘텐츠를 추가하려면 시즌마다 고객이 느끼는 로망을 자극할 수 있어야 했다. 문제는 그런 로망을 자극할 만한 콘텐츠가 많지 않다는 점이다. 적당히 콘텐츠를 만들면, 고객은 귀신같이 눈치채고 발길을 돌렸다.

테라의 핵심 재미로 내세운 전투는 여전히 강점이었지만, 그토록 자랑하던 그래픽 수준도 세월을 건너며 경쟁력을 잃었다. 고객을 끌어들일 만한 매력이 크게 줄어든 것이다. 장병규는 "돈을 버는 것, 나아가서 오랫동안 돈을 버는 것은 오랫동안 즐길 수 있도록 게임을 만드는 일만큼이나 깊게 고민하고 의도적으로 설계해야 하는 영역"이라고 말했다.

MMORPG 고객은 게임하는 재미뿐만 아니라 보상을 얻는 재미도 원했다. 오랫동안 사랑받는 게임에서 중요한 장치 중 하나가 보상이었다. 보상 시스템은 매우 정교해야 한다. 너무 뻔하면 흥미를 잃게 되고, 너무 복잡하면 혼란을 느꼈다. 보상이 부족하면 불만이 터졌고, 반대로 한꺼번에 너무 많이 보상하면 게임을 지속할 동기가 빠르게 사라졌다. 보상은 게임 내 다양한 요소와 유기적으로 연결되어야 했으며, 이와 동떨어진 보상은 효과적이지 않았다. 보상 설계는 복잡한 무늬를 짜내는 직조공의 손길처럼 섬세하고 정교해야 했다. 설계자는 보상이 어떻게 작동하는지 실시간으로 모니터링해야 했으며, 필요한 경우 라이브 운영을 통해 즉각적인 대응도 할 수 있어야 했다. 보상 체계는 단순한 시스템 이상의 것이었고, 이를 설계하고 운영하는 일은 고도의 기예 혹은 예술에 가까웠다.

게임 제작과 게임 서비스는 본질적으로 다른 차원을 지녔고, 제작 조직이 서비스 조직으로 전환되는 과정에서 처리해야 할 일들이 산더미처럼 쌓였다. 우선, 게임이 무엇으로 오랫동안 사랑받을지 끊임없이 고민해야 했다. 다음으로 그런 고민에서 도출된 전략을 효율적으로 실행할 준비가 필요했다. 예를 들어 PvE 콘텐츠를 추가하고자 할 경우, 계획한 속도를 맞추기 위한 조직력과 콘텐츠 제작 체계를 마련해야 했다.

보상 설계자가 지표를 분석하고 상황에 실시간으로 대응할 수 있도록 업무 인프라를 구축하는 것도 필수적이었다. 나아가서 성과를 높이기 위한 서비스 운영을 고민하고, 콘텐츠 제작 시간을 벌기 위해 QA(품질 검수)나 퍼블리셔와의 협업을 최대한 효율적으로 진행해야 했다. 좋은 퍼블리셔는 이 과정에서 확실한 도움을 줬지만, 퍼블리셔마다 혹은 동일한 퍼블리셔라도 담당자에 따라 게임 서비스에 대한 이해도와 실행력은 천차만별이었다. 그 때문에 모든 업무를 퍼블리셔에 일임하는 것은 위험했다. 제작사가 서비스를 이해하면서 필요할 경우 직접 관리하고 조율해야 했다.

장병규는 자신이 품고 있던 모든 문제와 질문에 대한 해답을 지닌 제작 리더십을 만나길 원했다. 그의 말처럼 블루홀이 많이 변했기 때문이다. 블루홀의 기업 가치는 장외 주식 거래를 기준으로 1년 사이 20배 이상 뛰어 5조 원에 육박했다. 게임업계에서 넥슨(16조 원), 넷마블(14조 원), 엔씨소프트(10조 원)에 이은 4위였다. 한 번은 장병규가 인수 물망에 오른 외부 게임사의 인수 작업을 멈추자고 경영진에게 건의했다. 해당 제작 리더십을 만나고 돌아오는 길이었다. 그는 "막대한 돈을 벌겠다는 느낌이 적다"고 말했다.

"똑똑한 분들임은 분명해 보였지만, 적당히 돈 벌기가 지향점인 듯한 느낌을 받았습니다. 물론 저희도 스스로 무엇을 원하는지 모르는 경우가 많은 만큼 제작 리더십이 무엇을 원하는지 판단하는 건 매우 어렵습니다. 다만 멋진 게임을 오랫동안 만들겠다는 느낌이 덜했다고나 할까요. 추가로 절박함이랄까 치열함이랄까, 그런 측면도 다소 강하게 느껴지지 않았습니다.

그들이 지금까지 투자를 받고 큰 회사와 계약을 맺은 것까지 꽤 합리적인 선택들을 꾸준히 했다는 생각이 들지만, 절박하고 치열하게 '막대한 돈'을 벌겠다는 느낌이 적었습니다. 그래서 적당히 돈을 벌면 그 이후로는 멋진 게 나오기 쉽지 않을 것 같다는 느낌이 들었습니다.

일견 조악한 게임처럼 보일지라도 큰돈을 버는 것은 인간 본능과 감성, 이성과 합리, 커뮤니티에 대한 탁월한 이해, 뛰어난 데이터 분석, 돈을 많이 쓰는 고객이 신뢰할 만한 브랜드까지 있기 때문일 텐데요. 그러려면 정말 '막대한 돈'을 벌겠다는 야망이 느껴져야 할 텐데, 그런 느낌이 아니었습니다."

블루홀 내부에서 한 제작팀이 소규모 게임 개발 프로젝트를 제안했다. 짧은 플레이 타임을 가진 가벼운 형식의 게임이었다. 플레이를 하다 죽으면 그동안의 진행이 모두 초기화되는 '로그라이크' 장르였다. 이들은 일본 시장을 목표로 콘솔용 게임을 만들고 싶어 했다. 계획서를 살펴본 장병규가 경영진에게 의견을 전했다.

"저는 틈새시장을 겨냥하거나 낮은 목표로 프로젝트를 승인하더라도, 제작 리더십 스스로 언젠가는 궁극적으로 큰 결과물을 만들 수 있는 도전을 해야만 한다고 생각합니다. 하지만 이 팀에서 작성한 자료를 보고 있으면 뭔가 '그들만의 생각'이나 '좁은 시야'

에서 벗어나지 못한다는 생각이 꾸준히 듭니다. 생각해보면 자기부정과 객관적인 자기인식은 참으로 힘듭니다. 이걸 잘하는 사람은 소수라고 생각합니다."

129억 원과 1,249억 원

테라M을 일본 시장에 출시하는 계획을 밝힌 스콜에게 블루홀 경영진은 조건부 승인을 제안했다. 일본 출시용 게임은 스콜이 전담하되, 한국을 포함한 글로벌 시장 게임은 블루홀에서 새로 팀을 구성해 담당하겠다는 절충안이었다. 새로운 제작 리더십을 구성하는 조건도 포함됐다. 파트너 퍼블리셔는 스콜의 역량이 일본 서비스를 책임지기엔 부족하다고 판단했다. 개발력을 보강해달라는 요청을 블루홀 경영진이 받아들였다. 이런 방침을 스콜에 전하는 회의 분위기는 심상치 않았다.

회의가 끝난 후 참석자들은 테이블에 있던 장병규에게 두 가지를 요청했다. 하나는 "고함을 치지 말아달라"였다. 장병규가 답했다.

"저도 괴롭고, 저도 그렇게 하고 싶지 않습니다. 노력은 해보겠는데, 솔직히 자신이 없습니다. 요즘 절대적으로 업무가 많습니다. 제가 심적인 여유가 없습니다. 블루홀 전체를 바라보면 여전히 시궁창인 것들이 천지입니다. 아직 현재 경영진이 자리를 제대로 잡지 못한 상태이기도 합니다. 그런 와중에 성장도 지속해야 하고 이사회와 주주도 변화해야 합니다. 어쨌건 4차산업위원장이라는 직책을 맡고 나랏일도 하고 있으니, 그것도 소홀히 하면 저스스로 후회할 것 같습니다."

다른 하나는 "바로 이야기를 해주면 좋지 않겠느냐"였다. 대화하는 시늉을 하지 말고 차라리 통보를 하라는 불만이었다.

"스콜의 박진석 대표님과 PD님, 에어 개발을 이끄는 김형준 님은 주식 수량이 절대적으로 많기 때문에 상장 이후 주목받을 게 자명합니다. 누가 보더라도 '저 사람이면 응당 그래야지'라는 말이 자연스레 나와야 블루홀 전체가 괴롭지 않습니다. 지금은, 글쎄요. 냉정하게 본다면 논란이 있는 상태라고 말해야 하지 않을까요?

주주는 상장을 직간접적으로 푸시하고 있는데, 이사회 의장으로서 괴롭습니다. 추가로 저는 깨달음은 스스로 얻는다고 생각합니다. 게다가 실력은 누가 키워주는 게 아닙니다. 누군가의 지시를 받는 게 아니라 스스로 끊임없이 고민해야 자신만의 방식으로 큰 성과를 거둘 수 있습니다.

효율적인 전달은 단기적인 처방에 도움이 될 게 명확하지만 깨달음과 성장을 방해합니다. 그래서 정보와 질문을 우선 드리는 겁니다. 제가 표현은 그러했지만, 같이 성장하고 성공하면 좋겠다는 기본 생각은 명확합니다. 여러분을 여전히 신뢰한다는 점도 잊지 말아주시길 부탁드립니다."

'CI 리뉴얼' 프로젝트는 블루홀 사명을 바꾸는 방향으로 결정됐다. 새 이름을 공모하는 사내 행사를 준비했다. 기준은 '독특하고 진보적인' '균형감 있고 세련된' '대담하고 강인한' 이름. 1,000만 원에 달하는 내년 GDC(세계 게임 개발자 콘퍼런스) 참가 티켓과 여행 경비가 우승자 상품으로 걸렸다. 공모전을 알리는 게시글 초안을 본 장병규가 담당자에게 메시지를 보냈다.

"전사 공지는 난도가 높은 업무라고 인식해주세요. 공지를 했는데 사람들이 이해하지 못하면 그것은 공지가 아니라 잡음입니다. 안 하는 것보다 더 나쁩니다. 저희 임직원이 1,000명을 넘어서고 있습니다. 해외 지사까지 포함하면 영어로만 소통해야 하는 사람들도 있다는 점을 제발 잊지 말아주시길 바랍니다. 어쩔 수 없는 현실이 있더라도, 저희가 지향해야 하는 이상을 결코 포기해서는 안 됩니다."

담당자는 기존에 작성한 전사 공지를 참고해 내용을 다듬고, 핵심 내용이 담긴 시각 자료도 추가했다. 김효섭은 사명 제안을 메일로만 받는 것보다, 다른 사람들이 제안한 내용을 함께 공유하고 토론할 수 있도록 게시판을 활용하는 방안을 담당자에게 제안하기도 했다.

효과적인 공지를 하려면 이에 대한 일부 구성원들의 의견을 사전에 청취해야 한다. 장병규에게는 구성원이 경영진을 두려워하지 않고 신뢰하며 발신할 수 있는 채널(보이스)이 중요했다. "구성원이 경영진을 두려워하고 멀리하는 순간 서로 분리됩니다. 구성원이 신뢰할 수 있는 채널을 통해 피드백을 받는 것이 무척 중요할 수 있습니다. 그렇기에 채널은 일부 소수로 제한하는 게 적절할 수 있습니다." 장병규는 현재 블루홀에서 신뢰할 만한 채널로 CEO 김효섭과 피플팀장 임재연을 꼽았다.

블루홀의 상반기 실적을 따로 떼어보면 매출액이 129억 원, 영업 손실이 210억 원이었다. 그럼에도 당기순이익은 1,249억 원이라는 묘한 실적을 발표했다. 자회사 PUBG의 연결 회계 덕분이었다. 스콜, 피닉스, 레드사하라 모두 영업 손실을 기록했지만 PUBG만 이익을 냈다. PUBG의 영업 이익은 2,371억 원, 순이익은 1,557억 원이었다. 블루홀 연합은 오로지 PUBG에 기대어 적자를 메꾸고 돈다발을 쌓은 셈이었다.

'배틀그라운드는 무언가를 빼앗기고 있는 게 아니라 무언가를 하지 못하고 있다'는 김창한의 진단에 따라 PUBG는 경쟁 게임의 요소를 차용하기보다 자신만의 강점을 살려 나아가기로 했다. 하반기 콘텐츠 업데이트를 준비하면서 커스텀custom 모드 개발에 주력했다. 이 모드는 사용자가 아이템이나 유저 수, 캐릭터 같은 게임 요소를 직접 조작할 수 있도록 해 다양한 게임 경험을 제공하려는 것이었다. 기존에는 인플루언서나 파트너들만 사용할 수 있었던 기능을 일반 고객에게 열 계획을 세웠다.

예를 들어 커스텀 모드를 100 대 1 서바이벌 대신 1만 명을 모아 각 그룹의 1등을 추려내 최종적으로 1만 명 중 단 한 명만 살아남는 게임도 설계할 수 있었다. 이런 시스템을 PUBG가 직접 운영하기에는 시간과 역량이 부족하지만, 커스텀 게임 제작 권한을 가진 제삼자가 온라인에서 서비스를 제공한다면 그 가능성은 무궁무진해질 수 있었다.

　이 밖에 10명으로 이뤄진 3개 팀이 좁은 공간에서 끊임없이 교전하는 팀별 데스매치 '워 모드war mode', 특정 무기만을 선호하는 경향을 막기 위한 '밸런스 패치balance patch', 신규 맵과 같은 새로운 콘텐츠로 김창한은 반격이라고 부를 만한 상황 반전을 꾀했다.

　한국을 제외하고 배틀그라운드의 성과 지표는 모조리 하락 일로였다. 김창한은 입이 바싹 말랐다. 동시 접속자 수를 분석해보면, 경쟁 게임인 CS:GO나 도타 2는 완만하게 성장하고 하락하는 반면 배틀그라운드는 롤러코스터였다. 폭발적으로 성장한 후 급격히 추락하면서 충격파가 컸다. 특히 핵심 매출처인 스팀에서의 하루 최대 접속자 감소가 뼈아팠다. 연초 323만 명에 달했던 수치가 반년 만에 3분의 1 토막으로 쪼그라들었다. 평균 접속자 수 감소 폭도 마찬가지였다. 중국에서의 하락세도 두드러졌다. 미래를 예측하기는 언제나 어려웠지만, PUBG의 미래를 걱정하기에 충분한 수치였다.

　그럴 때마다 김창한은 배틀그라운드가 달성한 판매량을 위안거리로 삼아 숨을 돌렸다. PC와 Xbox를 합쳐 4,700만 장을 넘게 팔았다. 무엇보다 소니의 가정용 게임기인 플레이스테이션용 게임 출시도 준비하고 있었다. 판매량만 놓고 본다면 여전히 역사적인 게임으로 당당히 이름을 올릴 수 있는 결과였다.

　"우리는 배틀그라운드를 장기적으로 사랑받는 서비스로 만들겠다는 목표를 세웠습니다. 고객 이탈을 심각하게 보지 않을 수 없습니다." 어려울수록 근본적인 질문과 마주해야 했다. 고객은 왜 이탈하는가? 이 질문에 대한 가장 간단하고 근본적인 답은 "더 이상 재미가 없기 때문"이었다. '재미가 없다'는 말은 추상적이고 상대적인 명제이기에 구체적인 행동을 바로 도출하기는 어려웠다.

게이머들의 눈길을 끌 만한 콘텐츠를 업데이트와 마케팅을 쏟아부은 결과 유저들이 복귀했지만, 지표상으로 잔존율은 반등하지 않았다. 표면적인 업데이트에도 불구하고 유저는 게임을 지속할 만한 재미를 느끼지 못하고 있었고, 이런 문제는 2018년부터 PUBG를 계속 괴롭히고 있었다. "잔존율의 반등을 만들지 않으면 하락세를 멈출 수 없을 것입니다." 김창한은 '재미'를 화두로 꺼냈다.

"재미는 상대적입니다. 사람들은 시간을 쓸 때 더 만족스러운 활동에 투자합니다. 이런 관점에서 '나이키의 경쟁 상대는 닌텐도'라든지, '넷플릭스의 경쟁 상대가 잠sleep'이라는 말이 나오는 겁니다. 재미가 상대적이라는 것은, 단지 제품 자체와 경쟁하는 것이 아니라 고객이 처한 환경과도 경쟁하고 있다는 의미기도 합니다.

배틀그라운드가 2017년 처음 세상에 나왔을 때 어떻게 폭발적인 성장이 가능했을까요? 사실 얼리 액세스 버전이었던 초기 게임은 미완성 상태였습니다. 고사양 컴퓨터가 필요했고 많은 버그와 불안정한 서버, 클라이언트 프레임워크, 적은 콘텐츠, 치팅cheating(게임에서 원래 규칙으로 이뤄질 수 없는 행동을 하는 반칙) 문제가 있었습니다. 지금보다 훨씬 높은 고객 장벽을 갖고 있었습니다. 그런데도 전 세계 수천만 명의 고객이 그 장벽을 넘어서 배틀그라운드를 구매했고, 높은 지속성을 보이며 게임을 즐겼습니다. 이유 가 무엇이었을까요?

배틀그라운드는 장벽을 뛰어넘을 정도로 '재미있는 경험'을 '대 체 불가능하게' 제공했기 때문입니다. 하지만 이제는 환경이 많이 달라졌습니다. 장기간 반복적인 플레이를 하는 핵심 고객이 피로 감을 느끼고 있습니다. 2가지 대안이 존재합니다. 포트나이트 게 임과 PUBG 모바일입니다. 앞으로 환경 변화는 더욱 가속화될 겁 니다."

그렇다면 배틀그라운드는 추락하고 있는가? 고객이 떠나고 있 는 게 사실인가? 브랜드와 IP를 기준으로 보면 배틀그라운드는 여전히 성장하는 게임이었다. 모바일을 포함한 일간 이용자 수는 8,500만 명에 달했고, 중국 고객을 제외하더라도 1,600만 명이 넘 는 수치였다.

"전체 유저가 증가하는 추세는 고무적입니다. 하지만 플랫폼 간 시너지 효과를 내지 못하고, 새 서비스가 기존 서비스의 판매 량을 잠식하는 캐니벌라이제이션cannibalization 현상으로 인해 매출 효율이 줄어들고 있습니다. 이 숙제를 풀어야 합니다."

김창한은 지난 발표에서 배틀그라운드 모바일 출시가 PC나 콘 솔 등 다른 플랫폼에 시너지 효과를 낼 것이라고 내다봤지만, 기 대는 빗나가고 있었다. 모바일 시장의 성장은 PC와 Xbox 고객 유 지나 트위치 같은 온라인 방송 플랫폼의 관객 확대를 이끌어내지 못했다. 배틀그라운드 모바일은 무료로 기본 서비스를 풀고, 스마 트폰에서 바로 실행할 수 있는 높은 접근성과 PC용 원작 게임에 가까운 경험을 제공했다. PC용 게임은 고객을 다시 불러들일 만한 충분한 유인을 제공하지 못하고 있다는 게 김창한의 진단이었다.

"PC용 게임이 원래 배틀그라운드 플레이의 원천이자 중심적인 위치를 유지해야 합니다. 핵심 고객이 지속적으로 돌아와 게임을 즐길 수 있도록 해야 합니다. 이를 위해선 PC용 콘텐츠를 확장하고 PC만이 줄 수 있는 깊이 있는 경험을 빚어내야 합니다. 이를 통해 다른 플랫폼의 성장을 견인할 수 있어야 합니다. 여전히 '제품이 왕Product Is King!'입니다."

8킬로미터 × 8킬로미터

김창한은 개발본부 조직을 개편했다. 외부 환경 변화와 내부 인적 구성을 반영해 최선의 결과를 내기 위해서였다. 한국에 헤드쿼터HQ를 둔 글로벌 조직에서 일하는 경험은 거의 모든 구성원에게 처음이었다. 빠르고 자주 조직 개편을 시도할 수밖에 없었다. 조직 운영에서도 빠른 결정과 실행, 평가를 반복iteration하는 작업을 줄기차게 강조했다.

"회사는 하나의 유기체처럼 살아 움직입니다. 생존과 성장을 위해 변화하게 돼 있습니다. 우리 조직 문화는 하고자 하는 의지가 있고 책임질 각오가 있는 사람에게 가급적 역할 제한 없이 기회를 주고자 합니다. 다만 그 전제는 맡은 일을 잘할 수 있어야 한다는 것입니다. 그래야 다른 사람이 잘할 수 있는 기회를 가로막는 일이 발생하지 않습니다."

PUBG 전체 개발을 총괄할 직책으로 개발본부장을 새로 만들고, 장태석 아트실장을 선임했다. 장태석은 배틀그라운드 개발 초기부터 아트팀을 이끌며 전체 아트 작업을 주도했다. 2017년 얼리 액세스 출시 직후, 미국 위스콘신 메디슨에 아트 스튜디오를 설립하고 한국 아트팀과 협업해 새로운 맵을 제작했다. 이러한 성과와 리더십을 인정받아 연초에 아트실장 겸 월드제작PD로 임명되었다가, 다시 중책을 맡게 됐다.

김창한은 "서비스와 게임 디자인 모두를 책임지는 역할을 자발적으로 수행했고, 한국과 미국으로 나눠진 글로벌 개발 환경에서 성공적으로 협업을 끌어냈다"며 선임 이유를 밝혔다.

지난 1년 넘게 배틀그라운드의 최종 개발을 책임졌던 이창호는 비로소 해방감을 맛봤다. PUBG 개발총괄은 그에게 왕관이 아니라 짐이었다. "창한이 형, 나 이제 그만할 거야." 여름 무렵 이창호는 김창한, 김상균과의 술자리에서 사임 의사를 전했다. '일이 버겁고, 역할을 잘 해내지 못하고 있다'는 생각이 극심해졌다. 게임 개발에 대한 열정와 성취감은 온데간데없고, 그저 쉬고 싶다는 간절한 바람만 넘실댔다. 배틀그라운드 방송을 자주 보며 주위 사람의 의견을 끊임없이 청취했다. 게임을 잘 알고 있었지만, 게임 플레이를 하지 않는 한계를 체감했다. 배틀그라운드를 향한 그의 마음은 사랑보다 책임감에 가까웠다.

후계로 장태석을 지목했다. "나는 내 한계를 계속 두려 하는 편이거든. 이것밖에 못 해, 여기까지밖에 못 해, 이런 생각을 많이 하는 사람인데, 태석이는 평소에 이야기하는 거 보면 더, 더, 더 하고 싶다는 생각을 많이 하더라.”

게임 속 월드 제작을 주로 담당했던 장태석은 정식 버전에서 사용된 사막 맵을 제작하면서 PD로서의 역량을 십분 발휘했다. 장태석은 나무뿐 아니라 숲을 바라볼 줄 아는 개발자였다. 그는 사막 맵을 단순히 아름답게 만드는 데 그치지 않았다. 고객의 경험과 전체적인 게임성, 플레이 전반을 고민하며 완성도를 높였다. 이창호 눈에 장태석은 김창한처럼 처음부터 무엇을 만들어 증명하고픈 욕구가 있는 사람으로 비쳤다. 이창호가 보는 앞에서 김창한은 미국 출장 중이던 장태석에게 전화를 걸어 EPD직을 제안했다.

장태석은 김창한이 지노게임즈를 공동으로 창업하고 직원이 10명일 때 합류한 초기 구성원이었다. 김창한이 겪은 사람들 중 가장 엉덩이가 무거운 사람으로, 창업 구성원에 준하는 대우를 받았다. 장태석은 지노게임즈에서 AD로 MMORPG 데빌리언을 만들었지만, 블루홀에서 배틀그라운드를 제작하면서 디렉터 직위를 내려놓고 일반 아트 직원으로 일했다. 내려놓았다기보단 어쩔 수 없는 강등이었다.

당시 제작 승인 여부를 고민하던 블루홀 경영진은 “MMORPG 아트를 하던 사람이 어떻게 사실적인realistic 아트를 할 수 있겠느냐?”라는 의문을 제기했다. 몸이 달았던 김창한은 경영진의 의견을 받아들여 경험 많은 블루홀 김형준 PD를 객원 AD로 선임했다.

괴로워하는 장태석을 앞에 앉혀놓고 김창한은 "어떻게 해서든 개발 승인을 받아내야 하지 않겠느냐"고 설득했다. 장태석은 거의 울다시피 이를 받아들이며 말했다. "다음 프로젝트를 할 때는 어떻게든, 내가 성장하든 뭐든 간에, 이런 일을 절대 당하지 않는 사람이 될 겁니다."

개발 승인을 얻어낸 김창한은 수평적인 문화를 강조하며 20명이던 개발팀의 직위를 모두 없앴다. 넷플릭스의 '자유와 책임' 조직 문화에 영감을 받았다. 넷플릭스는 성공의 비결로 복잡한 위계나 통제 대신 책임에 기반한 자율적인 조직 문화를 내세웠다.

객원 AD였던 김형준은 일주일에 한 번씩 조언을 하는 정도였고, 실제 일은 배틀그라운드 아트팀이 대부분의 작업을 맡았다. 장태석은 이제껏 해보지 않았던 아트 작업에 도전해야 했다. 첫 업무는 게임 캐릭터를 만드는 일이었고, 다음으로 게임의 배경인 월드 제작으로 넘어갔다. 배틀그라운드는 상대적으로 작은 게임이었지만, 캐릭터와 무기, 차량 등 여러 아트 요소가 있었다. 장태석이 캐릭터 작업을 끝내고서 "월드 작업을 하겠다"고 선언하자, 아트 직군의 나머지 4명이 보이콧을 했다. "장태석을 따라가면 프로젝트가 망한다"는 게 이유였다.

김창한의 눈에는 게임 아티스트들에게는 희한한 구석이 있었다. 게임 아트 분야에는 손으로 그림을 그리는 '콘셉트' 부문과 그 결과물을 3차원으로 구현하는 '3D' 부문이 있다. 마음이 맞는 아티스트들끼리 그룹을 짓는 성향이 짙었고, 특히 그림을 잘 그리지 못하는 AD를 싫어했다. 그래서 게임 AD는 주로 콘셉트 출신이 많았다. 장태석은 3D 출신이었다.

김창한은 "수평 조직 문화가 실패했다는 걸 인정한다"고 선언했다. 이어 장태석을 빼고 다 내보내겠다고 결심한 뒤 직원들과 면담을 시작했다. 김형준도 장태석 편을 들었다. 반기를 든 직원들 중 일부는 회사를 떠났지만 주동자는 남았다. 장태석은 그를 품고 다시 아트팀을 이끌어나갔다.

악에 받쳐 일했다. 새벽 귀가는 일상이었다. 불 꺼진 새벽녘에 출근하고 퇴근하는 삶을 이어나갔다. 출산한 아내와 갓난아이를 처가에 보내고 주말에만 남편과 아빠 노릇을 했다. 일터에서 동료들은 성공적인 트랙 레코드가 없는 그의 말을 듣지 않았다. "하기 싫어? 그럼 하지 마. 내가 할게." 그렇게 내리 8시간을 야근하고 동이 트기 직전 집으로 돌아가다 차를 세우고 구토를 했다. 김창한은 '개발은 1년만 한다'고 약속했지만, 어디에서 무엇을 하든 지금의 월급보다 잘 벌 수 있을 것 같다는 생각이 들었다.

그러던 어느 날 자동차 회사에 부품을 납품하는 주물 공장에서 일하는 친구의 연락을 받았다. "새로 지은 공장 간판과 명함을 디자인해달라"는 요청을 받고, 간판 만드는 일을 해볼까 싶어 간판 제작업체들을 조사해봤다. 당장 일을 시작해도 먹고살 만해 보였다. 그러자 오히려 마음이 편해졌다.

기왕 시작한 게임 제작을 열심히 해보고, 안 되면 간판 일을 하겠다고 마음먹었다. 장태석은 배틀그라운드를 성공적으로 출시한 후, 다시 AD에 복귀했다. 2017년에 AD로서 미국 메디슨 스튜디오에 방문한 날은 150일에 달했다.

　장태석에겐 PUBG에서의 모든 경험이 귀했다. 그에게 배틀그라운드는 게임이라기보다는 차라리 자식이었다. 게임 제작자로서 처음으로 얻은 성공작이자, 핵심 기여자로서 만들어낸 결과물이었다. 제작자를 떠나서 게이머로서도 이 게임은 놀라운 즐거움을 선사했다. 그런 존재가 엔진이 고장 난 비행기처럼 불안정하게 흔들리며 추락하려 하고 있었다. 그의 신경 회로는 배틀그라운드에 완전히 동기화돼 있었다. 중독된 사람처럼 하루에 수십 번씩 지표를 들여다봤다. 서비스 현황을 보면서 '이 게임이 죽을 것 같다'는 예감이 들 때면, 마치 자신의 생명이 위태로운 것처럼 극심한 고통에 짓눌렸다.

　미국 스튜디오를 수시로 들락날락거리며 장태석은 김창한을 떠올리곤 했다. 김창한은 게임 서비스를 지속하는 데 능한 사람은 아니었다. 라이브 게임 서비스를 살리기 위해선 끈기나 헌신, 희생이 필요했다. 장태석에게 김창한은 불꽃 같은 사람이었다. 김창한은 불씨가 되어야 하는 사람이지, 불을 계속 지피고 키우는 일을 잘할 수 있는 사람은 아니었다. 어떤 불씨는 큰불이 되긴 하지만, 대부분 재가 되어 사라진다. 불꽃을 심을 수 있는 사람은 세상에 별로 없었고, 김창한은 그런 사람 중 하나였다. 다만 게임을 살리는 일은 어쩌면 우직하게 자리를 지키며 헌신하는 자신에게 어울리는 일로 보였다. 장태석은 개발본부장을 수락하며 김창한에게 말했다. "형은 불꽃 같은 사람이고, 꽤 많은 경우에 방화범이에요. 불 지르고 떠나니까."

장태석과 함께 배틀그라운드 월드 제작을 주도한 또 한 명의 인물은 김태현이었다. 그는 지노게임즈 시절부터 김창한과 손발을 맞춰온 장태석, 이창호, 김상균과는 달리 2016년 4월, 배틀그라운드 개발 초기에 내건 구인 공고를 보고 팀에 합류했다. 당시 7년 차 게임 제작자였던 그는 이전 회사에서 총싸움 게임의 월드를 구현하는 업무를 했다. 김창한의 개발팀에 대한 첫인상은 '뭔가 이상하다'였다. 다른 게임 회사와 달리 무엇 하나 정리된 것이 없었다. 사람은 적고 할 일은 모호했다. 20명도 채 안 되는 소규모 개발팀이었다. 게임의 전체적인 그림은 알겠는데 구체적으로 무엇을 해야 하는지에 관한 세부 업무 분장이 없는 상태였다. 그가 입사한 직후에는 기존 구성원 2명이 갑자기 퇴사해 내부는 더욱 뒤숭숭한 분위기였다.

"월드를 만드세요. 이거 가지고." 김창한으로부터 브렌던 그린이 A4용지에 그린 그림을 건네받았다. 초등학생 담벼락 낙서 수준으로 죽죽 그려낸 지도 그림이었다. 그 위로 여러 도시와 자연이 '적혀' 있었다. 여기는 '바다' '항구' '마을' '군사 기지'…. 그게 끝이었다.

김창한은 그에게 월드를 만들라는 주문 외에는 아무것도 요구하지 않았다. 김태현은 그림 한 장에 의지한 채 월드 제작을 장태석과 상의해야 했다. 그렇게 얼리 액세스 버전에 쓰인 첫 번째 맵 '에란겔'을 만들었다. 고작 팀원 4명이 아르바이트생 2명과 함께 6개월 만에 주요 개발을 끝냈고, 막바지 2개월 동안 블루홀 테라 팀에서 4명의 지원을 받아 11개월 만에 얼리 액세스를 해냈다. 게임 출시 후, 김태현은 월드팀의 파트장이 됐다.

지도 사이즈로 설정한 '8킬로미터×8킬로미터' 크기의 월드는 야심 찬 시도였다. 기존 총싸움 게임에서 사용하던 맵들은 커봤자 좌우 1킬로미터 정도였고, 대부분 200~300미터에 불과했다. 게임 속 공간이 거대해지는 만큼 유저의 자유도는 확장했다. 반대로 제작자의 계획과 의도가 작동할 여지는 쪼그라들었다. 이전에 개발했던 총싸움 게임에선 플레이어의 동선을 유도하거나 교전 지역을 고려해 맵을 설계했지만, 그런 방식이 통하지 않았다.

이 거대한 땅덩어리를 창조하면서 도대체 무엇을 의도할 수 있단 말인가. 낙하산을 타고 착륙한 100명의 게이머가 동쪽으로 움직일지 북쪽으로 움직일지 알 수 없는 노릇이었다. 의도가 있어야 정답이 있을 텐데, 배틀그라운드는 정답이 없는 게임이었다. 일단 만들어놓고 답을 찾았다. 채석장을 만들고 테스트를 하고, 사격장을 만들고 테스트를 했다. 주요한 지형지물 하나를 추가할 때마다 새로운 테스트를 반복했다.

김태현은 팀을 떠나지 않았다. 이 이상한 개발 조직을 떠나야 할 이유보다 버텨야 할 이유가 조금 더 많았기 때문이다. 과거에 없던 거대한 세계를 창조한다는 점이 그의 발목을 붙잡았다. 게임을 출시하기까지 어찌됐든 1년만 일하면 된다는 계산도 있었다. 당시로서는 국내에서 드물게 언리얼 엔진 4 같은 최신 그래픽 기술을 활용해 총싸움 게임을 만든다는 것도 큰 매력이었다. 무엇보다 직원이기 이전에 게임 제작자로서 배틀그라운드가 어떻게 만들어질지 몹시 궁금했다.

"새로 입사한 회사는 어때?" 친구의 질문에 김태현은 "대학생이 된 느낌이야"라고 답했다. 이전 회사에서는 고등학생처럼 일했다. 무엇 하나 마음대로 하지 못했으니까. PD나 디렉터가 모든 기획을 전담했고, 아티스트들은 그들 주문에 맞춰 결과물을 납품했다. 창작자가 아닌 공장 일꾼 같았다. 시키는 대로만 개발하다 배틀그라운드팀에 오면서 강제 월반을 했다. 마음대로 무엇이든 시도할 수 있었다. 김창한 PD는 이래라저래라 하는 식의 지침 한마디를 보태지 않았다. 대학생처럼 자유롭게 일하는 대신 결과에 책임을 져야 했다. 잘못된 결과물을 부수고 다시 만들기를 반복했다. 언제까지? 될 때까지.

'배틀그라운드 월드를 만들라.' 단 한 줄의 업무를 해내기 위해 김태현은 모든 고민을 스스로 해결해야 했다. 공식도 표본도 없었다. 어느 누구도 배틀로열 게임에 대한 구체적인 그림을 갖고 있지 않았다. 이렇게 거대한 게임 속 월드를 어떻게 만들어야 하는지 판단해줄 사람도 없었다. 해답을 줄 수 있는 사람이 어디에도 없는 것이다.

김태현은 구글의 글로벌 지도 서비스 구글 어스에 접속해 동유럽의 실제 마을과 지형을 탐색하기 시작했다. 그저 브렌던 그린이 동유럽 지역을 막연하게 찍었을 뿐이었다. 마을 옆으로 학교가 보였다. 조물주의 눈으로 마을이 어떻게 형성되고 그 주변에 무엇이 있는지 살폈다. 지도에 보이는 풍경과 배치를 관찰하면서 게임 속 마을과 도시, 자연과 건물을 세우고 도로를 연결해나갔다.

언리얼 엔진 4를 활용한 게임 개발은 처음이었다. 개발 시간은 부족하고 체력과 역량도 달렸지만, 만드는 재미가 확실했다. 게임 속 월드를 표현하는 기술은 끊임없이 진화하지만, 공장 인부처럼 게임을 찍어내는 일을 할 때엔 그 변화를 따라가기 버거웠다. 그런데 이 팀은 월드 제작을 대책 없이 맡겨두고서 개발자가 하고 싶은 걸 다 할 수 있게 해줬다. 의도된 위임이 아니라 어쩔 수 없는 방임처럼 보였지만.

그 덕에 일하는 게 아니라 공부를 하는 기분이었다. 예를 들어 시가전의 무대가 되는 건물을 멋지게 표현하려고 개발자 온라인 마켓에서 다른 개발자의 작품(에셋asset)을 구매해 요리조리 뜯어보는 것도 일로 인정받았다. 다른 개발자가 어떻게 건물의 외부 질감을 표현했는지 확인하고, 마음에 드는 방식을 게임에 적용하려고 애썼다. 새벽 2~3시까지 일하고 같은 날 오전 10시에 출근하는 생활을 반복했다.

김창한도 장태석도 그 누구도 그렇게 일하라고 강요한 적은 없었다. 좋으니까, 재밌으니까 했다. 새벽까지 남아 이름 모를 해외의 장인이 만든 에셋을 언리얼 엔진에 올리고, 어떻게 만들었는지 찬찬히 뜯어봤다. 배틀그라운드에 적용해보고, 실패하면 고민했다. 그래도 풀리지 않으면 다음 날 아침 동료 엔지니어를 찾아 왜 적용이 안 되는지 물었다. 김태현은 대학생이 된 자신이 퍽 맘에 들었다.

김창한, 장태석, 김상균 사이에선 하루가 멀다 하고 싸움이 벌어졌다. 아이템, 전략, 시스템 등 게임에 관한 거의 모든 주제가 다툼의 원인이 됐다. 사내 회의 중에도, 바깥에서 담배를 태우다가도, 우연히 마주쳐 말을 섞다가도 으르렁거렸다. 스파크가 조금이라도 튀면 어김없이 장태석의 흥분한 목소리가 들렸다. 김태현이 처음 팀에 왔을 때는 허구한 날 싸운다고 인상을 찌푸렸다.

시간이 지나면서 그 싸움들이 갈등이 아니라 생산적인 충돌로 보였다. 여기 있는 사람들은 자신이 맡은 일을 잘 해내기 위해 싸우고 있었다. 듣다 보면 싸울 만하니까 싸웠고, 싸울 이유가 있기 때문에 싸우는 것이었다. 신기하게도 서로 납득할 방향을 찾으면 언제 그랬냐는 듯 온순해져 일에 몰두했다. 김태현은 이 모든 게 대학생의 모습 같다고 생각했다.

고대하던 배틀그라운드 출시의 기쁨도 잠시였다. 게임 속 창조의 과업은 24시간 돌아가는 게임 서비스처럼 쉼이 없었고, 김태현의 삶도 달라질 여유가 없었다. 얼리 액세스 이후 9개월 만에 출시된 정식 버전에서 선보인 신규 사막 맵 '미라마'도 그의 작품이었다.

회사가 글로벌로 팽창하면서 미국 매디슨에 있는 개발자들과 협업해 맵을 제작했다. 업무는 24시간 돌아갔다. 미국으로 날아간 장태석이 현지 직원 5명과 작업한 결과물을 보내면, 아침에 김태현이 받아서 한국 팀과 이어갔다. 정신없는 분위기는 게임 출시 전이나 후나 마찬가지였다. 조직은 밀물처럼 밀려 들어오는 인력으로 정리가 되지 않았고, 옆 자리에 새로 들어온 직원과 친해질 시간조차 없었다. 미라마 제작에 매진하던 장태석과 김태현은 직원들을 거의 방치하다시피 했고, 화상과 이메일로만 만나는 미국 개발자들과의 소통은 더 말할 것도 없었다.

일하는 시간뿐 아니라 개발하는 문화도 달라 견디기 힘들었다. 자유로운 개발 문화를 지닌 미국 개발팀은 장태석의 관리 감독 아래에서도 하고 싶은 걸 다 해야 직성이 풀렸다. 한국 팀이 애써 만들어놓은 게임 속 마을이 미국 팀의 손을 거치면서 하루아침에 사라지는 일이 빈번했다. 자고 일어나면 산이 평평해지고 건물이 없어지는 사태가 부지기수로 일어났다. 김태현은 단 한 번도 화를 내지 않았다. 오히려 이 방식이 좋았다. 늘 "정답이 없다"고 말했다. 사람들의 생각이 다를 뿐이었다. "게임 플레이상 여기엔 건물이 없어야 한다" "게이머 동선을 고려하면 저기엔 산이 없어야 한다"와 같은 주장에는 각기 나름의 이유가 있었다.

외국 개발자들과 이 정도로 긴밀하게 협업하는 한국 게임 회사는 그가 아는 한 없었다. 영어를 사용한 업무 소통은 불가능에 가까웠고, 통역사의 지원을 받아도 쉽지 않았다. 그럼에도 해외 개발자들은 월드 제작에 분명히 긍정적인 영향을 줬다.

외국과 한국 제작자는 같으면서도 미묘하게 다른 세상에서 살고 있었다. 개발자에게 탁자나 의자 같은 사물을 주고 색을 입히라고 주문하면 일상에서 보던 색을 칠하기 마련인데, 외국 개발자들이 보는 색은 한국의 것과 달랐다. 그들이 그린 건물 색깔은 한국 건물과 확연하게 차이가 났다. 그렇게 에란겔에서 주황색 지붕을 한 독특한 건물이 탄생했다. 한국 개발자라면 절대 시도하지 못할 색이었다. 한국 개발자들은 주로 무채색이나 회색 계열로 건물 외관을 튀지 않게 만들었지만, 외국 개발자들에게선 독창적이고 색다른 건물이 나왔다. 이런 다양성 덕분에 배틀그라운드는 지구촌에 사는 누구나 즐길 수 있는 세계를 품을 수 있었다.

개발 태도에서도 차이가 뚜렷했다. 한국 개발자들은 대체로 수동적으로 움직였다. "건물 벽을 빨간색으로 칠하라"는 팀장의 구체적인 주문을 확인한 후에야 일을 시작했다. 반면 외국 개발자들은 제 눈에 예뻐 보이는 색을 맘대로 칠했다. 외국 개발자가 제 멋대로 만든 결과물을 보고 한국 개발자들은 혀를 찼다. "왜 저런 짓을 하지?" 외국 개발자들은 시키는 일만 하는 한국 개발자들을 답답해했다. "왜 저것밖에 하지 못하지?" 한국 개발자들은 계획성 있게 일하며 납기를 제때에 맞추고, 꼼꼼한 작업으로 결과물 수준도 한결같았다. 외국 개발자는 그 반대였다. 베짱이들이 내놓는 물건들은 명작과 졸작을 수시로 오갔다.

이들을 중간에서 관리해야 했던 김태현은 울고 싶은 심정이었다. 어느 한쪽이 맞다고 함부로 손을 들어줄 수 없었다. 떨어진 거리를 봉합하며 새로운 맵을 만들어야 했다. 각자의 장단점을 이야기하며 눈높이를 맞춰나갔고, 빠르게 일처리를 해야 하는 긴박한 상황 속에서 각자 자리에 돌아가 맡은 일을 계속해나가도록 어깨를 다독였다.

그나마 한 번 합을 맞춰 맵을 만들어본 월드팀은 사정이 나았다. 급하게 신설된 조직에 속한 직원들은 업무 갈피를 잡지 못하고 허우적거렸다. 특히 게임과 사용자 간의 상호작용을 설계하는 인터페이스·경험(UI·UX) 팀에선 늘 앓는 소리가 터져 나왔다. 로비 화면, 아이템과 총기 배치, 메뉴 구성, 각종 입력 버튼과 아이콘 등을 어떻게 디자인할 것인지 도통 감을 잡지 못했다. 한번 만들어놓으면 유저들이 익숙해져 고치기가 쉽지 않았고, 기껏 고쳐 놔도 유저들로부터 비난의 화살이 무더기로 날아왔다.

문제를 진정으로 해결하려면 모든 일을 멈춰 세우고 원점에서 부터 일을 시작해야 했지만, 그런 선택지는 애시당초 존재하지 않았다. 김창한은 조직이 처한 상황을 "탑승한 비행기를 계속 고치면서 날아가고 있다"고 표현했다. 이미 진행되고 있는 무언가를 바꾸기 위해 이전으로 돌아가기엔 이미 너무 늦어버렸다. 옛것과 새것 모두를 만들고 또 뚝딱거리며 나아갈 수밖에 없었다.

새벽 2시

김창한은 개발본부장에 장태석을 선임한 데 이어 콘솔본부를 신설하고 남영선을 본부장으로 임명했다. PUBG는 글로벌 고객 저변이 넓은 소니의 콘솔인 플레이스테이션용 게임 출시를 연내 목표로 삼았고, 이를 마이크로소프트의 콘솔 Xbox용 출시 이후 또 한 번 서구 시장에서 배틀그라운드의 영토를 넓힐 기회로 여겼다. 남영선을 선임한 이유에 대해 김창한은 "전담 조직이 없던 콘솔 개발과 사업에서 팀을 만들어 유관 부서와 협업을 조율하고 지휘했다"며 "자발적인 의지와 리더십을 보여줬다"고 설명했다.

김상균이 네덜란드로 떠나면서 콘솔 개발력에 큰 공백이 생겼다. 사람은 없고 할 일이 많은 데다 구심점까지 사라지자 개발팀 내부는 혼란에 빠졌다. 팀원들은 서로를 비난했고, 식사는 물론이고 간식도 따로 먹을 정도로 분열이 생겼다. 급기야 고객에게 공지한 내용과 실제 업데이트 내용이 다르게 되는 사태까지 벌어졌다. PC 버전에 적용한 기능을 콘솔에도 탑재한 것처럼 알려, 고객을 속인 셈이 된 것이다. 한쪽에선 "미리 알려줬어야지" 다른 쪽에선 "그 정돈 알아서 파악했어야지" 하며 상대에게 손가락질을 했다. 불통인 데다 업무 프로세스는 정리되지 않았다.

"내부 혼란이 팬들에게까지 영향을 미치고 있습니다. 우리가 일은 엉망으로 하더라도 팬들에게 이르는 서비스 품질까지 이래선 안 됩니다." 글로벌사업실장인 남영선은 자진해서 콘솔 사업을 전담할 10명 이하의 소규모 팀 구성을 김창한에게 제안했다. 콘솔용 빌드를 책임질 빌드 마스터, 제품을 관리할 PM(프로젝트 매니저), 품질을 검수할 QA, 플랫폼을 관리할 플랫폼 엔지니어, 최적화 작업을 위한 엔지니어 등 7명으로 초기 팀을 꾸렸다. 게임의 위상에 비해 바깥에 말하기 부끄러운 수준의 인력 규모였지만, 체계를 갖추고 콘솔용 개발을 조율할 팀을 정비했다.

콘솔 개발의 형편은 여전히 '이가 없으면 잇몸으로'였다. 삽질과 땜질의 연속이었다. Xbox 게임 내에서 결제를 할 수 있는 머니 시스템을 탑재하기 위해 뉴욕의 개발팀과 협업하기로 결정했다. 이 시스템을 개발해본 경험이 있는 인력이 한국에 없었기 때문이다. 그런데 뉴욕 팀이 사용하는 프로그래밍 언어가 한국 팀과 달랐다. 그들이 쓰는 'Go' 언어를 다룰 수 있는 한국 개발자는 단 한 명뿐이었다. 그는 미국 팀과 손발을 맞추기 위해 밤낮이 뒤바뀐 채 몇 달을 일해야 했다. 가까스로 개발을 굴렸고, 마침내 실제 서버에 결제 시스템을 올려 테스트하는 단계까지 이르렀다.

또 다른 문제가 터졌다. 뉴욕 팀도 서울 팀도 이런 테스트를 해본 적이 없었다. 1만 원어치를 결제했는 데 게임 속 지갑에 100만 원이 들어 있었다. 한국 직원은 식사 시간도 아까운 나머지 컵라면으로 끼니를 때우며 막바지 개발에 매진했다. 테스트 기간은 몇 배나 길어졌지만 개발에 성공했다.

배틀그라운드를 힘겹게 만들어온 개발자들이 외부에서 합류한 비개발자 출신 남영선을 달가워할 리 없었다. 이번엔 김상균이 암스테르담에서 남영선과 콘솔팀에 힘을 보탰다. 매주 한 번씩 남영선과 화상 통화를 하며 개발 상황을 점검하고 리더십을 조언했다.

콘솔 개발은 PC용으로 개발된 고사양 게임을 콘솔용 저사양으로 전환하는 역방향의 경주였다. 더 멋지고 다이내믹한 게임을 보여주고 싶어 하는 개발자들은 여지껏 저사양 전환을 고려하며 개발해본 적이 없었다.

김상균과 이창호가 남영선을 지지하며 콘솔 개발에 무게를 실었다. "콘솔 전환을 염두에 두고 PC용 코딩을 해야 한다"는 남영선의 주장이 먹히지 않으면 이창호가 나서서 팀원들을 설득했고, PC 개발자들이 다른 플랫폼이나 콘솔 쪽 개발에 관심을 가질 수 있도록 독려했다.

남영선은 일주일에 겨우 한두 번 머리 모양을 신경 쓸 정도로 꾀죄죄한 꼴로 다녔다. 자정을 넘긴 2시경 퇴근길 로비에서 이창호와 마주쳤다. "제가 사실 굴러온 돌인데 콘솔본부를 만들고 콘솔 사업을 할 수 있게 도와줘서 고맙습니다." 이창호는 "PUBG 는 너무 작은 팀으로 감당하기 어려운 성공을 했다"며 조용히 웃었다.

"성공을 이어가기 위해 저도 굉장한 사명감으로 일하고 있습니다. 이렇게 많은 사람이 좋아해줄지 모르고 만든 게임이었어요. 성공과 팬들의 사랑을 이어나가려면 회사에는 더 큰 스케일과 새로운 사람이 필요합니다. 새로운 사람들이 제 몫을 잘할 수 있어야 합니다. 그게 우리가 다 같이 성공을 이어나갈 수 있는 길 아니겠어요. 그래서 그런 겁니다."

PUBG 조직의 지도는 넓어지고, 그 안의 구조는 복잡한 거미줄처럼 얽혀갔다. 새로운 인원을 끊임없이 들이고 빠른 실행을 강조했지만 잡음이 끊이지 않았다. 직원들은 일의 맥락을 파악하기 어렵다며 불만을 터뜨렸다.

김창한은 '개발본부 주도의 개발' 원칙을 분명히 하면서 "업데이트 내용에 대한 글로벌 조직들 간의 소통이 중요하다"고 강조했다. 그는 PUBG의 핵심 가치 중 하나인 '맥락이 왕Context is King!' 이라는 문구를 다시 한번 상기시켰다.

"회사 내부 소통의 중심에는 제품과 서비스가 있어야 합니다. 그에 맞춰 항상 개발과 업데이트 맥락이 공유돼야 합니다. 사업, 마케팅, 커뮤니티, 분석 팀의 주장과 의견이 개발본부에 인풋input 으로 들어가고, 그 결과물로 개발 계획이 수립돼 실행되는 것입니다." 개발 내용을 제일 잘 이해하고 실행할 수 있는 개발본부가 소통의 리더 역할을 해야 한다는 것이었다.

"필요하다면 효율을 따지지 않고, 제대로 된 소통을 위해 시간과 리소스를 쓸 겁니다. 한편으로 영역별로 메시지를 취합하고 정리해 개발본부에 전달되는 구조를 만들겠습니다. 지금 각 지역이나 기능 조직의 개발 인풋이 너무 산발적으로 이뤄지고 있으니까요."

배틀그라운드의 성공 요인으로 많은 사람이 "군더더기 없이 단순하고 리얼한 플레이"를 꼽았다. 그런 평가 앞에서 김창한은 "솔직하게 100퍼센트 의도된 건 아니다"라고 고백했다. 소규모 프로젝트로 배틀그라운드를 개발할 때는 필수적인 일만 할 수 있었다. 시간도 돈도 사람도 부족했다. 그저 없어선 안 될 핵심만을 개발할 수밖에 없었던 것이다.

핵심이 아닌 것들을 발라내는 일이 김창한의 주요 업무였다. 하고 싶은 일을 하나씩 소거했다. 줄이고 줄이면서 스스로에게 질문했다. 꼭 해야 하는 일이 무엇인가. 게임에 핵심적인 요소가 무엇인지 필사적으로 고민한 결과가 얼리 액세스 버전이었다. '진지한 배틀로열Serious Battle Royale'의 핵심 요소만을 꾹꾹 눌러 담은 게임에 사람들은 열광했다. 김창한은 이를 "배틀그라운드에는 엄청 맛있는 밥만 있었던 것"이라고 표현했다. 너무나 맛있으면서도 처음 먹어보는 맛.

밥알에 돌이 섞인 것을 알면서도 손님들은 참고 먹어줬다. 장사 밑천을 꽤나 불린 주인장은 이제 보리밥과 잡곡밥을 내놓고 있지만, 손님들은 밥만 먹기엔 지쳐 보였다. 이제는 이 맛있는 밥을 기본으로 다양한 반찬과 별식을 제공하는 수완이 필요했다. 김창한이 반찬과 별식 메뉴를 하나하나 차림표에 올렸다. 앞으로 중점을 둘 개발 내용이었다.

하나는 '중장기 콘텐츠 로드맵.' 그동안 신규 맵 개발을 주요 마일스톤으로 설정한 '중장기 개발 계획'은 있었지만 그 이외의 부분에 대해서는 신경 쓰지 못했다. 우격다짐식 개발이 산발적으로 진행됐던 탓에 통합적인 업데이트가 이뤄지지 않았다.

"이제는 시즌제를 기반으로 유료화, 이벤트, 모드 등을 포함한 중장기 콘텐츠 로드맵이 필요합니다. 신임 개발 리더십이 빠르게 계획을 수립할 것으로 기대합니다."

다음은 '신규 맵 업데이트.' 게이머들은 새로운 장소에서 다른 전략으로 게임을 즐길 수 있는 맵 업데이트를 언제나 고대했다. 이번에는 빠른 속도로 게임을 즐길 수 있도록 상대적으로 작은 크기의 맵을 디자인하기로 했다. 조금 더 쉽고 편한 플레이를 원하는 게이머를 위한 것이었다. "새로운 맵 업데이트는 상반기에 가장 중요한 마일스톤입니다. 마케팅을 포함해 전체 조직이 집중적으로 실행할 수 있도록 하겠습니다. 이런 형태의 콘텐츠 업데이트와 서비스, 마케팅 노력이 떠난 고객을 다시 돌아오게 만들 수 있을지 가늠하는 시금석이 될 겁니다."

마지막은 '커스텀 게임 API 공개'로, 배틀그라운드를 기반으로 다양한 서비스가 창출될 수 있는 토대를 만드는 작업이었다. "게임 데이터를 API로 공개하자 각종 게임 데이터를 시각화해서 볼 수 있는 히트맵Heatmap 같은 콘텐츠가 제작되는 것을 보셨을 겁니다. 커스텀 게임 API를 공개할 겁니다. 이를 활용한 새로운 서비스를 조만간 만나볼 수 있을 겁니다."

스팀에서 악화일로를 걷는 동시 접속자 지표를 볼 때마다 속이 쓰렸다. 서구권에서 배틀로열 게임 장르의 1위 타이틀을 포트나이트에 넘겨준 것이 가슴을 쿡쿡 쑤셨다. 아픈 만큼 목소리를 높였다. "올해는 유저들이 다른 게임으로도 이탈하고, 기존 유저와 신규 유저 간 격차도 벌어지고 있습니다. 우리 게임을 2년이 채 안 되게 서비스했습니다. 5년, 10년 동안 서비스한 게임들이 잔존율을 높이기 위해 했던 일들을 우리도 해야 합니다. 그들이 괜히 그런 일을 했던 게 아니란 걸 알아야 합니다. 아직 PUBG에겐 가야 할 길이 있고 해낼 수 있는 기회가 있습니다. 포기하기 전까지 고객을 위해 최선을 다하는 PUBG가 됩시다."

모바일 게임 개발사 딜루전 스튜디오가 블루홀 연합에 새로 둥지를 틀었다. 2011년에 설립된 딜루전 스튜디오는 '가디언스톤 for kakao'와 '캐슬번' 등 다양한 모바일 게임을 서비스했다. 2017년에 선보인 실시간 전략 시뮬레이션 게임 '캐슬번'은 스마트폰에 최적화된 조작과 게임성으로 주목받으며 구글 플레이 전략 게임 인기 순위 1위에 오른 대표작이 됐다.

블루홀은 지노게임즈(펍지주식회사), 피닉스게임즈(블루홀피닉스), 스콜(블루홀스콜) 인수에 이어 레드사하라, 딜루전 스튜디오를 품에 안으며 연합 전략을 확대해나갔다. 김효섭은 딜루전 스튜디오를 글로벌 서비스 경험과 비전을 갖춘 베테랑들이 모인 개발사로 평

가하며, 이들이 블루홀의 해외 시장 확장에 큰 힘이 될 것이라고
기대했다.

딜루전의 게임 개발 역사는 얼핏 중구난방으로 보였다. 생존을
위해 유아 교육용 게임에 손을 댔고, 대세에 따라 3D RPG 게임을
만든 적도 있었다. 그럼에도 3D RPG인 가디언스톤으로 2013년
에 시장의 주목을 받는 스타 개발사로 떠오른 바 있다. 이후 게임
이 줄줄이 실패하면서 자금은 고갈되고 사람들은 떠났지만, 대표
강문철을 중심으로 핵심 팀은 10년 가까이 유지됐다.

강문철은 과거의 실패 원인을 "만드는 사람이 즐기지 않는 게
임을 만들었기 때문"이라고 진단했다. "재미로부터 다시 시작하
자"며 신발끈을 동여매고 제작한 게임이 캐슬번이었다. 그는 블루
홀 합류 소감으로 "유행에 좌우되지 않는 창의적인 콘텐츠로 미
개척 분야에 대한 도전을 계속하겠다"고 말했다. 딜루전은 블루홀
연합으로 게임 캐슬번을 글로벌 시장에 출시했다.

7단계

김창한은 PUBG 개발본부 조직 개편에 이어 글로벌 사업 조직
에도 변화를 꾀했다. 양적 팽창과 내실의 불균형을 해소하려는
시도였다. 서울 헤드쿼터 개발 조직과 지역별 조직 간 협업이 자
꾸만 삐그덕거렸다. 서울과 각 지역 조직 간의 역할과 책임 범위
를 명확히 구분하고 효과적인 협업 구조를 구축하고 싶었다. 대

원칙은 '개발 조직이 이끄는 소통'이었다. 고객에게 제공하는 제품을 만드는 주체는 개발 조직이므로, 이들이 소통의 중심에 서야 한다는 것이다. 김창한은 공언대로 비효율을 감수하면서 매일 2시간씩 해외 지사들과 회의를 진행했다.

글로벌 사업을 한다는 것의 의미를 김창한은 2가지로 나누어 정의했다. 하나는 '로컬에서 시작한 사업을 해외로 확장하는 것'이고, 다른 하나는 '전 세계를 대상으로 사업을 하는 것'이었다. PUBG는 후자의 의미에서 '글로벌 사업'을 정의했다. 배틀그라운드는 한국에서 개발했지만 북미에서 먼저 사업을 시작해 이후 전 세계로 게임 서비스를 확장했다.

PUBG의 존재 이유는 배틀그라운드를 전 세계에서 지키고 확장하여 장기적으로 사랑받는 게임 IP로 만드는 데 있었다. 전 세계를 대상으로 서비스할 때 나라마다 문화와 환경 차이가 존재했다. 하나의 내용, 하나의 방식으로 전 세계를 아우르려는 시도는 광활한 바닷속 물고기를 한 장의 그물로 포획하려는 것만큼이나 무모했다. 그렇기에 PUBG는 한국 바깥으로 중국, 일본, 미국, 네덜란드에 지사를 세웠다. 미국 위스콘신에는 아트 스튜디오를 설립했고, 게임 내 온라인 기능을 제공하는 개발업체 매드글로리 MadGlory를 인수했다. 매드글로리의 기술 역량에 힘입어 공개 API를 통한 확장 전략을 가동할 수 있었다.

글로벌 사업 초기, 헤드쿼터와 지역별 조직의 역할을 정리하는 논의 중에 "중심 시장central market이 어디냐"는 질문이 나왔다. PUBG의 헤드쿼터는 서울에 있었고, 주요 의사 결정권자와 기능별 리더들도 서울에 자리 잡고 있었다. 글로벌 사업에 영향을 주는 중요한 결정도 서울에서 이루어졌다. 이 질문은 "글로벌 사업에 영향을 주는 결정을 내리기 위해 각 시장의 문화와 환경 차이를 고려해야 하지만, 서울에서 결정이 이뤄지다 보니 한국과 아시아 환경의 환경적 영향이 강하게 반영된다"라는 우려이기도 했다.

배틀그라운드 얼리 액세스 출시 초기에 팀 내 사업 서비스의 핵심 인력 2명을 미국에 파견했다. 환경적인 요인을 극복하려는 시도였다. 김창한은 "지금까지 배틀그라운드를 서비스하며 쌓은 경험과 관찰을 바탕으로 북미를 중심 시장으로 규정한다"고 선언했다. PUBG가 처한 상황이 특수하기 때문도, 미국에 대한 사대주의 때문도 아니었다. 단지 세상이 여전히 북미 중심으로 작동하고 있다는 인식 때문이었다.

"미국에서 영어로 벌어지는 일들은 곧바로 글로벌에 영향을 줍니다. 우리가 게임의 변경 사항을 기록한 패치노트를 공개하거나, 트위터에 올리거나, 레딧에서 토론을 벌이면, 의도하지 않아도 언론과 커뮤니티를 통해 자연스럽게 전 세계에 전파됩니다. 반대의 경우는 가끔 느린 속도로만 벌어집니다.

이런 현상은 좋든 싫든 여전히 세계가 미국을 중심으로 돌아가고 있다는 방증입니다. 미국에서 벌어지는 활동 대부분이 글로벌 임팩트가 있는 활동이 돼버립니다. 이것이 북미를 중심 시장으로 규정한 이유입니다. 세계 시장 지형에서 배틀그라운드는 여전히 북미에서 존재감이 큽니다. 이를 지키고 키울 수 있는 기회가 있다는 건 오히려 행운이라고 할 수 있습니다."

　북미가 중심이라고 해서 다른 지역의 중요성이나 독자적 권한을 축소한 건 아니었다. 김창한은 각 지역 시장의 중요성을 여러 관점에서 규정했다. 중국은 '매출과 고객 수' 측면에서 PUBG에게 가장 중요한 시장이었다. 한국은 '헤드쿼터와의 빠른 소통과 의사 결정' 그리고 '빠른 시장 반응'을 얻기 위한 필수적인 시장으로 지목됐다. 일본은 '플레이스테이션과 전 세계 게임 시장 규모'의 관점에서 놓칠 수 없는 시장이었다. 북미가 글로벌 영향력이 가장 큰 시장이라는 이유로 중심 시장의 지위를 얻었다고 해도, 여전히 각 시장은 그 자체로 중요한 무게와 위상을 지녔다. 김창한은 지역별 조직에 독립성을 부여하고 서비스와 운영, 사업 결정 권한을 갖도록 했다.

　'어디까지가 지역 조직의 권한인가'라는 문제가 남아 있었다. 어떤 사안에 대해서 지역 조직과 중앙 조직, 혹은 지역 조직과 헤드쿼터 간 권한 충돌이 발생한다면? 조직 사이의 역할선은 어디에 어떻게 그어져야 하는가. 김창한은 간단한 원칙을 세웠다. '지역은 자신의 지역에 대해 가장 잘 알기 때문에 더 나은 결정을 내릴 수 있으며 그에 대한 책임을 져야 한다.' 이에 따라 각 지역 이슈에 대한 결정 권한과 책임은 해당 지역 조직이 갖게 됐다. 마찬가지로 글로벌 사업에 영향을 미치는 이슈에 대해선 헤드쿼터나 중앙조직이 결정 권한을 갖고, 이에 따른 책임 역시 지도록 했다.

　중심 시장에 부합하도록 조직이 재편성되면서, 북미 시장 퍼블리싱을 책임질 '웨스턴 지사' 조직이 신설됐다. 김창한은 웨스턴 지사의 CMO(최고 마케팅 책임자)와 최고 책임자를 겸직했다. 웨스턴 지사 아래에는 북미 사업 본부(북미, 남미, 호주 지역 담당), 유럽 사업 본부(유럽, 러시아, 동유럽, 터키, 중동 지역 담당), 글로벌 e스포츠 본부, 콘솔 퍼블리싱실 등이 새롭게 정비됐다.

김창한은 "제품은 글로벌 단일 빌드single global build로 개발한다"는 원칙을 강조했다. 전 세계에 동일한 게임 콘텐츠로 배틀그라운드 서비스를 펼쳐야 한다는 뜻이었다. 과거에는 로컬라이제이션localization이라는 말이 유행하며 각 지역의 문화와 환경에 맞춘 맞춤형 제품 제작과 서비스가 많은 지지를 받았다. 김창한은 지역화 전략을 두고 "특정 국가에서 성공하기엔 적합하지만, 전 세계 대부분 국가에서 성공하기에는 단점이 많은 방식"이라고 평가했다.

"국가별로 수정된 버전을 만드려면 개발 비용이 많이 들어갑니다. 우리가 추구하는 건 글로벌하게 통용될 수 있는 코어(핵심)를 가진 제품 제작입니다. 할리우드 영화처럼 지역화나 맞춤화 공정을 최소화해 전 세계를 커버하자는 겁니다. 다만 개발은 단일 빌드로 하되, 이벤트와 운영 등은 각 지역에 맞춘 서비스가 되도록 만들어야 합니다."

김창한 머릿속에 단일 빌드로 글로벌 성공을 거뒀던 PC 게임은 블리자드 게임들과 라이엇게임즈의 리그 오브 레전드 정도였다. 콘솔 게임은 아시아에서 사랑받는 분야가 아니었고, 모바일 게임 역시 사례를 찾아보기 어려웠다.

글로벌 시장을 향한 PUBG의 도전은 여전히 진행형이었다. 세계적인 성공을 거둔 게임 서비스는 생각보다 많지 않았다. 모바일 게임을 제외하면 대부분 미국에 본사를 둔 회사의 작품들이었다. 콘솔 게임 분야에서 오직 미국과 일본 회사만이 그 훈장을 달았고, 한국 게임 회사는 그 영예를 단 한 번도 누리지 못했다. 이 영광을 차지하기 위한 싸움을 PUBG는 하고 있었다.

배틀그라운드는 게임 역사상 유례를 찾아보기 힘들 정도로 빠르게 성장해 PC와 Xbox에서만 5,000만 장 유료 판매를 달성했다. 모든 플랫폼을 통틀어 누적 이용자 수는 4억 6,700만 명, 일간 이용자는 9,300만 명에 이르렀다.

"앞으로 우리는 지속적으로 플랫폼을 확장할 겁니다. 고객이 어떤 환경에서도 배틀그라운드의 독특한 배틀로열 경험을 할 수 있게 만들어야 합니다. 아울러 배틀그라운드를 새로운 일류 e스포츠로 발전시켜나가야 합니다. 배틀그라운드 IP를 여러 미디어 플랫폼으로 끊임없이 확장해나갈 겁니다. 이 모든 일을 전 세계 모든 지역을 대상으로 하고자 합니다.

아직은 역량이 부족합니다. 모두가 힘겹게 싸우고 있습니다. 그만큼 전례 없는 도전이기에 가치가 있다고 생각합니다. 처음에 북미 시장만을 겨냥했던 배틀그라운드는 전 세계로 확장됐습니다. 지금은 오히려 한국과 중국 고객이 더 견고한 상황입니다.

이번 조직 개편을 통해 북미를 중심 퍼블리싱으로 규정했습니다. 경쟁사에게 빼앗겼던 북미 시장을 다시 되찾겠습니다. 그 힘으로 다시 배틀그라운드를 명실상부한 글로벌 게임 서비스로 만드는 도전을, 새로 시작하는 마음으로 출발하겠습니다."

　김효섭은 경영 목표로 내세운 '제작 역량 강화'에 진도를 냈다. 착수, 제작, 출시 단계로 이어지는 게임 개발 프로젝트의 전 과정을 정비해 매뉴얼로 만들었다. 착수 단계에서는 새로운 제안서를 선정하고 제작 승인을 진행한다. 제작 단계에선 계획한 마일스톤에 따라 제작이 제대로 진행되고 있는지 점검한다. 마지막으로 출시 단계에선 서비스를 위한 계획을 수립하고 서비스 운영을 할 수 있는 환경을 구축한다. 그간 다소 즉흥적이고 들쭉날쭉하게 이뤄지던 제작 관리 체계를 확립하려는 시도였다. 예를 들어 착수 단계에선 블루홀 내부에서 올라오는 프로젝트 제안서를 검토하고 승인하는 과정을 7단계로 세분화했다.

　1단계는 '프로젝트 제안'으로, PD를 포함한 제작 리더십이 게임 개발을 제안하면 투자본부는 향후 벌어질 전체 과정을 안내한다.

　2단계는 투자본부가 진행하는 '제안서 검토'로, 여러 기준으로 제안서를 선별한다. 의지가 있는 팀인지, 의미 있는 시도인지, 재미와 제작을 책임지고 마무리할 수 있는 인력인지, 제작팀을 통해 회사가 얻는 건 무엇인지를 평가한다. 제안 팀에 피드백을 주고 보완 작업을 요구하기도 한다.

　특히, 필요할 경우 임시 '경영 파트너'를 매칭하도록 했다. 경영 파트너는 경영진 한 사람이 경영진이 아닌 제작팀의 편에 서서 프로젝트 승인을 돕는 역할을 하는 제도였다. 제작과 경영의 부드럽고 원활한 소통을 위해 고안됐다. 논문 심사에서 부심이 공격하고 주심은 방어하는 방식처럼, 경영진은 부심을 담당 파트너는 주심을 맡는 식이다. 장병규는 "PD들이 개발팀을 옹호하거나, 속마음을 털어놓을 사람이 없어서 제작 과정에서 괴로워한다"며 "한 명이라도 이야기를 들어주는 사람이 있다면 부담이 한결 덜어질 것"이라고 반응했다. 경영 파트너는 프로젝트 검토 단계에서부터 제작팀의 스폰서이자 같은 팀으로, 모든 과정을 제작팀과 함께하며 따뜻한 격려와 조언을 하는 역할을 맡았다.

　3단계는 '제안서 확정'으로, 투자본부가 프로젝트 승인 회의와 자료를 준비하고 주요 승인 사항을 정리한다.

　4단계는 '제안서 사전 공유'로, 투자본부가 확정된 제안서를 의사 결정자들에게 미리 제공한다. 경영진과 제작 리더십 일부가 팀을 이뤄 의사 결정을 준비한다.

　5단계는 '리뷰 회의 진행'으로, PD를 포함한 제작 리더십이 제안한 프로젝트에 대해 최종 질의를 진행하며, 프로젝트를 담당할 제작 리더십들이 할 일을 정확히 이해하고 있는지 확인하는 자리다.

　6단계는 '승인 회의'로, 프로젝트의 승인, 보류, 반려 여부를 결정한다.

　마지막 7단계는 '킥오프 승인'으로, 개발을 정식으로 승인한다.

　블루홀의 한 팀장이 제안한 프로젝트를 두고 열린 리뷰 회의에서 제기된 의견 일부는 다음과 같았다. '신규 프로젝트 킥오프 구성원을 판단할 수 있는 경력들을 HR팀에 문의하여 정리' '제안서에 있는 시장 정보 내용이 너무 간단하기 때문에 보완 필요(제작관리팀)' '제안서 30페이지 정도에 승인 사항만 정리된 새로운 페이지 추가(PD와 제작관리팀이 논의해 정리)' '제안서(31~33페이지)의 플랜 (A~C)은 한 페이지로 요약(PD에게 요청)' '마일스톤 단위에 대한 구 체적인 내용 보완(제안서 28~29페이지, PD와 제작관리팀이 논의해 정리).'

블루홀 연합 구성원 모두가 사용할 사내 온라인 포털(그룹웨어) 도 새롭게 도입됐다. 포털은 의도적인 소통과 협력을 촉진하기 위 해 다양한 기능을 제공했다.

'인재 정보 시스템'은 구성원들이 순환할 수 있도록 돕는 데이 터베이스였다. 직무, 직책, 경력, 평가 이력 등을 확인할 수 있게 했 고, 이전 회사 경력과 인사 발령 사항까지도 조회할 수 있게끔 만 들어졌다.

포털에는 경영진과 구성원 간 소통을 확대하기 위한 '문화 정 보 커뮤니케이션' 메뉴도 포함됐다. BLT 동영상, 연합 공지 사항 을 언제든 찾아 볼 수 있게 하고 세미나와 개인 학습 정보를 공유 할 수 있는 공간도 마련했다. 공지, 앨범, 투표, 장터 기능은 물론 이고 자유롭게 의견을 나눌 수 있는 게시판도 꾸렸다.

업무 내용이나 자료를 누구나 공유하고 검색할 수 있는 사내 위키wiki, 비대면 온라인 회의 시스템 등 업무 협업 도구도 늘렸다.

복리후생 제도는 점차 풍성해졌다. 건강 검진 시 주요 질병에 대한 검사 범위를 늘리고 단체 보험 혜택을 구성원의 부모로까지 확대했다. 생일 선물 지원금을 증액하고, 휴가 때 콘도 사용비를 지원하는 제도를 마련했다.

여름 휴가 시즌을 앞두고 성수기 회사 콘도 사용법을 직원에게 안내하는 게시물에 장병규가 반응했다. "제가 이 제도를 도입할 때 우려를 표한 바가 있었는데, 공지를 보니 그런 우려가 명확히 드러난다고 생각되어 간략하게 의견을 드립니다. 저는 '철학'이 있는 복리후생이 상당히 중요하다고 생각합니다. 그렇지 않으면 '단순한 보상'일 뿐이니까요. 그런데 공지를 보면, '왜 회사 콘도 이용을 우리가 도입했는가?' '이 복리후생이 우리 업의 본질과 경쟁력에 무슨 도움이 되는가?'에 대한 뉘앙스를 전혀 읽을 수 없습니다. 단순한 보상 중의 하나처럼 보일 뿐이죠. 게다가 전 직원에게 가는 메일이니 얼마나 비싼 메일일까요? 여하튼 의사 결정은 김효섭 대표님께서 하실 일이라는 생각이 들지만 제 의견을 공유드렸습니다."

블루홀은 유연한 사내 이동을 장려했다. 매년 2회 실시되는 정기 사내 이동 제도를 통해 새롭거나 교체 여력이 있는 포지션(자리)을 공지하면, 이동을 희망하는 직원들이 지원서를 제출했다. 지원자는 지원하는 팀의 PD와 개별 인터뷰를 한 뒤 거취가 결정됐다. 소속된 팀의 눈치를 보지 않고 자유롭게 이동을 신청할 수 있도록 평판 조회는 소속 조직장이 아닌 HR팀을 통해서만 진행됐다.

직원들이 이직하는 대신 사내에서 경력을 쌓고 성장할 수 있는 환경을 제공하고자 했다. 회사 입장에서 외부로 인재가 유출되기보다는 내부에서 자발적으로 일할 수 있는 여건을 만드는 것이 더 큰 이득이기 때문이다. 이 제도는 조직장에게는 타 부서에 소속 직원을 뺏기지 않기 위해 노력해야 하는 견제 장치로도 작용했다. 안정적으로 조직을 운영하기 위해서라도 팀원과 소통하고 효율적으로 인력을 운영해야 했다.

블루홀은 룰을 변경해가며 사내 이동에 강한 드라이브를 걸었다. 소속 조직장의 허락을 받아야만 이동 신청이 가능했던 '사전 승인' 조건을 없앴다.

PS 4

콘솔 시장을 Xbox와 양분하는 플레이스테이션용 배틀그라운드 제작은 플랫폼 확장 전략의 중요한 분수령이었다. "국내에 팀이 없어요. 찾아야 합니다."

PUBG는 내부적으로 플레이스테이션용 게임을 개발할 여건이 안 됐다. PC 게임을 콘솔용 게임으로 전환하는 포팅porting 서비스를 전문으로 하는 외부 업체를 수소문했다. 시간 싸움이었다. 한국에는 마땅한 업체가 없었고, 해외 전문 업체들은 보통 6개월에서 1년 치 일감을 미리 마련해둔 상태였다.

지금 가능하다고 답을 주는 팀이 있으면 곧장 달려가 역량을 검증하고 계약서를 들이밀어야 연내 출시를 노려볼 수 있었다. 출근한 아침에 미국에서 활동하는 팀을 찾아낸 남영선은 그날 저녁 비행기를 타기로 했다. 팀장, 사업 개발Business Developer 직원과 공항으로 가는 길에, 동행한 직원이 갑자기 일행을 멈춰 세웠다. "저

편의점에 가서 속옷만 사올게요."

　플레이스테이션 포팅 분야에서 이름이 높은 미국 개발업체 '아이언 갤럭시Iron Galaxy'와 그렇게 접점을 만들었다. 3개월간 4억 원의 비용을 써가며 공을 들였지만, 끝내 계약을 성사시키지 못했다. "아이언 갤럭시와의 협업 시도가 실패로 돌아갔습니다. 개발 파트너로서 적합성을 판단하고 협업 구도를 잡으려고 했지만, 투자한 시간과 비용에 비해 이렇다 할 성과를 얻지 못했습니다. 이번 파트너십을 이끈 담당자로서 책임을 통감합니다."

　남영선은 추석 명절에 김창한, 김상균, 이창호, 장태석 등 주요 개발자와 경영진을 수신인으로 지정하고 협업 무산을 알리는 이메일을 보냈다.

　"업무를 병행할 내부 개발자 자원이 없어 절박했습니다. 이로 인해 처음부터 주도권을 쥐지 못하고 약자의 포지션으로 협상을 하게 된 것이 가장 큰 실패 원인이라고 생각합니다.

　목표로 세운 최적화 수준도 문제였습니다. 우리 사업의 우선순위에서 제일 중요하지 않았고 도달하기 어려운 목표였습니다. 기술적인 리더가 없는 상황에서 무리하게 추진했습니다. 상대 측에서 기술적으로 확약할 수 없는 목표를 제시했습니다. 이를 평가할 각 마일스톤의 결과물도 규정하지 않아 계약 리스크로 이어졌습니다.

　절박함과 조급함을 버리고 실행 가능한 목표인지 냉정하게 판단해 추진했다면 상황과 관계에서 우위를 점할 수 있었습니다. 기술 책임자를 명확하게 정하고, 잠재 리스크를 확인하고, 세밀하게 목표를 설정하는 단계에서 더 많은 시간을 쓰고 노력을 기울였다면 깊은 관계를 맺을 수 있었을 겁니다. 목표나 협업 내용을 조정했다면 지금처럼 대안 없는 상황에 이르지 않을 수 있었습니다."

자정이 지난 오전 2시 10분, 김창한에게서 답장이 왔다.

"본부장님, 내용을 장황하게 쓰는 버릇이 있는데 핵심적으로 정리하면 좋겠습니다. 일단 이 의사 결정에 관한 메일을 다른 본부의 엔지니어 리드에게 보내는 이유는 무엇입니까? 콘솔본부장으로 독립시킨 이유는 콘솔 사업과 개발을 이끌고 책임지는 리더의 역할을 하길 기대했기 때문입니다. 코디네이터 역할을 기대한 건 아니라는 점을 기억하시면 좋겠습니다.

아이언 갤럭시에 대해서 실패는 괜찮지만 실패를 통해 배우지 못하는 걸 용납하면 안 됩니다. 지금까지 저는 본부장님께 이번 실패 이유를 파악하지 못하고, 실패를 인정하지 못하고 있다고 지적했습니다. 이를 실패 자체에 대한 책임을 묻는 걸로 오해하지 마시기 바랍니다. 오히려 저는 실패를 왜 인정하지 못하느냐고 묻는 겁니다.

이번 실패의 핵심은 양 사 관계의 구조 설정, 상호 기대 수준 설정, 각 단계 성과에 대한 구체적 제시 실패, 기술적으로 책임질 사람이 없는 상황에서의 무리한 진행 등으로 인해 이전 단계 계약의 결과를 가지고 다음 단계 실행의 결과를 아무도 책임질 수 없는 상태가 된 것입니다. 그래서 실패한 겁니다.

이번 실패의 의사 결정이 마치 이메일을 수신한 사람들의 협의나 협조에 달렸던 것처럼 내용이 작성돼 있습니다. 이것은 책임

회피일 뿐입니다. 이번 실패는 실패인 것이고, 콘솔 개발 인력이 부족한 것은 부족한 것이고, 내부에 최적화 인력이 부족한 것은 부족한 것이고, 향후 콘솔 개발에 대한 엔지니어 리더들의 협의는 협의인 것입니다.

　이런 방식으로 개발 리더들을 압박하는 건 하나의 본부를 책임지는 사람으로서 좋은 태도가 아닙니다. 콘솔본부를 독립한 건 어려운 조건에서도 독자적인 리더십이 필요하다는 판단에서였습니다. 업무에 대한 협조 요청은 전사적 관점에서 가능한 일이지만 책임을 전가하는 뉘앙스의 방식은 아니어야 합니다."

　남영선은 뜬눈으로 아침을 맞았다. 명절 연휴는 이틀 남아 있었다.

　해외 업체와의 협업이 불발되자, 블루홀 내부에서 플레이스테이션용 배틀그라운드 제작을 지원할 인력을 찾는 방안을 검토했다. 콘솔 게임 개발 경험을 축적한 강상욱 PD의 팀이 지목됐다. 강상욱은 새로운 게임 제작 프로젝트 제안을 준비하고 있었다. 그는 "PUBG가 목표로 한 출시 일정을 우리 팀 역량으로는 맞추기 어려울 것 같다"며 블루홀 경영진의 제안을 고사했다. 최적화 작업 역시 외주 회사의 도움을 받아 진행할 것을 제안했다.

　소식을 접한 김창한은 협업 중단을 선언했다. "플레이스테이션용 게임은 책임을 떠나 공통 목표를 위해 함께 힘을 기울여도 달성하기 만만치 않은 미션입니다. 면피와 생색내기 쉬운 분명한 일만을 기간제로 하겠다는, 외주사보다 못한 입장을 받아들이면 앞으로 합류할 핵심 인력의 경험과 성장, 동기 부여에 부정적입니다. 그뿐만 아니라 실질적으로 개발에 도움이 되기보다 내부 조직에 문제를 일으킬 겁니다."

그는 블루홀에 속한 개발 인력에게 다른 방식으로 접근할 계획을 알렸다. "두 핵심 개발자들 입장이 소속 PD님과 다르다는 PUBG 내부 보고가 있습니다. 아마도 PD님 개인의 태도가 편견을 만들고 있다는 의심이 듭니다. 소속된 개인들이 PD의 소유물은 아닐 테니까요." 추가로 김창한은 블루홀 경영진에게 협업에 대한 입장을 밝혔다.

"당장 사람이 급하다고 조직에 대한 피해의식과 보상 심리로 가득찬 사람에게 기회를 주는 건 회사의 성과로 귀결되기 어려울 겁니다. 회사가 도전과 성장의 기회, 성과에 대한 보상을 제공하는데도 자신이 회사를 위해 희생하고 있다고 믿는 제작 리더가 있습니다. 이들은 결과가 성과로 귀결되지 못해도 책임을 회피하면서 오히려 당당하게 회사에 보상을 요구할 수 있습니다. 결과적으로 경험의 유산을 개인이 소유한 채 회사를 이탈하는 선택을 할 가능성이 높습니다. 그런 태도를 보이는 개발 리더를 수차례 목격한 바 있습니다.

과거엔 회사 상황이 어려워 어쩔 수 없었다고 해도, 이제라도 악순환을 선순환으로 바꿔야 합니다. 각오와 의지가 있고, 조직의 이해관계와 개인의 동기를 합치할 수 있는 제작 리더십을 키워나가야 합니다."

중간에서 협업 방안을 조율하던 장병규는 "PUBG 콘솔 개발

지원과 관련한 김창한의 정리된 입장에 추가적인 의견이나 이견이 없다"며 강상욱 PD에게 논의 중단 소식을 전했다.

"PUBG에서 개별 접촉을 하며 팀을 흔들고 있습니다. 이를 멈춰주시길 요청드립니다. 팀의 근간을 흔들고 있습니다. 부당하다고 느껴 메일드립니다." 그다음 날 강상욱이 장병규에게 항의 서한을 보냈다. PUBG가 소속 직원 2명에게 연락해 이동을 부추기고 있다는 것이다.

"PUBG 쪽에선 성이 차지 않았겠지만 저희는 팀이 혼란스러운 가운데에서도 할 수 있는 최대한을 제안했습니다. 그리고 의장님께선 없던 일로 하기로 하셨습니다. 그런데 PUBG는 지속적으로 저희 개발팀원에게 개별적으로 접촉해서 팀을 흔들고 있습니다. 이에 팀원들도 매우 불안해하면서, 정말 이 건이 끝난 게 맞는지, 우리 팀이 지속될 수 있는지를 걱정하고 있습니다. 의장님께서는 평소에 우리에게 품격을 강조하셨습니다. 외부 팀의 행동이 정말 품격 있는 행동인지, 떳떳한 행동인지 묻고 싶습니다."

강상욱은 휴가를 맞아 가족과 호텔방에 머무르고 있었다. 장병규는 정부 4차산업혁명위원장 자격으로 대통령 순방길에 동행해 인도에 있었다.

"여러 생각이 오가는데 '요청'이라고 하셨으니 답은 해야 할 것 같아서… 일단 바로 생각나는 것은 해당 부분에 관해 제가 관여할 여지는 별로 없는 듯하다는 점입니다. PD님의 입장에선 여러 생각이 드시겠지만, 제작 리더십의 자율성 만큼이나 실력 있는 인재의 자율성도 중요하다고 생각합니다. 최선의 선택을 위한 개별 대화에까지 제가 관여하는 게 맞을까요? 일단 바로 생각나는 것은 그렇고, 이견이나 의견 있으시면 또 주세요. 추가로 고민해보겠습니다.

추신. 인도에 특별 수행원으로 따라온 관계로 오늘도 하루 종일 일정이 많습니다. 바로 답장은 힘들 수도 있는데, 한국 시간으로는 밤늦게 또 확인하겠습니다."

이견은 그다음 날 바로 제출됐다. 강상욱은 씩씩거리며 호텔을 나와 가까운 PC방에 자리를 잡았다.

"말씀하신 대로 실력 있는 인재가 많은 기회를 보장받고 이동할 권리에 대해서 저도 이견이 없습니다. 다만 제가 의장님께 요청드린 까닭은, 이 문제가 블루홀 연합 내 개인의 '사내 이동' 문제가 아니라 'PUBG 콘솔 개발 제안'의 연장선상에서 부적절하게 팀 흔들기를 한다고 보기 때문입니다. 시기와 메시지에 문제가 있다고 봅니다.

두 팀원에 대한 접촉은 의장님께서 '이번 제안은 없던 일로 한다'고 말씀하신 전후로 시작됐습니다. 집요하게 김창한 대표를 만날 걸 요구했고, 이에 부담을 느낀 2명이 저에게 상황을 확인해달라고 요청했습니다. 제가 PUBG 직원에게 이런 접촉이 시기적으로 부적절하다는 걸 피력했음에도, 이들은 이를 무시하고 계속 접촉했습니다.

두 직원이 제게 하는 항의는 '이번 제안이 끝난 것이라면 왜 이런 연락이 계속되는가?'였고, '너희는 결국 할 수밖에 없을 것'이라는 메시지에 부담을 느끼고 있다는 것입니다. 참고로 둘은 규정상 다음 사내 이동 대상자도 아닐뿐더러 본인들도 이동할 생각이 없다고 밝혔습니다.

이것이 정말 김창한 대표의 뜻이라면, 저는 이의와 요청을 할 곳도 협력 제안을 중개하신 의장님이 맞다고 생각합니다. 중소기업에서 뛰어난 인재가 대기업으로 이직하는 걸 뭐라고 할 사람은 아무도 없습니다. 하지만 인수 협상이 취소되자마자 중소기업의 인력을 빼가는 대기업은 사회적인 지탄을 받습니다.

저는 블루홀이 좀 더 정정당당한 회사가 되기를 바랍니다. 이 역시 문제가 없다고 보시거나 혹은 의장님께 요청할 사항이 아니라고 생각하시면 알려주시면 고맙겠습니다."

강상욱은 5시간 뒤에 추가 메일을 발신했다. 무심코 켠 호텔방 TV 뉴스 화면 너머로 장병규가 대통령과 함께 있는 모습을 본 직후였다. "방금 TV를 보다가 문득 의장님께서 인도에 있다고 말씀하신 의미를 깨달았습니다. 꼭 밤늦게 회신을 주실 안건은 아니라고 생각합니다. 편하신 시간에 혹은 한국에서 말씀해주셔도 무방합니다."

이튿날 장병규가 답을 했다.

"하나하나 의견을 드립니다. 메시지가 부담스럽다는 것에 대해 말씀드립니다. 구성원들이 누군가를 두려워하거나 눈치를 보게 되면, 특히 실력 있는 구성원들이 그렇게 되면 그건 조직의 큰 문제입니다. '무슨 메시지가 있다' '의중을 파악한다'와 같은 낮은 수준의 정치는 없는 조직이길 기대합니다. 설사 그것이 있다고 하더라도 그것을 고려해서 결정과 실행이 일어나지 않길 바랍니다.

 사내 이동 규정에 대해서는 사내 이동 대상자가 아니라고 이동을 막은 경우는 없습니다. 사내 이동 규정은 사내 이동을 더 원활하게 이뤄지게 하기 위한 장치이므로, 이 경우와 무관합니다. 다시 강조하건대, 사내 이동은 사내 이동을 원활하게 하는 장치이지 사내 이동을 막기 위한 장치가 아닙니다.

 김창한 대표의 뜻? 그가 어떤 생각을 가졌다고 해서 그것을 제가 통제할 순 없습니다. 세상에 수많은 음모론이 돌아다닐 수 있는데, 그런 음모론으로 결정과 실행을 하는 조직은 문제가 많은 조직인 겁니다. PD님의 확대 해석이 되려 문제를 일으킬 수 있습니다.

 중소기업과 대기업 비유를 하셨는데요, 법적인 틀에 있다면 협상이 결렬됐을 때 대기업이 핵심 인재를 데리고 가기 위해 노력하는 것이 무슨 문제일까요? 게다가 블루홀은 전체적으로 같은 회사 아닌가요? 이상이 저의 생각이고, 역시 시간 부족으로 답변이 간략하고 거칠 수 있으니 궁금한 점은 또 편하게 질문해주세요."

 그다음 날 강상욱은 "의장님의 생각은 잘 이해했고 이에 따른 요청을 철회하겠다"면서도 "의장님의 생각에 동의하지 않기에 생각을 남겨둔다"며 답을 남겼다. "최근 정기 사내 이동 공지가 있었습니다. 다시 말씀드리지만 저희 팀원 2명은 정기 사내 이동 대상이 되지 않습니다. 의장님이 이렇게 말씀하시니 이 규정이 바뀌는 것이라고 이해하겠습니다. 중소기업의 인재를 대기업이 영입하는 데에는 신뢰의 문제가 있습니다. 적어도 저는 제안을 거절한 당일에 핵심 인재를 데려가려고 노력하는 사람을 신뢰하지 않습니다."

강상욱은 이어 "김창한 대표에게 직접 마지막으로 제안하겠다"며 기존 입장에서 선회해, PUBG가 설정한 원안대로 플레이스테이션용 배틀그라운드 출시 빌드를 완수하겠다는 뜻을 밝혔다. "지난 며칠간 많은 생각을 했습니다. PUBG를 위해서도 아니고, 의장님과의 신의 때문도 아닙니다. 오롯이 블루홀의 관점에서 블루홀이 안착하려면 배틀그라운드의 플레이스테이션 게임 출시를 통해 추가 매출과 포트나이트의 진격을 막아내는 게 중요하다고 생각했습니다."

장병규가 답장을 이어갔다. "다름을 정리해둔 것이니 따로 의견이 없습니다. 다만 '규정이 변경되었다'는 해석을 주셨는데 PD님이 잘못 이해하신 것 같아요. 규정이 제 말로 변경된다면 그게 무슨 조직입니까. 제 의견은 규정이라는 건 '형식'을 경직적으로 적용하는 게 아니라 원래 의도를 참고해서 유연하게 적용되어야 한다는 말에 가깝습니다. 추가적으로, 'PD님의 팀을 정규 조직으로 아직 저는 여기지 않는다'는 의미도 있습니다. 준비하고 계신 프로젝트가 아직 정식 개발 킥오프도 안 되었잖아요."

극적으로 타협안이 나왔다. 블루홀의 강상욱 팀이 연말까지 플레이스테이션용 배틀그라운드 출시 빌드를 책임지는 조건이었다. 강상욱이 김창한에게 이 소식을 알리는 메일을 전했다. "몇 가지 오해가 있는 것 같아 언급드립니다. 솔직히 PUBG 내부 상황을 잘 모릅니다. 하지만 한 발짝 뒤에서 바라보는 입장에서도 PS4(플레이스테이션 4) 출시를 통해 포트나이트의 공세를 막고 추가 매출을 내는 것이 얼마나 중요한지 충분히 이해하고 있습니다. 또 우리는 대충 일하는 사람들이 아닙니다. 일단 한다면 제대로 일하길 원합니다. 이 관점에서 지난번 제안도 저희가 지킬 수 있는 약속을 드린 겁니다. 최적화 작업을 제외한 이유 역시 내부 검토를 했을 때 도저히 기간 안에 작업을 맞추기 어려웠기 때문입니다."

김창한이 화답했다. "원래 계획이 있으셨을 텐데 전폭적으로 지원해주시기로 하셔서 감사합니다. 콘솔뿐만 아니라 일반적으로 게임 출시 시점을 책임지는 건 누구에게도 어려운 일이란 걸 잘 알고 있습니다. 다만 PUBG는 가능한 한 빨리 PS 4 출시를 해내고 싶다는 강한 열망이 있고, 이를 위해 동원할 수 있는 모든 노력을 강구할 생각입니다. 공과는 일단 뒤로 미루고 제안하신 바대로 PUBG 콘솔팀과 공통의 목표를 위해 함께해주시면 고맙겠습니다."

PUBG 파견을 앞두고 강상욱은 장병규에게 협력 소식을 알렸다. "과정은 거칠었지만 팀원 모두 블루홀 전체 관점에서 이 일의 중요성에 공감했습니다. 기왕 결정됐으니 최대한 즐겁게, 제대로 일하고 오려 합니다. PUBG와도 하나의 팀으로 같은 목표를 위해 일하고, 블루홀·PUBG 간 협업의 좋은 선례를 남기기로 합의했습니다. 저 개인적으로도 블루홀에 좋은 팀이 있다는 걸 PUBG에 보여주려고 합니다. 좋은 결과를 내서 돌아오도록 하겠습니다."

"좋은 결과를 낼 것이라고 당연히 믿습니다. 그렇기에 협의를 시작한 것이었습니다. 그 정도의 역량과 경험이 없다고 판단했으면 아예 협의조차 시작하지 않았을 것이니까요. 여하튼 과정에 심

적인 괴로움이 있었을 텐데 그 부분은 죄송합니다. 팀이 좀 더 잘
되는 방향으로 제가 더 신경 쓰고 강하게 조언하는 것으로 보답
하겠습니다."

전교 1등

김창한이 2016년에 배틀그라운드를 개발할 당시, 그를 포함해
어느 누구도 이 게임이 회사를 구원할 것이라고 기대하지 않았다.
블루홀은 뚜렷하게 눈에 띄는 게임 라인업도 없었고 자금도 바닥
나 있었다. 김강석 당시 대표가 직원들 앞에서 "월급이 밀릴 수 있
다"고 발표할 정도였다. 그때의 고생이 전주곡처럼 여겨질 만큼,
2018년은 김창한에게 최악의 장으로 기록되고 있었다.

상반기 PUBG는 1,500억 원대의 순이익을 기록하며 전년 대비
150퍼센트 상승한 듯 보였지만, 숫자를 자세히 들여다보면 사정
은 달랐다. 2분기 순이익은 1분기의 절반 수준에 그쳤고, 성장이
끝날 기미가 보였다. PC방 점유율은 3월에 꼭지를 찍고 가파르게
떨어져 하반기에는 다시 리그 오브 레전드에 1위 자리를 내줬다.
두 게임의 격차가 줄어들기는커녕 더 벌어지고 있었다.

고객이 줄어드는 만큼 목구멍이 바싹 타들어갔다. 작년의 눈부
신 성장이 오히려 지금의 급작스러운 하락을 더 견디기 어렵게
만들었다. 배틀그라운드 모바일이 꾸준히 성장하고 있었지만, 중
국에서 유료 전환을 이루지 못하는 한 제대로 된 매출 성과를 기

대하기 어려웠다.

　PUBG가 직접 서비스하는 PC와 Xbox 지표는 하나같이 바닥을 향했다. 어떤 업데이트를 해도 반등 조짐이 보이지 않았다. 새로운 맵에 쏠렸던 유저들의 관심은 한 달도 안 돼 사그라졌다. "지표가 이 상태로 반전 없이 끝없이 하락한다면, 내년에는 회사 방향을 심각하게 다시 고민해봐야 할 수도 있습니다." 김창한은 가끔씩 우두커니 앉아 깊은 숨을 몰아쉬었다. PUBG가 이대로 사라질 수 있다는 공포였다.

　게임 커뮤니티와 언론은 배틀그라운드의 위기를 말했다. PUBG 내부는 의기소침해졌다. 현재와 미래의 성과를 묻는 질문을 받을 때마다 김창한은 같은 대답을 되풀이했다. "답을 하기 어렵다." 새로운 장르에 대한 수치 예측은 그의 능력 범위를 넘는 일이었다.

　개발을 시작할 때만 해도 출시가 목표였다. BEP(손익분기점)인 50만 장만 팔아도 성공이라고 평가받던 시기였다. 배틀그라운드는 출시 후 1년 3개월 만인 2018년 상반기까지 5,150만 장을 판매했다. 안타깝게도 2018년 상반기 전 세계 PC 게임 매출 순위에서 금·은·동메달은 각각 리그 오브 레전드, 던전 앤 파이터, 크로스 파이어에 돌아갔다. 모두 중국 시장에서의 성과가 결정적이었다. 포트나이트는 5위, 배틀그라운드는 9위에 머물렀으며, 총싸움 게임인 CS:GO가 10위로 턱밑까지 바짝 추격했다. 콘솔 부문에서 1위는 포트나이트였고, 모바일 부문에서는 황야행동이 5위에 이름을 올렸다.

김창한은 매출을 높이기 위해 장기 전략을 접고, 단기 운영과 마케팅에 집중했다. 고육지책 덕분인지 배틀그라운드의 6월 스팀 판매량이 전달보다 60퍼센트 상승했다. 전체 5위나 6위를 기록할 만한 성적이었다. PUBG로서는 주어진 여건 안에서 최선을 다하고 있었다.

김창한은 스스로에게 계속 말했다. 괜찮다고. 전 세계으로 이만큼 존재감을 유지하면서 트래픽과 매출을 내는 게임은 많지 않다고. 애써 직원들을 독려했다. "전교 1등을 했는데 전국 1등을 하지 못해서 성에 차지 않는 겁니다. 전교 1등도 하기 어려운 겁니다. 여러분이 지금 하고 있는 일에 대해 충분히 자부심을 가져도 됩니다. 다만 아직 우리가 할 수 있는 일, 해보고 싶은 도전이 더 있기 때문에 만족하지 않고 더욱 해보려고 하는 겁니다."

김창한은 "매출 드라이브에 대해 반성한다"며 자아 비판을 했다. "좀 변명을 하자면, 장기적으로 당장의 매출이 중요한 것은 아니지만 매출이 계속 빠지는 상황에서 어디가 바닥인지 확인해야 했습니다. 그래야 확장 가능성을 가늠하고 미래를 계획할 수 있겠다는 조급함이 있었습니다. 그 결과 어쨌든 몇 가지를 확인했습니다. 성장형이나 효과적인 전술을 접목한 콘텐츠의 확장 가능성과 이를 통한 매출 효과, 팬 기반의 매출 가능성을 확인했습니다. 충성도 높은 고객이 있다면 언제든 다시 매출을 만들 수 있다는 것을 확인했습니다." PUBG 인력의 절반 이상은 입사한 지 1년도 채 되지 않은 상태였다.

"우리가 하려고 하는 일이 쉬울 거라 생각하고 오신 분은 거의 없을 겁니다. 우리에겐 전쟁터가 많이 있습니다. 미국에도 있고 콘솔에도 있고 동남아 저사양 PC 시장에도 있고 제품 퀄리티를 높이는 데에도 있습니다. PR, 마케팅, 커뮤니티 관리, e스포츠 운영 등 너무 일을 크게 벌렸다 싶을 정도로 어느 하나 쉬운 곳이 없습니다.

10년 가는 글로벌 게임 IP, 진지한serious 배틀로열 게임의 대명사로 자리 잡는 일은 생각보다 쉽지 않습니다. 역사적으로도 이런 위치에 있었던 게임은 그리 많지 않습니다. 우리에게는 쉽게 주어지지 않는 기회가 있습니다. 이 기회에 도전하지 않는다면 여기 있는 모두가 후회할 것이기에 어렵지만 도전하는 중입니다."

김창한은 매출 다음 과제로 커뮤니티의 신뢰 회복을 꺼냈다. 해킹(핵) 프로그램은 PUBG를 끊임없이 괴롭혔다. 핵은 반칙을 가능하도록 만들어 게이머가 손쉽게 승리할 수 있도록 도우며, 공정한 게임 환경을 무너뜨리고 서비스 품질을 심각하게 훼손했다. 핵과의 싸움은 박멸이 불가능한 기생충과의 전쟁 같았다. 하나를 잡으면 둘이 튀어나왔으니까.

중국은 배틀그라운드의 가장 큰 시장이자 핵 공장이었다. 원칙적으로 중국에서 서비스되는 모든 게임은 판호版號를 얻어 중국 업체들의 플랫폼 안에서 서비스되어야 한다. 계정을 만드려면 까다롭고도 확실한 신원 인증을 통과해야 했다. 게다가 1위 업체인 텐센트는 고도로 발달한 핵 감지 기술을 보유하고 있었기 때문에, 유저 입장에서는 핵을 사용하다 발각되면 계정 정지로 인한 손해가 막심했다.

이런 이유로 중국 플랫폼 내에서 핵 제작은 활발하지 않았다. 플랫폼 외부에서 알음알음 서비스되는 게임들은 중국 내 유저가 많지 않아 핵 개발자들이 만들 유인이 크지 않았다. 서구 시장에서 배틀그라운드를 압도하는 포트나이트는 중국 유저층이 얇았고, 사려는 고객이 없으니 핵도 많지 않았다.

배틀그라운드는 달랐다. 글로벌 플랫폼 스팀을 통해 데뷔한 배틀그라운드는 중국 로컬 퍼블리셔와 플랫폼을 거치지 않고 중국에서 흥행한 유일무이한 게임이었다. 중국 유저들은 스팀에 접속해 배틀그라운드를 탐닉했다. 스팀 계정은 무제한으로 만들 수 있었다. 핵 제작자에게 황금 시장이 열린 것이다.

PUBG는 부정 사용을 방지하는 ACU Anti-Cheat Unit 조직을 꾸리고 핵과의 전면전을 선포했지만, 애시당초 기울어진 운동장에서 벌이는 싸움이었다. 핵 공장들은 아무 곳이나 포격하면 되는 가장 쉬운 공격을 하면 됐고, PUBG는 무엇이든 지켜야 하는 가장 난도가 높은 방어를 해내야 했다. 총기 조준을 자동으로 해주는 에임봇 aimbot, 차량을 비행기처럼 하늘로 날게 하는 플라잉카 flying car, 조준하지 않아도 상대를 맞추는 유도탄 등 다양한 핵 프로그램이 중국에서만 200여 종이 유통됐다.

외부 업체와 24시간 모니터링 체계를 구축하고, 텐센트와 협력해 최대 판매 조직을 검거하기도 했으나, 일당이 체포된 이후에도 유사한 핵이 다른 이름으로 곧바로 다시 유통됐다. 유저들은 가상 세계에서 100명 중 1등을 하기 위해 현실 세계에서 하루 사용에 2,000원에서 1만 2,000원에 이르는 치킨 값을 아낌없이 핵 공장장에게 지불했다. 핵 사용을 감지한 PUBG가 계정을 차단해도, 유저들은 다시 새로운 핵과 계정을 구매해 잡초처럼 살아났다.

유저들이 모인 커뮤니티의 민심은 갈수록 흉흉해졌다. 개발본부와 마케팅 커뮤니케이션, 커뮤니티 부서가 총동원돼 사나워진 유저들의 마음을 달랠 계획을 세웠다. "좀 늦었다고 생각할 수도 있지만 장기적으로 꼭 필요한 일입니다. 이 기간 매출은 생각하지 않겠습니다."

다만 김창한은 몇 가지 관점을 제시했다. 첫째는 커뮤니티의 신뢰(혹은 지지)와 트래픽 상승은 동일한 것이 아니라는 점이다. "별개의 두 마리 토끼입니다. 한국에서도 엔씨소프트나 넥슨 게임이 욕을 많이 먹지만 잘되지 않습니까? 반대로 소수의 이용자만 남은 게임의 커뮤니티가 열렬하게 게임과 회사를 지지하는 모습도 많이 보셨을 겁니다. 고객 지표인 트래픽은 콘텐츠와 재미에 의해 좌우됩니다. 커뮤니티 게시판의 목소리와는 별개입니다."

둘째는 목소리가 큰 안티 고객의 말을 들어주는 방식으론 커뮤니티에서 지지 분위기를 만들어낼 수 없다는 것이다. 커뮤니티 관리는 안티를 찬티(찬양 글을 올리는 이들)로 바꾸는 작업이 아닐뿐더러, 이를 해내기는 사실상 불가능하다고 김창한은 진단했다.

"우리를 지지하는 팬을 더 열성적인 팬으로 만들어야 합니다. 그 서포터들이 목소리를 키울 수 있는 기반을 만들어줘야 합니다. 안티는 절대 사라지지 않습니다." 김창한은 "PUBG는 PUBG가 할 수 있는 PUBG만의 길을 가야 한다"고 거듭 강조했다.

"다른 사람을 부러워해 봐야 우리는 다른 사람이 될 수 없습니다. 그게 결국 시장에서 우리의 이미지, 존재, 포지션이 되는 겁니다. 우리는 단시간 내에 이른바 블록버스터급 '트리플A' 개발 품질을 내기 어렵습니다. 북미 시장에서든 글로벌 전체 시장에서든 주류의 세련된 마케팅을 펼칠 역량도 없는 게 사실입니다. 가끔 한국에서 글로벌 최대 게임쇼 E3를 보면서 '우리는 왜 트리플A 게임을 만드는 스튜디오가 없나?' '그런 스튜디오에 가고 싶다'고 하는 사람들을 보았습니다. 닭이 먼저냐 달걀이 먼저냐와 같은 문제입니다.

업계 선두 주자로서 '무엇을 한 것인가'라는 관점을 떠나서, 있는 그대로의 우리를 돌아보면 개발 역량이 없는 게 현실입니다. 국내에 자체 게임 엔진을 보유한 회사는 펄어비스 정도이며, 게임 제작 도구인 언리얼 엔진에 대한 의존도는 점점 심화하고 있습니다. 하지만 우리는 노력하고 있습니다. 제품 퀄리티를 높이려는 노력, 글로벌하게 서비스와 마케팅을 동시에 진행하려는 노력, 모바일과 콘솔 등 다양한 플랫폼에 진출하려는 노력, e스포츠를 만들어내려는 노력…. 이런 노력이 설령 원하는 만큼 성공하지 못하더라도, 다음을 위한 양분으로 여기 있는 모두에게 남지 않겠습니까? 힘들지만 의미 있는 도전이 될 것이라고 믿습니다.

우리 스스로에 대해 냉정하게 평가해봅시다. 우리가 가야 할 길은 진지한 배틀로열이라는 제품의 본질적인 재미, 그로 인한 커뮤니티의 지지에 기댈 수밖에 없습니다. 그리고 남는 것은 여전히 우리의 실행입니다."

2018년 7월, 독일을 대표하는 공연장인 베를린 메르세데스 벤츠 아레나가 PUBG 대형 로고로 장식됐다. 3년 전 리그 오브 레전드 월드 챔피언십(일명 '롤드컵') 결승전이 열렸던 장소였다. 'PGI PUBG Global Invitation 2018'은 PUBG가 주최한 첫 번째 e스포츠 메이저 대회로, 4일간 치러지는 대회에 총상금 200만 달러를 걸었다. 전 세계에서 예선전을 열었고 북미, 남미, 유럽, 아시아, 한국, 중국, 일본, 중동, 오세아니아, 독립 국가 연합으로 분류한 지역에서 총 20개 팀이 선발됐다. 한국에선 케이블 채널과 OTT를 통해 경기를 실시간 중계하기로 했다.

PUBG가 주최한 첫 대규모 대회인만큼 e스포츠 리그 정착에 중요한 분수령이었다. PUBG는 상반기 한국리그PKL를 시작하면서 e스포츠 사업에 본격적인 불을 댕겼다. 한국에서는 케이블 게임 채널, 스포츠 채널, 온라인 방송 업체와 손잡고 리그를 5회 개최했다.

PGI 2018을 앞두고 게임 속에 대회 로고와 음악을 삽입해 분위기를 띄웠고, 현장 티켓 예매자와 온라인 중계 예약자에게 한정 아이템을 나눠 주는 대규모 이벤트를 펼쳤다. 라이엇게임즈의 '리그 오브 레전드'와 블리자드의 '오버워치'를 잇는 차세대 e스포츠로 자리매김하겠다는 포부와 달리, 배틀그라운드는 여러 한계를 노출했다.

모든 티켓이 매진됐지만 경기장 곳곳에 빈 좌석이 보였다. 예매하면 지급되는 아이템만 취하고 현장에 참석하지 않는 사람들이 생긴 것이다. 미숙한 경기 운영으로 대회 시작이 30분 넘게 지연됐고, 줄을 서서 기다리는 관객의 거센 항의가 이어졌다. 현장 선물을 나눠 주는 과정도 매끄럽지 않아 관객과 직원 사이에 시비가 붙기도 했다. 급기야 폭염으로 푹푹 찌는 실내 환경 탓에 서둘러 경기장을 떠나는 관객까지 생겼다. 방송 중계에서는 선수 개인의 1인칭 시점과 전체를 조망하는 3인칭 시점 화면이 이리저리 바뀌면서 어지럼증을 호소하는 시청자가 생겼고, 송출 화면의 낮은 화질과 시간 지연 문제로 불만이 터져 나왔다.

　반면 온라인 중계 성과는 고무적이었다. 트위치 공식 생방송 동시 시청자는 1,700만 명으로 집계됐다. 2017년 독일 게임스컴 대회보다 유럽과 미국 시청자는 줄었지만, 베트남과 태국 시청자가 폭발적으로 늘며 새로운 시장의 가능성을 확인했다. PUBG는 실수와 배움을 거듭하며 e스포츠 중계 기술과 운영 노하우를 쌓아나갔다.

100억 원 펀드

　2017년 8월, 블루홀은 중국 텐센트와 전략적 파트너십을 맺었다. 텐센트는 기존에 보유하던 장외 주식 이외에 블루홀 창업자와 일부 초기 투자자로부터 주식을 추가로 취득해 블루홀 2대 주주에 올랐다. 장병규는 최대 주주 지위를 유지했다. 텐센트는 2017년에 배틀그라운드의 세계적인 흥행을 기민하게 포착하고 그때부터 블루홀과의 협업을 늘려왔다. PUBG와 제휴해 배틀그라운드 모바일 게임 개발과 서비스를 주도했고, 전 세계 100여 개국에 성공적으로 출시했다. 김효섭은 "블루홀 연합이 보유한 우수한 게임 서비스와 개발 역량이 텐센트의 강력한 글로벌 플랫폼을 만나 더 큰 시너지 효과를 낼 것으로 기대한다"고 발표했다.

배틀그라운드의 흥행을 기반으로 장병규는 글로벌 거대 기업들을 새로운 투자자로 끌어들이기 위해 적극적으로 나섰다. 앞선 이사회에서 '주주의 재구조화'와 '이사회의 재구조화'를 목표로 설정했다.

블루홀에 초기 투자했던 기관들은 펀드 만료 시한이 다가옴에 따라 자금 회수를 원했고, 기관이나 개인 주주들도 현금화를 요청하기 시작했다. 블루홀의 입장에서도 서구나 아시아에서 기업 가치를 높일 수 있는, 영향력 있는 기관의 신규 투자가 필요했다. 무엇보다 언젠가 있을 IPO 이후에도 블루홀 주식을 장기간 보유하며 회사의 장기 성장에 기여할 수 있는 기관들로 주주를 새롭게 구성하고 싶었다.

텐센트는 블루홀에 5,700억 원을 투자하기로 결정하며 한국 게임업계의 큰손임을 또 한 번 입증했다. 텐센트가 국내에서 집행한 투자 중 최대 규모로, 2014년 CJ게임즈(넷마블)의 지분을 인수할 당시 썼던 5억 달러(약 5,300억 원)를 넘어선 액수였다. 배틀그라운드의 글로벌 인기가 주춤하고 포트나이트 같은 경쟁 게임들이 잇따라 도약하면서 2017년 한때 70만 원대 후반을 기록하던 블루홀의 장외 주가는 40만 원대까지 떨어져 있었다. 텐센트는 상황에 아랑곳하지 않고 논의 초기에 제시했던 주당 65만 원의 인수

가격을 그대로 유지하며 적극적인 구애를 펼쳤다. 그만큼 블루홀의 잠재 가치를 높게 평가한다는 뜻이기도 했다.

장병규가 이끈 '주주 재구조화 전략'에 따라 블루홀은 텐센트뿐아니라 새로운 투자자들을 주주로 맞았다. IMM인베스트먼트가 2,000억 원, JKL파트너스가 500억 원, NHN엔터테인먼트가 90억 원어치 지분을 사들이며 새 주주로 이름을 올렸다. 블루홀의 초기 투자자였던 케이넷투자, 프리미어파트너스, 알토스, 새한창투 등은 보유 지분을 일부 매각해 투자금 대비 최대 60배 수익을 거뒀다. 새로운 투자 금액을 기준으로 역산한 블루홀의 기업 가치는 6조 원에 이르렀다.

텐센트는 전 세계 게임 시장의 포식자였다. 돈 냄새를 풍기는 곳이라면 언제 어디든 공격적인 투자를 이어나가면서 자신만의 글로벌 게임 제국을 건설했다. 2010년대 이후부터 이름을 대면 누구나 알 만한 미국의 대표 게임사 액티비전블리자드, 유비소프트, 에픽게임즈의 지분이 텐센트로 흘러 들어갔다. '리그 오브 레전드'의 라이엇게임즈는 아예 텐센트의 소유가 됐다.

시장조사업체 디지바이트의 보고서에 따르면 2017년 3월부터 1년간 전 세계에서 집행된 게임 투자액 42억 달러 중 40퍼센트가 텐센트의 지갑에서 나왔을 정도였다. PC·콘솔·모바일 분야에서 매출 상위 5위 안에 든 15개 게임 중 7개가 텐센트가 투자하거나 유통한 것들이었다. 2018년 1분기 텐센트의 매출액은 12조 6,000억 원, 순이익은 4조 원이었다.

블루홀과 전략적 파트너십을 구축하면서 한국 게임업계에서 텐센트의 입지는 더욱 견고해졌다. 텐센트는 넷마블의 3대 주주이자 카카오게임즈에 500억 원을 넣은 투자자였다. 넥슨의 핵심 수입원인 '던전 앤 파이터'의 중국 내 유통을 맡고 있었고, 엔씨소프트의 '블레이드 앤 소울'과 '리니지'의 중국 내 판권도 보유하고 있었다.

장병규는 2005년에 인터넷 검색 서비스 '첫눈'을 창업했을 때 텐센트 직원들을 회사로 맞이한 경험이 있었다. "텐센트 사람들이 공격적으로 일을 잘한다는 생각을 했는데, 여전하네요." 텐센트와 파트너십 논의를 하며 장병규는 혀를 내둘렀다. 협상에 임할 때 텐센트는 그냥 양보하는 법이 없었고, 실무진 간 치고받는 싸움은 끊이질 않았다. 장병규는 "절대 함부로 타협해선 안 된다. 열심히 싸워야 한다"며 실무자의 어깨를 두드렸다.

텐센트 제국은 공동 창업자이자 초대 회장인 마화텅이 이끌고 있었다. 대중에게 노출되길 꺼리는 마화텅을 대신해 마틴 라우 총재와 스티븐 마 부총재가 텐센트 투자 전략을 주도했다.

블루홀과 텐센트는 몇 가지 계약 조항에서 첨예하게 대립했는데, 특히 장병규는 워낙에 자금이 풍부한 텐센트가 블루홀 주식을 장외에서 언제든지 추가로 매입할 수 있다는 점을 우려했다. 이 문제는 막바지에 주간사였던 크레디트스위스가 텐센트의 지분에 캡cap(한도)을 씌우는 방안을 고안해내면서 큰 합의를 이뤘다.

이 밖에 개별 사안에 대해서 마틴 라우는 시종일관 터프한 자세를 유지했다. 협상을 마무리하기 위해 장병규가 한국에서, 마틴 라우가 중국에서 원격으로 '원온원1 on 1' 화상 회의를 했다. 사안별로 블루홀과 텐센트가 양보를 주고받았지만, 대부분이 마틴의 주장대로 정리가 됐다. 장병규가 인정할 수밖에 없을 정도로 마틴이 펼치는 논리가 탄탄했기 때문이었다.

90분 동안 진행된 회의 끝에 최종 협상이 타결됐다. 회의실을 빠져나오는 장병규의 얼굴은 조금 상기돼 있었다. 동행한 직원들에게 허허거리며 결과를 전했다. "텐센트 총재는… 그래, 나보다 훨씬 훌륭한 사람이야. 텐센트는 일 잘하는 데가 맞아요. 많이 배웠습니다."

파트너십을 축하하기 위해 텐센트와 블루홀 경영진이 저녁 식사를 함께 했다. 마틴 라우는 "10여 년 전 한국에 왔을 때 많이 배웠다"며 한국 게임업계의 존재감을 높이 평가했다. 그는 "경쟁사 넷이즈가 배틀로열 게임 황야행동으로 중국 시장에서 하루 이용자 수 2,500만 명을 달성했지만, 배틀그라운드 모바일이 출시되자 사용자가 200만 명으로 줄어들었다"며 "이 정도의 성과를 낸 게임을 끌어내린 전례가 없으며, 이는 대단한 성취"라고 말했다. 이어 "배틀그라운드를 유료로 팔 수 있는 판호까지 받는다면 텐센트뿐 아니라 중국 전체 게임 산업이 환호할 것"이라고 기대감을 드러냈다. 중국 정부가 배틀그라운드에 판호를 내어주지 않으면서 배틀그라운드 모바일은 중국에서 시험판으로만 서비스되고 있었다. '공짜 배틀그라운드'는 하루 이용자 8,000만 명을 달성하며 중국 1위 모바일 게임으로 올라섰지만, 수익을 내지 못하고 있었다.

그간 블루홀을 꾸려온 소회를 묻는 질문에 장병규는 "10년을 기다렸고, 배틀그라운드로 하나 터졌다"라고 답했다. 그는 "제작 중인 10개의 게임에 대한 기대가 크지 않지만, 그것을 통해 배우면 된다고 생각한다"며 "블루홀의 장기 관점을 이해하고 공감해 줄 수 있는 파트너이자 투자자를 맞이하게 되어 기쁘다"고 화답했다.

블루홀은 미국 신생 개발업체 몬스터 스쿼드 게임즈에 초기 투자를 단행했다. 해외 개발팀에 대한 첫 투자 계약이자, 기존 투자 방식에서 벗어난 사례였다. 이전까지 블루홀이 국내 개발업체에 투자할 때 100퍼센트 인수 합병 방식을 사용했지만, 이번에는 연합 합류를 전제로 한 단계적 투자를 선택했다. 글로벌 시장에서 통하려면 뛰어난 해외 개발사와의 협업이 필요하다고 판단했다. 개발 인력들은 탄탄한 트랙 레코드를 보유하고 있었지만 신생 업체인 탓에 가치를 측정하기 어려웠다.

장병규는 사내 이동 가능성을 물었다. "혹시라도 블루홀의, 특히 한국에 있는 누군가가 몬스터 스쿼드에 합류하게 된다면 참 좋을 것 같다는 생각이 문득 들었습니다. 결국 연합이라는 것은 사람이 교류하고 서로를 알아가는 과정을 거치면서 전체적으로 발전한다고 생각할 수도 있을 텐데요. 한국 내에서의 교류도 중요하지만 다른 나라 사람들이 일하는 방식을 경험하는 것도 정말 중요하니까 그렇습니다."

투자본부장에게는 제작 리더십과 함께 회사를 방문해보라고 권유했다. "투자 책임자뿐만 아니라 블루홀 제작 리더십 중의 누군가와 함께 몬스터 스쿼드 팀을 만나 이런저런 이야기를 나누며 자연스럽게 교류하는 게 어쩌면 연합의 발전에 큰 도움이 될 수도 있겠다는 생각이 듭니다. 앞으로 있을 블루홀 개발자 회의에 몬스터 스쿼드 구성원들이 와서 본인들이 제작하는 과정을 소개하는 세션을 해도 좋을 것 같고요."

　김효섭은 해외 투자를 경험하고 학습하며 블루홀 투자본부가 한 단계 성장하길 기대했다. 투자본부의 미션은 '블루홀의 성장을 위해 뛰어난 인재와 IP를 보유한 팀을 연합으로 끌어들이기'다. 투자본부장은 한 해 동안 100개가 넘는 제작팀을 만났고, "어떤 팀을 찾아야 할까요?"라는 질문을 던지기도 했다. 이에 시장에서 큰 성공을 거둔 제작자는 "어떤 팀을 찾아야 할지는 모르겠지만, 어떤 팀을 거를지는 안다"라고 답했다. "게임이 잘못됐을 때 항상 시장이나 퍼블리셔를 탓하는, 남 탓만 하는 팀은 만나지 마세요." 리더십은 책임을 질 줄 알아야 한다는 것이다.

　이후로 투자 결과를 전 직원에게 발표하는 자리에서 투자본부장은 "블루홀에서 책임진다는 말이 어떤 뜻인지 아세요?"라고 묻고선, 스스로 답을 했다. "다른 회사는 '잘 안되면 제가 책임지고 회사를 나가겠습니다'라고 하는데 저희는 다릅니다. 잘 안됐으면 될 때까지 회사에 나와 장병규 의장님 옆에서 고통을 받는 겁니다. 나가시면 무책임한 거예요."

　제작 리더십은 한두 번의 만남으로는 알 수 없었다. 투자본부장은 블루홀 연합 가입의 조건으로 4가지 기준을 세웠다.

　첫째는 장인 정신이 있는 팀이다. 게임 제작을 평생의 업으로 삼고 끈기 있게 도전하는 이들이 필요했다. 게임을 통해 전 세계 고객에게 재미와 감동, 행복을 선사하는 꿈을 품은 장인이어야 한다.

둘째는 함께 오래 팀워크를 맞추며 의미 있는 시도를 통해 학습하고 발전해온 팀이다. 성공 여부와 상관없이, 어떤 팀이 만들어낸 결과물과 시도는 생각보다 많은 이야기를 해줬다. 실패했더라도 성장한 이력을 확인할 수 있어야 한다.

셋째는 약속을 지키며 스스로 내린 결정에 책임을 질 줄 아는 제작 리더십이다.

넷째는 블루홀 경영진과 신뢰를 쌓은 제작 리더십이다. 지금까지 연합에 합류한 팀들도 김강석, 김효섭과 소통하며 신뢰를 쌓은 이들이었다.

"블루홀 연합 팀은 제각기 상당히 다른 게임을 만들 겁니다. 어떤 팀은 돈 잘 버는 게임을, 또 어떤 팀은 틈새시장에서 인정받는 게임을 만들겠죠. 일관성이 없어 보일 수 있겠습니다. 하지만 각자의 자리에서 가장 잘하는 것에 집중하고, 따로이지만 또 같이 서로의 경험과 정보를 공유한다면 언젠가는 매출액이 아니라 고객에게 인정받는 글로벌 넘버원 게임 개발사가 되어 있을 거라고 믿습니다. 블루홀의 노력이 게임업계의 성장에 일조할 수 있기를 꿈꿔봅니다."

PUBG는 해외의 인디 게임 개발사들에 투자하는 펀드를 설립하기로 결정했다. 인디 게임은 인디 영화나 음악처럼 대중성은 다소 떨어지지만 창의적이고 뚜렷한 개성을 자랑하는 게임으로, 개

발력이 부족한 소규모 개발팀이나 개인 개발자가 도전하는 장르
다. 오랜 시간 인디 게임업체들과 교류해온 전前 마이크로소프트
임원이 PUBG의 제안을 받아들여 100억 원대 규모의 인디 게임
펀드 담당자가 되어 이를 운영하기로 했다. 그는 "펀드를 결성하
는 이유와 운용 철학이 내 생각과 잘 맞는다"며 "일반적인 벤처캐
피털의 펀드 운용 방법과 조건으로는 인디 게임 개발사에 투자하
기 어렵다"고 말했다.

인디 게임 개발사 투자는 일반 투자자가 이해하거나 선호할 만
한 조건을 갖추는 경우가 극히 드물었다. 벤처 투자 기법이 성숙
해지면서 투자자들은 자신이 투자한 회사가 점진적인 단계를 밟
아나가며 성장해가는, 땅따먹기식 게임을 선호했다. '모 아니면
도' 식의 도박에 가까운 게임에 판돈을 거는 투자 회사들의 명맥
은 끊겼다. 인디 개발사의 기적 같은 성공담은 철지난 옛 이야기
처럼 회자됐다.

펀드 담당자는 PUBG 투자 펀드를 매개로 인디 개발사들을 위
한 커뮤니티를 만들었다. 서로 활발히 영향을 주고받게 만들고,
될 성싶은 프로젝트에 대해선 초기 단계부터 협업을 모색할 수
있는 기반을 구축하려는 시도였다. 그러자 투자금이 당장 필요 없
는 개발사들도 PUBG 펀드의 투자를 받고 커뮤니티에도 참여하
고 싶다며 의욕적으로 나섰다. 현황을 전하며 그는 "PUBG 펀드
는 각 개발사의 성공 확률을 높일 뿐 아니라 게임 생태계의 발전
에 공헌할 수 있을 것"이라고 말했다.

"개발사들을 만나 펀드를 설명하면, 많은 이들이 펀드 뒤에 누

가 있는지 궁금해합니다. PUBG라고 이야기하고, PUBG가 배틀그라운드의 성공과 그 과실을 게임업계에 돌려주고자 한다고 말하면, 다들 감동합니다. 이런 반응은 PUBG의 의도에 공감했기 때문만은 아닙니다. 인디 개발사들의 꿈이 바로 PUBG처럼 되는 것이기 때문입니다."

펀드 결성 과정을 함께 한 블루홀 투자본부장은 펀드 담당자에게 인디 개발사들이 예전과 달라진 점이 무엇인지 물었다. 그는 "역사를 돌아보면 인디 게임 개발에도 주기가 있다"고 답했다.

"인디 게임 개발비가 계속 증가하면서 인수 합병을 통해 몸집을 키우는 사례가 늘어났습니다. 요즘이 그런 시대죠. 그러다 새로운 플랫폼이 등장하는 특이점이 옵니다. 이때가 되면 흐름에 먼저 올라타는 팀이 성공합니다. 큰 예산을 들이지 않고도, 그저 이 새로운 흐름에 앞서 나간다는 것만으로 효과를 보지요. 아이디어가 승부를 결정짓는 시대니까요. 이때 인디들이 빛을 발합니다. 돌아보면 이런 주기는 계속 반복되더군요."

질문 하나 더. 그렇다면 다음 특이점은 어느 분야에서 나올까? "VR(가상현실)이나 AR(증강현실)을 말하는 사람도 있는데, 개인적으론 그리 생각하지 않습니다. 또 온라인 스트리밍 게임을 꼽는 사람도 있지만, 이것도 잘 모르겠네요."

그는 "사실 이런 질문을 꽤 오랫동안 많은 사람에게 던져왔다"며 "가장 흥미로웠던 답변이 있었다"고 웃으며 말했다. "그런 변화를 만들어낼 사람은 이 자리에 없다"는 답이었다. "결국 누군가가 어디에서 무엇을 하고 있습니다. 그 사람이 그토록 매달리고 있는 어떤 것은 현재의 메인스트림(주류)이 아니기에, 이렇게 외부에 드러나게 말하는 우리는 결코 아니라는 뜻입니다."

알파돔타워 4

　김형준 PD가 이끄는 MMORPG 에어제작팀은 출시 전부터 덜컹거리고 있었다. 소수 전문가 그룹이 참여한 포커스 그룹 테스트FGT에서 낙제점을 받으며, 올해 예정된 2차 CBT도 내년으로 연기했다. "차린 반찬은 참 다양하고 많은, 먹음직스러워 보이는, 그러나 막상 먹어보면 전부 맛없는, 그래서 눈물이 날 정도의 게임."
　제작팀 내부에서조차 자조적인 목소리가 흘러나왔다. 결과물에 실망해 이탈하는 직원도 많아졌다. 직장인 익명 커뮤니티에선 에어팀에 속한 주니어 직원들이 다른 게임 회사에 지원하고 있다는 글을 버젓이 올렸다. 퇴직한 아트 직원은 상급자를 비난하는 글을 게시했다. 에어팀의 한 직원은 피플팀에 "벽에 대고 말하는 느낌"이라며 팀의 난맥상을 증언했다. 또 다른 직원은 "대화가 없는 팀"이라며 팀 내 대화는 끊긴 지 오래고 메신저 소통도 없다고 말했다. PD가 팀원 얼굴을 마주하고 설명해주면 될 일도 이메일로 이뤄진다고 했다. 처음 합류한 직원들은 "삭막하고 차갑다는 느낌을 받는다"고 말했다. 핵심적인 역할을 하던 개발자는 사내 이동에 손을 들고, 이동이 여의치 않을 경우 퇴직하겠다는 강수를 뒀다.

김형준은 부랴부랴 직원들과 대화하는 자리를 늘려나갔다. 핵심 개발자는 "직접 소통하려는 PD님의 노력이 최근 느껴진다"며 자리를 지키기로 결정했다. 김형준이 팀의 상황을 피플팀에 전했다. "그간 팀장들에게 전했던 메세지가 꽤 많이 걸러져 팀원들에게 전달되고 있었다는 느낌을 받았습니다. 직접 팀원들에게 왜 필요하고 왜 바꿔야 하는지를 설명하니 이해해줬습니다."

블루홀은 본사를 판교역 바로 옆에 들어선 신축 빌딩 알파돔타워 4로 이전했다. 매끈한 유리 외관을 자랑하는 빌딩은 신분당선 지하철역과 연결된 데다 경부고속도로 판교 IC와 가까워 판교의 새로운 랜드마크로 주목받았다. 빌딩 내 4개 층을 계약해 전체 면적이 이전 사무실을 합한 것보다 2배 이상 커졌다. 그동안 2개 사무실에서 떨어져 근무하던 직원들을 한 지붕 아래로 모았다. PUBG를 포함한 일부 연합 스튜디오는 서울 서초구에 남았다.

이사를 하기 직전까지 사무실의 공간 활용을 두고 담당 부서와 개발 직원들 사이에 마찰이 계속됐다. 담당 부서는 향후 성장 가능성을 고려해 좌석 수를 최대한 많이 확보하는 데 중점을 두었지만, 개발 직원들은 PC와 모니터 등 여러 기기를 사용하기에 넉넉한 개인 공간을 원했다.

공사 현장을 확인한 한 직원은 한밤중에 퇴근하던 피플팀장 임재연을 붙잡고 "이대로면 돈은 돈대로 쓰면서 직원들에게 욕을 먹을 것"이라며 우려했다. 직원들이 적극적으로 의견을 낸 결과,

담당 부서는 기존 계획을 대폭 수정해 직원들 뜻대로 공간을 구성했다.

새 업무 공간은 '게임 제작의 명가'라는 비전에 맞춰 설계됐다. 개발자들이 업무에 몰입할 수 있도록 책상과 의자는 모두 기능성 제품으로 교체했고, 실내 공기 질과 조도까지 신경 썼다. 좌석 간 간격은 최소 2.5제곱미터 이상으로 확보해 쾌적한 업무 환경을 조성했고, 층별로 열린 회의 공간을 마련해 소통과 협업을 꾀했다. 15층은 전적으로 휴식 공간으로 꾸며져 BLT를 진행할 수 있는 널찍한 공간과 함께 직원 및 외부 방문객을 위해 PC방, 만화방, 콘솔 게임방을 설치했다. 또한 사운드룸, 테스트룸, 스트리밍룸 등 다양한 개발 작업을 위한 특수 공간도 구비했다.

입주를 마친 뒤 김효섭이 또 다른 시작을 알렸다.

"새로운 장소에서의 시작은 언제나 설레지만, 우리가 관심을 두고 의미를 부여하는 것은 새 건물 자체는 아닐 겁니다. 개발에 집중할 수 있는 환경을 구축했다는 것도 중요하지만, 단지 편안하려고 이사한 건 아니라는 점을 알아주셨으면 합니다.

이번 이사는 두 건물에 떨어져 생활했던 블루홀뿐만 아니라, 더 많은 연합 구성원들이 조금 더 가까운 곳에서 부대끼며 일할 수 있는 거점을 마련했다는 것이 핵심입니다. 연합 구성원 누구든지 판교 거점에 출입할 수 있으며, 필요할 때 불편함 없이 일할 수 있는 환경을 제공하고자 합니다. 우리가 추구하는 개발사의 연합 방향을 좀 더 구체적이고 가시화된 모습으로 보여주고 발전시켜 나가는 계기가 되길 기대합니다.

이 모든 건 단지 공간만의 문제가 아닙니다. 블루홀 구성원들의 열린 마음과 동참이 가장 필요합니다. 우리가 꿈꾸는 세상은 아직 완성되지 않았습니다. 꿈을 만들어가는 시작에 가깝습니다. 새로운 판교 거점에서 여러분과 함께 멋진 도전을 해서 우리의 비전을 완성해나가고 싶습니다.

환영합니다. 이제 일을 할까요?"

블루홀은 추가 예산을 들여 사무실 12~15층을 내부에서 연결하는 계단을 설치했다. 구조 검토와 설계, 구청 인허가까지 받는 수고를 감수했다. "계단 건설을 통해 기대하시는 바가 무엇인지 궁금합니다." 직원 간담회에서 한 직원이 질문하자, 장병규가 되물었다. "혹시 계단 건설에 얼마쯤 쓰는지 아시는 분 계세요? 억 단위를 맞추시면 됩니다." "4층이니까 4억 원?" "땡! 정답은 10억 원입니다."

장병규가 웃으며 답을 이어갔다. "개인 입장에서 생각하는 것과 더불어 함께하는 것은 조금 다르다는 말씀을 드리고 싶어요. 사내 이동은 기계적으로 잘 안돼요. 저희는 사람이니까요. 그러면 평소에 어떤 제작 라인이 어떻게 돌아가고 있는지 어느 정도 알고 있어야 합니다. 평소에 교류도 조금씩 해놔야 해요. 저 제작 라인에 내가 가서 일할 수 있겠다, 혹은 나에게 좀 맞겠다, 라는 생각이 있어야 합니다. 경영 파트에서 사내 이동을 하라고 안내해봤자 잘 안됩니다." 자문자답을 시작했다.

"그러면 아무런 변동 없이 내부에 있는 사람만 안정적이고 따뜻하게 밥을 먹고살겠다고 마음먹으면 어떻게 될까요? 즉 저희가 성장하겠다는 마음을 버리면 어떻게 될까요? 주주 입장에서 보면 블루홀은 PUBG 이외의 모든 걸 다 날려야 합니다. 돈 잘 버는 조직만 남겨야 할 것 아닙니까? 그런데 그렇게 안 합니다. 경영은 그렇게 단순하지 않거든요. 미래를 바라보고 베팅도 해야 하고, 때로는 위험을 무릅써야 하고, 어떨 때는 시행착오를 견뎌야 합니다. 이런 일을 반복해야 합니다.

계단에 10억 원을 쓰는 게 누군가에겐 허투루 돈을 쓰는 것으로 보일 수 있죠. 자기 책상 바뀌는 건 매우 중요하게 생각하면서도, 계단을 설치하는 건 돈을 버리는 일 같거든요.

그런데 그 사람이 사내 이동 대상자가 됐다고 생각해봅시다. 계단에서 누군가와 마주쳐서 잠깐 이야기했던 경험이 사내 이동의 단서가 될 수도 있는 겁니다. 그런 의도적인 설계를 사무실에 해야 하는 겁니다. 소통이 과연 잘되고 있는지 우리는 측정해야 합니다. 물론 계단 하나 만든다고 바뀌는 건 아니겠죠. 그런데 경영은 그런 복잡한 변수를 푸는 일입니다. 그 하나만 가지고 왈가왈부하는 건 매우 우매할 수 있다는 겁니다.

개인 입장에서 단기적으로 앞만 보고 말이 되는 걸 이야기하기 시작하면, 전체적이고 장기적인 관점에서 잘못된 판단을 할 수 있습니다. 이런 점을 생각해주시면 좋겠습니다.

미래를 바라보지 않고 투자하지 않는다고 생각하면, 계속 강조하지만 PUBG만 남기고 다 날려야 해요. 그런데 저희는 그렇게 안 하잖아요. 오죽하면 이런 농담도 했어요. '10억 계단이라고 어디에 좀 써붙이자. 그래야 소통이 중요하다고 사람들이 인식할 것 아니냐. 이만큼 돈을 때려 박아서 저걸 만든 게 다 이유가 있는 건데!'

여하튼 이런 행위를 중장기적이고 넓은 시각을 가지고 결정한다는 점을 생각해주세요. 그만큼 소통이 중요하다!"

블루홀이 2007년부터 제작한 20개의 게임 중에서 제작비를 건진 게임은 5개였다. 그만큼 확률이 높지 않은 일을 해나가고 있었다. 대부분의 게임 제작자들은 잘될 것이라 믿고 게임을 만들었다. 장병규가 아무리 후하게 평가해도 절반은 실패할 게 분명했다. 다른 말로 절반은 사내 이동 대상자가 되는 것이다.

"저희는 성공할 확률보다 실패할 확률이 훨씬 큰 업을 하고 있습니다. 그렇다면 순환이 잘 이뤄지도록 하는 게 맞는 거잖아요. 저희가 중장기적 관점에서 투자하고 있다고 생각해주시면 참 좋겠습니다."

오각형 깃발

크래프톤KRAFTON. 블루홀의 새 이름이 11월 부산에서 열린 국내 최대 게임 박람회 지스타에서 발표됐다. 크래프톤은 대규모 부스를 차리고 새로운 사명을 소개하는 영상을 전면에 내세우며 힘찬 출범을 알렸다.

'크래프톤'이라는 이름은 5개월간 브랜드 전문 업체, 해외 네이밍 전문가들과의 협업을 통해 탄생했다. 900개가 넘는 후보 가운데 구성원의 의견을 수렴해 선정했다. 블루홀의 정체성인 연합을 나타낼 수 있는 브랜드가 필요했다. 중세 유럽에서 장인들의 연합을 뜻하는 '크래프트 길드Craft Guild'에서 착안해, 명작 게임을 제작하는 장인 정신과 실패를 두려워하지 않는 개발자의 끊임없는 도전Keep The Craftsmanship On이라는 뜻을 담았다. 로고는 장인 연합을 상징하는 오각형 깃발 모양으로 디자인했으며, 개별 스튜디오의 로고를 넣을 수 있게 만들어 개성과 정체성을 표현할 수 있도록 했다.

크래프톤은 개발팀이 스튜디오로 성장할 수 있도록 지원하는 인큐베이터 역할을 기본 임무로 삼았다. 투자 유치, 게임 유통, 인력 이동 같은 제작 지원 업무를 총괄하는 조직으로 탈바꿈했다. 김효섭은 "개발사들이 자유로운 환경에서 개발에만 집중해 창의적인 게임 콘텐츠를 내놓을 수 있도록 하기 위한 조치"라고 설명했다.

"톱다운 방식으로 게임 제작이 이뤄지면 창의성을 발현하기 어렵습니다. 하나의 집단이 조율하고 이끌기보다, 스튜디오들이 연합해 각자의 색을 살린 게임을 만드는 구조가 가장 유리하다고 생각합니다. 다른 국내 경쟁사들이 제작을 직접 통제하는 반면, 크래프톤은 개발팀의 자율성을 존중합니다. 배틀그라운드의 성공도 개발팀의 자유로운 창의성에서 나왔습니다. 또 다른 글로벌 히트작도 같은 방정식을 통해 탄생할 것입니다."

'블루홀'이라는 이름은 그대로 남았다. 김형준이 이끄는 테라본부와 에어 개발 조직이 스튜디오로서 블루홀의 이름을 계승하기로 했다.

본사인 알파돔타워 4는 '크래프톤타워'로 이름을 바꾸고 외벽 간판을 새로 달았다. 직원들의 이메일 주소는 '@krafton.com'으로 변경했고, 명함과 사원증도 교체했다. PUBG는 운영의 편의성과 사원증용 사진 촬영의 번거로움을 이유로 크래프톤 사원증 통합에 반대하며 기존 방식을 유지했다. 명함과 이메일 주소 역시 그대로 사용했다. BLT는 KLT(크래프톤 라이브 토크)로 타이틀을 변경했다.

"크래프톤에서 말하는 장인 정신이나 도전과 같은 가치는 구체적으로 어떤 의미인지요?" 크래프톤의 신규 브랜드 방향과 의미를 묻는 질문이 제기됐다. "그…." 장병규가 땅을 보며 한숨을 후 내쉬고서 마이크를 들었다.

"개발자분들과 대화를 나눠보면 게임 제작을 하는 근원적인 동인, 열정과 의지를 가지고 움직이는 원인이 사실 비슷한 것 같지만 상당히 다릅니다.

예를 들어 게임은 대표적인 흥행 사업입니다. '그래, 게임 하나 제대로 만들어 돈 벌어야지' 하는 분이 의외로 많습니다. 그러니 이 업계에 사기꾼도 많은 겁니다. 또 '야, 나는 밑에 사람을 거느리는 게 좋아'라고 하는 사람도 의외로 많아요. 그러면 PD라고 불러도 좋고, 게임 제작을 이끄는 리더십이라고 표현해도 좋고 뭐라 불러도 좋지만, 그 사람을 움직이는 동인이 과연 무엇인지를 생각해봅시다. 그 동인이 시행착오와 도전, 장인 정신, 아니면 세상에 없던 무언가를 만들어내는 데 있는지 말입니다.

　저희는 크래프톤에 합류하시는 분들은 이런 데 방점이 있으면 좋겠다는 생각을 많이 합니다. 왜냐하면 연합이 유지되려면 딱 한 번 벌고 난 다음이 중요하기 때문입니다. 돈을 벌기까지 연합에 속한 사람들이 도와주잖아요. 돈을 투자하고 월급을 준단 말이죠. 만약 망한다면? 다 날리는 겁니다.

　그런데 그 망하는 과정이 괜찮으면 또 투자를 한단 말이에요. 그러면 돈을 벌고 나서, 사람은 이런 마음을 가져야 합니다. '내가 성공할 때까지 많은 도움을 받았으니까, 이제는 내가 다른 사람에게도 도움을 줘야지.' 이렇게 생각하는 사람이 적합한 사람입니다. '남한테 도움받은 거 난 모르겠고, 나 혼자 성공했으니까 인센티브를 받고 연합에서 나가겠다.' 이렇게 생각하면 우리가 추구하는 크래프톤의 모델은 지속 가능하지 않습니다. 회사에 들어오는 분들이 기본적으로 그런 정신을 지니고 오셨으면 좋겠다는 겁니다.

　장인 정신과 도전을 구체적으로 이야기할 순 없지만, 여기 계신 많은 분이 옆에서 일하는 분들을 보면 느낄 겁니다. 일을 저렇게까지 열심히 할까? 이렇게 일하는 사람들의 수가 크래프톤 전체 비율에서 낮지 않다고 저는 생각합니다. 그런 사람이 모두 장인 정신을 가지고 있을 것이라고 생각합니다. 이건 제작 부문만 해당하는 것이 아닙니다. 서비스를 할 때도, 파트너와 제휴를 할 때도 마찬가집니다. 진정성 있게 자기가 맡은 역할과 책임에 최선을 다하는 모습은 어느 영역에나 존재합니다. 다만 저희가 제작 중심이다 보니 장인 정신으로 표현하는 것일 뿐입니다. 도전 정신은 어쨌든 시행착오를 하는 거죠. 남들이 안 가본 길을 가보는 겁니다.

자신감을 가지셨으면 합니다. 크래프톤에 합류하는 제작 리더십은 다른 제작 리더십과 다르게 하나를 더 가지고 있어야 됩니다. 자기가 받은 것을 후세에게 계속 전달해주겠다는 마음을 기본적으로 가지셔야 합니다. 그래야 연합이 유지, 지속, 발전됩니다.

대답이 좀 길었네요 역시 뭐, 죄송합니다 길어서."

사전에 받은 질문이 스크린 위로 떴다. "장인 정신이 없는 제작 리더십도 있는 것 같습니다. 본인뿐 아니라 구성원의 장인 정신을 꺾는 경우도 많고요. 장인 정신을 제작 리더십부터 갖추도록 해야 하지 않을까요?" 사회를 맡은 임재연이 "현장 즉답보다는 의장님께서 생각을 정리하고 답변해주시는 게 좋겠다"며 넘기려고 하자, "답변할게요"라며 장병규가 막았다.

"생각을 할 때 2가지를 염두에 두셨으면 합니다. 하나는 경영진도 사람이다. 다른 하나는 크래프톤은 6개월, 1년 혹은 1년 반의 흐름을 보고 일할 필요가 있다. 모든 문제를 풀 때 길게 바라봐야 한다는 점을 생각하시고 저 질문을 보세요. 적어도 경영진은 제작 리더십을 믿었기 때문에 개발을 승인한 겁니다. 그분에게 장인 정신이 있다고 믿은 거예요.

경영진은 사람이니 실수를 하고 시행착오를 겪습니다. 경영진은 만능이 아니에요. 저도 만능이 아니고, 여기 계신 분들도 만능이 아니잖아요. 틀릴 수 있다는 겁니다. 핵심은 뭐냐. 한 번은 틀릴 수 있어요, 두 번은 틀릴 수 있어요, 그런데 세 번은 틀리면 안 돼요. 그러면 이사회 의장도 주주도 교체돼야 합니다.

단기적으로 보기에 저런 생각이 드는 사람이 있을 수 있습니다. 적어도 경영진이 잘못 판단했을 수도 있습니다. 하지만 경영진은 제작 리더십에 장인 정신이 있다고 믿었기 때문에 그 역할을 맡긴 것이고, 여전히 그 사람을 그렇게 믿고 있을 겁니다. 아니라고 생각하면 경영진에게 이야기하는 것은 괜찮습니다.

다른 한 가지는 길게 본다는 이야기인데요. 기회를 줘야 해요. 누구에게나 처음이 있습니다. 김효섭 대표님도 처음이 있었고, 제작 리더십도 다 처음이 있어요. '블리자드와 크래프톤이 뭐가 다르길 바라느냐'라는 질문에 저는 이렇게 이야기합니다. 블리자드는 게임이 멋지지 않으면 출시하지 않습니다.

저는 제작 리더십과 제작진이 진정성 있게 만들었으면 그래도 출시까진 가보자는 입장입니다. 왜냐하면 제작 리더십들에게 다 처음이 있는 것이니까요. 그런데 제작 리더십들이 경영진의 이야기를 별로 듣지 않아요. 정확하게는 남의 이야기를 잘 안 듣습니다. 달리 보면 남의 이야기를 잘 듣는 팔랑귀는 게임을 못 만들어요. 그런데 고객을 만나잖아요? 많이 바뀝니다. 고객을 만나서 바뀌지 않는 제작 리더십에는 기회를 다시 안 주면 됩니다. 크래프톤은 문제를 이렇게 자꾸 장기적으로 바라보려고 합니다.

단기적으로 여러분의 입장에서는 이해가 안 될 수 있어요. 왜냐하면 여러분이 경영진보다 훨씬 세부 사항을 더 잘 알 거든요. 그런데 길게 보면 올바른 방향으로 가는 것이 중요하다고 생각해주시면 좋겠습니다."

크래프톤은 '게임 제작의 명가'라는 비전을 새롭게 환기하는 '비전 리프레시refresh' 작업에 착수했다. 회사가 성장하고 연합의 규모가 커질수록 공통 가치를 이해하고 공유하는 일이 점차 어려워졌다. 크래프톤의 비전은 연합 구성원들이 공통으로 지향하는 가치이자 목표가 돼야 했다. 연합의 범위는 한국을 넘어 세계로 확장하고 있고, 연합 구성원들은 서로 다른 개성을 지니고 있었다.

경영진은 계승해나갈 키워드로 '고객 만족' '제작 신념' '협업 성장'을 제시했다. 김효섭이 연합의 의미를 새삼 정의했다. '서로 다른 장르와 개성의 게임을 각자의 방식대로 만들어가는 과정을 지속할 수 있도록 연대하고 협력하는 데 동의한(합의한) 조직, 단체 혹은 그룹.' 장병규는 "연합이 작동하기 위해선 신뢰의 고리가 강해야 한다"고 강조했다. "구조만으로는 작동하지 않습니다. 중요한 것은 내부를 돌리는 소프트웨어입니다. 강한 신뢰 관계를 만들기 위한 여러 가지 대화와 장치가 우리에게 필요합니다."

6개월에 한 번씩

2017년 12월, PUBG와 크래프톤 강상욱 팀은 플레이스테이션용 배틀그라운드 출시에 성공했다. 강상욱이 이끈 크래프톤 파견 팀과 PUBG 콘솔본부 직원들은 서로를 "같은 전장을 뛴 전우"라고 표현했다. 강상욱 팀이 진통 끝에 합류할 때만 해도 연내 출시는 불가능한 목표로 여겨졌다. "목표를 달성할 수 있었던 까닭은 배틀그라운드의 간단한 게임 구조에 있었습니다." 강상욱 PD가 술회했다.

"파견 구성원들의 테라 콘솔 개발 경험과 헌신, PUBG의 대폭적인 지원도 컸지만, 근본적으로 배틀그라운드가 대단히 간단하고 작은 게임이라는 점이 결정적이었습니다. 이것은 저희도 직접 작업을 진행하면서야 깨닫게 되었습니다. 개발자로서 깊은 인상을 받았습니다. 앞으로의 게임 제작에 많은 참고가 됐습니다."

프로젝트에서 무엇이 가장 힘들었느냐는 물음에 강상욱은 "PUBG 조직이 너무나 파편화돼 있고 구성원들의 역량이 들쭉날쭉하다"고 답했다.

"하나의 개발 작업을 진행할 때 몇 단계의 부서들, 심지어 시차와 언어가 다른 조직들까지 서로 얽혀 있어 진행이 더디고 품질도 좋지 못합니다. 핵심 개발자들과 리더들은 대단히 뛰어나고 잘하는 분들이지만, 실무를 진행하는 일부 구성원의 역량은 이에 미치지 못합니다.

2018년이 PUBG에겐 다소 우왕좌왕하고 정체된 한 해였다면, 이런 요인이 큰 비중을 차지했을 거라고 봅니다. 다행히 PUBG 리더들도 이를 인식하고 조직 개편을 진행한다고 하니 앞으로 개선을 지켜봐야 하겠습니다. 장기적으로 '일 잘할 수 있는 조직'으로의 변화와 조직원의 역량 향상은 PUBG의 중요한 과제가 될 것입니다."

연말 평가에서 강상욱은 자신을 제외한 팀원에게 최고 등급인

'S'를 쳤다. "파견 기간 동안 물심양면으로 많은 신경을 써주고, 이후 저희 신규 프로젝트를 위해서 아트 자원도 공유해주기로 한 PUBG에 많은 고마움을 느낍니다. 앞으로도 크래프톤과 PUBG 간 상호 교류와 협업을 위해 많이 노력하겠습니다. 그것이 제게 주어진 역할이라고 생각합니다."

PUBG는 레고 블록을 조립하듯 끊임없이 조직 구조를 재편성했다. 6개월에 한 번씩 조직 개편이 이뤄졌다. 처음 배틀그라운드를 선보일 당시 40여 명이던 구성원이 450명을 넘어섰고, 7곳의 해외 지사도 상시 가동 중이었다. 업무는 복잡 다양해지고 집중해야 할 시장은 늘었다. '배틀그라운드'라는 이름을 단 게임만 해도 PC부터 모바일, Xbox, PS 4, 저사양 PC 버전까지 총 5개에 이르렀다.

PUBG의 사업 지평은 애초에 단순한 게임 개발과 서비스의 경계를 넘어섰다. 다른 회사와의 협업은 물론이고 e스포츠 운영, 굿즈 제작에도 손을 뻗쳤다. 파트너가 늘면서 협업 방식도 점점 고도화했다. 초기에는 단순히 파트너를 찾아 스폰서 계약을 맺는 수준이었다면, 이제는 텐센트가 개발한 모바일 게임을 PUBG가 서비스하거나, 트위치나 아마존과 함께 이벤트를 진행하며, 카카오와 PC방 프로모션 행사를 여는 등 다양한 협력이 이뤄졌다. 외부에 API를 공개해 다른 서비스로의 확장을 시도하는 사업도 진행 중이었다. 업무의 성격에 따라 담당자가 바뀌거나 충원되었고, 각 사업 영역의 우선순위도 수시로 조정됐다.

　붙었다 떨어지기를 반복하는 조립 세트 같은 조직에 속한 직원들의 얼굴에 피로가 확연했다. 김창한은 "조직 개편을 자주하는 건 당연한 일"이라며 "이제 PUBG는 단순히 배틀그라운드를 개발하고 서비스하는 단일하고 단순한 조직이 아니다"라고 설명했다. "조직 구조는 당면한 주요 과제를 잘 해내기 위해 고안됩니다. 사업 영역에 따라 주요 과제는 다르기 때문에 다양한 형태의 조직 구조가 생겨날 수 있습니다. 인원 수와 사업 영역을 모두 포함하는 규모에 맞게 일하려면 조직 구조와 일하는 방식을 지속적으로 조정할 필요가 있습니다."

　조직 운영 방식에 정답은 없다며 직원들을 달랬다. "계속 변하는 환경으로 인해 스트레스를 받을 수 있다는 점을 알고 있습니다. 그러나 이는 개인과 회사 모두에 성장할 기회를 제공한다는 장점도 있습니다. 모두가 만족할 정답을 찾는 것은 어려울 수 있습니다. 하지만 믿고 실행해보고 다시 수정하면서 조직 개편을 진행하고자 합니다."

　김창한은 조직 구조를 '기능 중심 조직functional organization'과 '목표 중심 조직feature organization'으로 구분했다.

　기능 중심 조직은 동일한 기능을 하는 사람들을 모아 위계를 만드는 방식이다. 게임 개발을 예로 들면 프로그램팀, 게임디자인팀, 아트팀으로 구분하고, 다시 그 내부를 클라이언트팀, 서버팀, 콘텐츠기획팀, 시스템기획팀, 밸런스기획팀, UX팀, 캐릭터팀, 배경팀, 원화팀으로 세분화하는 식이다.

　일반적으로 사람들이 조직 구조를 고민할 때 가장 먼저, 그리고 가장 쉽게 시도하는 방식이기도 했다. 기능 중심 조직은 업무와 조직을 쉽게 관리하고 기능별로 품질을 높이는 데 용이했다. 상급자가 어렵지 않게 구성원 업무를 챙기면서 작업 품질에 관여할 수 있기 때문이다. 구성원들도 조직 위계에 따라 승진하는 것을 커리어 패스(경력 관리)로 생각하기에 동기 부여가 쉽게 이뤄지는 측면이 있었다.

"작은 조직에선 기능 중심 조직이 잘 작동할 수 있습니다. 팀 간 소통 거리가 짧고, 대상도 적기 때문입니다. 그런데 조직이 커지면 상황이 달라집니다. 전체 조직의 목표를 이해하는 개별 구성원의 비율이 점점 줄어들 수밖에 없으니까요. 효율성을 이유로 조직장이 관리와 통제를 하기 시작하면, 구성원이 전체 목표보다 주어진 일에만 집중하게 됩니다. 목표를 달성하기 위해 효과적으로 일하기가 점점 어려워지고 부속이 돼버립니다."

목표 중심 조직은 전체 조직의 목표를 여러 개로 나누고, 그 목표를 달성하는 데 필요한 일을 할 수 있는 구성원으로 팀을 꾸리는 방식이다. 김창한은 배틀그라운드 개발 초기부터 지속적으로 목표 중심 조직을 구성해 운영했다.

예를 들어 배틀그라운드 개발에 착수할 때는 게임의 주요 기능별로 팀을 나누어 개발을 진행했다. '월드/레벨 디자인' '아이템/총기/게임플레이+사운드/효과' '캐릭터/차량/액션 시스템' '보상/아웃게임(전체 게임에서 본게임인 총싸움 서바이벌 이외의 것들)' '3D/아트 제작' '커뮤니티 구축 및 운영' 팀이 당시의 기능별 조직이었다. PUBG는 2018년 상반기에도 뚜렷한 목표를 향해 일하는 버츄얼

팀을 구성해, 각 영역에서 전문성을 지닌 직원을 배치했다.

김창한은 JYP엔터테인먼트의 사례를 제시하며 목표 중심 조직으로의 조직 개편을 예고했다. "JYP는 규모가 커진 조직에서 제작과 서비스 속도 문제를 해결하고자 실험했고, 이제는 이 방식을 더욱 확장하려고 합니다." JYP의 제품은 걸그룹과 보이그룹으로, 게임과는 다르지만 엔터테인먼트 제품과 서비스라는 공통점이 있었다. 창업자인 가수 박진영은 자신의 강한 존재감을 지우고 각각의 레이블이 아티스트를 담당하도록 조직을 재편했다.

기존의 마케팅, 홍보, 매니지먼트 등 기능별 조직이 규모가 커지면서 속도 문제를 겪자, 단일 아티스트만을 위한 전담 TF를 구성해 업무 효율을 높였고, 이를 통해 걸그룹 트와이스가 탄생했다. 트와이스는 1억 스트리밍 타이틀을 여럿 보유할 정도로 해외 시장에서 성과를 내는 최정상급 그룹으로 성장했다.

개발해야 할 제품 목록은 날이 갈수록 늘어났다. PC, 저사양 PC, Xbox, PS 4, 모바일, 중국용 PC 게임뿐 아니라 e스포츠와 공개 API, 메타 게임(게임의 핵심 기능에서 벗어난 플레이)도 별도로 챙겨야 했다.

"모든 제품을 하나의 커다란 기능별 조직으로 개발하는 방식은 속도가 나지 않을 겁니다. 중장기적으로 각 제품의 목표에 맞는 독립적인 팀을 구성하는 방향으로 분화해나가야 합니다. 다만 분산된 조직을 조정하고 통합하는 비용은 감수해야 합니다. 이를 위한 인력 배치나 효율성을 높이는 방법을 고민하겠습니다."

조직마다 처한 상황이 다르기에 전 조직을 목표 중심 조직으로 전환하는 것은 현실적으로 불가능했다.

"당면한 상황과 우선으로 두는 가치에 따라 적합한 조직 구조와 운영 방식을 선택하고, 필요한 비용을 지불하겠습니다. 짧은 기간 빠르게 목표를 달성하기 위해 버츄얼팀을 구성하겠습니다. 인력을 파견하는 식으로 개개인이 목표에 집중할 수 있도록 지원하겠습니다. 독자적인 권한을 부여하는 방식을 적극적으로 활용하겠습니다. 조직장들은 권한을 가지고 있는 만큼 구성원이 목표를 이해하고 다른 팀과 협업할 수 있도록 신경 써주시길 부탁합니다."

직원 150여 명이 PUBG 개발본부에서 일하고 있었다. 해외 지사에 개발 업무의 일부를 맡기고, 콘솔 개발을 별도의 조직으로 분리하여 업무 부담을 줄였지만 여전히 많은 업무가 개발본부에 집중돼 있었다. 김창한은 확장된 조직 간의 통합 문제를 해결하려고 '개발본부 중심의 커뮤니케이션'에 줄곧 힘을 실었다.

상반기 조직 개편 이후, 매일 2시간씩 20명 이상이 참여하는 회의를 열었다. 회의 내용을 한국어와 영어로 실시간으로 방송하고 회의록을 전 직원에게 공유했다.

통합과 커뮤니케이션 문제는 개발본부 내에서만의 문제가 아니었다. 개발과 분석, 사업, 마케팅과의 거리 또한 멀어지고 있었다. 간격을 좁히려고 도입했던 주간 회의도 제 역할을 충분히 해내지 못했다. 구성원의 자발적인 참여를 독려하다 보니 비용은 둘째 치고 맥락과 내용이 전달되지 않는 경우가 잦았다.

"대표님 표정이 좋지 않으십니다. 요즘 가장 큰 고민은 무엇인가
요?" 이 질문은 크래프톤 사내에서 유행이 됐다. 시작은 2018년 4월
BLT 질의응답 시간이었다. 미리 받은 질문들 중 이 질문이 화면에
올랐다. "표정이 어두운 건 아닌 것 같은데요." 김효섭이 머쓱해하
며 얼굴을 매만졌다. 그가 밝힌 고민은 사옥 이전과 PUBG 인센티
브 문제였다. "이사를 하려다 보니 생각지도 못했던 세부적인 문
제가 많더군요. 인력 배치부터 공간 조성까지 여러 문제에 대한
명확한 답이 없어서 고민이 많습니다. 다른 하나는 PUBG 개발
인센티브 문제인데요. 좋은 일을 하면서 구성원에게 누가 되지 않
도록 잘 정리해서 실행하려고 합니다."

장병규는 그의 표정을 살피며 "조직이 커지면 별별 일이 다 생
긴다"고 말했다. "실제로 지근거리에서 지켜보면 절대적으로 일이
많으십니다."

다음 달 행사에서 똑같은 질문이 올라왔다. 장병규는 껄껄 웃
었다. "지난 달에도 나온 질문 아닌가요? 이 질문은 한 달에 한 번
씩 계속 나올 것 같군요!" 이번에 김효섭이 제시한 답변은 52시간
근로제와 투자 업무에 관한 것이었다.

"노동법이 어떻게 바뀌는지 열심히 파악하고 있습니다. 변경
된 제도를 기반으로 블루홀의 무엇을 바꾸고 무엇을 유지해야 할
지 고민하고 있어요. 다른 하나는 투자본부가 감당할 수 있는 투
자 규모에 관한 것입니다. 좋아 보이는 외부 개발사 모두에 투자
할 수는 없으니까요. 안 하자니 아깝고, 하자니 부담되고. 어떤 기
준을 세워 선별할지 요즘 고민입니다."

그다음 달 김효섭의 고민은 소통에 관한 것이었다.

"사옥 이전에 관한 사안은 진행 과정마다 소통을 하겠다고 공언했지만, 과연 내용이 충분히 전달될 수 있을지 의문이 들었습니다. 세세하게 전달하는 것이 과연 정확하게 전달하는 걸까? 전달 과정에서 쌓인 오해는 어떻게 풀어야 하나?

이 문제를 두고 고민을 거듭했지만 단순히 소통의 횟수를 늘리는 것은 해답이 아닌 것 같습니다. 다양한 시도를 해야 할 텐데, 여전히 과도기에 있는 것 같습니다. 즐겁게 살다가도 이런 일이 한두 번 벌어지면 조금은 우울해집니다. 저뿐만 아니라 일을 진행하는 분도 그렇습니다. 지적을 하지 말아달라는 당부가 아니라 이런 고민을 하고 있다는 이야기입니다.

글이나 말로 이뤄지는 소통이 전달하려는 내용을 온전히 포함하지 않을 수 있다는 사실을 기억해주시고, 여유 있게 생각해주셨으면 합니다."

한 달 뒤, 그의 고민은 "언론이 블루홀을 부정확한 정보로 다루는 문제와 이에 적절하게 대응하는 방법"이었다.

한 해의 끝이 보이는 시점.

"제가 시작한 질문은 아니지만 상당히 많은 정보를 주는 질문이라 또다시 드립니다. 요즘 가장 큰 고민이 무엇인가요?" 어김없는 질문에 김효섭이 미소를 보였다. "제가 경험이 부족하고 생각이 모자랐구나, 하는 깨달음을 얻으면서 앞으로의 계획을 만들어가는 것? 크래프톤의 계획을 현재 할 수 있는 선에서 최대한 고민하고 있습니다. 한 단계 더 나아가는 것에 대한 고민이 머릿속을 가장 많이 차지하고 있어요. 효율은 그리 좋지 않은 것 같고요."

　"대표가 되신 지 1년이 됐는데요, 개인적으로 가장 기억에 남는 일이 있나요? 또는 이것만큼은 잘했다고 생각하시는 일이 있다면 무엇인가요?" 김효섭은 "반성하고 있다"고 답했다. "연말을 앞두고 조금씩 정리하고 있는데 사실 정신없이 보냈던 것 같습니다. 구체적인 성과가 뚜렷하게 나타나지 않았기 때문에 올해는 자랑할 만한 것이 없어 죄송합니다. 내년에 같은 질문을 다시 주신다면, 무언가를 말씀드릴 수 있도록 준비하겠습니다."

　기억에 뚜렷하게 남는 일이 한 가지 있었다.

　"이 일을 하면서 색다른 경험을 했습니다. 지난여름 독일에서 열린 배틀그라운드 e스포츠 대회를 관람한 것이었습니다. PUBG가 얼마나 준비를 잘했을까 궁금하기도 하고 흥행이 부진하다는 우려도 사전에 들어 걱정하면서 갔는데, 예상보다 훨씬 큰 공간에서 여러 나라 사람들이 함께 게임을 보고 즐기는 모습을 봤습니다. 아, 이래서 내가 게임업계에 있는 거구나, 실감한 그 순간이 기억에 남네요.

　과거에 한국에서 열린 게임 대회를 가봤지만 그 정도로 규모가 큰 대회는 없었거든요. 작은 스튜디오에서 열리는 게임 대회여서 재미가 그다지 크지 않았습니다. 배틀그라운드 대회에선 의외로 몰입하며 한 팀을 응원하기까지 했습니다. 제가 중국 팀을 응원하게 되는 상황! 그게 기억에 남아요. 게임업계에서 일하는 이들이 이런 경험을 자주 할 수 있도록 하는 일이 굉장히 중요하다고 생각했습니다. 배틀그라운드뿐 아니라 우리의 다른 게임으로도 조만간 그런 순간을 맞이하길 바라게 됐습니다."

장병규가 말을 보탰다.

"블루홀 2.5 발표 이후, 지난 1년은 김효섭 대표님과 새로운 경영팀이 형성되는 과정이었습니다. 저를 포함한 많은 분들에게 지난 한 해 동안 현재 경영팀의 성과가 만족스럽냐고 묻는다면, 만족스럽다고 쉽게 대답하진 못할 겁니다. 다만 제가 보기에 크래프톤 조직은 굉장히 빠르게 성장하고 있고, 그만큼 큰 변화를 겪고 있습니다. 처음 경영을 맡아 이렇게 크게 변화하는 조직에서 성과를 내는 것 자체가 큰 도전이라고 봐주시면 됩니다. 즉 일을 제대로 하고 만족스러웠다는 이야기가 나온다면, 그것이 오히려 이상하다고 여겨주시는 편이 낫습니다.

물론 불만이 많습니다. 전 맨날 불만투성이입니다. 하지만 객관적으로 봤을 때, 대표님 나름대로 훌륭하게 운영하고 있다고 평가하는 것이 맞다고 봅니다."

장병규는 "크래프톤이 질적인 변화를 잘 겪고 있다"고 평했다. "PUBG만 해도 제가 '끊임없는 도전'이란 표현을 썼었죠. 배틀그라운드를 출시할 때 팀원이 40명 안팎이었다는 사실을 기억하세요. 지금은 450여 명입니다. 1년 반 만에 조직 구성원이 10배 넘게 늘었습니다. 조직이 제대로 돌아가는 게 이상한 거예요. 손발을 맞추는 팀워크가 당연히 어렵죠. 질적으로 엄청난 변화를 겪고 있습니다. '슈퍼super하게' 만족할 정도는 아니지만, 급격한 변화 속에서 충실하게 해주고 계시다는 생각이 당연히 듭니다."

"그럼 연합은 어디까지 왔을까요?" 직원의 질문에 장병규가 대답했다. "여전히 걸음마 수준이죠."

4시간 연장

배틀그라운드 서비스를 점검하던 도중에 서버가 다운됐다. 외부 IP를 게임 콘텐츠로 활용하는 첫 시도에서 비상등이 켜졌다.

DC 영화 〈수어사이드 스쿼드〉의 두 주인공, 할리퀸과 조커를 PC와 콘솔용 게임 캐릭터로 구현했다. 게임에서 제공하는 헤어스타일과 메이크업, 의상 아이템을 사용해 유저가 자신만의 할리퀸과 조커를 창조할 수 있도록 했다. 수어사이드 스쿼드 IP 활용에 대한 결정권은 DC에서 일하는 한국계 미국인 편집자에게 있었다. "아들이 배틀그라운드의 열혈 팬"이라고 밝힌 그는 PUBG와의 컬래버레이션을 흔쾌히 승락했다. DC는 세계적인 IP를 보유한 회사답게 콘텐츠 사용에 까다로운 조건을 내걸었다. PUBG는 캐릭터의 모습, 의상 색깔, 머리 모양 등 모든 부분에서 DC 측의 검수를 일일이 받아야 했다.

가까스로 허들을 넘었지만, 라이브 점검 중에 문제가 터졌다. 서버 고장의 원인은 기존 게임 아이템인 '빠루'(못을 뽑을 때 쓰는 쇠지렛대)에 있었다. 할리퀸이 빠루를 들기만 하면 서버가 돌연 멈춰섰다. 양 갈래로 머리를 묶고 파격적인 화장을 한 문제아 할리퀸에게 빠루는 찰떡 조합이었지만, 눈물을 머금고 빠루를 아이템 목록에서 빼버리는 극약 처방을 내렸다. '라이브 서버 점검 연장 안내' 공지가 발표된 후, 4시간 연장 결정이 내려지자 고객들의 분노가 온라인 게시판을 뜨겁게 달궜다. 며칠 뒤에야 할리퀸은 빠루를 휘두르며 전장을 누빌 수 있었다.

PUBG의 2018년 매출이 처음으로 1조 원을 돌파했지만, 규모보다 중요한 것은 추세였다. 연말을 앞두고 직원 한 명이 김창한에게 농반진반으로 내년 월급을 걱정하는 말을 던졌다. 김창한은 갈수록 하락하는 배틀그라운드의 성적을 지켜보며 신음했다. 조직은 비대해졌고, 높이 오른 만큼 추락의 충격파는 컸다. 여러 난제에 발목을 잡힌 PUBG는 자꾸만 땅바닥으로 고꾸라지고 있었다.

기대 이하의 연간 성과에 내부 불만이 터져 나왔고 사기는 떨어졌다. 한 해를 복기하고 다음 해 계획을 세우는 회의에서 직원들은 수시로 언성을 높였다. 김창한은 "다양한 의견을 취합하는 과정이 생산적인 토론 대신 논쟁으로 흐르는 것을 지양하자"며 회의를 잠시 멈췄다. 논리를 기반으로 하는 싸움이 논쟁인데, 이는 결국 옳고 그름의 문제로 이어진다는 것이었다.

어떤 가정을 전제로 삼아 논리를 세우기 마련인데, 잘못된 가정은 잘못된 결과로 이어질 수밖에 없다. 따라서 자신의 논리가 틀릴 수 있다는 점을 인정하는 자세로 토론에 임해야 하지만, 사람들 대부분이 그렇지 못했다.

그의 경험에 비춰보면 게임업은 수학처럼 옳고 그름이 명확한 문제가 아니었다. 김창한이 배틀로열 게임 장르를 처음 기획할 때, "100명이 게임에 들어가서 1명이 살아남는다면 재밌지 않을까?"라는 질문을 던졌다. 친구는 코웃음을 쳤다. "대부분 PVP player vs player(게임 이용자 간 싸움) 기반 게임에서 참여 유저의 승률이 최소 50퍼센트는 되는데, 승률이 1퍼센트인 게임을 누가 하겠냐?"

당시 김창한은 그 논리에 설득됐다. 그런데도 배틀로열 게임 장르를 즐기는 유저가 있다는 사실에 기대어 생각을 고쳐먹었다. 대중적인 장르가 되지 못하더라도, 하드코어 유저를 위한 게임을 만들겠다는 결심으로 배틀그라운드를 제작했다. 지금은? 배틀로열 게임 장르는 완전히 대중화됐다.

김창한은 과거에 자신이 설득당했던 친구의 논리에서 간과한 전제가 있다는 것을 나중에야 알았다. 배틀로열에서는 유저가 패하더라도, 곧바로 다시 새로운 게임을 시작할 수 있었던 것이다.

"논리적으로는 옳게 보이더라도 결과는 틀릴 수 있습니다. 이 사실을 유념하고 의견을 취합하는 과정이 생산적인 토론이 되었으면 합니다. 해보기 전까지는 모르는 일이 많습니다. 전사적으로 방향을 수립하고 계획을 세우면, 모두가 믿고 실행해보고 다시 수정하는 방식으로 일해야 지금처럼 큰 규모의 조직이 앞으로 나아갈 수 있습니다."

배틀그라운드는 기존 게임 문법을 따르지 않았기에 유저에게 독특한 경험을 선사했다. 아이러니하게도 배틀로열 게임 장르의 원작자로 참여한 브렌던 그린에게 게임 개발 경험이 없었기 때문이었다. 그의 의견을 존중해서, 경험 많은 게임 개발자가 상식적으로 생각하는 게임의 모습 대부분을 적용하지 않았다.

예를 들어 일반적으로 배틀로열을 게임화한다면 기존 총싸움 게임을 흉내 내 게임 문법이나 규칙을 화면 속 UI(유저 인터페이스)로 안내했어야 했지만, 이를 피했다. 총싸움 게임을 많이 한 사람이라면 너무나 당연하고 익숙한 요소를 배틀그라운드는 최대한 없앴다. UI의 힘을 빌리지 않고 직관적으로 게임 문법과 규칙을 파악해야 한다는 것. 이것이 리얼리티와 맞닿아 있었다. 실제 삶에서 생존하기 위해 이것저것 시도하며 자연스럽게 방법을 찾아가듯, 게임이라고 해서 특별히 따로 배울 필요가 없었다. 이것이 배틀그라운드를 여타 게임과 다른 게임으로 만들었다. 직관적이고 독특한, 게임 같지 않은 게임이 된 것이다.

모든 게임에는 BGM(배경 음악)이 있지만, 배틀그라운드에는 없었다. 개발 초기에 개발자들이 "BGM을 넣으면 좋지 않을까?" 하고 물었지만 브렌던 그린이 단칼에 자르며 대꾸했다. "현실에는 BGM이 없는데?" 적막한 공간. 팽팽한 긴장을 뚫고 총성 한 방이 울릴 때의 몰입과 전율이 배틀그라운드에 있었다. 경쟁작들은 BGM을 비롯해 목소리, 효과음, UI 연출 등 다양한 요소를 게임화했지만, 배틀그라운드는 의도적으로 거리를 뒀다. 게임 요소를 덜어내야만 직관적이고 몰입할 수 있는 배틀로열 게임이 된다고 믿었기 때문이다.

"열심히 했는데 잘 안됐습니다. 리더들이 방향을 잘못 잡았거나, 특히 제가 방향을 잘못 이끌었기 때문이라고 할 수 있습니다."

2018년에 많은 일을 했다. 김창한은 "다양한 시도를 하자"고 말했고, 실제로도 그랬다. 열심히 했고 많이 배웠다. 반전을 일으키려고 내부에 부담을 많이 줬지만, 이렇다 할 성과를 내지 못했다.

수익과 고객 성과 모두 기대에 미치지 못했다. 그렇다고 해서 '자부심 있는 일을 해냈다'는 만족을 얻은 것도 아니었다. 무엇을 잘하고 무엇을 못하고 있는지조차 구분하기 어려웠다.

올해 PUBG는 왜 이런 결과를 맞았을까? 연말 동안 김창한을 괴롭힌 질문이었다. 다양한 시도를 하며 답을 찾으려고 했지만, 오히려 의문만 더해졌다. 여러 영역으로 확장을 시도했으나 깊이depth보다 폭breadth에 집중한 것이 하락세를 막지 못한 원인이라고 김창한은 평가했다. 무엇보다 다양한 시도를 하는 과정에서 PUBG만의 정체성을 잃어버렸다.

재정립이 필요한 시점이었다. 갑작스럽게 이뤄낸 성취를 잃을까 봐 두려움과 공포에 휩싸인 채 일을 했다는 후회가 밀려들었다. PUBG 대표로서 'PUBG를 어떻게 지속적으로 성장하는 회사로 만들 수 있을까'란 화두가 머릿속을 떠나지 않았다. 배틀그라운드라는 게임 하나가 우연한 성공에 그치지 않고, PUBG가 지속적으로 성장하는 글로벌 게임 회사가 되려면 어떻게 해야 할 것인가.

배틀그라운드의 자산과 유산이 지속되게 하려면 장기적인 관점이 필수적이라는 데 생각이 미쳤다. 장기적인 관점에서 보면 배틀그라운드의 고유한 게임성을 갈고닦고, 팬덤을 키워가는 것이 중요했다. 결국엔 이 2가지가 핵심이었다. 김창한은 구성원들 앞에서 "제가 본질을 잃었다"고 밝히며 반성했다.

"본질을 더 봤어야 했습니다. 더 길게 보지 못했습니다. 설령 팬의 수가 줄었더라도, 우리의 본질적 가치를 사랑하는 충성 고객에게 집중했어야 하지 않을까요? 어차피 여러 종류의 팬이 있습니다. 충성 고객도, 유행에 따라 잠깐 왔다 가는 팬도 있을 수 있습니다. 사실 모바일을 포함하면 배틀그라운드 IP 팬의 수는 여전히 성장 중입니다.

특정한 숫자로 나타나는 결과가 우리의 목표가 아니라, 정말 우리가 처음으로 시작한 배틀로열 게임 장르의 충성스러운 팬들을 만족시켰다면, 숫자로 나타나는 결과는 떨어졌더라도 우리는 우리가 해낸 일에 자부심을 가질 수 있었을 겁니다."

김창한은 배틀그라운드 개발 당시 선언적으로 제시했던 구호를 다시 꺼내들었다. '숫자 결과를 목표로 하지 않겠다' '성공은 결과이지 목표가 아니다.' "숫자 위주로 보지 않겠습니다. 숫자를 목표로 삼지 않겠다는 것이지 실제로 보지 않는 건 아닙니다. 다만 설령 숫자가 작아지더라도 PUBG 팬들에게 우리가 가진 정체성과 자부심을 전할 수 있다면 큰 문제가 아니라는 겁니다. 우리의 본질적 가치에 집중합시다."

연말에 김창한은 PUBG의 미션과 핵심 가치, 배틀로열 게임 장르의 핵심을 다시금 정의하는 경영 회의를 시작했다. 시작점이 되는 질문은 다음과 같았다.

'우리의 본질적 가치에 스스로 집중했는가?'

'그 본질적 가치를 키웠는가?'

'이를 통해 우리가 만족했는가?'

'우리의 팬이 만족했는가?'

배틀그라운드,
새로운 전장으로

2019

다시 기본으로
: 배틀그라운드만의 재미를 위하여

KRAFTON

2019년 1월

———

크래프톤 전체 직원: 1,514명
PUBG 직원: 610명

———

조급하게 추진했던 일들의 결과는
보나마나였다. 도대체 어떻게 해야 하는지
방법을 찾기 위해 리더들과 머리를 싸맸다.
핵심 가치에 집중하지 않으면
단기적으로 일을 벌여봐야
소용이 없다는 결론에 도달했다.

———

40개의 오류 메시지

"기분 좋은 하루 시작하셨는지요? 'KRAFTON(크래프톤)'이라는 새로운 이름으로 출발하는 원년! 2019년입니다. 첫 시작을 기념하기 위해 패키지를 제작했습니다." 크래프톤 로고가 박힌 후드 집업, 탁상 달력, 사원증, 명함이 직원들의 책상마다 놓였다.

"크래프톤의 꿈은 존경받는 제작 리더십과 품격 있는 구성원들이 각자의 역할에서 최고가 되기 위해 노력하며 명작 게임을 함께 만드는 것입니다. 크래프톤의 게임이 전 세계 고객에게 재미와 감동, 행복을 선사하길 바랍니다. 정말 쉽지 않은 길이 될 것입니다. 무엇보다 제작 리더십이 매우 중요합니다.

경영은 크래프톤의 제작 리더십이 독립적으로 제작할 수 있도록, 끈기를 갖고 도전할 수 있도록 지원하고 조언할 것입니다. 크래프톤은 다양한 제작 연합으로서 '따로 또 함께'라는 가치 아래 다양한 게임 플랫폼과 장르에서 시너지를 극대화할 것입니다.

게임 제작은 재미보다 인내가 우선합니다. 명작 게임은 고통스러운 순간을 견디고 인내를 쌓는 과정에서 탄생합니다. 성공의 과실을 나눌 것이고, 성장과 선택의 기회를 충분히 제공할 것입니다. 시장과 고객에 대해 끊임없이 학습하고, 품격 있게 협업할 수 있는 동료들과 함께하기를 소망합니다. 게임 제작을 평생의 업으로 삼고, 유행에 흔들리지 않는 그런 동료들과 함께, 크래프톤을 좋은 삶의 터전으로 만들어가고자 합니다."

이메일 계정과 공식 메신저가 새 시스템으로 개편되고 사내 온라인 포털(그룹웨어)도 단장했다. 장병규가 신규 시스템을 통해 전체 직원에게 '크래프톤의 원년, 2019년을 맞이하며'라는 제목의 메일을 발송했다. 40여 개의 직원 이메일로부터 '메시지를 배달할 수 없습니다'라는 오류 메시지가 돌아왔다. "왜 이런 것인지, 해결 중인 것인지 알고 싶습니다."

기술본부장은 "메일 발송 실패 메시지는 입사 예정자와 외주 직원용 계정에서만 발생한 것"이라며 "아직 시스템 개발을 완전히 끝내지 못했다"고 설명했다. 이런 문제를 막기 위한 방법을 직원들에게 사전에 안내했지만, 깜빡하고 장병규에게 메일을 보내지 못했다는 사과도 덧붙였다.

"2018년이 지나고 크래프톤의 통합 브랜드가 출범했지만, 여전히 우리가 사용하는 인프라 시스템과 프로세스는 엉망인 게 많아 보입니다. 이유를 말씀하실 수도 있지만 글쎄요, 그건 경영진의 기본 태도가 아닌 것 같습니다. 경영진은 오로지 성과로 평가받아야 하지요. 제대로 그리고 빨리 하기 힘들다면 올해엔 적어도 지금 수준에서 '안내'라도 잘되면 좋겠습니다.

예를 들어 메일 발송 실패나 배달 오류 메일이 발송될 때 왜 이런 실패나 오류가 났는지를 설명해주는 안내 메일이요. 그래서 '당신 입장에선 고민하거나 따로 조치할 필요가 없다'는 내용이 잘 '안내'되기를 기대합니다. 모쪼록 2019년에는 제대로 그리고 빨리 되기도 하면서 안내도 잘되길 기원해봅니다.”

김창한은 신년 첫 회의에서 2019년 방향을 'PUBG의 정체성과 핵심 가치에 기반한 선택과 집중'으로 제시했다. 2018년은 이리저리 구르고 부딪힌 해였다. PUBG가 직접 운영하는 서비스 트래픽은 하락하고, 카피캣이나 경쟁작들은 성공 가도를 달리면서 조직 내 스트레스가 극에 달했다.

조급하게 추진했던 일들의 결과는 보나마나였다. 모든 사람이 갖은 노력을 기울였지만 실질적인 지표를 개선하지 못했고, 그 이유도 정확히 알지 못했다. 김창한은 도대체 어떻게 해야 하는지 방법을 찾기 위해 리더들과 머리를 싸맸다. 핵심 가치에 집중하지 않으면 단기적으로 일을 벌여봐야 소용이 없다는 결론에 도달했다.

“PUBG란 회사, 그리고 배틀그라운드 게임의 핵심 가치를 정의하려고 합니다. 어차피 게임은 콘텐츠이고 즐기는 것입니다. 본질적으로 그 가치를 키우지 않으면 게임이나 회사의 존재는 없어지는 겁니다. 단기적으로 일희일비하기보다, 우리의 핵심 가치가 무엇인지 더 깊이 보는 것이 2019년의 방향입니다. 성장의 규모나 정량적인 결과에 대한 두려움을 버립시다. PUBG의 핵심 가치에 기반해 본질에 집중합시다. PUBG 팬들에게 배틀로열의 미래를 보여주는 데 주력합시다. 올해는 배틀그라운드가 오래도록 사랑받을 수 있는 콘텐츠가 되도록 내실을 다지고 기틀을 마련하는

데 집중하겠습니다."

이런 방향에서 김창한은 개발, 사업·서비스, 조직 3가지 영역에서 목표를 세웠다. 개발은 배틀그라운드 게임 플레이의 핵심 가치를 강화하는 방향으로 개발을 추진하고, 품질quality과 안정성stability을 확보하기. 사업·서비스는 커뮤니티와 다시 하나가 되고, PUBG 브랜드를 재정비해 뿌리 내리기. 마지막으로 복잡한 다국적 조직을 하나로 일치시키고, 어떤 경쟁사와 견주어도 능력 있는 회사로 발돋움하기.

"목표를 말할 때 답을 알고 있으면 아주 쉽습니다. 답을 알고 있으면 모두가 그 방향으로 나아가면 되니까요. 하지만 답을 모르기 때문에 우리가 노력하고 찾아가는 것입니다. 우리는 답을 알고 있는 일을 하고 있지 않습니다. 핵심 방향을 같이 잡고, 답을 찾기 위해서 움직여야 합니다. 우리가 빠르게 확장했기 때문에 아직까지 전사 얼라이먼트alignment(정렬) 수준이 높지 않았다는 말씀을 드리고 싶습니다."

PUBG는 저사양 PC에서 구동하는 '배틀그라운드 LITE'를 출시했다. 저사양 게임 개발은 개발자들이 기피하는 프로젝트였다. 새로운 게임을 만드는 것이 아니라, 복잡한 두 종류의 코드를 낮은 사양에 맞게 합병merge하는 작업이 대부분이었다. 그럼에도 담당 팀은 별동대처럼 일하며 프로젝트를 완수했다.

성능이 낮은 PC가 대부분인 개발도상국 시장을 겨냥한 프로젝트인 만큼 수익성에서 별 재미를 못 볼 게 뻔했다. 성과를 염려하는 직원에게 김창한은 "잘되든 잘 안되든 상관없다"고 말했다. "우리는 새롭고 예측 불가능한 일을 하고 있습니다. 최선을 다했고 배움이 있으면 됩니다. 물론 잘되면 더 좋고요. 이런 관점에서 우리의 목표에 맞게 열심히 최선을 다하면 됩니다."

사내에선 배틀그라운드 LITE를 왜 하는지, 혹은 LITE의 위상이 무엇인지를 묻는 질문이 많았다. 김창한은 "배틀그라운드 LITE의 가치는 우리가 최초로 플랫폼을 확장할 때 말했던, 모든 환경에서 배틀그라운드에 대한 최고의 경험을 제공하겠다는 목표와 일치한다"고 설명했다.

"배틀그라운드 LITE를 통해 노트북이나 온보드on-board 그래픽 카드를 사용하는 유저에게 그동안 제공하지 못했던 최고의 경험을 제공하게 될 것입니다. 매출보다는 최고의 경험을 제공하는 데 집중한다고 보시면 됩니다.

다만 시장 상황을 잘 모를 수 있기 때문에 소구점(포지션)을 어떻게 잡을지 고려해야 합니다. 이미 배틀그라운드 모바일이 있기 때문에 배틀그라운드 LITE를 노트북에서 할 필요가 없어졌는지, 혹은 배틀그라운드 LITE의 게임 플레이가 모바일보다 오리지널 PC 버전에 가깝게 제작되었기 때문에 더 많은 유저가 좋아해줄지 말이죠. 꼭 개발도상국이 아니더라도 노트북을 사용하는 유저는 많습니다. 개발도상국에 국한하지 않고 시장 확장을 고려하면 좋을 것 같습니다."

트리플A 게임

배틀그라운드 e스포츠 캘린더가 만들어졌다. "2018년은 많은 외부 대회를 통해 실험하고 학습하고 준비하는 해였습니다. 올해 본격적으로 공식 시즌을 시작해 글로벌 대회와 지역 대회 구조를 수립하고 생태계 기반을 마련하려고 합니다."

시즌은 매년 2월에 시작해 11월에 막을 내린다. 지역 대회와 글로벌 결선을 3회 반복하는 구조로 설계했다. 2~3월, 5~6월, 9~10월에 3개 지역 대회를 3회 열고, 지역 대회 사이에 글로벌 결선을 진행해 11월에 전체 시즌 최고의 팀들이 모이는 글로벌 챔피언십을 개최하기로 했다. 8월에는 올림픽이나 월드컵처럼 국가 대항전 콘셉트의 이벤트성 대회인 네이션스컵도 끼워 넣었다.

PUBG는 글로벌 결선 대회의 주최권을 서드파티third-party(제삼자)에 부여했다. 많은 업체와 파트너십을 맺고 글로벌 대회를 주최하는 이유는 더 많은 대회를 열기 위해서였다. 여러 팀이 동시에 경쟁하는 배틀그라운드 특성을 장점으로 승화하려면 다양한 국가의 팀이 맞붙고 편파 중계를 활용할 수 있는 글로벌 대회가 많이 필요했다. 단순히 대회 수를 늘리는 것이 중요한 건 아니었다. 1년 시즌이 일관된 스토리로 이어질 수 있도록, 서드파티에 각 지역 최고의 팀들을 참가시켜 각 대회에서 서사를 쌓을 수 있게 디자인했다. 모든 글로벌 대회를 PUBG가 주관할 여력도 충분치 않았기에 서드파티에게 손을 내밀었다. PUBG 이름을 걸고 치르는 대회는 높은 수준을 위해 비용을 많이 쓸 수밖에 없었다. 이에 더

해 대회를 주최하는 서드파티 회사들이 계속 PUBG에 투자하고
대회 전문성을 키우도록 유도할 수 있었다.

　PUBG e스포츠의 목표는 e스포츠 뷰어와 게임을 즐기는 플레
이어 사이에 순환되는 고리를 만들어내는 것이었다. 플레이어가
뷰어보다 많은 상황에서, 게임 콘텐츠를 통해 플레이어가 자연스
럽게 e스포츠에 관심을 가지도록 유도하고, e스포츠 콘텐츠를 깊
이 경험하며 재미를 느끼는 뷰어로 전환되어 팬덤을 형성하게 한
다음, 다시 플레이어로 복귀해 열성팬으로 자리 잡게 하는 구조를
의도했다. 이러한 순환이 더 빠르고 넓게 이뤄질수록 게임의 수명
은 길어질 것이다.

　여전히 배틀로열 e스포츠를 향한 의심이 존재했다. 배틀로열
e스포츠는 기존 일대일 구도의 e스포츠와 달리, 다자간 경기에서
한 명의 승자가 나오는 구조로 인해 어려움을 겪었다.

　김창한은 연초 마카오에서 열린 배틀그라운드 국제 대회에서
e스포츠에 대한 비전을 확신하게 됐다. 여러 행사를 거치며 점수
제나 경기의 밸런스가 꾸준히 개선되면서 이번 경기는 마지막까
지 긴장을 놓을 수 없었다. 통합된 룰 덕분에 각 팀이 실력을 갈
고닦을 수 있게 되어 경기력도 빼어났다. 보는 재미가 입증된 것
이다.

　"팬들이 늘어나야 e스포츠 뷰어십viewship이 커집니다. 현지 팀들
은 클럽이기 때문에 클럽 팬들이 늘어나야 하지만 그 속도가 빠
르진 않습니다. 하지만 국가전을 하니 자연스럽게 자국 팀이라는
소속감이 생겨서 더 관심 있게 보게 되고 뷰어십이 커집니다. 자

국 팀을 응원하다 보니까 그 안에 클럽 팀을 보게 되고, 자연스
럽게 클ㄴ럽 팬들도 늘어나는 효과가 생기는 걸 볼 수 있었습니
다. e스포츠 대회를 준비하는 분들이 좀 더 자신감이 생긴 것 같
습니다. e스포츠에 많은 투자를 할 것이고 우리의 열정도 쏟아부
을 겁니다."

김창한은 PUBG 직원들에게《피, 땀, 픽셀: 트리플A 게임은 어
떻게 만들어지는가》란 책을 돌렸다. 책은 제목과 달리 트리플A
대작 게임뿐만 아니라 작은 인디 게임들의 개발 과정도 다루며,
개임 개발의 실제를 담고 있었다. 김창한은 이 책을 읽으며 업의
본질에 대해 생각했다.

"업의 본질을 이해하는 것이 중요합니다. 세상에는 여러 가지
업이 있고 개인은 자신에게 어울리는 업을 선택할 수 있는 자유
가 있지 않습니까? 여러 업의 본질을 이해하고 자신을 그 업에 맞
추는 것이 개인의 성장과 성공, 해당 산업의 발전에 중요한 요소
라고 생각합니다. 반대로 한 개인이 어떤 업의 본질을 바꾸는 것
은 거의 불가능합니다. 개인은 업을 선택할 수 있지만, 새로운 업
을 창조하지 않는 이상 업의 본질을 바꾸는 것은 어렵습니다. 자
신이 속한 업의 본질을 이해하는 것이 중요합니다."

김창한은 PUBG의 미션과 핵심 가치를 정리하는 작업의 시작
을 알렸다. 브랜드를 정리하는 데에서 나아가 정체성, 즉 'PUBG
다움essence of PUBG'이 무엇인지 고민했다. 배틀그라운드가 처음 등
장했을 때 사람들이 열광했던 그 'PUBG다움'을 제대로 정의해야
앞으로 나아갈 수 있다고 생각했다. 'PUBG다움'에 매료되어 남

아 있는 팬이 있었고, 반대로 PUBG가 그 본연의 'PUBG다움'을 잃어서 떠난다는 팬도 있었다. "모두가 PUBG다움을 고민하고 이를 실행할 수 있는 한 해가 된다면, 팬의 수가 얼마든 간에 그들이 열광할 수 있는 게임과 회사를 만들 수 있을 것이라고 믿습니다. 그런 관점에서 올해를 진행할 수 있길 바랍니다."

브렌던 그린은 한국 서초 사무실을 떠나 네덜란드 암스테르담 PUBG 지사에 새로운 둥지를 틀었다. 그는 세상에 없는, 게임 같지 않은 게임을 만들고자 했다. 배틀그라운드의 거대한 확장판을 꿈꿨다. 현실과 닮은 광활한 세계를 구축하고 수만 명이 모여드는, 지금까지 존재하지 않던 가장 넓고 리얼한 메타버스(3차원 가상 세계)를 창조하고 싶어 했다.

김창한은 브렌던 그린을 '몽상가'라고 불렀다. 그가 하고 싶어 하는 일이 실현 불가능한 꿈처럼 보였기 때문이다. 브렌던 그린이 구상한 자동 생성 온라인 세계는 기술적으로도 구현하기 어려워 보였고, 무엇보다 브렌던 그린은 팀을 책임지고 이끌 수 있는 유형의 사람이 아니라고 여겼다. 생각이 너무 많은 탓인지 말이 자주 바뀌었고, 동료들은 그와 함께 일하는 것을 몹시 어려워했다. 김창한은 게임이 나오든 안 나오든, 일단 그의 도전을 지지하기로 했다. 브렌던 그린은 AI 딥러닝을 전공한 교수와 작은 팀을 꾸려 개발을 시작했다.

"재무기획팀장과 재무관리팀장 채용을 진행하고 있지만, 회계

팀을 시급히 개선해야 합니다. 이사회와 사업 계획 준비로 정신없이 보냈지만, 이번에 결산 작업을 하면서 지켜보니 회계팀을 재편해야 할 필요성을 절실히 느꼈습니다." CFO 배동근이 김효섭에게 SOS 사인을 보냈다.

회사가 성장하면서 해외 투자와 지사도 늘어나 재무 업무가 복잡해졌다. 특히 2018년 말에 도입된 새로운 회계 기준 K-IFRS(한국 채택 국제 회계 기준)로 인해 회계와 재무 업무의 난도가 높아졌다. "회계 전문 인력을 보강하지 않으면 분기 결산 때도 같은 문제가 반복될 것 같아 걱정됩니다. 지금 크래프톤은 IFRS 연결 재무제표를 작성할 인력도 없는 상황이고, 이를 대신해 고용한 회계법인의 업무를 감독하고 조율할 역량도 없는 상황입니다."

2018년에 외국계 투자은행에 사표를 던지고 합류한 배동근에게 비친 크래프톤의 실상은 기대 이하였다. 그가 이끌게 된 재무회계팀은 시니어 2명과 주니어 3명으로 구성된 소규모 팀이었다. "지난달 결산 자료를 보고 싶다"고 요청했을 때, 돌아온 대답은 "우리 회사는 월 결산을 안 해요"였다. "그럼 재무제표는 어떻게 만드는데요?" "분기에 한 번 공시하니까 분기 때 만들어요."

생산, 회계, 재무 등 기업 자원 전반을 관리할 수 있는 ERP(전사적 자원 관리) 시스템도 없었다. 입사한 지 며칠 지나지 않아 한 직원이 다가와 말했다. "서명을 그림 파일로 만들어두세요." 품의서는 엑셀 파일이었고, 결재권자는 자신의 서명이 담긴 그림 파일을 엑셀에 붙여 넣었다.

연초에 설정한 예산은 있었지만, 잔여 예산이 얼마 남았는지 파악하기 힘들었다. 각 부서에서 동시다발적으로 발생하는 지출에 대한 집계가 전혀 이뤄지지 않고 있었다. 연말마다 과거 예산을 참고해 다음 해의 전체 사업 예산을 잡았지만, 각 조직은 자기 예산이 정확히 얼마인지 통보받지 못했다. 그래서 정확한 액수를 알지도 못한 채 지출하고 있었다. 통장에 돈이 있으니 그냥 쓰는 수준이었다. 기록이 없으니 결산도 제대로 이뤄지지 않았다.

이런 상황에서 사업 계획의 수준도 뻔했다. 기존의 사업 계획은 자회사나 제작 라인에서 수취한 숫자를 단순히 합산한 것에 불과했다. 주요 가정에 대한 분석이나 검증, 시나리오 테스트 같은 것은 꿈도 꾸지 못할 일이었다. 경영진 회의나 이사회에서 의사 결정의 근거로 쓰일 자료를 만들기란 언감생심. 자금팀과 회계팀 직원조차도 사업 계획을 구체적으로 이해하려고 하지 않았다. 연중 현금 상황은 실무자가 감각과 경험에 의존해 어림짐작할 뿐이었다.

배동근은 팀에 "사업 계획을 제대로 작성하겠다"고 선언했다. 회계팀장 혼자 만든 장표를 이사회 안건으로 올려 땅땅땅 처리하는 시늉은 그만둘 때가 됐다. 각 비즈니스 조직으로부터 구체적인 계획을 제출받는 것이 우선이었다. 각 부서가 내년 매출 목표를 제시하게 하고, 이를 달성하기 위해 인원과 예산을 산출하도록 요청했다. 그런 다음 취합한 자료를 전사적으로 검토하여 그 계획이 합리적인지 판단하는 과정을 거쳤다. 지출 계획의 근거를 정리하고, 그 사업 계획을 이사회에서 승인받는 절차를 확립하기로 했다. 승인된 예산을 각 조직들에 명확히 전달하는 시스템도 구축할 계획을 세웠다.

팀원들은 의지도 역량도 보여주지 않았다. 숫자는 틀리기 일쑤였고 파워포인트 자료 하나를 제대로 만들지 못했다. 사업 계획 발표가 임박한 지난 연말, 오후 8시가 되자 팀원들은 자신의 눈치만 살피고 있었다. 배동근은 부아가 치밀어 혼자서는 도저히 할 수 없는 일을 혼자하기로 마음먹었다. 직원들을 집으로 보내고 혼자 사무실에 남아 자료를 만졌다. 그날부터 이틀 동안 코트를 이불 삼아 사내 안마 의자에서 잠을 청했다. 사업 계획 발표를 마친 뒤, 배동근은 회계팀장을 팀원으로 강등하고 팀을 새롭게 재편하기 시작했다.

1조 원의 IP

김효섭 경영팀은 2019년을 포함한 중장기 경영 계획을 수립하고 있었다. 지속적인 성장을 위해 새로운 도전 목표가 필요한 시점이었다. 회사의 초기 비전은 'MMORPG의 명가'였으며, '매출 10억 달러(약 1조 원)의 IP 창출'이라는 도전적인 목표를 세웠다. PUBG의 성공으로 첫 번째 꿈이 이뤄졌다.

다음은? 누구도 쉽게 대답하지 못했다. 해야 할 과제는 산적해 있었지만, 무엇을 위해, 왜 해야 하는지, 그리고 이 방향이 맞는지 혼란스러웠다. 연합을 통해 게임 제작을 지속하는 '게임 제작의 명가'로 비전이 움직였지만 답답함은 여전했다. 김효섭은 "구성원이 함께 꿈꾸고 도전할 수 있는 명시적인 목표가 새롭게 필요하다"고 말했다. "크래프톤의 새로운 꿈을 중장기 목표로 설정해야 합니다. 이 목표는 미래의 복잡하고 다양한 상황과 조건에서 의사 결정의 기준이 되고 방향타 역할을 할 것입니다. 인내와 끈기가 필요한 게임 제작업에서 상황에 휘둘리지 않고 극복할 수 있는 희망의 이정표가 필요합니다."

배틀그라운드 하나의 IP로 계속해서 성장을 이어갈 수 있을지 누구도 자신할 수 없었다. 게임 회사, 특히 제작사의 성장은 결국 성공적인 게임 IP를 얼마나 만들어낼 수 있느냐에 달려 있었다. '10억 달러' 매출 목표는 금전적인 의미 이상을 내포했다. 경영팀은 "크래프톤에서 제작하는 모든 게임이 궁극적으로 10억 달러 IP가 되는 되는 것을 목표로 삼아야 한다"는 결론에 도달했다. "크래프톤 내 모든 제작 리더십과 제작팀은 높은 목표를 기준으로 삼고 중장기적인 청사진을 고민해야 합니다. 일회성 제작 투자는 삼가면서 제작 지원과 투자, 인력 운용도 이 관점에서 체계적으로 이뤄져야 합니다."

크래프톤은 배틀그라운드의 10억 달러 IP를 유지하면서, 3년 안에 1억 달러 수준의 게임 IP를 2개 이상 추가하겠다는 목표를 세웠다. 최고 수준의 게임 제작이 선순환될 수 있도록 경영과 제작 관리의 모든 요소를 재점검하는 작업에 착수했다. 경영팀이 스스로 설정한 과제는 다음과 같았다. '연합의 비전 정립' '신규 제작 라인 확보' '공통 제작 역량과 사업 역량 강화' '제작 리더십과 경영 파트너 발굴 및 육성' '구성원 통합과 성장' 'HR 경쟁력 강화' '인

프라 통합과 업무 생산성 제고' '재무 안정성 확보 및 운용.' 경영팀
은 과제별로 경영 지표를 개발하고 성과를 측정하기로 했다.

게임 제작업에서 축적한 성과가 다음 단계 도약할 수 있는 동
력이 되는 '플라이휠' 선순환 고리를 만들어야 했다. 제작 리더십
이 킥오프(시작) 승인을 받으면, 경영진의 마일스톤(중간 검증)을 통
과하고, 고객 테스트를 거쳐 시장에 게임을 출시해 라이브(운영)에
돌입한다. 게임은 트래픽, 수익, 평판을 성과로 내며 IP로 자산화
된다. 경영진은 이 성과를 재투자해 또 다른 게임을 제작하는 선
순환을 만든다.

경영은 제작을 지원하면서도 견제한다. 경영팀과 제작팀은 재
미를 예측하고, 사용자·시장·산업에 대한 이해를 넓히며, 시장
예측과 고객 트렌드 파악, 플랫폼 특성 연구를 함께 해나가야 한
다. 경영팀의 2019년 핵심 목표 1순위는 '게임 제작업의 본질적
인 역량을 강화하고 미래 차이를 만들어내는 것에 집중하기'였다.
김효섭은 "플라이휠을 제대로 굴러가도록 하고, 현재 제작 중인
라인을 적극적으로 지원해야 한다"고 썼다. 2순위는 '연합의 결속
과 발전을 위한 과제를 지속하면서 발전시켜나가기.' 2019년 경
영 계획을 작성하며 김효섭은 마지막 장에 한 문장을 덧붙였다.
"이것으로 충분한가?"

2019년 첫 이사회를 앞두고 경영팀이 공유한 발표 자료 초안
을 보고 이사회 의장 장병규가 반응했다.

"이사회는 회사의 중장기적 성장에 관심을 가진 주주들의 대표
들이 모이는 자리입니다. 이사들이 집중할 수 있는 시간과 에너지

는 한정돼 있습니다. 그래서 자료에서 바로 '우리는 이런 방향으로 갈 건데, 이런 액션이 정말 중요하고, 현황을 보면 그런 방향과 액션이 의미 있다는 걸 알 수 있을 거야'라는 메시지가 바로 전해져야 하는데, 글쎄요. 장표마다 '무슨 이야기를 하고 싶은 것인지'가 명쾌하게 바로 읽히지 않습니다.

추가로, 이사회에서는 승인 사안을 중심으로 가급적 꼭 필요한 사안만 간결하게 논의하자고 했습니다. 이 관점에 부합하는지도 다소 의문입니다. 결과적으로, 무슨 이야기를 나눠야 할지 애매합니다."

장병규는 "크래프톤과 다소 다를 수 있지만 영감을 줄 수 있을 것"이라며 한 웹사이트 링크를 첨부했다. 가장 유명한 벤처투자사 중 하나인 미국 세쿼이어 캐피털이 이사회 자료 작성 원칙을 설명한 홈페이지였다. 거기엔 클라우드 기반 통신 서비스업체 메타스위치 네트웍스의 CEO 존 라자르이의 발언도 포함돼 있었다.

"회의에서 모든 내용을 자세히 다루기는 사실상 불가능합니다. 우리의 전략은 이사회 구성원들이 회의 전에 자료를 꼼꼼히 읽어보도록 하고, 정작 회의에선 우리가 자료의 모든 걸 다루지 않을 것임을 분명히 하는 것이었죠."

"장 의장님을 지난번에 우연히 뵈었는데 걱정이 많아 보이셨어요." KLT 질의응답 시간에 한 직원이 던진 질문이 화면에 떠올랐다. 장병규가 크게 웃으며 답변하기 시작했다. "저와 오랫동안 일해오신 분들은 아시겠지만 제가 원래 걱정이 많은 타입입니다. 그래서 저와 직접적으로 일하는 분이 상당히 괴로워하십니다. 여기 계신 많은 분들이 저와 직접 일하지 않는 걸 행복하게 생각하셔야 해요." 옆에 앉은 김효섭의 어깨를 가볍게 두드리며 답을 이어 갔다.

"저는 원래 걱정이 많은 인간이니까, 그런 제 모습을 확대해서 해석하실 필요가 없습니다. 장병규 아저씨가 괴로운 표정을 짓고서 빠르게 지나간다면 '음, 저 사람이 정상 상태구나.' 이렇게 생각하시면 돼요. 원래 그렇게 사는 사람이니까요.

조직이 커지면 커질수록 리더십의 생각이나 표정, 태도를 가지고 직원분들이 잘못된 유추를 하시는 것 같아요. 그러실 필요 없습니다. 저희는 1인 독주 체제, 한 사람이 앞에서 이끌고 나머지가 따르는 조직 구조가 아닙니다. 대표님이 따로 계시고, 저는 기본적으로 대표님과 이사회에서 경영 사안을 논의하는 역할을 맡고 있는 거고요. 물론 이런저런 이야기를 나누긴 하지만, 저를 위에 있는 사람이 아니라 옆에 있는 사람이라고 보시면 됩니다. 김강석 전 대표님이 계실 때도 그랬고 앞으로도 지켜나갈 겁니다."

장병규의 메일함에 핀테크업체 토스를 창업한 이승건으로부터 한 통의 편지가 도착했다. "혹시 크래프톤에서 참여하실 의사가 있을까 해서요." 간편 송금 서비스에서 출발해 인터넷 은행 설립을 추진 중인 토스는 크래프톤에 지분 참여를 통한 투자를 제안했다. "4~10퍼센트 지분 참여를 통해 크래프톤 비즈니스에 도움이 되거나, 이제 다시 나오기 힘든 인터넷 전문 은행의 주주가 되실 수 있는 기회인데요."

장병규가 답장했다. "제 개인적이고 직관적인 생각으로는 크래프톤과 인터넷 전문 은행은 큰 관련이 없을 것 같습니다. 하지만 크래프톤 경영진의 생각은 다를 수 있으니까요." 장병규는 김효섭과 배동근에게 메일을 전달한 뒤 다시 이승건에게 답했다. "크래프톤 경영진이 따로 연락을 드리지 않는다면, 크래프톤을 투자 모집에서 낮은 우선순위로 생각하시면 될 것 같습니다."

이승건은 재차 장병규에게 토스의 입장을 설명했다. "카카오뱅크에 넷마블이 지분 4퍼센트 주주로 참여한 것처럼, 크래프톤도 고려하실까 싶어서 여쭤봅니다. 넷마블은 카카오뱅크 이자를 넷마블 포인트로 지급하는 방식을 고려하면서, 함께 할 부분이 있다고 판단한 걸로 압니다. 저희도 그런 방식에 관심이 있습니다."

"네 그렇군요. 하지만 크래프톤은 넷마블과 다르게 퍼블리셔보다는 제작사에 좀 더 가까워서 그런 고민을 하지 않는 것 같습니다. 여하튼 따로 연락이 없으면 크래프톤은 잊으셔도 무방하실 듯!"

김효섭의 경영팀이 출범하면서 신규 프로젝트가 하나둘씩 생겨나기 시작했다. 취임 당시 단 2개였던 신규 프로젝트가 5개로 늘어났다. 캐릭터의 외모와 능력이 유전되어 성장하는 MMORPG BB Beyond Birth, 일본 시장을 주요 타깃으로 설정한 콘솔용 RPG 미스트오버Mistover, 액션 모바일 게임 BBM Big Bad Monster, 쇼핑몰을 경영하는 모바일 게임 탭탭플라자TapTapPlaza, 온라인 소셜네트워크 게임 '트렌디타운'이었다.

각 프로젝트의 개발 기간은 9~18개월로 예상됐으며, 프로젝트별로 적게는 10억 원, 많게는 42억 원의 비용이 투입됐다. 추가로 3개의 프로젝트가 제작 승인을 통과해 제작에 돌입할 채비를 하고 있었다.

20조 원의 목표

2019년 첫 이사회가 끝난 며칠 뒤, 장병규가 김효섭에게 전화를 걸었다. "현재 상태가 만족스럽지 않고, 김효섭 대표님도 그리 즐겁게 일하는 것 같아 보이지 않는다"며 말을 꺼냈다. 지난 3개월 동안 이사회를 함께 준비했지만, 장병규의 기준에서 경영팀의 성과가 낮다는 의견이었다. "크래프톤은 중기적으로 IPO를 해야 합니다. 다소 높게 보여도 시장 가치 20조 원을 목표해야 합니다. 그러려면 대표 이사를 포함해 탄탄한 경영진이 필요합니다."

그다음 날 장병규가 메일을 보냈다. "초안이 있어야 이야기를 생산적으로 나눌 수 있을 것 같아서 거칠게나마 일단 적어봅니다. 아래 문서를 좀 더 다듬어서 경영진에게 투명하게 공유해두면, 좀 더 생산적인 상호 관계를 만드는 데 도움이 되지 않을까 싶습니다. 자칫 오해도 있을 수 있고, 서로 이야기하며 발전시킬 여지도 많습니다. 단순히 주어진 시간에 막 적은 것이니 오해 없기를 바랍니다."

장병규가 첨부한 문서의 내용은 다음과 같았다. "1년 후 대표이사 해임안을 장병규가 제출할지 여부를 결정한다. 이는 중장기 성장에 대표이사를 포함한 경영팀이 긍정적인 영향을 미칠지에 대한 개인적 판단에 근거한다. 예를 들면 방향은 맞는지, 속도는 적절한지, 학습력과 조직력, 실제 성과 등을 종합적으로 고려할 수 있다."

몇 가지 추가 사항도 덧붙였다. "공동 책임이라는 관점에서, 김효섭 다음의 신규 대표이사는 현재 경영팀의 누구에게도 맡기지 않는다. 오해 방지라는 관점에서, 의장이 맡지도 않으며 일단 신규 대표이사 후보도 찾지 않는다. 2019년 연말쯤엔 해임안을 제출할지에 대한 장병규의 마음은 결정돼 있을 가능성이 높다. 장병규는 이사회 구성원으로 일하며 이사회에서 진행하는 일을 항상 공유하겠다. 경영팀 회의는 공유를 목적으로 한다. 다양한 조언을 더욱 적극적으로 할 것이고, 경영진의 실행과 결정에 가급적 따르겠다. 만약 반대라면 명확히 이유를 언급하겠다."

김효섭은 "CEO로서 생각했던 바와 큰 차이는 없다"며 "경영팀 구성원들과 이야기를 나눴다"고 답했다. "큰 그림과 방향에서 문제가 될 것 같진 않습니다. 현재까진 별다른 오해가 없는 듯하고, 앞으로 일하는 데 긍정적인 자극으로 작동할 수도 있겠다는 생각이 듭니다. 다만 그 과정이 생각과 다르게 진행되어 저나 경영팀 구성원의 오해가 생기면 직접 말씀드리고 확인하도록 하겠습니다."

"이번 3월 KLT도 따로 발표가 없었던 지난 12월처럼 테이블

대화 방식으로 경영진이 전체 구성원들과 '좁고 깊게' 대화를 나누는 자리를 한 번 더 마련하려고 합니다." 담당 부서 의견에 김효섭이 반대 입장을 밝혔다.

"KLT의 기본 포맷은 제작 리더십이나 제작 외 리더십이 주체가 돼야 합니다. 저와 의장님이 질의응답만 하는 건 바람직하지 않습니다. KLT를 이런 식으로 계속하는 건 원하는 바가 아닙니다. 단순한 질의응답이나 건의 사항은 온라인 공간에서 충분히 주고받을 수 있습니다.

특정 그룹을 위한 모임이나 미팅은 KLT가 아닌 형식으로 얼마든지 가능합니다. 본래 취지와 의도가 사라지지 않도록 노력해주시길 부탁드립니다. 연합의 다양한 리더십들이 구성원에게 소개되고 이해되는 것은 연합을 탄탄히 하는 데 도움이 됩니다. 저나 의장님이 회사 대 직장인의 구도로 질의응답을 주고받으며 연합 전체의 리더십이 강조되는 것은 연합이 추구하는 바가 아닙니다."

크래프톤 채용 최종 인터뷰 결과를 알리는 메일에서 인사 담당자가 후보자의 성명과 경력, 인터뷰 질의응답 내용을 표로 정리해 보냈다. 기존에 줄글로 작성하던 것과 다른 형식이었다. 장병규가 '지나가다 한마디' 했다. 그는 종종 참조로 공유되는 메일에 자신의 의견을 덧붙이곤 했는데, '지나가다 한마디'는 메일을 받는 사람들이 참고만 하면 되는 의견이었다. 답장을 하거나 업무에 반영할 필요도 없었다. "제가 간혹 언급하는 것인데, 표는 표답게 사용해주시면 정말 좋겠습니다. 면접 결과는 군이 표로 작성하지 않아도 될 텐데요. 그래야 주어진 자료와 정보를 '처리'(읽기, 인쇄, 공유 등)하기가 좋으니까요."

　내용에는 당시 질문과 답변, 면접관 소감 등이 포함돼 있었다. 캐릭터 3D 아트 직군에 지원한 후보자의 평가 결과는 '후보자 평가'란에 장병규가 인터뷰 당시 했던 발언도 적혀 있었다. '긍정적 마인드를 가지고 있는 전형적인 장인 스타일이다. 훌륭한 장인이기 때문에 당연히 반대하지 않고, 제작 라인에서 이분을 의식적으로 챙겨야 한다.' "제 발언을 보강합니다. '왜 챙겨야 하는가?'를 보강했습니다." 장병규가 발언 문구를 정정해 회신했다. '제작 라인에서 이분을 의식적으로 챙겨야 한다'라는 문장은 이렇게 불어나 있었다. '장인의 경우 제작 라인이나 조직에 대한 끈끈함이 적을 가능성이 높기 때문에, 제작 라인에서 이분을 의식적으로 챙겨야 한다.'

　1억 원이 넘는 기본급을 받는 개발자가 아트 부문에 채용됐다. 최종 인터뷰 자료를 접한 장병규가 이번에도 '지나가다 한마디'했다. "저희 제작 파트의 기본급 수준은 '최고는 아니고, 경쟁력 있는 수준'이라고 제가 여러 차례 표현한 적이 있습니다. 기본급이 높아서 들어오는 사람이 아니라, 정말 게임을 만들고 싶어서 크래프톤을 선택하는 분들이 많길 바랐기 때문입니다. 게임이 성공했을 때 인센티브를 다른 회사보다 더 많이 가져가는 구조로 보상을 설계하기도 했습니다. 제작 리더십들을 제외하면 억대 연봉자가 그리 많지 않은 게 저희 현황이었던 것 같은데요. 억대 연봉에 사이닝 보너스까지 다소 눈에 띄는 사례여서, 제가 세부 내용을 알고 있지 않기에 일단 의견만 드립니다."

한 직원은 기본급 조정 과정에서 여러 개발 리더십의 극찬을 받으며 제작 리더로 승급했다. "개발뿐 아니라 기획 문제 해결에 탁월하고 의사 결정 역시 뛰어나다" "이런 멀티 인재는 개발에 엄청나게 중요하고 도움이 된다" "조직 역량을 높이는 리더이고 협업 매너도 좋다" "기존 관리자급 개발자들은 괴짜스러운 면이 있어서 추가적인 리소스가 필요했지만, 이분 같은 사람이 통상적인 관리자급 개발자로 정의됐으면 한다."

장병규가 흥미를 보이며 승진한 직원과 티타임을 잡았다. 2014년 채용 당시 인사 보고서에 따르면, 이 직원은 면접관들로부터 이런저런 우려를 받았고 역량 등급도 지금보다 3단계 아래로 평가받았다. 그와 만난 자리에서 장병규는 "관리자 등급에 오른 만큼, 이제는 자신의 업무만 잘하는 것이 아니라 조직의 다른 구성원들이 함께 성장할 수 있도록 의식적으로 챙겨달라"고 당부했다.

110개 댓글

'우리가 이룬 성과들.' 배틀그라운드 출시 2주년을 기념해 '1위' '5,500만' '2억' '325만' '87개' '7개' 문구가 6개 트로피로 디자인됐다. 배틀그라운드 모바일은 100개국에서 다운로드 1위를 기록했고, 누적 다운로드 수는 2억 명을 넘어섰다. PC와 콘솔용 배틀그라운드의 누적 판매량은 5,500만 장을 돌파했으며, PC 동시 접속자 수는 325만 명을 기록했다. 게임은 국내외 저명한 게임 시상식에서 87개 부문을 수상했고, 기네스 세계 기록 7개 부분에 등재됐다.

매일 터지는 사고는 구성원들에게 오히려 '진짜 글로벌 서비스를 하고 있구나' 하는 실감을 안겨줬다. 정치적 문제를 포함한 글로벌에서 생기는 거의 모든 문제가 게임 서비스에 직간접적으로 영향을 미쳤다. 예를 들어 러시아 정부가 아마존과 구글 클라우드 서비스를 차단하면서 생긴 불똥이 엉뚱하게 배틀그라운드에까지 튈 정도였으니, 게임 서비스를 하며 생길 수 있는 모든 문제를 겪는 기분이었다. 단순히 재미를 위해 하는 게 게임인데, 배틀그라운드는 왜 이렇게 많은 어려움을 겪는 걸까.

이런 생각도 잠시, 문제를 해결하기 위해 밤낮을 쏟다 보니 자부심이 싹텄다. 글로벌 서비스의 무게를 견디는 고통은 도리어 근육을 단련시켰다. 찢어지고 아문 근육이 부풀어 단단해지듯, PUBG는 어지간한 문제에는 흔들리지 않는 조직으로 변모해갔다.

배틀그라운드 2주년 기념 선물이 크래프톤 전체 직원에게 전달됐다. 첫돌이던 2018년엔 PUBG 구성원들에게만 기념품을 지급했지만, 이번에는 대상을 연합 구성원 전체로 넓혔다. PUBG는 이번 기념품 지급을 마지막으로 배틀그라운드 출시 기념일에 별도의 선물을 마련하지 않겠다고 공지했다. 홍삼 선물 세트 등 무난한 물품들로 구성했지만, 수령 대상자가 급격하게 늘어나면서 선물의 수준은 전년보다 크게 떨어졌다. "우리만 받을 때는 퀄리티가 높았는데 연합 모두와 나누니 손해를 보는 것 같다"는 PUBG 직원들의 불만이 여기저기서 터져 나왔다.

'크래프톤 염전 파티.' 직장인 익명 커뮤니티에 크래프톤의 짠내 나는 연봉 정책을 비판하는 게시글이 올랐다. "전사 연봉 인상률 평균 2퍼센트. 연봉 협상 결과 너무 충격적. 작년 물가 인상률이 1.5퍼센트라는데 그것보다 잘 주셔서 진짜 진짜 감사합니다. 무릎 꿇고 회사 다녀야겠다. 작년 매출은 1조 원을 넘었지만 이렇게 줄 정도로 어려운 상황인지 몰랐네요. 이런데도 물가보다 높게 주시다니 제발 상장하고 나서 나날이 하한가 찍길 바랍니다. 돈 벌어서 어디 쓰는 거지, 대체?"

연봉 협상에서 상처를 받은 직원의 불만이었다. 게임업계 사람이라면 누구나 볼 수 있는 공개 게시판이다 보니 다른 게임사 직원까지 합류해 댓글이 110여 개나 달렸다. "자발적 노예 맞음" "다 낮게 올랐다니 이해할게. 그런데 또 내 옆에 와서 슈퍼카 자랑질하면 욕할 거 같아" "차 뭔데? 포르쉐 타는 그분인가" "차종까지 아는 거 보니 여기저기 다 말하고 다니는 사람인가 보네, 에휴, 못났다." 기대치보다 현저히 낮은 연봉 인상액에 실망한 데다, 고액 성과급을 받고 차 자랑을 일삼는 일부 제작 리더급의 행동에 뿔이 난 직원들의 성토가 줄을 이었다.

흉흉한 민심이었다. 2018년 크래프톤은 PUBG의 성과에 힘입어 처음으로 매출 1조 원을 돌파하고 영업 이익 3,000억 원을 기록했다. 사상 최대의 성과에 직원들은 높은 임금 인상을 기대했지만, 결과는 실망스러웠다.

사내에 설치된 '10억 계단'은 성난 민심의 표적이 됐다. "계단 만들 돈은 있는데 왜 연봉은 이 정도인가?" 비아냥이 곳곳에서 터져나왔다. 크래프톤 직원들은 PUBG와 같은 수준으로 연봉과 복리후생을 맞춰주길 기대했고, 소규모 스튜디오 직원들은 크래프톤과 비교해 박탈감을 호소했다.

'역대 최저'란 구성원들의 아우성과는 달리, 크래프톤의 실제 연봉 인상률은 5퍼센트대로 업계 평균 수준이었다. 김효섭은 오해를 바로잡으면서 "현재 연합의 상황을 냉정하게 바라보면, 아직은 과실을 모두 나눠 가질 만큼 안정적이거나 성장을 보증할 수 있는 상황이 아니다"라고 설명했다.

크래프톤은 기본급이 회사의 규모와 직접적으로 연결되지 않는 구조로 돼 있었다. 기본급을 결정하는 가장 큰 요인은 개인의 역량 등급이었다. 총재원이 정해지면 역량 등급을 반영해 기본급을 우선 조정했다. 남은 재원으로 성과 평과를 반영해 개인별 상대적인 상승 폭을 정했다.

전년도 크래프톤은 높은 실적을 기록하며 수치상으로는 성장한 것처럼 보였다. 한 꺼풀을 벗겨보면 PUBG를 제외한 연합 모두가 마이너스였다. 개발 조직에 대한 투자 비용을 제외하면 서비스 운영 조직의 매출은 감소했다. 거의 모든 조직이 손실을 기록했으며, 손실 폭은 과거보다 오히려 커졌다. 작년만 해도 오랜 침체의 터널을 지나온 노고를 격려하면서 배틀그라운드 성공에 따른 상징적인 보상을 할 수 있었다.

상황은 달라졌다. 미래를 엄숙하게 고민할 수밖에 없다는 게 경영진의 판단이었다. 매년 높은 상승을 지속할 수 있을 것이라고 믿는 일부 구성원의 모습은 경영진에게 지나치게 낙관적이고 안일하게 보였다.

김효섭은 평가 방식과 급여 테이블을 정비할 계획을 알리며 민심을 달랬다. "많이 회자되는 평가 제도와 함께, 크래프톤의 역량 등급 체계가 미래를 도모하는 데 적합하지 않을 수 있다는 문제의식을 가지고 있습니다. 이를 1차적으로 개편하겠습니다." 그는 "개인의 성장과 회사의 성과가 좀 더 연계되는 방식을 찾아보겠다"고 발표했다. "프로젝트 성과 보상으로 만회할 수 있게 되길 간절히 바랍니다." 그러면서도 김효섭은 기본급을 업계 최상위 수준으로 맞추는 것을 목표로 하지 않는다는 점을 분명히 했다. 크래프톤의 자랑은 기본급이 아니라 게임업계 최고 수준의 성과 보상 제도에 있었다.

지난해 성과에 따라 PUBG와 테라콘솔팀이 개발 인센티브를 받았고, 단기 인센티브 또한 PUBG와 피닉스의 미니골프킹팀에 지급될 예정이었다. 반면 테라 PC 부문은 이익을 창출하지 못해 단기 인센티브 지급 대상에서 제외됐다.

"회사가 성과를 창출하면 직원들과 함께 나누는 우리의 철학은 변하지 않습니다. 올해 출시 예정인 크고 작은 프로젝트들이 목표한 성과를 거두어, 내년에는 보다 풍성하고 긍정적인 보상으로 가득차길 기대합니다. 기본급과 인센티브의 합이 업계 최상위가 될 수 있도록 보상을 설계하고 실행할 계획입니다. 이런 방향이 더 의미 있고, 저희 업에 맞는다고 아직은 믿고 있습니다."

다시 기본으로: 배틀그라운드만의 재미를 위하여

보상을 둘러싼 진통은 이어졌다. "초과 수익을 낸 스튜디오에 추가적인 보상이 지급되는 건 당연하겠지만, 그 이전에 회사 수익을 전 직원에게 나누는 일이 선행되어야 한다고 봅니다." 한 직원이 공론장에 의견을 개진했다.

경영진 입장에서 성과 보상은 말 그대로 '성과가 있는 곳에 하는 보상'이었다. 크래프톤의 개별 스튜디오는 기업 집단의 계열사와 비슷했다. 독립적으로 서비스를 개발하고 운영하면서 자신이 만든 물건과 서비스로 성과를 내야 했다. 삼성전자의 실적이 좋다고 해서 삼성화재에 보너스를 주지 않듯, 옆 스튜디오가 잘했다고 해서 그 보상을 자신의 스튜디오로 나눠 가지는 건 곤란했다.

설령 한 개 스튜디오의 성과를 전사에 나눠준다고 한들, 엄청난 성과가 아닌 이상에야 전체에게 나눠서 뿌리면 보잘것없는 보상이었다. 오히려 자기 일을 잘 해보려는 동기 부여나 소속감을 형성하는 보상으로 작동하지 않을 게 뻔했다.

스튜디오 성과와 별개로 개인의 역량 성과에 대한 보상 제도도 있었다. 이를 활용해 성과를 인정받아 보상을 받으려고 하는 편이 합리적인 태도였다. 경영팀이 공론장에 의견을 밝혔다.

"공장에서 생산 라인에 원재료를 분배해 각 조직이 작업하는 식으로 우리는 일하지 않습니다. 개별 스튜디오의 힘으로 성공작을 만들어내는 게 크래프톤의 구조입니다. 성공의 핵심은 스튜디오의 노력입니다. 그렇더라도 전체 영업 이익을 나누는 개념을 도입하려면 크래프톤에 이익을 내는 조직과 법인이 여러 개 있어야 합니다.

그런데 PUBG를 제외하고 영업 이익이 모두 마이너스인 상황입니다. 우리는 아직 성장 초기 단계입니다. 현재 가진 재원이 지속적으로 늘고 있는 상황이 아닙니다. 미래를 위한 투자를 지속해야 하는 시점입니다. 기본급 인상 재원을 평균 이상으로 배정할 상황은 아니란 점을 설명드립니다."

평가에 대한 불만의 데시벨은 전에 없이 치솟았다. "평가 제도의 목적은 성과를 내도록 동기 부여를 하거나, 피드백을 통해 개선과 발전을 위한 기회를 찾는 데 있다고 생각합니다. 하지만 현실은 부작용이 훨씬 많은 것 같습니다."

한 직원이 공개석상에서 경영진에게 질문을 건넸다. 그는 "현재 크래프톤 평가 제도에선 잘한 사람도 못한 사람도 모두 불만족스럽다. 사기가 떨어지고 갈등이 생긴다"며 말했다. "파격적으로 평가 제도를 없애는 건 어떨까요? 저는 평가 등급보다 주변의 인정, 일의 완결성, 목표 달성 자체에서 더 큰 동기를 얻습니다."

크래프톤 평가 제도의 기초를 만든 장본인은 장병규였다. 9년 전 테라본부장을 맡았을 때 도입한 평가 방식이 그대로 쓰이고 있었다. 해를 거듭하며 일부 방식이 바뀌었지만, 기본 틀은 여전했다. 장병규는 답하기에 앞서 회사 규모를 언급했다.

"크래프톤이 1,500명 정도 될 거예요. 조직은 가만히 내버려두면 무조건 자연적으로 증가하게 돼 있습니다. 사람이 늘 모자르다고 이야기하기 때문입니다. 조직엔 자연 증식 기능이 있어요." 그는 "현재의 평가 방식이 좋다고 주장할 수 없다"면서도 "어쩔 수 없는 제도의 불완전함을 인정하자"고 했다.

"이상적이고 완벽한 혹은 정답이 있는 평가 제도가 있느냐? 이 질문에 대해 고민해볼 필요가 있어요. 적어도 제가 지난 20년 이 상 일하면서 느낀 점은, 완전하고 아름다운 평가 제도는 존재하지 않는다는 것입니다. 이런 생각은 보통 특정 직원들과 부딪힙니다. 특히 새로 들어오셨거나 평가 제도를 처음 경험한 신입 사원, 경력이 짧은 분들, 혹은 평가 제도가 촘촘하게 운영되지 않던 작은 회사에서 일했던 분들이죠. 이런 분들 입장에선 이상해 보일 수 있어요.

대학교를 갓 졸업한 분들도 마찬가집니다. 한국의 교육 제도는 중고등학교까지 정답을 자꾸 찾는 교육을 받거든요? 심지어 대학을 졸업할 때까지도 스펙 쌓기를 해오셨죠. 스펙이란 게 뭡니까? 이걸 준비하면 입사할 수 있다는 일종의 정답입니다. 대학교를 졸업할 때까지도 특정한 방식이나 틀거리에서 정답을 찾아가는 교육을 받아왔습니다. 우리는 그렇게 훈련받은 겁니다. 그걸 기업에도 요구하는 것일 수도 있어요. 불행하게도 한국의 교육 현실이 잘못된 겁니다.

우리 삶엔 정답이 없는 경우가 많습니다. 삶이라는 게 비정형적이잖아요. 평가라는 제도 자체에 정답이 없을 수 있다는 것을 우선 받아들여야 합니다."

그럼 직원의 제안대로 평가 제도를 없앨 수도 있는 것 아닌가? 장병규는 "그건 아니다"라고 선을 그으며 되물었다. "평가 제도 본연의 목적이 뭘까요? 평가 제도의 목적이 뭘까요? 평가를 왜 하나요?" 직원이 답했다. "의욕을 생기게 하려고요."

"왜 의욕을 생기게 해야 하죠? 행복하기 위해서? 참고로 말씀 드리면, 저희가 평가 제도를 운영하지만 왜 평가 제도를 운영하는 지 모르는 사람이 태반이에요. 아무나 또 답해주실 분?"

다른 직원이 손을 들고 마이크를 쥐었다. "평가 제도를 팀이나 조직 입장에서 생각해보면, 개개인의 부족한 점과 잘한 점을 평가해서 부족한 점이 있으면 고치고, 잘한 점이 있으면 격려하여 좋은 방향으로 성장시키려는 취지가 아닐까 합니다."

장병규는 "말씀하신 것에 정답이 있긴 한데, 제가 보기엔 80퍼센트는 틀렸다"며 다시 질문을 던졌다. "개인의 성장은 개인이 하는 겁니다. 회사가 왜 개인을 성장시켜줘야 하나요? 여기가 교육 기관인가요?" "아니죠. 교육기관은 아니죠." "네, 저희는 아닙니다. 회사는 성과를 내는 곳이에요. 교육은 회사 본연의 목적이 아닙니다. 그건 성과를 달성하기 위한 부차적인 목표입니다."

직원의 대답에서 장병규가 건져 올린 정답은 '방향'이라는 낱말이었다. "평가는 조직이 한 방향으로 움직이기 위한 도구입니다. 조직은 여러 사람이 모여서 특정한 방향으로 가야 해요. A라는 사람은 남쪽으로 가고 B는 북쪽으로 가요. 이 둘이 협업하면? 결과적으로 일을 안 하는 겁니다. 정확하게 말하자면 일은 하는데 성과가 없는 겁니다. 그렇기 때문에 평가라는 걸 합니다. 평가 제도의 존재 이유는 우리가 한 방향으로 잘 가고 있는지 확인하기 위해서입니다." 장병규는 웃으며 스스로 묻고 답했다.

"KLT를 왜 합니까? 크래프톤 연합이 어떻게 돌아가는지 구성원들과 교감하고 공감하면서, 같은 방향을 바라보고 함께 뛰자는 취지에서 하는 겁니다. 어후, 냉정하게 말하면 하고 싶지 않아요. 앞에 나와서 떠드는 거 해보세요. 진짜 뻘쭘해요! 돈 조금 적게 받고 이거 안 하고 싶어요. 대표님은 얼마나 괴롭겠습니까? 맨날 뭐해달라고 하고, 너 못한다고 이야기하고. 하기 싫으실 것 아니에요. 사람 마음이 그런 거 아닙니까. 근데 왜 합니까? 같은 방향으로 가자는 거죠. 평가 제도도 마찬가집니다."

장병규는 2000년대 네이버(당시 NHN)의 사례를 꺼냈다. "당시 NHN의 평가 제도가 반년에 한 번씩 바뀌었어요. 이렇게 3년쯤 갔습니다. 3년 동안 반년마다 평가 제도가 바뀐 겁니다. 구성원 입장에서 얼마나 혼란스러웠겠습니까. 근데 그걸 했단 말이에요. 왜 했을까요? 그때 NHN에 정말 변화가 강하고 컸던 겁니다. 하루는 '야야, 이 방향으로 달려야 돼' 하면서 평가 제도를 A로 만들었다가, '아, 미안해 그게 아닌 거 같아' 하면서 B로 바꾸고. 다시 '미안해 그게 아니야!' 하면서 C로 가고. 이 짓을 3~4년 동안 했어요."

장병규의 자문자답은 계속됐다. "현행 평가 제도에 문제가 있느냐? 문제가 있습니다. 테라본부에 적용하는 방식, 제작부서 방식, 경영파트 방식이 모두 다르거든요. 당시에 테라본부가 나아가려 하는 방향과 지금 크래프톤 전체가 가야 하는 방향이 다르죠. 평가 제도를 손봐야 한다? 맞아요. 그런데 일단 제 일은 아닙니다. 저한테 뭐라 그러지 마시고요, 대표님께 잘 말해주세요. 으하하. 전 이사회 의장일 뿐이에요. 매일 업무를 못 한단 말이에요. 다만 제가 이야기하고 싶은 건, 정답이 있는 평가 제도는 일단 존재하지 않는다는 겁니다."

6가지 필수 요소

통합과 커뮤니케이션 문제에 골머리를 앓던 PUBG는 또다시 조직 개편을 단행했다. 북미(웨스턴) 지사가 주도하던 글로벌 퍼블리싱 전담 팀을 센트럴Central팀으로 떼어내어 글로벌 사업에 영향을 주는 일들을 이끌도록 했다. 이름처럼 센트럴팀이 중심 역할을 맡아, 글로벌 단위의 공통 사업에 대한 의사 결정과 방향을 수립하고, 그와 동시에 각 지역 사업 본부가 지역에 최적화된 전략을 구사할 수 있도록 지원하는 조직이었다. 기존 조직 구조에선 북미 지사가 해당 지역과 글로벌 퍼블리싱을 동시에 수행했기에, 겸직으로 인한 비효율이 발생했다. 언어 장벽과 시차 문제로 인해 다른 지역 지사들과 커뮤니케이션이나 협업 프로세스도 갈수록 흐려졌다.

센트럴팀은 일관성 있는 브랜딩, 효율적인 마케팅, 균형 있는 지역 피드백을 목표로 내세우며, 여러 조직 간 일관된 소통 창구 역할을 하기로 했다. 개발본부에서 추진하는 개발 내용을 전달받아 여러 사업본부에 전파하거나, 반대로 지역 사업본부에서 수집한 지역 커뮤니티의 유저 피드백을 종합해 개발본부에 전달하는 일을 맡았다.

이전까지 개발본부는 게임 개발 방향을 선언하고 개발을 진행하는 과정에서, 각 지역 사업본부의 커뮤니티 매니저들로부터 전달되는 강한 유저 피드백 때문에 혼란을 겪곤 했다. 개발팀의 개별 구성원들이 직접 메시지를 받다 보니 개발 방향이 흔들리거나 사기가 떨어지는 일도 잦았다. 개발본부를 이끄는 장태석은 커뮤니티 매니저들에게 "각 지역의 피드백을 센트럴팀에 전달해달라"고 호소하면서, 센트럴팀에도 "취합 내용의 우선순위를 정해 개발팀에 전해달라"고 당부했다.

"정리된 커뮤니티 의견을 수령한 후 내용을 살펴보겠습니다. 그 내용이 타당하고 개발 방향성에 부합한다면 개발팀도 이를 받아들이고 적용하겠습니다. 다만 개발팀 내부가 실제로 개발 의도와 목표를 가장 잘 알고 있습니다. PUBG의 정체성과 핵심 요소를 잘 반영했다면, 일단 테스트해볼 수 있다고 생각합니다. PUBG다운 콘텐츠를 만들었다고 생각하면, 두려움 없이 강한 의지를 가지고 진행하겠습니다."

'PUBG다움'을 정의하는 PUBG 브랜드북이 완성됐다. "배틀그라운드가 뭐야?" 누군가 묻는다면 어떻게 말해야 하는지를, 17페이지 분량의 책자에 담았다.

"배틀그라운드는 배틀로열 게임 장르의 선구자이자 리더입니다. 플레이어들이 이전에 경험하지 못한 배틀로열의 스타일을 완성하고 메이저 게임 장르로 자리 잡게 했습니다. 지금까지 PC와 콘솔을 포함해 5,500만 장 이상의 판매고를 올렸고, 모바일에선 4억 회 이상의 다운로드를 기록 중입니다. 모든 플랫폼을 합해

매일 5,000만 명 이상의 유저가 플레이합니다. 4개의 맵이 있고,
그중 2개는 2018년에 출시됐습니다. 글로벌 e스포츠를 시작해
2018년 PGI에선 전 세계 1억 명의 누적 시청자 수를 기록했습니다. 지역 리그가 자리 잡고 글로벌 대회와 유기적으로 연결되고,
지속 가능한 성장을 이룰 수 있도록 개발과 투자를 병행하고 있
습니다."

게임을 경험한 고객은 10억 명을 돌파했고, 게임을 만들고 서
비스하는 직원은 700명을 넘어섰다. 브랜드북은 'PUBG란 무엇
인가?' 'PUBG다움이란 무엇인가?'에 대한 개념을 정립했다. 기
준을 세우고 다시 기본을 단단히 다지기 위해 본질을 묻는 질문
에 대한 답을 담았다.

김창한이 브랜드북을 전달하며 말했다. "PUBG 구성원이 경험
으로 알고 있는 것들을 정제된 언어로 개념화하려고 노력했습니
다. 지금까지 PUBG 구성원 모두의 실행과 그 결과를 정리했습니
다. 우리 모두 함께 만든 결과물입니다. 우리가 하고 있는 일입니
다. PUBG 비즈니스가 다양한 방향으로 확장하고 있는 만큼, 모
두 공감할 수 있는 브랜드의 정체성을 담았습니다. 브랜드북을 통
해 같은 방향을 바라봤으면 합니다. 앞으로 더욱 'PUBG다움'을
발전시키고 자부심을 키워나가는 시작점이 됐으면 합니다."

배틀그라운드는 20여 명의 개발자와 시작한 작은 프로젝트였
다. 게임의 이름은 어느덧 회사의 이름이 될 만큼 거대해졌지만,
'PUBG(배틀그라운드)다움'이 무엇인지 정의하는 것에서 출발하지
는 않았다. PUBG는 하나의 게임으로 시작했을 뿐이었다. 이제

PUBG의 정체성은 게임인 동시에 그 이상의 것을 담고 있었다.

미국의 게임 전문 매체 폴리곤은 배틀그라운드를 이렇게 묘사했다. "불완전하게 완벽한 게임imperfectly perfect game." 김창한은 무엇이 저런 평가가 나오게 했는지 골몰하다, 자신이 쓴 초창기 개발 노트에서 그 실마리를 찾았다. 3년 전에 그가 적었던 문구는 이런 것이었다.

'우리는 무언가를 더 확장하려고 하기보다 더욱 기본적인 것의 퀄리티를 높이는 데 초점을 맞출 것이다.'

'최고가 될 수 있다면 다른 복잡한 것을 생각할 이유가 없다. 심플하게 최고의 제품과 서비스를 만든다.'

'카피캣(복사품)을 걱정해 우리 스스로가 스스로의 카피캣이 되지 않을 것이다. 그 대신 아무도 따라오지 못할 정도로 앞서나가는 것에 집중할 것.'

'게임을 출시해도 업데이트는 계속될 것이다. 마크 저커버그가 페이스북을 permanent beta(영구적인 시범 서비스)라고 불렀던 것처럼, 우리는 여전히….'

PUBG의 존재 이유를 'PUBG(배틀그라운드)만의 독특한 경험과 재미를 팬들에게 선사하기 위해서'라고 규정했다. '독특한 경험'과 '재미'란 무엇인가? "적어도 이것이 빠지면 PUBG라고 부를 수 없습니다."

브랜드북은 PUBG의 필수 요소를 6가지로 정의했다.

하나, '배틀로열.' 게임에서 변하지 않는 본질이다. 경기마다 다른 양상이 펼쳐지며 다른 게임에서는 느낄 수 없는 스릴을 제공한다.

둘, '현실적인realism.' 언제나 현실에 기반을 둔다. '차원 이동'이니 '2개의 목숨'처럼 현실에서 존재할 수 없는 설정은 허락하지 않는다.

셋, '진지한serious.' 가볍고 캐주얼한 것보다 진지한 쪽이 PUBG와 어울리는 속성이다.

넷, '오리지널originality.' 배틀로열 장르의 선구자이자 대표 주자로서 인류가 창조하고 발전시켜온 음악, 예술, 미술과 같은 문화의 오리지널 스타일을 지지하고, 그들고 함께 성장하는 문화의 아이콘이 되는 것을 추구한다.

다섯, '주도적인proactive.' 배틀로열 장르를 완성한 리더로서 다양한 의견에 귀를 기울이고 열린 마음으로 받아들이되 결정은 스스로 내린다. 외부의 인기와 유행에 흔들리지 않고 스스로 답을 찾아가는 과정을 반복한다.

여섯, '창의적인creative.' 서바이벌은 매 순간 창의적인 전략을 요구한다. 반복적이고 익숙한 패턴을 지양하고 매번 창의적인 방식으로 자신만의 답을 찾아낸다.

이 6가지 구성 요소는 다양한 플랫폼에서 PUBG가 끝까지 고수해야 할 원칙이자 기준이었다.

브랜드북은 "누구나 혼동할 수 있지만 PUBG가 혼동해선 안 되는 것이 있다"고 강조했다. "배틀그라운드는 전쟁이나 군대가 아닙니다. 배틀로열은 서바이벌(생존)입니다. 군대가 아니라 서바이버들의 집합체입니다. 배틀로열의 근간을 이루는 건 전쟁이 아니라 지극히 개인적인 생존입니다. 진지하고 현실적인 면에선 우리와 비슷하지만, 국가나 군대 간 전투를 표방하는 다른 게임과 우리는 전제된 상황 자체가 다릅니다."

PUBG 구성원이 지녀야 할 핵심 가치도 명확하게 제시했다. 그것은 '팬을 우선시하는 자세' '퀄리티에 대한 집요함' '발전을 위한 과감한 도전' '함께하는 열린 마음'이었다.

조직 내 핵심 가치는 항해하는 배의 길을 인도하는 북극성이다. 회사가 일관되게 지향하는 방향성을 상기시키고, 좋은 의사 결정을 내리기 위한 가이드라인을 제시해준다.

"결정을 내리거나 컬래버레이션을 고려할 때, 우선은 PUBG의 구성 요소를 벗어나지 않는지 생각해야 합니다. 그다음으로 우리가 내리는 결정이 핵심 가치에 기반한 것인지 생각해야 합니다. 이 2가지 요건을 모두 충족한다면, 이제 그것을 어떻게 잘 실행할 것인지 고민하면 됩니다. PUBG가 준비하는 세계관은 과거부터 미래까지 펼쳐져 있고, 우리는 이 세계관을 통해 다양한 플랫폼들이 어우러질 수 있다고 생각합니다.

예를 들어 모바일 버전은 PUBG의 미래를 반영해 좀 더 미래 지향적이면서 실험적일 수 있습니다. PC나 콘솔은 과거와 현재를 반영해 현실적이고 진지할 수 있겠죠. 특히 우리와 다른 정체성을 가진 다른 브랜드들과 협업할 때는 PUBG라는 브랜드, 팬, 플레이어가 협업의 중심에 있는지 생각해야 합니다. 그렇지 않다면 다른 브랜드의 위상과 정체성이 우리의 것을 혼란스럽게 만들 수 있으니까요. 그들 브랜드 자산과 팬은 우리가 고려할 대상이 아닙니다. 우리는 하나의 꿈을 가진 하나의 팀입니다We are one team with one dream."

다운로드 1위

장병규는 작년 4월에 이어 1년 만에 다시 한번 인도 뉴델리를 방문했다. 1년 동안 변한 점들도 눈에 띄었지만, 무엇보다 인도의 게임 산업이 이제 막 태동했다는 느낌을 받았다. "PUBG 모바일이 상당한 성과를 거두고 있기 때문에 그렇게 느꼈을 수도 있지만, 근본적인 흐름이 있는 것 같습니다. 그중 몇 가지 적어봅니다."

장병규는 직원과 함께 인도 뉴델리의 여러 모습을 둘러보고선 신흥 시장으로 부상하는 인도의 모습을 경영진에 공유했다. 배틀그라운드 모바일은 인도에서 1,000만 일간 이용자 수를 기록하며 이제 막 개화하는 모바일 게임 시장을 싹쓸이하고 있었다.

인도는 종교와 계급 제도 때문인지 양극화된 모습을 느낄 수 있었지만, 빈자와 부자 모두 스마트폰에 친숙해 보였다. 무엇보다 모바일 시장이 꿈틀거리고 있었다. 10만 원 안팎의 저사양 스마트폰이 날개 돋힌 듯 팔려 나가고 있었으며, 통신사 지오Jio는 4G 데이터 무제한 요금제를 월 399루피(약 6,400원)에 제공하면서 통신시장 판도에 새바람을 일으키고 있었다. 13억 인구에 스마트폰 3억 대가 보급됐다. 모바일 소셜 게임을 하는 젊은이들이 늘고 있다는 소리를 현지인에게 전해 들었다.

"인도의 젊은 남성들, 그들은 이미 게이머.

인도는 여전히 남성 중심의 문화입니다. 밖으로 자유롭게 돌아다닐 수 있는 남자 아이들은 어떻게든 게임을 하면서 자랐고, 현재도 게임을 접하고 있습니다. 동네 사이버 카페에서 동전을 넣고 오락을 하거나, 부모의 타박을 받으면서도 집에 있는 PC에서 게임을 하며 컸습니다. 즉 그들에게 배틀그라운드 모바일은 첫 게임이 아닙니다. 이미 그들은 게임을 어떻게든 즐기고 있었습니다.

대단한 지오팩Jio pack(인도 통신업체 지오의 요금제 상품).

무제한(2GB/일) 데이터를 매우 싼 가격에 1년 전부터 제공하는 지오팩은, 특히 젊은이들에게 크게 어필했습니다. 기존 강자인 에어텔Airtel도 지오팩에 대응하기 위해 유사한 스마트폰 요금제를 내놓았습니다. 결과적으로 매우 저렴한 가격으로 데이터를 사용하는 젊은이들이 엄청나게 늘어났습니다. 지오팩을 사용하는 한 젊은이는 지오 TV 앱을 이용하는데, 사용자 인터페이스가 케이블 TV와 매우 흡사합니다. 돈을 내야 하는 TV를 보지 않고, 지오 TV와 유튜브를 포함한 다양한 동영상 콘텐츠를 스마트폰으로 보고 있습니다. (넷플릭스는 상대적으로 비싼 가격 때문에 보지 않는다고 합니다.)

게임은 싼 엔터테인먼트.

백수인 젊은이도, 부모에게 용돈을 받는 젊은이도 많습니다. 그들은 입장료가 무료인 공원에서 데이트를 하며 영화를 보는 데 돈을 쓰지만, 술이나 비싼 외식에는 돈을 쓰기 힘듭니다. 그들에게 F2P Free to Play(무료 이용) 스마트폰 게임은 매우 싼 엔터테인먼트입니다. 이미 게이머였던 그들이 지오팩과 합리적 가격의 스마트폰을 만나서 본격적으로 게임을 하기 시작한 것입니다.

참고로, 샤오미, 오포, 비보 등 저가형 스마트폰을 제공하는 중국 회사들과, 그들에 대응하는 삼성의 저가형 스마트폰 덕분에 스마트폰이 게임 플레이의 걸림돌이 될 것 같진 않습니다. 스마트폰 하드웨어 성능도 상향 평준화됐습니다. 스마트폰과 데이터 요금은 이미 게임에 적합한 수준입니다.

배틀그라운드 모바일은 '첫 모바일 FPS(총싸움 게임)'이자 '소통 도구.'

배틀그라운드 모바일은 인도 젊은이들에게 '첫 모바일 FPS'입니다. 콜 오브 듀티를 모바일로 플레이했다는 한 젊은이는 "콜 오브 듀티가 캠페인을 끝내면 다시 캠페인을 하라고 해 지루하다"며 "배틀그라운드 모바일을 꾸준히 즐기고 있다"라고 했습니다. 배틀그라운드 모바일은 4~50분 내에 성취감을 느낄 수 있다고 합니다.

무엇보다 배틀그라운드 모바일이 젊은이들에게 빠르게 퍼진 이유는, 제 판단에는 소통 도구 역할을 하고 있기 때문입니다. 게임이 왓츠앱, 페이스북, 인스타그램과 같은 소셜미디어 성격을 띤다는 것입니다. 대학을 함께 졸업한 동기들도 여러 이유로 자주 만나기 힘듭니다. 그런데 배틀그라운드 모바일에서는 음성 채팅을 하면서 서로의 안부를 전하고 서로가 여전히 친하다는 것을 확인할 수 있습니다.

그래서 우리는?

　인도 게임 산업이 이제 막 시작되어 시장 기회가 있다고 해도, 우리의 역량과 경험을 고려하면 고민이 깊습니다. 한국과 인도의 가교 역할을 할 인재가 적습니다. 삼성, LG, 현대차와 같은 대기업과 연관된 기업들, 소규모 수출입업체들을 제외하면 인도에 진출한 기업이 적습니다. 비제조업이나 스타트업은 더욱 적습니다. 우리는 인도인들과 협업해본 적이 없습니다.

　엔매스를 미국에서 시작할 때 한국과 미국의 가교 역할을 할 인재들이 그나마 있었음에도 미국인들과의 협업은 어려웠고 여러 시행착오를 했습니다. 시장 기회가 보이는데, 우리의 역량과 경험이 부족해 도전을 주저하는 현실이 많이 안타깝습니다.

　추가로 상상해보기.

　구글이 시작하는 게임 플랫폼 스타디아Stadia도 어쩌면 인도 같은 나라가 주요 타깃 시장이 아닐까 하는 상상도 했습니다. 하지만 이런 상상은 줄이겠습니다. 현실이 그리 녹록하지 않으니까요. 배틀그라운드 모바일도 텐센트가 하는 것이지 우리가 하는 것이 아니니까요…."

　김창한 역시 이어진 인도 출장에서 가능성을 발견했다. 배틀그라운드 모바일을 처음 출시할 때는, PC와 다른 조작계와 플레이 환경을 가진 모바일이나 콘솔에서 게임이 얼마나 성공할지 예측하지 못했다. 중국에서 처음 모바일 버전을 출시하고 주말 최고 동시 접속자 수가 1,000만 명 이상을 기록했을 때 비로소 '중국에서 모바일이 잘되고 있구나' 생각했다.

중국 바깥의 글로벌 시장에서도 배틀그라운드 모바일은 갈수록 성장해 중국 시장의 30~40퍼센트 수준까지 따라왔다. 그중에서도 가장 눈에 띄는 곳은 인도 시장이었다. 게임 시장이 크게 자리 잡지 않은 곳이었음에도 일간 이용자 수는 꾸준히 올라 830만 명을 찍었다. 한국에서 잘 나올 때 90만 명 정도였던 것과 견주어 봤을 때 이 정도의 숫자라면 인도의 국민 게임이라고 말할 수 있을만 했다.

배틀그라운드의 인기는 마치 신종 감염증처럼 대륙을 넘어 전파됐다. 동남아시아에서 시작된 열풍을 목격한 인도인들이 자국으로 게임을 퍼뜨린 데 이어, 인도계가 많이 일하는 중동 지역까지 퍼졌다.

인구 3,481만 명인 사우디아라비아에서 배틀그라운드 모바일에 1,600만 명이 가입했다. 무함마드 빈 살만 왕세자가 실권을 잡은 이후 자유화가 이뤄지고 시장이 개방되면서 모바일 게임 유저는 2017년보다 3배가 늘었다. 부국으로 유명한 만큼 유저들의 씀씀이도 세계 최고 수준이었다. 글로벌 평균보다 3~5배 많은 돈을 쓰면서, 배틀그라운드 모바일 전 세계 서비스 국가 중 월매출 1위를 기록했다. 전 세계에서 배틀그라운드 모바일에 돈을 가장 많이 쓰는 유저 10명 중 절반이 사우디아라비아 사람일 정도였다.

이라크에서 일간 이용자 수는 220만 명을 기록했다. 인구 4,000만 명 중 젊은 세대만 게임을 한다는 점을 고려하면 가공할 만한 수치였다.

"한국에서 블리자드의 실시간 전략 게임 스타크래프트(1998)가 등장하기 전에는 모두가 한 번씩 해봤다고 할 만한 게임이 없었습니다. 스타크래프트가 한국에서 국민 게임으로 불리듯이, 이라크에서도 배틀그라운드 모바일 이전에는 전국적인 인기를 끈 게임이 없었기에 국민 게임이라고 해도 과언이 아닙니다. 배틀그라운드 모바일의 인기는 이라크뿐만 아니라 중동 전체로 퍼지고 있고, 이스라엘에서는 다운로드 1위를 기록했다고 합니다. 이런 인기를 바탕으로 형성된 배틀그라운드 이미지가 당장은 아니더라도 다음을 위한 기반이 될 것이라고 생각합니다.”

　배틀그라운드 모바일은 한국과 일본을 제외한 글로벌 지역에서 텐센트가 서비스했다. PUBG 모바일전략팀은 PUBG와 텐센트 사이에서 배틀그라운드 모바일 업무를 담당하는 조직이었다. 텐센트에 배틀그라운드 주요 목표와 개발 방향성을 제시하고, 계약과 정산 업무도 담당했다. PUBG를 대표해 배틀그라운드 모바일의 콘텐츠나 마케팅 자원을 평가하고 승인하는 역할도 맡았다. 배틀그라운드 모바일 e스포츠 역시 한·일 지역을 제외하고 텐센트가 대회를 운영했다. 하지만 대회 취지나 룰, 스폰서십, 운영 방식 등 주요 사항에 대해서는 PUBG 모바일전략팀이 초기부터 관여해 가이드했다.

　‘국가, 인종, 종교 등 사회적 장벽과 무관하게 스마트폰만 있으면 누구나 참여해 즐길 수 있다everyone to get involved, regardless of any barriers’는 캐치프레이즈 아래, 이라크에서 열린 배틀그라운드 모바일 국제 예선 대회에서 니캅(눈만 내놓고 전신을 가리는 이슬람 복장)을 착용한 여성들이 출전하며 현지 인기를 증명했다. 대회 영상 조회 수는 총 1억 1,000만 회를 기록했는데, 특히 동남아시아 지역에서만 6,200만 회에 달했다. 결승 생방송은 60만 명이 동시에 시청할 정도로 폭발적인 반응을 이끌어냈다.

대본이 8할

장병규는 IP 확장을 화두로 게임뿐 아니라 드라마, 영화 업계 인사들과 교류를 늘려갔다. 김창한이 지나가는 말로 장병규에게 이런 요청을 했다. "영화나 드라마 세계를 너무 모르니 공부를 먼저 해주세요." 김창한은 배틀그라운드 IP를 넓히기 위한 전략을 고민하고 있었다. 드라마와 영화 산업은 게임처럼 창의성을 요하는 분야였다. 그런데 이 분야에서 컨설팅을 제공할 만한 규모의 기업이 거의 없어, 관련 보고서를 찾기도 쉽지 않았다. 해외에서 활동하는 콘텐츠 에이전시가 있긴 했지만 제작과 유통 노하우를 공개하지 않을 정도로 폐쇄적이었다.

장병규는 컨설팅 업계에 종사하는 지인에게 드라마와 영화 산업을 물었지만 이런 대답이 들려왔다. "거긴 우리 같은 논리적인 인간이 감당할 수 있는 동네가 아니기에 전문 컨설턴트가 없다." 장병규는 글로벌 OTT업체 대표와 드라마 제작사 대표를 초대해 자리를 만들었다. 드라마 제작사 대표는 제작력으로 승부하는 사람이었다. 그는 "사람들이 유명 작가나 배우보다 제작사 이름을 신뢰하게 만들고 싶다"며 "회사에서 신작이 나오는 걸 기대하게 만드는 게 목표"라고 말했다.

"일관된 방식으로 브랜드가 된 제작사가 영국의 '워킹 타이틀'입니다. 영화 〈데드맨 워킹〉〈파고〉〈빌리 엘리어트〉〈노팅힐〉 등을 제작하면서 특유의 영국식 유머와 인간미, 약자에 대한 존중 같은 가치를 영화에 일관되게 담아냈습니다. 이런 철학을 시스템화하는 것이 저의 평생 목표입니다. 우리나라의 경우를 보면, '김종학 프로덕션에서 새 작품 한대'라고 말하는 사람은 아무도 없잖아요."

드라마 한류의 시초로 배우 송혜교와 정지훈이 주연한 드라마 〈풀하우스〉(2004)를 꼽았다. 드라마 〈겨울연가〉(2002)는 일본에서 큰 인기를 끌었지만, 영향력은 일본 시장에 한정돼 있었다. 〈겨울연가〉는 일본 중장년층 사이에서 '욘사마' 신드롬을 일으켰지만, 〈풀하우스〉는 아시아 전역의 젊은 세대에게서 호응을 얻었다.

"〈겨울연가〉는 아직까지 돈을 벌고 있는 IP입니다. 과거 방송사에 IP 개념이 없어서 전 세계 판권을 특정 엔터테인먼트 회사에 다 줘버렸죠. 아마 이런 일은 처음이자 마지막일 겁니다. 한·일 관계가 나빠지면서 거품이 빠질 줄 알았는데, 갑자기 중국이 나타나서 돈을 내주기 시작했습니다. 전지현이 주연한 드라마 〈별에서 온 그대〉는 중국 시장에서 독점적으로 유통할 수 있는 조건으로 투자를 받았습니다. 인터넷과 온라인 방송에서도 수익을 낼 수 있다는 개념이 한국에서 상대적으로 약했던 때였죠."

드라마 흥행의 주도권은 점차 지상파에서 CJ, JTBC 같은 케이블과 종합 편성 채널, 제작사로 넘어가고 있었다. 방송국 입맛대

로 설정되는 낮은 단가로는 좋은 작품이 나오지 않는다는 문제의
식이 생겼고, 때로는 대규모 제작비를 투입하는 대작이 필요하다
는 공감대도 생겼다.

"드라마 〈미생〉(2014)의 성공으로 시장의 판도가 달라졌습니다.
톱클래스 작가 대부분이 CJ의 케이블 채널인 tvN으로 이적했습
니다. 〈미생〉은 러닝 타임 규제 없이 영화처럼 고퀄리티로 찍었습
니다. 드라마 속 갈등이 강하지 않은데도 과감하게 편성해줬습니
다. 그때 CJ가 크리에이터들을 보유한 제작사들을 많이 인수했습
니다. 지상파 3사는 이제 거의 역량을 잃었습니다. 그나마 잘 찍
는 사람들은 JTBC나 tvN에서 모조리 스카우트해갔습니다."

그는 "지상파가 주도했던 드라마판에서 변하지 않았던 몇 가지
가 있었다"고 말했다. 하나는 제작사가 방송사의 하청 형태로 일
하는 구조였다. 당시 업계의 불문율은 연출자를 반드시 방송사 소
속 PD로 써야 한다는 것이었다. "제작자 입장에선 가장 핵심적인
역량을 운에 맡기는 셈입니다. 방송사의 이기심으로 그들의 인프
라를 강제로 써야 하는 거죠." PD뿐 아니라 촬영, 조명, 미술 분야
의 핵심 인력과 인프라를 모두 지상파 직원으로 채워야 했다. 다
른 하나는 제작의 운영 방식이었다. 제작자와 PD가 모든 일에 관
여할 수 없기 때문에 창조적이거나 재밌는 시도를 하지 못했다.

"PD의 의지와 상관없이 연기력이 떨어지는 배우를 캐스팅하거
나, 어울리지 않는 음악을 깔거나, PPL이 생뚱맞게 들어가는 일
이 발생합니다. 드라마의 본질을 훼손하면서까지요. 지상파 드라
마의 색감이 촌스럽게 보였다면, 다 이런 구조적 문제 때문입니

다. 지상파 드라마 제작 환경에선 제작사가 무언가를 할 수가 없었어요."

방송국 편성에만 의존해야 하는 기존 드라마 제작 환경 안에서 방송사와 대등하게 협상하며 제작 전반을 책임지는 PD를 길러내기란 불가능했다. 장병규는 "우리 크래프톤은 다르다"고 말했다.

"우리는 제작 리더십이 합니다. PD 한 명도 아닙니다. 게임의 A부터 Z까지 책임질 수 있는 한 명 혹은 여러 명으로 이뤄진 팀이 최종 판단을 합니다. 게임마다 성공에 필요한 요소나 제작 방식이 다르니까요.

일반적으로 1년에서 1년 반 정도 마일스톤(중간 평가) 기간을 설정합니다. 킥오프(제작 승인)를 할 때는 경영진과 많이 싸우는데, 중요한 키워드 몇 개에 대해 공감대가 형성되면 그 뒤로는 경영진이 제작에 일절 관여하지 않습니다. 특정한 예산과 기간 내에서 거의 전권을 주는 것이죠. 경영진의 견제는 마일스톤 시기에 초기 계획과 비교하며 이뤄집니다.

그때 프로젝트를 끝낼 권한은 경영진에게 있습니다. 그렇기 때문에 크래프톤은 제작 리더십을 선택할 때 고민을 많이 합니다. 가급적 한 분에게 두세 번 기회를 주고 싶다는 생각이 들지 않으면 주지 않습니다."

드라마 제작자는 "영화든 드라마든 모든 영상 산업에서 EPD(총괄PD)가 가장 중요하다"고 말했다.

"EPD는 이야기를 콘텐츠로 발화시켜 뿌리 내리게 하고, 과실을 얻을 때까지 모든 과정을 끌고 가야 합니다. 할리우드 감독 제리 브룩하이머처럼요. 팀을 이뤄 몇 번 성공을 거듭하고 나면 팀 내의 여러 관련자를 함께 끌고 갑니다. 그렇게 팀이 구성되면 설령 EPD가 제작 현장에 나오지 않더라도 콘텐츠의 주인이 되고 콘셉트가 명확합니다. 한국에선 이런 생태계가 구축돼지 못했습니다. PD들 스스로 권리가 없다고 생각하며 살아왔죠."

장병규는 드라마의 흥행 법칙이 궁금했다. 드라마 제작사 대표는 연타석 흥행에 성공한 한 케이블 채널 회사를 사례로 들었다. 그에 따르면 사내 편성부서와 사업부서가 드라마 편성을 두고 매일 다툼을 벌였고, 경영진이 이를 중재하려고 13명으로 구성된 편성 협의체를 만들었다. 사업 쪽 6명, 제작 쪽 6명, 스태프 1명으로 구성했다.

"작가 이름을 떼고 선입견 없이 대본으로만 투표해 편성작을 뽑게 했습니다. 그게 성공 이유입니다. 지상파에선 절대 그렇게 못 합니다."

"대본이 그 정도로 중요한가요? 게임업은 대본 자체가 없기 때문에 감이 확 오지 않는데요."

"좋은 대본은 딱 보면 잘 읽히고 그림이 그려집니다. 그리고 그런 대본 때문에 큰 배우들이 출연을 결정합니다. 우리 모두가 동의하는 기준은 대본이에요. 대본에서 시작하는 겁니다."

"소설과 비슷하나 보네요. 어떤 소설은 너무 잘 읽히고 재밌으니까요. 대본도 그런 느낌이 있나 봅니다."

OTT업체 대표가 의견을 보탰다. "영화도 마찬가지입니다. 일반 투자자 입장에서 프로젝트에 투자할 때 좋은 시나리오는 서사가 다릅니다. 그걸 상상하면서 투자하는 겁니다. 영화 〈곡성〉 시나리오가 나왔을 때 난리가 났어요. 일반인인 제가 읽어도 빨려 들어갔습니다. 배우들은 더 잘 느끼겠죠. 내러티브가 강한 게임이 흥행하듯 영화나 드라마도 마찬가집니다."

장병규는 우수한 시나리오와 그렇지 못한 시나리오 몇 편을 추천해달라고 부탁했다. "콘솔 게임 시장은 패키지 판매를 하는데요. 주말 20시간 플레이에서 승부가 납니다. 무조건 재밌어야 합니다. 그러다 보니 내러티브가 강해야 해요. 대본 몇 개를 읽어봐야겠네요."

"재미없는 대본은 바로 덮으실 거예요. 그 정도로 일반인이 봐도 차이를 느낄 수 있습니다. 드라마 흥행에는 감독이나 배우 이전에 대본이 가장 중요합니다. 대본의 힘이 8할입니다. 전 세계로 콘텐츠를 배급하는 넷플릭스가 등장하면서 드라마는 게임만큼 글로벌 파급력을 갖췄습니다. 영화는 아직 그 정도는 아니기 때문에 영화사들도 드라마에 손을 대고 있는 상황입니다."

"에란겔섬에 살던 세르게이는 내전의 유일한 생존자였다. 험난한 과정을 거치며 마피아로 성장해 비즈니스 기회를 찾던 중 러시아 교도소에서 비밀리에 진행되던 배틀로열 경기를 합법화하기 위해 온갖 수단을 동원했다. 마침내 그는 배틀그라운드라는 최초의 합법적 배틀로열 엔터테인먼트 이벤트를 만들었다. 배틀그라운드는 러시아를 넘어 전 대륙으로 확장되며 글로벌 엔터테인먼트로 자리 잡았다. 사업 확장을 위해 기존에 재소자들로 제한됐던 참가 자격을 일반인에게도 부여했다. 이로 인해 배틀그라운드를 반대하는 세력들이 생겨나고, 내부 갈등도 극심해진다. 세르게이 이후 후계자들 간의 암투는 본격화되고, 반대 세력들의 싸움도 치열해졌다. 대회를 거듭할수록 더 많은 스타 우승자들과 참가자들이 생겨났다.”

배틀그라운드 세계관의 기본이 되는 '바이블'이 쓰였다. PUBG 센트럴팀 내 '스토리크리에이티브'팀은 배틀그라운드의 세계관을 정립해나갔다. 'PUBG만의 독특한 경험과 재미를 팬들에게 선사한다'는 미션은 세계관 콘텐츠 제작에도 똑같이 적용됐다.

스토리와 배경을 입힘으로써 게임 유저에게는 더 적극적으로 플레이할 동기를 주고, 게임을 하지 않아도 스토리에 관심 있는 일반 유저나 잠재적인 팬을 끌어들일 수 있을 것으로 기대했다. 특히 세계관에 관심이 많은 핵심 유저층의 기대치와 눈높이를 충족할 수 있을 것으로 기대했다.

게임과 엔터테인먼트가 세계관으로 연계되면 IP의 경쟁력과 가치는 상승한다. 미국 할리우드에서 일하는 한 비즈니스 담당자는 “배틀그라운드는 이미 게임으로 수억 명의 팬층이 생겼다”며 “만약 영화를 만든다면 게임 유저가 잠재적인 관람객이 될 수 있다”고 말했다. 또 세계관과 게임 콘텐츠 업데이트가 유기적으로 연결되면 게임에도 맥락과 스토리가 생기고, 재미는 배가된다. 사업적으로 다른 IP나 회사들과의 컬래버레이션이나 라이선싱 기회도 더욱 많아지게 된다.

세계관을 중심으로 다양한 플랫폼과 제품들이 유기적으로 연결되면, 유저들은 무엇보다 PUBG 브랜드를 하나로 인식하게 된다. 세계관의 내러티브를 바탕으로 일관성 있는 브랜드 스토리텔링을 할 수 있는 것이다. PC 버전은 과거부터 현대적인 시대 배경을 설정했고, 모바일 버전은 세계관의 미래 부분을 다루게 하여, 큰 서사 흐름 아래 각가의 제품이 조화를 이루도록 하는 목표를 세웠다. 스토리크리에이티브팀 담당자는 세계관 바이블을 나무에 비유했다. 세계관 콘텐츠는 나무처럼 큰 기둥을 중심으로 가지를 치면서 계속 성장하는 나무와 비슷하다는 것이다. 세계관 바이블이라는 기둥 위에서 히어로 콘텐츠가 확장의 가지 역할을 할 수도 있다.

"배틀그라운드 세계관을 거시적으로 정리한 콘텐츠입니다. 세계관의 종합편에 가까울 겁니다. 세계관 일부를 다루는 '어깨shoulder 콘텐츠', 게임 업데이트와 연계돼 개발의 중심 축이 되는 '게임 연계 콘텐츠', 영화·애니메이션이나 드라마처럼 외부에서 제작비나 플랫폼을 제공받아 제작하는 '라이선스 콘텐츠'가 가지처럼 뻗어 나갑니다."

스토리크리에이티브팀은 작가 그룹을 포함한 콘텐츠 사업 전문가들로 구성됐다. "콘텐츠별 스토리에 모순과 충돌이 일어나지 않도록 세계관 전체의 연속성을 유지하고, 내부와 외부의 여러 제안을 수렴해 세계관을 풍성하게 발전시켜 나가겠습니다. 예를 들어 배틀그라운드 세계관 IP에서 변치 말아야 할 핵심은 무엇인가? 어떤 제안을 받아들여 IP 바이블에 반영할 수 있는가? 이런 질문을 고민하고 답을 내겠습니다."

팀은 '에란겔의 첫 생존자'라는 제목의 시네마틱 트레일러 콘티 영상을 보여줬다. 2분짜리 영상에서 세르게이는 자신의 참혹했던 어린 시절을 회상하면서 배틀로열 이벤트 주최자로서의 모습을 보여준다. 최종 영상은 배틀그라운드 시즌 업데이트를 앞둔 7월 전 세계에 공개하기로 했다.

12층부터 14층까지

PUBG는 전사 미팅인 '주간 회의'를 '올핸즈 미팅all-hands meeting' 으로 개편하고, 매주 열던 행사를 월 1회로 바꿨다. 지난해 글로 벌 확장을 추진하던 김창한은 의도적으로 오버over 소통을 많이 했다. 그러다 보니 중복되는 이야기가 많아졌고 미팅 내용도 형식 적으로 변했다.

PC에서 출발한 게임이 콘솔로, 모바일로, 라이트 PC 버전으로 늘어났다. 게임마다 제작과 서비스 방식이 다른 데다, 이를 매주 다루기엔 내용이 많았다. 한편으론 직원들이 관심을 가질 만한 주 제도 한정적이었다. 많은 정보를 공유하더라도 자기 업무와 관련 이 없으면 보지 않았다. 바쁘니까 당연했다.

월 1회 행사로 전환하면서 전사적으로 공유할 만한 주제를 선 별해, 내용을 좀 더 다듬기로 했다. 주요 현안과 씨름하는 각 조직 의 책임자들이 나와 발표하는 형식은 그대로 유지했지만, 준비 기 간이 길어지면서 발표 내용은 더 탄탄해졌다.

　김창한은 주간 회의에서 준비한 내용을 전달하고 끝내는 식의 일방적인 소통을 주로 했지만, 올핸즈 미팅에선 질의응답을 도입했다. 발표자들의 발언은 유튜브 동영상처럼 오디오 공백없이 타이트하게 편집됐다. 약 1시간 분량의 올핸즈 미팅 영상은 한글과 영어 자막을 달고 모든 지사에 뿌려졌다.

　발표자는 시기와 사안에 따라 달라졌지만, 고정 코너 하나가 마련됐다. '글로벌 커뮤니티 동향 공유monthly community sentiments' 코너였다. 신규 콘텐츠, 행사, 게임, PUBG 전반에 대한 고객 커뮤니티의 반응을 소개했다. 동향 자료는 각국의 커뮤니티 매니저들이 보내주는 데이터를 바탕으로 작성했다.

　커뮤니티를 기반으로 성장했지만, 출시 이듬해인 2018년부터 커뮤니티와의 괴리가 발생했다. 커뮤니티의 신뢰를 되찾고 지지를 강화하는 데 초점을 맞췄다. 'Fans Come First(팬이 먼저)' 정신을 내세우는 PUBG는 '커뮤니티와 함께 성장한 게임'이란 수식어가 무색할 정도로 커뮤니티 대응에 미흡한 모습을 보였다. 김창한은 'Fans Come First'를 "고객 가치 중심 회사가 되어야 한다는 뜻"이라고 설명했다.

　문제는 경영학 교과서에서도 자주 언급되듯이, 고객 스스로도 본인들이 무엇을 원하는지 모른다는 점에 있었다. 고객의 목소리가 실제로 그들이 원하는 것과 일치하지 않기 때문에 내부에서는 항상 혼란이 발생했다. 고객 가치는 극악의 해독 난도를 자랑하는 블랙박스 같았다. "고객의 목소리만으로는 그들이 진정으로 원하는 것을 파악할 수 없고, 오직 결과로만 알 수 있습니다. 그렇더라도 우리가 반복해서 리뷰하고 분석하다 보면 고객이 무엇을 원하는지 점점 더 잘 이해하게 됩니다. 그들의 목소리를 해석하는 노하우가 쌓이게 됩니다. 우리가 그 노하우를 잘 쌓아가고 있는지 살펴봐야 합니다."

'10억 계단'이라는 별명, 혹은 비아냥을 듣던 크래프톤 사옥의 층간 계단 이름이 '싱크로드Sync Road'로 지어졌다. 사내 이름 공모 행사에 55명이 참여해 후보작 122건을 제출했다. 과거 동서양의 물자와 문화를 잇던 교역 루트 실크로드silk road에 '함께' '화합하는' '생각을 맞추는'이란 의미를 가진 'sync'를 합쳤다. '함께 교류하고 소통하며 공감대를 만들어갈 수 있도록, 크래프톤 동료들 간의 만남과 인연을 연결하는 계단 - 네이밍: TERA 천상열 님.' 나무 현판에 공모전 수상자 이름과 설명 문구가 새겨졌다.

12층부터 14층까지 사무 공간을 내부에서 한 번에 잇는 원형 계단을 중요한 소통 공간으로 보고, 이를 중심으로 아이리시펍, 스포츠바, 게임방 등 콘셉트 공간을 층마다 꾸며 직원들이 자유롭게 교류할 수 있도록 했다. 경영진은 싱크로드를 드나드는 사람 수를 파악하기 위해 측정 센서를 붙였다.

지난해 판교 사옥으로 이전한 직후 한 직원이 장병규에게 질의했다. "크래프톤 타워의 층이 나눠져 있다 보니 얼굴 보기 힘들어진 사람이 많아졌습니다. 모르는 사람들끼린 더욱 서먹한데, 구성원이 좀 더 가까워지고 낯섦을 줄일 수 있는 방법이 있을까요?"

장병규는 경영학의 대부 피터 드러커의 명제 "측정할 수 없는

것은 경영할 수 없다"를 꺼내며 답변을 시작했다. "제가 경영의
ABC 관점에서 답을 드려볼게요. 뭔가를 고치려면요, 특히 큰 조
직에서는 뭘 해야 하냐면요, 인덱스index(지표)를 만들어야 합니다."
장병규는 대답의 형식을 빌려 김효섭과 경영팀에 주문하는 듯 보
였다.

　"우리 조직의 낯섦을 측정하는 지표를 개발해야 합니다. 혹은
우리 조직은 얼마나 잘 소통하고 있는지, 크래프톤 연합으로서 소
통력이 얼마나 뛰어난지, 교류가 얼마나 활발한지 등을 측정해야
해요. 게임 하나도 상당히 많은 요소를 측정하잖아요?

　조직도 마찬가집니다. 일단 측정을 해야 조직이 고민하기 시작
하고, 그에 따라 제도가 나오거든요. 사실 기존 사무실에서부터
측정하기 시작했어야 합니다. 기존 사무실에서 측정하고, 새로운
본사로 옮겨와서 측정하고요. 그럼 느낌이 오는 것이 있거든요.
그걸 기다리고 있는데 경영팀이 1년이 지나도 안 하고 있긴 해요.

　다시 말하지만, 풀고 싶은 문제가 있으면 일단 측정부터 시작해
야 합니다. 그러면 측정하는 과정에서도 고민의 깊이가 깊어지고
여러 솔루션이 보입니다. 이것이 기본적인 경영의 ABC입니다."

2개의 숙제

　데이터분석실은 크래프톤의 모든 게임 지표를 한눈에 들여다
볼 수 있는 온라인 대시보드를 구축했다. 그동안 경영진은 매달

연합의 각 스튜디오로부터 게임 지표를 메일로 수신했다. 연합 자회사와 크래프톤 담당자들은 매번 자료를 취합하고 검증하는 수고를 반복했다. 신속하게 정보를 공유하고 의사 결정을 내리기 위해 자동화된 실시간 대시보드가 필요했다. 마치 주식 차트처럼 신규 접속자 수, 이용자 수, 판매량, 매출 등 게임의 성과 지표가 화면에 좌르륵 떴다. 판매 플랫폼별, 국가와 지역별, 특정 날짜와 기간별로 그래프를 그릴 수 있어, 서비스 중인 게임의 현황을 한눈에 파악하고 게임 간 비교 분석도 용이해졌다.

김효섭 대표는 어느 날 OKR Objective Key Results(목표 및 핵심 결과 지표)을 다룬 책을 경영팀에 돌렸다. 조직이 목표를 설정하고, 이를 달성하기 위한 결과를 숫자로 측정함으로써 조직을 효율적으로 관리할 수 있다는 방법론이 담긴 책이었다.

'수치'와 '측정'을 강조하는 경영팀을 바라보며 CFO 배동근은 의문을 품었다. 효과적인 경영과 재무 관리에 필요한 지수를 고민하는 것은 마땅하지만, 일부 부서는 지수화를 위한 지수화에 함몰돼 있는 듯한 느낌을 받았다.

OKR은 당장에 수익을 내지 못하더라도, 고객을 확보하고 이들에게 제공하는 가치를 늘려나가면 장기적으로 큰 이익을 얻을 수 있는 사업에 적용하는 것이 어울렸다. 예측한 결과를 토대로 지수를 만드는 것은 합리적이지만, 게임업에서 결과를 예측하기란 눈대중으로 코끼리 무게를 재는 것만큼이나 어려운 일이었다.

지수는 성공과 실패의 결과를 측정할 수 있어야 성립한다. 회사가 잘하고 있는지 그렇지 않은지를 숫자로 확인할 수 있어야 한다. 게임의 성공과 실패는 결국 매출이나 고객 수로 판단해야 할 것이다. 그런데 개발 중인 프로젝트가 얼마나 성공하고 실패할지, 다시 말해 어느 정도 매출이 나오고 얼마나 많은 고객이 유입할지 예측하는 일은 사실상 불가능에 가까웠다. 인과관계에 직접적인 연결 고리 없이 지수를 산출한다고 한들 무슨 의미가 있단 말인가.

배동근에게 주어진 첫 번째 숙제는 '얼마를 남겨놓고 얼마를 투자해도 되는가'였다. 고민을 거듭하다 답안지를 제출했다. '계산할 수 없음.' 제조업체는 원자재를 사와 물건을 만들고, 이를 고객에게 판매한 뒤 대금을 받는다. 지불해야 할 금액과 수령할 금액을 고려하여 회사가 보유해야 할 최소한의 자금을 계산할 수 있다. 이런 방법을 게임 회사 크래프톤엔 적용할 수 없었다.

크래프톤의 비용 대부분은 인건비나 장비비와 같이 매월 혹은 매년 정기적으로 지출되는 고정비용이 차지했다. 특정한 자원을 외부에서 조달하거나 납품업체와 주고받을 일도 거의 없었다. 게다가 고객에게서 얼마를 받게 될지 가늠할 수 없었다. 예상할 수 없으니 계산할 수도 없다. 모르는 것을 모른다고 해야, 적어도 허수아비 문제를 만드는 잘못을 피할 수 있다.

게임이 완성될지도 모르고, 출시될지도 모르고, 출시돼서 얼마를 벌지도 모른다. 그래서 그의 대답은 '전통적인 방법으로 계산할 수 없음'이었다. 답이 없는 문제를 풀기 위해 배동근은 접근 방법을 달리했다. 투자금을 모두 날려도 회사를 유지하는 데 문제가 없을 만큼의 금액을 거꾸로 추산했다. 오늘 당장 회사 문을 닫는다고 가정했을 때, 부담 없이 회사를 정리할 수 있는 최소한의 금액을 계산한 것이다. 그 돈을 제한 나머지는 몽땅 투자해도 되는 돈으로 정의했다. 배동근은 수개월 치 직원 월급과 다양한 렌트 계약 등을 고려해 회사 청산 비용을 계산했다.

'크래프톤이 얼마나 많은 제작 리더십을 인수할 수 있을지 수치로 추정하기' 역시 비슷한 난제였다. 이론적인 관점에서 자금이 고갈되지 않는 한도 내에서 모든 재원을 활용해 제작 리더십을 유치한다면? 이 방법론 또한 '새로 영입한 제작 리더십이 '얼마만큼의 시간 안에 얼마나 많은 매출을 만들어낼 것인가'라는 가정 아래에서 작동한다. 가정이 없다면 결국 남은 자금을 고려함으로써 투자하는 수밖에 없었다. 그렇다고 과거 사례를 참조한다고 해도 문제가 발생한다. '이때는 몇 개 팀이 있었는데 잘됐고, 저때는 몇 개 팀밖에 없어서 잘 안됐다'는 식의 판단은 전혀 객관적이지 않았다.

이런 상황에서 지수를 산출하는 2가지 접근법이 존재했다. 하나는 합리적이라고 생각하는 지수를 만들어놓고, 과거 데이터를 적용해 그 지수가 '말이 되는지' 확인하는 방법이다. 다른 하나는 합리적인 지수를 만들기가 애당초 쉽지 않으니, 과거 데이터를 들여다보면서 '말이 되는' 지수를 만드는 방법이다.

배동근은 첫째 방법을 몇 달간 고민했지만 답이 나오지 않아 포기를 선언했다. 둘째 방법도 골몰하다 두 손 두 발을 들었다. 과거 사례에서 특정 기간 동안 제안서를 준비한 팀, 제작 승인을 받고 탈락한 팀, 개발 중 마일스톤을 통과한 팀 등을 구분하기란 불가능했다.

게임 개발과 서비스 운영 비율을 기준으로 고민해봐도 '적용 불가'란 결론에 도달했다. 운영 중인 게임에 비해 개발 중인 게임 비율이 높다고 해서 '개발을 많이 하는 상황'이라고 판단할 수 없기 때문이다. 게임 서비스 운영은 개발의 결과물이므로, 특정 시기를 잘라 개발과 서비스 운영을 비교하는 것은 부적절했다.

또 다른 숙제는 '10억 명 고객을 달성하는 데 필요한 제작팀 수를 구하라.' 배동근은 문제 풀이의 관점을 바꿨다. 그가 고안한 접근법은 과거 사례에서 거꾸로 올라가기. 10억 명의 고객을 달성하기 위해 필요한 '성공한 PC 게임 수와 모바일 게임 수'를 먼저 산정하고, 이를 위해 필요한 개발팀 수를 역산하는 방법을 택했다.

크래프톤은 그간 PC 게임에서 4개 프로젝트를 시도했고, 이 중 돈을 번 게임은 누적 매출 1조 원을 기록한 배틀그라운드가 유일했다. 모바일 게임은 15개를 시도해 볼링킹 하나만이 누적 매출 100억 원을 기록했다. 배틀그라운드와 볼링킹을 성공한 게임으로 간주했다. 이제 목표를 성공한 게임 10개 만들기로 설정한다면? PC 게임 4개, 모바일 게임 6개로 성공 게임을 '맘대로' 나누면, 과거를 바탕으로 PC는 16개, 모바일은 90개의 신작이 필요하다는 계산이 나왔다. 배동근이 경영팀에 그가 생각한 답안을 제출했다.

"대략 앞으로 5년간 PC 게임은 15개, 모바일 게임은 90개 개발하겠다는 목표를 설정할 수 있겠죠. '10개 게임 성공' 목표가 과도하다면 '7개 게임 성공'으로 목표를 바꿔서 PC 12개, 모바일 60개를 기준으로 삼을 수도 있겠습니다. PC 게임 2개가 성공하면 누적 2조 원, 모바일 게임 3개가 성공하면 누적 300억 원, 합계 2조 300억 원 매출이 발생하겠죠. PC 게임 2개를 성공해 1조 원을 벌고, 모바일은 리니지M, 레볼루션 같은 게임도 있으니 3개 성공해서 1~2조 원이라고 할 수도 있을 듯합니다. 정리하고 나니 말씀 드리기도 민망합니다만, 그럼에도 불구하고…." 탁상공론이었다.

"점도표를 크래프톤에 활용해보면 어때요?" 한 번은 장병규가 배동근에게 이런 주문을 했다. 점도표點圖表/dot plot는 금리를 결정하는 미국 연방준비제도 위원들이 익명으로 향후 금리 수준을 전망한 것을 점으로 표시한 도표로, 향후 기준 금리를 가늠하는 중요한 참고 자료로 쓰인다. 배동근은 혼란스러웠다. 다양한 게임을 점도표로 나타내보라고? 이자율을 결정하는 경제 전문가들의 예상치를 집계하는 것과 출시할 게임의 미래를 점치는 것을 동일하게 취급하는 것은 민망한 일이었다. 개발 중인 게임에 관한 정보를 점도표로 기록하는 것은 무의미한 작업이었다. 게임마다 PC, 모바일, 콘솔 등 분야가 다르고 규모와 장르도 제각각이었다.

일단 여러 주제로 점도표를 만들어 장병규에게 내밀며 말했다. "내용도 파악하기 힘든 표입니다. 점도표를 만드는 게 무슨 의미가 있습니까?"

"크래프톤에 와서 과거에 우리 회사가 개발했던 게임 기록을 본 적이 있으신가요?"

"대략적으로는 봤습니다."

"전체적으로 본 적은 없으시죠?"

"그렇죠."

"그럼 전체적으로 한번 봐주세요. 우리가 그래도 10년 넘게 게임 개발을 해왔습니다. 과거에 했던 기록을 활용해서 앞으로 몇 개의 파이프라인을 갖추면 어떤 결과를 기대할 수 있을지 생각해볼 수 있지 않겠어요?"

배동근은 간신히 "그렇게 해보겠습니다"라고 답했다.

크래프톤은 제대로 된 전산 시스템도 갖추지 못한 회사였다. 경영 관리 기록을 종이 전표로 작성해 보관할 정도로 체계가 부족했다. 배동근은 창고에서 전표들을 뒤지며 모든 게임 프로젝트를 살살이 조사했다. 조사해보니 지금껏 개발에 착수한 30개 프로젝트 중 출시된 게임은 절반 정도에 불과했다. 출시하자마자 곧장 사장된 게임이 대부분이었고, BEP를 넘긴 게임은 3개였다.

다시 장병규를 찾아갔다. "제가 다 살펴봤습니다. 30개 게임 중에서 3개가 돈을 벌었습니다. 그러면 우리가 만드는 게임의 성공 확률은 10분의 1이라는 뜻인가요? 그렇게 보는 게 합리적인 건가요? 저는 합리적이지 않은 것 같습니다. BEP를 달성한 3개 게임도 서로 다릅니다. 테라는 8년 동안 서비스해서 겨우 BEP를 맞췄고, 라이징윙스의 스포츠 모바일 게임은 투자 대비 2배 이익을 냈습니다. 배틀그라운드는 수백수천 배 이익을 냈습니다. 그러면 기댓값이 도대체 얼마인가요? 미래가 과거 역사의 반복도 아니고 말이죠. 이게 다 말이 안 되는 겁니다."

장병규가 입을 열었다. "네, 뭐 그렇군요." 그날 이후 장병규가 배동근 앞에서 점도표에 관한 이야기를 꺼내는 일은 없었다.

1페이지 제안

투자본부장은 사내 제작 스튜디오와 핵심 개발자들의 정보를 담는 데이터베이스를 구축할 계획을 세웠다. 투자본부에 부임한 이후 2년 남짓 되는 동안 그가 만난 개발 스튜디오는 250곳을 넘었다. 모든 미팅 내용과 자료를 사내 위키에 올렸지만, 정리가 아닌 쌓기 수준이었다. 무작위로 정보가 저장되다 보니 필요한 내용이나 숫자를 찾고 정보를 공유하는 데 불편함을 겪었다.

"현재 개발사나 핵심 개발자를 체계적으로 관리하는 국내외 게임사는 없습니다. 크래프톤이 제작 리더십을 중요하게 여기는 만큼, 회사가 축적한 개발사와 개발자 데이터를 관리하면 큰 미래 자산이 될 겁니다."

김효섭은 게임 제작을 관리하는 프로세스를 꾸준히 정비했다. 흥행할 만한 게임을 성공적으로 제작하고, 공유 자원을 효율적으로 관리하는 일은 제작사의 숙명이었다. 지향점을 말하기란 쉬웠지만, 이를 실현하는 것은 다른 문제였다. '좋은 개발 관리란?' 김효섭은 쉽게 답을 적어 내려갔다.

첫째, 경영 파트너와 제작 리더십 간의 협업과 소통을 강화할 것. 둘째, 제작협력팀의 역할을 강화해 예산, 비용, 각종 지원 조직 등 공유 자원을 유기적으로 투입하고 관리할 것. 셋째, 인재들이 크래프톤 안에서 지속적으로 성장하며 제작을 이끌어갈 수 있는 환경을 조성할 것. 넷째, 고객 관점에서 사고가 출발할 수 있도록 제작자들을 돕고, 제작 리더십을 발굴하고 학습시키고 성장시킬 것. 다섯째, 도전과 실패, 학습과 성장의 반복 속에서 적어도 과정으로서의 성공은 이룰 것.

다음 질문은 '올바른 지원과 협업 관리란 무엇인가?'였다. 답변은 어렵지 않았다.

첫째, 개발팀이 제작에만 집중할 수 있도록 지원 기반을 구축할 것. 둘째, 협업 시 함께 고민해 문제를 해결하되, 조직별로 역할과 책임은 명확히 할 것.

말보다 중요한 건 언제나 행동이었고, 행동하게 만들기 위해선 제도가 필요했다. 생각과 철학을 실제 현실에서 작동하게 만드는 제도가 크래프톤에 필요했다.

'1페이지 제안' 제도를 알리는 공지가 붙었다. 신작 게임 개발을 꿈꾸는 사람이라면 언제든 종이 한 장에 프로젝트의 핵심 내용을 담아 경영진에게 선보일 수 있는 제도였다. 회사에 정식 제안을 하기 전前 단계에서 제작자가 경영진을 포함한 제작 승인그룹과 교감하며, 현실을 객관적으로 바라볼 수 있도록 지원하는 장치였다.

분량이 반드시 1페이지일 필요는 없었지만, 반드시 들어가야 할 2가지가 있었다.

첫째는 '게임 설명.' 프로젝트를 해야 하는 이유, 진출 장르와 플랫폼, 시장, 핵심 고객, 핵심 게임 경험을 명시해야 한다. 둘째는 '인원과 개발 기간.' 1페이지 제안이 통과되면 세부 계획을 담은 정식 제안서를 작성할 수 있었다.

"갑작스러우시겠지만 줄곧 고민하고 있었습니다. 제작하고픈 게임이 있어서 써봤습니다." 한 팀장급 개발자가 김효섭에게 1페이지 제안서를 보냈다. MMORPG였다. 예상 개발 인원만 아트 40명, 프로그래머 40명, 기획 20명 등 100명이 넘었다. 개발에 2년이 소요되는 거대 프로젝트였다. 그는 "수십 번을 고민하다 그래도 만들어보고 싶어 제안한다"고 덧붙였다. 과거 모바일 게임과 PC용 온라인 보드 게임을 제작해본 개발자였다. 수백억 원을 투입하는 '트리플A급' 게임 제작을 이끌어본 적은 없었다. "제가 대작 게임을 제작해본 경험이 많지 않다는 건 인정합니다. 하지만 제작 리더십으로서의 역량은 그 누구에게도 뒤진다고 생각해본 적이 없습니다."

김효섭이 답했다. "제안서를 써보는 걸 말리진 못하겠으나, 대작 MMORPG 제작을 얼마나 공부하고 준비했는지 되려 여쭙고 싶습니다. 제대로 했다면 혼자서 이런 제안서를 쓰겠다는 생각 자체를 하지 못했을 것 같습니다." 100명 규모의 제작팀을 꾸리고 운영하는 일을 처음 도전하는 PD에게 맡길 순 없었다.

김효섭은 처음 시도하는 팀에 투자할 때 게임 장르와 프로젝트 세부 계획을 따지지 않았다. 그 대신에 얼마나 신속하게 게임을 시장에 출시해 고객의 반응을 경험할 수 있는지를 중요하게 여겼다.

"그래도 꼭 게임을 만들고 싶다면, 현재 팀을 중심으로 게임을 출시할 수 있는 방향을 고민하는 게 낫지 않을까 싶습니다. 팀원들을 설득해 반년에서 1년 반 사이에 빠르게 실행해 작은 결과물이라도 내셨으면 합니다. 프로그래머 40명, 저도 뽑고 싶습니다.

혹시 회사가 때에 맞춰 채용해줘야 한다고 생각하는 건 아닌지 염려됩니다."

블루홀은 'MMORPG의 명가'를 비전으로 내세우며 수백억 원을 투입한 게임 테라로 출발했다. 그런 만큼 직원들의 MMORPG 장르에 대한 전문성과 애정이 높았다. 문제는 10년 전만 해도 독보적이었던 MMORPG의 위상과 무게가 예전만 못하다는 데 있었다. MMORPG 프로젝트는 이미 과포화 상태였다. 새로운 도전을 하거나 시장을 확대하려는 노력 없이, 검증된 시장에서 게임업체끼리 파이를 나눠 가지려고 싸웠다.

크래프톤은 MMORPG 투자 비율을 줄이는 방향에 무게를 실었다. MMORPG 개발 제안서를 마주할 때마다 김효섭은 제안자들과 실랑이를 벌였다. 대규모 인원으로 최소 1년 이상 장기간 개발을 진행한다는 것은 애초에 높은 실패 가능성을 안고 시도하는 도박이었다. 생각과 개성이 다른 개발자들을 50명 이상, 심지어 100명 이상 하나의 프로젝트에 묶어두고 개발을 이어나가는 것은 가시밭길을 행군하는 것이나 다름없었다. 제작 리더십이 조금만 부족해도 금세 불만이 새어 나오고 팀이 혼란에 빠지기 일쑤였다.

그럴 때마다 과거 MMORPG 제안서를 들여다봤다. 주요 키워드들은 10년 전이나 지금이나 그대로였다. 그 낱말들은 여전히 모두 정답처럼 보였지만, 결과물들은 하나같이 같은 문제를 안고서 반복적으로 출시됐다. MMORPG 제작에 대한 문제 인식은 대동소이했고, 이로부터 도출되는 개발 방향성도 거기서 거기였다. 장르의 한계 때문인지, 키워드를 구현하는 기획력과 실행력 문제인지 김효섭은 알 수 없었다.

"결국 새로운 방향성을 제시하는 키워드가 있느냐, 그게 없다면 뻔한 키워드를 어떻게 다르게 기획하고 실행할 수 있느냐, 하는 문제입니다. 이 문제를 제대로 해결하지 못하면 그렇지 않아도 지루해진 MMORPG 제작에 의욕이 생기지 않을 것 같습니다. 그런데 다시 봐도 10여 년 전 테라 개발 제안서는 뻔한 키워드만 있지 않네요. 경영진이나 개발 승인자들이 제작을 신뢰할 수 있도록 몇 가지 사례와 사실, 숫자들이 눈에 확 들게 잘 제시돼 있습니다."

'1조 원 벌기'는 크래프톤에서 대작 게임 개발을 승인하는 기준이자 목표가 됐다. 적어도 개발자 100명이 1년 이상 매달려 100억 원을 쓰는 프로젝트가 '대규모 게임 제작'이라고 불릴 만했다. 이에 도전하는 PD는 1조 원을 어떻게 달성할 수 있을지 경영진에게 설명해야 했다.

경영진과 제작 리더십 일부로 구성된 승인그룹은 평가 기준으로 4가지 항목을 두고, 1점에서 5점까지 점수를 매겨 승인 여부를 판별했다. 4가지 항목은 다음과 같았다. '제작 리더십' '제작 가능성' '시장과 수익성' '도전의 가치.'

"단기적으로 향후 수년간 크래프톤은 PUBG에 기댈 수밖에 없는 현실입니다. 대규모 MMORPG 에어의 성공을 모두가 바라고 있지만, 현실을 비추어봤을 때 냉정하게 보수적인 관점을 취할 수밖에 없는 상황입니다. 만약 프로젝트를 구조 조정하게 된다면 구성원들이 새로운 팀과 자리를 찾아야 하는 일도 벌어질 수도 있습니다. PUBG는 경험과 역량 있는 개발자들을 갈수록 더 필요로 하고 있습니다. 양측의 필요에 의한 협업이나 파견, 교류는 더욱 강화해야 합니다."

　PUBG와 협업해 플레이스테이션용 배틀그라운드를 출시한 크래프톤 강상욱 PD가 경영진에게 의견을 전했다. 크래프톤이 한 단계 성장하기 위해선 시급하고 중요한 프로젝트에 개발 자원을 집중할 수 있는 구조와 환경이 필요하다고 조언했다. "연합 내 개별팀이 독자적으로 게임을 제작하고 출시 후 실패했을 때 소멸하는 구조는 너무 많은 시간과 비용이 들 뿐만 아니라 경쟁력도 떨어뜨립니다. 우리보다 앞선, 경험이 많은 개발사들 대부분이 중요한 프로젝트에 자원을 집중할 수 있는 구조를 갖추고 있습니다."

　"김효섭 대표님, 지난 주간 경영회의에서 논의했던 PUBG 2개 프로젝트에 대해 크래프톤 내부 구인을 요청드립니다." 김창한은 김효섭에게 PUBG 핵심 프로젝트를 이끌 책임자 파견을 부탁했다.

　하나는 배틀그라운드 게임 모드MOD 콘텐츠 개발이었다. 게이머들이 입맛에 맞게 게임 방식을 자유롭게 바꿀 수 있는 서비스를 제공하는 일이었다. 다른 하나는 구글 게임 플랫폼 스타디아에서 배틀그라운드를 출시하는 일이었다. 구글은 신규 서비스 스타디아를 출시하며 클라우드를 활용한 게임 사업을 의욕적으로 추진했다. 구글은 배틀그라운드에 '영웅Launching Hero Tilte' 마크를 부여하고, 스타디아를 대표하는 게임 라인업에 올리는 조건을 제시하며 PUBG에 러브콜을 보냈다. 새로운 글로벌 게임 플랫폼에 주인공 대접을 받으며 입성할 기회를 PUBG가 마다할 이유는 없었다.

김효섭은 발 빠르게 사내 이동을 진행했다. "모드 개발은 지금도 좀 늦은 감이 있어서 빨리 시작했으면 합니다. 특별한 이유가 없다면 시간을 지체하지 말고 바로 공지해주세요. 크래프톤의 좋은 인재가 PUBG에 합류할 수 있다면 충원 시점과 적응, 성장 등 여러 면에서 장점이 큽니다."

연합이 PUBG를 잘 지원하는 것도 '함께'라는 관점에서 필요한 일이라고 판단했다. 공지부터 지원 접수, 이동 검토 작업, 대상자 선별까지 모든 과정이 2주 만에 이뤄졌다. 빠른 도전과 능숙한 개발이 필요한 만큼 주니어보다는 경험이 풍부한 리더급 직원들을 선발했다. PUBG는 PD와 PM을 비롯해 엔진, 콘텐츠, 플랫폼 프로그래머 등 원하는 모든 포지션을 충원했다.

PUBG에 파견을 떠나는 크래프톤 직원 대부분이 피플팀장 임재연에게 "우리는 되돌아올 것"이라는 말을 선언처럼 하곤 했다. PUBG에 비해 훨씬 저조한 성과로 침체된 분위기 속에서도 이들은 크래프톤만의 끈끈한 분위기와 실력 있는 동료들에게 만족해했다. 피플팀은 2019년 상반기 '피플실'로 조직을 확장했다.

연초에 세운 '핵심 가치를 강화하는 방향으로의 개발과 품질 및 안정성 확보' 목표 아래, 장태석은 배틀그라운드 개발의 방향을 명확히 했다. "시즌 중심의 업데이트를 도입하겠습니다. 각 시즌은 PUBG의 핵심 가치를 반영하면서 명확한 주제를 담아 콘텐츠를 제작하고, 그 주제를 통해 세계관과 스토리를 전달합니다. 또한 시즌 중간에는 핵심 요소에 기반해 플레이에 변화를 주는 밸런스 패치와 테마에 부합하는 서브 콘텐츠를 서비스할 예정입니다."

개발본부는 한 건물에서 다른 건물로 점프해 이동하거나 높은 지형지물을 뛰어넘을 수 있는 '렛지 그랩ledge grab' 기능을 추가하고, 수륙양용차량 콘텐츠를 추가했다. 렛지 그랩을 사용하면 기존에 접근할 수 없던 공간에 갈 수 있어 플레이에 변화를 꾀할 수 있었다. 게임 초반 총기를 획득하지 못하면 속절없이 상대방의 총에 맞아 죽을 확률이 높았지만, 주변 건물이나 옥상으로 도망갈 방법이 생기면서 생존할 확률이 높아졌다. 건물에 진입하는 경로도 다양해지기 때문에 건물을 중심으로 벌어지는 전투 상황도 훨씬 다채롭게 변할 수 있었다.

줄어든 이동 제한만큼 더욱 자유롭게 게임 세계를 탐험하고 생존하는 방법도 늘어날 것이다. "배틀그라운드의 배틀로열 핵심 요소인 서바이벌(생존)을 강화하는 개발입니다. 유저 입장에서도 기대되고 흥미로운 콘텐츠라고 봅니다."

철판으로 둘러싸인 수륙양용차량은 물과 땅을 자유롭게 오갈 수 있어 게임 후반까지 전술적으로 다양하게 활용될 수 있었다. "모든 유저가 쉽게 경험할 수 있는 차량은 아니지만, 운 좋게 얻게 되었을 때 현재 보급되는 장갑차보다 게임의 재미를 더해줄 수 있습니다."

　장태석은 맵 제작에만 집중하지 않고 기획·개발·디자인·마케팅 등 모든 영역에서 배틀그라운드의 스토리를 녹여내기 위해 노력했다. 최초의 맵인 에란겔을 높은 품질로 재창조하는 리마스터 remaster 작업도 그중 하나였다. 9개월이라는 짧은 기간 동안 만들다 보니 만듦새에 부족한 부분이 많았다. 개발팀이나 게임 팬들에게는 고향 같은 맵이었기 때문에 항상 다시 만들고 싶다는 생각을 했다. 이제 와서는 에란겔을 선택하는 유저가 많지 않았기에 다시 만들기 좋은 타이밍이라고 여겼다. 그래픽 수준을 높이고, 덜 다듬어진 지역에서의 전투 디자인을 개선하는 방식으로 개발을 진행했다. 특히 게임의 모태가 되는 맵인 만큼 새로운 게임 스토리를 끌어낼 수 있도록 세계관을 부각했다.

　기존 콘셉트는 소련군이 에란겔을 점령하고 군사 및 실험 시설을 구축해 저항군을 억압하는 상황을 묘사했다면, 리마스터에선 저항군이 주둔지를 구축하고 일부 지역에서 치열하게 항쟁한 현장을 구현하는 쪽으로 이야기를 한 발짝 더 진전시켰다.

　2018년에 대한 반성으로부터 2019년 계획이 출발했다. '빠르게 빠르게'를 외치며 너무 다양한 시도를 한 결과, 개발 품질은 떨어졌고 조직 내 불만족도 커졌다.

　"개발팀이 집중하는 가치는, 개발 속도가 조금 느려지더라도 작년 내내 PUBG를 괴롭혔던 서비스 안정성을 되찾는 것입니다. 우리가 배틀로열 장르를 정의하며 콘텐츠를 생산하던 시기와 달리, 지금은 콘텐츠와 게임 플레이가 안정화되고 견고해진 상태입니다. 그러다 보니 새로운 시도를 하는는 데 어려움이 있습니다. 그럼에도 배틀그라운드의 배틀로열 재미를 경험할 도전적이고 두근거리는 새로운 콘텐츠 개발을 목표로 세웠습니다. 새롭게 선보일 콘텐츠들이 이런 갈증을 채워줄 수 있다고 생각합니다."

내부에선 에란겔 리마스터 제작 결정을 두고 "신규 맵도 아니고 아트 퀄리티를 높이는 수준 아니냐"며 많은 우려를 표했다. 그러나 김창한은 "겉보기에 크다고 다 좋은게 아니다"면서 장태석을 두둔했다. 대규모 업데이트가 마케팅하기에 좋을 수 있지만, 그렇지 않을 수도 있다는 논리였다. "거대해 보이는 업데이트는 광고하고 알리기에 편리하지만, 그 중심 내용이 뒷받침되지 않으면 결국 효과가 급격히 떨어질 수밖에 없습니다. 작지만 길게 영향을 줄 수 있는 업데이트가 더 많아야 합니다."

막상 뚜껑을 열자 에란겔 리마스터는 유저의 호평을 얻으며 가장 성공적인 업데이트로 꼽혔다. 렛지 그랩 기능도 작아 보이지만 이동에 변화를 주어 생존과 스토리의 다양성을 강화했다. 손에 잡히는 물건을 상대에게 던질 수 있는 '쓰로잉 매카닉throwing mechanics' 기능도 사실적인 액션을 한 단계 더 확장하며 다양한 콘텐츠를 낳았다.

"기본 플레이에 변화를 주고 PUBG다움을 살린 업데이트였다고 생각합니다. 핵심 가치를 기준으로 보면, 사실적인 액션이 점점 더 디테일해지고 풍부해지는 것은 PUBG 가치의 여러 가치 요소에 궁극적으로 부합합니다. 긴 시간 동안 좋은 영향을 줄 것으로 생각합니다."

3시간 아카데미

장병규는 김효섭 경영팀, 제작 리더십과 함께 경영을 공부하는 '경영 아카데미'를 조직했다. 이 스터디 그룹은 10개월간 격월로 3시간씩, 총 5회 모이기로 했다. 목표는 '경영진의 경영 지식을 높이고, 크래프톤에서 개선할 점을 도출하기.' IT 기업 휴맥스를 창업한 '벤처 1세대' 변대규의 동영상 강의 '경영 아카데미'와 그의 저서《경영의 수준을 어떻게 높일 것인가》를 교재로 채택했다.

2시간 강의 동영상을 함께 보고 1시간 토의를 진행했다. 동영상 강의 목록은 '기업의 목적과 경영자의 책임' '사업 이론, 사업 혁신, 경쟁 전략' '기업 문화와 HR 제도' 'MBO Management By Objectives(목표 관리)와 조직화' '프로세스 혁신'이었다. 스터디 구성원에게는 '셀프 스터디'가 과제로 주어졌다. 다뤄질 내용을 미리 읽고 오는 게 규칙이었다. 현장에서 강의 영상은 1.2배속으로 틀었다.

장병규는 '프로젝트 아테네'라는 이름의 공부 모임도 꾸렸다. 여기의 학습 목표는 '이사회의 역할과 기능을 개선하기.' 급격히 커진 외형에 비해 이사회 구성과 운영 노하우는 과거 수준에 머물러 있다고 판단했다. 주주가 회사의 주인이라는 관점의 '대리인 이론agency theory'을 포함해 '리더십 승계 계획leadership succession plan' '경영진 역할 분담 사례 분석' '임원 보수' '이사회의 소위원회 기능' '계약 이론contract theory' 등을 주제로 한 달에 한 번씩 모여 자료를 읽고 토론을 벌였다.

모임에는 크래프톤 관계자가 아닌 사람이 한 명 끼었는데, 배달

음식 주문 앱 '배달의민족' 운영사인 '우아한형제들'을 창업한 김봉진 대표였다. 김봉진은 장병규가 설립한 벤처캐피털 본엔젤스를 통해 2011년에 3억 원의 초기 투자금을 유치했는데, 2018년 말경 우아한형제들이 투자업체들로부터 평가받은 기업 가치는 3조 원이었다.

　배동근이 장병규와 처음 회의를 했을 때, 그에게서 "앞으로 저와 만날 때는 회의록을 작성하시거나, 아니면 직원을 데려와서 회의록을 작성하게 하세요"라는 말을 들었다. 예전 직장에선 중요한 의사 결정을 할 때에도 회의록을 쓰는 경우가 없었다. 정 필요하면 회의가 끝난 뒤 이메일로 논의 사항을 간단히 정리하거나, 다음 논의 사항을 공유하는 정도였다.
　왜 나보고 회의록을 작성하라는 것인가. CFO가 그런 일을 하는 사람인가? 황당했다. 직원이 작성한다고 해도 이해가 되지 않긴 마찬가지였다. 회의에 참여하지 않고 오로지 회의록을 작성하면서 시간과 에너지를 쓰게 하는 것이 과연 효율적인지 의문이었다. 시간이 지나며 배동근은 장병규가 왜 그런 요청을 했는지 공감하게 됐다. 업무를 잘하려면 상황을 객관적으로 바라보고 맥락을 이해하는 것이 중요했다.
　여러 사람이 겪은 일을 각자 조금씩 다르게 기억하듯, 게임 개발 과정의 의사 결정이나 회사 운영을 위한 논의 역시 서로 다르게 기억하는 경우가 많았다. 이전에 했던 논의와 결정을 각자 다르게 해석해서 합의한 것과 다르게 일을 하거나, 왜 이런 결정을 했는지 잊는 경우도 부지기수였다. 사람의 팔은 어쩔 수 없이 안으로 굽기 마련이어서, 각자에게 유리하게 적용한 해석들이 부딪혀 갈등을 일으키기도 했다. 한 사람이 미팅록을 작성해 공유하는데 드는 비용이, 논의 내용을 다르게 해석하는 대가로 조직이 치르는 비용보다 훨씬 저렴하다는 생각이 들었다.

"크래프톤의 중요한 가치인 '도전을 통한 학습과 성장'이 공허한 구호에 머물지 않도록 기록과 공유 활성화 작업에 많은 관심과 참여를 부탁드립니다."

블루홀은 기록과 공유 문화를 중요한 자산으로 인식하고, 초창기부터 이를 중요한 업무 방식의 하나로 다듬어왔다. 크래프톤은 기록하는 요령을 이렇게 안내했다.

"업무 수행 과정을 기록으로 남기는 것 자체가 출발점입니다. 특히 중요한 의사 결정은 반드시 기록하여 참여한 사람들에게 공유하고, 그 내용의 정확성을 확인하는 절차가 필요합니다. 문서는 전달하려는 정보를 다른 구성원이 잘 활용할 수 있도록 객관적이고 간결하며 알기 쉽게 작성해야 합니다. 물론 형식에 얽매여 불필요하게 많은 시간과 자원을 낭비할 필요는 없습니다."

공유 대상은 구성원 전체를 기본으로 했다. 다만 민감한 정보나 보안이 필요한 경우에는 업무 관련자로 범위를 제한할 수 있었다. 이용자는 정보를 임의로 수정하지 않고 인용 시에는 출처를 밝히도록 했다. 공유받은 정보를 외부로 유출하지 않는 것은 기본 중의 기본이었다.

'기록과 공유' 원칙과 문화를 유지하는 첫째 이유는 투명성에 있었다. 투명한 업무 처리와 의사 소통을 통해 상호 신뢰를 구축하는 것을 중요한 가치로 여겼다. 정보를 전파하고 함께 고민하는 과정을 통해 구성원들이 사안에 더 깊이 참여하길 바랐다. 논의와 결정 과정을 분명하게 남기고 누구나 볼 수 있도록 공개했다.

둘째 이유는 학습이었다. 단기간에 마무리되거나 일회성으로 끝나는 일은 거의 없었다. 지난 일에서 배움을 얻으려면 기억에 의존할 수 없었다. 사람은 과거를 미화하고 합리화하기 마련이다. '생각-논의-결정' 과정을 있는 그대로 기록함으로써 이러한 왜곡을 막고자 했다. 배우려는 의지가 있는 구성원이라면 그 경험을 올바르게 이해할 것이라고 기대했다. 그런 직원이라면 학습하고 성장해 새로운 도전의 기회를 만들어낼 수 있을 것이라고 기대했다.

크래프톤은 기록과 공유를 위한 작업 공간으로 사내 위키를 활용했다. 내부 업무 문서뿐 아니라 외부 사람들과 협의한 회의록도 조직장이 남기고, 이를 경영진이 열람할 수 있는 기능을 추가했다. 크래프톤의 대외적인 위상이 높아지면서 외부인으로부터 얻는 정보나 시장에 대한 통찰도 그 수준이 높아졌다.

고급 정보는 해당 부서에만 머무르지 않고 적재적소로 유통될 때 훨씬 더 가치 있게 활용될 수 있었다. 파트너사, 퍼블리셔, 잠재 투자사와 피투자사, 주요 외주 업체, 콘퍼런스, 업계 네트워킹 미팅 등이 공유 회의록 대상에 포함됐다. 때로 비밀 유지의 가치가 정보 공유의 가치를 넘어설 때도 있기 마련이다. 이런 경우 회의록을 작성하는 조직장이 기록물을 사내 검색 대상에서 제외할 수 있도록 했다.

꼭 업무 관련 외부 미팅 회의록만 위키에 올리라는 법은 없었다. 인상 깊은 내용이나 구성원에게 도움이 될 만한 정보를 공유할 수 있는 카테고리도 마련돼 있었다. 투자전략실의 한 직원은 '한국 모바일 게임 개발사 생존자 그룹' 모임에 초대받은 후기를 남겼다.

"왁자지껄한 회식 자리에서 많은 분을 한꺼번에 만나 깊이 있는 이야기를 나누진 못했습니다만, 알고 있거나 만난 적이 있는 분도 많았습니다. 회사 운영과 게임에 대해 열정적으로 대화하는 모습을 보면서 느끼는 바가 많았습니다. 일반화하기에 무리가 있는 내용도 있겠지만 간단하게 내용을 나눠봅니다.

첫째, 스스로를 '생존자'라고 부른다. 업계 상황을 대변하는 단어라는 생각이 들었습니다. 투자 유치를 시도하는 제작사 대표도 많았지만, 기존 투자자가 아니라 새로운 투자자를 찾는 데 큰 어려움을 겪고 계셨습니다. 그나마 대형 퍼블리셔와 계약을 맺었거나 적게나마 수익을 내는 회사들이 모인 자리였지만 위기감이 상당히 높아 보였습니다.

둘째, 생각하지 못했던 작은 문제들이 그들의 발목을 잡고 있다. 애플 앱스토어에 게임을 올리려면 누구와 이야기해야 하고 어떻게 자료를 만들어야 하는지, 일본 시장에 맞는 스크린숏과 문구는 어떻게 제작해야 하는지 같은 문제입니다. 큰 회사에선 시스템으로 지원되는 문제도 그분들에게는 모든 게 도전이고 숙제입니다. 그래서 서로 모임에 의지하게 되고 교류하는 것이겠지만요.

셋째, 어렵지만 진지하게 꿈을 향해 걸어가는 분도 분명히 있다. 국내에서 모바일 게임을 개발하면서 생존을 이어가는 것 자체가 이미 힘든 일입니다. 그럼에도 불구하고 큰 꿈을 가지고 리듬 액션 게임 장르만 20년간 개발해온 분도 계셨습니다. 외주 작업이나 IP 제휴 등으로 기초 체력을 쌓아 일본 시장을 다양하게 공략하는 분도 있었고, 옛 명성을 뒤로하고 다시 출발하는 분도 계셨습니다. 모두가 소위 '한 칼'씩 가지고 있는 기가 센 분들을 한자리에서 만났습니다. 엄청난 에너지를 느꼈기에 짧게나마 공유드리고 싶었습니다. 어떤 회사가 있는지 시간 나실 때 둘러보면 좋을 듯합니다."

7개 하이브

소통위원회는 매달 꾸준히 열렸다. 조직별 구성원을 대표하는 소통위원과 함께, 논의 주제에 적합한 경영진이 함께 참여했다. 한 번은 인재 추천 제도의 효과, 역량 등급에 대한 기준 마련, 연합 간 복지 제도의 균형 등 회사 공통 주제를 다뤘다. 회의록을 읽은 장병규가 의견을 남겼다. "관료의 특징 중 하나가 '순연順延'이라고 합니다. 제가 '소통위원회에 오른 안건들은 가급적 시기를 못 박아서 처리하면 좋겠다'는 의사를 표현한 적이 있습니다. 회의록을 읽다가 '다음번' 혹은 '올해'와 같은 표현이 많이 보여서 우리가 관료 조직인가 하는 우려가 적지 않습니다."

장병규와 오랜 시간 합을 맞춘 직원들은 상대에게 '언제까지 어떤 일을 마무리하겠다'와 같이 구체적인 기한을 명시하여 대답하는 습관이 자리 잡았다. 회의를 진행한 임재연은 개선하겠다고 약속했다. "소통위원회에서 '검토하겠다'로 마무리하는 일이 종종 있다 보니 일부 소통 위원과 구성원들 사이에서 '대충 말해놓고 결국 이뤄지는 게 없다'는 불만이 나오고 있습니다. 저 역시 회의 도중에 '그래서 언제까지요?'라는 질문을 적당한 시점에 하지 못했습니다."

소통위원회에서 경영과 개발직군 직원들의 간담회를 열었다. '개인 책상에 칸막이 설치' '층별 조직 위치를 알려주는 안내판 설치' '사내 카페 커피 원두 교체'와 같은 건의 사항을 논의했다. 사내 이동을 진행할 때 조직장에 사전에 공유하는 방식이 과연 필요한지에 대한 토론도 이루어졌다. "소통위원회 논의가 성숙하고 균형 있게 진행되는 것 같습니다. 크래프톤에 큰 도움이 될 것 같습니다." 그러면서도 장병규는 2가지를 주문했다.

하나는 '구성원이 편한 것은 성과로 이어질 수도, 그렇지 않을 수도 있다.' "구성원이 편해야 성과로 이어진다는 가정을 지닌 주장이 눈에 띕니다. 조직은 구성원이 함께 성과를 이루기 위해 존재합니다. 구성원의 편안함이 우선시되어선 곤란하다는 점을 다시 한번 강조하고 싶습니다."

다른 하나는 '제도가 능사는 아니다.' "제도가 촘촘할수록 개인별 역량과 도전은 제한받을 수밖에 없습니다. 오로지 인재들만으로 글로벌 경쟁을 해야 하는 크래프톤 업의 특성에 전혀 맞지 않습니다. 제도는 기본과 원칙에 충실하게 만들되, 매니저 교육과 구성원 교육에 좀 더 집중하는 편이 맞는 경우가 훨씬 많습니다. 이 점을 잊지 말아주십시오."

회의에선 업무용 PC 사양을 업그레이드하는 절차가 복잡하다는 불만이 나왔다. 새로 도입한 그룹웨어가 요청 기능을 아직 갖추지 못한 탓에, 물품 요청과 승인을 위해 별도의 외부 솔루션을 사용하고 있었다. 직원이 요청을 해도 담당자는 때로 감감무소식이었다. "확인했는지조차 알 수 없어 답답하니 알림 기능이라도 생기면 좋겠다"는 의견이 제기됐다. 기술본부 소속 소통위원은 "외부 솔루션을 통해 신청한 다음, 반드시 소속 조직의 팀장이나 실장이 승인을 해줘야 구매를 진행할 수 있다"며 "팀장과 실장이 인지하지 못해 승인하지 않는 사례가 종종 발생하니 꼭 승인을 받아주시기 바란다"고 답했다. "답변이 심각하게 잘못됐습니다." 장병규가 꼬집었다.

"외부 솔루션을 실장이나 팀장이 사용하지 못한다면, 이는 전적으로 이를 도입하고 운영하는 조직의 책임입니다. 게임 UX (사용자 경험)가 잘못됐다면 게임의 잘못인가요 고객의 잘못인가요? 명확히 게임 회사의 잘못입니다. 마찬가지입니다. 답변의 기본 정신에 문제가 있습니다. 별개로, PC 지급에 대한 불만은 지속적으로 제기되고 있습니다. 기술본부에서 아직도 정책과 프로세스를 제대로 마련하지 못했다면 그것도 큰 문제라고 생각합니다. 예전에 어떤 직원이 '무기도 제대로 주지 않고 전장으로 내보내는 꼴 아니냐'고 하소연했는데, 참 많이 답답하네요."

소프트웨어를 포함한 서버, PC 구매를 담당하던 기술본부 직원이 납품업체로부터 뒷돈을 챙긴 사건이 발생했다. 직원은 크래프톤 입찰 과정에서 특정 업체에 다른 회사가 써낸 가격을 알려줘 낙찰되도록 돕고, 이후 납품가 인상을 승인해주는 대가로 리베이트를 받았다. 크래프톤에는 수억 원의 손실을 끼쳤다.

직원의 비위는 한 번에 그치지 않고 일정 기간 지속적으로 이어졌다. 크래프톤과 PUBG 구성원이 늘어나는 성장기의 혼란을 틈타 꾸준히 발생했다. 크래프톤은 인사위원회를 열어 해당 직원을 해고 조치하고 형사 고소하기로 결정했다. 팀장을 포함한 동료 직원 5명에게도 관리 감독 소홀의 책임을 물어 정직·감봉·견책 등의 징계를 내렸다.

"회사의 급격한 성장과 함께 기존 업무의 규모 또한 커지면서 관리상 문제가 생겼습니다. 직원을 믿고 일을 맡기는 게 가장 좋겠지만, 별도의 모니터링이 작동하지 않으면 이번 사건처럼 도덕성과 판단력을 상실한 담당자로 인해 큰 사고가 날 수 있습니다." 크래프톤은 감사 기능을 갖춘 경영 진단 TF를 정식 조직인 경영 진단실로 격상했다.

김효섭은 새로운 그룹웨어 도입에 이어 공통 조직을 정비했다. 경영과 공용 조직을 '하이브HIVE'라는 명칭으로 통합해 연합의 공통 조직 기능을 강화했다. PUBG를 필두로 크래프톤의 사업 영역이 글로벌로 확장되면서 해외 업체들과의 협업이 늘어났고, 이에 따라 영어 명칭을 붙였다.

'본부'로 불리던 기존 체제를 해체하고, 'DEV(개발)' 'Strategy(전략)' 'ECO(생태계)' 'TECH(기술)' 'COMM(커뮤니케이션)' 'LINK(소통)' 'Financial(재무)' 등 총 7개 하이브로 재편성했다. 보다 수평적이고 유연한 조직 운영을 꾀했다.

'DEV HIVE'는 신규 게임 개발 프로젝트를 한데 모은 조직이었다. 스튜디오로 성장하지 못한 개발팀이 소속돼 게임을 개발하며 노하우와 지식을 공유하는 곳이다.

'Strategy HIVE'는 투자와 제작 협력을 담당하는 조직으로, 국내외 개발사와 교류하며 크래프톤과 함께할 제작 리더십을 확보하고, 내부 신규 개발 프로젝트가 성공적으로 진행될 수 있도록 돕는 역할을 맡았다.

'ECO HIVE'는 게임 사업과 운영을 진행하는 생태계 또는 플랫폼을 구축하는 곳이다. 데이터 분석, 시장과 고객 조사, 사업 운영, 사운드 제작 서비스를 제공했다.

'TECH HIVE'는 제작 라인에서 공통으로 활용되는 인프라와 플랫폼, 협업과 소통 도구를 지원하는 조직이었다.

'COMM HIVE'는 브랜드를 내외부에 알리고 정부, 업계, 언론과의 소통을 담당하는 창구 역할을 했다. 또한 주주, 연합 구성원, 고객, 더 나아가서 사회에서 크래프톤에 대한 긍정적인 인식을 형성하는 데 중점을 뒀다.

'LINK HIVE'는 HR, 복리후생, 총무 업무를 포함한 경영지원 파트와 법무팀, 피플실이 소속됐다.

'Financial HIVE'는 재무, 회계 조직이었다.

김효섭이 조직 변화를 알렸다.

"이번 공통 조직 개편은 크래프톤이 추구하는 '따로 또 함께'의 가치를 조금 더 잘 실행하기 위한 변화의 시작입니다. 변화의 지향점은 크래프톤 연합 생태계 내에서 개별 스튜디오의 제작에 긍정적인 영향을 미치는 것입니다.

스튜디오와 구성원이 공통 조직의 도움이 필요할 때 허들을 최소한으로 낮추는 걸 목표로 삼았습니다. 스튜디오의 제작 성과에 중요한 영향을 미치는 핵심 기능을 선별했고, 최고의 역량을 갖추는 것이 공통 조직의 목표입니다. 공통 조직의 인원과 규모가 커지면서 발생할 수 있는 소통 효율 저하나 조직 간의 사일로 현상(조직 내 다양한 부서가 담을 쌓은 듯 교류하지 않고 자기 부서의 내부적인 이익만을 추구하는 현상), 위계화를 지양할 것입니다.

새로운 변화는 언제나 어색하고 낯설게 느껴집니다. 하지만 더 수평적인 조직 구조와 문화 속에서 각자의 역할과 책임을 충실히 수행하는 방식이 구성원과 회사 전체에 보다 유의미한 결과를 창출할 것이라고 믿습니다."

김효섭은 서울대학교 상과대학 총동창회에서 보낸 협조 공문을 받았다. 격월로 발행하는 회보에 김효섭 관련 기사를 싣고 싶다는 내용이었다. "첨부 기사를 보고 수정할 부분이 있으면 말씀해주십시오." 동창회 사무국은 회보 편집주간이 작성한 기사를 홍보팀에 보내왔다. "사실과 다른 부분을 체크해 사무국 측에 전달할 예정인데 의견 주시면 전달하겠습니다."

홍보팀의 메일에 김효섭이 답했다. "PUBG 성과는 저와는 큰 상관이 없어서 가능하면 기사 게재를 거부할 수 있으면 좋겠습니다. 크래프톤의 구조가 연합이기 때문에 대표이사의 성과라고 이야기하는 건 어불성설입니다. 이 점을 동창회 측에 전달해주셨으면 합니다."

공짜 종료

2019년 5월, 중국에서 배틀그라운드라는 이름이 자취를 감췄다. 텐센트는 중국 내에서 공짜로 서비스되던 배틀그라운드 모바일을 종료하고, '화평정영 Game for Peace'을 내놨다. 배틀그라운드 모바일을 즐기던 게이머들은 별다른 어려움 없이 화평정영으로 전환할 수 있었다.

텐센트가 PUBG와 독점 유통 계약을 맺고 2018년 중국에서 출시한 배틀그라운드 모바일은 중국 시장에서 1위를 줄곧 달렸지만, 중국 정부가 판호를 내주지 않으면서 1년 넘게 유료 서비스를 하지 못했다. 텐센트는 배틀그라운드 정식 IP를 확보하고 막대한 운영 비용을 감당했지만, 정작 경쟁사인 넷이즈의 배틀그라운드 아류작 '황야행동'에 매출을 빼앗겼다.

판호 문제는 텐센트와 PUBG를 내내 괴롭혔다. 중국 정부가 설립한 게임 심의 및 판호 발급 기관인 중국시청각디지털출판협회 게임위원회GPC는 2017년 배틀그라운드에 대해 "게임의 폭력성과 혈흔 묘사가 중화민족의 전통 문화 습관과 도덕 규범을 해친다"고 평가했다. 배틀그라운드를 고대 로마의 투기장에 비유하며 "청소년의 심신 건강에 악영향을 끼칠 것이 우려된다"고 밝히기도 했다. 중국 내에선 혼자 살아남기 위해 상대를 죽이는 게임 방식에 대한 비판도 흘러나왔다. 모두가 함께 잘 살아야 한다는 공산당 이념과 맞지 않는다는 것이었다.

여기에 더해 2017년 사드THAAD(고고도 미사일 방어 체계) 배치에 대한 중국의 경제 보복과 한한령限韓令(한류 금지령)이 시작되면서 한국산 콘텐츠의 중국 진출이 꽁꽁 막혔다. 중국 정부는 한한령의 실체를 인정하지 않았지만, 미국·일본·독일·러시아·핀란드에서 만들어진 여러 외산 게임이 판호를 발급받은 것에 비하면 한국 게임만 홀대를 받았다.

판호를 받는 데 성공한 화평정영은 과금 모델 출시 하루 만에 매출 1위에 올랐다. 텐센트와 크래프톤은 "화평정영은 텐센트가 만든 브랜드로서 자체 개발 게임이며, 크래프톤은 기술 용역 대가로 수수료를 받는다"는 입장을 냈다.

세계적인 게임 제작자 글렌 스코필드가 PUBG에 합류했다. SF 호러 게임 장르의 문법이 된 명작 '데스 스페이스'를 만든 거물이었다. PUBG 지원을 받아 독립 개발사 '스트라이킹 디스턴스 스튜디오'를 설립하고, 배틀로열과는 다른 새로운 방식의 트리플A급 대작 게임 개발에 착수하기로 했다.

거물급 프로듀서 영입 소식에 PUBG를 넘어 크래프톤 전체가 들썩거렸다. 게임업계에서 글렌 스코필드라는 이름은 게임 제작자의 가슴을 뛰게 할 만큼 높은 자리에 있었다. 게임을 만들거나 만들고자 하는 사람이라면 대부분 그의 이름과 그가 만든 게임을 알고 있었다. 호러 게임의 걸작으로 평가받는 '데드 스페이스', 1인칭 총싸움 게임FPS 장르의 지배자로 10년 넘게 장기 집권을 하고 있는 '콜 오브 듀티' 시리즈가 그의 손에서 빚어진 작품이었다. 글렌 스코필드가 공동으로 설립한 슬레지해머게임즈는 콜 오브 듀티 시리즈를 만드는 3개의 주요 개발사 중 하나로 프랜차이즈 제작을 이끌었다.

2018년 2월, 글렌 스코필드는 미국 라스베이거스에서 열린 게임 행사 다이스D.I.C.E. 어워드에서 김창한을 처음 만났다. PUBG는 국내 회사로는 처음으로 '올해의 액션 게임'과 '온라인 게임 플레이' 2개 부문에서 수상했다. 총싸움 게임을 제작했던 개발자로서 글렌 스코필드는 배틀그라운드를 향해 깊은 찬사를 보냈다. 유저 홀로 즐기는 싱글 플레이 콘솔 게임으로 북미 시장을 석권한 그는 "서로 배울 점이 많을 것 같다"며 배틀그라운드의 성공에 주목했다. 여러 사람이 함께 즐기는 멀티 플레이 게임으로서 배틀그라운드가 동서양에서 골고루 사랑받고 있고, 특히 중국 시장에서 큰 인기를 끌고 있다는 점을 높이 평가했다. 김창한 역시 콘솔 시장에서 강력한 프랜차이즈를 구축한 그에게 호감을 표했다.

글렌 스코필드는 김창한과 대화를 나누며 "회사를 나온 뒤 은퇴를 고민했다"고 했다. 6개월 동안 샌프란시스코의 한 아트 스쿨에서 그림을 가르치며 지냈지만, 밤만 되면 자다 일어나 내러티브 (이야기)를 쓰고 게임을 구상하는 자신을 발견했다고 말했다. "몸이 근질근질해진 거죠. 게임을 또 만들어야겠다는 생각이 들어 최근에 사람들을 다시 만나기 시작했습니다." 그는 "라스베가스 행사에 PUBG가 온다는 소식을 듣고 꼭 한 번 만나보고 싶어 달려왔다"고 덧붙이며 겸양의 인사를 건넸지만, 글렌 스코필드는 전세계 게임 개발자들의 로망이자 롤모델이었다. 김창한과 함께 이동하는 순간에도 관람객과 개발자들이 그에게 손을 내밀거나 함께 사진 찍기를 청했다.

그로부터 4개월 후, PUBG는 글렌 스코필드에게 정식 미팅을 요청했다. 미팅 당일, 화가이기도 한 그는 여러 게임 콘셉트를 손수 그려왔다. 배틀그라운드 IP를 다루는 신작 게임 개발을 주로 논의했다. 글렌 스코필드는 전향적인 자세로 "PUBG의 포트폴리오 전략을 알려주면 거기에 맞는 아이디어를 가져오겠다"고 말했다. "진짜 그런 게 좋으시겠어요? PUBG에 구애받지 마시고 당신이 가장 크리에이티브를 발휘할 수 있는 제안을 해주세요." 김창한의 말에 글렌 스코필드는 감복한 듯 계약서에 사인했다. 그는 "함께 일하자는 제안을 여러 곳에서 많이 받았다"면서 "크리에이티브를 존중해주는 PUBG의 방향성이 너무나 좋았다"고 말했다.

논의의 초점은 2가지였다. 공동의 목표를 바라볼 수 있는가? 그리고 서로의 장점을 결합해 시너지 효과를 낼 수 있는가? 김창한은 "북미 시장에서 20년 넘게 고퀄리티 게임을 제작해온 글렌 스코필드의 능력은 전 세계 10억 명 이상의 고객을 보유한 배틀그라운드 IP, 그리고 동서양에서 큰 존재감을 가질 수 있었던 PUBG의 노하우와 결합해 시너지 효과를 낼 수 있다"고 말했다. 글렌 스코필드와 함께 쌓아갈 제작 노하우는 향후 PUBG주식회사의 신규 프로젝트에도 든든한 기반이 될 것이라고 내다봤다.

"배틀그라운드는 글로벌 탤런트(재능 있는 사람)들의 협업을 통해 이뤄낸 성과입니다." 김창한은 게임 제작에 착수할 때부터 스팀 플랫폼을 통한 글로벌 시장에 진출하는 것을 목표로 잡았다.

글로벌 게임을 만들기 위해선 글로벌 탤런트와 일해야 하지 않을까? 이런 의문을 품은 김창한은 나라와 지역을 가리지 않고 유능한 제작자를 찾아 일을 맡겼다. 아직 덜 알려진, 하지만 젊고 잠재력이 있는 재능들이었다. 유튜브에 개인 계정으로 올려놓은 작업물을 보고 무작정 연락해 게임의 비전을 설명하고 영입을 제안하는 식이었다. 그렇게 합류한 이들은 사실적인 총기 모양과 움직임, 음향 효과, 플레이 방식 등을 만들어냈다.

개발 초창기에 합류한 폴란드 출신 개발자 파벨은 이제 네덜란드 암스테르담에서 15명으로 구성된 '액션&건플레이팀'을 이끌고 있었다. 팀의 단합 대회는 사격장에서 이뤄진다. 애니메이션, 프로그래밍, 엔지니어링, 사운드, 비주얼이펙트 등 업무와 분야를 가리지 않고 팀원들이 모두 함께 사격장에 방문해 권총부터 58K, 스타이퍼 라이플까지 40여 종의 총기를 쏴본다. 팀은 최대한 사실적인 건플레이를 게임에서 추구한다.

캐나다, 러시아, 중동의 아티스트들은 해외 지사에서 배틀그라운드 콘텐츠에 힘을 보탰다. 서로 다른 문화와 지리적인 거리는 장애물이었지만, 배틀그라운드는 이를 극복하고, 국가와 문화권을 초월한 게임으로 자리 잡았다. 이것이야말로 PUBG의 유산이었다.

"PUBG 주식회사가 더 큰 비전으로 한 걸음 나아가는 길은 이제 시작입니다. 그동안 수많은 한국 게임 회사들이 북미 스튜디오와 협업을 시도했지만, 결과가 기대에 미치지 못했습니다. 그만큼 어려운 일입니다. 하지만 PUBG는 시작부터 다국적 인재들과 함께 일했고 지금도 글로벌 차원에서 효과적인 협업을 위해 노력하고 있습니다. 글렌 스코필드의 스트라이킹 디스턴스와의 협력도 같은 맥락입니다.

남이 가지 않은 새로운 길을 개척해봅시다. 각자 맡은 일만 좁게 본다면 새로운 프로젝트와 연관성을 찾지 못할 수도 있습니다. 배틀그라운드라는 틀 안에서 개발하는 것도 중요합니다. 다만 보다 크고 깊게 본다면 우리가 하고 있는 일들은 결국 서로 연결되어 미래로 가는 길에 상호 도움이 된다고 믿습니다."

배틀그라운드를 회사 이름으로 삼을 만큼, 처음에는 배틀그라운드에 올인하겠다는 결심이었다. 2018년까지 김창한은 리그 오브 레전드처럼 단일 게임으로 10년 이상 지속 가능한 회사를 만들겠다는 일념으로 일했다. 하지만 게임은 소비되는 콘텐츠이며, 그 특성에 따라 라이프 사이클이 달랐다. 특히 배틀그라운드는 배틀로열 게임 장르를 처음으로 대중화했기 때문에, 이 콘텐츠 자체가 가진 한계점이 어디까지인지 판단하기 어려웠다.

상대적으로 측량할 수는 있었다. 다른 게임은 여기까지 왔는데,

이 정도 했으면 잘한 것인가? 아니면 투입한 비용 대비 충분한 성과를 낸 것인가? 이러한 고민 속에서 김창한은 회사 경영자로서 '배틀그라운드 하나만으로 지속 가능한 성장을 이룰 수 있는가'에 대한 답을 찾아야 했다.

크게 2가지 방향이 있었다. 하나는 이미 가진 IP를 확장하는 것이다. 어렵게 키워낸 배틀그라운드 IP를 더욱 발전시키고, 서비스 효율을 높여야 했다. 개발 속도와 품질을 높이면서 비용을 줄여 지속 가능한 서비스를 만들어나가는 것이다. 다른 하나는 새로운 도전을 모색하는 것이다. 이는 새로운 게임을 만들어내는 것이었다.

김창한은 투입한 인력과 비용을 고려했을 때, 배틀그라운드 하나만으로는 어렵다고 판단했다. 콘텐츠 기업의 숙명처럼, 결국 새로운 게임을 만들어야 한다는 결론을 내렸다. '국가와 문화권을 가리지 않고, 전 세계 팬들이 즐기는 게임 콘텐츠를 지속적으로 만들어내는 글로벌 개발사이자 서비스사로 성장.' 게임 제작사를 넘어 글로벌 게임 콘텐츠를 창출하는 회사로서, PUBG의 비전을 한 단계 확장했다.

"사실상 이것을 해낸 회사가 많지 않습니다. 애니메이션과 게임 분야에서 몇몇 회사 정도뿐입니다. 그리고 그 방법조차 우리와는 다릅니다. 우리는 어렵더라도 글로벌 협업을 중시하는 회사이고, 그것을 통해 콘텐츠를 만드는 회사입니다. 배틀그라운드를 시작할 때도 모두 불가능하다고 했지만, 우리는 예상할 수 없는 결과물을 만들어냈습니다. 소수의 인적 자원만으로 전 세계에 임팩트를 준 콘텐츠를 만들어낸 경험이 있는 회사인만큼, 어렵지만 이 도전을 끝까지 해보고자 합니다. 우리가 될 때까지 이 노력을 계속하고자 합니다."

　김창한은 평소 "되기 전에는 된 게 아니고, 포기하기 전에는 안 된 게 아니다"라는 말을 즐겨 했다.

romance of 2019

　암스테르담 지사로 출장 중이던 PUBG 장태석은 "악마가 있다면 영혼이라도 팔고 싶다"고 말했다. 배틀그라운드의 모든 지표는 여전히 곤두박질치고 있었다. 악마와 거래해서라도 자신의 영혼과 게임의 생명력을 맞바꾸길 원했다. 때마침 유럽으로 휴가를 떠난 김창한과 암스테르담 사무실에서 만나기로 약속을 잡았다.

　장태석은 라이브 지표를 올릴 여러 방안, 조직 운영, 전략 방향 등 해결해야 할 궁금증을 산더미처럼 싸들고 그를 찾았다. 온갖 고민을 토해내는 장태석 앞에서 김창한은 아무것도 들어줄 생각이 없는 사람처럼 굴었다. "그냥 너 스스로 깨달아야지. 어차피 해결해줄 수 없으니까." 김창한은 오히려 이렇게 되물었다. "이런 고민을 제일 많이 하고 있는 건 너 아니야?"

　장태석 앞에서 김창한은 "인생에서 더 중요한 게 있을지도 모른다"거나 "다른 차원으로, 다른 레이어layer(층)로 가야 한다"는 식의 선문답 같은 말만 잔뜩 해댔다. 자리에 합류한 암스테르담 지사 소속 김상균은 한 술 더 떠 "김창한이 아무 책임도 잘못도 없는 나를 여기로 유배시켰다"며 최근 다녀온 그리스 여행과 유럽 일주 후기를 시종 떠들어댔다. 듣다 못한 김창한이 "장태석 앞에서 노는 이야기 좀 그만해라. 힘들어 죽겠다는 사람 앞에서 왜 자꾸 그런 소릴 하느냐"며 말을 막을 정도였다. 장태석의 눈에 김상균은 배틀그라운드에 그리 애착이 있어 보이지 않았다.

한국으로 돌아오는 비행기 안에서 장태석은 흑흑거리며 울었다. 그러고선 깨우쳤다. '이 사람들은 내 이야기를 들을 생각이 없구나.' 이어 다짐했다. 이 인간들과 형동생 관계를 끊겠다고. 형들에게 의존해왔던 자신을 인정해야 했다. 과거를 돌아보면 항상 리더를 찾았다. 지노게임즈 시절부터 형들은 절대적인 존재였다. 게임을 만들고 서비스하면서 각자의 성장 속도, 시간, 크기가 달라졌다. 생각하는 기준이나 조직에서의 역할 역시 마찬가지였다. 그런데도 장태석은 형들을 리더로 여기고 존중하며 그들에게 기대고 있었다. 이제 끝났다. 당신들과의 관계는 여기서 끝이야. 그 누구도 아니고 바로 자신이 배틀그라운드를 살려야 했다.

그렇게 장태석은 타이틀만이 아니라 진짜 EPD가 되기로 마음먹었다. 제작 분야만을 책임지던 제작PD가 더는 아니었다. 제작과 서비스를 모두 아우르는 EPD는 분명 달라야 했다.

장태석은 비공식적으로 사람들을 모았다. 업무 메신저에 'romance of 2019:PUBG를 자유롭게 로망하는 채널' 방을 파고 직원을 하나둘씩 초대했다. 강박적으로 조직을 운영해오던 그는 절박하거나 쫓기는 모습이 아니라 긍정적이고 즐거운 에너지가 필요하다고 느꼈다. 혼자 버티기 힘드니까 함께 이야기를 나누며 돌파구를 찾을 동료들을 찾았다. 조직의 군데군데에서 자신만큼 배틀그라운드를 사랑하고 게임의 부흥을 바라는 의지가 보이는 사람들에게 온라인 초대권을 발송했다.

PUBG의 핵심 가치를 함께 고민했던 전략실 직원, 하루 종일 게임하고 밤새 일하며 아침에 퇴근하고 다시 돌아와 게임하는 데이터분석실 직원 등, 평소 일하다 눈여겨본 5~6명의 직원들이 의기투합했다. 장태석은 이 비공식 모임을 '재미탐험대'라고 불렀다. 재미탐험대 대원들은 매주 금요일 점심을 함께 먹으며 게임에 대한 이야기를 두서없이 나눴다.

탐험대장 장태석의 의무는 아무 말도 하지 않고 팀원들의 말을 가만히 들을 것, 그리고 계산할 것이었다. 대원들은 배틀그라운드를 도마 위에 올려놓고 자유롭게 의견을 냈다. 아니, 수다를 떨었다. 게임을 살리려면 커뮤니티를 어떻게 열고 다시 어떻게 재정비해야 하는지, 어떤 콘텐츠를 추가해야 하는지, 지금 무엇이 부족한지…. 온갖 아이디어와 비판, 농담과 즐거운 상상, 걱정과 욕설이 식탁 위로 쏟아져 나왔다.

장태석은 배틀그라운드를 자식이 아니라 하나의 제품으로 바라보려고 노력했다. 아버지가 아니라 게임의 전체를 총괄하는 PD로서 배틀그라운드를 대하기 시작했다. 김창한이 줄곧 강조하던, "PD는 product(제품)와 분리돼야 한다"는 말의 의미를 이제는 알 것 같았다. 제품에서 자신을 떨어뜨리자 더 많은 것이 눈에 들어왔다. 서비스를 되살리기 위한 진짜 고민을 시작했고, 방법을 하나하나 추진해나갔다.

　유저의 충성도를 높이기 위해 플레이어가 게임에서 활약하는 정도에 따라 포인트를 따거나 잃으며 티어(등급)를 높여가는 랭킹 방식의 '경쟁전' 콘텐츠 개발에 착수했다. 그전까지 장태석은 배틀그라운드 서비스를 '핵심 게임 플레이'로 정의하고 게임성을 높이는 데에만 초점을 맞췄다. 생존 게임 그 자체인 핵심 콘텐츠가 대단히 강력하다고 믿었기에 인게임In-game(게임 속의 플레이나 상황) 중심으로 승부를 보려고 했다. 고객이 왜 이 게임을 계속하는지에 대한 해답을 게임 자체에서만 찾았던 것이다. 따라서 플레이 콘텐츠를 추가하거나 수정하는 데에만 강한 드라이브를 걸었다. 오만했다.

　인게임만으로 모든 걸 해결할 수 있다고 믿었지만 그렇지 않았다. 라이브 서비스를 풍성하게 만들기 위해선 실제 유저의 삶을 이해해야 했다. 사람들이 지속적으로 관심을 가지고 즐길 수 있는 서비스를 만들기 위한 진짜 고민과 노력이 필요했다. 다행히도 배틀그라운드는 핵심 게임 플레이 자체의 강력함으로 여전히 유지되고 있었고, 게임을 지속적으로 즐기는 열성팬층이 있었다.

　장태석은 PD의 궁극적인 역할은 게임을 보는 것이 아니라 시장을 보는 것임을 깨달았다. 그의 인식은 배틀그라운드를 다른 틀에 담는 것이 중요하다는 데까지 미쳤다. 아웃게임out-game(게임 플레이가 이뤄지기 이전과 이후의 상황)과 이벤트, 콘텐츠 유료화, 퍼블리싱, 확장성과 지속 가능성을 고려한 개발 등 게임 안팎의 모든 요소에 시선을 두었다. 그러자 유료 모델의 한계가 보였다.

게임의 생명을 연장할 수 있는 F2P로의 전환을 본격적으로 머릿속에 집어넣고 고민하기 시작했다. 유료 허들을 없앴을 때 과연 어떤 결과가 나올지 시장의 관점에서 분석에 들어갔다. 유료 게임의 문턱을 낮추면 어디에서 얼마나 많은 고객이 유입되고 이익이 생길 것이며, 장기적으로 서비스에 어떤 영향을 미칠지 고민하는 것이 EPD의 역할이었다. 많은 사람이 알고 있으면서도 쉽게 실행하지 못하는 과제를, 배틀그라운드 EPD 장태석은 고민하기 시작했다.

장병규는 그의 소셜미디어에 '라스트맨last man'에 대한 생각을 이렇게 적었다.

"최근 종종 쓰는 단어 중에 라스트맨이 있는데, 라스트맨은 정말이지 외로운 것 같습니다. 최종 의사 결정권자라고 표현하는 게 적합한데, 왠지 개인적으로는 외로움의 뉘앙스가 포함된 라스트맨이라는 단어가 가슴에 좀 더 와닿는 것 같기도 합니다. 누구나 어떤 범위 내에서는 라스트맨 역할을 합니다. 누군가는 작은 범위 내에서, 또 누군가는 큰 범위 내에서.

조직 내에서도 라스트맨들이 여럿 있을 수 있죠. 특정한 의사 결정은 특정한 사람이 하니까요. 라스트맨은 의사 결정에 필요한 다양한 변수를 고민해야 하고, 어떤 경우에는 NCND Neither Confirm Nor Deny(긍정도 부정도 하지 않음)해야 하고, 때로는 몰아쳐야 하고 때로는 기다려야 합니다. 그래야 라스트맨을 둘러싼 내부와 외부가 하나의 방향과 목표로 전진할 수 있죠.

머리는 복잡하고, 정보와 확신은 늘 부족하고, 어디 가서 하소연할 수도 없고, 정말이지 외롭습니다. 라스트맨의 외로움을 이해하는 사람들이 적기에 외로움이 더 증폭되는 것 같기도 합니다. 라스트맨보다 누군가를 바라볼 수 있는 사람들이 조직에는 훨씬 많으니까요. 누군가를 비난하는 것으로 끝낼 수 있는 사람이 훨씬 많으니까요."

'테라 IP 전성시대 오나.' 테라 IP를 활용한 모바일 게임 '테라 클래식'이 사전 가입자 100만 명을 넘어섰다는 소식을 전한 언론 기사 제목이었다. 한국 IT업체 라인과 중국 게임사 룽투가 합작해 설립한 란투게임즈가 게임을 제작했다. 테라 IP의 힘을 조망하는 기사가 나올 정도로, 테라 IP의 옷을 입은 게임들이 줄줄이 출시를 예고했다.

연합사 스콜은 전년도에 출시한 '테라M'에 이어 퍼블리셔 넷마블과 함께 일본 시장을 겨냥한 '테라 오리진'을 개발하고 있었고, 레드사하라는 한국 시장용 '테라 프론티어'를 준비했다. 크래프톤 개발팀도 '테라 더 비기닝'이라는 모바일 게임 출시에 도전하고 있었다. 이미 출시된 콘솔용 게임까지 더하면 테라 IP 게임은 7종에 달했다.

기사는 게임업계 관계자를 인용해 "IP당 제작 건수로는 테라가 역대 최다 제작 IP가 될 것으로 보인다"며 "원작 IP의 초기 흥행 성과와 테라M의 초기 흥행 지표를 고려하면 인지도와 잠재력은 충분히 갖추고 있다. 이 IP를 활용한 게임들이 얼마나 깊은 게임

성과 풍부한 콘텐츠를 갖췄느냐에 따라 엔씨소프트의 '리니지' 브랜드와 대등한 경쟁이 가능할지 여부가 갈릴 것"이라고 분석했다.

PC 게임으로 출발한 테라는 출시 당시 뛰어난 그래픽과 기술 혁신을 통한 액션 연출, 글로벌 서비스를 노린 현지화 작업으로 인해 독특한 IP로 자리 잡았다. 테라본부는 오랫동안 서비스할 콘텐츠를 만들고 이를 지속적으로 업데이트하는 데 애를 먹었지만, 게임에 애정을 가진 구성원들은 정액제 과금 모델을 부분 유료제로 변경하면서까지 숨을 이어붙였다.

겉보기에 테라 IP는 확장하고 있었지만, 내부에선 '테라 IP 서비스 종료'를 주제로 회의가 열렸다. 장병규는 "테라가 가진 IP의 힘이 과연 쌓이고 있는지, 혹은 유지되고 있는지, 아니면 깎이고 있는지 잘 모르겠다"고 고백했다. "테라 IP로 여러 게임을 만드는 게 정말로 IP의 힘을 쌓는 것일까요? 테라 콘솔이나 테라 PC 버전의 현재 사용자 평가는 어떤지, 과연 그것이 테라 IP에 지속적으로 플러스일지 마이너스일지 우리는 어떻게 판단해야 할까요?"

질문은 계속됐다. "크래프톤 전체로 보면 배틀그라운드 IP는 PUBG 조직에서 챙기고 있는데, 테라는 누가 혹은 어느 조직에서 IP를 관리한다고 봐야 할까요? 테라본부가 하나요, 테라 콘솔 쪽에서 하나요, 아니면 경영진이 하나요? 이런 생각과 질문들에 관해 한 번쯤 이야기를 나눠야 할 것 같습니다. IP라는 게 잠시 사라지는 맛도 있어야 하는 것 같기도 하고요."

크래프톤은 외부 리서치 회사를 통해 보유한 IP에 대한 소비자 인식을 조사했다. 게이머 1,600명을 대상으로 테라와 배틀그라운드의 IP 위상과 파급력을 확인하고, 향후 IP 전략을 세우기 위한 기초 자료를 확보하려는 목적이었다. 인지도와 선호도 면에서 다른 게임과 상대 평가를 진행하고, 테라 IP와 이를 기반으로 파생된 IP 간 상관관계도 알아봤다.

크래프톤의 기업 브랜드와 개별 게임 IP 간의 상관관계를 파악하는 분석도 이뤄졌다. 특히 브랜드의 힘을 수치화한 브랜드파워지수BPI를 도출했는데, 크래프톤 보유 IP에 대한 인지도, 충성도, 이미지를 숫자로 표시해 경쟁 업체나 다른 산업군 IP와 비교할 수 있게 만들었다.

갈아엎은 727억 원

'MMORPG, 더 높은 세상으로.' MMORPG 팬들이 기대를 품게 하는 문구를 홈페이지에 내걸고, 에어는 지난해 미뤘던 2차 CBT를 6월에 개시했다. 1차 CBT에서 받은 혹평과 내부 혼란을 딛고 1년 동안 전체 콘텐츠의 80퍼센트를 갈아엎었다. 핵심 재미로 내세운 공중 전투 시스템을 개선하고, 하늘에서의 이동과 전투를 더욱 간편하게 조작할 수 있게 고쳤다. 사냥, 퀘스트, 사용자 간 결투PVP, 대규모 집단 전투 등 MMORPG가 제공할 수 있는 모든 종류의 콘텐츠를 꽉꽉 눌러 담았다.

'다른 게임에서 보기 힘든 화려한 액션' '묵직한 진영 전투' '뛰어난 손맛' '인상적인 기술 효과와 사운드.' CBT 후 평가지에 긍정적인 반응이 눈에 띄게 늘었다. 그럼에도 "날것을 타고 벌이는 전투가 지상에서 벌이는 전투와 달라진 점을 찾기 힘들다"는 지적은 뼈아팠다.

CBT 마지막 날, 김형준은 배동근 CFO로부터 미팅 요청을 받았다. "내일 경영 회의 때 만나서 30분 정도 에어의 누적 제작비에 대해 대화하고자 합니다. 누구를 비난하기 위한 건 아니고, 지나온 날들을 명확히 이해하자는 취지입니다. 당연히 앞으로 크래프톤이 대작 게임을 제작하는 데 참고할 만한 사례를 잘 정리해두자는 의미도 있습니다."

다음 날 배동근이 가져온 자료에는 기함할 만한 숫자들이 담겨 있었다. 2019년 말까지 에어의 예상 누적 제작비는 727억 원으로 추산됐다. 2014년에 '스튜디오W'라는 이름으로 처음 예산을 승인할 당시 4년 개발에 350억 원을 책정했다. 이듬해 제작비는 다시 420억 원으로 상향됐다.

제작 완성도가 기대에 미치지 못하자 퍼블리셔는 출시를 꺼렸다. 퍼블리셔 요청으로 2017년 말로 예정됐던 출시 일정이 2018년 말, 다시 2019년 말로 계속 밀렸다. 수백억 원대의 퍼블리싱 계약금을 감안하더라도 이로 인한 출혈은 치명적이었다. 지난 4월 말 기준으로 누적 제작비는 554억 원에 달했다. 이미 전체 제작 예산을 훌쩍 뛰어넘어 134억 원을 초과 집행하고 있었다.

염증은 방치되어 중병으로 이어졌다. 상처가 곪아 터지기 직전에야 검진과 반성이 이뤄지는 이유는 무엇이었을까. 배동근은 먼저 "그동안 일정 지연에 따른 논의가 제대로 이뤄지지 않았다"고 진단했다. 회사는 CBT 같은 주요 일정의 연기가 출시 일정과 제작 예산 총액에 미치는 영향을 면밀히 따져보지 않았다. 결과적으로 당초 출시 예정으로 잡혔던 2017년 12월에 실기했다. 300억 원 정도를 쓰고도 120억 원 여유가 있었기에 출시 일정이 밀려도 모두가 그러려니 했다. 이후 일정이 더 미뤄지면서도 예산에 대해 이렇다 저렇다 할 논의가 없었다.

배틀그라운드가 흥행하면서 에어 프로젝트는 묘하게 방치된 채 작동했다. 유야무야 그저 달리는 열차 취급을 받으면서 브레이크 없이 움직인 것이다. 2018년이 되면서 제작진과 경영진 간에는 암묵적인 합의가 이뤄졌다. 제작 예산을 넘겼다는데? 뭐, 거의 다 만들었는데 어떡해. 가야지.

배동근은 이어서 "제작 프로젝트에 투입되는 자원에 대한 현황 보고가 미흡했다"고 지적했다. 예산 사용액을 그때그때 모니터링하지 못했다. 2017년에 경영진이 대폭 교체되는 과정에서 사업 계획을 수립할 때 에어의 제작비 예산 초과를 예상하지 못했고, 그에 따른 대책 논의도 없었다. DEV HIVE에 소속된 신규 개발팀의 예산이 모니터링되고 있던 것에 비해, 기존 대규모 프로젝트에 대한 예산 관리는 상대적으로 소홀했다.

배동근은 마지막으로 "대규모 장기 프로젝트임에도 최초 승인 과정에서 출시 시점까지 예산을 일괄적으로 승인한 것도 생각해 볼 문제"라고 언급했다. 장기 프로젝트일수록 개발을 중단하거나 계획을 변경하는 논의를 하는 게 상식적이지만, 블루홀은 2015년 하반기에 프로젝트W(에어) 출시 시점까지 예산을 승인해버렸다.

이를 근거로 관행적이고 요식적인 지출 평가가 조직 내에서 이뤄졌다.

"이 정도 숫자가 나올 줄은 몰랐네요." 아연할 수밖에 없는 숫자 앞에서 김형준은 "에어는 드롭(개발 중단)해야 한다고 생각했지만, 회사 여건상 쉽게 드롭을 결정할 수 없었다"고 털어놓았다. "드롭을 할 수 없으니 계속할 수밖에 없는 점도 있었습니다. 테라 이후에 회사에 대안이 없었는데…." "2017년 배틀그라운드가 흥행하기 전이었죠?" "PUBG가 이렇게까지 잘될 걸 알았다면 드롭하는 게 맞았습니다."

일주일이 지나 김형준은 장병규와 김효섭에게 편지 한 통을 보냈다. '스튜디오W(에어) 운영안과 CBT 결과 보고'란 제목이었다.

"최근 CBT를 끝내고 제가 스튜디오의 방향을 잡지 못하고 있기에 도움을 받고자 이렇게 메일을 드립니다. 저는 이번 결과에 전적으로 책임을 느끼며, 책임질 수 있다면 그 어떤 길이라도 가고 싶습니다. 스스로의 길을 결정하길 희망하시는 마음을 잘 알고 있지만 이번에는 부득이하게 결정에 도움을 받고 싶습니다. 실패나 주변의 비난은 괴롭지만, 개발자의 삶에서 피치 못할 동반자라고 생각하며 받아들이고 있습니다.

하지만 지금 제가 가장 힘든 점은 성과를 내지 못하고 회사에 큰 빚을 진 것이며, 앞으로의 결정으로 인해 회사에 비용 부담을 가중하는 것입니다. 이 문제를 해결하고 싶은데 사업적인 결정을 잘 내리기엔 부족함이 너무도 많습니다. 이에 부득이하게 결정을 구하게 되었습니다."

　결과지에 드러난 에어의 2차 CBT 지표는 참담했다. 참여율은 53퍼센트로, 목표했던 60퍼센트를 밑돌았다. 1차 CBT에서 기록했던 71퍼센트에서 주저앉은 수치는 시장의 기대감이 점점 낮아지고 있음을 보여줬다. 게임성에 유저들이 얼마나 반응하는지 확인할 수 있는 재방문율도 기대에 미치지 못하는 48퍼센트였다. 고객 충성도를 가늠할 수 있는 첫날 접속자들의 잔존율도 1차 CBT보다 낮게 나타났다. 1시간 미만으로 게임을 플레이하고 이탈한 고객은 전체의 36퍼센트에 달해, 1차 CBT 때보다 초반 이탈률이 증가한 것으로 확인됐다. 초기 콘텐츠를 개선하고 진입장벽을 낮추는 작업이 절실했다.

　'너무 오래 걸리고 어렵다' '비슷한 게임이 너무 많다' '몰입이 안 된다' '불편하다.' 고객 지적은 이 4개 문장으로 요약됐다. 게이머들은 기대했던 핵심 콘텐츠에 도달하기까지 너무 많은 시간이 걸리는 점을 지적하면서, 몰입을 방해하는 여러 불편함을 호소했다.

　2차 CBT 결론은 명확했다. 포화된 PC용 MMORPG 시장에서 반응을 끌어내려면 '모든 요소가 웰메이드'이거나 '확실한 핵심 요소'가 있어야만 한다는 것.

　고객 경험은 누적되어 있고 대체 플랫폼도 많아졌다. PC용 MMOPRG는 소비자가 제품을 구입하는 과정에서 시간과 노력을 많이 들여야 하는 '고관여 제품'이 됐다. 소비자 기준이 한껏 높아진 것이다. 신작 출시가 드물어지면서 신작 하나하나에 주목하는 사람이 많아졌지만, 그만큼 유저의 기대치가 높아졌다.

모든 콘텐츠가 완벽한 퀄리티를 자랑하는 웰메이드 게임으로 승부를 봐야 했다. 유저들은 과거처럼 '할 거리가 풍부한' 게임에서 재미를 찾지 않았다. 즐길 거리의 홍수 속에서 떠밀리지 않으려면, 게임은 대체할 수 없는 새로운 핵심 재미를 구축해야 했다. 에어는 시간이 갈수록 아래로 쏠려 내려가고 있었다.

김형준은 스튜디오 운영안을 3가지로 제시했다.

하나는 '유지'였다. 비용 효율화를 위해 스튜디오 인력 규모를 30~40퍼센트 감축하는 방안이었다. 고정 개발 비용을 대폭 줄이고 퍼블리셔와 협력해 최대한 빠르게 게임을 내는 전략이었다. 일단 게임 출시가 급선무. 이후 서비스를 운영하면서 고객 요구에 빠르게 대응해 콘텐츠를 개선하고, 해외 후속 시장에 속속 진출해 매출을 늘리겠다는 계획이었다.

다른 하나는 '중단 및 개편.' 믿었던 게임의 핵심 요소가 고객 만족을 끌어내기 어렵다는 결과를 인정하고, 이름을 완전히 바꾸어 기존에 개발한 콘텐츠를 재조립해 게임을 새롭게 조정하는 전략이었다. 개발 인력은 최소 수준인 30~40명 규모로 다이어트하는 조건도 포함했다.

마지막 카드는 '전향.' 이미 개발한 다양한 파밍(게임에서 아이템을 얻는 행위) 콘텐츠만을 떼어내 모바일 게임으로 전환하면 가능성이 있다는 진단이었다. 모바일 개발에 맞춰 인력을 재편하고 팀빌딩을 새로 하는 동시에 출시 일정을 재협의하는 것이 숙제였다.

3가지 패를 두고 경영진과 김형준은 머리를 싸맸다. 고심 끝에 첫 번째 방안인 '유지'를 택했다. 준비 중인 한국, 대만 시장뿐 아니라 태국, 인도네시아, 말레이시아, 싱가포르, 베트남, 필리핀 등 동남아시아 시장에서 재빠르게 게임을 출시할 목표도 세웠다. 퍼블리셔인 카카오게임즈와 협력해 한국과 해외 1개국에 선제적으로 게임을 출시한 후, 서비스를 운영하면서 게임성을 꾸준히 개선하는 그림을 그렸다. 여러 나라 시장의 규모와 수익 구조, 서비스 대응 능력을 고려해 출시 계획을 2020년 1분기로 잡았다.

변화는 고통을 수반했다. 118명에 이르는 개발진을 절반으로 감축하는 구조 조정 결정이 내려졌다.

리부트셀 100명

크래프톤은 DEV HIVE(개발 조직)에 '리부트Reboot셀' 조직을 마련했다. 제작 프로젝트가 도중에 엎어지거나 조직이 개편될 때 한시적으로 인력을 유지하는 부서였다. 명분은 '구성원에게 장기적인 성장을 도모할 기회를 다시Re 제공하고, 재충전과 새로운 시작을 위한 준비boot를 할 수 있는 곳'이었지만, 그렇게 믿는 구성원은 많지 않았다.

김형준은 피플실, HR조직과 함께 개발팀 전원에게 게임의 향후 방향을 공유하는 설명회를 열었다. 이 자리에서 리부트셀 제도가 처음 안내됐다. 모든 팀원에게 4일간의 휴가가 주어졌다. "크래프톤 연합 여러분, 입추가 막 지나고 비가 내리는 월요일입니다. 이제 무더위는 한풀 꺾일 테고 조만간 다가올 맑은 가을날을 기대해봅니다." 이들이 돌아올 무렵 김효섭은 에어의 새로운 개발 방향과 리부트 제도 도입을 크래프톤 전체에 알렸다.

"에어는 연내 한국 출시를 목표로 마지막 담금질을 한다는 마음으로 CBT를 진행했습니다. 아쉽게도 개발팀의 기대에 현저하게 미치는 못하는 수치와 정성적 반응을 확인했습니다. 목표와 현실 사이의 큰 격차를 새삼 깨닫게 됐습니다. 에어의 제작 리더십은 남은 기간 무엇을 해야 시장과 고객의 기대를 충족할 수 있을지, 과연 이 팀이 그 기대치를 맞출 수 있는지를 원점에서부터 고민할 수밖에 없었습니다. 결과적으로 프로젝트의 방향과 팀의 변화를 시도하기로 결정했습니다.

먼저 한국 시장에서의 기대와 목표 수준을 현실에 맞게 조정하고, 이에 따라 팀을 재편성할 것입니다. CBT 결과가 부정적인 것은 사실이나, 냉정한 관점을 유지한 채로 고객 피드백과 현재 개발 결과물을 다시 검토했을 때, 우리에게 아직 기회가 남아 있다고 판단했습니다.

물론 당초 기대처럼 첫 출시부터 압도적인 관심을 받으며 대규모 트래픽을 유발하는 게임이 되는 것은 어려울 것입니다. 다만 너무 많은 콘텐츠에 욕심을 부리기보다, 테스트 과정에서 긍정적인 반응을 얻었던 핵심 콘텐츠의 재미를 극대화하는 데 집중하고, 목표 고객층을 좁혀 공략한다면 한국 MMO 시장에서 의미 있는 한 부분을 노려볼 수 있을 것입니다. 이후 작지만 빠른 서비스 운영을 통해 사용자들과 호흡하면서 효과적으로 게임을 개선해나간다면, 새로운 시장에서 추가적인 성과까지도 기대해볼 수 있을 것입니다.

　그렇더라도 시장에서 거듭 부정적인 반응을 받은 프로젝트이기에, 이를 개선해 성과를 내고자 하는 시도는 가능성을 떠나 그 과정 자체로 매우 어렵고 힘든 일입니다. 지금처럼 대규모 팀으로는 실행하기 어렵습니다. 핵심에 더 집중하면서도 속도를 낼 수 있는 작은 규모의 팀으로 재편하는 게 필요하다고 판단했습니다. 개발 방향의 변화와 팀 재편을 현재 제작 리더십인 김형준 PD에게 다시 한번 맡겨보기로 했습니다.

　이번 CBT에서 본인이 믿었던 시장에 대한 판단 착오를 뼈아프게 체감하고 반성하면서 회사의 어떤 결정도 따르겠다고 하셨습니다. 해결책을 모색하는 과정에서 변화 의지를 보이셨습니다. 결국 아무리 어렵더라도 끝까지 남아 현재 상황을 극복하고 해결하는 형태로 제작 리더십으로서 책임을 다하겠다는 의견을 주셨습니다. 고민 끝에 저는 이에 동의했습니다.

　여전히 아쉽고 부족한 부분이 있는 리더십일 수 있다는 점을 저와 경영팀도 잘 알고 있습니다. 처음에는 제작 리더십 교체까지 고민했습니다. 하지만 남은 숙제를 가장 효과적으로 수행할 수 있는 제작 리더십이라는 점, 그리고 외부 계약 관계에서 완전히 자유로울 수 없는 현 제작 리더십의 의무 이행까지 고려해 최종 결정을 내리게 됐습니다.

　물론 경영팀도 이번 결과를 책임져야 한다는 생각으로, 앞으로 개선 과정에서 함께 노력할 겁니다. 이번 재편 과정에서 구성원들이 불필요한 책임을 지지 않도록 하기 위해 이를 보완할 방법을 여러 방편으로 고민했습니다."

리부트셀은 에어 구조 조정을 위한 일회성 조직이 아니라 상시 조직으로 도입됐다.

"리부트 제도를 시작합니다. 에어뿐 아니라 우리 업의 특성상 이 같은 상황은 수시로 있는 일이기에 이런 변화를 잘 극복할 수 있는 체계는 이전부터 필요했습니다. 프로젝트나 개발 조직의 규모와 상관없이 조정 과정은 우리 모두에게 여전히 어렵고 부담스럽습니다. 그러나 성공은 반복된 실패 과정의 결과물입니다. 실패를 겸허하게 인정하면서 툭툭 털고 새로운 시도를 이어가는 것이 결국 우리가 지향하고 믿는 바를 실천하는 방식이라고 생각합니다.

월요일부터 들려오는 소식이 무더위처럼 답답할 순 있겠지만, 맑은 가을을 즐기기 위해서 무더운 여름을 피할 수 없듯이 게임 제작에서는 시행착오를 피할 수 없음을 상기합시다. 다시 맞을 맑은 날을 기대하면서 담대하게 또 한 발 나아가는 크래프톤과 구성원이 됐으면 합니다.

그동안 에어를 만들어오신 모든 분들, 그리고 새롭게 또 어려운 길을 가시게 될 분들 모두에게 감사드리며, 크래프톤 모두가 격려와 응원을 해주시길 당부드립니다."

에어 개발자 전원이 리부트셀로 이동했다. 의도한 것은 아니었지만 그즈음 회사 냉장고가 맥주로 가득 채워졌다. 김형준은 부쩍 회사 라운지의 고무 벤치에 앉아 맥주를 홀짝거렸다. 술을 잘 마시지 못하는 데다 사무실에 틀어박혀 있길 좋아하던 사람이었다.

팀원들과 회식 한 번을 하지 않고 혼밥을 즐기던 리더였다.

김형준은 한 달 정도 맥주 캔을 쥐고서 라운지에 돌덩이처럼 굳어 있었다. 라운지를 들락날락하는 팀원들과 자주 이야기를 나누게 됐다. 어쩌면 위기 순간에 한 번만 할 수 있는, 진솔한 대화들이 안주가 됐다. 그 이전까지는 개발에 매진하며 이메일로 소통했다. '고치세요' '수정하세요'와 같은 메시지가 대부분이었다. 맥주 캔을 사이에 두고 김형준에게 팀원들이 가장 자주 했던 질문은 "성공할 수 있느냐?"였다.

김형준은 "잘 모르겠다"고 답했다. "게임을 만든 지 25년이 넘었고, 꽤 오래 일했지만 성공 여부는 절대 맞추지 못한다." "그럼 왜 하세요?" "그냥… 사실 나는 뭐 잘하는 것도 없고, 이거 하는 걸 그냥 좋아해." "그럼 우리 다 나가면 남아 있을 거예요?" "어? 다 나가면 나는 계속 남아 있긴 해야지. 일단 다 나갈 때까진 나는 남아 있어야지." 어색하면서도 웃음기 어린 이야기를 나눈 팀원들은 신기하게도 대부분 팀에 속해 개발을 이어가길 희망했다.

김형준은 이후 리부트셀에 속한 모든 팀원과 개별 면담을 진행했다. 신규 에어 개발조직에서 계속해서 제작을 이어나갈 사람을 모집했다. 새로운 프로젝트에 승선할 사람과 그렇지 않은 사람이 가려졌다.

리부트셀에 머물 수 있는 기한은 정해져 있었다. 입사 이래 근속 기간이 2년이 넘은 재직자는 6개월, 2년 미만인 재직자는 3개월이었다. 이 기간 동안 3가지 선택지를 쥘 수 있었다.

첫 번째는 사내 이동. 다른 제작 프로젝트에서 자신의 자리를

구해야 했다. 스스로 다른 프로젝트 채용에 지원해야 했고, 회사
는 제작 리더십에 가급적 외부 채용보다 리부트셀 소속 인력을
충원하도록 권장했다.

두 번째는 신규 게임 개발 프로젝트 제안이었다. 개인 혹은 팀
을 이뤄 게임 제작에 도전하는 것이다. 크래프톤은 이를 권장했지
만, 제안이 통과되려면 엄격한 절차를 거쳐야 했기 때문에 실제로
성공할 가능성은 낮았다.

마지막 선택지는 퇴사. 이직이 비교적 자유롭고 활발한 게임업
계에서 퇴사는 어떤 사람에겐 또 하나의 기회일 수도 있었다. 물
론 대부분에겐 그게 아니라는 게 문제였지만. 리부트셀 체류 기간
이 끝나기 한 달 전에 퇴사 절차가 안내됐다.

리부트셀을 만들 때만 해도 소속 인원이 60명 정도 될 것으로
예상했지만, 개발 승인을 받지 못한 다른 팀까지 합류하면서 그
수는 100명으로 불어났다. 예상보다 많은 사람이 리부트셀에 머
물게 되면서 사내 분위기는 더 뒤숭숭해졌다.

2019년 8월, KLT에 장병규가 들고 나온 발표 제목은 '제작사
구성원으로서의 삶'이었다. 첫 화면에 등장한 문구는 그가 1년 전
에 했던 발표에서 사용한 문구와 토씨 하나 다르지 않았다. '게임
제작은 (성공을 늘 믿지만) 대부분 실패한다' '나와 우리는 (별개인 듯
하나) 분리되기 힘들다' '상호 이해, 대화는 절대 자연스럽게 이뤄
지지 않는다' '존재 가치가 있는 블루홀 2.5 실천이 진정으로 힘
들다.'

"자꾸 똑같은 이야기를 반복하는 이유는 우리가 하는 게임업이, 제가 아무리 생각해봐도 보통의 인지나 상식과는 다른 것이 상당히 많기 때문입니다. 자꾸 이야기해도 까먹게 됩니다. 우리가 하는 업을 이해해야 다른 이야기도 제대로 들리는데, 우리가 상식적으로 아는 것들과 다를 수 있습니다. 그래서 계속 반복해서 말씀드리는 겁니다." 그는 "최대한 잘 설명하려고 노력하겠지만 어떤 말은 의도치 않게 누군가에게 큰 상처가 될 수 있다"면서 "그것이 의도한 바는 아니기 때문에, 질문하고 오해 없이 잘 풀고 가셨으면 한다"고 운을 뗐다.

　게임은 성장하는 산업이었다. 성장은 달콤하다. 대부분 산업이 5퍼센트 미만으로 성장한다. 정체되거나 서서히 사라지는 산업도 많았지만, 게임 산업은 글로벌하게 매년 두 자릿수 이상 커지고 있다. 그만큼 게임 산업에 투신한 개인들도 다른 산업에 속한 개인에 비해 더 많은 기회를 잡을 수 있고 빠르게 성장할 수 있다. 이는 연봉이 빠르게 오를 가능성이 크다는 의미이기도 하다. 해외 시장에서 사업을 펼칠 가능성 역시 커진다. PUBG 매출의 90퍼센트 이상이 해외에서 발생했다. 잊지 말아야 할 것은, 어떤 세계라도 밝음과 어둠이 함께 있다는 것.

　장병규는 "게임 산업의 나쁜 점은 인간 본성과 다르다는 것"이라고 말했다.

　"상당히 불안정적입니다. 업 앤 다운이 심하죠. 게임이 출시되는 것보다 안 되는 것이 더 많아요. 출시해도 성공하는 게임은 소수죠. 아니, 극소수라고 할 수 있습니다. 그러면 제작팀이 모였다가 흩어지는 일이 반복되는 것이 우리의 일상이 됩니다. 그런데 이 일상이 늘 힘들죠. 그게 어떻게 쉽겠습니까. 늘 변하고 심지어 변화를 강요받기도 하는데요. 안정을 추구하는 인간의 본성과 기본적으로 맞지 않죠. 인간 본성과 맞지 않는 속성이 우리 업에 그냥 있는 겁니다."

성장에 유리한 만큼 게임업계 종사자는 완전한 글로벌 경쟁에 노출된다.

"제가 4차산업혁명위원장이니까 공공 관료 조직을 한번 생각해봅시다. 나라가 없어지기 전까진 망하지 않습니다. 내수 산업도 비슷하죠. 통신업은 대표적인 내수 산업입니다. 통신 회사가 서비스에 사용하는 주파수는 나라에 속해 있으니까요. 은행도 마찬가집니다. 나라가 정한 금리 안에서 예대 마진을 챙기는 비즈니스니까요. 성장이 별로 없는 대신 꾸준하게 이루어집니다. 글로벌 경쟁을 하지 않아도 되죠. 산업 특성이 다 다른 겁니다.

게임업은 기회가 큰 만큼, 나라로부터 보호를 기대할 수 없습니다. 그래도 지금 정부가 적어도 게임을 마약으로 취급하진 않잖아요. 이런 걸로 행복해야 하는 산업에 저희는 들어와 있습니다. 키워줘도 될똥말똥한 이 멋진 산업을 말이죠.

불안정함을 즐길 수 없다면, 여기 계신 많은 분들 중에 이 불안정성을 견디지 못하는 사람이 있다면 게임 산업이 맞지 않는 겁니다. 그러면 제가 보기엔 다른 산업으로 옮기셔야 합니다. 왜냐하면 이 회사는 게임 제작의 명가라는 비전에 헌신하는 사람들이 모여야 하는 곳이니까요. 모든 사람을 위한 조직은 없습니다."

게임업계 구성원은 어떻게 살아야 하는가. 'Do something! Lead, follow or get out of the way(액션! 이끌든지 따르든지 아니면 비키든지).' 장병규는 CNN을 창업한 테드 터너의 말을 띄웠다. "국내에선 앞 문장이 생략된 채 소개되곤 하는데, 원문에는 'Do something'이 먼저 나옵니다. 일단 뭔가 하라는 거예요.

자세히 살펴보면 '이끌든지'는 제작 리더십이나 리더에게만 적용되는 문구가 아닙니다. 좀 더 광의로 해석할 필요가 있어요. 합리적이지 않은 문제가 있다고 생각했을 때, 그것에 대한 발언을 건설적이면서 제대로, 적절한 사람에게 이야기해야 합니다. 이런 행동을 조직에서 능동적으로 하는 것도 사실은 이끄는 일입니다. 권한으로 이끄는 사람도 있죠. 대부분 팀장급 리더일 겁니다. 권한은 없지만 주변 사람에게 생산적인 영향을 준다거나 조직을 변화시키는 행위도 저는 이끄는 일에 속한다고 생각합니다.

결국엔 '따르든지 비키든지'도 있는 거죠. 구성원은 제작 리더십을 늘 비판적이고 비평적으로 바라볼 필요가 있어요. 자기 위에 있는, 자기에게 지시를 하는 파트장이나 팀장, 사수를 그냥 무조건 따르는 게 구성원의 역할과 책임은 아닙니다. 늘 주체적인 고민을 하는 게 구성원의 삶이어야 합니다. 왜냐하면 우리는 업 앤 다운이 일상인 업을 하고 있으니까요. 그것을 일상으로 받아들일 수 있어야 합니다. 거기에 맞게 조직과 여러 가지를 구성해야 한다는 관점을 지녀야 합니다."

장병규는 "제작 리더십보다 중요한 가치는 장인"이라고 덧붙였다.

"회사 이름도 크래프톤이 아닙니까. 전문가, 장인, 팀을 이끌 수 있는 매니저가 훨씬 많아져야 합니다. 자신의 실력을 키워서 어디에 가든지 나를 필요로 하는 사람이 생겨야 합니다. 주변 동료들이 함께 일하고 싶은 사람이 되는 게 가장 우선되시어야 합니다. 처음부터 제작 리더십을 맡는 사람은 없죠. 어딘가에서 전문성을 발휘했고 팀을 이끌며 성장한 것입니다. 여러 업무를 할 줄 아는 멀티 직군이 된 사람도 많죠. 제작 리더십은 이 과정을 다 거친 겁니다.

구성원 입장에서 제일 중요한 게 있는데요, 필요한 사람을 경영진이 판단하는 게 아닙니다. 옆에 있는 사람이 먼저 판단해요. 그리고 그 판단이 대부분 옳아요. 그렇기 때문에 옆에 있는 사람이 존경할 만한, 신뢰할 만한, 같이 일하고 싶은 사람이 되는 게 일단 중요합니다. 그런 동심원이 형성되면 그다음은 퍼져나가게끔 해야 합니다. 나를 팀에서 요구하고 제작 라인에서 요구하고 크래프톤 전체가 요구하는 동심원을 생각해주세요."

직원들에게 받은 질문들이 화면에 좌르륵 올랐다. '리더급의 독선이나 업무 태만을 제재할 방법이 없는 상황에서, 결과물에 대한 책임은 실무자들이 져야 하는 경우가 있다' 'PD에겐 추가 기회를 주지만 실무자들은 그런 기회를 얻지 못하기에 너무 PD 중심적인 것이 아닌가' '제작 리더십들이 권리만 누리고 책임은 지지 않는 문제에 대해서 어떻게 생각하는가.'

장병규가 답했다.

"PD의 잘못으로 상당히 많은 일이 일어나고, 저런 마음이 당연히 들 거라고 생각합니다. 이런 말씀을 드리고 싶습니다. 제작 리더십들은 장기적으로는 반드시 평가를 받습니다. 단기적으론 책임을 지지 않는 것처럼 보일 수 있지만 중장기적으론 그들의 인생으로 책임을 집니다.

수억에서 수십 억, 수백 억이 수년간 투입되는 게임 프로젝트를 두 번 정도 실패하면 트랙 레코드에 빨간 줄이 쳐집니다. 업계에서 세 번은 안 맡깁니다. 잘 들어주세요. 업계에서 세 번은 안 맡겨요. 크래프톤에서 세 번은 안 맡기는 게 아니고요, 업계에서 안 맡겨요. 업계는 되게 좁거든요. 소문이 다 납니다.

업의 특성으로 발생하는 구성원의 어려움을 해소하고자 저희가 여러 가지 장치를 고민하고 있습니다. 사내 이동도 그런 노력입니다. 왜냐하면 처음엔 제작 리더십을 모르고 선택할 수 있고, 제작 리더십을 내가 선택하지 못했을 수도 있잖아요. 그랬을 때 제작 리더십의 승인 없이 사내 이동을 바로 할 수 있는 제도를 운영하고 있습니다.

리부트셀 제도 역시 부침이 심한 일상을 보완하는 장치입니다. 게임업의 특성에 따른 단기적인 괴로움이나 구성원들의 허탈감을 완화하고자 노력은 하고 있습니다만, 업의 특성으로 인한 한계가 있다는 점은 이해해주셨으면 합니다.

업 앤 다운이 있는 건 경영진 입장에서도 괴로워요. 경영진은 그냥 가만히 있으면 돈 버는 걸 제일 좋아합니다. 가만히 있으면 돈이 늘어나는 걸 주주들도 제일 바랍니다. 제작사 구성원이니까 이렇게 타운홀 미팅도, 설득도, 이야기도 해야 합니다. 우리 업이

상식과 어긋나 있다는 것도 말씀드려야 되고 이해를 구해야 하고 고민을 해야 합니다."

장병규는 발표 막바지에 '감사의 마음으로'라는 문구를 띄우며 2012년 구조 조정의 기억을 소환했다. "2012년 말 되게 추울 때인데, 판교로 이전하기 직전입니다. 블루홀 구성원 3분의 1이 희망 퇴직을 했습니다." 장병규는 말을 이어가다 갑자기 숨을 몰아쉬며 고개를 숙였다. "에…, 많은 사람이 희망 퇴직을 쉽게 이야기하는데요. 그거 한 번 경험해본 경영진은 절대 다시 경험하기 싫어합니다. 2012년…."

울먹거리다 말을 이어갔다. "요즘 제 감정 상태가 고르지 않아요. 어떨 땐 욱하고 어떨 땐 감정이 북받치고 그러는데요. 2012년 말 구조 조정을 김강석 전 대표님이랑 직접 했어요. 아, 제가 그때 하고 난 다음에." 장병규가 급하게 눈물을 훔쳤다. 회사 역사 13년 동안 그가 직원 앞에서 눈물을 보인 적은 처음이었다.

"경영진으로서 할 짓이 못 돼요. 그걸 당하는 분들은 경영진보다 더 괴로울 수 있겠죠. 그런데 그걸 추진한 경영진도 정말 스트레스를 엄청나게 받고 트라우마에 계속 시달립니다. 그 이야기는 좀 해드리고 싶어요.

그리고 지금은, 크래프톤은 그런 상황은 아니에요. 그렇기 때문에 일상에서의 업 앤 다운이 있어서, 일상에서 괴로움과 스트레스가 있으실 거라는 데는 공감하지만, 그때보단 상황이 정말 좋습니다. 이걸 좀 담담하게 받아들이고 일상으로 우리가 좀 승화하고, 좋은 방향으로 대화해나가면 좋겠습니다. 우린 그런 여력이 충분

히 있습니다. 그런 이야기를 해드리면서 감사한 마음으로 마무리
하고 싶습니다."

　피플실에 한 직원이 보낸 메일이 도착했다. "공론장에 올려볼
까 했다가 여러모로 고민한 뒤 보냅니다. 작게나마 의견을 드려봅
니다." 그는 리부트셀에 속한 개인을 지원할 담당자가 필요하다고
지적했다.

　"생각보다 많은 분이 리부트 조직으로 이동하신 걸 보며 내심
많은 놀라움과 그분들에 대한 안타까움, 그리고 크래프톤의 미래
에 대한 우려도 들었습니다. 이렇게 많은 개발 인력을 HR이 맡아
운영한다는 점이 제일 큰 걱정입니다. 과연 리부트에 속한 분들
가운데 6개월 뒤 얼마나 많은 인원이 다시 크래프톤에 흡수될 수
있을까요. HR조직을 믿지 못한다는 건 절대 아닙니다. 다만 현실
적으로 리부트셀에서 다른 개발조직으로 전직을 시도하는 몫이
오롯이 개인의 의지에만 달려 있다는 점이 우려됩니다."

　그는 업무 분야별로 최고의 시니어인 '직군장' 제도가 필요하다
고 말했다.

　"리부트셀로 이동한 구성원들의 잠재 역량을 객관적으로 평가
하고, 보유한 역량을 강력하게 지원하고 돌보면서 다른 개발 조직
으로 이동할 수 있도록 도와줄 담당자가 필요합니다. 회사가 떠먹
여주길 바라지 않지만, 적어도 크래프톤 사내에서 이동은 다른 회
사로 이직하는 것과 같은 느낌을 주어서는 안 된다고 생각합니다.

　리부트셀이 원활하게 기능하려면 각 직군에 알맞는 직군장을

두어야 합니다. 크래프톤이라는 거대한 섬에 홀로 동떨어진 개인
이 아니라, 표류할지언정 누군가와 함께 노를 붙들고 있다는 정신
적인 위안을 받을 수 있게 해야 합니다. 또 리부트셀에 머무는 동
안 직군장을 통해 정체되지 않고 성장할 수 있도록 도와줄 필요
가 있습니다. 이런 역할을 할 수 있는 분들을 물색해 적소에 배치
해주시면 어떨까 하는 희망사항이 있습니다.”

리부트셀에 속한 많은 직원이 사내 이동의 기회를 잡지 못하고
외부 이직을 선택했다. 현실을 지적하는 직원들 앞에서 장병규는
“리부트셀과 관련된 수많은 이야기의 본질은 미래가 불투명하다
는 것”이라고 답했다.

“제가 조언을 드린다면, 미래가 불투명할 때는 정교하거나 명
확한 계획을 세우시면 안 됩니다. 미래가 불투명할 때는 병행적으
로 시행착오를 겪어보시는 게 좋습니다.

당연히 사내 이동을 알아보셔야 하고, 외부 이동도 상당히 알
아보셔야 합니다. 이런 시도와 함께 제작 리더십이든 아니든 게임
개발 제안은 누구나 할 수 있습니다. 삼삼오오 모여서 제안을 하
시는 것도 적극 추천합니다. 그 과정에서 제작에 대한 다양한 측
면을 본인이 학습하게 돼 있어요. 그냥 공부하는 것과 완전히 다
른 경험이거든요.

사내 이동, 외부 이동, 제안 활동을 병행해주셨으면 좋겠습니
다. 불투명한 미래를 회사에서 다 챙겨주지 못합니다. 쌍방이 노
력해야 하기에 리부트셀 구성원분들도 다양한 방법을 병행하면
좋겠다는 말씀을 드리고 싶습니다.”

2019년 8월, 김창한은 사흘간 약 50명의 조직 리더들과 상반기를 돌아보는 리더십 워크숍을 떠났다. 연초에 공유했던 PUBG 목표에 구성원들이 모두 얼라인align(정렬)되지 않았다는 사실을 직면했다.

9월 추석을 앞두고는 해외 조직의 팀장 60여 명과 일대일 면담을 했다. 2019년 PUBG 목표를 기억하는지 물어보면, 대부분 대답하지 못했다. 그때마다 프레젠테이션을 열고 목표를 알렸다. 모두 열심히 일하는 사람들이었다. 저마다 최선을 다하고 있었지만, 하나의 팀으로 추구해야 할 공통 목표를 잊은 채 일하는 것이 무슨 의미가 있는지 자괴감이 일기도 했다.

명절 연휴가 끝난 뒤 김창한은 개발, 사업·서비스, 조직 목표를 재확인하는 발표를 진행했다.

"미션과 핵심 가치를 추구하기 시작한 건 지난해 말부터였습니다. PUBG가 커지고 복잡해지면서 이것을 추구하기 시작했다고 볼 수 있습니다.

속도가 느리다는 생각은 다들 가지고 계실 겁니다. 어쨌든 올해 우리는 핵심에 집중하는 대신에 속도가 늦어지는 걸 감수하고 있습니다. 속도가 빠르냐보다 방향이 맞느냐의 관점에서 봐주시면 좋겠습니다. 우리는 지속 가능한 크리에이티브인 콘텐츠를 만들어서 서비스하는 기업이라는 것이 핵심입니다. 글로벌 게임 콘텐츠를 지속적으로 만들어낼 수 있는 회사로 나아가는 것이 결국 PUBG의 영속성과 성장을 위해 굉장히 중요하다고 생각합니다."

김창한은 반드시 성공하지 않아도 좋으니, 끊임없는 시도가 필요하다고 강조했다. 남들이 하니까 혹은 늘상 하던 일이니까 무작정 해서는 안 된다. 왜 하는지를 질문하고 고민하면서 팬과 시장의 흐름을 파악해 가장 효과적인 방법을 찾아가야 한다.

"이미 남들이 다 하는 건 우리가 꼭 하지 않아도 됩니다. 우리 시대에 맞는 새로운 방법을 찾아냈으면 좋겠습니다. 결국 조직이 복잡하고 전 세계에 흩어져 있더라도, 하나의 목표로 뭉친 팀이 될 때에 이런 가치를 만들어낼 수 있다고 생각합니다. 조직적으로 '하나의 팀과 하나의 꿈one team, one dream'을 더 강화하는 것이 하반기의 목표입니다.

구성원이 PUBG의 비전과 포커스를 명확히 이해하고, 목표에 대한 긍정적인 확신을 갖고 동행할 수 있어야 합니다. 구성원이 늘어났고, 많은 일이 벌어지고 있습니다. 열심히 일하며 스스로 만족할 수 있습니다. 하지만 결과로서 고객에게 만족을 줬는지, 또는 결과로서 우리의 핵심 가치가 강화됐는지를 스스로 확신하지 못한다면 하지 않는 것만 못하다고 생각합니다."

김창한은 작은 것이라도 좋으니, 조직별로 PUBG 목표와 연결된 성과를 하나씩 찾아 공유하도록 했다. "PUBG 내에서 자양분이 되는 가치 있는 일을 선택합시다. '우리 일은 이렇게 하는 거야'와 '다른 지역과 조직에선 이렇게 일하는 거야' 같은 이야기를 할 수 있는 일에 역량을 집중합시다. 우리의 노력이 유의미한 성과로 이어지는 성공 사례를 발견해 전사에 전파합시다."

1조 원 목표

IPO를 할 수 있는 기반을 2~3년 내에 마련하는 일은 김효섭 경영팀의 핵심 과제였다. 그 기반이란 결국 원하는 평가액으로 IPO를 진행할 수 있는 조건을 갖추는 것이었고, 이는 곧 회사의 외형을 키우는 일이었다. 이를 위해 IPO 재무 목표를 설정해야 했다. 경영팀은 성장 전략 회의를 열어, 거칠고 단순하게 PUBG를 제외하고 1조 원 매출을 목표로 잡았다. 이 1조 원 매출을 달성하기 위해 다양한 방법을 고민했다.

하나는 '확률 올리기.' 제작 게임의 성공 확률을 높이거나, 프로젝트 사이의 공백을 줄여 게임이 자주 출시될 수 있는 환경을 만드는 것이다. 게임을 원활하게 만들고 시장에 내놓는 내부 구조를 갖추어야 했지만, 말처럼 쉬운 일이 아니었다.

성공을 점치는 일은 어려웠고, 성공 가능성이 희박한 프로젝트를 과감히 중단하는 결단도 할 수 있어야 했다. 개발이 중단된 프로젝트 구성원을 달래며 리부트 제도를 정착하는 데에도 많은 시간이 필요했다. Strategy HIVE(투자본부)도 빠르고 과감하게 투자를 집행하기로 했지만, 연합의 가치에 부합하는 팀과 회사를 찾기란 여간 어려운 일이 아니었다.

다른 방법으로 거론된 하나는 '큰 회사 사기.' 이 방법 역시 말보다 행동이 어렵다는 게 문제였다. 국내에서 연매출 500억 원 이상을 창출하면서 연합의 가치에도 어울려 인수를 타진해볼 만한 게임 회사는 사실상 없었다. 크래프톤은 해외에 눈을 돌렸다. 북미 시장에 투자 거점을 마련하고 유망한 개발사를 연합으로 포섭하는 방안을 고려했다.

배동근 CFO는 스스로를 '악마의 변호인devil's advocate'이라고 부르며 회의 때마다 경영팀에 공격적인 질문을 퍼부었다. 그는 연합의 가치를 믿는다는 것을 넘어서, IPO를 실현하기 위한 구체적인 계획을 제시할 필요가 있다고 경영팀에 요구했다. 그는 "당장 성장하는 모습을 갖추려면 2023년, 2024년에 출시하는 게임보다 2020년, 2021년에 출시할 수 있는 게임에 대한 투자를 상대적으로 늘려야 한다"고 강조했다.

"여러분은 크래프톤이 추구하는 연합이 무엇인지 잘 이해하고 계시나요?" 투자본부장은 성장 전략 회의를 마친 후 경영팀 전체에 질문을 던졌다. 그의 메일은 사실상 악마의 변호인을 향한 서면 답변처럼 보였다.

"회의 분위기나 대화에서 연합에 대한 믿음보다는 회의와 의심의 그림자가 더 보였습니다. 만약 성장 전략을 고민하는 경영진이 연합에 대해 믿지 않고 있다면, 어떻게 우리가 구성원들을 이끌며 투자자를 설득하고 외부 개발자를 데려올 수 있을까요?

회사를 운영하다 보면 수많은 갈림길에 서게 됩니다. 우리가 확실한 철학이 없다면 이 갈림길에서 매번 돈을 조금 더 벌거나 돈을 조금 덜 쓰는 결정만을 반복할 수밖에 없습니다. 근시안적인 결정이며 오랜 시간 지속 가능한 회사가 되는 데 그리 도움이 되지 않습니다.

우리는 넷마블의 길, EA의 길이 아니라 우리만의 길인 연합으로 성공해야 합니다. 사실 돈도 부족하고 그걸 잘 해낼 인재도 없어서 그들의 길을 따라가려고 해도 갈 수 없습니다. 연합이 아니라 다른 길을 원한다면, 회사 차원에서 연합이라는 말은 빨리 떼고 다른 비전을 구성원과 외부와 투자자에게 제시해야 합니다.

우리가 걸어온 연합의 길은 역사가 그리 길지 않습니다. 중소 게임 개발사들이 합류해 연합이 완성된 게 고작 4년 전이고, 그 안에서 PUBG가 탄생했습니다. PUBG가 성공해 연합이 본격적으로 기회를 찾기 시작한 지는 불과 2년밖에 되지 않습니다. 이제 정말 걸음을 떼었을 뿐입니다.

'한국에서도 제대로 안 돌아가는데 무슨 북미에 투자 거점을 또 만드느냐'고 물으셨는데, 물론 숫자를 보았을 때 PUBG를 제외하고 처참한 상황이죠. 하지만 숫자로 보이지 않는 관계가 바로 연합의 키key라고 생각합니다.

우리에겐 피닉스 김정훈 대표님과 딜루전 강문철 대표님이 있습니다. 지금 숫자로만 보면 실패한 프로젝트지만, 이분들은 연합의 개념을 충분히 이해하고 있고 어떻게든 기여하고 싶어 합니다. 또 쪽팔려서라도 언젠가는 제대로 성공하여 보여주실 거라고 믿습니다.

김창한 대표님도 17년의 아픔을 겪고서 PUBG를 이뤘습니다. 우리에겐 새로운 제작 리더십도 생겼습니다. 개발팀 아이모AIMO의 한동훈 PD는 마우이 출신으로 연합의 산물입니다. 또 심대현 PD는 10년이라는 블루홀 역사에서 테라의 일본, 미국 출시, 콘솔 등 어려운 프로젝트를 어떻게든 마무리 짓고서 10년 근속상을 받을 때 '10년 더 크래프톤과 함께 일하며 게임을 개발하고 싶다'고 말했습니다. 이런 게 연합입니다.

물론 게임 개발은 확률적으로 안 될 가능성이 훨씬 높지요. 하지만 학습 가능한 제작 리더십은 경험을 되풀이하며 성공 확률을 높이고 있다고 믿습니다. 이것이 연합입니다. 경영진은 각각의 게임이 성공하지 않을 가능성이 크다는 걸 인지하되, '연합의 올바로 된 제작 리더십은 언젠가는 반드시 성공하는 게임을 만들 것'이라고 믿어주어야 합니다.

우리는 재무적 투자자도, 벤처캐피털도 아닙니다. 텐센트처럼 자금이 많지도 않습니다. 숫자를 확보하기 위해 단순히 돈을 뿌리는 전략으론 이들을 상대할 수 없습니다. 각각의 제작 리더십을 제대로 판단하고 들여오거나 새롭게 시작하게 하여, 이들이 성공할 수 있는 환경을 제공해 성공 확률을 높이는 것이 우리의 방식입니다. 확률상 제대로 된 리더십이 스타트업 시도를 되풀이하면 조금씩 성공에 가까워집니다.

우리는 그런 제작 리더십을 분별할 수 있다고 믿습니다. 또 연합을 확장하려면 필연적으로 한국 밖 지역으로 눈을 돌려야 합니다. 그런데 우리는 그냥 투자만 하는 회사가 아닙니다. 해외 팀을 연합에 들이려면, 그 팀이 연합의 가치를 이해하고 공감하며, 신뢰할 수 있는 실력 있는 팀이어야 합니다.

연합에 들어온 후에도 고통을 겪으며 필요하다고 호소한다면, 그에 맞는 지원을 제공해야 합니다. 이는 단순히 사람 한두 명을 북미에 둔다고 해결될 문제가 아닙니다. 현지에 지원 조직을 제대로 갖춰야 우리가 마음 놓고 투자하고 데려올 수 있다고 말씀드린 겁니다. 이런 지원이 필요해서 개발팀이 크래프톤에 들어올 것이라는 이야기가 아닙니다. 이는 팀들이 필요로 하는 것이 아니라, 연합이 원활하게 운영되기 위한 기본 환경입니다. 이런 환경 없이 연합을 해외로 확장하기는 힘듭니다.

그리고 북미 지사인 엔매스는 숫자만 보면 만성 적자를 기록하는 조직이죠. 하지만 엔매스와 협업한 현지 개발사들과의 관계는 탄탄합니다. 돈으로도 살 수 없는 가치이기 때문에 이를 잘 활용해야 합니다. 10년에 걸쳐 북미에서 이런 조직을 운영해온 한국 기업은 거의 없습니다. 물론 투자자들에게 보여주기 위한 숫자와 목표는 분명히 필요하겠지요. 우리의 철학을 운운한다고 만족하고 공감할 투자자는 없을 테니까요.

하지만 그것에 함몰돼 본질을 잊지 않길 바랍니다. 투자 전략 구성원들은 빼이치면서, 말도 안 되는 일정으로 출장을 바쁘게 다니고 몸까지 상해가며 개발팀들을 만났습니다.

이제는 우리와 어울리는 팀, 연합 내에서 성공 확률이 높은 팀들을 데려올 수 있다고 자부합니다. 우리 모두 내부에 있는 제작 리더십이나 다른 크래프톤 구성원들에 대한 믿음을 가졌으면 합니다. 물론 합류한 제작 리더십들 중 우리와 맞지 않는 제작 리더십을 어떻게 정리해야 할지는 고민해야겠지만요.

크래프톤에 맞는 팀들을 투자 전략 구성원들이 열심히 찾아올 테니, 그 팀이 연합에 합류할 수 있도록 팍팍 지원해주십시오. 제작 라인의 숫자를 신경쓰기보다, 연합의 완성도를 높이고 우리의 철학을 저해하지 않으면서 성공 확률을 높일 수 있는 제도와 환경을 만드는 데 집중해야 합니다. 이것은 제작 협력 부서만으로 되는 일이 아니라, 크래프톤의 모든 제도와 정책에 녹아 있어야 합니다. 그로 인해 만약 우리 안에서 PUBG의 절반만큼이라도 의미 있는 성과를 내는 팀이 2~3개 나온다면 정말 대단한 성과일 겁니다.

단순히 숫자만 채우라고 하시면 충분히 채울 수 있습니다. 하지만 그런다고 IPO 목표 매출은 달성하지 못할 겁니다. 국내외에서 많은 개발팀을 확보해, 그중 1~2개 잭팟을 노리는 방식이 우리 논리가 되어선 안 된다고 생각합니다. 숫자가 적어 보이더라도, 연합에 참여함으로써 성공 확률을 높이는 팀을 구성하는 것이 중요합니다. 그렇게 하면 2020년에 1조 원 매출을 노릴 수 있는 팀 구성이 가능할 것입니다.

물론 현재 상황만으론 설득하기 어려울 수 있지만, 우리가 힘을 합쳐 노력한다면 충분히 실현 가능하다고 생각합니다. 하지만 그 이전에 우리 모두가 해낼 수 있다고 믿어야 합니다.

아무튼 저는 회의에서 제시된 '확률을 올리기' '클 회사 사기'를 열심히 실행할 겁니다. 하지만 이런 노력이 단순히 IPO를 위한 노력이 아니라 연합의 성공을 위한 노력이 되길 바랍니다. 그리고 몇 년간 최선을 다해 연합의 성공을 위해 우리 모두 매진해보고 나서, 이 방법에 대한 평가를 우리 스스로 내릴 수 있기를 희망합니다."

배동근이 그에 대한 의견서를 경영팀 전체에 회신했다.

"경영팀이라면 당당하게 믿는 바와 그에 대한 구체적인 계획을 이사회와 주주에게 제시해야 합니다. 그렇기에 일반 구성원에 비해 더 많은 책임과 권한이 주어졌겠지요. 질문하거나 의심하는 이들에게 면밀하게 검토된 생각을 공유해 경영팀을 신뢰하게 하고 싶습니다.

계획이 숫자가 아니어도 좋습니다. 다른 형태라도 '회사가 계속 성장하기 위한 방안을 경영팀이 구상했고, 들어보니 말이 된다'였으면 합니다. 그들에게 인정받는 게 목적도 아닙니다. 적어도 우리 계획에 대한 최소한의 신뢰는 확보해야, 그나마 우리가 믿는 것을 추진해볼 기회가 있으리라 봅니다. 그래서 우리끼리 브레인스토밍과 자아비판을 하는 것이지요. 그 외에 다른 목적이 있을 수 없습니다.

'IPO를 어떻게 할 것인가'와 같은 주제는 제 전문 영역이기에 질문의 대상이 제가 되듯이, '제작 라인의 수가 적은데 어떻게 할 것인가' '성과를 내지 못하는 개발 조직을 어떻게 할 것인가'에 대한 논의를 하다 보니 초점이 투자 하이브에 많이 맞춰졌던 것 같습니다. 그러나 모두에게 중요한 의제라는 점은 참석하신 분 모두가 잘 아시리라 봅니다. 그러하기에 같이 논의하고 계획을 검증하고 발전시켜나가야 하는 과제이며 과정입니다.

마지막으로 IPO는 중성적인 개념으로 받아들여졌으면 합니다. IPO를 목표로 삼는다고 해서 그것이 장기적인 성과와 연합의 가치를 폄하하는 부정적인 의미로 받아들여지는 건 바람직하지 않습니다. 장기적인 성과나 연합의 가치를 폄하하려고 했다면, 아마 앞으로 제작 라인에 투자하지 말고 돈 모아서 재무적인 딜deal이나 잘하자는 주장을 했을 겁니다.

제 주장의 요지는 '투자를 더해서 제작 라인 수를 늘려야 한다'입니다. 이를 위해선 이른바 '잘되지 않고 있는 개발 라인은 어떻게 하겠다'라는 계획이 있어야 한다는 겁니다. 그것이 합리적이지 않다는 비판은 얼마든지 받아들일 수 있습니다. 하지만 연합의 가치를 믿지 않는 것으로 여겨져선 안 됩니다.

IPO 목표를 경영팀 목표로 삼겠다는 뜻은 경영팀 리더인 김효섭 대표님이 지난 이사회에서 제시했습니다. 그리고 이사회는 그 목표에 대해 구체적인 계획을 제시하라고 요구했습니다. 그 연장선에서만 생각하는 겁니다.

IPO를 한다고 해서 회사가 결승점을 통과하고 경기가 끝나는 건 아닙니다. IPO를 하고 난 후에는 시장과 외부 주주로부터 더 큰 압박을 받을 겁니다. 연합의 가치를 실천하는 데 IPO를 하지 않는 게 더 좋다면, 그렇게 이사회나 주주를 설득해도 좋습니다.

그러나 IPO를 잘 해내면 크래프톤이 한 단계 더 성장할 수 있다고 전 믿습니다. 무엇보다 연합의 가치를 실현하기 위한 재무적인 여력과 시스템을 획기적으로 마련할 수 있습니다. 게임 시리즈 '갓 오브 워God of War'의 메이킹 필름을 보면서 많이 부러웠는데, 크래프톤의 제작 리더십도 세계가 주목하는 대작을 만들어내는 환경을 갖출 수 있다고 봅니다."

모두가 장미빛 미래를 말할 때야말로 악마가 입을 벌리는 순간이었다.

"한 가지 내용을 추가하자면, 법인별 순현금 흐름을 보면 PUBG를 제외한 나머지는 올해 1,150억 원, 내년에 1,350억 원이 소진될 것으로 예상됩니다. 크래프톤 현금 잔고가 여유 있게 보이는 것은, 순전히 나머지 모두를 PUBG가 벌어온다는 가정에 기인합니다.

우리가 몇 개의 제작 라인에 얼마를 투자하느냐는 결국 내년 말을 기준으로 PUBG를 제외한 나머지가 1년 6개월 동안 버틸 수 있는 2,000억 원 가운데 얼마를 따로 떼어서 지금 투자하느냐의 문제로 보시면 됩니다. 다시 말해 2,000억 원 중 500억 원을 지금 투자한다면, 그리고 PUBG 이외의 현재 조직에서 의미 있는 수익을 만들어오지 못한다면, 3년 후인 2022년에 현금을 전부 소진할 수 있는 상황이라는 겁니다.

어쩌면 신규 투자를 위해 현재 조직을 다이어트해야 할 필요가 있다는 생각도 듭니다. 즉 실패한 제작 라인을 어떻게 할 것이냐의 문제는 제작 협력의 관점뿐만 아니라 재무적인 관점에서도 필요할 수 있습니다."

외부 개발사 란투게임즈가 테라 IP를 활용해 만든 모바일 게임 테라 클래식 성과는 긍정적인 초기 기사들로 인해 다소 과장된 면이 있었다. 초반 집객과 매출은 퍼블리셔 카카오게임즈의 기대에 부응했지만, 그 후 지표는 빠르게 하락했다. 트래픽과 매출 모두 하향 곡선을 그리며 반전을 보여주지 못했다.

연합인 스콜은 일본 시장에 '테라 오리진'을 출시했지만, 퍼블리셔인 넷마블로부터 "게임의 모든 면이 최상위권 기준에 미치지 못하기에, 일본 시장에서도 최상위권 성적을 노리는 것은 무리"라는 평가를 받았다. 크래프톤은 게임을 수정하는 데 공을 들이기보다 빠르게 출시하는 쪽을 택했다. 넷마블 재팬 역시 대규모 현지 마케팅을 포기하고 소규모 프로모션으로 전략을 변경했다.

테라본부에서 개발하던 모바일 MMORPG '테라 더 비기닝'도 중단하기로 결정했다. RPG 분야에서 저조한 성적이 잇따르자 퍼블리셔 넷마블은 중간 테스트 평가 기준을 높인 데 이어, 크래프톤 게임에 시간과 자원을 투입하길 꺼렸다. 테라 더 비기닝 제작 리더십을 포함한 개발팀 40여 명 전원이 리부트셀로 이동했다.

2019년 상반기까지 크래프톤에선 총 8개 제작 프로젝트가 돌아갔지만, 하반기 들어 대부분의 프로젝트가 기대 이하의 성과를 거두며 차례로 힘든 시간을 맞았다. 매달 한 팀씩 인원 축소와 개발 중단 결정이 내려졌다. 8월 에어팀 인원 감축에 이어 9월 오셀롯팀이 개발 중단과 팀 해체를 결정했다. 10월 테라 IP를 활용해 모바일 게임 '테라 오리진'을 만들던 테라GT실이, 11월 다른 한 개발팀이 같은 결정을 내렸다.

PUBG로 인해 한껏 고조됐던 분위기는 순식간에 가라앉았다. 직원들은 서로 만날 때마다 다음에 또 어떤 프로젝트가 중단될지 걱정했다.

PUBG의 '배틀그라운드 LITE'는 저사양 유저에게도 좋은 경험을 제공하겠다는 당초 목표는 달성했지만, 비즈니스적으로 의미 있는 성과를 거두지 못해 서비스 중단을 결정했다. 하지만 개발팀은 이를 통해 얻은 경험을 바탕으로 새로운 배틀로열 모바일 게임 제작에 도전하기로 했다. 팀은 거의 1년 동안 2주 단위로 꾸준히 업데이트를 해냈고, 그 과정에서 강한 팀워크와 개발력을 쌓아 올렸다. LITE 서비스를 성공시키려는 열망이 있었지만, 김창한은 미래를 위한 새로운 프로젝트에 집중하는 것이 더 낫다고 판단했다.

내부에서 "잘 안된 게임을 담당하던 팀이 새로운 프로젝트를 맡는 것을 이해할 수 없다"는 여론이 일자, 김창한은 "회사 내에 강한 의지와 열망을 가지고 게임을 개발하려는 사람들과 팀이 있다는 건 감사한 일"이라고 말했다. "회사는 무엇을 시작하면 중단하기 쉽지 않습니다. 과감히 중단할 수 있는 문화가 있어야 합니다. 아프지만 받아들일 수 있고, 그것을 통해 더 나은 다음으로 갈 수 있는 문화가 필요합니다. 즉 우리가 해냈다고 생각해주시면 좋겠습니다."

전 세계에 지사를 둔 PUBG에서는 한국어, 영어, 일본어 중국어가 주로 사용됐다. 글로벌한 업무 환경에서 언어 장벽을 극복하기 위해 20명이 넘는 통번역사 조직이 각 조직 간 소통을 지원했다. 영-한 기준으로 한 달에 평균 120시간 이상의 회의 통역을 담당하고, 셀 수 없이 많은 위키 페이지와 이메일을 번역했다. 업무 메신저 번역도 지원 영역에 포함되었는데, 미국 지사와 협업하는 한국 지사 근무자가 한글로 메시지를 작성하면, 중간에서 번역 조직이 영어 번역을 댓글로 달아줬다.

실시간 소통이 중요한 메신저 번역에 가장 애를 먹었다. 다른 업무를 하다 번역이 지연되거나 모든 메시지를 번역할 수 없는 한계가 생겼다. 이런 문제를 해소하고자 번역 조직은 여러 번역 프로그램을 도입했다. 기계 번역 수준이 높아지면서 원문이 잘 정리된 경우 90퍼센트의 정확도를 기대할 수 있었다. 그러나 중요한 메시지가 오가는 채널에선 남은 10퍼센트의 리스크를 감수할 수 없어 통번역사가 처음부터 끝까지 다시 번역하는 수고를 들였다. 이번에는 기계 번역의 신속성과 전문 통번역사의 정확성을 결합한 시스템을 고안했다. 기계 번역 결과를 통번역사가 수정해 번역의 질을 높이는 방식으로, 신속하면서도 정확한 번역 시스템이 사내에 정착됐다.

미국에 설치한 센트럴팀은 여러 조직 간의 일관된 소통 창구 역할을 하기는커녕 혼란과 비효율을 낳았다. 글로벌 전략을 공통적으로 수행하려고 했지만 되려 불협화음과 파열음을 일으켰고, 개발팀과의 유기적인 협력도 이뤄지지 않았다. 센트럴팀과 각 지역 간에도 시너지 효과를 내기보다 갈등이 자주 일어났다.

예를 들어 중국 팀에서 제기한 문제가 미국의 판단을 기다리며 한 달씩 계류되기 일쑤였고, 한국의 개발자는 바로 옆에 있는 퍼블리싱 담당자와 소통하기 위해 미국을 경유해야 했다. 한국에서 미국 센트럴팀에 요청 사항을 전달하면 담당자가 이를 번역해 상부에 보고했지만, 정작 의사 결정자는 다른 업무에 치여 이를 소화하지 못했다.

　답답함을 느낀 각 지역 본부장들은 현안을 싸들고 부대표인 조웅희를 찾아와 하소연을 했다. "몇 달 전부터 센트럴팀에 이야기를 전달했지만 아무런 답변이 없다." 개발과 퍼블리싱, 운영 조직 간의 소통과 협력이 제대로 작동하지 않았다.

　센트럴팀이 주도하는 e스포츠 사업에서 마찰은 극에 달했다. 국가 대항전에서 중국과 대만 문제가 첨예한 이슈로 떠올랐다. 중국 내에서 게임을 중계하려면 '대만'이라는 국호 대신 '차이니스 타이페이'를 사용해야 했고 대만 국기도 화면에 노출되지 않도록 해야 했다. PUBG 중국 지사에서 "중계 화면이 그대로 나가면 절대 안 된다"는 의견을 계속 개진했지만, 미국의 센트럴팀은 문제의 위중함을 간과하고 사안을 미루기만 했다.

　3주가 지나도 문제는 해결되지 않았고, 오가는 메일의 타래만 계속해서 길어졌다. 한 번에 읽지도 못할 정도로 중국어, 영어, 한국어로 된 번역 메일들이 산처럼 쌓인 것을 본 김창한은, "우리의 협업 수준이 이 정도밖에 안 된다"며 성을 냈다.

출범 1년

　2019년 11월, 크래프톤 출범 1년을 기념하는 KLT. 발표 마이크는 제작협력팀에 돌아갔다. 제안부터 종료까지 게임 제작의 전 과정을 주관하는 공용 조직이었다. 블루홀 시절 게임 제작에 대한 정식 프로세스는 사실상 없는 것이나 마찬가지였다. 김강석과 장병규 두 사람이 제안을 듣고 결정하는 수준에 불과했다. 기준 미달의 아이디어를 낸 이들에겐 피드백조차 주지 않을 때가 부지기수였다. 무반응은 곧 거절 사인이었다.

제작협력팀은 김효섭 경영 체계 안에서 신설됐다. 게임 프로젝트 제안과 절차, 의사 결정 기준과 단계 등 크래프톤만의 제작 관리 방식을 고민했다.

게임 제작을 관리하는 일은 영원히 풀리지 않는 난제처럼 여겨졌지만, 적어도 제안부터 출시까지 이어지는 전체 과정을 정비하고 세부 절차를 수립했다. 이를 통해 게임을 제안하는 사람도, 검토하고 승인하는 사람도 같은 눈높이에서 소통하며 같은 목표를 향해 달릴 수 있도록 하는 데 중점을 뒀다. 장병규는 "이제 탄탄하게 제작 프로세스에 대해 이야기할 수 있는 팀이 크래프톤에도 생겼다"며 발표를 반겼다.

제작협력팀 직원은 3명이었다. 목표는 내부나 외부 팀이 게임을 제작해 고객과 만나게 하고, 실패 후에도 쌓인 경험과 교훈을 바탕으로 재도전하며, 크래프톤의 제작 가치를 많은 사람이 이해하고 하나의 방향으로 갈 수 있도록 하는 것이었다. 크래프톤 제작 철학을 기반으로 실제 작동하는 체계를 구축하는 것이 이들의 과제였다.

제작협력팀은 '성공적인 제작' '시장에서의 성공' '공유 자원의 관리'를 목표로 내세웠다. '성공적인 제작'은 단순히 게임을 완성하는 것에 그치지 않았다. 경영진과 제작 리더십이 지속적으로 소통하며 신뢰를 쌓아가는 과정을 포함했다. 두 주체가 단계별로 목표를 명확히 정의하고 이해하며, 그 과정을 통해 완성한 게임을 출시해야 성공적인 제작이란 평가를 받게 된다. '시장에서의 성공'은 제작자만 즐기는 게임이 아니라 더 많은 사람이 즐길 수 있는 게임을 만들어야 한다는 의지를 반영했다. '공유 자원'은 제작 비용뿐 아니라 경영과 지원 조직, 경영 파트너와 경영진 등 개발 팀을 직간접적으로 지원하는 모든 자원을 포괄하는 개념이었다.

제작 프로세스는 시작을 승인하는 '킥오프kick-off', 개발 진행 도중 핵심 사안을 확인하고 계속 진행할지 중단할지를 결정하는 '하드 마일스톤hard milestone', 그다음 '출시' 과정으로 이뤄진다.

킥오프 과정은 1페이지 제안부터 시작된다. 프로젝트 내용뿐 아니라 제작 리더십을 확정하는 일이 중요했다. 크래프톤이 정의하는 제작 리더십은 '제작과 시장에 대한 이해를 바탕으로 자율적으로 게임의 방향을 결정하고 제작을 이끄는 1인 혹은 소수의 그룹.' 게임의 방향성부터 시장성 있는 게임 제작, 프로젝트의 완성을 책임지는 역할이다. 이를 판단하는 책임은 경영진과 다른 제작 리더십의 일부로 구성된 승인그룹에 있었다.

1페이지 제안이 통과되면 제안 준비랩Lab으로 이동해 정식 제안서를 준비하게 된다. 여기에는 시장 조사를 기반으로 예산, 인원, 일정, 비용, 매출 목표 등 구체적인 제작 계획이 담겨야 한다. 더 중요한 것은 하드 마일스톤의 목표와 기준을 설정하는 일이다. 특정 시점까지 콘텐츠와 기술적인 목표를 정하고, 실제로 목표가 달성됐는지 확인할 방법도 마련해야 한다. 중간 결과물을 두고 고객 평가 절차도 포함돼야 하며, 이를 통해 게임의 재미를 확인할 수 있어야 한다.

평가 기준을 사전에 명확히 설정하는 것도 필요하다. 제작 리더십과 경영진 모두가 동의해야 하드 마일스톤 의사 결정에서 불필요한 논쟁이나 상처를 줄일 수 있다. 제작 게임의 특성과 계획에 따라 하드 마일스톤 통과 조건은 다양했다. 예를 들어 액션 모바일 게임 프로젝트 BBM은 일본 퍼블리셔와의 계약이 통과 조건이었다. MMORPG 프로젝트 BBM은 캐릭터 외모와 능력을 성장시키는 재미를 추구했기에 "지속적으로 게임을 하고 싶다"는 여성 고객의 반응을 점수화해 확인하는 방식을 조건으로 삼았다. 물론 정식 제안 이후에도 하드 마일스톤 통과 조건은 상황에 따라 논의를 거쳐 변경될 수 있다. 정식 제안서가 통과되면 프로젝트 개발의 시작을 알리는 휘슬이 울린다.

하드 마일스톤은 일종의 중간 고사였다. 중요한 점은 기말 고사가 없다는 것이다. 개발 내용을 평가해 향후 제작을 계속할지 여부를 결정하는 중요한 시험이었다. '공유지의 비극을 막기 위해 경영이 개발을 견제하고 자원을 관리한다.' 제작 관리 프로세스를 관통하는 명제였다. 그렇기에 경영진과 제작 리더십이 하드 마일스톤 평가 기준과 목표를 명확히 정의하고 이해해야 한다는 점을 강조했다. 하드 마일스톤을 넘지 못하면 프로젝트는 공식적으로 종료된다. 통과한다면 게임 출시까지의 계획을 세운다.

정식 제안서와 하드 마일스톤 통과를 결정하는 방식은 동일했다. 승인그룹이 제작 리더십과 함께 제안서 내용이나 하드 마일스톤 결과물을 두고 심도 있는 질의응답을 나눈 뒤 결정을 내린다.

승인그룹은 사전에 정해진 '제작 리더십' '제작 가능성' '시장과 수익성' '도전의 가치' 항목에 따라 점수를 매기고 의견을 낸다.

다만 점수는 승인 여부를 결정하는 기준으로 작용하지 않았다. 오히려 승인그룹이 일관적인 평가 기준을 세우기 위한 경험을 쌓으려는 목적이 컸다. 프로젝트별 점수 데이터를 쌓아나가 향후 평가에 참고 자료로 활용하고자 했다. 승인그룹은 종합적으로 의사 결정을 내렸다. 4가지 항목에만 의존하지 않고 경험이나 직관을 더해 가부를 판단했다.

승인과 개발 중단은 만장일치로 결정하게 했다. 승인그룹 멤버들의 생각이 다를 수밖에 없기에 의견을 좁히는 논의가 필수적이다. 이 과정에서 제작 리더십에 수정 제안을 하거나 특정 조건을 제시하기도 한다. 제안 팀을 돕는 경영 파트너는 찬반으로 갈린 승인그룹을 설득해 만장일치를 끌어내기도 하고, 중요한 순간에 제작 리더십에 의미 있는 결과를 만들어내기도 했다. 승인그룹의 뜻과 상관없이 승인하지 못하는 조건이 하나 있었다. 배동근 CFO가 재무 상황을 고려해 '아니요'를 외칠 때였다.

제작협력팀 발표 이후 장병규와 김효섭이 단상에 서서 직원들과 질의응답을 나눴다. "제작 리더십이 되기 위해 어떤 과정과 경험을 해야 하는지 궁금해하는 분이 많습니다. 주변에서 정말 제작 리더십이 될 수 있는지 의문을 갖기도 합니다." 김효섭은 "명확한 답변을 드릴 수 없어 안타깝게 생각한다"는 말로 말문을 열었다.

"저희가 제작 리더십을 만드는 명확한 방법을 제시하지 못하고 있는 게 사실입니다. 누군가는 타고난다고 하고, 누군가는 많은

실패와 성공을 통해 얻어진다고 하며, 또 누군가는 개인이 엄청나
게 노력하셨다고 하고요. 다만 조금씩 저희가 할 수 있는 실험을
시도하고 있습니다. 지금은 제작 리더십을 맡지 않은 분들도 소
규모라도 몇 명이 모여 작은 게임을 만들어보는 경험을 장려하고
있습니다. 리더십 경험을 자연스럽게 쌓을 수 있도록 지원하고 있
는 것이죠.

그럼에도 첫 단계의 허들은 여전히 높습니다. 제작에 대한 이
해는 물론이고 게임의 방향성도 명확히 잡아야 하죠. 조금이라도
도움을 줄 수 있는 방향이 없는지 고민하겠습니다."

장병규는 "냉정한 현실에 대해 이야기해드리고 싶다"며 입을
뗐다.

"제작 리더십의 성장 과정은 제가 보기에 매우 비정형적입니
다. 그건 그 사람의 삶이기 때문입니다. 도와줄 순 있어도 중고등
학교나 대학교처럼 교육할 순 없어요. 한국에서 교육받은 분들은
정답이 있는 인생을 배웁니다. 심지어 대학 교육도 그 모양이에
요. 불행하게도 우리 삶은 그렇지 않습니다. 정답이 없어요. 제작
리더십은 수많은 비정형적인 과정을 거쳐 탄생합니다.

냉정하게 바라보면 게임 제작 리더십 중에 젊은 친구가 많지
않아요. 젊은 친구가 많았던 시기가 있었죠. 1990년대 후반에 온
라인 게임이 탄생했을 때, 온라임 게임 기술을 이해하던 젊은 세
대가 있었습니다. 온라인 게임 '바람의 나라'와 '리니지'를 만든
송재경 씨가 그 세대죠. 당시에 그는 20대였습니다. 또 모바일 게
임이 탄생했던 10여 년 전에 선데이토즈를 창업한 이정웅 씨도

20대였습니다. 플랫폼과 기술이 발전하고 세상이 바뀔 때 20대가 새로운 게임을 만들 수 있어요.

그런데 플랫폼과 시장이 성숙하면 더 높은 기준을 충족하는 제품을 내놓아야 합니다. 고객의 눈높이가 높아지기 때문입니다. 게임도 마찬가지로 본질적으로 해야 하는 일이 어마무시하게 많아질 수밖에 없어요.

트리플A급 대형 콘솔 게임을 만든다고 가정해보세요. 완전히 새롭고 독창적인 아이디어가 아닌 이상에야, 다른 게임과 유사한 게임을 만든다면 해야 할 일이 엄청나게 많습니다. 제작 리더십에 요구할 내용이 많을 수밖에 없습니다. 그렇지 않으면 시장에서 성공할 수가 없으니까요. 배틀그라운드는 새로운 아이디어였습니다.

어떤 플랫폼과 시장에서 어떻게 만드느냐에 따라 제작 리더십에 요구되는 내용 또한 다릅니다. 이러니 제작 리더십의 성장은 비정형적일 수밖에 없죠. 회사에서 제작 리더십이 되는 방법을 안내하기 쉽지 않은 겁니다. 기회를 가급적 주려고는 하지만, 회사의 자원이 무한한 건 아니잖아요.

게다가 크래프톤만 하더라도 주주가 많습니다. 주주들이 왜 그렇게 돈을 쓰느냐고 이야기합니다. 저희 2대 주주가 텐센트예요. 균형을 맞춰줘야 합니다. 예를 들어 세계적인 게임인 '콜 오브 듀티'가 속한 슈팅 게임 장르는 상당히 성숙한 시장입니다. 그런 게임을 40명이 만들겠다고 하면요? 통과가 안 되겠죠.

정리하자면 많은 분이 제작 리더십의 성장과 탄생에 대한 어떤 실마리 내지는 도움을 원하지만, 진짜 현실 속에서 그 과정은 비정형적이며 제작 리더십에 요구하는 수준도 매우 높을 수밖에 없다는 겁니다. 반면에 성숙한 게임 장르는 아니지만 독창적인 아이디어로 무장한 게임들은 많이 통과되고 있습니다."

게임사 직원이라면 누구나 게임 개발의 주역이 되어 세상을 놀라게 할 게임을 만들고 싶다는 꿈을 품는다. 제작 리더십과 게임 제안에 대한 질문 공세가 뜨거워졌다. "특정 인물이 제작 리더십인지 아닌지 그 판단은 어떻게 이뤄지나요? 아이디어를 가진 사람과 제작 리더십을 연계하는 작업이 필요하다고 생각합니다."

장병규가 답했다.

"공통적으로 트랙 레코드(이력)를 봅니다. 그 사람이 지금까지 어떤 역할과 책임을 맡아왔느냐. 그리고 그 역할과 책임을 주장하는 것이 과연 타당한지를 판단합니다. 한국 게임 산업을 보면, 리니지 PD를 했다는 사람이 진짜 많아요. 요즘은 줄어들긴 했지만 한때는 MMORPG 만드는 사람들 대부분이 리니지 PD를 했다고 말하고 다녔습니다. 하지만 확인해보면 실상은 그렇지 않단 말이죠.

그래서 트랙 래코드는 명쾌하게 본다고 말씀드릴 수 있습니다. 제작 리더십이 그 제작 라인을 이끌 수 있는 실행 능력이 있는지 보는 겁니다. 제작 리더십이 1인인 경우는 지금까지 한 번 정도 있었습니다만 대부분이 2인 이상입니다. 팀워크가 이뤄지는지 복합적으로 보다 보니 직관적인 판단처럼 느껴질 수도 있습니다. 다만 그런 과정을 여러 번 반복했기 때문에 승인그룹 사이에서 갑론을박이 있을지언정 어느 정도 공감대가 형성되는 경우가 지금은 많습니다."

한 직원은 "제안서 통과 과정에서 이해하기 힘든 부분이 많다"며 승인그룹의 결정 기준에 의문을 제기했다. "1페이지 제안서는 이름뿐이었습니다. 게임 방향이 아무리 좋아도 리더십 문제 때문에 통과하지 못했습니다. 좋은 게임에 대해서는 지원을 더 많이 해줘야 합니다." 김효섭은 "제안서만 보고 좋은 게임이라고 판단했다면 지원했겠지만, 그렇지 않기에 승인을 얻지 못했을 것"이라고 답변했다.

"다만 경영진은 제안서만으로 게임의 수준을 판단하지 않습니다. 제안서는 제안서일 뿐입니다. 좋은 게임은 결과물로 완성됐을 때 알 수 있습니다. 심지어 시장에 나와봐야 확실히 알 수 있죠. 그런 판단을 미리 내릴 수 없으니 전체를 봅니다. 게임이 완성된 결과물로 나올 가능성을 볼 수밖에 없습니다. 제안서가 통과할 수 있게 도움을 주거나, 현재 제작 리더십이 부족한 점을 빨리 메꿀 수 있도록 돕겠다는 말씀을 드리겠습니다."

"'아무리 방향이 좋아도'라고 표현을 하시는데요." 장병규가 곧장 답변을 이어갔다.

"제안서 중에 방향이 좋다고 느끼는 경우는 아주 극소수입니다. 본인 입장에선 좋아 보일 수 있죠. 받는 사람 입장에선 그렇지 않아 보일 수 있는 겁니다.

배틀그라운드 첫 프레젠테이션은 김창한 대표가 저에게 와서 1시간 정도 대화를 나눈 것이 전부였습니다. 키워드가 딱 4개 나왔어요. '배틀로열' '언리얼 엔진 4' '스팀' '클라우드 서버'였습니다. 이 4개의 키워드는 출시될 때까지 바뀐 적이 없어요. 이번 지스타(게임 전시회) 때 다른 프로젝트들의 이야기를 들었는데, 매우 독특한 방향성이 있었습니다. 그런 건 1시간만 들으면 설득됩니다. 그러면 부족한 리더십을 보완하기 위해 경영진도 노력합니다.

승인을 얻지 못했다면 방향이 그냥 재미없는 거예요. 그러니까 어떨 때는 조금 현실을 깨달으세요. 저도 방향이 있어요, 게임 아이디어가 있다니까요? 이런 방향과 아이디어를 술자리에서 이야기하면, 저도 계속 까여요. 당연히 스스로가 믿는 걸 하는 게 제일 좋다고 생각합니다만, 자기만의 아집과 고집에 빠져 있는 것도 문제입니다. 그 균형을 맞추기 위해 서로 노력하자는 말씀은 드리고 싶습니다."

2.5 경영팀

팔라우Palau는 해저 구멍 지형 블루홀을 품은 남태평양 여행지로 유명하다. '프로젝트 팔라우'는 크래프톤 이사회 의장이자 최대 주주인 장병규가 주도한 경영 성과 평가였다. 김효섭은 연말을 맞아 지난 2년간의 CEO 임기에 대한 포스트 모르템(시체를 부검하듯 어떤 문제가 있었는지를 자세히 들여다보고 분석하는 일)을 준비했다. 장병규는 김효섭과 함께 '프로젝트 팔라우'의 결과를 토대로 과거를 돌아보고 미래를 논의하는 자리를 만들기로 했다.

장병규가 김효섭에게 티타임을 청했다. "연말이 다가오니 올해에 관한, 좀 더 정확히는 지난 2년을 되돌아보면서 앞으로 크래프톤 경영팀을 어떻게 하면 좋을지, 그에 맞춰서 이사회나 주주총회 등을 어떻게 할지까지 논의하고 싶습니다. 연말과 연초로 이어지는 일련의 업무를 진행할 시기가 된 것 같아서 그렇습니다. 이미 뭔가를 준비 중이었다면 그것을 듣는 것도 좋고요. 혹은 배석할 사람이 있다면 그 사람을 배석시켜도 좋고요. 편한 대로 해주시면 좋겠습니다.”

김효섭은 “면담에 앞서 생각을 정리해 문서로 전달하겠다”며 답변에 3주의 시간을 달라고 요청했다. 그는 약속한 날보다 나흘 늦게 답변을 발송했다. “원하시는 내용이 다 들어가 있진 않을 것 같지만, 일단 그동안 생각하고 정리해본 내용을 적어봤습니다. 제 주관적인 생각과 감정을 가능한 한 솔직하게 적었으니 감안해서 봐주시면 됩니다.”

김효섭은 ‘CEO & 2.5 경영팀 포스트 모르템’ 문서에서 CEO로서의 역할과 그에 대한 생각, 그리고 심경 변화를 담았다. 그는 “CEO를 맡기 전, 스스로의 장단점과 선호를 명확히 알고 있는 개인으로서 CEO에 적합한 사람이 아님을 본능적으로 알고 있었다”고 속내를 털어놓았다.

“그렇더라도 ‘회사가 필요로 할 때 할 수 있는 만큼 해야 하는 건 기본’이라는 개인적인 생각도 있었습니다. CEO 업무의 상징적인 일들을 빼내고 당장 필요해 보이는 업무 정도는 일정 기간 큰 차질 없이 진행할 수 있을 것이라고 생각했습니다.

그리고 다음 미래를 위한 최적임자를 구할 때까지 버티면서,

시간을 두고 사내에 미래의 CEO 후보자들을 확보하는 일까지
할 수 있다면 회사에도 가치가 있을 것이라고 기대했습니다. 사람
에 대한 투자가 동반된다면 함께할 사람 혹은 미래의 CEO 후보
자들을 구하는 일은 해볼 수 있을 것 같았고 어렵지 않을 것 같았
습니다. 갑자기 성장해서 변하는 시기에 회사에 필수적인 일들도
챙길 수 있을 것 같았죠. 그 밖에 제작 라인과의 문제는 열심히 뛰
어다니면 해결할 수 있을 것 같았습니다."

CEO 1년 차 때의 다짐을 회상했다. 처음에는 할 수 있는 것부
터 하자고 마음먹었고, 다음에는 좋은 사람을 열심히 구하자고 다
짐했다. 그가 구성한 경영팀에 대한 생각도 덧붙였다.

"성장 시기에 겪는 문제는 어느 회사나 비슷할 수 있으니, 성장
시기를 많이 경험한 사람을 우선 구하고자 했습니다. 임기 극초반
에는 제 나름대로 빠르게 구인을 진행했습니다. 그런데 예상치 못
한 사건 사고가 수차례 발생했습니다. 해결하기 어려운 새로운 문
제가 많았고, 이는 다른 회사와는 다른 문제들이었습니다. 문제
해결 속도도 현저히 느려졌습니다. 변화의 크기를 판단하는 데 착
오가 있었던 겁니다.

구성원이 늘고 재무 규모가 커지는 것은 문제의 전부가 아닌
일부였습니다. 구성원 절반 이상이 새로운 사람으로 채워지는 상
황을 고려하지 못했던 겁니다. 이 정도의 큰 변화 상황에서 사람
만 구한다고 문제가 해결되지 않더군요. 연합의 비전에 공감하지
만, 공감을 넘어 이를 이해하고 주도적으로 실행할 수 있는 사람
이 많지 않았습니다. 저 역시 큰 방향을 설명하고 설득하는 것 이

상으로 세부적인 실행을 하는 데 깊이가 부족했습니다."

　김효섭은 "의욕을 가지고 함께 시작한 경영팀원에 대한 신뢰가 갈수록 약해지는 것이 안타깝다"고 했다. "부정할 수 없는 성과 부진과 태도 문제로 간극이 벌어지는 상황에서 CEO로서 제대로 이들을 안내하거나 변호해주지 않았습니다. 오래가려면 이들 스스로 증명하고 버텨야 한다는 생각이었고, 그럴 만한 시간을 확보해주는 것 정도가 최선이라고 생각했습니다. 더 적극적으로 빠르게 개입했어야 했나 하는 아쉬움이 있습니다."

　게임 제작에서도 복잡하고 다양한 형태로 문제가 발생했다고 말했다. 김효섭은 첫 1년을 "간신히 버텨냈다"고 요약했다. 현실적 어려움을 뒤로하고, CEO와 경영팀에 회사의 비전과 미래를 위해 구체적인 전략을 세우는 과제가 주어졌다. 이 당연한 과업을 새삼 깨닫게 되자 김효섭은 더욱 혼란스러웠다. CEO의 역할과 책임이 한층 더 무겁게 다가온 것이다.

　"훨씬 오래전부터 알고 있었지만, 혼자서만 일의 범위를 줄여놓고 시작한 것에 대한 문제를 인식했습니다. 막연했지만 그래도 열심히 고민하면 하지 못할 일은 아니라고 스스로를 다독이면서, 해보겠다는 결심을 세웠습니다. CEO나 경영팀의 신뢰 문제 이전에, 회사의 성장을 이어가야 한다는 데 공감합니다. 이 시기를 버티기만 하는 건 CEO와 경영팀에 대한 기대치가 아니라는 것도 이해했기 때문입니다."

　CEO 임기 2년 차에 접어들면서, 김효섭은 '지속적인 성장'을 키워드로 내세웠다. 맡은 일을 다시 고민하고 정리해나갔다. 제작사 업무를 구체화하고 매뉴얼을 새로 짰다. 경영팀 각 구성원의 합류 시점과 배경이 달랐기 때문에 생각을 맞춰야 했다. 고민을 거듭한 끝에, 누구나 기대할 만한 새로운 성장 전략을 만들어내는 것보다 제작을 포함한 기본 역량을 갖추는 것이 더 중요하고 시급하다는 문제의식이 커졌다. "솔직하게 현재 CEO나 경영팀이 새로운 성장 전략을 만들어낼 역량과 경험이 부족하다는 것을 인정합니다. 언제 가능해질지도 현시점에서 장담하기 어렵다는 것 역시 인정해야 한다고 생각합니다."

한편으로 김효섭은 이사회와 주주들이 너무 성급하게 다음을 기대하는 것이 아닌지 의문을 제기했다. "기대는 이해하지만, 이에 몰입하는 것이 과연 현재 회사 실정에 맞는 선택일지 고민이 여전히 있습니다. 이사회가 원하는 방향을 잘 따라야 하는 게 원칙적으로 맞지만, 못 하는 것을 하는 척하기보다 지금 할 수 있는 것을 열심히 해보겠다고 말하는 것이 어떨까 하는 생각이 계속 들었습니다."

김효섭이 관심 있고, 해볼 수 있고, 회사 성장에도 결국 보탬이 될 것이라고 믿는 것은 '연합 체계의 실체를 만들어가는 일'이었다. "미래 전략은 당연히 필요하기에 더 고민하고 노력해야 하는 건 맞습니다. 다만 당장은 새로운 전략보다 이미 존재하는 연합 체계 안에서 제작이 선순환 구조로 나아가는 것이 더 중요하다고 판단했습니다. 이런 실행에도 현실적으로 여전히 난제가 많습니다. 구성원들 간 인식과 경험, 지향하는 바는 생각보다 많이 다릅니다. 체계를 만들어갈 사람들의 경험치도 높지 않아서 속도가 더

딥니다. 누가 임의로 빠르게 드라이브를 걸면 문제가 발생하기
도 합니다."

김효섭은 "작업은 매우 더뎠지만, 각 영역의 책임자들과 실무
를 맡는 시니어들이 채워지고 있어 조금씩 연합의 실체가 만들어
지고 있다"며 "이제 조금씩 속도를 낼 수 있다는 기대가 생겼다"
고 자평했다. "경험과 사례가 누적되면서 처음보다 나아지는 점이
분명히 있습니다. 하지만 변화로 인해 일부 문제가 더 악화된 점
도 있습니다. 어떤 것은 해결해야 할 문제지만, 또 어떤 것은 감당
해야 할 문제기도 합니다. 이 기반이 갖춰지면 그동안 미뤄뒀던
고민을 해볼 수 있겠다는 기대가 생깁니다. 한편으론 다음 CEO
와 경영팀이 왔을 때 제대로 무언가를 펼쳐볼 수 있는 기반을 다
지고 싶다는 욕심도 있습니다."

그렇게 건너온 현재, CEO 김효섭의 자가 진단은 다음과 같았다.
"CEO와 2.5 경영팀은 미래 성장을 이끌고 주도할 수 있는, IPO
와 그 이후를 노려볼 수 있는 수준까지 준비되지 못했다는 걸 인
정할 수밖에 없습니다."

지난 2년간의 조직 변화는 구토가 쏠릴 정도로 빠르고 거대했
다. 가파른 변화의 격랑 속에서 김효섭의 경영팀은 미래를 그리기
보다 기반을 다지는 길을 선택했다. 시스템과 프로세스의 구축뿐
아니라, 구성원들의 생각과 역량을 조정하고 조직 문화를 확립하
는 등 보다 근본적인 일들이 포함됐다.

"CEO가 생각하는 타이밍과 기반 구축 방향을 이사회가 신뢰
하고, 이런 작업이 필요하다고 판단한다면 함께하는 게 의미가 있

을 겁니다. 다만 이사회가 경영팀이 중요하게 생각하는 '정비'를 평가절하하고 '미래'만 기대한다면, 이는 서로에게 괴로운 일이라고 생각합니다. 노력은 하겠지만 이미 1년을 그렇게 해본 겁니다.

다 떠나서, 지난 2년 동안 제작 라인과 게임에 관심을 더 쏟지 못하고 개별 구성원과 대화를 덜한 건 아쉽습니다. 현시점에서 CEO를 하는 건 재미없는 일이라고 생각합니다. 지난 2년간 개발 프로젝트 성과가 기대에 미치지 못한 점이 가장 아쉽습니다."

김효섭은 "다른 것을 떠나 제작을 책임지는 차원에서 CEO 역할을 언제든지 내려놓을 수 있다"며 "더 잘할 수 있는 후임이 온다면 환영하고 싶다"는 뜻을 전했다. "개인적으로는, 막연하게나마 하고 있고 할 수 있다고 생각했던 전략적인 사고와 실행을 그다지 잘하거나 좋아하지 않는다는 것을 깨달은 2년이었습니다."

자신이 꾸린 경영팀에 대해 이같이 평가했다.

"경영팀은 CEO가 계획한 기반 다지기를 해낼 수 있는 역량을 80퍼센트 이상 갖췄다고 판단하고 있습니다. 가능하다면 제작과 제작 지원 쪽 리더가 좀 더 보강돼야 한다고 생각합니다. 다만 경영팀이 '2.5'를 떼고 다음 단계로 가려면 보완이나 교체가 필요할 수 있지만, 지금 해야 한다고 생각하진 않습니다. 이 단계가 마무리되면 교체 혹은 역할 변경이 가능할 것입니다.

장기적으로 하이브 파트너 모임과 최고경영팀은 별개로 구성돼야 한다고 봅니다. 실무와 미래 전략을 고민하는 2단계 경영팀을 만드는 것이지요. 최고경영팀은 CEO와 2~3인으로 구성해 전략 레벨의 고민을 수행하고, 하이브 파트너들은 실행 임원으로서 역할하는 그림을 고려하고 있습니다.

최고경영팀이 장기적으로 3.0 경영팀으로 성장하길 희망합니다. 2.5 경영팀은 CEO에게 기회가 주어지는 한, 현재 구성에서 변화 없이 진행하고 싶습니다. 변화를 전제해야 한다면 팀 전체가 물러나는 게 맞다고 생각합니다.

그동안 진행 과정에서 개인의 독주보다는 전체의 조화를 강조했기 때문에 개별 평가를 내리는 것은 적절하지 않다고 봅니다. 경영은 CEO가 주도했기에 CEO만 바뀌는 것은 가능하나, CEO가 바뀌지 않는데 경영팀원만 교체되는 것은 맞지 않다고 생각합니다. 지난 2년간 어떤 문제가 있었더라도, CEO와 경영팀의 방향 설정과 추진력에 문제가 있었을 수는 있지만, 개인에게 책임을 돌릴 만한 상황은 아니었다고 판단합니다. 일부 경영팀원에게 부족함이 없지 않지만 아직은 필요한 역할이 있습니다."

김효섭은 CEO로서 현재 경영팀과 2020년까지 예정된 임기를 마무리하고 싶다는 바람을 내비쳤다.

"2019년을 시작하며 약속한 바가 있으니 이사회에서 CEO 재신임 절차를 진행하는 건 문제가 안됩니다. 2020년에도 경영팀에 대단히 큰 변화가 일어나지 않을 것이라는 점은 예상이 가능합니다. 해임안 제출을 고민 중이라면 경영팀의 방향에 대한 공감까진 아니더라도 현실 인정과 신뢰를 해주셨으면 합니다. CEO와 경영팀에 대한 신뢰가 생기지 않아 해임안 제출을 고려한다면 이사회까지 거치지 않더라도 받아들일 수 있습니다. 다른 관점으로 판단하는 데 거부감이 있지 않으니까요.

혹시나 예외적으로 이사회에서 해임안이 거절된다고 해도 1년을 더 일할 수 있을 것 같진 않습니다. 최소한 신뢰가 있는 상태에서 일하는 것이 중요합니다. 일의 성과에 신뢰가 미치는 영향은 크다고 생각합니다. 절차상 필요한 수준으로 진행하는 건 상관없지만, 해임안에 대해 스스로를 방어하고 이사회를 설득하고 싶은 마음은 없다는 겁니다. 해임안 절차보다 다음 경영팀으로 어떻게 업무를 넘길 것이냐를 고민하는 게 필요합니다.

이를 위해 현재 경영팀이 혼란을 최소화해야 한다고 봅니다. 이후 저나 경영팀원의 거취는 고민하지 않고 있습니다. 일부 팀원은 제안할 사항이 있을 수도 있으니 앞으로 결정되면 의견을 개진할 기회가 있었으면 좋겠습니다."

6층 회의실

2019년 11월, 장병규는 정부의 제4차산업혁명위원장 임기를 마치고 크래프톤으로 복귀했다. 이사회 의장으로서 경영진과 하이브 조직장들에게 경영 평가 '프로젝트 팔라우' 시작을 알리는 메일을 보냈다.

"크래프톤이 새로운 경영진과 함께 출범한 지 벌써 2년이 흘렀습니다. 급격한 성장과 변화를 겪은 지난 2년간 중책을 묵묵히 수행한 2.5 경영진에게 먼저 감사의 말을 전하고 싶습니다. 그동안 이사회는 경영진의 성과와 역량을 평가하는 체계를 수립하는 데 그다지 발전을 이루지 못했습니다. 이에 따라 2.5 경영진 출범 2주년에 맞춰 그간의 성취와 발전, 과오를 짚어보고자 합니다. 이번을 기점으로 좀 더 체계적인 방식으로 경영진 성과와 역량 평가를 진행하려고 합니다."

장병규는 이사회 의장의 업무 지원을 수행하는 조직에 인력을 투입하고 별도 인선을 통해 '경영 평가 TF'를 구성했다.

"경영 평가의 중요성은 여러분 모두 공감하실 수 있으리라 생각합니다. 그런 의미에서 경영 평가 TF로부터 문서나 자료 요청, 혹은 면담 요청을 받게 되면 가급적 맡고 계신 업무의 우선순위를 조정하여 적극적으로 대응해주시길 당부드립니다. 연말까지 자료 수집과 검증을 진행하고 내년 초에 이사회 차원에서 리뷰를 진행할 계획입니다. 이번 프로젝트를 통해 다시 한번 크래프톤 발전의 토대를 만들었으면 합니다."

주요 평가 대상은 크래프톤 김효섭의 경영팀과 PUBG 김창한의 경영팀이었다. 경영 평가 TF는 크래프톤 14층 회의실에 인터뷰실을 마련했다. 김효섭과 그의 경영팀이 한 명씩 차례로 방을 거쳐갔다.

TF팀원이 물었다. "문제를 인식하고 이를 정의하며 개선 방안을 실행하기까지 전반적인 진행 속도가 더디다는 평가가 있습니다. 이에 대한 견해가 있으신지요?" 김효섭이 답했다.

"속도 문제는 크게 공감합니다. 저 스스로가 그렇게 빠른 성향이 아닌 데다 여러 원인이 복합적으로 작용했습니다. 업무를 진행할 때 밀어붙이지 않았습니다. 경영진이나 책임자들이 자기 고민

없이 일을 진행할까 봐 우려했습니다.

더욱 주체적이고 자기주도적이길 바라는 마음에서 하나하나 확인하고 재촉하는 데 주저했습니다. 실행력 있는 인력 구성을 갖추는 데에도 시간을 많이 썼습니다. 연합이란 개념을 서로 이해하고 공감대를 형성하는 일도 어려웠습니다. '따로 또 함께'처럼 모호한 경우가 여럿 있었죠.

방향성은 있지만 업무 대부분이 구체적인 가이드라인 없이 진행되는 경우가 많았고, 그 적용 형태가 사안별로 달랐습니다. 이상적인 답에서 어긋날까 봐 사람들이 소극적이고 수동적으로 대응한 부분도 있는 듯합니다.

상호 대화한 양이 이제는 상당 부분 쌓였고, 경험치나 조직화가 누적되고 있습니다. 내년은 더 빨라질 것으로 기대합니다."

"제작 라인을 강화하겠다는 목표는 어떤가요? 제작 게임 수가 줄었습니다. 개선 전망이 있나요?"

"인위적으로 게임 개수를 늘리는 일은 지양했습니다. 이것 자체가 또 다른 부작용을 양산할 수 있다고 생각했습니다. 내부에서 주요 프로젝트를 관리하는 허들은 더 높아질 수 있고, 판단 기준이 더 명확해지면서 프로젝트 중단을 판단하는 시기도 지금보다 빨라질 겁니다. 제작 리더십 의존도를 낮추는 새로운 실험을 소규모 단위로 시도해보려 하고 있고 성과가 보이면 그 방향으로 투자를 늘릴 생각입니다.

외부 영입은 다소 늘 수 있을 것이라고 생각합니다. 당위와 희망을 말하자면, 내부와 외부 모두 제작 협력 과정이 고도화되면서 성과가 높아지고, 그에 따라 제작 라인이 늘어나길 바랍니다."

"현재 경영진의 역량을 어떻게 보세요?"

"제 지난 CEO 임기는 극소수가 결정하던 기존 방식을 전문화하고 집단화하고 구조화하는 과정이었습니다. 2018년에는 경영팀 각자가 할 수 있는 업무를 다 열거해서 보았다면, 2019년은 과제별 업무를 개선하면서 회사 전체와 단위 조직 2가지 측면에서 업무를 구분했습니다. 2020년에는 더욱 계량화된 검토를 할 수 있도록 주문하고 있습니다. 그동안 설계한 과제들이 잘 실행되고 업무가 안착돼 완성도가 높아지길 바라고 있습니다."

"혹시 이사회에 전달하고 싶은 의견이 있나요?"

김효섭의 마지막 대답은 "특별한 것이 없다"였다. 그는 다만 이사회에 제출 전에 최종 내용을 확인하고 싶다고 했다.

다음 날 PUBG 사옥 6층 회의실에서 김창한이 TF팀과 마주했다. 방식은 같았다. "대표 임기 3년이 지난 시점에서 보셨을 때 잘한 결정과 후회하는 결정이 있나요? 채용 관점에서도 말해주세요."

"빠르게 한 것은 대부분 좋은 결정이었습니다. 2017년은 대부분 좋았고 2018년이 문제였습니다. 가장 중요한 초창기 결정 가운데 하나가 제가 PD 역할을 계속하느냐, 아니면 경영 역할을 하느냐였습니다. 동시에 하기는 어려웠고 장단점이 있었겠죠. 만약 PD만 했으면 게임 자체가 지금보다 더 나아졌을 순 있습니다. PD 역할을 떼고 개발에 짧게 개입했습니다. 그 대신 서비스를 확장하거나 조직을 구성하는 일을 했죠. 만약 PD 역할을 도맡았으면 제작 이외의 일을 누가 하게 됐을 것인가에 대한 문제가 있습니다. 저 대신 기존 크래프톤 사람들이 했겠죠.

그런데 제가 그런 결정을 한 이유는, 너무 빠른 변화를 안에서 캐치하는 사람이 없었습니다. 제가 봤을 땐 캐치를 하지 못하는 것이죠. 배틀그라운드의 가치가 무엇인지 말이죠. 사업 일선에 있던 저와 달리 블루홀 사람들은 감이 없었습니다. 그렇기에 결정을 해주기가 어려웠습니다.

인력 구성 면에서도 경력자를 중심으로, 한국에서 글로벌 경험이 있는 사람들 위주로 빠르게 사업 인력을 구성했습니다. 많은 경우 PUBG 부대표 조웅희의 네트워크를 빌려 채용한 겁니다. 어쨌든 한국 게임업계나 조직이 상당히 정치적이잖아요. 그래서 최대한 비정치적인 색깔의 사람들, 드라이dry하고 업무 중심적인 사람들 위주로 뽑긴 했습니다.

그럼에도 2가지 문제가 있었습니다. 먼저 글로벌 회사 수준에까지 역량이 미치지 못했습니다. 뻗어나가는 서비스에 맞춰 한국에서 성장해야 하는데 그러기엔 너무 늦었을 수도 있습니다.

다음은 조직 문화를 만드는 시간이 부족했습니다. 많은 스타트업이 그렇겠지만 너무 빨리 성장하다 보니, 또 팀에 새로 들어오는 사람이 너무 많다 보니, 조직 문화를 구축하는 시간이 모자랐습니다. 거기엔 시간이 필요한 것이죠. 만약에 과거로 돌아간다면 그렇게 하지 않았으면 어땠을까 하는 생각이 들기도 해요. 사람을 조금 더 천천히 뽑았으면 어땠을까. 해외 지사들도 세우지 않고."

"그게 가능했을까요?"

"모르겠어요. 가능했을 수도 있죠."

"서비스 지역 확장을 줄이고, 게임 쪽에 더 집중하는 식으로요?"

"확장도 한국에서 조금씩만 더 하는 거죠. 개발 인력이 느는 건 상관없는데, 그랬으면 어땠을까 하는 생각은 합니다. 너무 지역 확장을 빨리한 것이죠. 우리 게임을 두고 가끔 이런 이야기를 합니다. '0'에서 천천히 지속적으로 올라오는 상태였다면 아주 좋은 상황이었을 텐데, 지금은 정점을 찍고 내려오는 상태라는 것이죠. 조직에 약간 엇박자가 있잖아요. 오히려 수습하고 내실을 다지는 건 올해 하는 일입니다만, 천천히 했다면 내실이 더 잘 다져졌을 수도 있다는 겁니다."

"요즘 보면 게임이 팍 터지면서 대규모 흥행을 하지 않습니까. 속도 조절이 정말 가능한 건가요?"

"사실은 2017년에 우리가 가진 기회 모두를 놓치기 싫었어요. 조직 역량이 준비돼 있지 않은데 욕심이 많았습니다.

예를 들면 배틀그라운드 e스포츠 권한을 사겠다는 글로벌 회사가 꽤 있었습니다. 가치가 있어서 사겠다는 거니까. 그러면 우리는 그 사업을 떼어내고 더 잘하는 일에 집중할 수 있는 환경을 마련할 수도 있었겠죠. 욕심을 부릴 것이냐, 우리가 제대로 하지 못하니 권한을 팔 것이냐 사이에서 더 현명한 결정을 했어야 했습니다. 그래서 지금 고생하고 있죠.

돈만 생각한다면 우리가 잘하지 못할 수도 있는 e스포츠 사업을 파는 게 맞을 수 있었겠지만, 일과 조직의 관점에서 e스포츠 사업을 실행하면서 성장해나가는 과정이 결국 남는 것이라고 생각했습니다. 고생을 누군가는 하니까요.

모바일은 텐센트에 잘 떼어냈습니다. 그 당시 우리 힘으로는 해내기 어려웠던 일이 분명했습니다. 다른 모바일 게임 대체재가 있었기 때문에 시간을 놓치면 위험했습니다. e스포츠는 우리가 하는 것이니 대체재가 없고, 모바일 게임은 대체재가 넘쳤기에 빨리 떼어낸 것은 좋은 결정이었지만, 여전히 내부에선 아쉬워합니다. 좋은 결정이지만 아쉬움이 남았습니다.

다시 말씀드리지만 2017년엔 우리에게 주어진 모든 기회를 놓치기 싫었어요. 그중에 잘된 것도 있고 잘못된 것도 있습니다. 조직을 하나로 만드는 데 계속 고생했습니다. PD 역할을 빨리 내려놓았기에 게임이 좌충우돌을 많이 하게 된 겁니다. Xbox 출시도 준비가 안 됐는데 밀어붙인 건 잘한 결정이었다고 생각합니다. 가장 크게 실패한 건 북미 조직 구축입니다. 내년에도 그 문제를 해결해야 하는 상황입니다."

"북미에서 게임 사업은 특히 어려운 것 같습니다."

"내부적으로도 반발이 많았어요. 핵심 퍼블리싱 지역이 미국이었으니까요. 한국에선 바로 옆에 개발팀이 있는데, 그 조직을 놔두고 미국 지사랑 이야기하라고 해서 반발이 많았습니다. 크게 실패했다고 보고 있습니다."

"어떻게 다르게 했으면 좋았겠어요? 교훈 같은 게 있나요? 돌아가서 다르게 할 수 있다면 무엇이 있을까요?"

"배운 것 중에 하나는 그렇게 빨리 해외 지사장을 뽑을 필요는 없다는 것이었습니다. 그런 고위급은 검증해서 올리는 게 맞는 것 같아요. 스펙이 좋은 인재를 영입한다고 해서 조직이 기대한 대로 작동하지 않았습니다. 고위급 인재 여러 명을 뽑아봤는데, 내보낸 사람만 3명입니다. 분명한 교훈을 얻어서 요즘엔 가급적 새로 뽑는 건 지양하고 있습니다. 잠깐 면접만 보고 그 사람이 잘할지 판단하는 건 맞지 않다는 걸 알았습니다.

2017년에는 지표가 올라갔고 2018년에는 내려갔어요. '이러면 망할까?'라는 질문을 많이 했습니다. 질문에 답하려고 사람을 뽑았어요. 다음 질문은 '안 뽑으면 망하나?'였죠. 망하지는 않을 것 같더군요. 급하게 뽑을 필요가 없다는 겁니다.

키는 결국 제작 능력이었습니다. 크리에이티브를 강화하는 게 답이었습니다. 그 외에는 안 뽑아도 망하지 않아요. 무슨 포지션이든 안 뽑아서 우리를 망하게 할 그런 자리는 없다는 게 제 결론입니다. 이미 기본적으로 돌아가는 조직이 있잖아요. '안 뽑아도 망하지 않는다'가 답이 됐습니다."

"같은 맥락에서 개발 쪽에서 뭔가 달리했다면 하는 점이 있나요?"

"개발은 어차피 사람 문제라서 잘 안되더라고요. 적합한 사람이 있어야 하는데 외부 영입도 쉽지 않았습니다. 결국은 내부에서 핵심 인재가 성장하는 게 최선인 상황입니다. 다른 대안이 없어요. 만약 있다면 확장을 하지 않고 제가 개입하는 정도를 늘리는 것이죠."

"현재 배틀그라운드 개발을 이끄는 장태석 PD처럼 앞으로를 위해 다른 사람을 키우고 계신가요?"

"지속 가능한 크리에이티브creative 창출 방법을 상반기 내내 고민했습니다. 기본적으로 크리에이티브와 제작producing으로 나눕니다. 제작이 성장할 수 있는 영역이라면 크리에이티브는 발견해야 하는 영역입니다. 누군가를 프로듀서로 키울 수 있고, 누군가는 그런 인력을 키우는 역할을 할 수 있습니다. 그런데 엄밀히 말하자면 내부와 외부에서 발굴한 프로젝트 중에 크리에이티브 역량을 담은 신작은 아직 없습니다. 크리에이티브를 지닌 사람들을 살리면서 나머지 부분을 회사에서 도와줘야 하는 겁니다. 크리에이티브 조직을 만들었는데 이걸 내년에 체계화해야 합니다."

"이건 체계화가 어렵잖아요."

"내부에서 그런 사람이 있으면 키워야 하고, 그 사람이 주니어일 때 뭐든 발견해야 합니다. 발견되면 기회를 조금씩 더 줘야죠. 크리에이티브에도 게임 크리에이티브, 마케팅 크리에이티브가 있고 여러 영역이 있는데…."

"넷플릭스 다큐멘터리를 보는데 크라이슬러사에서 주니어 때부터 키운 디자이너가 지금은 수석 자동차 디자이너가 된 이야기가 나오더군요. 그 사람은 회사에 대한 충성심도 강하더군요."

"그런 크리에이티브를 발견할 의도로, 누군가를 들여다보는 실무자가 있어야 합니다. 크리에이티브는 발견하는 것이지 키우는 것이 아닙니다."

"단기나 중기적으로 인력 역량을 어느 측면에서 강화하실 생각입니까? 채용이든 인수든, 인력 재배치든요."

"여전히 개발이 문제입니다. 크리에이티브가 제일 중요합니다. 이력이 출중한 사람은 많은데 실무를 잘하는 사람은 그리 많지 않아요. 어쨌든 PD는 키울 수 있다고 생각합니다."

"다른 각도에서 질문드릴게요. 지금 와서 보니 크래프톤과 좀 더 협력했더라면 시간을 벌 수 있었던 문제들이 보입니다. 대표적으로는 ERP(전사적 자원 관리), HR(인사 관리) 시스템, 복리후생 제도 등이 있겠습니다. 'CFO가 인력 수급의 투자 형태로 PUBG에 지원하지 못한 게 아쉽다'고 말씀하시기도 했는데, 그러면 크래프톤 투자실을 활용했다면 어땠을까요?"

"저는 다 반대로 생각하고 있는데요? 같이 해서 오히려 느려지는데, 왜 같이 하냐고 했습니다. 빨리해야죠. ERP를 구축하면서 기술본부 등 조직이 끼어들고, 일이 커질수록 느려지는 게 있습니다. 한편으론 한국 서비스를 출시할 때 실시간 협업을 기술본부와 하면 좋겠다는 의견이 있어서 전향적으로 같이 하자고 했습니다. 그런데 에어 게임을 먼저 해야 한다고 하셔서 협업하지 못했습니다.

개발 인력 파견은 했어야 합니다. 처음부터 계속 요구했습니다. 에픽게임즈만 해도 포트나이트가 흥행하자마자 다른 조직을 정리하고 그쪽으로 인력을 붙였습니다. 크래프톤은 그런 식으로 회사를 키우지 않았어요. 윗선의 지시로 이 팀이 저 팀으로 가서 일할 수 있는 회사가 아닙니다. 중국 회사인 텐센트도 되고 미국 회사인 에픽도 되는데 크래프톤은 그런 방식이 허용되지 않는 되게 민주적인 조직이에요. 그래서 사람이 안 왔습니다. 그런 방식이 성공하려면 복지나 연봉, 인센티브 시스템이 차별적으로 적용되어서 PUBG에서 기여하고 더 받아가는 구조가 되어야 하는데, 오히려 보상 수준이 비슷해졌습니다. 개발 프로젝트가 망하든 말든 계속 있어도 되는 것이죠.

크래프톤에서 PUBG로 넘어온 사람에게 물어봤어요. 사람들이 왜 PUBG에 지원하지 않느냐고. PUBG는 너무 빡세서 가기 싫다고 답합니다. 비슷한 대우를 받는데 왜 PUBG로 가느냐, 하는 문제가 있는 거죠. 쉽게 이동할 수 있는 시스템도 마련돼 있지 않고, 회사 사옥도 좋아졌는데 굳이 힘든 곳을 왜 가느냐는 겁니다.

PUBG엔 개발 인력이 제일 중요했는데 크래프톤은 조직적으로 인력을 보내지 못했어요. ERP도 HR도 같이 하면 업무 속도가 느려졌습니다. 제가 보기에 크래프톤에서 제일 크게 도와줄 수 있는 건 개발 인력입니다. 지금 보기에도 PUBG보다 좋습니다. 리더급이 아니라 미들급에서 훨씬 좋은 인력을 데리고 있습니다. 그런데 여기에 오지 않습니다. 가장 큰 지원이 될 수 있는 게 인력이었을 텐데, 처음부터 지금까지 그게 안 됩니다."

"이사회에 올라가는 문서입니다. 건의 사항이나 의견이 있나요?"

"이 일이 어렵다는 점을 알아주셨으면 합니다. 일이 어려운 이유는 계속 새로운 목표를 만들기 때문입니다. 배틀그라운드를 개발할 당시엔 100만 장을 팔면 만족할 거라고 생각했어요. 6,000만 장을 팔았는데도 아직도 일이 어렵잖아요. 목표를 달성하면 목표를 또 높이는 일이 반복됩니다. 항상 어려울 수밖에 없다는 걸 느낍니다."

"회사가 오래 살아남는 데 중점을 둬서 그런 거 아닐까요?"

"PUBG만을 두고 보면 그렇게 하는 게 맞습니다. 잘못한 일, 후

회하는 일이 있지만 어쩔 수 없습니다. 결국 망하느냐 나아가느냐의 문제로 봤을 때 크리에이티브 재생산에 방점이 있다고 생각합니다. 크리에이티브 재생산에 집중하고 싶은데 그렇게 못하는 일이 너무 많아요. 조직이 커지니 피곤한 일이 너무나 많습니다. 모든 일이 저에게 돌아와요."

"그러면 CEO의 일을 덜어줄 관리자를 더 많이 키워야 하지 않나요?"

"그래야 하는데…."

"디즈니도 결국 파고 보면 크리에이티브 창출이 제일 골머리를 앓게 하는 일이죠. 정말 어려운 일이구나 싶습니다."

"콘텐츠 기업의 숙명인 듯합니다. 제가 볼 때, 좀 낮게 표현하자면, 미국 콘텐츠 기업들이 IP 우려먹기에 능합니다. 잘 우려먹는 기술이 발달했습니다. 우리나라는 아직 그런 능력이 없어요. PUBG IP를 하나 얻었습니다. 이만한 IP를 다시 터뜨리는 건 매우 어려울 것 같아요. 하나 성공한 걸 어떻게 잘 키워서 오랫동안 비즈니스를 할 것이냐 하는 것을 미국 기업들은 잘 알고 있는 것 같습니다."

"그런 흥행 산업 리스크를 주주들이 도저히 감당하지 못하니 그렇게 만들어버렸죠. 소비자에겐 신선함이 줄어드는 것이고요. 디즈니를 보면 디즈니 만화를 본 아이가 크리에이티브에 대한 꿈을 갖고, 디즈니 창업자 아저씨가 세운 아트학교에 입학해 나중에 결국 다시 디즈니로 들어가 일하게 되는, 순환의 생태계가 있는 것 같습니다. 크리에이티브의 맥이 이어지는 것이죠."

"물론 저희도 해야 한다고 생각합니다. 그런데 크리에이티브를 아는 사람이 직접 뛰어들어서 진두지휘를 해야 합니다. 과연 한국에 그런 크리에이티브가 있는지 모르겠습니다. BTS도 마찬가지 아닐까요. 제작은 할 수 있고, 그걸 만드는 PD는 방시혁 씨죠. 하지만 안에 채워지는 온갖 콘텐츠는 대부분 미국 업체에 맡겨서 만들고 있습니다. 우리도 게임 개발자를 봤을 때 한국에 그런 크리에이티브가 존재하는지 의문을 품고 있습니다."

"우리나라 교육 시스템만 봐도 확률적으로 낮을 듯해요."

"한국 개발자들은 직업으로 개발자를 시작했잖아요. 열정이 있는 사람이 뛰어들어야 하는데 한국에 그런 개발자가 있는지 의문이 듭니다."

30시간

'회사 전체적으로 소통이 잘 안되고 체계 없이 일이 진행된다. 체계는 언제 갖출 것인가?' '봉건주의처럼 정치 세력 간 파벌 경쟁이 심하다' '리더십 수준에 맞는 전략과 방향을 원한다' '임원 교체를 할 수 있나?' '인적 쇄신 계획이 있는가?' '언더도그underdog 정신을 이야기하시는데 대표님과 리더들은 톱도그입니다. 보스가 아니라 리더가 돼주시면 좋겠고, 어떤 리더가 되고 싶으신지 이야기를 듣고 싶습니다.'

연말 PUBG 전사 행사인 '올핸즈 미팅'을 앞두고 직원들이 익명으로 CEO에게 쏟아낸 질문들이었다. 몇 달째 비슷한 유의 질문들이 창구를 채우고 있었다.

행사를 앞두고 김창한은 이 질문에 답하려고 30시간 이상을 쏟았다. 걸어가면서도 밥을 먹으면서도 계속 고민했다. 그러다 "의미 있게 답할 방법을 찾지 못하겠다"고 말했다. 질문에 답을 찾지 못했다는 것이 아니라, 그 시간이 가치 있게 느껴질 만큼의 답을 찾지 못하겠다는 것이었다.

올핸즈 미팅 질의응답 시간에 김창한의 답변은 전체 지사에 방송된다. 이후 녹화한 영상을 편집하고 통역을 붙이고 자막을 달아 모두가 볼 수 있게 했다. 이는 전체 직원이 그만큼의 시간을 쓰는 일이기도 했다. 그렇기 때문에 질문과 답변이 회사의 가치가 돼야 한다는 게 김창한의 생각이었다.

제기된 질문은 익명의 질문자가 익명의 조직 상황을 이야기하는 것들이었다. 자신이 속한 조직이나 리더십의 문제점을 질문 형식을 빌려 제기한 것이다. 질문은 대체로 조직에 대한 불만을 담고 있지만, 구체적인 맥락이 없어 답변하기 어려웠다. 어느 조직만의 현황인지, 혹은 개인적인 생각인지 파악하기란 불가능했다. 내용이 구체적이지 않아 실효성 있는 대안을 제시하기 어려웠고, 이것이 진짜 문제인지 파악하기도 쉽지 않았다. 이런 질문이 마치 전체 조직의 문제인 것처럼 착각하게 만들 수도 있었다. 문제를 확인할 길이 없기에 HR부서에 조직 진단을 정확하고 객관적으로 해달라고 이야기할 수밖에 없었다.

김창한은 올핸즈 미팅에서 질문들을 화면에 띄우고 "실명으로 구체적인 질문을 해주거나, 그게 어려우면 일대일 미팅을 신청해 면담하는 게 나을 것 같다"고 말했다.

"추상적인 질문이니까 대충 추상적으로 답변하고 넘어갈 수 있습니다. 정치인들이 주로 하는 방식이거든요? 하지만 저는 정치인이나 연예인은 아니잖아요. 심지어 누구한테 그럴듯한 답변을 작성하라고 시켜서 그것을 보고 읽으면 됩니다. 그런데 저는 그게 더 싫습니다.

제가 생각하는 핵심적인 질문은 시간을 어떻게 가치 있게 쓸 것인가 하는 것입니다. 시간은 우리에게 가장 한정적인 자원이기 때문입니다. 의미 없는 시간을 써가면서 여기에서 답을 하는 것이 더 싫다는 거죠.

이런 질문의 문제가 무엇이냐면, 왜 답하기가 어렵냐면, 이른바 '잘해야 본전'인 답변을 해야 하기 때문입니다. 대충 잘 대답하면 사람들이 '그래도 이 사람이 의견을 들었구나. 우리 조직이 건강하구나. CEO가 제대로 생각을 가지고 있구나' 하면서 희망과 기대를 가지게 되지만, 그건 실질적이지 않습니다.

더 중요한 건 시간을 잘 쓰는 것인데, 시간을 잘 쓸 수 없는 질문에 저의 답을 요구하고 있는 겁니다. 실질적으로 회사를 나아지게 할 수 없는 곳에 저의 시간을 30시간 이상 쓰게 만들었는데, 너무 답답한 게 그 30시간 동안 질문들이 제 머리를 채워버려 더 중요한 걸 생각할 시간을 잃었다는 겁니다.

만약 제가 PUBG 회사라면, CEO 김창한의 시간을 이렇게 비효율적으로 사용하게 할 것 같지 않습니다. 그 사람의 장점을 더 잘 활용할 방법이 있을 텐데요. 저를 쓰는 관점에서 봤을 때 좋은 방식이 아닌 것 같습니다. 그렇더라도 저는 회사를 대표하고 있으니까, 그리고 많은 사람이 제 생각을 직접 듣고 싶어 하니까, 더 나은 방법으로 답변할 수 있도록 고민했습니다."

질문에 대한 직접적인 답변을 하는 대신, 김창한은 '문제'와 '해결'에 대한 자신의 지론을 전했다. "조직과 일, 결과와 관련된 문제를 찾아내고 이를 해결하는 것은 매우 중요합니다. 그러나 진짜 문제가 있다고 무조건 해결해야 하는 건 아니라는 점입니다. 문제가 있으니까 해결하고 싶은 건지, 아니면 어떤 목표가 있는데 그 목표를 달성하기 위해 문제 해결이라는 방법을 사용하는 것인지 사람들이 헷갈리는 겁니다."

그가 보기에 사람들은 문제를 해결하는 패턴으로 세상을 산다. 심지어 자신을 포함한 특정 부류의 사람들은 문제를 발견하는 데 능하다. 문제를 보면, 문제를 해결해야 한다는 생각으로 곧장 연결된다. 그렇지 않아야 한다는 것이 김창한의 경험칙이었다.

문제가 없는 상황은 평생 없을 것이며, 과거에도, 현재에도, 미래에도 문제는 항상 존재한다. 문제를 없애겠다는 목표는 달성할 수 없다. 중요한 것은 다른 목표를 설정하고, 그 목표를 달성하기 위해 해결해야 하는 문제를 골라내는 것이다.

단순히 문제를 제기하는 것만으로는 충분하지 않다. 배틀그라운드를 개발할 때 매일같이 문제가 있었다. 기획, 프로그램, 아트, 사업 등 각 영역의 담당자들은 출시 막바지 순간까지 김창한을 찾아와 "지금 문제가 심각하다" "이 문제를 해결하지 않으면 우리는 망한다"라는 말을 확신에 차서 전했다.

그때 김창한이 할 수 있었던 답변 방식은 2가지였는데, 하나는 "너와 나는 생각이 다르지만 문제가 있는 것은 맞다. 하지만 지금 당장 해결할 수 없다. 그렇지만 이 문제를 해결하지 않아도 우리는 목표에 도달할 수 있다"는 것이었고, 다른 하나는 "망해도 괜찮다. 문제를 해결하지 못해서 망한다고? 알겠어. 감수할게"라는 것이었다. 심지어 어떤 문제는 놔뒀기 때문에 오히려 좋아진 것도 있었다.

"문제니까 문제라고 저에게 이야기하지 말아주셨으면 합니다. 왜 문제인가, 문제가 있느냐 없느냐, 많으냐 적으냐의 문제가 아닙니다. 진짜 문제를 말씀드리겠습니다.

작년과 올해를 비교했을 때 우리가 뭐가 더 나아졌는지, 또는 나아가야 할 방향과 그 방향으로 가기 위해 핵심적으로 해결해야 하는 문제가 무엇인지, 또는 우리가 설정한 미션과 핵심 가치를 내재화하기 위해 노력할 때 그 방향에 일치된 사람들이 많아지는지, 또는 그런 사람에게 능력과 권한이 주어지고 있는지가 문제입니다.

문제라는 것을 한 단계 더 들어가서 봐주세요. 과거와 현재, 미래를 통시적으로 봐달라고 말씀드리고 싶습니다. 문제를 제기하지 말라는 것이 아닙니다. 문제 해결이라는 건 매우 중요한 도구인데, 이걸 잘 사용하려면 '문제니까 해결해야죠'라는 말이 필요한 것이 아니라 한 단계 고민이 더 들어가서, 해결해야 하는 이유 같은 것이 필요하다는 겁니다.

　자꾸 문제라고 하면 온통 문제 있는 세상처럼 보이지만, 문제가 없는 세상은 없습니다. 각자 개인의 삶도 마찬가지 아닌가요? 올핸즈 미팅은 생각을 듣기 위한 도구이지 문제를 제기하는 도구로 적합하지 않습니다.”

　질문들의 기저에는 불만이 깔려 있었다. 무언가 만족스럽지 않다는 감각. 김창한 역시 평생을 비판적으로 살아왔다. 2019년 한 해를 돌아보다 ‘불만이 내 동인의 원천일 수 있겠다’고 생각할 정도였다. 세상과 그 안의 모든 것에 불만이 많았고, 특히 회사가 돌아가는 꼴이 불만이었다. 무엇보다 자기 자신에 대한 불만이 컸다. 왜 이렇게밖에 하지 못하지? 더 잘할 수 없나?

　불만을 없애는 방법은 2가지뿐이었다. 하나는 불만의 원천과 거리를 두고 담을 쌓는 것. 보지 않으면 불만이 생기지 않는다. 다른 하나는 불만을 만족스러운 상태로 바꾸어내는 것. 김창한은 불만을 만족으로 바꾸면서 계속 일했다. 그래도 새로운 불만이 자꾸만 생겼다. 배틀그라운드를 만들 때 100만 장을 팔면 만족할 줄 알았지만, 지금 6,500만 장을 팔아도 불만은 사라지지 않았다.

　“PUBG의 CEO로서 저 자신에게 불만이 많지만, 불만과 능력은 상대적인 개념이기 때문에 더 나은 대안이 없으면 제가 이 역할을 계속할 겁니다. 어쨌든 더 나은 대안이 없다면 하겠다는 것입니다.

　한 가지 말씀드릴 수 있는 것은, 제가 마주하는 이 세상은 매일이 처음이라는 점입니다. 제게도 답을 할 수 없는 문제가 많습니다. 처음 하는 것이니까요. 2017년에 계셨던 분들은 좀 더 공감할 텐데, 그때는 정말 매일이 새로운 세상 같았습니다. 그때는 매주 새로운 세상이 되었고, 지금은 한두 달이 지나면 새로운 세상이 됩니다. 저에게 새로운 상황이 닥치는 것이죠. 그만큼 시간이 그때보다 느리게 가고 있다는 것인데, 조직이 커지니 그럴 수밖에 없는 것 같습니다.

얼마 전에 어떤 부서에서 업무 메신저에 올 한 해 진행한 일을 올린 분이 계셨죠? 아마 그 조직은 최소한 매주 새로운 세상을 맞이했을 겁니다. 새로운 일을 끊임없이 맞닥뜨린 것이죠. 현재 복잡해진 PUBG 조직 안에서 다양한 세상이 있고 다양한 시간이 흐르고 있습니다.

정확히 2년 전 이맘때는 직원이 100명 정도였지만, 지금은 830명이 넘습니다. 새로 하는 일, 처음 다루는 일을 계속 직면하고 있습니다. 마주하는 일들도 뻔한 게 하나도 없습니다. 제가, 우리가 좌충우돌하고 있는 게 맞아요. 그러면서도 분명히 우리는 나아가고 있다고 판단하고 있습니다. 작년 이맘때와 지금을 비교해보시면 알 수 있을 겁니다.

이 좌충우돌의 상황을, 제삼자의 관점에서 바라보기만 한다면 그 사람은 조직 내 방관자가 됩니다. 그러나 함께 경험하고 함께 나아가는 입장에 선다면, 우리의 공통 경험이 되어 미래의 회사 아이덴티티의 근간이 될 것입니다. 저는 조직의 아이덴티티는 기본적으로 공통 경험에 기반하여 형성된다고 생각합니다. 새로 합류한 사람이 갑자기 늘어나 조직이 빠르게 커지면서, 그 공통 경험을 할 시간이 부족해졌습니다."

CEO는 언제든 바뀔 수 있다고 김창한은 알렸다.

"저는 여러분이 선출한 사람이 아니잖아요? 누군가가 저를 임명한 겁니다. 만약 사임하게 된다면 개인적으로는 실패감을 느끼겠지만, 반대로는 자유로움을 느낄 수도 있습니다. 사람이 무한정 성장할 수는 없기 때문입니다. 무능할 때까지 승진한다는 것이 피터의 법칙인데, 저 역시 어느 순간에 벽에 부딪히겠죠. 그런 경우 실패했지만 자유로워지고, 새로운 일을 하면서 다시 새롭게 일할 수 있지 않을까요?

어쨌든 저 역시 불만자로서 말씀드립니다. 불만을 주변에 공유하고 토로하는 건 분명히 정신적으로는 도움이 되지만, 실질적으로는 도움이 안 됩니다. 불만을 해결해야만 도움이 되기 때문이죠. 특히 조직에서 지나치게 불만을 많이 이야기하면 오히려 정신적인 해소를 넘어 해가 될 수도 있습니다."

'불만자' 김창한이 구성원들에게 나눈 자신만의 불만 처리 노하우는 '손을 댈 수 있는 것에만 집중하기'였다.

"개인적으로 제 손에서 멀리 떨어진 일에는 가능한 한 정신 소모를 하지 않으려고 합니다. 그 불만 속에 들어가고 싶지 않다는 겁니다. 실질적으로 나의 행동으로 바꿀 수 있는 것에만 자원을 집중하고 싶고, 그걸 해내며 영역을 넓히는 방법을 쓰고 싶습니다. 제 손을 떠난 일들과 되도록 담을 쌓고 싶습니다. 정신 에너지를 그 불만으로 넘기기 싫은 겁니다. 저는 그렇게 살기 위해 노력하고 있다고 말씀드립니다."

김창한의 불만과 별개로, 배틀그라운드는 2019년에 전년도와 비슷한 수준인 매출 1조 원을 달성했다. 배틀그라운드는 IP를 기준으로 2019년에 전 세계에서 가장 많이 플레이된 게임이자 가장 많은 매출을 올린 게임이었다. 2년 연속 이 정도 규모의 매출을 올린 게임 회사는 국내에서 찾아보기 힘들었다. 단일 IP를 기준으로 모바일까지 포함해 배틀그라운드는 2017년부터 2019년까지 누적 가입자 수 18억 명, 2019년 플레이 타임 703억 시간, 총매출액 3조 원을 기록했다. 이는 누적 가입자 수 2억 명의 리그 오브 레전드와 3억 명의 포트나이트를 압도하는 성과였다.

김창한은 "이런 IP를 소유하고 있다는 것만으로도 우리는 충분히 자부심을 가져도 된다"고 말했다. "앞으로 더 성장할 기회도 마련될 것입니다. 물론 이것은 우리가 앞으로 어떻게 하느냐에 달려 있지만, 여전히 배틀그라운드를 가지고 있다는 것이 우리의 자부심이자 기회라고 생각합니다."

콘텐츠가 왕이다Contents is King.

배틀그라운드의 시작부터 김창한이 강조했던 핵심 가치는 현실이 돼 있었다. 콘텐츠가 플랫폼보다 더 강력한 힘을 발휘하는 세상이 도래했다. 게임을 포함한 모든 콘텐츠의 영향력이 점점 더 커지고 있었다. 배틀그라운드를 시작으로 게임은 국가와 플랫폼의 경계를 허물어뜨렸다. 한국의 소규모 팀이 스팀에 배틀그라운드를 출시해 글로벌 센세이션을 일으켰고, 포트나이트는 스팀이 아니라 자체 플랫폼으로 큰 성공을 거뒀다. 에이펙스 레전드 역시 외부 플랫폼의 도움 없이 오직 콘텐츠만으로 흥행에 성공했다.

한때 공고해 보였던 지역 퍼블리셔와 기성 플랫폼의 영향력은 약화됐다. 이는 콘텐츠 제작사에 더없이 반가운 변화였다. 예전에는 게임이 성공하면 스스로 퍼블리셔나 플랫폼이 되려고 했지만, 이제는 오직 콘텐츠 개발에만 집중하면 되는 세상이 된 것이다.

콘텐츠 제작사로서 어떤 역량을 가지고 무엇에 집중해야 할지가 더욱 분명해졌다. 제품과 고객만이 본질이 됐다. 퍼블리싱의 기능적 역할과 경쟁력이 사라진 상황에서, 콘텐츠 자체에 직간접적으로 영향을 줄 수 있는 일에 전력을 다해야 했다. 제작에 도움이 되는 일을 고민하면서 지역 시장에 대한 인사이트를 확장하는 노력이 필요했다. 고객의 필요를 파악하고, 더 나아가서 고객의 삶을 구성하는 환경을 깊이 이해하는 것이 중요해졌다.

김창한은 종종 농담처럼 "장병규는 주인이고, 나는 그의 가장 큰 땅을 담당하는 마름"이라는 말을 하곤 했다. 가끔 티격태격하거나 때로 날카롭게 대립하면서도, 김창한은 장병규가 크래프톤의 최대 주주라는 사실을 한순간도 잊지 않았다.

장병규는 의식하지 않는 듯 보였지만, 김창한은 PUBG 대표가 된 이후 한 달에 한 번은 꼭 장병규를 만났다. 크래프톤의 100퍼센트 자회사인 PUBG에서 일하고 있는 만큼, 원만한 관계를 유지하고 서로의 생각을 조율하기 위해서였다. 두 사람은 주로 장병규가 좋아하는 생태탕집에서 저녁을 먹고, 자리를 옮겨 자정 무렵까지 술을 마시며 대화를 나눴다.

2020 ——————

허들 삭제

: 베스트 시나리오와 워스트 시나리오 사이

KRAFTON

2020년 1월

——

크래프톤 전체 직원: 1,930명
PUBG 직원: 898명

——

정답처럼 보이는 일을 실제로 실행에
옮기고 성과를 내는 것은 바위에 씨앗을
심는 일이었다. 풍성한 콘텐츠를 만들고,
정기적으로 업데이트하며,
고객에게 제대로 전달하면
게임이 좋아진다.

——

1980년대 한국

크리스마스부터 이어진 신정 연휴를 보내고 새해 업무를 시작한 김창한이 장병규를 찾았다. 업무와 일상 이야기를 나누다 "약간의 깨달음이 왔다"며 운을 떼었다. "의장님을 이해하게 된 것 같다"고 했다.

연휴 동안 문득 장병규라는 인간을 떠올리며 그의 행동을 곱씹었다. 감정이 좋지만은 않았다. 때로 갈등하고 불화했지만, 장병규가 자신보다 더 많은 짐을 지고 있다는 생각이 들었다. 책임져야 할 것이 많은 사람. 그런 사람이기에 종종 자신이 이해할 수 없는 행동을 했을 것이다. "의장님은 아버지의 길을 가는 사람입니다. 근데요, 저는 그 길을 갈 생각이 없어요."

김창한은 장병규에게 그리스 신화 속 오이디푸스왕 이야기를 꺼냈다. 오이디푸스는 아버지가 되기 위해 아버지를 살해했다. 김창한이 아버지가 되고자 했다면, 장병규를 죽일 수는 없으니 곁을 떠났을 것이다. 실제로 많은 회사가 '아버지' 자리를 두고 반목하고 분열하는 비극을 되풀이했다.

김창한은 그런 생각을 품지 않았다. 아버지의 넓고 무거운 책임까지 짊어지려고 하지 않는 인간을 제 안에서 발견했기 때문이다. 크래프톤이든 PUBG든 내 회사여야 한다는 생각을 품지 않았다. 김창한은 어쩌면 죽음이 아니라 공존이라는 타협점이 생겼을지도 모른다고 생각했다. 김창한이 던진 화두에 장병규는 무슨 말인지 이해하지 못하겠다는 표정을 지으며 별다른 관심을 보이지 않았다.

김창한은 신년 PUBG 발표에서 '제품product 중심 체제로의 전환'을 선언했다. 글로벌 단위의 개발과 서비스를 조율하기 위해 도입했던 센트럴 체제의 실패를 인정하고, 다시금 개발이 전체를 주도하는 방식에 힘을 실었다. 배틀그라운드 EPD 장태석이 독자적인 관리 권한을 가지고 개발부터 퍼블리싱까지 모든 과정을 관장하는 체제가 도입됐다. 2020년의 최종 목표는 '전 세계 게이머들을 즐겁게 하는 콘텐츠를 지속적으로 생산할 수 있는 시스템' 만들기였다.

배틀그라운드는 사실상 김창한이 아니라 장태석이 움직이는 서비스가 됐다. 제품 책임자로서 장태석은 2020년 목표로 '신뢰할 수 있는 라이브 서비스와 허황되지 않은 도전을 통한 win-back(다시 승리, 수복)'을 제시했다. '신뢰할 수 있는 라이브 서비스'의 핵심은 흔들림 없이 시즌, 월간, 주간 업데이트를 해내는 것이었다. 꾸준하고 정기적인 업데이트로 배틀그라운드가 지속적으로 관리되는 서비스임을 유저들에게 각인시키고자 했다. '허황되지 않은 도전'의 핵심은 배틀그라운드 플레이 경험을 확장하고 유료 콘텐츠를 늘리는 것이었다. 새로운 탈것인 기차처럼 이동과 전투에 변화를 주는 메커니즘을 도입하고, 신규 맵과 총기, 여러 기능을 추가하면서 눈에 보이는 외형적인 모습을 세련되게 다듬기로 했다. 배틀그라운드에서만 느낄 수 있는 게임 경험을 더욱 뾰족하게 만들고 새로운 경험을 늘리려는 시도였다.

장태석은 자신이 그리는 2020년 말의 배틀그라운드 모습을 구성원에게 전했다. "트래픽 하락으로 인해 서비스가 불가능해지는 지역이 더는 생기지 않았으면 하고, 주요 거점 지역에서 존재감을 유지하며 안정적으로 글로벌 서비스를 지속하는 게임이 되었으면 좋겠습니다."

2020년 2월, PUBG 네덜란드 암스테르담 지부에서 근무하던 김상균은 2년간의 근무를 마치고 서울 본사로 복귀했다. 그는 아웃게임 엔지니어 조직을 맡았다.

게이머가 실제로 플레이를 하는 공간은 인게임in-game, 그 밖의 콘텐츠 요소로서 로비나 상점 같은 공간은 아웃게임out-game으로 불린다. 배틀그라운드 역시 아웃게임과 인게임을 구분하고 있었다. 비행기에 탑승해 낙하산을 펼쳐 지면에 내린 뒤 총기를 집어 생존 혈투를 벌이는 콘텐츠는 게임 속in 게임에 해당한다. 이를 위해 함께 게임할 팀원을 초대하거나 팀을 구성하는 로비 공간, 게임에 필요한 의류와 무기 아이템을 구매하는 상점 콘텐츠는 게임 바깥out의 게임으로 분류된다.

게임의 안과 밖 어느 것 하나 중요하지 않은 게 없었다. 인게임은 배틀그라운드의 게임성 그 자체였기에 인게임의 업데이트를 게을리하지 않았다. 마찬가지로 아웃게임 역시 유저들이 언제나 게임에 접속하고 싶도록 만들어야 했으므로 아웃게임만의 재미를 더하고자 했다. 매치를 빠르게 시작할 수 있도록 지원하고, 다른 게이머들과 실시간으로 소통할 수 있는 소셜 기능을 추가했으며, 플레이 기록과 성장 데이터를 확인할 수 있는 기능도 제공했다. 특히 신규 무기, 탈것, 의상 아이템은 게이머들이 구매하고 싶어 하는 유료 콘텐츠로서 추가 매출을 올릴 수 있는 좋은 수단이었다.

귀국 후 몇 개월이 지나고 아웃게임 유료화 조직의 자리가 공석이 되자, 김상균이 장태석을 찾았다. "아웃게임은 내가 할게." 배틀그라운드에 데면데면하게 굴던 김상균은 자진해서 아웃게임 개발을 하겠다고 손을 들었고, 장태석은 그런 김상균이 고마웠다. 비록 김상균 입에서 '돕겠다'는 말은 단 한 번도 나오지 않았지만, 장태석의 귀에는 그렇게 들렸다.

김상균은 아웃게임PD를 맡아 인게임 바깥에서 벌어지는 아웃게임 경험을 총괄했다. 배틀그라운드의 유료 아이템들은 그의 손을 거치며 참신하게 제작되었고 정교하게 진화했다. 성장형 무기나 유명 브랜드와 협업한 차량처럼 팬들의 눈길을 끌 만한 아이템을 발굴해 가격표를 붙였고, 기존 아이템을 조합해 새로운 아이템을 만들 수 있는 시스템도 고안했다. 일반 게이머뿐 아니라 게임 방송자들을 위한 특별 아이템도 선보이면서, 배틀그라운드의 상품 구성은 이전과 비교할 수 없을 만큼 다양해졌다.

PUBG에선 이를 '유료화'라고 이름 붙이는 대신 '프리미엄 콘텐츠'라고 불렀다. '어떻게 돈을 벌 것인가'라는 관점이 아니라

'이 자체가 고객에게 콘텐츠가 될 수 있는 것인가'라는 관점에서 고민해야 한다는 의도를 담았다.

월드PD를 맡던 김태현은 인게임PD로 자리를 옮겼다. 월드 제작을 총괄하며 그는 번아웃에 시달렸다. 극심한 무기력증과 지루함에 종종 일을 손에서 놓았다. 정신적 탈진은 단순히 과도한 업무량 때문만은 아니었다. '이게 다 무슨 의미일까?'라는 물음이 싹트는 순간 무기력증은 악성 부채를 추징하는 대부업자처럼 방문을 차고 들어왔다. '이런 일이 내게 무슨 의미지?' '이 맵을 왜 내가 만들어야 하지?' '나는 왜 이렇게 일해야 하지?'와 같은 질문이 떠오를 때마다 염증은 더욱 깊어졌다.

배틀그라운드의 첫 맵 에란겔을 만들 때 느꼈던 즐거움이 더욱 강렬하게 그리워졌다. 파트장, 팀장, 유닛장으로 자리가 올라갈수록 맵 제작의 실무에서 멀어졌다. 김태현은 게임을 직접 만드는 일, 그러니까 구체적으로 세계를 표현하는 일을 사랑했다. 승진은 그에게 먼발치에서 개발을 바라봐야 한다는 걸 의미했다. 직급이 오르고 일의 성격이 바뀌면서 손보다는 입과 머리로 일을 하게 됐다. 팀원들에게 일을 주문했지만 의도대로 따라주지 않아 답답함을 느꼈다.

PD직을 수락한 이유는 순전히 배틀그라운드에 대한 애정 때문이었다. 남이 배틀그라운드를 망치는 꼴을 보고 싶지 않았다. 어차피 망할 것이라면 내 손에서 망하는 게 낫겠다는 심정이었다. 처음 게임업계에 입문했을 때 세운 목표는 '누구나 아는 게임을 만들자'는 것이었다. 그 목표는 이뤘지만 다음 목표가 없었다. 무엇을 위해 계속 달려야 하는지에 대한 물음표가 커질수록 체증기는 심해졌다. '다 모르겠고, 그냥 나 하고 싶은 대로 해보자.' 이독제독, 마음의 허기를 독기로 물리치기로 했다. 일로 생긴 상처를 일로 치유하기로 작정했다.

김태현은 에란겔을 시작으로 미라마, 사녹, 비켄디, 카라킨, 파라모까지 여러 맵을 개발하면서 새로운 월드에서 플레이 경험이 달라지도록 의도했다. 맵 크기와 전투 환경, 참여 플레이어 수에 변화를 주면서 유저는 새로운 경험을 할 수 있었다. 돌아보면 월드 변화로 유저들에게서 고무적인 반응을 얻은 경우는 사녹까지였다.

특히 에란겔과 미라마는 같은 크기의 8제곱킬로미터 맵이었지만 명확히 다른 경험을 선사했다. 에란겔에선 느린 텐션으로 여유롭고 안정적인 전투를 벌일 수 있었고, 미라마는 지형이 복잡하고 엄폐물이 적어 더 하드코어한 게임 플레이를 할 수 있었다. 사녹은 빠른 전투를 할 수 있도록 가로와 세로 각각 4킬로미터의 작은 크기로 제작했다. 비켄디부터 6킬로미터의 크기로 새로운 시도를 해봤다. 비켄디는 아트 품질도 뛰어났으나 거시적인 경험 면에서는 앞선 맵들과 큰 차이가 없었다.

비주얼만 바뀐 신규 월드는 유저들에게 좋은 첫인상을 안겨주지만, 큰 흐름에서 플레이 경험이 동일하다 보니 유저의 반응이 오래가지 못했다. 월드 개발 방향의 변화가 필요한 시점이 된 것이다. 배틀그라운드의 힘은 다른 배틀로열 게임과 다르게 거대하고 다양한 월드에서 여러 갈래의 스토리가 만들어진다는 것이었다. 큰 전장에서 기존 월드에서 느꼈던 전투의 감성을 되살리고, 배틀그라운드에서만 느낄 수 있는 다양한 스토리와 서바이벌의 재미를 다시 찾아야 했다. 김태현은 새로운 아이템과 규칙을 적용한 신규 맵을 제작하겠다고 선언하며 3가지 키워드를 꼽았다. '8킬로미터×8킬로미터 월드' '느린 속도slow-paced' '새로운 액션new actions.' 한국을 배경으로 한 맵을 제대로 표현해 만들고 싶다는 욕망이 끓어올랐다.

PUBG가 한국 회사이고 한국 게임인데 왜 한국 맵이 없을까? 한국인 개발자로서 이렇게 성공한 한국 게임에 한국 맵이 없다는 것이 언제나 불만이었다. 지금껏 나온 총싸움 게임 중에서도 한국 맵을 제대로 구현한 사례는 없었다. 마침 보이그룹 BTS가 전 세계에서 인기를 얻으면서 글로벌 시장에서 한국에 대한 관심이 높아지고 있었다. 한국 맵을 제대로 출시해 유저들의 흥미를 끌기에 최적의 시기였다.

한국 맵을 만들고 싶다고 고집을 부려 장태석에게서 맵 제작 승인을 얻어냈다. 배경은 1980년대 대한민국의 가상 도시였다. 조선소, 초등학교, 시골 마을 등 1980년대 한국을 가장 잘 표현할 수 있는 요소들로 콘셉트 아트를 그렸다. 빌딩이 가득한 대도시보다는 발전하려고 하는 한국의 모습을 담아내고자 애썼다. 김태현은 새롭게 창조하는 이 세계를 '태이고'라고 명명했다.

장태석은 인게임과 아웃게임을 김태현과 김상균에게 각각 위임했다. 자신보다 역할을 더 잘할 수 있는 사람에게 고민과 실행의 몫을 넘겼다. 장태석은 그러고선 게임을 서비스로game as service 바라보는 관점에서 고민을 이어나갔다.

그의 눈에 비친 PUBG의 강점이자 배틀그라운드가 탄생한 결정적인 이유는 다양성diversity에 있었다. 여러 국적과 경험을 가진 구성원들이 제출한, 꼭 정답이 아닐 수 있는 답안들을 게임에 녹여냈을 때야말로 정의하기 힘든 결과물이 만들어졌다. 그것은 기발하고 참신했으며 무엇보다 용감했다.

폴란드 출신 개발자들로 암스테르담 지사에서 일하는 파벨과 마렉은 실제 군사 훈련을 받으며 사격을 즐길 정도로 총기에 미쳐 있는 인간들이었다. 이 진지한 외골수들은 타협 없이 극도로 사실적인 건플레이gun play를 배틀그라운드에 구현했다. 브렌던 그린이 주장했던 두루뭉술한 세계는 장태석과 김태현이 구체화했다.

배틀그라운드는 결코 하나의 크리에이터가 독자적인 비전을 가지고 완성한 작품이 아니었다. 각양각색의 인간들이 남긴 쓰레기와 보석, 플라스틱과 쇠붙이, 때와 땀이 눌어붙은 혼종混種이었다. 협업의 결과로 탄생한 이 기묘한 게임을 많은 사람이 사랑해 줬다. 묘하다고 해서 불분명한 것은 아니었다. 단지 묘한 지점이 있었을 뿐이다. 사람들은 "이상한 게임인데 매력이 있다"고 말했다. 거칠고 날것처럼 보이는 게임 안에서 각 요소가 명확하게 주장하는 바가 있었다.

장태석이 보기에 한국인 개발자들은 미국 매디슨, 중국 상하이, 네덜란드 암스테르담 지사 등에서 출산하는 이 모호한 산출물들을 다루기 어려워했다. 정답과 방향이 없는 데다 상식도 달랐기 때문이다.

암스테르담 개발자들은 게임의 감각적인 정서를 정확하게 파악하고 있었지만 납기 약속을 지키지 못했다. 서울의 개발자들 눈에 비친 암스테르담 개발자들은 도무지 신뢰하지 못할 인간들이었다. 크리에이티브creative(창의성)는 뛰어나지만 프로덕션production(제작)을 잘하는 팀이 아닌 것이다.

그런데 이들은 새롭게 총기를 제작하는 작업에 돌입하면, 그 총기가 게임에 어떤 영향을 미칠지를 본능적으로 헤아렸다. 총기를 활용한 플레이가 수천 판 반복됐을 때 유저에게 어떤 경험을 줘야 하는지를 차량이나 지형지물, 근거리 및 장거리 전투 같은 기존 요소를 모두 고려해 명확히 파악하고 있었다. 이들의 문제는 그저 정해진 시간 안에 결과물을 완성해 납품하지 못하는 것이었다.

반면 한국 개발자들은 전통적으로 프로덕션을 잘했다. 주어진 개발 시기별로 어떤 콘텐츠를 누가 어떻게 만들어야 하는지 머릿속에 선명하게 그렸다.

장태석은 글로벌 제작 협업의 중간에서 재판관이 아니라 균형추 역할을 했다. 한쪽 팀의 손을 들어줘야 하거나 결정을 내릴 때에도 일방적으로 편을 들기보다는 대화를 했다. 개발자들은 머리로는 이해하면서도 가슴으로는 수긍하지 못했다.

다양성을 수호하는 장태석만의 방법은, 그저 잘 듣는 것이었다. 각 개발팀이 무슨 이야기를 하려는지 잘 들어주는 게 그의 일이었다. 무엇을 만들고자 하는지 이해하고, 그것을 실행할 수 있는 방법을 제시해주는 게 EPD의 역할이었다. 사안에 따라 이쪽 말이나 저쪽 말에 힘을 실어 합의를 끌어냈다.

장태석의 지론은 "신뢰가 있으면 연결할 수 있다"는 것이었다. 땜질과 풀칠로 글로벌 협업을 이어갔다. 장태석은 PUBG의 다양성을 제대로 조성할 수 있는 사람은 자신뿐이라고 여겼다. EPD가 없다면 암스테르담, 매디슨, 서울은 그저 다른 조직에 불과했다. 서로 함께 일할 이유가 없는 조직이 된다면 PUBG는 더는 PUBG가 아니었다.

9명의 평가

크래프톤 이사회 의장 장병규의 손에 A4용지 묶음이 들렸다. 크래프톤과 PUBG 주요 경영진 9명에 대한 평가 보고서 요약본이었다. 1인당 1페이지씩이었고, 맡은 역할에 대한 주요 성과와 기여, 주요 이슈와 이에 대한 소명, TF의 잠정 결론과 총론이 담겨 있었다. 점수는 매겨지지 않았다.

보고서 앞머리에는 CEO 김효섭에 대한 평가가 있었다. 주요 성과로 실무진을 보강해 재무 프로세스, PR, 브랜드 성장 작업의 실행력을 개선했다는 점이 언급됐다. 크래프톤이 추구하는 연합의 방향에 대해 주요 주주의 이해와 합의를 끌어낸 점도 높은 평가를 받았다.

그러나 회사 체질을 개선하기 위해 시간이 필요하다는 점을 고려하더라도, 주요 경영 과제를 해결하기 위해 속도를 내는 데 큰 기대를 하기 어렵다는 의견이 적혔다. 게임 산업의 근본적인 난제이긴 하지만, 회사의 미래 전망에 가장 큰 영향을 미치는 제작 라인을 개선하는 일에 대해서도 기대하기 어렵다고 기술됐다.

"2019년 사업 계획에서 달성하고자 했던 '우수한 개발 인재를 유인할 수 있는 선순환 고리'의 목표 수준과 상당한 격차가 있는 것으로 판단되며, 그간 부여된 시간과 인력, 비용을 고려할 때 국내외 주요 경쟁사들의 수준에 비해 높지 않은 것으로 판단됨." TF가 김효섭에게 내린 총론이었다. "CEO는 자신에게 업무를 보고하는 책임자들의 미흡한 성과나 속도를 인정하면서도 경영팀과 함께 내년을 기대해볼 만하다는 입장이지만, 그간 성과를 따져본 TF는 '내년은 잘될 것이다'라는 판단에 상당한 위험이 있으며, 그간 대응도 부족했다고 판단함."

김효섭의 경영팀원도 각자의 평가표를 받았다. 만족스럽지 못한 평가가 대부분이었다. 보고서에 따르면 투자본부장은 글로벌 인적 네트워크를 강화하고 제작관리 체계를 개선했지만, 막대한 투자 금액과 회사의 향후 성장 가능성을 고려하면 몇 차례 미숙함을 보였기에 잠재적 위험 요소가 있다고 판단됐다. "인수했던 해외 개발사와의 소통 실수, 외부 스튜디오 검토 및 평가 현황 사전 공유 부족, 내부 스튜디오 평가에 소극적인 점 등으로 판단할 때 사안의 막대한 중요성 대비 사전 대응이나 치밀한 준비가 부족하다고 판단함."

경영지원본부장은 낙후된 회계 관행을 개선하고 국정 감사와 세무 조사를 받으며 위험 상황을 관리했지만, 회사가 표방하는 '개발에 몰입할 수 있는 환경'을 조성하는 주요 책임자로서 비전 설정과 실행 양면에서 한계를 보였다는 평가를 받았다. "정책과 단기 실행만을 강조한 점은 회사의 방향을 고려할 때 리더로서 후한 평가를 받기 어렵다고 판단됨. 핵심 임무인 지원 체계가 아직 개선의 여지가 많다는 점이 확인되었으며, 개선을 주도하려는 의지 또한 소극적임. 정책과 프로세스를 정비하는 방향에 대해 경영진 합의를 이끌기보다 경영진 전체의 책임을 강조하며 관련 책임자로서 한계를 보임."

HR본부장은 평가 체계를 개선하고 52시간제, 리부트셀, 인원 증가 등 여러 문제에 대응했지만, 구성원들이 체감할 수 있게 HR 업무를 질적으로 개선하지 못했다는 의견을 얻었다. "중장기적으로 회사에 영향을 많이 미치는 과제를 맡아 성과 창출이 더뎠지만, 이에 대한 피평가자의 위기 의식은 높지 않았던 것으로 판단되며, 결과적으로 취임 2년 차가 지난 시점에 회사의 HR 체계는 미흡한 상태에 머물러 있음. 회사에 적합한 인사 철학과 HR 제도에 대한 준비 수준도 취약한 것으로 판단됨."

기술본부장은 판교와 서초 사무실을 통합하는 업무망을 구축하고 협업 도구를 도입하는 등 IT 인프라 체계를 개선했지만, 사내 정보 시스템 프로젝트를 관리하고 성과를 내는 데 한계를 보였다는 지적을 받았다. "사내 비개발 조직 중 가장 많은 인원을 보유했으나, 이들 인력의 역할과 기여도에 대해 의문이 제기되고 있으며, 증가하는 기술 분야의 복잡성을 관리하고 중장기 관점에서 회사의 기술 경쟁력을 고도화하는 역할에 한계를 보임."

　"괄목할 만한 각종 게임 지표 달성. 짧은 기간에 수많은 서비스, 인사, 인력 부족, 경쟁 문제를 치열하게 대응하고 조직 안정화 달성. 성공에 안주하지 않고 지속적인 도전을 이끌고 있으며, 이를 통해 타 개발자들에게 귀감이 됨." 이것은 평가 보고서에 언급된 김창한의 주요 성과였다. 지난 3년간 김창한의 주요 의사 결정에 대해 "크게 성공했지만 배틀그라운드 PC 버전의 지표가 지속적으로 하락세인 점은 아쉬운 대목이며, 개발력을 강화하고 콘텐츠 공급 사이클을 단축해 지표 하락을 방지할 체질을 만드는 데 우선순위가 필요했다는 교훈에 동의"한다는 의견이 제출됐다.

　크래프톤과의 협력 기회를 활용하지 않았다는 지적에 대해 평가위원들은 "PUBG 성공에 크래프톤 지원 조직이 기여할 부분이 미미하다는 피평가자의 시각 재확인"이라고 적었다. "아쉬운 점이 있지만, 그간의 서비스 지표와 조직 성장의 성과를 고려할 때 종합 평가는 압도적으로 긍정적임. 게이머 경험→개발→사업→지원 순으로 조직의 우선순위가 정렬되어 있다는 점에서 PUBG는 이미 드러난 정량적인 성과 외에도 크래프톤에 비해 게임을 더 잘 성공시키고 서비스할 수 있는 문화를 정착시켰다는 인상을 받음."

　PUBG 부대표 조웅희는 PUBG 핵심 구성원이자 사업 책임자로서 게임업계 최고 수준의 성과를 달성하는 데 이바지했으며, 사업 조직이 각 시장에서 성공 공식을 찾는 데 적극적으로 기여했

다는 평가를 받았다. PUBG CFO에 대해선 급격한 성장 시기 동
안 미비했던 재무, 회계, 결산 체계를 정비하며 성장을 뒷받침했
고 빠른 시간 내 안정화를 달성했다고 평했다.

장병규와 김효섭은 경영 평가 보고서를 두고 협의를 이어갔다.
"평가 과정을 통해 지난 2년간을 객관적으로 돌아보게 됐습니
다. 선의 혹은 잘될 것이라는 믿음을 가지고 일했지만 경험 부족
으로 인해 미숙한 의사 결정과 소극적인 실행이 많았다는 걸 확
인할 수 있었습니다." 김효섭은 장병규에게 경영진의 퇴진을 알리
는 이메일을 보냈다. 해임이든 사임이든 마무리 모양에 상관없이
경영팀에서 빠지기로 결정했다. 경영지원본부장과 HR본부장 또
한 성과 부진의 책임을 지고 물러나기로 했다고 전했다.

"문제의 원인이 개인의 역량과 성향에서 비롯한 것이라 빠른 시
간에 변화하기 어렵다고 생각합니다. 더구나 성향에 관한 한, 변화
자체를 스스로 매우 괴로운 일이라 생각하고 있습니다. 변화 의지
가 매우 낮아 개선을 기대하기 어렵다고 판단했습니다. 2020년 변
화하는 환경에 맞는 적합한 CEO로 더 늦기 전에 교체하는 것이
낫겠다고 판단합니다. 다만 투자와 재무 업무는 연속성이 필요한
일이라 조정 없이 유지되길 희망합니다. 그 외 경영팀의 퇴진은
실무 책임자 역할을 유지한다면 큰 문제는 없을 걸로 보입니다."

CEO 임기 3년을 채우기까지 6개월이 남아 있었다. 장병규는
신년 이사회에서 김효섭 CEO의 퇴임 결정을 알렸다.

"지난 이사회 때 '크래프톤의 지속 가능한 성장을 고민할 때가

됐다'는 말씀을 드렸습니다. 이후 제가 중심이 되어 경영 평가 업무를 진행했습니다. 평가 과정에서 2020년부터 저희가 단기 혹은 중기에 IPO를 하는 준비를 하겠다고 말씀드린 바 있습니다. 그러면 과연 조직을 어떻게 해야 하느냐, 그리고 아예 첫 질문부터 'CEO는 계속 연임해야 되는가'라는 고민을 했습니다.

　김효섭 대표께서 CEO를 맡은 지 2년 반 정도 됐습니다. PUBG가 큰 성공을 거둔 이후 조직은 지난 2년 반 동안 급성장했습니다. 큰 과오 없이 안정적으로 조직을 이끌어오신 건 사실인 것 같습니다. 그리고 이런 CEO의 연임을 할 것인가 말 것인가, 혹은 새로운 CEO를 어떻게 찾을 것인가, 하는 논의도 저와 대표가 꾸준히 진행했습니다. 지금 크래프톤에겐 안정보다는 성장이 매우 중요하다는 결론에 도달하게 됐습니다. 그래서 김효섭 대표께선 연임하지 않는 것으로 결정했습니다."

　장병규는 차기 CEO 후보로 김창한을 호명했다.

　"신임 CEO로 김창한 신임 대표를 선임하는 방안에 대해 다른 이사님들의 의견을 구하고자 합니다. 경영 평가를 진행하면서 다른 한편으로는 성공적인 CEO 업무와 지원 방안이 무엇일지 내부적으로 스터디했습니다.

　저희가 공부해보니 CEO의 부족한 역량과 경험을 보완할 수 있는 경영팀을 구성하는 것을 이사회가 지원해야 했습니다. 김효섭 대표께서 경영팀을 구성할 때 저나 이사회가 지원하지 못했습니다. 그렇기에 어떻게 보면 김효섭 대표를 도와드리지 못했다는 생각을 개인적으로 갖고 있습니다. 경영진 구성에 이사회가 적극적으로 참여해야 한다는 가장 중요한 교훈을 얻었습니다.

크래프톤 신임 CEO는 말씀드렸다시피 회사를 안정보다는 성장 관점에서 바라봐야 합니다. 크래프톤은 결국 게임 제작 서비스 회사이기에, 제작에 좀 더 강점이 있어야 하지 않나 생각하게 됐습니다. 김창한 대표야 여기 계신 분들이 모두 잘 아시다시피 PUBG를 직접 만든 장본인입니다. 지난 2년 반 동안 글로벌 서비스를 진두지휘했습니다. 물론 모두 잘된 건 아닙니다. 잘못된 부분도 있고 PC 게임 성과에서는 미진한 부분도 있습니다. 그래도 이 정도의 성과를 낸 사업이 없기 때문에 적임자일 수 있다고 생각합니다."

"아직 김창한 CEO가 지정된 건 아닌 거죠?"

"그렇습니다. 첫째로 CEO 인선이 우선되어야 한다는 겁니다. 둘째로 CEO 인선에 맞춰 경영팀 구성을 이사회가 적극적으로 지원해야 한다는 겁니다. 만약에 김창한 PUBG 대표를 크래프톤 CEO로 선임하는 결정을 하게 된다면, 김창한 대표의 제작 전문성에 대해선 의심할 여지가 없기 때문에 제작과 관련된 경영팀 보강은 필요 없을 것으로 생각합니다.

다만 전략을 담당하는 경영 인원이 더 필요할 수 있습니다. 그건 김창한 대표가 해보지 않은 영역이기 때문이죠. 상호 보완적인 관계에서 경영팀 보강은 기본적으로 필요할 것 같습니다. 일단 CEO 선임을 하고 나중에 경영팀을 보강하는 게 맞는 순서일 것 같습니다.

사족이지만 김효섭 대표 체계에서 그것을 저희가 제대로 하지 못했습니다. 그렇기에 어떻게 보면 이사회가 김효섭 대표를 도와주지 못한 것 아닌가 합니다."

사외이사로 출석한 김강석 전 블루홀 대표에게 장병규가 물었다. "많은 과정을 보셨을 텐데요. CEO도 하셨고, 김효섭 대표가 고생하시는 모습도 옆에서 지켜보셨을 텐데, 어떠세요?"

"김창한 대표는 물론 좋은 캐릭터라고 생각하고요. 김창한 대표가 크래프톤의 CEO가 아닌 상황이 얼마나 현실성이 있을까 하는 생각도 한편으로 듭니다. 크래프톤의 여러 현황과 크기, 역사를 통해 쌓아온 우리 회사의 독특한 성격을 고려할 때, 이 업계의 인재 풀이 현실적으로 무궁무진하지 않다고 봅니다.

다만 김창한 대표가 크래프톤 전체 CEO로 완성된 상태가 아니라는 우려가 있을 수 있습니다. 저는 김창한 대표와 떨어져 있었기 때문에 그사이에 엄청나게 성장했을 거라고 믿고 있긴 합니다만, 만약 그렇다고 한다면 이사회가 얼마나 잘 보완해줄 것이냐를 고민하는 게 좀 더 현실적입니다.

또 한 가지는 의장님의 말씀을 쭉 듣다 보면 저에게 꽂히는 키워드나 의장님이 강조하시는 키워드가 '성장' '속도' '변화'입니다. 김효섭 대표가 상당히 많은 변화 속에서 이전의 유산legacy을 안정적으로 유지해왔다면, 이제 변해야 한다는 것이겠죠.

이런 차원에서 김창한 대표가 경영자이자 리더로서 가진 캐릭터는 지금 상황과 잘 맞습니다. 크래프톤이 추구하는 변화와 키워드에 부합하는 그의 특징이 매우 기대됩니다. 그럼에도 그게 무엇이 됐든 아직 완성형이 아니라고 한다면, 차라리 부족함이 무엇인지 파악하고 이를 이사회가 전사적 차원에서 어떻게 보강하거나 도울 수 있을지 고민하는 것이 맞지 않을까 생각합니다."

"크래프톤은 진짜 게임을 만드는 회사니까. 이제는 게임을 잘 만드는 데 최대한 힘을 쏟아야 할 때라고 생각합니다. 제작 전문가가 이끄는 것이 맞다고 봅니다."

한 이사가 발언하자 장병규가 말을 보탰다.

"저도 제 생각이 맞는지 검증하려고 질문을 드리고 있는데요, 현실적으로 김창한 외에 적합한 CEO가 있을까 하는 피드백이 많습니다. 방금 언급된 한정적인 업계 인력 풀이나 PUBG의 상징성 때문입니다. 크래프톤 전체로 보면 이익 대부분을 PUBG가 창출하고 있기 때문에 누가 오더라도 사실 김창한이나 PUBG에 흔들릴 수밖에 없거든요. 그런 현실적인 이야기를 하시는 분들이 꽤 있더라고요. 이러면 오히려 고민이 추가되는 거죠.

김창한이 크래프톤 전체 CEO를 맡아서 만약에 못하면? 물론 잘하게끔 최선을 다해 돕고 경영팀 구성도 지원하겠죠. 그런데 만약에 정말 삐걱거리고 괴로워지면? 아, 정말 훌륭한 사람을 또 놓치는 거 아닌가 싶기도 합니다. 준비가 안 된 사람을 빨리 발탁했다가 큰일이 날 수 있잖아요. 본인의 역량과 책임이 못 받쳐주는 단계까지 가면? 현실적으로 어쩔 수 없지 않을까 하는 생각이 개인적으로 들긴 합니다.

사실 김효섭 대표가 CEO를 맡을 때도 현실론이 강했습니다. 개인적으로는 김효섭 대표께 마음의 짐이 큽니다. 현실적으로 당신이 맡아야 한다는 말을 김효섭 대표에게 제가 했습니다. 그렇기 때문에 이번에는 김창한 대표께 '그래서 당신이 맡아야 한다'라고 절대 이야기하지 않고 숙고하실 기회를 드리려고 합니다."

장병규는 김효섭에게 의견을 물었다. "어떻게 생각하시나요? 현 CEO로서 다음 CEO에게 바라는 점이나, '내가 이런 괴로움이 있었으니 다음 CEO에게는 이렇게 해줬으면 좋겠다' 하는 조언이 있을 것 같은데요."

"비슷하게 생각합니다. 다른 외부 CEO를 인선하는 게 대단히 힘든 일일 것 같습니다. 열심히 찾아보자는 생각이 있어도, 시간이 얼마나 걸릴지 우려됩니다. 김창한 대표 선임 계획을 듣고서 어떨까 생각해보면, 지금 말씀하신 정도는 공감이 갑니다. 외부 사람보다 덜 불안할 것 같아요. PUBG도 그동안 제작뿐 아니라 서비스 등 모든 영역을 확대하면서 역할을 해왔기 때문에 오히려 더 준비돼 있을 수 있습니다. 제작PD만 하다 크래프톤에 왔다면 걱정이 됐을 텐데, PUBG CEO를 맡았었기에 오히려 걱정이 덜한 편입니다."

다른 이사가 물었다. "그런데, 김창한 PUBG 대표는 크래프톤 전체 대표이사에 대한 의지가 어느 정도 있는 거예요?"

20년의 복기

장병규는 이사회를 열기 몇 달 전부터 김창한을 만나 크래프톤 대표직 이야기를 꺼냈다. 우선 제안을 하고 충분히 생각할 시간을 줬다. 결정을 재촉하지 않았다. 처음에는 김창한에게 "차기 CEO 후보자 중 하나"라고 운을 뗐다. 장병규는 몇 달 동안 사무실이나 카페에서 김창한을 만날 때마다 이 말을 꺼냈다. 술집에선 아니었다. 적어도 이런 이야기는 맨정신에 해야 하는 법이니까. 김창한의 대답은 한결같았다. "안 할게요."

김창한은 "기업 가치를 키우는 일은 PUBG 안에서도 충분히 할 수 있다"고 답했다. 이를 크래프톤으로 확장하는 일은 큰 부담으로 다가왔다. 크래프톤은 PUBG뿐 아니라 여러 개발 스튜디오를 거느리고 있었고, 배틀그라운드에 집중하는 PUBG와 크래프톤 조직을 통합하는 일도 쉬워 보이지 않았다. 인사, 재무, 전략, 퍼블리싱, PD로 이뤄진 PUBG 경영진 역시 김창한의 크래프톤 CEO행에 반대했다. 경영진은 PUBG가 구축한 문화를 자랑스러워했고, 김창한의 부재로 PUBG 문화가 흔들릴까 봐 걱정했다. 해봐야 고생길이라는 의견도 있었다.

김창한이 느끼기에 장병규는 자꾸 포석을 깔았다. 장병규는 한시적으로 HR본부장 역할을 맡아 '조직 효율화'를 구호로 내세우며 크래프톤과 PUBG 내 경영부서인 인사와 재무 조직의 통합을 선언했다. 양측 경영부서원들이 모이는 회의를 주기적으로 열어 각 구성원이 담당하는 업무와 이번 주에 한 일, 다음 주에 할 일을 공유하도록 했다. 재무 조직의 통합은 배동근 크래프톤 CFO의 주도로 진행됐다. 인사 조직은 크래프톤 판교 사무실과 PUBG 서초 사무실에 각각 두었으나, 재무 조직은 판교 인원을 서초로 옮졌다.

PUBG 경영진의 목소리는 조금씩 변했다. 강제로 조직 통합이 진행된다면 차라리 통합의 주도권을 쥐자는 의견이 나오기 시작했다. 일은 늘겠지만 역할이 커질 것이라는 현실적인 계산도 작용했다.

김창한은 백돌로 선을 잡고 공세적으로 수를 두는 장병규를 일단 피했다. "고민이 구체적이지 않기 때문에 생각할 시간을 주셨으면 합니다."

김창한은 게임 개발자로 살아온 20년 세월을 복기했다. 2000년부터 게임 제작을 시작해 2009년 지노게임즈를 공동 창업하며 MMORPG 데빌리언을 만들었다. 이후 2015년 블루홀 연합에 합류해 데빌리언의 북미와 유럽 출시를 진행했다. 데빌리언 북미용 버전을 개발하며 새로운 게임을 구상했고, 그 결과 배틀그라운드를 출시했다. 2017년 3월에 배틀그라운드를 출시하며 믿기지 않을 만큼 큰 성공을 경험했다. 출시 당시 40명이던 팀원은 900명이 됐고, PUBG는 전 세계에 10개의 오피스를 두고 4개의 신규 프로젝트를 진행하는 회사로 거듭났다.

배틀그라운드를 제외한 모든 것이 김창한에게는 실패로 남아 있었다. 20년간 쌓아온 경험과 교훈 위에서 스스로에게 여러 질문을 던졌다. 그리고 중요한 질문에 대한 답이 필요했다. '어떤 게임을 만들 것인가?' 며칠 동안 끊임없이 자문자답을 이어갔다.

김창한은 게임 개발자로서 큰 게임 회사에 속하기보다 스타트업에서 일하는 길을 택했다. 한국 게임의 대세였던 MMORPG로 업계에 입문했지만, MMORPG는 보통 제작 기간이 길었다. 배틀그라운드를 만들기 전까지 17년 경력 동안 개발한 게임은 MMORPG 3종뿐이었고, 하나같이 BEP을 달성하지 못했다.

10년 넘게 죽도록 달렸는데, 무엇이 남았는지 허탈했다. 실패에서 배워서 다시 해보자. 이런 말을 참 많이 듣기도 하고, 하기도 했다. 정작 실패에서 배운 것으로 다시 도전하려고 하니 남들도 그만큼 성장해 있었다. 어찌 보면 이미 늦은 셈이었다. 배운 걸 쓰자니 세상은 이미 한참 더 나아가 있었고, 경쟁자들은 내가 알고 있는 것쯤은 이미 모두 알고 있는 듯했다.

당시에 김창한은 반대로 생각을 돌려, 처음 게임을 개발하던 28세 때의 자신으로 돌아갔다. 아무것도 몰라서, 무식해서, 용감해서 말도 안 되는 걸 시도하던 때였다. 돌아보니 가장 빛나던 시절이었다. 성과로 보나 실제 남은 것으로 보나 그때가 가장 좋았던 것이다. 초심으로 돌아가 배틀그라운드 개발의 꿈을 새롭게 품었다. 다시 청년으로 돌아가 무모해 보이는 도전을 감행했다.

1990년대 말부터 2000년대 초반, 엔씨소프트의 MMORPG 리니지의 성공을 목도한 많은 사람이 게임업계에 투신했다. 이 대열에 김창한도 있었다. 게임이 좋아서 게임을 만들려는 사람보다 게임을 수단으로 성공하고 싶어 하는 사람이 많았다. 게임 제작자라면 누구나 고민했다. '어떻게 돈 버는 게임을 만들 것인가?'

흥행하는 게임을 분석하고 유행을 예측해 개발 방향을 잡았다. 문제는 돈 버는 게임을 만들기란 생각보다 쉽지 않다는 것이었다.

목표에 다다르는 길이 그렇게 훤히 보인다면, 모두가 그 길을 걸어갈 테니까. 달리다가 자전거, 택시, 퀵서비스 오토바이까지 잡아타며 온갖 수를 다 쓸 테니까. 경쟁은 치열해지고 돈 벌기는 더욱 어려워진다. 이런 자세로 게임 개발에 접근하는 것이 맞을까? 그러니까 돈을 버는 수단으로 게임이라는 소재가 적합한가? 더 나아가서 돈을 버는 게임을 기획하는 게 정말 가능한 일인가?

게임 산업은 계속 성장하고, 그만큼 많은 사람이 부나방처럼 게임 산업에 달려든다. 게임 서비스를 취급하지 않던 IT 공룡 아마존과 구글조차 앞다퉈 게임 시장에 발을 들이밀고 있었다. 하나의 게임으로 막대한 돈을 버는 사례가 속속 등장했기 때문이다. 배틀그라운드는 그 좋은 예시였다. 1년에 40억 원을 투입한 게임이 누적 매출 15억 달러를 기록했다. 성공 사례만 놓고 본다면 돈 버는 수단으로 게임만 한 아이템이 없었다.

그러나 게임 제작에 인생을 갈아 넣는 제작자의 눈으로 보면 살풍경이 펼쳐진다. 게임 시장은 소수의 게임이 전체 시장 파이의 대부분을 차지하는 승자 독식 구조로 돌아간다. 배틀그라운드가 출시된 2017년에는 스팀에만 7,000여 개 게임이 새로 입점했으며, 1위 게임이 전체 동시 접속자의 17퍼센트를, 상위 3개 게임이 25퍼센트를 차지했다. 20만 장 넘게 판매된 게임은 전체의 3.4퍼센트였고, 50만 장 넘게 판매된 게임은 전체의 1.3퍼센트에 불과했다. 97억 원의 평균 제작비로 만든 게임을 30달러에 스팀에서 판매한다고 보수적으로 가정했을 때, 1년 BEP를 맞추려면 최소 50만 장을 판매해야 한다. 이는 판매 수익을 올리는 게임이 전체의 1퍼센트에 불과하다는 사실을 의미한다. 아무리 산업 전체의 파이가 커져도, 소수의 게임이 과실 대부분을 차지하는 현실에서 개별 게임이 성공할 확률은 지극히 낮다.

배틀그라운드 개발을 제안하며 "1년에 50만 장을 팔겠다"고 말하던 김창한에게 돌아오는 반응은 대부분 '안 된다'거나 '어렵다'거나 '순진하다'는 것이었다. 당시엔 서운했지만 돌아보면 그들의 말이 맞았다. 통계적으로 맞는 판단이었으니까. 누군가 "스팀에 게임을 출시해 50만 장을 팔겠다"라고 한다면, 김창한 역시 '안 된다'는 쪽에 당장 베팅하고 배당금을 어디에 쓸지부터 고민했을 것이다.

도박에 가까운 성공 확률 때문에 게임에 투자하려는 벤처캐피털도 씨가 말랐다. 게임은 일반적인 IT 서비스보다 성공 확률이 낮은 제품이었다. 오랜 시간 개발한 후 한번 출시하면 그게 끝이었다. 죽은 것이 분명해 보이는 게임이 인공호흡을 받고 다시 살아나는 기적은 좀처럼 일어나지 않는다. 일반적인 IT 서비스는 출시까지 걸리는 시간이 비교적 짧았다. 기술 환경이 좋아지면서 그 시간은 점점 더 단축되고 있었다. 고객 피드백을 확인하며 계속 수정할 수 있는 데다 서비스 내용을 완전히 바꿔 성공한 사례도 많았다.

게임은 까딱하면 '엎어진다.' 개발과 서비스를 중단하는 일이 잦고, 엎는 데도 시간과 비용이 많이 든다. 고객 피드백을 받거나 시장을 읽어서 자체적으로 엎는 경우보다는 회사 내부 소수 리더십의 감感으로 엎는 경우가 많았다. 몇 번 엎어지고 자빠지다 보면 시간은 훌쩍 흘러 있었고, 그사이 세상은 바뀌어 있었다. 그러면? 또다시 엎어야 했다. 블루홀부터 크래프톤까지 가동된 37개 제작 프로젝트 가운데 출시 후 1년 이내에 BEP를 달성한 게임은 배틀그라운드를 포함해 4개에 불과했다.

도전의 3가지 원칙

인생을 건 개인이 돈을 벌기 위해 게임을 만드는 것이 과연 좋은 선택인가? 게임 제작보다 다른 일을 선택하는 편이 돈을 벌 확률이 높았다. 물론 게임판에선 가끔 상상할 수 없는 대박이 터지기도 하기 때문에 그 주인공이 되길 꿈꾸며 게임 제작의 길을 선택하는 사람들이 있다. 이들을 누가 말릴 수 있을 것인가. 게임 제작자 그 누구도 자신이 만들고 있는 게임이 망할 것이라고 생각하며 일하지 않고, 김창한도 마찬가지였다.

결과는 그렇지 않을 텐데도 왜 성공을 믿으며 일할까? 망할 것이라고 생각했다면 진작 프로젝트를 엎든지 방향을 수정하든지 했을 텐데. 그렇게 하지 않았다는 건 또 무엇을 의미하는가.

성공이 어렵다는 걸 알면서도 왜 진행 중인 프로젝트가 성공할 것이라고 믿는 걸까? 그것은 스스로를 정당화하기 때문이다. 도전자는 자기 세뇌를 한다. 개발을 중단하지 않을 거라면 자기 세뇌가 유리했다. 스스로 확신을 가지고 팀원들에게 동기 부여를 해야 했으니까. "이 게임은 망할 것 같으니까 열심히 하자"라고는 말할 수 없었다. "이 게임 잘될 거니까 열심히 하고, 인센티브도 많이 나올 거야"라며 합리화를 해야 했다. 어차피 할 것이라면 열심히 해야 하니까.

자기 세뇌는 분명 장점이 있었지만, 결과가 좋지 않을 때 문제가 생긴다. 날아간 시간과 비용을 생각하면, 제로가 아니라 마이너스의 싸움을 한 것이다. 인생의 기회비용을 허비했다는 생각이 들 때마다 김창한은 속이 쓰렸다.

도전은 미래를 예측할 수 없기에 의미가 있는 것이다. 김창한이 블루홀 연합에 합류하면서 장병규에게 비전을 물었을 때, 이런 대답이 들려왔다. "개별 게임 프로젝트는 플러스이거나 마이너스일 수 있지만, 제작 리더십의 전체 인생을 놓고 보면 프로젝트의 총합은 플러스일 겁니다." 장병규는 자주 비슷한 말을 하곤 했다. "스타트업의 평균은 실패지만, 스타트업에 속한 개인의 평균은 성공일 수 있다." 장병규는 김창한에게 "평생 제작업을 하는 사람들을 모아두면 크래프톤 전체는 플러스가 될 것"이라고 말했다. 김창한도 그 말에 동의했다. 문제는 이를 회사 입장에서 실행하기 어렵다는 데 있었다. 이들이 평생 크래프톤에서 머문다는 보장이 없었기 때문이다. 크래프톤에서 실패한 후 나가서 성공하는 사람도 있었다.

회사와 개인 쌍방이 서로의 미래를 보장할 수는 없다. 회사는 남아주길 바라지만 떠나는 제작자가 있고, 평생 회사에서 일하고 싶어도 제작 승인을 받지 못해 짐을 싸는 제작자도 있었다. 하나의 게임 프로젝트로 성패가 결정 났고, 게임의 성공 확률도 매우 낮았다. 극악의 성공 확률로 인해 벤처캐피털 생태계에서 게임 투자자들이 거의 사라지면서, 게임 제작업을 뒷받침할 특별한 철학과 태도를 지닌 존재가 필요해졌다. 크래프톤은 실패를 해도 계속해서 제작을 지원할 수 있는 환경을 만들고자 하는 회사였다. 김창한은 크래프톤이 게임 제작 생태계를 넓힐 기반이 될 수 있다고 생각했다.

다시 질문으로 돌아가 보자. 어떻게 돈 버는 게임을 만들 것인가? 김창한이 할 수 있는 현재의 대답은 이것이었다. "'어떻게 하면 성공하지?'라는 관점에서 게임을 만들어선 안 된다." 이 대답은 배틀그라운드 개발 당시 팀 내에 줄곧 전했던 메시지와 일맥상통했다. '성공은 결과이지 목표가 될 수 없다.' 성공은 따라오는 것이지, 목표로 한다고 얻어지는 것이 아니다. 20년 개발 인생에서 얻은 한 줌의 깨달음이었다.

주어진 시간과 자원 안에서 배틀로열의 핵심 플레이를 만들어 1년 안에 출시한다는 목표를 실현하는 데 집중하고, 그 결과는 그냥 지켜보기로 했다. 김창한과 개발팀은 개발 기간 내내 이런 자세를 유지했다.

'어떻게 돈을 버는(성공하는) 게임을 만들 것인가?'라는 질문에 '어떻게 재미있는 게임을 만들 것인가'라는 관점에서 접근해야 한다는 게 김창한의 결론이었다. "재밌는 게임을 만들어야지" "게임이 재밌어야지." 언제나 이런 소리를 들었다. 일반적으로 사업 파트에서 비즈니스 모델이나 과금 정책을 세워 "돈을 벌자"고 하면, 개발팀에선 "무슨 소리냐, 게임이 재밌어야지. 재미를 훼손하면 안 된다"고 받아쳤다. 개발자끼리 대화할 때도 "이 게임이 왜 성공한 것 같아?"라고 물으면 "재밌으니까"라는 답이 쉽게 돌아왔다. 어떤 개발자는 "게임이 너무 재밌다"며 성공을 점치고 게임을 해보기를 권유했다.

재미란 무엇인가? 재미가 뭔지 알아야 재미있는 게임을 만들 것 아닌가. 많은 사람이 수수께끼 같은 재미의 정체를 탐구했다. 미국 개발자가 쓴 《라프 코스터의 재미이론 A Theory of Fun for Game Design》은 한때 한국 개발자들의 필독서였다. 저자는 게임의 재미를 패턴 학습으로 정의했다. 사람들은 게임 속에 숨겨진 패턴을 이해하고 숙달하는 데서 재미를 느낀다는 것이다. 이 밖에도 14종 게임의 재미 원리나 심리학과 욕망 이론을 연결한 연구 등도 주목받았다. 제작자들은 열심히 게임의 재미를 이론화했지만, 그렇다고 이를 충족하면 재밌는 게임을 만들 수 있을까? 십중팔구가 재미없다는 평가를 받을 게 분명했다.

김창한은 게임이 더 넓은 범주에서 엔터테인먼트의 하나로 이해되어야 한다고 여겼다. 엔터테인먼트는 경험을 통해 즐거움과 쾌락을 느끼는 것이며, 게임의 특별함은 인터랙티브 interactive (상호적인) 엔터테인먼트라는 점에서 나왔다. 상호작용성 덕분에 게임은 일방적이지 않으며, 적극적인 상호작용을 통해 높은 몰입감과 반복성을 제공한다.

마이크로소프트에서 Xbox를 이끄는 필 스펜서는 2018년에 열린 글로벌 게임 행사 D.I.C.E 서밋에서 일찌감치 엔터테인먼트의 지각변동을 이런 명제로 선언하기도 했다. "오늘날, 픽셀은 펜보다 강하다Today, the PIXEL is mightier than the pen." 펜이 칼보다 강하다는 격
언을 비틀며 게임 시대의 도래를 알렸다. 소설과 영화는 작가와
감독이 의도한 스토리를 독자가 따라가지만, 게임만이 유일하게
유저가 자신의 여정, 결정, 행동, 결과를 통해 스스로 만들어가는
예술이란 것이다. 엔터테인먼트 영토에서 게임의 영향력은 점점
더 커지고 있었다. 게임 회사뿐 아니라 글로벌 엔터테인먼트와 IT
회사들도 게임이 변화시킬 거대한 세상에 눈을 뜨고 게임 시장에
집중하고 있었다.

　김창한의 또 다른 키워드는 '경험을 통한 재미'였다. 재미는 경
험에 기반해 발생한다. 수천 년간 이어진 바둑은 재미의 원리를
보존한 게임이었다. 어떤 이에게는 바둑이 재미있고 어떤 이에게
는 지루하다. 게임의 재미는 개개인의 경험을 기반으로 하기에 매
우 주관적이다. 중요한 것은 재미가 있느냐 없느냐가 아니라 얼마
나 많은 사람이 재미를 느끼느냐였다.

　게임의 재미에 가장 큰 영향을 미치는 요소는 사전 경험과 환
경이다. 사전에 경험해야만 특정한 재미를 느낄 수 있다. 어른에
게 재밌는 물건을 아이에게 쥐여줘도 아이는 웃지 않는다. 경험과
환경에는 지역과 문화, 시대가 작용한다.

　선진국에서 인기 있는 콘텐츠가 후진국에서 늘 흥행하지는 않
는 것도 같은 맥락이다. 삼국지는 동양권에서만 통했다. 또 삼국
지를 아는 사람과 모르는 사람은 삼국지 게임의 재미를 다르게
느낀다. 10년 전 일본에서 유행했던 예능 프로그램이 한국에서
뒤늦게 인기를 얻는 사례처럼, 재미는 문화적 단계와 시대적 경험

에 따라 다르게 작동한다. 유행에도 순서가 있는 것이다.

재미를 느끼는 데는 환경도 중요하다. 삶을 살아가는 환경의 변화는 재미에 영향을 준다. 거실에선 콘솔로, 방에선 PC로, 지하철에선 스마트폰으로 게임을 즐기듯 환경에 따라 재미는 달라진다. 브라운관에서 스마트폰으로 시청 환경이 바뀌면서 영화와 드라마 형태가 바뀌고 쇼트shorts 비디오의 전성기가 열렸다.

경험과 환경을 지우고 재미를 이야기하면, 아이러니하게도 모든 게 재밌는 것이 돼버린다. 크래프톤이 만드는 게임은 저마다의 재미를 추구했다.

김창한은 "재밌는 게임을 만들 것인가?"라는 질문은 더 확장돼야 한다고 여겼다. "이 게임을 누가 재미있어할 것인가?" "얼마나 많은 사람이 재미있어할 것인가?" "얼마나 오래 재미있어할 것인가?"

재미있는 게임을 예상해 만드는 일은 어려웠다. 어려움에 처한 개발자들은 같은 고민 끝에 이런 결론에 쉽게 도달했다. "만들고 싶은 게임을 제작하자." 잘 모르겠으니 만들고 싶은 게임을 만드는 방법을 선택한 것이다. "이 게임을 왜 만들어야 하나?"라는 질문에 그들은 "만들고 싶으니까"라는, 멋지면서도 대책 없는 답을 내놓곤 했다. 문제는 그런 게임을 자기 돈으로 만들지 않는다는 것이다. 만들고 싶은 걸 마음껏 만들 수 있는, 개발자를 위한 나라는 없다. 개발의 동기는 다양했다. 멋있어서, 남들이 하니까, 원래 하던 일이니까….

김창한은 '만들고 싶은 게임'을 '스스로 즐기고 싶은 게임'으로 고쳐 적었다. 만들고 싶은 게임과 스스로 즐길 수 있는 게임은 다르다. 전설이 된 게임 '디아블로 2'를 만든 블리자드팀은 이렇게 말했다. "우리는 고객이 무엇을 원하는지 걱정하지 않는다. 왜냐하면 우리 스스로가 고객이기 때문이다. 우리가 만들고 있는 게임을 좋아한다면, 특히 제작에 착수한 지 2년이 지나도 계속 좋아한다면 그 게임은 분명히 성공으로 가고 있는 것이다."

스스로 고객이 된 개발자들은 블리자드 본사 사옥에 몬스터 동상을 세우고, 아래에 글자를 양각陽刻으로 새겼다. 'GAMEPLAY FIRST(게임 플레이가 먼저).' 그들이 가장 중요하게 여기는 가치였다. 블리자드는 그 명성만큼이나 출시일을 연기하기로 악명 높은 회사이기도 했다. "출시 시기를 어떻게 결정하는가?"라는 질문에 대표는 답했다. "개발팀 모두가 개발을 멈추고 자신들이 만든 게임을 하고 있을 때, 그때가 출시일이다."

제작자가 스스로 즐기는 게임을 만드는 데에는 큰 장점이 있다. 피드백을 스스로 할 수 있어 빠르고 효율적인 개발이 가능하고, 플레이 테스트도 효과적으로 진행할 수 있다. 게임 출시 전 일부 유저에게서 피드백을 받는 FGT(포커스 그룹 테스트)가 도움이 되는 꼴을 김창한은 본 적이 없었다. 배틀그라운드 개발 막바지에 FGT를 진행하고 분석 보고서를 받아봤지만, 의미 있는 참고 자료가 되지 못했다.

'우리가 즐기지 않으면 누가 즐겨주겠나.' 세 번째로 제작한 게임 '데빌리언'을 만들 때 김창한이 품은 생각이었다. 내부적으로 플레이 테스트를 강제하는 환경을 만들었으나, MMORPG 특성상 초반부에만 플레이가 몰렸다. 일부 직원은 재밌다고 말했지만 대부분 졸고 있었다. '안 되겠구나.' 김창한은 내심 게임에 품고 있던 기대를 접었다.

배틀그라운드를 제작할 때는 개발자들이 즐기는 문화와 원칙을 강조했다. 개발팀의 핵심 인력이 재미 없어 하면 게임 개발을 중단하겠다는 원칙을 세웠다. 따라서 핵심 개발진을 '같은 재미를 이해하는 부류'로 구성하는 것이 무엇보다 중요했다.

"새로운 게임 장르는 어떻게 탄생하는가?"라는 질문은 김창한에게 "새로운 게임성을 어떻게 발견하는가?"라는 질문과 같았다. 배틀그라운드로 배틀로열 게임 장르를 열며 전 세계 게임 시장에 배틀로열 게임 장르 붐을 일으켰다. 새로운 게임성이 발아해 대중화하는 과정을 겪었다.

한국 게임 회사들은 그동안 크게 2가지 방식으로 게임을 만들었다. 하나는 기술 혁신으로 새로운 게임성을 변주하는 'First Enabler(최초의 구현자) 전략'이다. 기술 장벽으로 인해 불가능했던 기능을 실현하는 방식으로, 모바일 게임에서 '3D MMORPG' '대규모 공성전' '콘솔의 액션 온라인화'와 같은 '최초'라는 타이틀을 내세운 구호들이 이에 해당한다. 또 다른 하나는 검증된 코어(핵심) 게임 플레이를 온라인화하는 'IP·콘솔 온라인화' 전략이었다. 콘솔에서 흥행한 축구 게임 FIFA나 총싸움 게임 배틀필드를 온라인 게임으로 만드는 식이다.

문제는 이런 전략이 점점 작동하지 않는다는 데 있었다. 지역과 플랫폼의 경계가 흐릿해진 콘텐츠 글로벌화 시대에, 이런 방식으로 성공을 기대하기란 점차 어려워졌다. 여기 있는 무언가를 고쳐서 다른 곳에 가져다주는 방식이 통하기엔 세상은 너무 균질화되고 평평해졌다.

배틀그라운드는 반대였다. 한국에서 개발한 게임은 스팀 플랫폼을 타고 미국에서 흥행한 뒤 다시 아시아 시장에 안착했다. PC 게임으로 출발해 콘솔에서 흥행을 이어가며 모바일에서도 큰 성공을 거뒀다. 허물어진 글로벌 시장의 담벼락 앞에서 옛날 방법론은 무용해졌다.

이제 배틀그라운드의 흥행 방식을 미국과 중국 개발사들이 따라 하고 있었다. 김창한은 텐센트의 스티븐 마 부사장이 PUBG를 방문했을 때 했던 말을 똑똑히 기억하고 있었다. 그는 "국가 간 경계가 허물어지고 있다"며 "앞으로는 서구권에서 통하는 콘텐츠가 오히려 중국에서 통할 것 같다"고 전망했다. 그러면서 두렵다고 했다. "포트나이트와 에이픽스의 글로벌 흥행을 목도하면서 미국의 트리플A급 게임 제작사들이 기존에 무시했던 온라인 총싸움 게임FPS에 관심을 가지기 시작했습니다. 이들과 경쟁하기 두렵습니다."

새로운 콘텐츠로 승부를 봐야 했다. 그럼 새로운 콘텐츠는 어디에서 나오는가? 배틀그라운드는 모드MOD에서 비롯됐다. 모드는 기존 게임 요소를 변형해 만든 2차 창작 콘텐츠를 말한다. 새로운 게임 장르는 갑작스레 무대에 짜잔 하고 등장하는 신제품이 아니라, 언더그라운드에서 서서히 피어나는 꽃과 같다. '팀 포트리스' 'CS:GO' '리그 오브 레전드' '배틀그라운드'는 'QUAKE'

'Half-Life' '워크래프트 3' 'ARMA 3'의 모드에서 출발했다. 기존 게임 토양에서 싹을 틔운 뒤 대중화에 성공하며 세계적 인기를 얻었다.

모드 게임이 잘되는 특별한 이유는 없었다. 그저 거기에 수많은 시도가 있었기 때문이었다. 모드 환경에서는 성공에 대한 부담이 없는 사람들이 모여 자유롭게 새로운 게임성을 테스트했다. 몇명이 모여서 재미있을 것 같은 게임을 만들고 또 만들었다. 이들의 시도를 커뮤니티가 지지해주면서 게임 장르와 게임성은 나무줄기가 자라나듯 자연스럽게 성장했다. 모드 환경을 제공하는 게임들이 있었고, 그 환경에서 게임성을 실험할 수 있었기에 새로움이 발아한 것이다.

'배틀로열의 아버지' 브렌던 그린도 마찬가지였다. 그는 아일랜드에서 사회보장기금을 받던 히피였다. 집에서 뒹굴다가 어느 순간 배틀로열 게임 장르에 푹 빠져 관련 게임을 이리저리 만들었다. 그런 결과물을 누군가 좋아해주고 기부도 해줬다. 다시 그 자원을 가지고 조금씩 게임을 다듬었다. 혼자 하기 힘든 개발이 있으면 게임 개발 커뮤니티에서 사람을 모집했고, 팀을 이뤄 배틀로열을 하나의 게임 장르로 발전시켜나갔다.

모드 개발이 동양권보다 서구권에서 더 활성화된 배경에는 여유로운 환경이 있다고 김창한은 바라봤다. 단순한 돈벌이보다 게임으로 자아를 실현하려는 사람이 상대적으로 서구 선진국에 많았다. 한국은? 돈이 되지 않는 일에 손을 대기는커녕 눈길조차 보내지 않았다. 시장이 작고 인력도 부족해 새로운 시도를 할 여력이 없었다. 오히려 거대한 시장을 가진 중국은 거대한 돈을 목표로 새롭고 신선한 시도를 많이 했다. 이제는 역으로 한국에서 흥행하는 중국산 게임들이 속속 등장하고 있는 것이 그 증거였다. 한국산 게임은 위기에 처했다.

　미국의 작은 개발사 사이오닉스Psyonix는 레이싱과 축구를 결합한 '로켓 리그Rocket League'로 새로운 게임성에 도전해 성공했다. 자동차로 하는 축구 게임을 만들겠다는 기획안을 승인할 한국 게임사는 없을 것이다. 2015년에 출시된 로켓 리그는 스팀에서 큰 인기를 끌고 2019년에 에픽게임즈에 인수되기까지 판매량 상위 10위권을 유지했다. 과거 소규모 업체로서 대형 게임사의 외주 일을 맡아오며 2008년에 '슈퍼소닉 아크로바틱 로켓파워드 배틀카Supersonic Acrobatic Rocket-Powered Battle-Cars'라는, 길고 괴상한 이름으로 첫 게임을 출시했지만 참패했다.

　무엇이 한 번 망한 게임의 후속작을 출시하도록 만들었을까. 2016년 GDC(게임 개발자 콘퍼런스) 연단에 오른 사이오닉스 개발자는 그 이유를 말했다. "소수지만 게임성을 이해한 열성팬core fan이 존재했다."

　배틀그라운드와 로켓 리그 모두 핵심 게임성이 존재했고, 이를 이해하는 열성팬이 있었다. 그리고 이것을 대중화할 수 있는 환경과 타이밍이 맞아떨어졌다. 배틀그라운드의 핵심 게임성은 모드에서 출발했다. 모태가 된 게임 'ARMA 3' 모드에는 언제나 1,000명 정도의 동시 접속자가 머물고 있었다. 게임성을 이해하는 소수의 열성팬이 확실했던 것이다. 그래픽 엔진, 스트리밍, 클라우드 서버 등 게임을 대중화할 수 있는 환경 변화도 성공을 뒷받침했다.

"창조는 잉여에서, 혁신은 제약에서 탄생한다." 김창한은 이런 말을 종종 했다. 창조는 잉여 속에서 다양한 시도를 할 때 나온다. 개발자들은 언제나 시간과 사람, 돈의 부족을 호소했지만 오히려 자원이 부족할 때 혁신이 생겼다. 제약을 넘어서려는 의지가 드높다면, 상식을 벗어난 시도를 해서라도 앞을 가로막은 벽을 뚫으려고 한다. 일반적이지 않은 일을 시도하는 와중에 혁신이 나온다.

배틀그라운드 개발을 마무리할 때 팀원은 40명이었다. 주어진 개발 기간은 1년. 가로·세로 8킬로미터 가상 세계에서 100명이 생존 싸움을 하는 게임을 만들어야 했다. 개발팀은 언리얼 엔진을 수년간 다루지 않았으므로 "경험이 없으니 안 된다"며 아우성을 쳤다. 김창한이 '하라'고 쏘면 '안 된다'라는 말이 자동반사처럼 튕겨 나왔다. "그냥 돌아가게(작동하게)만 해다오." 울상을 지으며 팀원들을 달랬다. "출시해서 망하나 출시하지 않아서 망하나 똑같으니, 돌아가게 출시만 하자." "내가 뭘 해주면 이걸 돌아가게 해줄 수 있겠냐?" 이런 말을 개발팀에 고장 난 스피커처럼 반복했다.

마른 땅에 물을 대기 위해 김창한은 20년 가까이 개발자로 살면서 하지 않던 짓을 많이 했다. 지나고 보면 그런 짓이 모여 배틀그라운드를 이뤘다. '제약이 있어야만 혁신이 나온다'는 명제를 끝까지 밀어붙이면 이런 결론에 도달한다. '제약의 우려가 없고 자원이 충분하면 뻔한 것밖에 나오지 않는다.'

어떤 게임을 만들 것인가. 김창한의 결론은 이것이었다. '성공을 목표로 하지 않는 게임, 스스로가 즐길 수 있는 재밌는 게임, 그 재미를 이해하는 열성팬이 있는 게임, 새롭고 혁신적인 게임.'

다음 질문이 따라올 수밖에 없다. 어떻게 이런 게임을 만들 것인가. 뻔하지만 한 가지 대답이 있을 뿐이었다. '다양한 시도와 실패를 통해 만들 수밖에 없다.'

거의 모든 게임 제작자는 자신의 기대와 달리 실패한다. 실패할 게 뻔한 사람을 앞에 세우고 어떻게 하면 성공할 것이냐고 물어봐야 답이 나오지 않는다. 질문의 방향을 바꿔야 했다. '어떻게 실패하고, 어떤 실패를 해야 할 것인가?'

이 질문에 대한 답은 여러 분야에서 다양한 방식으로 변주되고 있었고, 대부분 '실패를 통해 배워야 한다'는 명제를 답으로 채택했다. 하지만 김창한의 눈에는 오히려 사람들이 실패를 기정사실화하며 행동하지 않는 것이 문제로 보였다.

핀란드 게임업체 슈퍼셀Supercell은 실패를 받아들이는 문화로 게임업계에서 자주 회자됐다. 슈퍼셀이 개발한 게임의 9할은 실패다. 슈퍼셀은 실패를 축하하기 위해 '실패 파티'를 여는 것이 아니라 실패에서 얻은 배움을 기념하며 축배를 든다. 실패한 게임은 과감하게 버리고, 실패 속에서 확인한 가능성을 집중 공략하자고 다짐한다. 슈퍼셀은 소수의 개발팀을 철저히 유지하면서 실패의 충격을 최소화하는 소프트 론칭soft launching(한정된 시장이나 고객에게 먼저 게임을 출시하는 전략)을 고집한다. 이 방식에 맞는 모바일 게임만 만들고, 대규모 MMORPG 제작은 애당초 시도하지 않는다. 슈퍼셀은 확고한 시스템과 사내 문화를 바탕으로 지속적으로 게임을 개발해 연쇄 흥행을 거뒀다.

애니메이션 제작사 픽사도 실패에 집중하기는 마찬가지였다. 픽사는 실패 속에서 완벽함을 추구한다. 2019년 GDC에서 김창한은 픽사에서 오랫동안 일한 아트 디렉터와 이야기를 나눌 기회를 얻었다. "어떻게 픽사는 연속해서 새로운 IP를 창조하나요?" 김창한의 질문에 그는 "프로젝트 드롭drop(중단)"이라고 답했다. 팀원들이 3~6개월 동안 온 힘을 다해 일하지만, 평균적으로 10개중 4개 프로젝트만 살아남는다고 했다. 극심한 업무 스트레스를 이기지 못해 회사를 떠나는 사람이 부지기수라고 했다. 프로젝트를 없던 일로 돌리는 것은 누구에게나 힘들다. 개인에게도 회사에도 힘든 것이지만, 그것을 하지 않고는 IP가 나오지 않는다고 그는 말했다. 픽사는 수없이 많은 실험과 테스트를 장려한다.

스티브 잡스와 픽사를 공동 창업한 에드 캣멀은 저서 《창의성을 지휘하라》에서 창의성을 끌어내기 위한 방법을 제시했다. "어떤 작품이든 시작할 땐 다 형편없다. 매일 하는 회의에서 나오는 아이디어도 사실 대부분은 별로 쓸모없다. 그렇지만 괜찮다. 계속해서 아이디어를 내고 수정하면 더 분명한 형태가 된다." 그는 실패의 예방보다 회복을 강조했다. "위험을 예방하는 것보다 실패가 발생할 경우 회복할 수 있는 역량을 기르는 게 더 중요하다."

과거 김창한의 머릿속에는 언제나 '어떻게 하면 성공할까?'라는 질문이 벽돌처럼 버티고 있었다. 성공 사례를 분석하고 따라했다. 어느 날 이런 행위 자체가 모순임을 알게 됐다. 성공하는 방법을 그렇게 알 수 있다면 모두 다 똑같은 짓을 하고 있을 테니 성공할 수 없다. 만약 성공으로 가는 길을 혼자만 알고 있다면? 이 길을 이해하는 사람이 없기에 제작 승인은 나지 않는다. '성공의 방정식이 있다'는 명제는 본질적으로 성립하지 않는 명제였다.

배틀그라운드를 개발할 때 모두가 '안 된다'고 했고, 그래서 다행이었다. 대부분이 '된다'고 했으면 지금 같은 성공은 없었을 테니까. 배틀그라운드의 개발은 설득의 영역이 아니었으며, 성공은 누구도 예측할 수 없는 일이었다. 모두가 동의할 수 있는 성공 공식을 만들어 설득하려고 하는 순간 실패는 예정된 것이나 다름없었다.

배틀그라운드 승인 과정에서 장병규를 비롯한 경영진은 말했다. "일단 프로젝트를 승인하면 드롭하기가 너무 어렵다. 그러니 승인을 잘해야 한다." 악순환이었다. 게임은 경험해봐야 아는 물건인데 경영진은 기획서에 의지해 게임의 성패를 검토하는 꼴이었으니 불구덩이로 들어가는 것과 같았다. 성공할 프로젝트를 골라내려고 하기보다, 잘 실패하는 데 집중하는 것이 차라리 나은 전략이었다. '어떻게 하면 성공할까?'라는 생각의 굴레에서 탈출해야 하는 것이다.

벽돌에 새겨진 '성공'이라는 낱말은 '실패'로 대체됐다. 성공보다 실패에 집중하는 사고의 전환이 필요했다. 실제로 대부분 망할 것이 분명하니까. 실패를 가정하면 관점이 달라진다. 실패할 것을 받아들인 개발자는 스스로 이렇게 질문하게 된다. '어차피 실패할 건데 이걸 왜 해야 하지?' '실패했을 때 무엇이 남지?' '그렇다면 남길 것을 최대한 빨리 남기려면 어떻게 해야 하지?' '효율적으로 실패하자' '실패를 빨리 검증하자' '빠르게 검증할 수 있는 소프트 론칭을 해보자.' 사고가 달라지면 행동도 변한다.

다른 질문이 제기된다. 어떤 실패를 어떻게 할 것인가. 김창한은 도전의 효율efficiency과 효과effectiveness를 고려해야 한다고 생각했다. 효율은 도전을 검증할 때까지 소요되는 시간과 예산을 줄이는 것이고, 효과는 의미와 가치가 있는 도전을 하는 것이다. '효율적이고 효과적으로 실패하자'는 마인드가 필요했다.

효율을 높이려면 빠른 실패를 해야 했다. 김창한은 PUBG에 3가지 도전의 원칙을 세웠다. '도전은 작게 하고' '빠르게 하고' '그 도전에서 배워라.'

게임 개발에서 효과란 무엇일까. 즉 게임 개발에서 의미 있고 가치 있는 도전이란 무엇일까. 김창한은 이를 '게이머의 로망을 실현'하는 것으로 판단하고자 했다. 예를 들어 게임의 디자인적 한계, 기술적 한계, 아트적 한계를 넘어서려는 도전이 그러했다. 수천 명이 동시에 온라인에 접속해 공성전을 한다면 얼마나 멋질까? 거대한 병기를 타고 총싸움을 벌이면 어떨까? 우주에 있는 수억 개의 행성을 탐험한다면 얼마나 근사할까? 이런 꿈들이 곧 로망이었다.

의미 있는 도전이란 한계를 극복해 게이머의 로망을 실현하는 일이다. 디자인, 기술, 아트의 한계를 뛰어넘는 목표를 설정하고, 남들이 못 하거나 안 하는 것에 도전해 게이머들의 로망을 어느 한 부분이라도 실현해줄 수 있다면, 열성팬을 만들 수 있다. 안 하는 건 돈이 되지 않을 것 같아서 안 하는 것이고, 못 하는 건 어려우니까 못하는 것이다. 게이머들에게서 "와! 하면 좋겠다!"라는 감탄을 끌어낼 만한 것을 해야 도전이라고 할 수 있다.

이런 도전에 실패하더라도 무엇이든 남을 것이라고 김창한은 믿었다. 단 도전은 자신이 가진 장점과 자원으로 해볼 만해야 한다. 그렇지 않으면 도전자가 아닌 몽상가 취급을 받을 뿐이다.

김창한은 자신만의 결론에 도달했다. 성공을 목표로 하지 않는 게임, 스스로가 즐길 수 있는 재밌는 게임, 그 재미를 즐길 수 있는 열성팬이 있는 게임, 새롭고 혁신적인 게임을 만들어야 한다. 어떻게? 계속 그리고 잘 실패해서. 효율적인 도전을 하고 가치 있는 실패를 통해 게임을 만들어야 한다.

그러한 도전은 대부분 실패한다. 그렇더라도 효율적이고 효과적인 도전을 이어가다 보면 그 끝에는 예상치 못한 성공이 기다리고 있을 수 있다. 게임업계를 관성처럼 지배하던 오래된 질문, '어떻게 성공할 것인가?'라는 질문은 '어떻게 잘 실패할 것인가?'라는 질문에 자리를 내줘야 한다.

2016년 배틀그라운드 개발에 도전하기 직전, 김창한은 지난 17년간의 실패를 반추하며 과거 프로젝트에서 결여된 것들이 무엇인지 적어본 적이 있었다. 그것은 '로망의 실현' '도전과 혁신' '효율적이고 효과적인 도전과 실패'였다. 이 3가지를 배틀그라운드 1년 개발 기간 내내 팀원들에게 전파했다.

2017년 3월 게임 출시 직전에 팀원들을 불러 모아 말했다. "우리는 결과를 알 수 없다. 출시 한 달 뒤에 우리 팀을 유지할 수 없는 매출이 나오면 팀은 없어질 것이다." 외국인 직원들과 맺은 근로계약서 계약 만료일도 출시 후 한 달인 4월 말까지로 잡았다.

크래프톤 연합의 비전은 '게임 제작에 대한 장인 정신'을 키우는 것과 '게임 제작의 명가'가 되는 것이었다. 이 비전을 제대로 실현한다면 크래프톤은 벤처투자 생태계보다 훨씬 더 많은 실패를 끌어안으면서 쉼 없이 게임 제작을 돕는 존재가 될 수 있었다.

크래프톤의 일원으로 출발한 PUBG 역시 '게임 제작의 명가'가 되는 비전을 공유하고 있다고 여겼다. PUBG 안에서 진행하는 작업과 크래프톤에서 해야 하는 작업이 분리되지 않는 것처럼 보였다. 크래프톤이 혁신적인 게임, 궁극적으로 성공하는 게임, 당장 성공을 목표로 하는 게임이 아니라 성공이 결과로 따라오는 게임을 많이 만들어낼 수 있는 회사가 될 수 있지 않을까?

김창한은 장병규를 만날 채비를 했다.

2개의 흑돌

장병규와 만난 김창한은 그의 앞에 흑돌 하나를 올려놓았다. CEO의 권한을 확실히 보장하고, 이사회 의장은 이를 건드리지 말라고 요구했다. 김창한이 돌아봤을 때 전임 CEO였던 김강석과 김효섭은 장병규와의 관계 설정에서 어려움을 겪었다. 두 사람은 CEO임에도 자신의 권한이 없다고 생각했다. 김창한은 주요한 의사 결정 권한이 실제로 장병규에게 있었다고 주장했다. 이에 장병규는 "CEO에게 분명한 권한을 줬지만 그들이 눈치를 본 것"이

라고 항변했다. 김창한이 대꾸했다. "어쨌든 그런 일이 벌어졌잖
아요."

　두 번째 수는 CEO의 보상이었다. 김창한은 CEO를 수락하는
조건으로 장병규에게 성과에 따른 보상안 마련을 요구했다. 이후
장병규는 일반적인 CEO 보상 기준으로 초안을 만들어 김창한을
찾아갔다.

　"이런 제안을 하시다니 실망이네요. 이런 정도의 제안을 저로
선 용납할 수 없습니다." 김창한은 테슬라의 보상 구조를 벤치마
킹할 것을 제안했다. 테슬라 이사회는 2018년에 CEO 일론 머스
크와 계약할 때 연봉 대신 회사 성장 목표치를 12단계로 설정하
고 이를 달성할 때마다 스톡옵션을 주기로 약속했다. 머스크는 첫
목표였던 시가총액 1,000억 달러를 2020년에 달성하며 천문학적
인 규모의 스톡옵션을 받았다.

　김창한은 "돈이 문제가 아니라 불가능한 목표일지라도 상징적
인 목표가 있어야 한다"며 "목표가 있는 것과 없는 것은 다르다"
고 말했다. 크래프톤의 기업 가치는 5조 원 정도로 추산됐다. "5조
원 정도 되는 회사의 기업 가치를 20조 원, 30조 원으로 성장시키
는 건 불가능에 가까운 일입니다. 가치 있는 도전에는 그에 마땅
한 보상이 있어야 합니다. 단순히 돈의 문제가 아닙니다."

　김창한의 반응에 장병규는 서둘러 다시 고민하기 시작했다.
"제가 많이 미진했습니다. 벤치마킹할 회사 범위를 넓혀서 다시
대화를 나누겠습니다." 장병규는 김창한과 대화를 이어나가며 "가
치 있는 도전이라는 데 크게 공감한다"고 말했다. "이사들과도 대

화해보면 김창한 대표를 전폭적으로 지지하는 기조가 뚜렷했습니다. 우호적으로 보상안을 마련하겠습니다."

장병규는 자주 연락을 주고받는 사이도 아니었지만 네이버 창업자 이해진과 라인 공동대표 신중호에게 연락해 보상안을 상의했다. 이는 2019년 네이버 메신저 '라인'을 일본에서 1위로 키운 신중호가 공동 대표로 선임된 직후, 파격적이고 독특한 스톡옵션 계약을 회사와 맺었기 때문이다. 이사회는 신중호에게 3년 동안 임직원에게 나눠줄 스톡옵션의 4분의 1을 매년 주기로 약속했는데, 신중호가 권리를 행사할 수 있는 조건으로 '현재 주가의 2배'를 걸었다. 일본 증시에서 라인의 주가가 2배 이상 오르면 신중호는 2,500억 원을 손에 쥘 수 있으나, 그렇지 않으면 그의 스톡옵션은 휴지 조각이 되는 계약이었다.

장병규는 라인을 비롯해 국내 게임업체인 넥슨, 엔씨소프트, 넷마블, 해외 게임업체인 액티비전 블리자드와 EA, 빅테크 기업인 페이스북, 구글, 텐센트까지 다양한 회사의 CEO 보상 사례를 조사했다. 이 정도 덩치의 회사를 이끄는 전문 경영인은 매년 100억 원에서 300억 원 수준의 보상을 받고 있었다. 라인은 '명분'에, 액티비전 블리자드와 테슬라는 '도전적인 목표'에 강한 보상을 책정했다.

장병규는 직원들과 함께 CEO 보상 초안을 새로 만들었다. 보상의 주요 골자는 2가지였다. 첫째는 '전문 경영인으로서의 보상 Compensation as a professional CEO'이었다. 기본급 10억 원 전후에 스톡옵

션과 현금 보상 체계를 추가로 마련했다. 둘째는 '대단한 도전에
걸맞은 보상Compensation for an Ambitious Target'이었다. 블루홀 공동 창업
자의 지분에 비견될 만한 상징적인 수준의 스톡옵션을 배정하는
대신 조건을 걸었다. IPO 후 시가총액 20조 원을 달성하는 것이
목표였다.

'20조 원'이라는 숫자는 여러 기업과 사례를 참조해 도출했다.
게임 '콜 오브 듀티'와 '월드 오브 워크래프트'를 개발한 액티비전
블리자드의 2013~2015년 연말 시가총액 평균이 24조 7,000억
원이었다. 액티비전 블리자드가 게임 '캔디 크러시 사가' 개발사
킹King을 인수하며 몸집을 한 단계 더 불리기 직전의 기업 가치는
25조 원이었다. 이는 한국 기업 중 금융 지주와 대기업 지주사를
제외하면 10위 전후의 가치였다. 코로나19 발생 이전 넥슨, 엔씨
소프트, 넷마블 모두 20조 원 이하의 기업 가치를 기록했다.

장병규는 초안을 들고 김창한을 만났다. 세부 사항보다는 큰
흐름과 방향, 숫자와 의미를 주로 설명했다. 장병규는 크래프톤
시가총액 20조 원에 담긴 의미를 전했다. "PUBG만 풍성하게 잘
하는 것만으로 기업 가치 20조 원을 지속하기는 다소 어려울 것
으로 예상합니다. 배틀그라운드만큼의 새로운 IP나 중량급 IP가
2~3개 추가되어야 가능할 것으로 예상합니다. 김창한 대표의 'IP
창출자' '엔터테인먼트로의 확장' 방향과 일맥상통한 목표라고 생
각합니다."

김창한은 그 자리에서 CEO를 맡겠다는 의사를 장병규에게 전
했다. "장병규 의장님과 이사회의 전폭적인 지지와 능동적인 업무

지원이 있어야만 저의 도전이 그나마 가능합니다. 초안은 그런 기조를 반영하고 있는 것 같습니다." 김창한은 이후 계약의 세부 사항을 장병규에게 일임했다.

　다음 날 장병규는 임시 이사회 개최를 알리며 신임 CEO 보상안을 설명했다. "어제 저녁에 김창한 대표와 CEO 보상안의 주요 내용을 합의했습니다. 신임 CEO가 그리는 미래상을 주주들이 공감하고 지지해야 합니다. 보상 구조와 수준 역시 이에 상응해야 합니다. 크래프톤은 제2의 창업에 준하는 장기 목표와 비전을 설정했습니다. 이를 고려한 보상입니다. 구성원들에게 보여주는 이번 보상안의 명분과 효과는 자명합니다. 특히 스톡옵션 보상은 시가총액 20조 원을 달성해야만 행사할 수 있기에 구성원에게 명확한 메시지를 줄 수 있습니다. 신임 CEO가 도전의 중심이라는 것을 의미하고, 보상은 주주들의 지원을 표현하는 것입니다. 보상을 둘로 분리함으로써 크래프톤 CEO가 단순한 전문경영인이 아니라는 점을 분명히 하려고 합니다."

　임시 이사회를 열고 신임 CEO 보상안을 의결한 뒤 장병규는 김창한을 카페로 불렀다. "CEO가 되면 CEO가 알아서 하는 겁니다. CEO는 이사회 의장 옆에 있는 사람이지 밑에 있는 사람이 아닙니다. 이사회는 CEO와 균형을 이루고 CEO를 견제하는 조직입니다. 저는 이사회 의장으로서 CEO가 잘되도록 열심히 지원할 겁니다." 장병규는 "하나만 약속해달라"며 말을 이어갔다.

　"CEO 김창한이 꼭 지켜줘야 할 하나는, 크래프톤을 위해 살아주는 것입니다. 당신을 위해서 살면 안 됩니다. 저 역시 그렇게 살려고 노력해왔습니다. 이것 하나만 해주면 저와 생각이 다르거나 여러 문제가 있어도 큰일은 일어나지 않을 겁니다. 김창한이 크래프톤을 위해서 사는 한, 장병규와 싸울 일은 없을 겁니다. 그러나 김창한이 김창한을 위해 살면 반드시 저와 크게 싸우게 될 겁니다. 크래프톤을 위한 것이 아니라 김창한을 위한 행위가 되면 분명 문제가 될 것입니다. 이것만 꼭 기억해주면 좋겠습니다.”

65억 원 상환

　장병규는 연합의 일원인 스콜과의 이별을 준비했다. 장병규의 요청으로 스콜 제작 리더십이 크래프톤에서 독립하는 ‘결별 방안 회의’가 열렸다. 크래프톤과 스콜 경영진이 회의에서 마주 앉았다. 크래프톤 측에서는 장병규, 김효섭, 배동근이 참석했고, 스콜 측에서는 박진석 대표를 비롯한 고웅철 개발 총괄PD 등 제작 리더십이 참석했다. 박진석은 장병규와 함께 1990년대 온라인 서비스 업체 네오위즈를 공동 창업하며 오랜 인연을 맺었다.

　박진석, 고웅철을 포함한 4명의 스콜 제작 리더십은 크래프톤 지분을 2.5퍼센트 이상을 보유한 주요 주주였다. 배틀그라운드 성공 이전인 2015년, 블루홀이 중소 게임 개발사를 인수하는 연합 전략을 폈을 때 주식 교환 방식으로 인수되면서 지분을 확보했다.

　장병규는 결별 이유로 “생각이 너무 다르다”고 말했다. “크래프톤과 스콜의 생각이 다른데, 앞으로도 이걸 맞춰나갈 가능성은 없는 것 같습니다. 동일한 제작 리더십으로 수년간 서너 번 실패하면 변화가 당연히 필요하다고 생각합니다. 그런데 스콜은 변화하지 않아도 된다고 강하게 믿고 있습니다. 그 믿음을 상대로 저는 설득할 자신도 없고, 스콜은 설득되지도 않을 겁니다. 그냥 다른 생각을 가지고 있는 것 같아요." 양측이 서로 다른 철학과 믿음을 가진 것이 명확해졌다는 게 장병규의 의견이었다.

스콜은 2018년에 57억 원, 2019년에 46억 원의 당기순손실을 기록했다. 모바일 MMORPG '테라M'에 이어 일본 시장을 겨냥한 모바일RPG '테라 오리진'을 현지에 출시했으나 참담한 성적표를 받았다. 제대로 힘을 써보지도 못하고 출시 3개월 만에 서버 5개가 통합됐다. 경영 평가 회의에서 크래프톤 경영진은 "스콜에서 동일한 제작 리더십이 두 번 실패했다면, 리더십을 변경하거나 보강해야 한다"고 의견을 냈지만, 박진석은 "그럴 필요가 없다"며 잘라 말했다.

테라M을 기획할 당시 장병규는 김강석과 함께 "스콜은 작은 게임을 잘 만드는 팀이니 대규모 MMORPG 개발은 하지 않았으면 좋겠다"며 개발을 만류했다. 이를 외면하고 스콜은 독자적으로 개발을 강행했지만 흥행에 실패했다. 장병규는 사석에서도 박진석에게 개발 방향에 대한 우려를 두세 번 진지하게 전했지만, 스콜의 제작 리더십은 MMORPG 개발을 거듭 선택했다.

한 번 켜진 적신호는 꺼질 줄 모르고 주변의 빛까지 앗아가고 있다는 게 장병규의 판단이었다. "테라M과 테라 오리진에 관한 생각이 지금까지 서로 다르고 사석에서도 달라요. 왜 우리가 같이 일하는지 모르겠습니다. 그래서 결별해야 한다고 생각합니다. 저는 판단을 했는데 다른 생각이 있으면 이야기해주면 좋겠습니다. 행여라도 우리가 배운 게 많아서 장병규 당신이 틀렸다, 결별하는 건 아니다 하는 생각이 있으면 그걸 주장하셔도 좋아요. 예를 들면 신작 계획이 본인들의 발전을 보여줄 좋은 기회라고 생각하시면 오늘 브리핑하셔도 됩니다. 궁금한 게 있으면 질문하세요. 일은 무거워도 분위기는 가볍게 할 수 있지 않습니까.”

　박진석은 차기작 이야기를 꺼냈다. 수집형 RPG 장르였다. MMORPG가 범람하고 있어도 수집형 RPG는 시장이 계속 존재할 것이라고 말했다. 신작 게임의 콘텐츠와 주요 키워드, 목표 매출과 출시 일정에 대한 설명을 한참 듣던 장병규가 입을 뗐다.

　“제 생각은 2가지인데요. 하나는 수집형 RPG라고 하지만 그냥 RPG인 것 같습니다. 수집형 RPG라면 기본적으로 캐릭터 수집이 중심이 돼야 하는데, 캐릭터가 20명 정도밖에 되지 않으면 수집하는 게 아니죠. 그래서 그냥 RPG 같은 느낌입니다. 물론 이 부분은 각자 생각이 다를 수도 있습니다.

　그런데 스콜이 MMORPG를 만들 때 제가 반대했던 중요한 이유를 저는 아직 명쾌하게 기억하고 있습니다. MMORPG든 RPG든 수집형 RPG든 기획 난도가 매우 높습니다. 전 세계적으로 이를 잘 해내는 팀이 극히 드물어요. 그래서 당시에도 반대했고 지금도 안 될 것이라고 생각합니다.

　RPG를 잘하는 팀은 별로 없어요. 제가 심지어 테라본부장도 해봤잖아요. RPG를 오랫동안 플레이하게 만드는 일은 고난도의 작업입니다. 현 스콜 제작 리더십이 그걸 잘 해낼 거라는 생각은 일단 없습니다. 예전에 MMORPG 제작을 반대했던 동일한 이유로 반대하는 겁니다. 전 여전히 문제가 해소되지 않았다고 생각하는 것이고, 스콜 경영진은 잘할 수 있다고 믿는 것입니다. 이게 생각이 다른 것이죠.

다른 하나로, 세계 시장을 보면 RPG는 마이너 게임 장르입니다. 불행하게도 메이저 게임 장르가 아닙니다. 그런데 한국 게임사들은 죄다 RPG를 만들고자 합니다. 이해가 안 돼요. 세계 시장을 보면 다른 게임을 만들어야 할 것 같은데 말이죠. 솔직히 저는 최근 RPG 제작을 하겠다는 두 회사의 투자 요청을 바로 거절했습니다. RPG 관련 제작 리더십을 인수하지 않는 것이죠. 전 세계로 보면 시장도 크지 않고 만들기도 힘들고…. 왜 하는지 이해가 안 됩니다.

2~3년 전 테라M을 만들기 시작했을 때와 지금의 스콜이 달라진 게 무엇인지 솔직히 모르겠습니다. 변화 없이 같은 방식을 동일하게 한다면 실패가 반복되는 건데, 잘 이해가 안 됩니다. 그래서 생각이 다르다고 하는 겁니다. 신작 이야기를 들어도 저는 같은 생각이 듭니다. 생각이 다르기 때문에 결별해야 한다는 마음은 변함이 없습니다. 어떤 경우엔 의사 결정이 복잡하지 않을 수 있기 때문이죠."

크래프톤의 브랜드, 자금, 조직 지원과 같은 공유 자원은 소중하게 사용되어야 하고, 크래프톤 경영진은 공유지의 비극을 막기 위해 책임과 역할을 다해야 한다는 게 장병규의 의지였다. 스콜은 이러한 가치를 존중하지 않는다고 판단해 결별하기로 마음먹었다.

　크래프톤은 결별의 방식으로 2가지 안을 제안했다. 하나는 스콜 경영진이 크래프톤이 보유한 스콜 지분을 100퍼센트 매입하는 MBO Management Buyout(경영자 인수) 방식이었다. 스콜 경영진이 보유한 크래프톤 주식을 매도해 자금을 마련한 다음, 그 돈으로 크래프톤이 보유한 스콜 주식을 인수해 독립하는 방법이었다. 다른 하나는 폐업(파산)이었다. 두 방안 모두 크래프톤이 강제할 사항이 아니었기에, 스콜 측이 조만간 최종 결정을 내리는 것으로 회의는 마무리됐다.

　장병규는 스콜이 MBO 방식을 선택할 것이라고 기대했다. 스콜이 제작 리더십을 변경할 필요가 없다고 주장했던 데다 스콜 구성원의 안정도 중요했기 때문이다. 2015년 스콜 인수 당시 금액인 170억 원에, 연합 일원으로서 그간 크래프톤에서 발생한 대여금 65억 원을 더한 총 235억 원이 MBO에 필요한 재원이었다. 피인수 당시 주식 교환 방식으로 스콜 제작 리더십이 보유한 블루홀(크래프톤) 주식의 가치는 2,000억 원으로 불어나 있었다.

　결별 회의 이후 4일 만에 스콜 경영진은 파산을 선택하겠다는 뜻을 알려왔다. 3일 뒤 배동근은 스콜 사무실을 방문해 문서를 전달했다. 회사가 파산할 때 경영진과 구성원에게 미칠 영향을 분석한 문서였다. 배동근은 MBO에 필요한 재원을 235억 원에서 65억 원으로 낮춰 MBO를 권유했다. 6일이 지나고 스콜의 박진석에게서 돌아온 답변은 파산이었다.

"2가지 방안 이외에 혹시 다른 방안이 있을지 머리를 맞대고 수차례 논의했습니다. 현 상황을 지연하거나 미루거나 기피하는 쪽으로 보이는 아이디어들밖에 나오지 않아 역시나 큰 틀에서 둘중 하나를 선택해야만 했습니다. 예상치 못하게 등장한 의제였고, 시점과 상황이 매우 엄혹하게 맞물려 저희는 어떤 쪽이든 빨리 결정하고 진행해야 하는 처지에 놓여 있습니다.

제가 이해한 2가지 안에 대한 크래프톤 입장은 아래와 같을 듯합니다.

'MBO: 하지 말라고 하는 걸 자꾸만 한다고 하니, 그럴 요량이면 너네 주식을 도로 다 사가고 빚도 다 갚은 후, 온전하게 스콜을 너희 것으로 만들어서 너희가 만들고 싶은 거 마음대로 만들어라.'

'파산: 함께하기 싫은데 금전적으로 얽힌 부분은 많고…. 돈 문제를 해결하기 쉽지 않아 보이는데, 우리는 손 놓을 테니 그냥 회사 파산하는 게 어때? 한두 사람 수고스럽겠지만….'

짧게 적긴 했지만 이게 솔직하게 제가 느낀 것입니다. 어떻게 되든 앞으로 운영 자금은 계속 필요하고 크래프톤에서 빌린 자금도 갚아야 하는 상태에서 추가적인 지원 또한 없을 것이기에, 우리 입장에서는 파산 외에는 선택의 여지가 없어 보입니다.

좀 더 자극적으로 이야기해서, MBO가 일단 돈을 많이 쓰고 장기적으로도 계속 돈을 쓰며 말라 죽어가다가 회사를 접게 되는 모델이라면, 파산은 그냥 돈을 쏟아붓고 회사를 접은 뒤 매우 귀찮고 지난한 작업들이 동반되는 정도의 모델로 보이니까요.

　물론 돈 문제 말고도 고민했던 부분은 많습니다. 임직원들이 가졌으면 했던 여러 공감대, 회사가 사회에 기여해야 하는 가치, 동료들 간의 유대감, 회사에 대한 믿음, 개개인의 미래에 대한 안정감, 외부에서 바라보는 시각 등 나열하자면 한도 끝도 없겠지요. 그렇지만 이 같은 것들은 그 가치를 측정할 수도 없고 계량할 수도 없는 것이기에, 지금처럼 숨이 차서 헐떡거리는 마당에 이런 가치들을 판단한다면, 결정을 더디게 할 뿐일 겁니다. 또 결과적으로는 악영향이 될 것이라는 생각에 철저하게 돈이라는 문제에 집중할 수밖에 없었습니다.

　내용이 길었습니다만, 우리의 결론은 법인 파산입니다."

　다음 날 크래프톤 배동근은 "파산 시 가장 고통을 받는 사람은 스콜 구성원일 것"이라며 MBO안을 다시 제안했다. "현시점에서 제일 걱정스러운 건 스콜 구성원분들입니다. 어찌 됐건 스콜 경영진의 결정으로 가장 많은 고통과 피해를 입는 분들은 구성원일 수밖에 없습니다. 따라서 스콜 구성원을 위해 MBO를 고려해주셨으면 하는 마음이 큽니다. 그리고 그렇게 하실 수 있도록 제안을 드리고자 합니다. 스콜 경영진을 신뢰하면서 같이 노력해온 스콜 구성원을 위해 한 번 더 검토를 부탁드립니다." MBO에 필요한 자금을 기존 65억 원에서 10억 원으로 다시 한번 낮췄다.

　5일이 지나 답이 왔다. "스콜 경영진이 전 직원에게 현재 상황을 알리고, 앞으로 운영 방안을 모색하겠다"는 내용이었다. 스콜은 "MBO를 염두에 두겠지만 운영 방안이 나오지 않는다면 폐업하겠다"며 결정을 유보했다.

"제안해주신 MBO 방안을 수락한다고 하더라도, 운전자금 확보와 차기작에 대한 고민은 여전히 남아 있습니다. 계획도 없이 회사를 지속시키는 건 아무런 의미가 없다고 봅니다. 다만 60여 명이라는 인력풀을 만들어내기 위해 그동안 들인 시간과 노력, 팀에 맞지 않는 사람을 걸러내야만 했던 쉽지 않은 결정들…. 이 시간을 함께해 온 직원들과 그들 사이에 형성된 팀워크를 새로이 구축하는 것이 얼마나 어려운 일인지 잘 알기에, 저희도 힘들게 꾸려온 이 조직을 공중분해하는 것을 바라지 않습니다.

다만 MMORPG를 개발하기 위해 꾸렸던 조직인 만큼 규모를 축소하는 과정은 피할 수 없다고 봅니다. 앞으로 한 주간 톱다운 방식으로 전 직원에게 회사의 현재 상황과 앞으로 벌어질 일들을 설명할 예정입니다. 복리후생이나 근무 환경은 예전만 못할 것이고, 연봉은 동결되고 그것마저도 한 달 후면 끊길 수 있다는 것 등등…. 남아 있어 달라고 붙잡는 것이 아니라 사실 그대로를 덤덤하게 전달하고 개인의 잔류 여부를 묻겠습니다.

이와 동시에 실장급들에겐 정리해고 대상이 될 직원을 선별하는 작업을 부탁할 예정입니다. 이 같은 과정을 통해 남게 될 인력만으로 무언가를 만들어낼 수 있는 여지와 의지가 보인다면 MBO 방안을 택하겠습니다. 정확하게는 'MBO 진행만이 아니라 추후 회사 운영 방안을 모색해낸다'는 것이 맞겠습니다.

폐업은 아무 때나 선택할 수 있는 옵션이기에 가급적 마지막의 마지막으로 미루고 싶습니다. 자금도 차기작 구상도 준비돼 있지 않은 상황에서 회사의 가능성과 동료에 대한 믿음만으로 남으려는 사람들과 함께라면 막무가내로 보이는 이 무모한 도전을 하고 싶습니다.

추신. 파산으로 가느냐 마느냐 하는 것과 별개로 크래프톤의 입장을 장 의장님께서 직원들에게 이야기해주신다면 큰 의미가 있다고 봅니다. 또한 장 의장님께서 바라보시는 스콜의 모습에 대해서도 말씀해주신다면 아무리 쓴소리일지라도 그것을 통해 배울 게 많을 것이라고 생각합니다." 박진석은 테라M 개발을 이끈 고웅철에게서 "개인의 희생도 싫고, 앞으로의 의욕도 없다"는 말을 듣고, 그를 회사에서 내보냈다.

박진석과 배동근 사이에 오가는 메일을 참조인 자격으로 지켜보던 장병규가 다음 날 박진석에게 메일을 썼다.

"제가 스콜에 방문했을 때 첫 회의에서 MBO나 파산 결정을 논의하기 전에 결정 사항이라면서 스콜과 크래프톤은 '결별'한다고 말씀드렸습니다. 즉 제가 '박진석 등'을 위해서 뭔가 해야 할 이유는 없습니다. 결별을 이야기한 순간부터 저는 크래프톤 입장에서만 생각하고 있습니다.

그렇기에 만약 제가 스콜 구성원들 앞에 선다면, 박진석 등 4명은 총 30만 주 이상의 크래프톤 주식을 가졌고, 스콜은 지금까지 계속 실패했음에도 주당 가치를 50만 원으로 추산한다면 박진석 등은 1,500억 원 이상을 보유했으며, 결별 결정 이전에는 본인들이 변할 게 없다고 주장하다가 크래프톤이 결별을 결정하자 바로 스콜 구성원들을 위해선 본인들의 돈을 쓸 수 없다는 이야기를 계속했는데, 이런 상황이 도의에 맞는지 모르겠다는 이야기를 하려고 합니다. 그게 저의 현실 인식이니까요.

추가로 박진석 등의 무지가 되었든 이기심이 되었든 어떤 이유에서든 배동근 CFO가 제안한 마지막 방안이 과연 크래프톤 입장에서 최선이었나 하는 생각까지 듭니다. 마지막으로 제안한 10억 원 MBO 방안은 없던 것으로 하고 크래프톤 내부에서 원점부터 다시 이야기를 나눠보겠습니다. CFO님이 다시 연락할 겁니다.

추신. 결별을 선언한 순간부터 서로 데면데면한 관계가 될 것이라고 예상했으나 적대적인 관계까지 가리라 생각하지는 않았습니다. 박진석 대표와 적대적 관계까지 가지 않기를 여전히 바랍니다만, 시간이 지날수록 그 가능성이 커지고 있음은 꼭 밝혀두고 싶습니다."

다음 날 배동근은 스콜에 MBO를 다시 권유했다. 크래프톤에서 차입한 대여금 원금과 이자의 합인 65억 원을 상환하고 스콜 구성원들에 대한 책임을 다한다는 조건을 제시했다.

5일이 지나 스콜 경영진은 크래프톤에 폐업 결정을 통보했다. 다음 날 내부 구성원에게는 월급과 퇴직금, 위로금 성격의 6개월 급여를 지급하겠다고 공지했다.

장병규는 크래프톤 직원들에게 스콜의 폐업 결정을 알렸다. 폐업 사실뿐 아니라 결별 이유와 크래프톤의 노력을 상세히 밝혔다. 장병규가 보내는 공지의 마지막 소제목은 '스콜 구성원을 위하여'였다.

"우선 박진석 등이 스콜 전체 구성원에게 공지한 바를 잘 이행할 것이라고 저는 믿습니다. 그럼에도 행여나 이행에 소홀하다면,

크래프톤은 스콜 구성원들이 정해진 법적 보호를 받을 수 있도록 최선을 다해 돕겠습니다. 크래프톤 내부의 기존 사내 이동 기회는 변함없이 열려 있습니다.

다만 스콜 상황을 고려하여 스콜 구성원들의 인사 기록을 최소 1년간 유지하고, 이 기간 동안 사내 이동의 길을 열어놓겠습니다. 별개로 저도 향후 처리를 관심 있게 지켜보겠습니다. 이유가 어떻든 스콜 구성원들이 가장 큰 어려움을 겪고 있다는 점을 깊이 헤아리고 있습니다.

질문이 있거나 필요한 조치가 있다면 저에게 직접 연락해주셔도 좋고, 크래프톤 피플실로 문의하셔도 좋습니다. 모쪼록 이번 사태가 잘 마무리되어 크래프톤이 좀 더 단단하게 자리 잡는 기회가 되기를 바랍니다.

추신 1. 제작 리더십: 제작의 전체를 책임지는 한 명 혹은 여러 명의 사람으로, 스콜의 경우 '박진석 등'과 거의 유사합니다.

추신 2. 박진석 등이 왜 폐업을 최종 결정했는지는, 제가 (추측은 하지만) 명확히 전달받지(혹은 이해하지) 못하여 설명드리지 못했습니다."

"스콜 폐업에 따른 고충이 있어 메일을 보냅니다." 다음 날 피플실의 임재연은 스콜 직원에게서 수신한 메일을 장병규에게 전달했다.

"간간이 스콜에서 뵈었는데 잘 지내시는지요. 올겨울은 춥지 않다고 하지만 이번 한 주는 마음도 기온도 정말 춥네요. 건강 잘 챙기세요.

다름이 아니라 스콜 폐업 이슈가 발생해 연락드리게 됐습니다. 어제 장 의장님의 상세한 상황 설명 메일을 읽고 많은 생각을 했는데요. 마지막까지 스콜 구성원들을 위해 최선을 다해 신경을 써주셔서 정말 감사합니다. 피플실을 통해 고충을 전달해달라는 내용을 보고 이렇게 메일을 보내게 됐습니다.

저는 크래프톤 구성원으로서 자부심을 가지고 타인과 대화할 때도 크래프톤 구성원임을 자랑스러워했습니다. 그렇게 만족스러운 나날을 보내던 중, 연합에서 분리된다는 소식을 듣고 참담한 마음을 금치 못했습니다. 지금 몸은 스콜에 있지만 항상 본사로 이동해 크래프톤 내부에서 연합을 위해 힘 쏟을 날을 꿈꾸고 있었죠. 일이 이렇게 되어 아쉽지만 장 의장님이 1년이나 사내 이동의 길을 열어주신 점에 감사했습니다.

서론이 길었습니다. 제 고충을 말씀드리자면, 사내 어린이집을 제 자녀가 이용하고 있습니다. 작년부터 생긴 어린이집은 크래프톤 복지 중 가장 큰 복지였습니다. 폐업 구성원으로서 자격이 박탈되면 어린이집을 나가야 하는 상황이 생길 것 같습니다. 어린이집의 특성상 대기 시간이 짧게는 6개월에서 길게는 몇 년에 이르기 때문에 다른 곳에 당장 들어가기가 쉽지 않습니다.

처음 크래프톤에 어린이집 혜택이 생기고, 지원 후 합격 소식을 들었을 때 대학에 합격한 것처럼 기뻐했던 게 엊그제 같은데, 퇴소해야 한다는 생각을 하니 눈앞이 깜깜합니다. 그래서 저는 현재 사내 이동을 하기 위해 혼신의 힘을 다하고 있습니다. 하지만 제 뜻처럼 일이 잘되지 않을 수도 있으니 이렇게 부탁을 드립니다.

　저희 아이가 다른 어린이집에 등원할 때까지 한 학기(6개월)만이라도 어린이집을 이용할 수 있게 해주실 수 있을지 궁금합니다. 그 이후에는 새 어린이집을 구하지 못하더라도 퇴소하겠습니다. 한 학기만 더 다닐 수 있도록 유예기간을 주시길 간곡히 부탁드립니다. 그에 따른 비용을 알려주시면 감수하겠습니다. 검토 부탁드립니다. 긴 글 읽어주셔서 감사합니다. 행복한 하루 보내세요!"

　임재연은 자녀를 사내 어린이집에 보내는 직원들에게서 "퇴직이 더욱 두렵고 부담된다"는 하소연을 자주 듣고 있다고 전했다. "최소 한 학기는 어린이집 이용을 허용해주는 게 필요하다고 생각합니다. 의견 부탁드립니다." 장병규는 짧은 답장을 남겼다. "공감합니다."

　스콜 직원은 목표했던 PUBG로의 사내 이동에 성공했다. 그 밖에 다른 스콜 구성원들의 추가적인 사내 이동 소식은 들리지 않았다.

Phase 1

　장병규는 3월 KLT에서 '조직 업그레이드 계획'이라고 이름 붙인 발표 자료를 들고나왔다. 코로나19 팬데믹으로 재택근무가 도입되면서 처음으로 실시간 방송 시스템을 갖추고 KLT 현장을 온라인으로 중계했다. 팬데믹 초기, 직원 대부분은 "팀 단위 작업이 많은 게임 제작 특성에 맞지 않는다"며 재택 근무에 부정적이었다. 크래프톤은 집에서도 회사와 유사한 환경에서 일할 수 있도록 모든 구성원에게 회사와 같은 사양의 PC를 제공했다.

"이사회 의장 장병규로서 발표합니다. 코로나19 팬데믹으로 일상이 어수선합니다. 하지만 이렇게 재택 근무를 실험하고 실시간 방송을 하게 되는 기회가 되기도 하지요. 일상이 잘 정돈되어 함께 얼굴을 보면서 일할 수 있으면 좋겠습니다."

연합의 레드사하라가 모바일 RPG 게임 '테라 히어로(프로젝트명 테라 프런티어)'를 출시한 날이기도 했다. "모든 게임을 출시할 때마다 배틀그라운드만큼, 아니 배틀그라운드보다 더 잘되길 기대합니다. 성과를 지켜봐주시고 응원해주셨으면 합니다. 오늘 드릴 이야기는 진지할 수도 있지만, 어떻게 보면 조직이 성장하면서 자연스럽게 나오는 여러 가지 이야기로 봐주시면 됩니다."

장병규는 "2가지 단어를 기억해주셨으면 한다"며 '지속 가능성'과 '성장'을 언급했다.

"이사회 의장으로서 크래프톤을 고민할 때 최근 들어 가장 중요하게 생각하는 단어는 지속 가능성입니다. 크래프톤은 전체적으로 보면 돈을 벌고 단기와 중기적으로 큰 문제 없이 나아갈 수 있는 회사가 됐습니다. 하지만 향후 10년, 20년, 30년을 바라봤을 때 과연 이 회사가 꾸준하게 성장할 수 있는 회사인가, 하는 질문에 저희는 답하지 못했습니다.

조직은 성장하지 않으면 퇴보할 수밖에 없습니다. 여러 자리에서 말씀드렸지만, 유지는 퇴보에 가깝습니다. 지속 가능한 조직은 꾸준하게 성장하는 조직입니다."

'지난 3년에 대한 평가'라는 부제 아래 재무 실적을 띄웠다. 분기별 매출과 영업 이익을 나타내는 막대 그래프와 꺾은선 그래프가 화면을 채웠다. PUBG를 제외하고 다른 회사들은 영업 이익에서 만성적인 적자를 기록하고 있었다.

"변화를 이야기하려면 우리가 처한 현황이 어떤지 알아봐야 하겠죠. 여러 방식으로 볼 수 있겠지만 재무상 수치를 본다면 PUBG를 제외한 나머지는 2017년부터 2019년까지 3년간 이익을 낸 적이 단 한 번도 없습니다. 추세는 점점 악화되고 있습니다.

물론 아시겠지만 우리는 투자를 먼저 합니다. 게임을 제작하려고 투자를 하죠. 지금까지 계속 투자를 해왔고 앞으로도 멈추지 않을 겁니다. 이 추세가 이어질 수밖에 없는 현실은 이해하지만, 그렇더라도 경각심을 가져야 합니다. 그러면 PUBG는 잘하고 있느냐? 잘하고 있는 건 사실이지만, 냉정하게 현실을 되돌아봐야 한다는 생각이 듭니다."

화면 오른쪽 그래프는 PUBG의 영업 이익이었다. 자체 서비스로 발생한 영업 이익을 나타내는 노란색 선 그래프는 고꾸라지는 반면, IP 라이선스 계약에 따른 이익을 보여주는 보라색 선 그래프는 꾸준히 하늘로 치솟고 있었다.

"2019년 4분기부터 중국에서 배틀그라운드 IP를 활용한 게임이 돈을 벌기 시작했습니다. 예상했던 대로 그리고 텐센트가 크래프톤 2대 주주가 됐을 때부터 기대했던 대로 텐센트가 일을 잘하고 있습니다. 상당한 영업 이익이 텐센트에서 나오는 모습을 보이고 있습니다. 좀 심하게 말하자면 크래프톤은 텐센트가 일해서 돈을 버는 회사라고 할 수 있는 겁니다.

물론 배틀그라운드 PC 버전에서 구현한 기능들이 모바일 게임에 들어갔죠. 게임의 재미는 PUBG가 만들고, 그것을 모바일로 이식한 겁니다. 어쨌든 자체 서비스 이익보다 IP 라이선싱 이익 비율이 더 높아지는 상황입니다. 이익 차원에선 긍정적이지만 조직이 건강하다고 말하기는 어렵습니다."

지난 3년의 경영 평가를 요약한 문구가 다음 화면을 채웠다. '경영 평가에서 회사의 외형 성장에 비해 기본 기능이 취약하다는 점이 지적됨. 제작 리더십을 확대해 미래 성장을 도모하려는 전략 실행도 저하됨.'

"조직이 숫자만 가지고 돌아가는 건 아니니까요. 작년 말에 경영이 과연 어떻게 되고 있는지 돌아봤습니다. 재무 현황뿐 아니라 여러 가지 문제가 있다는 것을 발견했습니다. 예를 들면 주요 과제의 추진 속도가 상당히 느리다는 점이었죠. 제작 라인과 공용 조직의 협업 문제도 꾸준하게 발생하고 있었습니다. 이런 문제가 여러 사람의 입에서 나왔던 거죠.

경영의 기본, 즉 회사에서 당연하게 작동해야 하는 기본이 조직 성장세와 다르게 약하다고 판단하게 됐습니다. 크래프톤에서 제작 리더십을 늘리는 속도도 둔화되고 있습니다. 물론 숫자가 아니라 얼마나 훌륭한 사람들을 확보하느냐가 중요하지만, 훌륭한 인재가 많으면 당연히 좋은 거잖아요?

회사의 기본기가 약하다 보니 제작 리더십이 늘어나는 속도도

약해지고 있습니다. 이런 비재무적인 요소를 보더라도 지금이 그렇게 썩 좋은 상태는 아니란 걸 알게 된 거죠. 이런 현실 때문에 발표를 하게 됐습니다."

장병규는 2020년 주요 키워드로 '변화' '성장' '기본기'를 내세웠다. "변화가 필요합니다. 지속 가능성과 성장을 고민해야 합니다. 회사와 조직의 기본기가 탄탄해져야 합니다. 변화, 성장, 기본기를 조직 문화와 같은 회사 전체의 변화로 만들 수도 있지만, 이번에는 경영진의 변화를 꾀하려고 합니다. 경영진을 바꿔 변화를 추진하려고 합니다. 어떻게 보면 톱다운 방식의 변화라고 보셔도 될 겁니다."

장병규는 김효섭 대표의 사임을 알렸다. "이번 결정을 두고 많은 사람이 '문책 아니냐'와 같은 말을 할 수도 있습니다. 그런데 가만히 생각해보니 제 판단으론 김효섭 대표와 현재 경영팀은 최선을 다했습니다. 그럼에도 지난 2년간 저희가 겪었던 수많은 일은, 어떻게 보면 현 경영진의 역량과 경험 측면에서 바라봤을 때 너무나 높은 도전 과제가 아니었나 싶습니다. 최선을 다했지만 과제 자체가 상당히 어려웠던 것이죠."

이어 지난 4년간 직원 수 증가 추이가 담긴 그래프를 보여줬다. 2017년 하반기 김효섭 대표 취임 당시 690여 명이던 직원 수가 2019년 말에는 1,900여 명으로 불어나 있었다. 조직 규모가 2년 동안 3배 가까이 커진 것이다.

"블루홀 시절부터 경영은 김강석 대표와 제가 함께 10년 정도 했습니다. 그때에도 경영이 쉬웠다고 생각한 적은 단 한 번도 없었습니다. 경영은 늘 어려웠습니다. 힘든 과제를 수행한다고 늘 생각했습니다. 김효섭 대표가 취임한 이후에 달라진 게 딱 하나 있습니다. 돈을 좀 벌어서 예전보다 돈에 조금 덜 쪼들린다.

조직이 이렇게 성장했는데 경영 과제가 쉬워졌다고 할 수 없습니다. 그렇다면 김효섭 대표와 현 경영진이 2년 정도 큰 과오 없이 최선을 다해 일했다는 점만으로도 일정 수준 이상의 평가를 받는 것이 적정하다고 생각합니다.

물론 평가와 별개로 변화는 또 다른 문제이기에 오늘 이렇게 사임을 알리긴 합니다만, 많은 호사가가 잘못된 평가를 하는 건 가급적 막고 싶습니다. 오늘 이 자리를 통해 여러분에게 이런 뜻이 잘 전달되었으면 합니다."

장병규는 1988년부터 2018년까지 마이크로소프트의 주가 추이 그래프를 제시했다. 1대 CEO이자 창업자인 빌 게이츠에서 시작해 2000년 2대 CEO 스티브 발머, 2014년 3대 CEO 사티아 나델라에 이르기까지 각 CEO의 임기를 시기별로 구분했다.

"마이크로소프트는 현재 세 번째 CEO가 경영하고 있습니다. 두 번째 CEO 임기 동안 시가총액은 취임 당시보다 퇴임 때 오히려 내려갔어요. 투자자 입장에서 스티브 발머 CEO는 일을 잘하지 못했다고 보면 맞겠죠. 그런데 내막을 살펴보면 그런 평가는 적절하지 않습니다.

지난 10년 동안 마이크로소프트는 독점금지법에 따라 회사가 쪼개질 위기를 겪었습니다. 회사가 쪼개지지 않고 하나의 팀으로 남을 수 있도록 한 것이 스티브 발머의 가장 큰 공로입니다. 그리고 그 시절 마이크로소프트는 막대한 현금을 축적했습니다. 이를 바탕으로 3대 CEO가 취임하자마자 바로 성장을 시작한 것이죠.

그렇다면 3대 CEO가 성과를 내는 건 2대 CEO가 일정 수준 이상의 성과를 달성해줬기 때문이라는 평가를 내릴 수 있습니다. 김효섭 대표의 임기 동안 구성원이 3배가량 늘었습니다. 대단히 어려운 과제를 수행하면서 큰 과오 없이 지난 2년을 보내주셨다고 생각합니다. 그런 점을 저희가 높게 평가해야 합니다. 김효섭 대표님을 위해서 박수 한 번 쳐주시죠!"

박수를 받으며 김효섭이 몸을 일으켜 꾸벅 인사했다.

"보통 이런 자리면 '울지 마!' 이런 분위기가 되지만, KLT는 예능 프로그램이 아니니까요! 김효섭 대표님이 적절한 시점이 되면 소감이나 거취를 구성원분들께 자연스럽게 알릴 기회가 있을 겁니다. 다시 박수!" 장병규가 얼굴을 가다듬고서 크래프톤의 비전인 '게임 제작의 명가'를 새삼 확인했다.

"신임 CEO를 소개하기 이전에 기본 가치를 다시 돌아봅니다. 신임 CEO를 고민할 때 본질적으로 해야 할 질문은, '왜 우리가 함께 모여 있느냐'라는 것이었습니다. 이 질문을 저희가 꼭 해야 합니다. 모든 조직은 어떤 미션이나 비전, 목표를 함께 달성하기 위해 모여 있는 겁니다.

게임 제작의 명가라는 크래프톤의 비전은 바뀐 적이 없습니다. 블루홀 시절 'MMORPG의 명가'라는 비전이 확대 발전한 것입니다. 이 비전을 두고 여러 표현이 있을 수 있습니다.

예를 들면 크래프톤에서 최근 'PRIDE OF KRAFTON(크래프톤의 자부심)'이라는 캠페인을 시작했습니다. 거기에 4가지 해시태그(#)가 붙죠. '#품격 있게 협업할 수 있는 동료' '#치열함과 장인정신' '#도전과 시행착오' '#축적과 인내.' 블루홀 10주년 때 제가 발표했던 내용의 일부를 반영해 만든 것입니다.

PUBG도 4가지 핵심 가치를 가지고 있습니다. 첫째, 'Fans Come First(팬이 먼저).' 고객에 대한 이야기죠. 둘째, 'Obsession for Quality(품질에 대한 집착).' 품질은 장인 정신과 맞닿아 있습니다. 셋째, 'Challenge, Learn and Win(도전, 학습과 승리).' 시행착오와 도전을 강조하죠. 넷째, 'Together Open-Minded(열린 마음으로 함께).' 협업을 뜻합니다.

표현은 조금씩 달라도 같은 이야기를 이런저런 형태로 하고 있는 겁니다. 많은 사람이 모여 있기 때문에 다양한 표현이 나왔겠죠. 그런데 결국 본질적으로 우리는 게임으로 승부해야 합니다. 게임 제작의 명가가 되어야 합니다. 다른 게 아니라 게임 제작과 사업, 서비스로 승부해야 하는 거죠. 그 점을 고려해 신임 CEO를 선임했습니다."

김창한 이름 석 자가 화면에 올랐다.

"이사회 구성원과 투자자의 의견 수렴을 거쳤습니다. 김창한을 알고 있는 분들과도 이야기를 나눴습니다. 가장 많이 언급된 점은 김창한이 가진 게임 제작, 사업, 서비스에 대한 전문성이었습니다. 김창한은 배틀그라운드 성공 이전에도 10여 년을 게임 제작자로 살았습니다. 엔지니어로 일을 시작해 게임 제작 일을 꾸준히 해왔습니다. 많은 분이 아시는 것처럼 게임 3~4개를 속된 말로 말아드셨죠. 그런 뒤에 배틀그라운드가 성공했습니다.

배틀그라운드 성공 이후에 해당 게임 IP를 활용한 게임 제작이나 다른 게임 제작에도 관여하고 계십니다. 이뿐만 아니라 한국에서 글로벌 서비스를 이 정도로 경험한 사람이 거의 없다는 점도 중요한 선임 이유였습니다.

차기 CEO를 물색한다고 한들 김창한보다 나은 적임자를 과연 우리가 찾을 수 있을 것인가? 한국 게임 산업과 글로벌 게임 산업이 대단히 규모가 큰 것처럼 보이지만, 실제로 이 정도 되는 커리어를 가진 사람은 흔치 않고 몇몇 소수라고 생각하시는 게 맞습니다."

장병규는 김창한 '원맨'이 아니라 '팀'으로서 경영진을 정비할 계획도 함께 밝혔다.

"물론 김창한이 장점만 있는 분은 아닙니다. 선택할 때는 장점과 단점이 함께 따라오는 법이죠. 그래서 이번엔 경영팀을 상호 보완적으로 수립하기 위해 노력하겠다는 말씀을 드립니다. 이건 김효섭 대표 시절에 대한 반성이기도 합니다. 김효섭 대표가 CEO로 선임됐던 2년 반 전에는 이사회와 제가 그의 경영팀을 상호 보완적으로 만드는 데 소홀했습니다.

이번에 이사회에 대한 스터디도 진행했습니다. 이 과정에서 대단히 중요한 이야기가 나왔습니다. 모든 것을 다 갖춘 CEO는 없다는 것이었습니다. 이사회는 CEO에 맞는 경영팀과 C레벨을 잘 갖추도록 노력해야 한다는 문구가 제 마음에 크게 와닿았습니다. 김효섭 대표 시절엔 저를 포함한 이사회가 그런 일을 하지 못했던 점을 반성합니다. 그렇다면 바꾸는 게 맞습니다.

김창한 대표 선임을 두고 의견을 수렴하는 과정에서 이런 이야기도 나왔습니다. '김창한이 훌륭한 분은 맞지만, 대규모 조직을 안정적으로 운영, 관리하고 성장시킨 경험은 검증되지 않은 것 아니냐.' 그리고 최근에는 교통정리가 상당히 많이 됐지만, 배틀그라운드의 성공 초기에 PUBG와 다른 조직 사이에 갈등과 긴장감이 있었던 것은 사실입니다. 그 당시에 연합을 과소평가하거나 다소 무시하는 듯한 김창한의 발언들이 분명히 있었습니다.

그럼에도 게임 제작의 명가를 만들겠다는 방향성에 있어선 김창한과 이사회의 의견이 단 한 번도 달랐던 적이 없었습니다. 추가로 PUBG와 크래프톤의 겸임 CEO가 되면 업무 부담도 상당할 겁니다. 이를 경감하기 위해서라도 상호 보완적으로 경영팀을 만들려고 합니다."

발표를 마치며 장병규는 "스토리 하나를 말씀드리고 싶다"고 했다.

"20년도 더 지난 일입니다. 1990년대 후반에 MMORPG를 만들겠다는 꿈을 품고 엔지니어로 일을 시작한 사람이 있었습니다. 십수 년간 3~4개 게임을 말아먹었죠. 대부분 MMORPG였는데 공교롭게도 크래프톤 연합에 합류했습니다. 크래프톤에 들어와 처음 출시한 게임도 실패했죠. 그게 데빌리언 해외 서비스입니다. 그리고 여러분이 아시는 PUBG라는 스토리가 탄생합니다. 생각해보면 20년간 엔지니어부터 시작해서 게임 제작을 해온 사람이 크래프톤 CEO가 되는 이야기입니다.

지금 여기 계신 누군가도 그리고 새로 시작하는 분들도 언젠가 김창한의 뒤를 이어서 크래프톤 CEO가 되겠다는 생각으로 늘 고민해주셨으면 합니다. 그래야 크래프톤이 지속 가능한, 성장 가능한 회사가 되지 않을까 합니다. 감사합니다."

장병규는 이사회와 크래프톤 직원들에게 자신이 세운 '조직 업그레이드를 위한 변화의 원칙' 4가지를 제시했다.

첫째 원칙은 '중요 분야는 완결 책임자를 세워 속도를 낸다'는 것이었다.

CEO가 바뀐다고 회사가 하루아침에 달라지지 않을 것이라고 판단했다. 김창한이 CEO 업무를 파악하고 인수인계를 하는 동안 크래프톤과 PUBG의 이원화된 경영 회의체를 통합해 하나로 운영할 방침을 세웠다.

둘째 원칙은 '씨줄(제작, 사업, 서비스)과 날줄(직군)의 중심축을 잡는다'는 것이었다.

크래프톤의 공용(지원) 조직은 '모든 게임을 서비스한다'는 원칙 아래 모든 게임 사업과 데이터를 분석했다. 지난 2년을 돌아봤을 때 공용 조직이 모든 게임을 이해하기에는 게임의 장르와 재미가 너무나 달랐다. 장병규는 모든 게임 장르를 서비스하는 공용 조직을 포기하고 공용 조직을 세분화했다. 사업, 데이터 분석, QA(게임을 테스트하고 결함을 찾아내는 일), 로컬라이제이션 등 조직 업무를 게임 장르에 따라 전문화했다.

게임 장르에 따른 업무가 씨줄이라면, 이를 수행하는 사람이 날줄이었다. 업무에 따른 직군을 총괄하는 '직군장' 제도를 신설했다. 직군장은 직군 내 인재의 커리어를 코칭하고 회사 내 인력 수요와 공급을 맞추는 역할을 맡았다. 이는 구성원의 커리어 개발을 지원하고 사내 이동이 활발하게 이뤄질 수 있는 구조를 고민해서 나온 결과였다.

셋째 원칙은 '회사의 기본은 더 회사답게'라는 것이었다.

인사, 재무, 개발 같은 기본 업무에 힘을 싣는 조치였다. 그동안 크래프톤과 PUBG에 따로 존재했던 인사, 회계, 재무 조직을 중앙에 집중되도록 통합했다.

넷째 원칙은 '단기 – 중기 – 장기를 균형 있게 준비한다'는 것이었다.

단기적으론 성과가 클 것 같아 보이는 2~3개 프로젝트에 인력과 시간을 집중해 성과를 높이겠다고 선언한 것이다. 중기적으론 글렌 스코필드의 스트라이킹 디스턴스 스튜디오처럼 트리플A급 대작 게임을 만들 수 있는 신규 제작 리더십을 확보할 계획을 세웠다.

장기 계획을 두고 장병규는 "세간에 매우 많이 나오는 단어들에 대한 준비를 시작해야 된다"고 말했다. 그가 꼽은 '매우 많이 나오는 단어'는 클라우드 게임, AI 딥러닝, 게임 엔진이었다.

장병규는 자신이 주도하는 조직 개편을 'Phase 1(1단계)'이라고 이름 붙였다. 그는 "어떤 CEO가 오더라도 꼭 해야 하는 일들을 CEO 부임 전에 마무리하겠다"고 밝혔다. 'Phase 2(2단계)'는 신임 CEO 몫으로 돌렸다. "저보다 김창한 CEO가 실제 본인의 소신을 펼치는 게 더 중요합니다. 그래서 조직 업그레이드의 다음 계획은 신임 CEO가 조만간 직접 발표하실 겁니다. 그때 임기 3년에 대한 그림을 제시할 것입니다."

3가지 반성

대대적인 콘텐츠 수정을 단행하는 에어는 타이틀명을 '엘리온'으로 바꿨다. 엘리온은 게임 속 새로운 세계로 진입하는 문의 이름이었다. 개발팀은 '극강의 전투 액션을 즐길 수 있는 세계'를 목표로 제시했다. 사전 테스트에서 "전투 재미를 느꼈다"며 가장 긍정적인 반응을 얻었던 PVP(사용자 간) 대전과 경쟁 콘텐츠를 대폭 보강했다.

바뀐 이름이 시사하듯 전장의 무대는 하늘에서 지상으로 내려왔다. 개발팀은 추락 대신 반등의 기회를 노리는 쪽으로 방향을 선회했다. 공중전은 에어의 핵심 차별화 요소이자 정체성이었지만, 거듭된 테스트에서 유저들에게 부정적인 반응을 받았다.

개발을 이끈 김형준 PD는 유저 게시판에 넘쳐나는 비판 글을 바라보며 처참함을 느꼈다. 이후 엘리온에선 탈것을 이용한 공중전투를 과감하게 줄였다. 그러면서도 "결과를 온전히 받아들이는 것과 나 자신이 못나 보이는 걸 이겨내는 게 힘들다"고 털어놓았다. 출근할 때마다 유리문에 비친 자신을 보았다. 낡고 허술한 장비를 두른 게임 속 전사 캐릭터로 보였다. 이 늙은 용사는 '출시'

라는 이름의 보스 몬스터와 싸울 때마다 깊은 무력감에 빠졌다.

사전 테스트만 4번을 했다. 도무지 해답을 찾기 어려워 태국 시장에 먼저 출시해 실제 유저 반응을 보기로 했다. 의자를 몸처럼 여기고 개발과 테스트에 파묻혀 지내다 보니 뱃살이 점점 늘어났다. 소년의 얼굴을 하고서 여러 게임을 왕성하게 즐기던 취미는 없어진 지 오래됐고 가족과도 멀어졌다. 어느 날에는 자신보다 키가 커진 아들을 발견하고 놀라기도 했다. 김형준은 하루에도 몇 번씩 자기도 모르게 이 말을 중얼거렸다. '실패하면 어쩌지.'

김형준은 명상가이자 프로그래머인 마이클 싱어의 책《될 일은 된다》에서 위안을 얻었다. 책에는 이런 내용이 나온다.

소풍 전날 '내일 비가 안 왔으면 좋겠어'라고 기도해봐야 아무 소용이 없다고. 강우降雨는 온 우주가 결정하는 일일진대, 한낱 인간인 너 따위 미물이 바란다고 해서 그렇게 될 성싶으냐고. 저자는 삶과 대결하기보다 그 흐름에 몸을 맡기는 '내맡기기'를 권유하며, 마음을 편하게 만드는 게 성공에 차라리 유리하다고 주장한다. 무엇보다 결과를 온전히 받아들이는 태도가 중요하다고 강조한다. 결과와 나를 분리하면서도, 온전히 자신의 책임을 인정하는 태도가 성숙한 인간의 모습이라고 말한다.

김형준은 투수가 던지는 공을 두려워하지 않는 타자이고 싶었다. 개발자는 게임 실패의 두려움을 극복해야 한다. 그가 채택한 방편은 '이길 때까지 계속하는 것'이었다. 아들이 어렸을 때 함께하던 보드게임이 떠올랐다. 아이는 보드게임을 계속하자고 졸랐다. 언제까지? 이길 때까지. 게임 개발도 이와 크게 다르지 않았다. 포기하지 않으면 실패하지 않는다. 실패하지 않았으니 계속 게임을 만들어갈 수 있겠구나 싶었다.

그런데 나이가 점차 부담으로 느껴졌다. 팔팔했던 때와 다르게 엘리온을 만들면서 제작자로서 감感이 무뎌졌다고 느꼈다. 왕년에는 아이디어 하나를 게임에 적용하면 수많은 유저가 열광했지만, 엘리온에선 기대와 정반대의 반응을 받았다. 그럴수록 맥이 쭉 빠졌다.

스스로를 무능하다고 진단한 김형준은 다시 배우기로 마음먹었다. 배움은 뼈저린 반성에서 출발한다. 그는 에어 개발을 통해 얻은 3가지 반성을 크래프톤 전체 직원에게 공유했다. 반성은 곧 엘리온의 개선 사항이기도 했다.

첫 번째 반성. 에어를 통해 이루고자 했던 발전이 사실 차별에 불과했다.

비행선 아이템으로 색다른 경험을 주려고 했지만, 결과적으로 기존과 다르다는 데 그쳤다. 기존보다 좋은 데까지 나아가는 것에 게임은 실패한 것이다.

엘리온에서는 MMORPG 장르를 발전시키는 것을 목표로 삼았다. 그러자 비행선을 만드는 데 쓰였던 수많은 함포와 기관, 엔진이 다르게 보였다. 이 재료들을 장르의 본질이 좋아지게 하는 데 활용하기로 결정했다. 게이머가 게임 속 자신의 기술skill과 아이템을 맞춤형으로 제작하고 새롭게 창조할 수 있는 시스템을 만들었다. 예를 들어 특성이 서로 다른 함포를 조합해 자신만의 무기로 만들어보거나, 발사체의 궤적을 다양하게 설정해 수천 가지의 기술 조합이 가능하도록 했다. 게이머 입장에선 자신만의 기술과 무기를 창조할 수 있게 된 것이다. 개성이 강해지고 플레이가 다양해지는 만큼 게임하는 재미도 높아질 것으로 기대했다.

두 번째 반성. 유저의 마음을 몰라도 너무 몰랐다.

김형준 자신도 MMORPG 장르를 이전처럼 탐식하듯 즐기지 않았다. 이는 치명적인 약점으로 작용했다. 개발자로 첫발을 내딛던 시절엔 어깨에 오십견이 올 정도로 게임을 했다. 세월이 흘러 나이를 핑계로 게임을 멀리하는 자신을 발견했다. 부끄러웠다.

게임에서 멀어진 만큼 유저와의 거리도 벌어졌다. 유저의 마음을 읽는 능력이 떨어졌다는 사실을 인정하고, 예측 대신 대응으로 간극을 좁히고자 했다. 엘리온에선 유저의 목소리를 최대한 반영하고, 출시 후 쏟아져 나오는 고객 목소리에 빠르게 대응할 수 있는 체계를 마련하는 데 집중했다.

세 번째 반성. 긴급성의 중독에서 빠져나와야 한다.

시간에 쫓겨 개발자에게 더 나은 개발 환경을 지원하는 데 소홀했다. 에어는 여러모로 구식이었다. 수동 작업이 많았고 낡은 제작 도구를 사용했다. 초반에 개발을 서두르는 습관이 문제였다. 빠르게 결과를 내기 위해 숲을 생각하기보다 나무 심기에 급급한 것이다.

게임 엔진으로 구식이 되어버린 언리얼 엔진 3를 채택한 것이 대표적인 실책이었다. 낡은 엔진을 쓰다 보니 최적화 작업에 너무나 많은 힘을 썼고, 핵심 개발자를 채용하는 데도 걸림돌이 됐다. 유능한 개발자일수록 신식 기술을 배우고 이를 적용한 게임을 내놓고 싶어 했다.

김형준이 강조했던 긴급성 때문에 단기간에 업무 성취감을 얻을 수 있었지만, 그로 인해 희생되고 어그러진 일들을 정상화하는 데 너무 많은 비용이 들었다. 그럴수록 속도를 늦추고 숨을 고르며 진행 중인 일들을 되돌아봐야 했지만, 그러지 못했다.

엘리온에선 AI를 도입해 효율을 높였다. 버그를 찾아내거나 직업 간 밸런스를 조정하는 도구로 활용했다. AI는 캐릭터로 변신해 게임 속 세계를 스스로 누비며 한 달에만 3만 6,000회 이상 테스트를 수행했다. 사거리 60미터 무기를 가진 몬스터를 인지하고 접근해 공격하거나, 원거리 공격을 방어할 수 있을 정도의 지능을 갖춘 신개념 테스트 도구였다.

게임에 심어둔 AI의 지능이 갈수록 높아지자, 김형준은 직접 캐릭터를 조종하기보다 AI가 성장하는 모습을 지켜보는 걸 더 재미있어했다. 뜻밖에도, 굳은 줄로 알았던 창작열이 끓어올랐다. 그는 "엘리온을 성공시키고 나면 빨리 AI로 게임을 만들고 싶다"고 말했다.

PC용 배틀그라운드를 한국 시장에 퍼블리싱해 톡톡히 재미를 봤던 카카오게임즈가 이번에도 엘리온을 맡았다. 사전 체험 서비스와 함께 대규모 광고가 진행됐고, 출시일은 연말인 12월로 확정됐다.

개발 막바지에 접어들자 김형준은 그저 모든 것이 감사했다. 함께 상처를 입으며 혹독한 여정을 견딘 개발팀에 감사를 전했다. 그를 비롯한 모든 팀원은 알 수 없는 게임의 결과를 두려워하고 있었다. "우린 어릴 적 꿈을 이룬 사람들입니다. 우리 모두 게임 개발자가 되는 게 꿈이었던 시절이 있었잖아요? 그렇다면 기뻐하면서 게임을 내도 좋겠다고 생각합니다. 기뻐하며 계속 꿈을 꾸었으면 합니다."

2019년부터 이어진 크래프톤 개발 프로젝트의 수난은 연이어 계속됐다. 대표이사 교체 시기와 맞물려 결정이 본격적으로 내려지기 시작했다.

2020년 2월 스콜이 폐업한 이후 4월에는 RPG 게임 '미스트오버'를 출시해 서비스하던 아이모팀이 해체됐다. 18명으로 구성된 소규모 팀은 크래프톤에서 누구도 시도하지 않았던 닌텐도 스위치 기반 멀티 플랫폼에 게임을 출시하는 데 성공했지만, 매출이 팀 운영 비용을 넘어서지 못하자 출시 1년도 안 되어 해체 결정이 내려졌다. 갑작스러운 통보에 평소 조용한 편이던 팀원들은 면담 장에서 "서비스 중인 팀을 갑자기 없애버리는 건 너무하다"고 반발하며 계약서 작성을 거부하기도 했다.

곧이어 2015년 하반기부터 개발을 이어오며 '최장수 신규 프로젝트'라는 오명을 안고 있던 ALT팀이 재정비됐다. 팀원이 "바다 한가운데 가만히 떠 있고 움직임이 없는 느낌"이라고 평가할 만큼 지지부진한 시간이 이어지고 있었다. 스트레스에 시달리던 PD가 이전 직장으로 복귀를 알리며 퇴사를 통보했다.

ALT팀이 판타지 소설 《눈물을 마시는 새(눈마새)》IP를 활용해 개발하던 모바일 MMORPG 프로젝트 BB도 사전 출시를 한 달

앞두고 급작스레 수술대에 올랐다. 개발팀은 2019년에 말 유튜브를 통해 "눈마새 팬으로서 좋은 작품을 게임으로 만들고 싶었다"며 IP 적용을 발표했지만 "원작을 전혀 반영하지 못했다"는 팬들의 거센 비판에 직면했다. "오리지널 IP에 맞춰 게임을 만든 게 아니라 만들던 게임에 IP를 끼워 맞춘 수준" "나의 추억을 짓밟지 마라" "이 게임이 마시는 눈물은 팬들의 눈물인 듯."

이영도 작가의 이 장편 소설은 도깨비, 씨름 등 한국적 색채가 짙은 세계관과 다양한 종족, 입체적인 인물, 장엄한 서사로 '한국적 판타지'의 시작을 알린 대작으로 평가받았다. 그러나 게임은 아기자기한 캐릭터들이 만나 자녀에게 외모와 능력을 유전heredity하는 방식으로 구성되어, 단순한 게임에 소설의 설정을 덧입히는 수준에 그쳤다. 밝은 색감의 그래픽 또한 원작의 어두운 분위기와 어울리지 않는다는 지적을 받았다.

결국 제작 리더십 4명 중 3명이 물러나며 사내 이동 의사를 밝혔다. 프로젝트 해체를 고민하는 상황에서 AD가 프로젝트를 맡아 이끌어보겠다는 의지를 내비쳤다. 개발팀원 50여 명 중 절반이 잔류해 1년 뒤 하드 마일스톤을 진행하기로 했고, 나머지 절반은 리부트셀로 이동했다.

과거에 눈마새 IP 활용 소식을 접한 김창한은 장병규를 수차례 찾아가 "눈마새는 훨씬 더 가치 있는 IP다. 그런 식으로 쓰면 안 된다"고 경고하기도 했다. 김창한은 아시아 판타지로서 눈마새의 가치를 높게 평가했다. 사람들은 끊임없이 새로운 콘텐츠를 갈구하고, 특히 서구권에서 음악에 이어 영화, 드라마, 웹툰에 이르기까지 아시아 콘텐츠에 대한 수요가 급증하고 있었다. 탄탄한 세계관과 높은 완성도를 갖춘 눈마새는 서구에서도 통할 IP 프랜차이즈로서 성장 잠재력을 지니고 있었다. 크래프톤은 눈마새 IP를 게임 외에 다양한 분야에서 활용할 수 있는 계약을 출판사와 새로 맺었다.

2020년 5월, 조촐한 대표이사 퇴임식이 열렸다. 피플실은 김효섭을 위해 동료들의 작별 인사를 담은 영상을 준비했다.

"퇴임을 축하드려야 할지 아니면 애석한 저의 마음을 있는 그대로 보여드려야 할지 모르겠네요. 그렇지만 저는 지난 2년 반 동안 크래프톤이라는 배가 흔들림 없이 파도를 헤치고 올 수 있도록 해주신 데 대해 고마운 마음을 먼저 전하고 싶습니다. 앞으로도 크래프톤이라는 배가 더 큰 변화와 모험을 떠나는 데 중요한 NPC Non Player Character (게임상 게이머가 직접 조종할 수 없는 캐릭터) 역할을 해주셨으면 합니다."

"격동의 시기에 대표직을 수행하시느라 고생이 많으셨을 것 같아요. 재충전하셔서 다시 무엇인가를 시작하셨으면 합니다." 박수 속에 김효섭이 단상에 올라 감사패를 받았다. 꽃다발, 양주 한 병에 더해 직원들의 사진을 하나하나 모자이크로 조합해서 만든 자신의 초상화도 받았다.

"크래프톤에서 여러 보직이 변했을 때와 특별히 다른 마음이 들진 않습니다. 그래서 이런 행사가 상당히 부담스러웠습니다. 어쨌든 많은 분이 기억해주시니까 저도 이 자리를 빌려 말씀드립니다. 2년 반 동안 힘들었느냐고 묻는다면 이전에 힘들었던 것과 크게 다르지 않았다고 말씀드리겠습니다. 그건 여러분도 마찬가지였을 겁니다. 어느 자리에서나 힘든 시간도 즐거웠던 시간도 있게 마련입니다. 퇴임이 저에게 큰 의미는 아니고요. 그동안 함께 일하며 저를 지지해주시고 도와주시고 또 혼도 내주시고 의견도 주셨던 분들께 이 기회에 감사를 드리고 싶습니다.

나이도 들었고 몸무게도 많이 늘었습니다. 몸에 고장 난 데가 많아져 잠깐 정비하는 시간을 갖고자 합니다. 생각도 많이 굳은 것 같습니다. 크래프톤의 미래에 도움이 될 만한 것들을 차근차근 고민하고 준비하면서 시간을 보내려고 합니다. 구성원을 또 다른 느낌으로 만나고, 밖에 있는 분들도 많이 만나면서 준비하겠습니다.

다시 기회를 주신다면 도움이 되는 일을 해보고 싶습니다. 각자 위치에서 지금까지 그래왔던 것처럼, 앞으로도 힘을 잃지 말고 어려운 일이 있더라도 잘 견뎌내시길 바랍니다. 즐거운 마음으로 다시 만날 날을 기대하며 마무리하겠습니다. 그동안 감사했습니다."

크래프톤 행사에서 질의응답이 빠질 수 없었다. '김효섭 대표께 무엇이든 물어보세요.' 벽보 위로 직원들이 사전에 직접 쓴 포스트잇 질문지가 수십여 장 붙었다. 진행자 임재연이 질문을 몇 개 택했다. "늘 하던 질문이 또 나왔습니다! 효섭 님, 요즘 고민이 뭐예요?" "코로나19 때문에 계획한 일들을 아무것도 하지 못할까 봐 고민입니다. 제가 저를 잘 아는데, 집에만 있으면 아무것도 하지 않을 것 같습니다." 다음 질문. "그동안 감사했습니다. 저희에게 인생 선배로서 어떤 조언이든 해주시길 부탁드립니다." 김효섭은 "제가 그렇게 철학적인 사람이 아니라 소주 한 병 이상 들어가야 말을 할 수 있습니다"며 웃었다.

"지난 2년 반 동안 크래프톤은 매우 큰 변화를 겪었습니다. 개인적으로 변화를 못 따라가는 사람은 아니라고 생각했는데, 워낙 큰 변화라 저도 사실 따라가기 힘들었습니다. 아마 구성원 여러분도 마찬가지였을 것 입니다. 그런데 앞으로 그 변화가 계속되긴 할 것 같아요. 그래서 혼란스러우실 수 있겠지만 스스로 변화해나가야 할 부분도 있습니다. 그런 변화 속에서 본인이 중요시하는 것들을 지켜나가야 할 때도 있습니다. 균형을 잘 맞춰가며 직장 생활을 해나가시면 좋겠습니다."

김효섭은 "아까 못 드린 말씀이 있다"며, 놓았던 마이크를 다시 들었다. "제가 대표를 하며 제일 아쉬운 점이 있습니다. 진지하게 모든 것을 고민해야 하는 건 맞지만, 너무 무겁게 생활한 건 아닐까 하는 생각이 듭니다. 상황이 어떻게 돌아가더라도 마음은 건강하고 밝게. 그런 마음으로 서로를 대하고 생활하는 게 좋지 않을까 싶습니다. 이런 당부를 드립니다."

첫 메시지

한 달 뒤 신임 CEO 김창한이 전체 직원 앞에 섰다. CEO로서 공식 데뷔이자 첫 메시지를 전하는 자리였다. "지난 3년은 마치 10년 동안 할 일을 압축해서 경험한 것 같은 시간이었습니다. 저는 여전히 부족하지만, 이 과정에서 얻은 경험과 성장에 기반해 크래프톤 전체 경영을 책임지려고 합니다. 앞으로 어떤 생각과 자세, 비전을 가지고 크래프톤이라는 거대한 배를 이끌고 갈 것인지를 여러분에게 공유하려고 합니다."

그는 크래프톤의 뿌리와 변화 과정을 짚으며 발표를 열었다. 1,900여 명의 구성원이 크래프톤에서 일하고 있었다. 많은 사람이 합류하고 또 떠나갔지만, 회사는 하나의 유기체처럼 뿌리와 역사, 정체성과 존재 이유를 가지며 명맥을 이어왔다.

"'게임 제작의 명가'야말로 크래프톤의 정체성이자 뿌리라고 생각합니다. 제작 중심의 회사, 제작의 가치를 가장 중시하는 회사. 이런 정의가 당연하게 들릴 수 있지만 주변을 둘러보면 그렇지만은 않습니다.

한국을 대표하는 게임업체로 사람들은 3N(넥슨, 엔씨소프트, 넷마블)을 거론합니다. 넷마블은 사업이 회사를 이끈다고 회자되고 있고, 넥슨은 외부에서 수혈한 IP가 포트폴리오에서 가장 높은 비율을 차지하고 있습니다. 엔씨소프트가 제작 중심의 회사라고 말할 수 있을 것 같은데, 엔씨소프트는 '엔씨표 MMORPG'라고 불리는 특화된 게임 제작을 잘하는 회사이고 여전히 글로벌 사업에 목말라하는 회사로 볼 수 있을 겁니다.

블루홀은 테라 제작 초기부터 글로벌한 게임을 만들겠다는 비전을 세웠고, 이를 계속 추구해온 역사와 성과가 있습니다. 그 토양 위에서 배틀그라운드도 만들 수 있었습니다. 이런 역사와 정체성을 크래프톤이 잇고 있습니다. '게임 제작의 명가'라는 비전을 실현하기 위해 앞으로 무엇을 어떻게 해야 할지 고민했습니다. 답은 간단합니다. 명작을 계속해서 만들 수 있으면 됩니다."

김창한은 명작이란 무엇인지, 그리고 명작을 지속적으로 만들어낼 수 있는 회사를 어떻게 만들 수 있는지에 대한 그만의 대답을 내놓아야 했다.

김창한은 블루홀 초창기에 정립된 키워드를 하나하나 읽어 내려가며 미소를 지었다. '치열함과 장인 정신' '시행착오와 도전' '축적과 인내.' "지금 봐도 맞는 말이더라고요. 비전이 문제가 아니라 결국 실행이 문제라는 생각이 듭니다." 이어 크래프톤 현황 그래프를 보여줬다. 2020년 1분기 매출에서 PUBG가 차지하는 비율이 97퍼센트였다. 크래프톤은 사실상 PUBG만 보이는 회사였다. 창사 이래 13년 동안 개발비를 1년 안에 회수한 프로젝트는 37건 중 4건에 불과했다.

"게임이 효율의 비즈니스는 아닙니다. 수많은 도전 속에 하나의 성공이 수백 건의 실패를 만회할 수 있는 사업인 건 맞습니다. 이를 배틀그라운드가 보여줬습니다. 성공한 게임 하나로 다른 게임 수백수천 개를 다시 만들 수 있을 정도니까요.

하지만 숫자는 중요한 것이 아닙니다. 가치 있고 의미 있는 도전이 수행되고 있는지, 그것들이 다음의 성공을 위한 토양이 되고 있는지를 들여다보며 의문을 가져야 합니다. 진정한 '제작의 명가'로 거듭나려면 뿌리는 계승하되, 변화는 계속되어야 합니다."

신임 CEO로서 김창한이 던지는 질문은 2가지였다. 첫째 질문은 '어떤 게임을 만들 것인가?'였다. 크래프톤은 제작의 명가가 되

기를 원했다. 그렇다면 '명작이란 무엇인가?'라는 질문에 답해야
했다. 그가 제출한 대답은 다음과 같았다.

'명작이란 게이머로서 불가능에 가까운 로망을 실현하며 그들
의 가슴을 뛰게 만드는 작품이다.

흥행을 목표로 하지 않고,

스스로 게이머로서 즐길 수 있는 재미가 있고,

그 재미를 즐길 수 있는 열성팬이 있는,

새롭고 혁신적인 게임 또는 특정 영역에서 세계 최고 수준이라
고 자부할 수 있는 게임이다.

단 지속 가능하고 허황되지 않는 도전이어야 한다.'

"저는 흥행을 목표로 하지 말라고 이야기할 겁니다. 이것이 첫
번째 기준입니다. 우리가 만드는 게임이 얼마나 흥행할 것인지를
목표로 삼지 말아야 합니다. 흥행하는 게임이 아니라 재밌는 게임
을 만들면 되는 겁니다.

그런데 재미를 느끼는 건 사람마다 다릅니다. 따라서 재미를
규정하기 어렵습니다. 그래서 저는 만드는 사람이 재밌는 게임을
만들라고 할 겁니다. 이게 두 번째 기준입니다. 그런데 우리끼리
만 좋아하는 게임을 만들면 자족적인 게임이 되고 맙니다.

세 번째 기준은 열성팬의 존재 유무입니다. 흥행을 목표로 하
지 않기에 숫자의 많고 적음을 따지진 않을 겁니다. 팬이 100만
명이냐 1,000만 명이냐를 셈하기보다, 소수라도 열성팬을 확보할
수 있는 게임인지를 볼 겁니다. 흥행한 게임을 따라 하기보다, 이
런 조건에 맞는 새롭고 혁신적인 게임 제작에 도전하거나 게임의

특정 영역이 세계 최고 수준에 도달할 수 있는 게임을 제작해야 합니다."

홍행과 숫자에 연연하지 않는 신임 대표는 이상理想에 대한 경계도 늦추지 않았다.

"최소한의 제작비와 운영비를 벌 수 있는 게임이어야 합니다. 그것이 프로페셔널한 제작자의 기준입니다. 연구소에선 현실성 없는 연구를 할 수 있고, 학교에선 하고 싶은 공부를 할 수 있습니다. 우리는 아닙니다. 우리가 만족할 수 있고 자부심을 느낄 수 있는 게임 제작에 도전하지만, 최소한의 BEP를 달성할 수 있는 게임을 제작해야 합니다. 다시 말씀드리지만 홍행 부담을 주지 않겠습니다."

둘째 질문은 '어떤 환경에서 명작을 만들 수 있는가?'였다.

김창한은 게임 '위쳐' 시리즈로 전 세계 게임 시장을 뒤흔든 제작사 '시디 프로젝트 레드CDPR'의 사례를 꺼냈다. 폴란드 개발사 CDPR은 2015년 액션 RPG '위쳐 3'를 출시하기 전까진 글로벌 게임 시장에서 존재감이 없던 회사였다. 회사 창립 연도는 1994년으로, '위쳐 3'로 엄청난 홍행을 거둘 때까지 21년이 걸렸다.

회사의 시작은 CD를 파는 일이었다. 게임 CD를 수입해 폴란드 시장에 유통하다 글로벌 게임업체에서 현지화localization 용역을 하나둘 따냈다. 유명 게임 속 영어를 폴란드어로 바꾸는 수준의 작은 일이었다. 이어 콘솔 게임을 PC로 즐길 수 있게 하는 포팅porting(옮겨심기) 사업을 시작했다. 그러던 중 일감을 주던 글로벌 게임업체가 자금난에 휘청거리면서 덩달아 회사의 사정도 어려워졌다.

　CDPR은 포팅용 게임 코드를 가지고 자체 게임을 만들겠다고 선언한다. CD를 팔던 장사꾼이 CD에 담기는 콘텐츠 창작자가 되겠다고 나선 셈이었으니 개발 과정은 순조롭지 않았다. 역량이 부족해 한동안 개발에 손을 놓았다가 외부 게임 회사의 지원을 받아 2007년에 간신히 '위쳐 1'을 내놓는다. 개발부터 출시까지 5년 이상 걸린 장기 프로젝트였다.

　그사이 15명이던 직원은 100명으로 불어났다. '위쳐 1'은 흥행하지 못했지만 마니아들 사이에서 좋은 반응을 얻었다. 특히 RPG 열성팬의 열렬한 지지를 얻었다. 이에 고무된 회사는 콘솔용 '위쳐 1'과 후속작에 쓰일 개발 엔진을 동시에 개발하다가 2008년 글로벌 금융 위기 때 파산 위기에 처하기도 했다.

　심기일전해 2011년에 '위쳐 2'를 출시한다. 게임은 170만 장의 판매고를 올리며 꽤 성공적인 성적표를 받았다. CDPR의 꿈은 최고 수준의 오픈 월드 RPG를 창조하는 것이었으므로 다시 '위쳐 3' 제작에 도전한다. 새롭게 개발 엔진을 만들고 출시 일정을 수차례 미루는 진통 끝에 글로벌 게이머들에게 끊임없이 회자되는 명작 '위쳐 3'를 2015년에 출시한다. 출시 1년 만에 거의 1,000만 장이 팔리며, '위쳐 3'는 게임 부문 최고의 영예인 '올해의 게임상GOTY'을 받는다.

　CDPR 대표는 말했다. "CDPR은 RPG 개발에 집중하며, 팬층이 탄탄한 프랜차이즈들을 지속적으로 키워나가면서 아직 잘 알려지지 않은 타이틀을 대중에게 소개하거나 새롭게 선보입니다."

김창한은 "새로움은 무無에서 탄생하지 않는다"고 말했다. 게임뿐 아니라 모든 문화는 언제나 하드코어에서 대중화하는 방향으로 나아간다. 대중화는 언더그라운드가 오버그라운드로, 서브컬처가 메인컬처로 가는 여정이다.

CDPR 역시 RPG 열성팬들을 만족시킨 다음 점차 영역을 늘려나갔다. 전 세계 사람들에게 완전히 생소했던 폴란드 판타지 소설 《위쳐》를 게임으로 만든 데 이어 넷플릭스 드라마 시리즈로 제작했다. 넷플릭스에 공개된 드라마 〈위쳐〉를 한 달 만에 7,600만 명이 시청했다. 드라마 〈위쳐〉는 넷플릭스 역사상 공개 첫 달에 가장 많은 시청자를 끌어모은 오리지널 콘텐츠가 됐다.

"이미 오버그라운드에 있는 걸 쳐다봐서는 새롭고 혁신적인 IP를 개발할 수 없습니다. 코어에서부터 찾아나가야 합니다. CDPR 개발자들의 열망을 눈여겨봅시다. 이들은 최고 수준의 트리플A RPG 게임을 만들겠다는 꿈을 21년 동안 유지했습니다. 끊임없이 다른 일을 해가면서 꿈을 키워온 겁니다."

CDPR은 미래 디스토피아를 배경으로 한 오픈 월드 액션 RPG '사이버펑크 2077'의 출시를 예고하며, 위쳐 개발 자산을 활용해 테마를 바꿔나가며 RPG 제작을 확장하고 있었다.

김창한은 명작을 만드는 환경을 삼각형 구조로 설명했다.

첫째 꼭짓점은 '창작의 열망'이다.

"이것 없이는 다른 게 아무런 소용이 없습니다. 억지로 만들 수 없습니다. 창작의 열망에서 시작해 나머지 것들을 채우는 겁니다. 창작의 열망이 있었기 때문에 저런 회사들이 10년, 20년을 버티며 성공을 이루어낸 것입니다.

　창작에 대한 열망은 대개 성공에 대한 열망과 함께 있습니다. 성공을 강조하진 않습니다만, 2가지가 함께 있을 때 빛을 발합니다. 한 사람이 2가지를 함께 가지고 있는 경우가 많습니다. 기능적으로 나눈다면 PD가 성공에 대한 열망을 가지고 있고, CD가 창작에 대한 열망을 가지고 있다고 생각합니다. 이 둘이 치열하게 싸울 때 좋은 결과가 나온다고 봅니다. 성공에 대한 열망이 사업 PM에게 있는 경우도 있습니다. 이런 관계와 충돌 속에서 명작은 탄생한다고 믿습니다."

　둘째 꼭짓점은 '자원과 실력의 부족'이다.

　"우리가 어떤 꿈을 꾸거나 열망을 가질 때는 대부분 자원과 실력이 부족한 상태입니다. 가진 자원과 실력으로 충분히 해낼 수 있다면 이미 꿈이 아니기 때문입니다. 다른 경쟁자도 가만히 있는 건 아닐 테니 경쟁력도 없을 겁니다. 열망이 있을 때 우리는 부족한 상태입니다. 부족하기에 열망이 생깁니다. 높은 목표를 향해 고군분투하며 도전하고, 이를 결국 해냄으로써 명작은 나옵니다."

　셋째 꼭짓점은 '생존의 제약'이다.

　"배틀그라운드 개발을 시작할 때 블루홀은 생존을 걱정하는 회사였습니다. 그런 시기에 명작이 탄생하는 경우가 역사적으로 많습니다. 저를 포함한 배틀그라운드 개발팀도 절박한 심정으로 하루하루를 보냈습니다. 돌아보면 그런 제약이 있었기 때문에 결과물을 낼 수 있었습니다.

　반대로 생존의 압박을 뚫을 정도의 열망이 있다면, 그건 정말로 강렬한 열망일 겁니다. 생존에 대한 열망은 단지 돈의 문제만을 이야기하는 게 아닙니다. 어떤 사람은 돈일 수도 있지만, 어떤 사람은 자아 실현이나 존재 증명이 제약일 수 있습니다."

김창한은 삼각형이 갖춰질 때 획기적인 결과물이 나올 수 있다고 설명했다.

'명작을 지속적으로 만들어낼 수 있는 회사' '크래프톤이 모두의 자부심인 회사.' 김창한은 신임 CEO의 미션을 이렇게 정의하고, 이를 "지속 성장이 가능한 창의 경영"이라고 명명했다. 이어 CEO의 주문을 4가지 문구로 제시했다.

첫째, 기준을 높여라.

"우리가 만들고자 하는 것의 기준을 높입시다. 오해하실까 봐 말씀드리는데, 트리플A 대작만 만들자는 말이 아닙니다. 제가 말한 명작의 기준에 맞거나, '에지edge'가 있는 게임을 만들자는 겁니다."

둘째, 실패가 밑거름이 될 수 있도록 가치 있는 도전을 하라.

"언젠가는 대작을 만들어야 하지만 지금 당장 할 수 있는 의미 있고 가치 있는 도전을 계속 해나가자는 겁니다. 될 만한 게임, 적당한 게임, 고만고만한 게임을 만들어선 어차피 그 길을 가지 못합니다. 어느 한 영역에서라도 최고가 되는 게임을 시도합시다."

셋째, 자율과 책임, 권한과 책임 사이에 밸런스를 유지하라.

"회사와 직원, 회사와 프로젝트 팀, 리더와 개발 구성원 사이의 자율과 책임, 권한과 책임 사이의 밸런스가 있어야 하는데 그렇지 못한 경우가 많습니다. 흐트러진 밸런스를 맞춰가는 일을 하겠습니다. 우리에겐 기반과 역사가 있기 때문에 할 수 있다는 생각이 듭니다. 할 수 없는 걸 하자는 게 아닙니다. 우리가 능히 해낼 수 있는 범위에서 목표와 방향, 수준을 설정하면 할 수 있는 겁니다. 도전을 끝없이 계속하면 언젠가 명작을 만들어낼 수 있습니다."

넷째, 미션에 동의하는 사람들을 중심으로 한 공동체를 만들라.

"저는 원래 회사를 건조하게 말하던 사람이었습니다. 여긴 일만 하는 곳이라고요. PUBG 초기에는 너무나 가파르게 성장했기에 인간적인 건 필요없고 성과 중심으로 일하자고 말했습니다. 성과와 일만 생각했습니다. 지금은 생각이 바뀌고 있습니다.

회사가 일만 하는 곳은 아닌 것 같습니다. 공동체적인 성격을 강화해야 한다는 생각이 듭니다. 특히 게임업이나 엔터테인먼트업은 열정을 강조합니다. 회사는 꿈과 열정을 바쳐서 일할 수 있는 곳이 돼야 하기 때문에 공동체적인 성격을 어떻게 강화해나갈지 고민해보겠습니다.

한 가지 말씀드리고 싶은 건, 회사는 가족이나 국가와 다르다는 겁니다. 가족과 국가는 태어나는 순간 자동적으로 결정됩니다. 그러나 회사는 자신이 선택했기 때문에 모두의 공동체가 아니라 비전에 동의하는 공동체가 돼야 합니다.

우리의 비전은 다시 말씀드리지만 게임 제작의 명가입니다. 크래프톤은 그 비전에 열정을 바치는 사람들의 공동체가 될 겁니다. 게임 제작의 명가라는 꿈을 함께 꾸고 도전하고 성장하는 사람들이 열정을 바쳐 일할 수 있는 회사가 되도록 하겠습니다."

김창한은 '독립 스튜디오 체제'와 'IP 프랜차이즈'를 주요 방향으로 설정했다. 독립 스튜디오 체제는 여러 제작 라인업을 거느리는 미국 대형 제작사들이 채택하는 방식이었다. 스튜디오의 자율성을 최대한 보장하면서 회사를 확장하려는 성장 전략이기도 했다. 단순히 떼어놓는다고 독립이라고 부를 수 없다. 김창한은 독립의 기준으로 스튜디오의 고유한 '창의적 정체성'과 '지속 가능성'을 꼽았다.

"스튜디오의 정체성이 분명해야 합니다. 음악으로 치자면 레이블이 늘어나듯 말이죠. 그런데 게임은 그 속성이 복잡해서 정체성을 정의하기가 어렵습니다. 어떤 경우에는 한 사람이 그 정체성을 책임지는 경우가 있습니다. 혹은 슈퍼셀처럼 제작 문화나 과정, 방법에서 정체성이 나오는 곳도 있습니다. '우린 RPG를 파고 있어'라며 특정 게임 장르에서 쌓은 노하우가 정체성을 형성할 수도 있습니다.

이런 정체성 안에서 크리에이티브가 재생산될 수 있을 거라고 봅니다. 그리고 재생산된 크리에이티브는 지속 가능해야 합니다. 제작비 이상의 수익을 창출하는 게임을 계속해서 만들어낼 수 있는 능력이 있어야 독립할 수 있습니다. 2가지 조건을 충족하는 스튜디오가 늘어나면 크래프톤은 성장하게 될 겁니다."

개별 프로젝트는 크래프톤 안에서 개발을 이어나가며 스튜디오로의 승격을 모색하기로 했다. 프로젝트 단위의 팀이 성장해 정체성이 생기고, 그만의 게임들을 만들어낼 수 있는 수준이 된다면 독립 스튜디오로 격상된다. 김창한은 한편으론 글렌 스코필드의 스튜디오 '스트라이킹 디스턴스'와 같은 외부 개발 조직을 영입해 독립 스튜디오를 늘려나갈 계획이라고 밝혔다.

IP 프랜차이즈는 게임을 중심으로 한 엔터테인먼트 영역 확장을 의미했다. 엔터테인먼트 산업이 발달한 미국에선 간신히 피워낸 하나의 IP를 종횡으로 최대한 확장하는 노하우가 있었다. 총싸움 게임 장르의 상징이자 간판이 된 '콜 오브 듀티'는 매년 새로운 게임 콘텐츠로 게이머들을 찾는다. 또 다른 확장의 축에는 게임의 영토를 넘어 영화, 드라마, 소설, 웹툰, 코믹스, e스포츠와 같은 신규 엔터테인먼트 분야로의 진입이 있다.

"배틀그라운드는 아시다시피 게임 플레이밖에 없습니다. 캐릭터나 스토리, 세계관이 없습니다. '게임 2(후속작)'를 만들어내기 어려운 상황입니다. 만약 이를 만들 수 있다면 드라마나 소설로도 갈 수 있는 겁니다. IP를 어떻게 프랜차이즈로 키울지 고민해야 합니다. 제가 볼 때 그 노하우를 지금의 크래프톤은 갖고 있지 않습니다."

'위쳐' 프랜차이즈의 확장 사례는 또 다른 시사점을 던져준다. 폴란드에서 존재하던 소설을 기반으로 게임을 만든 뒤, 영화와 드라마로 확장해 IP 체급을 한층 높였다.

"모든 대중문화가 언더에서 오버로, 서브에서 메인으로 가듯이, 영화 다음으로 게임이 그렇게 되고 있습니다. 어린 시절, 게임은 그저 나쁜 놀이였습니다. 더 예전엔 영화가 그런 취급을 받았습니다. 게임이 점점 메인이 되면서 전체 엔터테인먼트에서 제일 영향력이 큰 상품이 되고 있습니다.

게임은 인터랙티브하고 몰입감이 높기 때문입니다. 게임을 중심으로 다른 엔터테인먼트들이 연결될 가능성은 그 어느 때보다 높아지고 있습니다. 이런 능력을 키우는 일도 앞으로 크래프톤이 성장하는 데 중요합니다."

김창한은 크래프톤이 되어야 할 모습을 한 문장으로 정의했다. '게이머들의 로망을 실현하기 위해 새롭고 대담한 목표를 향해 끊임없이 도전하는 개발사.'

"개념은 어렵지 않습니다. 언제나 실행이 어렵습니다. 제대로 된 도전을, 열정을 가지고 포기하지 않으면 언젠가는 제작의 명가가 될 수 있다고 믿습니다. 그런 희망을 품고 있지만, 정말 어려운 도전입니다. 쉬우면 이미 남들이 했을 것이니까요.

다시 말씀드리지만, 그 어려움을 같이 나누면서 구성원들이 제작에 대한 열정을 잃지 않고 포기하지 않으며 도전한다면 결국엔 해낼 수 있다고 봅니다. 저는 그렇게 믿고 함께 가겠습니다. 감사합니다."

4개의 스튜디오

김창한은 경영진을 새롭게 꾸리고 하반기 내내 체제 개편에 매달렸다. 김창한의 요청으로 남영선은 두 달 동안 40여 명의 제작 리더십을 일대일로 면담했다. 블루홀, PUBG, 피닉스, 레드사하라, 딜루전에서 서비스하거나 개발 중인 게임은 19종이었다. 점령군 같은 인상을 주지 않으려고 애썼지만 상황상 상대가 어떻게 받아들일지는 알 수 없었다.

대화의 주제는 크게 3가지 질문으로 모였다. '게임 제작의 명가'라는 비전 아래 우리는 어디쯤 와 있고, 그동안 무엇을 배웠으며, 앞으로 무엇을 해야 하는가. 마지막 질문에 대한 답으로 제작 리더십 대부분이 같은 목소리를 냈다. 초심으로 돌아가 콘텐츠 contents, 팬fan, 재미fun에 집중해야 한다는 것이었다.

남영선은 제작 리더십들이 새로운 경영팀을 어려워하면서도 존경하고 있다고 느꼈다. 평생을 게임 제작에 투신한 개발자들은 게임 하나로 큰 성공을 일군 김창한을 롤모델로 삼았다. 이들은 면담에 대한 부담을 잊고, 게임 개발자 김창한에 대한 존중과 부러움을 표현했으며 크래프톤에서 그처럼 성공하고 싶다는 열망을 내비쳤다. 면담 내용을 정리하며 이런 소감을 덧붙였다. "김창한 PUBG 대표가 크래프톤 대표가 되는 것은 구성원에게 좋은 변화가 될 수 있겠습니다."

김창한이 강조한 '가치 있는 도전'에 대한 정의는 사내에서 다양한 언어로 반복되고 변주됐다. '흥행을 목표로 하지 않고, 소수라도 열광적인 열성팬을 위한 도전' '타협할 수 없는 도전' '허황되지 않는 도전' '실패가 다음 도전의 밑거름이 될 수 있는 도전' '규모가 작더라도 특정 영역에서 월드 클래스 수준의 에지가 있는 도전.'

'썬더Thunder'는 도전의 가치를 인정받아 개발 승인을 얻어낸 프로젝트였다. 배틀그라운드에서 현실감 넘치는 총기 액션, 건플레이에 핵심적인 역할을 한 폴란드 출신 애니메이터 파벨이 제작팀을 이끌고 있었다.

파벨은 오래도록 천착해온 밀리터리 총싸움 게임 장르에서 새로운 개념의 게임을 만들고자 했다. 개발자 6명과 함께 작은 팀을 구성하고 실험적인 시제품을 선보이면서 2019년 말에 PUBG에서 제작 승인을 얻어냈다. 파벨은 사실적인realistic 게임을 강박적으로 추구하는 밀리터리 마니아이자 순수한 열정의 소유자였다.

그는 톱뷰top view(위에서 아래로 내려다보는 시점)를 적용해 가장 사실적인 군사 액션 게임을 만들고 싶어 했다. 얼마나 많은 사람이 군사 훈련을 방불케 하는 이 게임을 즐길지 아무도 예상하지 못했다. 다만 김창한은 특정한 군사 게임 마니아들이 열광할 수 있는 게임이 될 것이라고 판단해 개발을 승인했다.

김창한의 경영팀은 신작 승인 과정을 개편했다. '도전이 시작되는 곳'이라는 의미를 담아 '더 뉴The New'라는 이름을 붙였다. 더 뉴의 기본 전제는 명작이 될 원석을 발굴하는 새롭고 신기한 프로세스는 없다는 것이었다. 프로세스보다는 어떤 관점으로 신작을 판단하고 발굴할 것인지를 고민했다. 김창한은 '가치 평가의 관점'을 분명하게 세웠다. 투명하게 소통해 제작 도전에 실패할지라도 더 발전적인 도전이 될 수 있도록 돕고, 이러한 과정이 구성원 스스로의 성장에 밑거름이 될 수 있는 체계를 만드는 것이 핵심이었다.

세부적으로 '제안 자료 제출 - 피드백 그룹 인풋 - 발표 - 킥오프(승인)' 단계를 마련했다. 기존 크래프톤 제작 승인 절차였던 '1페

이지 제안 – 경영 파트너 일대일 면담 – 경영 파트너 매칭·승인 –
제안 준비 랩 이동 – 정식 제안 준비 – 승인그룹의 정식 제안 리뷰
회의 – 킥오프'를 간소화한 것이다.

　제작 리더십 조건이나 경영 파트너 면담, 승인그룹 만장일치
제도를 폐지하는 대신 다른 조건을 세웠다. 게임 콘셉트 문서와
비전 영상을 제출하고 피드백 그룹의 조언을 받는 것이었다. 게임
콘셉트 문서는 핵심 재미와 고객을 정의하고, 실현 가능한 제작
방법을 구체적으로 서술한 자료다. 비전 영상은 게임을 위한 하나
의 가상 트레일러다. 게임 콘텐츠와 느낌, 궁극적인 목표가 어떠
한지를 미리 가늠해볼 수 있는 영상을 제작팀에 요구했다.

　그리고 마지막 조건은 CPO(최고 기획 제작자)의 승인이다. CEO
김창한이 CPO가 되어 최종 승인 여부를 직접 결정한다.

　팬에게 게임이 당도하기까지 킥오프는 그저 시작에 불과했다.
마일스톤 검증이 제작팀을 기다린다. 김창한은 이를 '더 퍼스펙티
브the perspective'라는 이름으로 정돈했다. 검증은 더욱 혹독해졌다.
매 단계에서 진행go 아니면 중단no go을 선택하게끔 만들었다.

　1단계는 'Concept & Discovery(콘셉트와 발견).'

　게임의 코어core를 정의하고 개발팀과 회사가 핵심 방향을 합의
한다. 명작이 되기 위해 타협할 수 없는 기획이나 기술적인 도전
과제challenge를 정의하는 것이다. 개념적인 설명이 많이 필요한 단
계인 만큼, 개발팀이 추구하는 방향성을 잘 전달할 수 있도록 이
미지나 영상을 적극적으로 사용하길 권장했다.

　2단계는 'Design & Planning(디자인과 계획 수립).'

제안을 현실화하기 위한 개발 전략을 확정하고, 예산과 인원 등 구체적인 계획을 수립한다. 기존에는 캐릭터 숫자와 같은 콘텐츠 양volume을 기준으로 마일스톤 계획을 세우는 것이 일반적이었지만, 관행에서 벗어나 고객 입장에서 경험의 차이를 만들어낼 수 있는 단위로 마일스톤을 계획하길 주문했다.

3단계는 'Vertical Slice(수직으로 자르기).'

케이크를 수직으로 잘라 조각으로 판매하듯이, 게임의 일부 빌드를 완성 수준에 최대한 가깝게 만드는 것을 의미한다. 이제껏 맛보기 게임인 프로토타입의 검증은 그래픽이나 성능 최적화 작업을 생략하고 핵심 게임성만 확인하는 데 그쳤다.

'Vertical Slice'는 전체 개발full production로 가기 위한 관문으로, 기존 '하드 마일스톤'과 같은 역할을 한다. 제작팀은 게임의 핵심 재미 요소를 모두 담은 빌드를 제출해야 한다. 구체적으로는 '게임의 가장 재미있는 순간'을 체험할 수 있는 5~10분 분량의 콘텐츠다. 피드백 그룹과 내부 게이머들이 이 빌드가 열성팬들을 열광시킬 요소가 있는지 확인한다.

4단계는 'Full Production(전체 개발).'

출시 가능한 수준의 전체 게임 경험full gaming experience을 완성하는 막바지 단계. 일반적으로 3개월마다 마일스톤 평가를 진행하고, 모든 마일스톤 리뷰에는 계속 갈지go 말지no go를 판단하는 의사 결정이 이뤄지도록 했다. 모든 허들을 넘으면 출시 일정을 협의하고 마케팅 전략을 정하는 사업적 논의가 이뤄진다.

"크래프톤은 PUBG의 사업과 지원 조직을 품은 통합 법인으로 새롭게 출발합니다. 제작을 책임지면서 독립 스튜디오들이 지속적으로 성장할 수 있게 지원하겠습니다."

김창한은 취임 3개월째에 크래프톤 통합 법인으로의 변화를 알렸다. 주요 개발 조직들을 독립 스튜디오로 전환하고, 비게임 제작에서 크래프톤과 PUBG의 사업·지원 조직을 한데 모아 제작에 집중할 수 있는 환경을 조성하겠다는 계획을 세웠다.

통합 법인은 퍼블리셔 역량을 갖추는 것을 최우선 목표로 삼았다. 여러 스튜디오에서 내놓는 게임을 효과적으로 자체 서비스할 수 있는 퍼블리싱 역량이 필요해졌다. 아울러 각 스튜디오에 기술, 경영, 사업을 지원하고, 스튜디오로 성장하지 못한 개발팀을 산하 조직으로 두어 보유하는 역할을 강화하기로 했다.

기존의 크래프톤이 PUBG를 포함한 독립 회사들의 연합체에 가까웠다면, 새로운 크래프톤은 독립 스튜디오들이 자회사 형태로 포진하는 구조로 변화했다. 김창한은 '연합'보다 '크래프톤' 자체의 정체성을 강조했다. 그의 체제 아래에서 '연합'이라는 단어는 희미해졌고, '크래프톤'이 그 자리를 대신했다.

김창한이 확정한 독립 스튜디오는 4곳이었다. 배틀그라운드를 서비스하는 PUBG, MMORPG 테라와 엘리온을 담당하는 블루홀, 모바일 캐쥬얼 게임을 만드는 라이징윙스Rising Wings, 글렌 스코필드가 대표로 있는 스트라이킹 디스턴스였다.

크래프톤 소속이던 블루홀은 자회사로 독립했고, 연합의 일원이었던 피닉스와 딜루전이 모바일 게임에 특화된 스튜디오를 만드는 데 의기투합해 합병 법인인 라이징윙스로 재탄생했다. 피닉스의 글로벌 서비스 경험과 딜루전의 전략 게임 장르의 전문성을 조합해 더 높이 비상하려는 의지를 이름에 담았다. 피닉스의 김정훈이 대표를 맡아 'The Most Widely Desired Mobile Game Provider(가장 널리 선호되는 모바일 게임 제작사)'라는 비전을 세웠다. 이 비전은 국적과 연령, 성별 등과 상관없이 누구나 쉽게 익히고 즐길 수 있는 게임을 만들겠다는 포부를 담은 것이었다.

글렌 스코필드가 이끄는 스트라이킹 디스턴스는 계약서에 서명한 지 1년밖에 되지 않은 시점에 트리플A급 게임 플레이 영상한 토막을 제출했다. 글렌은 시대에 맞는 최고 수준의 호러 게임을 만들고 싶어 했다. 자신을 명장 반열에 올려놓은 SF 호러 게임 '데스 스페이스'의 계승작이었다. 글렌은 "트리플A가 아니라 쿼드러플A가 목표"라는 포부를 밝히며 우주를 배경으로 한 새로운 호러 게임 제작에 자신감을 보였다.

크래프톤의 미국 지사 엔매스와 연합의 일원이던 레드사하라는 폐업을 결정했다. 테라의 북미 서비스를 위해 2008년에 설립된 엔매스의 폐업을 두고 내부에선 PUBG 미국 법인과의 업무 중복 때문이라는 이야기가 돌았다. 한때 엔매스 CEO를 겸직했던 장병규는 떠나는 구성원에게 감사패를 제작해 보냈다. 2018년에 합류한 레드사하라는 테라 IP를 활용한 모바일 RPG '테라 히어로'를 연초에 발표했지만 적자를 면치 못했다.

　김창한의 경영팀은 이번 조직 개편에 앞서 지속 가능한 성장 모델을 어떻게 만들어낼지 고민했다. 국내외 글로벌 게임 회사들을 조사하며 '모母 퍼블리셔, 자子 스튜디오' 체제가 가장 일반적이고 당연한 구조라는 결론을 내렸다.

　여러 스튜디오를 거느린 EA, 액티비전, 유비소프트 같은 글로벌 게임업체들은 애초에 독립 스튜디오 체제를 도입했다. 회사마다 모회사와 자회사 스튜디오의 역할과 책임이 조금씩 달랐지만, 기본 구조는 같았다. 여러 게임을 만들어 글로벌 시장에 서비스하려면 이런 구조가 가장 이상적인 형태로 여겨졌다.

　예를 들어 EA는 '바이오웨어Bioware' '리스폰Respawn' '다이스Dice' '고스트Ghost' '맥시스Maxis' 등 여러 게임 제작 스튜디오를 자회사 형태로 두고 있다. EA는 모회사로서 신규 게임 제작을 승인하고 게임별로 운영 방향이나 예산, 제작 기간 등을 결정한다. 이와 동시에 퍼블리셔로서 글로벌 마케팅과 사업을 직접 수행하고 기술, HR, 법무, 회계 등 경영 서비스를 제공해 스튜디오가 제작에만 전념할 수 있도록 지원한다.

　크래프톤의 독립 스튜디오는 콘텐츠 개발 방향에 대한 일차적인 의사 결정권을 갖게 됐다. 이는 크래프톤 체제가 다른 게임 회사들과 구별되는 가장 큰 차이점이었다.

　"우리는 제작 중심 회사입니다. 사업(경영)이 드라이브하는 제작을 하지 않습니다. 퍼블리싱 권한이 모회사에 있다고 해서 퍼블리싱 조직이 제작을 이끌지 않습니다. 크래프톤은 콘텐츠 개발과 게임 운영, 퍼블리싱 방향을 정하고 예산을 배분하는 권한을 독립 스튜디오의 EPD(총괄PD)에게 부여합니다.

반대로 독립 스튜디오는 하고 싶은 걸 다 하면서 맘대로 제작할 수 없습니다. 제가 겸직하고 있는 CPO를 중심으로 마일스톤을 검증합니다. 갈 거냐(제작 지속) 말 거냐(중단)를 결정할 것입니다."

모든 것에는 흥망성쇠가 있다. 회사는 영원한 성장을 꿈꾸지만, 물살이 깊어질수록 변화를 모색해야 한다. 게임마다 생애 주기가 다르고, 이를 정확히 계산하기는 어려웠다. 게임 회사의 입장에서는 다양한 게임을 보유해야 안정성과 성장성이 높아진다. 새로운 기회가 계속 생길 수 있기 때문이다. 게임을 지속적으로 만들어나가며 끊임없이 성장할 수 있는 기회를 만들어야 했다. 독립 스튜디오가 늘어나면 늘어날수록 회사는 성장하고, 단일 게임에 비해 안정성도 높아질 것이 분명했다. 독립 스튜디오는 '창의적인 정체성을 지니면서 지속 가능성과 수익성을 만들어낼 수 있는 조직'으로 정의됐다.

김창한은 "정체성은 조직의 역사와 뿌리에서 나온다"고 말했다. 사람과 회사, 정체성은 그 존재를 설명한다.

"정체성이 있어야 존재하는 의미가 있습니다. 제작팀이라면 만들고자 하는 게임의 정체성을 명확히 지니고 있어야 존속할 이유도 생긴다고 생각합니다. 회사도 마찬가지입니다. 우리는 회사의 정체성을 '게임 제작의 명가'라고 정의했습니다.

세상에는 수많은 게임이 있습니다. 중요한 것은 어떤 스튜디오가 특정한 게임을 어떻게 만들어가는가에 있습니다. 정체성이 생기는 방식은 다양합니다. 앞서 말했듯 특정한 사람, 제작 방법, 문화 그리고 특정 게임 장르에 특화된 노하우 등 여러 경우가 있습니다. 정체성은 저절로 생기지 않으며, 역사에서 나옵니다. PUBG는 배틀그라운드를 제작하고 성장해나가는 과정을 통해 정체성을 확립했습니다."

4개 스튜디오의 각기 다른 정체성을 이렇게 정의했다.

PUBG 스튜디오의 정체성은 '거칠지만 새롭고 대담한 목표를 향한 끊임없는 도전.'

"거칠다는 평가는 트리플A 품질을 내지 못했기 때문입니다. 하지만 모드MOD나 인디에서 게임성을 발굴해 빠르게 대중화한 역사가 있습니다. PUBG는 기존에 없던 게임 장르에 도전하는 정체성을 지니고 있습니다."

블루홀 스튜디오의 정체성은 '협동 중심 MMORPG의 대표.' "블루홀의 뿌리에 테라가 있습니다. 높은 품질의 대규모 MMORPG를 제작한 역사가 있습니다. 그걸 이어받아 엘리온을 만들고 있습니다. MMORPG를 대표하는 정체성을 지니고 있는 것입니다."

라이징윙스의 정체성은 '캐주얼 모바일 중심의 작지만 강한 게임 제작사.' "일상에서 가볍게 즐길 수 있는 모바일 게임을 중심으로 제작과 서비스를 독자적으로 운영하는 정체성을 지닌 스튜디오입니다."

스트라이킹 디스턴스의 정체성은 '글렌 스코필드의 트리플A 스튜디오.' "북미 시장에서 콘솔 중심의 트리플A 게임을 만들어온 회사입니다. 결국엔 그게 뿌리입니다. 글렌 스코필드라는 크리에이터 개인의 색깔이 강한 정체성을 만들었습니다."

　PUBG의 비개발 조직을 품고 통합 법인으로 거듭난 크래프톤은 출범하고 한 달 뒤 "2021년 국내 증권시장에 IPO를 하겠다"는 계획을 발표하며 IPO 추진을 공식화했다. 크래프톤은 IPO 시장의 대어大魚로 불렸다. 장외 시장에서 형성된 시가총액은 15조 원이었다. IPO 예상 기업 가치는 20조 원을 웃돌았는데, 이는 한국의 게임 대장주인 엔씨소프트나 넷마블의 시총을 뛰어넘는 수준이었다. 2019년보다 급증한 실적은 이런 관측이 허언이 아니라는 주장을 뒷받침했다.

　크래프톤의 2020년도 매출은 1조 7,000억 원에 육박했고 영업 이익은 7,739억 원을 기록했다. 전년 대비 각각 54퍼센트와 115퍼센트가 증가한 수치였다. 크래프톤의 성장을 견인한 주역은 단연 배틀그라운드 모바일이었다. 2020년에 전 세계에서 가장 많은 매출을 올린 모바일 게임으로 등극했다. 시장조사업체 센서타워는 화평정영을 포함한 배틀그라운드 모바일의 2020년 매출을 26억 달러(약 2조 8,400억 원)로 추산했다.

　"배틀그라운드가 역사를 썼느냐고 한다면, 그건 사실입니다. 그런데 그 역사를 계속 쓰고 있느냐고 한다면, 아직 아닌 것이 현실입니다. 크래프톤을 포함한 회사 전체 수익의 상당 부분이 배틀그라운드 모바일에서 나오고 있습니다. 그런데 배틀그라운드 모바일 관련 업무를 하는 직원은 전체 2,000명 중 극소수입니다.

　저는 내가 한 것과 남이 한 것을 구분하려고 하는데, 내가 해서

낸 성과만이 내 것이라고 생각합니다. 그래서 아직은 다음 역사를 쓰고 있다고 생각하지 않습니다. 노력하고 있는 중이죠. 낙관적으로 보고는 있지만, 실제로 될 때까지 실현된 것은 아니고 완전히 끝날 때까지 끝난 것은 아니기 때문에 지금 모두가 노력하고 있다고 생각합니다."

김창한은 PUBG 올핸즈 미팅에 참석해 "현실을 직시해야겠다고 생각했다"고 말했다. 그가 출연한 TV 인기 예능 〈유 퀴즈 온 더 블록〉이 방송된 후 열린 행사였다. 방송은 '투자 대비 700배 수익 창출' '2조 8,000억 원의 성공 신화'와 같은 화려한 타이틀로 크래프톤 CEO 김창한과 배틀그라운드의 성공담을 조명했다. "배틀그라운드 관련 개발은 장태석 본부장에게 넘긴 상태고, 저는 새로운 게임이나 회사가 나아갈 길을 찾기 위해 노력하고 있습니다. 우리의 현실은 방송만큼 보랏빛은 아닙니다. 이 점을 언급하고 싶었습니다."

F2P 전환

EPD 장태석이 이끄는 PUBG는 끈기 있게 업데이트를 하여 수직으로 빠르게 낙하하던 배틀그라운드에 낙하산을 씌웠다. 안정적으로 정착한 PC와 콘솔 라이브 업데이트는 경착륙이 아니라 연착륙의 곡선을 만들어냈고, 유저와 매출 감소세를 완만하게 돌려세웠다. 트래픽은 2018년에 가파른 이탈세를 보였지만, 2019년부터 하락 폭이 줄어들다 2020년에는 하락세가 더욱 둔화됐다. 중국과 일본, 동남아에서 지속적인 하락세를 보였지만, 한국과 서구 지역에서는 하반기에 트래픽 반등세를 이뤄냈다. 연초에 내세웠던 '신뢰할 수 있는 라이브 서비스' '허황되지 않은 도전'이라는 두 마리 토끼를 잡으려고 부지런히 움직인 결과였다.

병렬 제작 방식을 적용해 월간, 주간 업데이트를 정기적으로 해냈다. 유저와 약속한 업데이트가 제때 이뤄지면서 언제, 어떤 이벤트가 열릴지 유저들이 주목하기 시작했다. 새로운 기능을 추가해 배틀로열 경험을 확장하면서 팬들의 높은 호응을 끌어내기도 했다. 공식적으로 실력을 가늠할 수 있는 경쟁전을 도입하면서 매 경기 점수를 올리려는 유저들이 다시 게임 전장으로 복귀했다.

건물을 부수거나 벽을 뚫어 이동할 수 있는 기능이 생겨 지형지물을 활용한 전략적인 플레이를 펼칠 수 있게 됐고, 대륙 횡단 기차와 새로운 랜드마크 등 신선한 콘텐츠는 서바이벌과 탐험 욕구를 자극했다. 기존 맵의 비주얼도 개선해 더욱 사실적이고 몰입감 있는 월드를 선사했으며, 특히 게임의 핵심 가치를 훼손하지 않으면서 패션처럼 주기적으로 소비할 수 있는 다양한 유료 콘텐츠도 매대에 올렸다.

무엇보다 장태석의 PUBG는 매출의 효율을 높이고 있었다. 배틀그라운드의 PUR Paying User Rate(전체 게임 사용자 중 유료 결제자 비율)은 점진적으로 우상향하고 있었다. "긍정적인 변화가 눈에 띄게 관찰되고 있습니다. 외부 요인이나 운에 의존하지 않고, 우리가 이런 변화를 천천히 차근차근 잘 만들어가고 있습니다."

　문구점 '뽑기'처럼 돈을 내고 아이템을 뽑는 '확률형 아이템', 돈을 지불하고 구매하는 '프리미엄 상품'과 '고과금 상품' 등 배틀그라운드에 속속 도입되는 유료화 상품에 대해 장태석은 "그 이상의 가치가 있다"고 말했다. 하반기부터 다양한 유료 상품 출시가 이뤄지면서 ARPU(유저당 평균 매출)가 꾸준하게 상승했다. 오랫동안 배틀그라운드에서 벌어지지 않던 일이었다.

　"우리가 만들어낸 굉장히 좋은 결과입니다. 시작 단계이기 때문에 비주얼이나 스토리텔링 등 개선할 부분이 있긴 합니다. 중요한 것은 배틀그라운드의 핵심 게임 플레이와 핵심 가치를 훼손하지 않으면서도 게임을 안정적으로 오랫동안 서비스할 수 있는 기반이 되고 있다는 겁니다. 유료 상품을 통해 추가 매출 증대의 가능성을 확인했습니다. 신선하고 매력적인 상품을 만들어낸다면 여전히 우리에게 충분한 가능성이 있고 좋은 성과를 낼 수 있다는 것을 보여줬습니다."

　유료화 개선 작업은 아웃게임을 맡은 김상균이 주도했다. 2020년 10월, 김상균은 보폭을 넓혀 성장형 무기 상품 개발에 나섰다. 성장형 무기는 유저가 획득한 아이템(총기)을 성장시키는 콘텐츠로, 총의 외관에 무늬와 색상, 효과를 입혀 시각적으로 무기를 꾸밀 수 있게 하는 아이템이었다. 자신만의 고유하고 특색 있는 무기를 갖고 싶어 하는 유저들의 구매욕을 자극해 매출을 높일 수 있는 중요한 프로젝트이자 실험이었다. 특히 게임에 돈을 쓰고 싶어도 쓸 곳이 없어 고민이었던 고래 유저들의 지갑을 일차적으로 겨냥했다.

김상균은 TF를 13명으로 구성하고 2021년 상반기 출시를 목표로 설정했다. 다양한 직종과 국적으로 구성된 팀이었다. 개발 측면에선 인게임과 아웃게임이 밀접하게 일했고, 지역으로는 한국과 미국, 네덜란드가 참여했다. QA, 퍼블리싱, 센트럴 부서에서도 지원을 받았다.

성장형 무기 업그레이드는 최대 10레벨까지 설정하고, 각 단계에서 다양한 외형 효과가 나타나도록 설계했다. 총기에 색을 입히는 스킨, 아이템이 무작위로 나오는 랜덤 박스 등 성장형 무기 서비스를 구성하는 요소들은 기존에 PUBG가 갖추고 있던 시스템이었다.

김상균은 "우리가 가지고 있던 것을 조합하고 활용하는 것으로 새로운 가치를 만들어낼 수 있다"고 말했다. "배틀그라운드는 매출 면에서 더 성장할 수 있습니다. 좋은 유료화 소재를 찾고 좀 더 과감하게 도전한다면 가능하다고 봅니다."

성장형 무기를 유료 사용자만을 위한 상품이 아니라 하나의 콘텐츠로 바라보고, 돈을 쓰지 않는 유저도 즐길 수 있도록 허들을 낮춰 모두가 즐기는 콘텐츠로 만들었다. 이 결정을 두고 내부에서 우려의 목소리가 높았지만, 김상균은 "유료화는 단순한 돈벌이 수단이 아니라 다양한 사람이 즐길 수 있는 콘텐츠가 되어야 한다"고 강조했다. 그가 빚어내는 PUBG 유료화 상품은 '페이 투 윈Pay to Win(돈을 많이 쓸수록 이길 확률이 높아지는 방식)'이 아니었다.

장태석은 F2P(무료 이용) 전환 카드를 만지작거리며 이용자 수와 매출을 높일 진짜 반격을 준비했다. F2P는 가격 허들을 없애

접근성을 극대화하는 전략이다. 장태석의 판단에 배틀그라운드
는 성숙기에 접어든 게임이었다. 게임은 성숙할수록 반등할 가능
성이 낮아지는 상품이다. 라이브 서비스에 큰 변화를 주지 않는다
면 언젠가는 하락해 크리티컬 매스critical mass(시장 성과를 내기 위해 필
요한 규모) 붕괴로 이어질 수밖에 없다.

큰 반등을 이뤄내기보다 배틀그라운드라는 잘 만들어진 게임
을 오랫동안 서비스할 수 있는 기반을 마련하고자 했다. 실제로
CS:GO는 2018년 말에 무료화를 선언한 이후 꾸준히 트래픽이
상승해 기존의 2배에 달하는 트래픽을 이뤄냈다. 매출 역시 2.5배
정도 증가한 것으로 조사됐다. F2P는 배틀그라운드에 재도약의
모멘텀이자 10년 이상 가는 장기 서비스를 위한 출발점이 될 수
있었다.

다만 아무 때나, 아무렇게나 한다고 될 문제가 아니었다. 2019년
말, 장태석은 전략실에서 근무하는 재미탐험대 대원과 F2P 전환
에 대한 시나리오를 만들었다. F2P의 필요성과 전환 시 재무 건
전성을 검토하고, 필요한 준비 사항과 적절한 전환 시기를 분석했
다. 전환 후 BEP와 현재 영업 이익률을 넘기는 데 필요한 이용자
수와 매출을 산정해 5가지 시나리오를 도출하고, 각 시나리오의
실현 가능성도 함께 평가했다.

베스트best 시나리오와 낙관적optimistic 시나리오의 실현 가능성
은 '매우 낮음very low'으로, 기본base 시나리오와 멸망doom's day 시나
리오의 가능성은 '낮음low'으로 평가됐다. 5가지 시나리오 중 실현
가능성에서 그나마 '중간mid' 딱지를 받은 것은 워스트worst 시나리

오였다. 장태석은 이 평가 결과를 받아들며 고개를 떨궜다.

　내부적으로 만반의 준비가 필요했다. 외부적으로는 게임의 대세감이 꺾이기 전에 F2P 전환을 이뤄내야 효과를 극대화할 수 있었다. 이 골든 크로스 시점에 F2P를 제대로 해낸다면 배틀그라운드는 앞으로 10년, 20년 동안 지속 가능한 게임이 될 수 있을 것이다. 장태석은 F2P 전환 시점을 2021년 말로 설정했다.

　그는 F2P 전환을 위해 필수적인 선결 과제로 3가지를 제시했다. 첫째는 '유료화 개선', 둘째는 '유지retention 가능한 콘텐츠', 셋째는 '해킹(핵) 대응anti-cheat'이었다.

　"무료 전환으로 인해 유실되는 기본 매출과 늘어나는 운영비를 상쇄하거나 그 이상을 달성할 수 있는 매출 효율성을 확보해야 합니다. 콘텐츠가 무엇보다 중요합니다. 지속 가능한 라이브 서비스 업데이트 구조를 만들고, 신규 유저가 쉽게 적응할 수 있도록 핵심 게임 플레이를 훼손하지 않으면서도 편의성을 개선해야 합니다. 최적화 역시 필수적입니다. 아무래도 충성도가 떨어지고 컴퓨터 사양이 낮은 유저도 많이 유입될 테니까요. 이들이 안착할 수 있는 콘텐츠를 준비해야 합니다.

　F2P의 가장 큰 특징은 비용에 대한 허들이 사라진다는 점입니다. 이는 핵 유저들이 반복적으로 진입할 수 있는 환경이 된다는 의미이기도 합니다. 이들을 효과적으로 걸러내고 느리게 들어오게 만들고 빨리 내보낼 수 있는 핵 방지 솔루션을 고도화하고, 불공정 행위자를 제재할 정책을 수립해야 합니다."

　2020년 6월, 장태석은 3일간 무료로 배틀그라운드를 즐길 수 있는 프리 플레이 위크Free Play Week를 시범적으로 진행했다. 그 결과 고무적인 유저 유입과 함께 핵 관련 지표가 급격히 상승하는 모습을 확인할 수 있었다. "우리가 가진 솔루션과 운영 인력을 총동원해 핵 억제력을 키워야 합니다. F2P를 하지 못할 수도 있습니다. 핵 억제력이 충분하지 않다고 판단한다면, 차라리 가지 않는 게 더 낫다고 생각합니다."

장태석은 F2P를 준비하며 미국 게임업체 밸브 코퍼레이션의 CS:GO 담당 EPD와 온라인 미팅을 마련했다. 편안한 분위기에서 CS:GO 무료화 사례에서 얻은 인사이트와 배운 점들을 물어볼 기회였다. 밸브는 PC 게임 온라인 유통 플랫폼 스팀을 운영하는 글로벌 게임업계의 강자로 CS:GO, 도타 2, 하프라이프, 팀 포트리스 등 세계적으로 흥행한 다수의 게임을 거느린 명망 있는 개발사이자 플랫폼 회사였다.

장태석을 포함해 전 세계 개발자들의 롤모델인 밸브는 그 독특한 운영 방식으로 신비롭게까지 보이는 회사였다. 전체 직원 수가 약 350명에 불과한 밸브는 극도로 효율적인 운영 시스템을 통해 세계 최대 게임 플랫폼 스팀과 여러 흥행 게임을 관리한다. 사람의 개입을 최소화하고, 알고리즘으로 플랫폼을 운영한다.

운영 효율을 극단적으로 추구하는 이 회사와 접점을 만들기는 쉬운 일이 아니었다. 배틀그라운드가 초기에 성공을 거뒀을 때도 밸브 관계자와 만날 기회는 좀처럼 없었다. 이후 배틀그라운드가 스팀의 대표 타이틀 중 하나로 자리 잡고, PUBG가 밸브에 중요한 고객사가 되고 나서야 밸브 관계자는 그 비싼 얼굴을 보여줬다. 스팀 플랫폼의 고도화 과정에도 배틀그라운드의 기여가 지대했다. 밸브는 태도를 바꿔 배틀그라운드가 프로모션을 할 때마다 적극적인 지원을 아끼지 않았다.

밸브에서 CS:GO 전담 개발팀은 30명이 채 되지 않았다. 이 적은 인원이 세상에서 제일 잘나가는 게임 중 하나를 서비스하고 있었다. CS:GO가 밟은 무료화의 길을 걸으려는 장태석에게 밸브의 EPD는 "내 게임이라면 진작에 F2P를 했을 것"이라고 조언했다. 배틀그라운드가 빠르게 무료화를 하면 더 많은 유저를 끌어들이고, 이를 통해 생태계를 활발하게 만드는 편이 결과적으로 수익 증가로 이어질 것이란 의견이었다.

장태석이 보기에 밸브의 게임들은 스팀 플랫폼을 위해 복무했다. 밸브 사람들에게는 플랫폼이 게임보다 더 중요하며, 게임들은 플랫폼의 번영을 뒷받침하기 위한 역할을 했다. 플랫폼이 게임을 위해 존재하는 것이 아니라, 게임이 플랫폼의 성장을 도와야 한다는 시각은 장태석에게 신선하게 다가왔다. 그러나 배틀그라운드 하나에 의존하는 PUBG의 사정은 밸브와는 달랐다.

장태석은 특히 CS:GO의 중국 내 성과 지표와 그래프를 띄워놓고 무료 전환 전후로 변화된 수치와 그 의미를 꼬치꼬치 캐물었다. 중국에서 왜 트래픽이 늘어났는지, CS:GO가 언제부터 성장하기 시작했는지, 이 수치들은 어떻게 해석해야 하는지 등 얼굴이 벌게질 정도로 질문을 쏟아낸 그에게 돌아온 답변은 전혀 상상하지 못한 것이었다. "우리는 그렇게까지 데이터를 보지 않아요."

밸브는 전 세계에서 가장 많은 데이터를 보유한 회사였다. 이

날 만남에서 심리학 박사이기도 한 CS:GO EPD는 장태석에게 영원히 기억에 남을 한 문장을 남겼다. "극단적으로 효율을 추구하면 좋은 일이 생겨요." 그러자 스팀 플랫폼도 극단적인 효율을 추구한 결과물로 보였다. 장태석은 효율의 관점에서 배틀그라운드를 바라보는 연습을 거듭했다. 어떻게 하면 더 적은 비용으로 효율적인 콘텐츠를 만들 수 있을지, 반복 작업 없이 콘텐츠를 만들어낼 수 있을지, 지속적으로 콘텐츠를 생산할 수 있는 제작 시스템을 어떻게 구축해야 할지를 두고 고민을 계속했다.

강박적으로 일하며 가끔 죽을 것처럼 힘들다는 생각이 들 때면, 장태석은 지구 반대편에서 같은 직함을 단 밸브의 EPD를 떠올렸다. 아마도 세상에서 가장 작은 팀으로 가장 큰 서비스를 하는 그 남자는 "할 수 있는 최선을 다하고 나머지는 그냥 받아들이면 된다"고 조언했다.

시험을 '잘' 보기 위한 방법은 누구나 안다. 국어, 영어, 수학 위주로 예습하고 복습하기, 요행을 바라지 않고 최대한 많은 공부 시간을 할애하기, 집중하고 몰입해 학습하기…. 누구나 알지만 누구도 쉽게 해내지 못한다. 배틀그라운드를 '잘' 서비스하는 일도 이와 같았다. 정답처럼 보이는 일을 실제로 실행에 옮기고 성과를 내기란 바위에 씨앗을 심는 일이었다. 풍성한 콘텐츠를 만들고, 정기적으로 업데이트하며, 고객에게 제대로 전달하면 게임이 좋아진다. 모두 알고 있지만, 엄두를 내지 못했던 일을 장태석의 PUBG는 하나하나 조금씩 실현해가며 앞으로 나아갔다.

예를 들어 퍼블리싱은 게임을 유저에게 전달하는 모든 활동을 의미한다고 간단하게 설명할 수 있지만, 이를 '잘' 해내는 것은 결코 쉽지 않았다. 기존의 퍼블리싱 전략은 '다음 달에 추가될 콘텐츠가 있으니 소개 영상을 만들고 알림문을 작성해 배포한다' 정도에서 그치곤 했다. 장태석의 PUBG에서는 제작, 퍼블리싱, 서비스가 유기적으로 연결되고 고도화됐다.

콘텐츠를 기획할 때부터 시즌별 핵심 요소를 명확히 하고, 이를 서비스하기 몇 달 전부터 어떻게 하루하루 유저에게 메시지를 전달할지에 대한 전략을 세웠다. 단순한 배포를 넘어, 어떤 파트너와 협력해 더 많은 유저에게 어떻게 효과적으로 전달할 것인지까지 깊이 고민하는 단계에 이르렀다.

고객의 유형과 채널, 지역에 따라 전략도 달라졌다. 매일 게임을 즐기는 유저, 한 달에 한 번씩 돌아오는 유저, 특정 콘텐츠를 기다렸던 유저 등 각기 다른 유저들에게 어디서 어떤 방식으로 어떻게 전달할 것인가? 소셜미디어, PUBG 채널, 혹은 오프라인에서 알릴 것인가? 중국, 유럽, 미국에서의 퍼블리싱은 무엇이 어떻게 달라져야 하는가?

컬래버레이션 파트너가 늘어날수록 계약 체결은 신속해야 했고, 준비는 사전에 철저히 이뤄져야 했다. 배틀그라운드의 퍼블리싱 방식은 복잡하고 다양해지면서 탁월해졌다. 새로운 맵을 포함한 인게임과 아웃게임 콘텐츠, 판매와 서비스, 커뮤니티 등 게임 배틀그라운드를 구성하는 모든 요소가 월 단위, 연 단위 로드맵에 맞춰 계획되고 진행되면서 점차 단단해졌다.

30명, 60명, 90명

2020년 10월 말, 인도에서 배틀그라운드 모바일 서비스가 사라졌다. 중국과 갈등을 겪던 인도 정부가 중국이 제작한 앱 275종을 퇴출하면서 텐센트가 운영하는 배틀그라운드 모바일도 블랙리스트에 들어간 것이다.

배틀그라운드 모바일은 인도에서 절대적인 게임 1위로, 하루 이용자만 3,300만 명에 달했다. 한 시장조사기관은 인도 모바일 게임 시장이 2019년 대비 2024년 유저 수는 2배 이상, 매출 규모는 4배가량 성장할 것으로 내다보며, 배틀그라운드가 인도 전체 게임 시장의 85퍼센트를 차지할 것으로 예측했다. 사용자당 평균 수익은 글로벌 평균의 절반에 불과했지만, 게임에 대한 충성도를 나타내는 리텐션(재접속률)은 그 어느 지역보다 높았다.

하루아침에 미래 시장을 잃은 크래프톤은 한 달 만에 인도 법인을 급히 설립하고 "배틀그라운드를 직접 서비스하겠다"며 사태 수습에 나섰다. 1억 달러가 넘는 현지 투자를 약속하며 인도 시장에 대한 변함없는 사업 의지를 내비쳤다. 장병규는 직원들에게 "인도라는 시장을 우리가 알고 있는가"라며 반문했다.

"모르죠. 그러면 인도라는 시장에서 시도해야 합니다. 제가 보기에 웬만한 시도는 모두 돈을 버리는 일처럼 보일 겁니다. 그러면서 사실 성장하는 겁니다. 글로벌 고객에게 더 가까이 다가가는 멋진 회사가 되려고 한다면, 지금까지 써오던 것과는 완전히 다른 규모의 자본이 필요할 수 있습니다. 다시 말하지만, 크래프톤은 수많은 시행착오와 실패를 또다시 겪어야 합니다."

아르테미스. 그리스 신화 속 태양신 아폴로의 쌍둥이 누이이자 달의 여신으로, 미국 정부와 NASA(미항공우주국)가 사람을 달로 보내려고 계획했던 미션명이기도 하고, 2019년에 브렌던 그린이 착수한 프로젝트명이기도 했다. 브렌던 그린의 아르테미스 프로젝트는 주요 마일스톤 달성에 실패하며 불발에 그쳤다.

거대한 가상 세계를 창조하려는 브렌던 그린의 꿈을 김창한은 지난 5월 이사회의 허락을 받아 승인했다. 개발비 6,000만 유로(약 900억 원)를 투입해 5년간 진행되는 장기 프로젝트였다. 김창한은 승인을 하는 대신 조건을 걸었다.

프로젝트를 세 단계로 구성해 단계별 목표를 통과하도록 설계했다. 1단계와 2단계에선 최종 제품 개발을 위한 선행 기술을 확보하는 과제가 주어졌다. 프로젝트의 최종 목표는 유저들이 원하는 게임을 직접 샌드박스sandbox(모래를 이용해 원하는 모양을 만드는 것처럼 게이머가 창의성을 발휘해 자유롭게 활동할 수 있는 게임) 형태로 창작하고 플레이할 수 있는 경험을 주는 것이었다. 1단계에서 팀원 30명으로 시작해 그다음 60명, 마지막 단계에서 90명으로 팀원을 단계적으로 확장할 계획을 세웠다.

브렌던 그린의 실현 불가능해 보이는 꿈을 현실로 만들려고 사람을 모았건만, 팀원들이 계속해서 이탈했다. 크래프톤은 프로젝트를 안정적으로 이끌고 관리할 수 있는 있는 사람을 곁에 둘 것을 권했지만, 자율과 독립을 원하는 브렌던 그린은 이 제안을 받아들이지 않았다. 중간 개발 결과물을 확인한 김창한은 브렌던 그린에게 "1,000억 원이나 되는 개발비를 다 날릴 것 같다. 이런 결정을 CEO로서 할 수 없다"며 프로젝트 중단을 알렸다. 브렌던 그린은 "스스로 해보겠다"며 프로젝트를 재개할 여러 가능성을 모색하기 시작했다.

　하향세를 겪던 테라는 급격히 수렁으로 빠져들었다. 오늘 당장 서비스를 종료해도 이상하지 않을 만큼 저조한 성적을 이어갔다. 개발과 사업 조직 모두 리더십을 외부에서 수혈했지만 성과는 기대에 미치지 못했다. 테라를 아끼고 걱정하던 팀원들도 '이제 회복은 불가능하다'며 하나둘 자리를 비웠다.

　2년간 테라를 이끌던 제작 리더십 중에서 PD와 디렉터, AD 3인이 리부트셀로 이동했다. "테라는 참 복잡한 게임"이라는 말을 남기고 디렉터는 짐을 정리했다. 초기 개발 단계부터 테라와 동행해온 직원이 새로 PD를 맡아 마지막 힘을 쥐어짜보기로 했다.

　테라 콘솔 부문 PD는 사표를 냈다. 내부에서는 PD를 지지하는 사람들과 그렇지 않은 사람들이 명확히 나뉘어 파벌이 형성됐다. 디자인 부문의 주니어들이 결집해 PD를 비판했다. 이들은 "PD가 콘솔 업무와 별개로 신규 프로젝트를 준비하며 야근을 강요하고, 캐릭터를 새로운 프로젝트에 무단으로 사용하며, 일부 신임하는 팀원에게만 특혜를 준다"며 지속적으로 불만을 제기했다.

　이 중 한 명이 직장인 익명 커뮤니티에 PD를 겨냥한 게시글을 올리자, PD 역시 참지 않고 공론장을 활용해 해당 내용을 조목조

목 반박했다. PD는 "보여주는 성과에 비해 과도한 권한을 요구한다"며 팀원들을 나무랐다.

PD를 신뢰하는 구성원들과 철저히 불신하는 구성원들로 편이 갈려 첨예하게 대립했지만, 경영진의 입장에서는 어느 한쪽 손을 일방적으로 들어주기 어려웠다. 어쩌면 이런 갈등은 테라 디자인팀의 구조적인 문제에서 비롯한 것일 수 있었다.

블루홀 초기, 테라 디자인팀은 엔씨소프트에서 합류한 시니어들과 새로 뽑힌 신입 및 경력 3년 이하의 주니어들로 구성됐다. 시니어들은 "우리가 성공했던 방식대로 따라야 한다"거나 "그렇게 일하는 방식은 잘못됐다"라는 식의 발언을 자주 했다. 이에 반발하던 주니어들은 경력을 쌓는 대로 팀을 빠져나갔고, 시니어들도 시간이 지나며 하나둘씩 퇴사했다. 그 빈자리가 다시 신입과 주니어들로 채워지면서, 주니어들이 연차에 비해 상대적으로 비중 있는 작업을 맡게 됐다. 작업을 면밀히 평가해줄 선배가 없었기에 주니어들이 자신을 과대평가할 수 있는 여건 또한 조성됐다. 다른 누군가가 잘못을 지적하면 거세게 반발하는 이들도 있었다. 결국 PD는 업무와 무관하게 회사에 알리지 않고 신규 프로젝트를 준비해온 사실을 인정했고, 사태를 일으킨 책임을 지고 퇴사했다.

크래프톤 내에서 기대를 모았던 제작팀들이 연이어 고꾸라졌다. 엔씨소프트 블레이드앤소울팀에서 경험을 쌓은 개발자들이 주축이 된 실드바이터팀은 테라의 뒤를 이을 차세대 대규모 프로젝트를 추진하며 회사의 전폭적인 지원을 받았지만, 시간이 지나도 늘어나는 인원에 걸맞은 성과를 내지 못해 결국 재정비됐다. 일부는 루터슈터(총싸움에 육성과 아이템 수집 같은 롤플레잉 요소를 적용한 게임) 게임 장르로 방향을 바꿔 개발을 이어갔고, 다른 일부는 아트 연구·개발 조직을 새로 구성했다. 게임 BBM을 일본 시장에 출시한 블루유니콘팀은 해체됐다. 개발 초기에는 개성 있고 귀여운 몬스터 캐릭터로 호평을 끌어냈지만, PD와 팀원 간 갈등의 골이 깊어지면서 팀워크가 무너졌다. 열정과 역량을 겸비했다고 평가받던 프로그래머는 피플실에 "BBM은 하루 빨리 접는 게 최선"이라는 내용의 긴 메일을 남기고 퇴사했다. 일본에서 퍼블리싱할 업체를 찾아 계약을 성사시키는 것이 하드 마일스톤의 통과 기준으로 제시됐고, 어렵사리 현지 업체와 계약을 맺었다. 퍼블리셔와의 협업이 점점 꼬이면서 팀 상황은 더욱 어려워졌고, 출시 3개월 만에 서비스 중단을 결정했다.

　제도 시행 1년 만에 많은 직원이 리부트셀로 이동했다. 이들은 근속 기간에 따라 3개월 혹은 6개월 이내에 사내 이동을 하지 못하면 퇴직해야 하는 조건에 힘들어했다. 크래프톤은 직원들의 의견을 받아들여 해당 제도를 개선했다. 리부트셀의 기본 방향이 재취업이 아니라 사내 이동과 신규 제안에 중점을 둔다는 점을 명확히 하고, 모든 직원이 근속 기간에 관계없이 6개월 동안 머물며 후일을 도모할 수 있게 했다. 더불어, 근로계약서를 다시 쓰는 절차를 없앴다.

PUBG
BATTLEGROUNDS

2021

크래프톤의 길
: '우리'라는 단어를 새롭게 정의하며

KRAFTON

2021년 1월

———

크래프톤 전체 직원(PUBG 흡수 합병): 2,110명

———

'좋다'는 평가를 받는 회사들은
세상에 많지만 모든 사람에게
좋은 회사는 없다. 우리의 제작 인재가
도대체 회사 어디에서 자라고 있는가?
실패의 교훈을 축적하겠다고 하는데
실패의 교훈은 어디에서 축적되고 있는가?

———

제2의 배틀그라운드

크래프톤과 PUBG의 합병은 어디까지나 형식적인 통합이었다. 대외적으로는 양사의 합병이 무난하게 마무리된 것처럼 보였지만, 조직이 크게 변화하면서 큰 혼란과 진통을 낳았다. 크래프톤이라는 둥지 아래에서 2,000명이 넘는 직원이 일하고 있었다. 조직 규모가 커질수록 사정이 복잡해졌다.

김창한은 2020년 12월 한 달간 24개 조직에 대해 한 해를 돌아보는 연간 리뷰를 작성했다. 내부에서 불만의 목소리가 터져 나오면서 "누구도 행복하지 않은 합병"이란 이야기까지 나왔다.

PUBG에서는 2018년부터 인센티브 제도로 시행해온 300만 원 상당의 해외 워크숍을 없앴다. 회사는 "직원들이 해외 게임쇼나 콘퍼런스에 참석해 최신 트렌드를 익히고 성장할 수 있기를 바랐으나, 직원들은 워크숍을 빙자해 해외여행을 하는 기회로 삼았다"고 폐지 이유를 밝혔다. 그러나 직원들은 "다수가 제도를 잘 이용하고 있는데, 소수의 잘못된 행태 때문에 제도를 중단하는 것은 앞뒤가 맞지 않다"며 반발했다. 특히 입사 전 연봉 협상을 할 때 해외 워크숍을 지원해주는 조건으로 연봉 조정을 받아들였던 직원들은 거세게 불만을 토로했다.

크래프톤에 속해 있던 테라, 에어, 실드바이터 팀의 구성원들은 자회사 스튜디오인 블루홀로 소속이 바뀌면서 불이익을 당했다. 크래프톤을 퇴직하고 블루홀에 입사하는 방식으로 절차가 진행되면서, 은행 대출 시 크래프톤 재직 기간이 인정되지 않아 결혼이나 이사를 계획하던 직원들이 낭패를 봤다. 급히 HR부서에서 주거래 은행에 협조를 요청해 문제를 해결했지만, 다른 은행을 이용하던 구성원은 대책을 마련하지 못했다.

일부 20대 중후반 직원들은 정부의 청년 지원 제도인 '청년내일채움공제' 혜택이 사라지는 것에 민감하게 반응했다. 독립이나 결혼을 위한 목돈 마련에 도움이 되는 혜택이었지만, 회사 규모가 커지고 분사가 되면서 자격을 잃게 됐다.

법인 통합에 따라 새로 회계 시스템이 도입되면서 직원들은 큰 홍역을 치렀다. 상이한 비용 정산 시스템을 사용하던 크래프톤과 PUBG는 글로벌 서비스인 SAP 컨커Concur를 통합 시스템으로 채택했다. 크래프톤에 맞춰 설계된 시스템이 아닌 범용 시스템을 적용하자 곳곳에서 비명과 아우성이 쏟아졌다. 그간 쉽고 간편한 방법으로 비용을 정산하던 직원들은 새롭고 복잡하며 불친절한 시스템에 거부감을 보였다. 수많은 해외 스튜디오까지 관리할 수 있는 공통 시스템이 필요했던 크래프톤은 어쩔 수 없이 신규 시스템 도입을 강행했다.

반발이 갈수록 커지자 회계 조직은 피플실에 협조를 요청했다. 실장 임재연은 회계 조직과 함께 여러 차례 검토와 수정을 거쳐 작성한 양해 메일을 발송하고, CFO 배동근 또한 공지를 작성하며 성난 민심을 달랬다.

"더 잘하려고, 미래에 더 좋은 성장을 이뤄내기 위해 변화하는 것입니다." 김창한은 직원들을 다독였다. 안타깝게도 성장의 대부분이 직선형으로 이루어지지지 않는다고 설명했다. 우여곡절을 겪고 부침을 거듭하며 오르기 때문에 단기적으로는 언제나 어려움이 따를 수밖에 없다는 것이다. "장기적으로 바라봐주셨으면 합니다. 변화하지 않고 그대로 있으면 좋을 것도 나쁠 것도 없다고 생각하실 수 있습니다. 익숙하니까요." 변화한다고 해서 꼭 좋아진다는 보장도 없었다. 그렇더라도 무언가를 시도해야 한다는 것이 김창한의 주장이었다. "아무것도 하지 않으면 아무 일도 생기지 않고 하락세로 겁니다. 아시다시피 변하지 않으면 하락밖에 남지 않습니다."

장병규와 김창한이 신년 회의에서 나눈 대화록이 외부에 유출됐다. 공유와 기록의 중요성을 강조하며 모든 업무 자료를 사내위키에 올리도록 했는데, 담당자가 열람 권한을 잘못 설정해 회의록이 전 직원에게 노출됐다. 한 구성원이 문서를 외부에 그대로 유출하며 기사화가 이뤄졌다. "저성과자 관리 프로그램을 잘 설계해야 한다"는 장병규의 발언이 기사로 나오며 논란이 됐다. 오해를 불러일으킬 수 있는 표현이 그대로 노출되면서, "저성과자는 어떤 기준으로 판별할 것이냐" "또 도대체 무슨 관리를 어떻게 하겠다는 것이냐"는 직원들의 항의가 빗발쳤다.

"전체 공개로 권한을 잘못 설정한 것이 문제이긴 하나, 그걸 기자에게 유출하는 것은 다른 차원의 문제 같습니다. 가볍게 넘어갈 이슈는 아닌 것 같은데요. 이미 엎질러진 물이고, 대응을 어떻게 하느냐를 고민해야 할 듯합니다." 장병규가 반응했다. 회사 차원에서 조사를 진행해 외부에 문서를 유출한 것으로 보이는 직원 몇을 추렸지만, "굳이 찾아내서 뭘 어떻게 하겠느냐"는 장병규의 의견에 따라 후속 조치는 하지 않았다.

새해 벽두부터 사내 분위기가 가라앉았다. 2월 초에 넥슨이 전 직원 연봉을 800만 원씩 인상하겠다고 발표하면서 게임업계에서 연봉 인상 경쟁이 촉발됐다. 넥슨 발표 이후 넷마블도 임금을 800만 원 인상하겠다고 선언했고, 게임빌과 컴투스도 800만 원 인상 대열에 합류했다.

코로나19 시기에 이뤄진 디지털 전환으로 인해 게임업계뿐만 아니라 비IT 기업과 스타트업까지 개발자 인력 확보에 열을 올렸다. 직원의 이탈을 막고 뛰어난 인재를 확보하기 위한 경쟁은 더욱 치열해졌다. 크래프톤은 배틀그라운드 출시 이전까지 큰 수익을 내지 못해서 연봉 수준은 상대적으로 낮았다. 그동안 이 격차를 인센티브로 해소해왔지만, 주요 게임업체가 줄줄이 임금 인상을 단행하면서 이를 요구하는 내부 압력은 어느 때보다 거세졌다.

김창한은 2월 말이 되어서야 2021년의 방향성을 알리는 발표를 처음으로 했다. 주제는 '크래프톤의 길:게임 제작의 명가와 그 너머를 향해'였다. "우리가 앞으로 나아갈 방향을 공유하기에 앞서, 모두가 궁금해하는 이슈를 짚고 넘어가고자 합니다. 사실 믿지 않으실 수 있겠지만, 이 발표의 내용은 외부의 영향을 받지 않았습니다. 원래 방향 그대로입니다."

일반적으로 연초의 발표는 이런 순서로 흘러가기 마련이었다. 회사의 비전과 미션을 밝히고, 지금까지 뭘 해왔는지 그리고 현재 회사는 어디에 서 있는지 설명한다. 그다음으로 올해 무엇을 중점적으로 달성해야 하는지, 실행 방안은 무엇인지도 알린다.

김창한은 보상과 임금 이야기로 발표를 시작했다. "크래프톤 보상의 방향은 게임업계 최상위 수준으로 기본급을 높이는 것입니다." 그는 개발직군과 비개발직군의 연봉을 각각 2,000만 원, 1,500만 원 일괄적으로 인상한다고 발표했다. 신입 대졸 초임 연봉은 개발직군 6,000만 원, 비개발직군 5,000만 원으로 게임업계 최상위 수준으로 책정했다.

다음은 리부트 제도의 폐지 소식이었다. "공식 프로젝트에 배정되지 않은 제작 인재가 성장할 수 있는 공간으로 '챌린저스chal-lengers실'을 만들겠습니다." 김창한은 "우리가 '게임 제작의 명가' 비전을 일관되게 실현하려면 2가지 요소가 필요하다"고 말했다.

"하나는 명작을 만드는 사람입니다. 즉 장인 정신을 지닌 제작자들입니다. 그런데 명작을 만드는 게 쉬운 일이 아닙니다. 다른 하나는 포기하지 않는 도전입니다. 도전을 장려하고, 그 도전을 가능하게 할 자원을 준비해야 합니다. 솔직하게 현실을 바라봅시다. 프로젝트가 중단되면 리부트셀에 갑니다. 6개월 안에 회사 내 프로젝트를 맡지 못하면 퇴사하게 됩니다. 사실 게임업계에서는 프로젝트에 따라 이직을 손쉽게 합니다. 다들 이직한 경험이 여러 번 있을 겁니다. 특히 인재일수록 리부트셀에 배치되면 빠르게 이 직합니다."

김창한 체제에서 제작 기준과 프로세스가 정비되면서 신규 프로젝트에 대한 기대치가 올라갔다. '흥행을 목표로 하지 않는다'는 새로운 선언으로 오히려 구성원들은 프로젝트를 더 높고 어려운 도전 과제로 인식했다. 승인 가능성이 낮을 것이라고 지레 겁먹고 신규 프로젝트 제안을 포기하는 직원이 늘어났다.

우리의 제작을 이끌 인재가 도대체 회사 어디에서 자라고 있는가? 실패의 교훈을 축적하겠다고 하는데 실패의 교훈은 어디에서 축적되고 있는가? 주요 매출원은 PUBG인데, 매출을 올리는 프로젝트를 통해서만 인재가 성장하고 있다면, 회사의 제작 역량을 키우고 있는 것이 적절한가? 김창한은 고민에 빠졌다.

"챌린저스실을 만드는 것은 크래프톤 입사자를 프로젝트에 속한 자원이 아니라 크래프톤에 입사한 제작자로 보겠다는 변화를 나타냅니다. 쉽게 말하면, 프로젝트 중심의 조직 운영에서 인재 중심의 조직 운영으로 인력 관리의 방향을 바꾸겠다는 뜻입니다."

챌린저스실은 공식 프로젝트에 배정되지 않은 제작자가 잠시 머무르며 의미 있는 도전을 펼칠 수 있게 하는 제도로 도입됐다. 챌린저스실 신설의 목적은 직원의 작지만 새로운 시도를 장려하고, 전문적인 피드백이 주기적으로 이뤄지는 체계를 통해 우수한 인재를 발굴하며, 해당 인재가 지속적으로 발전하도록 지원하는 것이다. HR 조직에 속했던 리부트셀과 달리 챌린저스실은 신사업을 발굴하는 'STM Studio Management' 조직에 소속되도록 했다.

누구나 도전과 안정, 위험과 보상 사이에서 선택을 한다. 커리어 대부분을 창업 회사에서 보낸 김창한은 낮은 기본급에 높은 위험을 선택하면서 20년 가까이 살았다. 게임업은 예측하기 어려운 흥행 비즈니스였다. 크래프톤은 초기 블루홀 시절부터 중상급의 기본급과 높은 인센티브로 다른 회사와 차별화를 시도해왔다. 테라가 기대에 미치지 못하는 성과를 거두면서 오랜 침체기를 겪어야 했다.

어려움 속에서 전 세계적인 흥행작 배틀그라운드가 나왔다. 배틀그라운드는 모바일을 제외하고도 누적 매출 2조 원을 달성했다. 40명이던 초기 제작팀은 인센티브로 엄청난 수입을 올렸고, 김창한 역시 성장을 거듭하며 CEO 자리에 앉게 됐다.

많은 사람이 '배틀그라운드 같은 게임이 또 언제 나오느냐'고 물었다. 김창한은 명작 게임을 또다시 내는 것은 거의 불가능한 일이라고 생각했다. 배틀그라운드의 성공은 예상하지 못했던 일이었고, 명작의 탄생 또한 계획대로 되는 일이 아니기 때문이다.

다만 원칙을 지키며 끊임없이 도전하면 언젠가는 명작이 나올 수 있다는 믿음을 가지는 것이 중요했다. 회사는 많은 실패를 각오하고 또 감수하며, 다양한 도전을 장려해야 명작을 만들어낼 수 있다. 무엇이라도 하지 않으면 어떤 결과도 낼 수 없기에 도전은 계속되어야 한다.

문제는 배틀그라운드의 성공이 유례없는 일이었기에 '제2의 배틀그라운드를 만들어 성공하겠다'고 마음먹는 이들이 드물다는 점이었다. '인재 유치 – 과감한 도전 – 실패를 통한 성장 – 명작의 탄생'이라는 선순환의 고리를 크래프톤에서 새롭게 굴려야 했다. 김창한은 지금까지 블루홀과 크래프톤이 해왔던, 상대적으로 낮은 위험과 흥행에 따른 인센티브 제도로는 이 고리를 움직일 수 없다는 결론을 내렸다.

'인재 중심'이라는 흔한 표현을 쓰고 싶지 않았지만, 크래프톤이 표방하는 가치에 맞게 조직을 운영하려면 '사람이 중요하다'는 평범한 말을 다시 내세워야 했다.

"어떤 게임 회사는 제작 역량을 강화하는 데 투자하기보다 외부 IP를 사들이는 것에 집중해 성장했습니다. 어떤 게임 회사는 아예 게임과 무관한 사업체를 인수하기도 합니다. 우리가 단지 성공하는 회사가 아니라 제작의 명가라는 비전을 지키는 회사가 되려면 어떤 선택을 해야 할까요?

PUBG가 없던 크래프톤에는 매출을 올리는 IP가 없었습니다. 이제야 벌고 있는 돈을 어디에 투자해야 할지 고민해보고 있습니다. 저는 당연히 외부 투자를 적극적으로 할 것입니다. 새로운 사업에도 투자할 것입니다. 그러나 '제작의 명가'라는 미션을 제가 천명한 이상, 우리 내부의 제작 역량을 강화하고 키우는 데 우선 투자해야 한다고 결론지었습니다. 이를 위해 내부 인력에 대한 투자로서 기본급을 높이고 챌린저스실을 신설하기로 했습니다."

일반적인 IT 서비스는 인건비를 비용으로 판단한다. 실시간으로 매출과 트래픽이 변동하는 만큼, 그것들을 높이기 위한 자원을 비용으로 본다. 하지만 게임은 출시하기 전까지 결과를 알기 어려우므로 김창한은 인력 투자를 비용이 아니라 투자 개념으로 봐야

한다고 말했다. "내부 인력 투자를 강화하는 방향으로 크래프톤의
전략이 변화했다고 볼 수 있습니다. 이제는 명실상부하게 크래프
톤이 업계 최고 수준으로 인재를 대우하는 회사라는 자부심을 구
성원 모두가 느낄 수 있기를 바랍니다."

　김창한은 "우리가 하는 일의 가치를 시간에 비례하는 것으로
정의하고 싶지 않다"며 고정 OT제Over Time(기본 임금 외 법정 수당의 전
부 혹은 일부를 수당별 정액으로 지급)를 유지했다. 시간과 장소에 구애
받지 않고 개인의 성과를 추구하는 모습은 크래프톤이 궁극적으
로 이루고자 하는 업무 환경이었다.

　"한국 회사로서 법과 제도를 따를 겁니다. 그 안에서 우리의 철
학과 가치관에 맞는 실행을 해야 합니다. 그렇지 않으면 우리의
정체성을 잃는 것입니다. 우리의 업과 미션에 맞는 제도를 실행해
야 합니다. 우리는 컨베이어벨트 앞에서 일하며 시간에 비례하는
무언가를 생산하지 않습니다. 게임업은 본질적으로 효율보다는
효과를 추구하는 비즈니스입니다.

　그렇기에 배틀그라운드나 최근 흥행하는 오픈 월드 생존 게임
발하임Valheim처럼 소수자의 반란이 항상 일어날 수 있습니다. 단
순히 근무 시간을 계산하는 제도를 받아들이기 어렵습니다. 포괄
임금제를 유지하는 대신 업계 최상위 수준의 기본급을 모두에게
적용하고자 합니다.

　근무 시간을 기입하는 일은 52시간을 넘기지 않기 위한 것이지
얼마나 일을 많이 하는지를 측정하려는 것은 아니라는 점을 기억
해주세요. 크래프톤은 우리의 일이 시간에 비례하는 일이 되지 않

기를 바랍니다. 우리의 일은 열정과 의지, 팀워크로 이루어지는 것입니다. 더 나아가서 언젠가는 자율 출퇴근제를 실행할 수 있는 회사가 되길 바랍니다."

김창한은 일주일 전 신입 사원 간담회에서 받았던 질문을 꺼냈다. "크래프톤이 다른 게임 회사와 다른 특별한 점은 무엇인가요?" 새삼 그 질문을 곱씹어봤다. 이 질문은 회사의 정체성을 묻는 것이었고, 어찌 보면 늘 스스로에게 물어야 하는 질문이었다. 정체성을 잃으면 다른 길로 빠지게 된다. 우리는 누구이며 크래프톤은 무엇인가.

'제작자는 작품으로 말한다'는 명제에서 대답의 실마리를 찾았다. 크래프톤은 여러 게임을 선보였지만, 대표작을 꼽는다면 단연 테라와 배틀그라운드였다. 테라에는 블루홀의 창업 정신이 깃들어 있었다. 블루홀은 처음부터 '제작을 중심으로 한 게임 회사'를 지향하며 '한국 게이머뿐만 아니라 글로벌 게이머들이 즐기는 게임'을 만들겠다는 꿈을 품었다.

김창한은 신입 사원들에게 '제작 중심'과 '글로벌'을 언급하며 "이 2가지 요소가 크래프톤을 특별하게 만들고 있고, 앞으로도 특별하게 만들 이유"라고 대답했다.

"사람들은 성과의 크기만으로 손쉽게 평가를 내립니다. 테라의 가치를 폄하하는 사람은 외부뿐 아니라 내부에도 많습니다. 제가 볼 때 테라는 특별한 도전을 했습니다. 논타기팅 기반의 전투 시스템으로 MMORPG의 새로운 지평을 열었습니다. 이런 성과를 내기까지 초기 개발자들이 많은 노력을 했습니다. 한국 게임으로는 유일무이하게 해외 7개국에서 성과를 낸 MMORPG가 됐습니다. 크기와 별개로 가치 있는 성과입니다.

배틀그라운드는 이러한 토양 위에서 싹을 틔웠습니다. 20여 명으로 구성된 소규모 팀으로 시작해 배틀로열이라는 새로운 게임 장르를 개척했습니다. 당시에는 생소했던 글로벌 유통 플랫폼 스팀에 출시해 직접 글로벌 서비스를 시작했습니다.

출시 직후 성장세를 확인한 뒤 네덜란드 암스테르담과 미국 매디슨에 개발팀을 세우고 키우기 시작했습니다. 이후에는 미국 새러토가 스프링스에 있는 매드글로리 스튜디오를 인수하며 4개 지역에서 공동 개발 체제를 유지했습니다. 세계적인 크리에이터 글렌 스코필드를 영입해 미국 샌 라몬에 전통적인 트리플A 게임을 만들 수 있는 스튜디오를 설립했습니다. 포르투갈에도 소규모 개발팀이 있습니다.

글로벌 직접 서비스 역량을 높이고자 미국, 유럽, 일본, 중국 시장을 비롯해 남미, 베트남, 태국, 대만, 인도에 퍼블리싱 지사를 세웠습니다. 한국 게임 회사 중 우리와 비슷한 수준으로 해외 지사를 많이 설립한 회사는 있을 수 있지만, 이들과 이렇게 밀접하게 협업하는 회사는 없을 겁니다.

캐시카우(현금 창출원) IP를 가지고 이렇게 일한 지 고작 3~4년이 됐습니다. 걸음마 수준이죠. 하지만 크래프톤만의 독자적인 경험과 역량이 쌓이고 있습니다. 크래프톤은 아직 시작 단계지만 강력한 IP, 글로벌 라이브 서비스 경험, 계속되는 도전과 혁신을 위한 노력을 발판 삼아 앞으로도 게이머들이 열광하는 게임을 만들어 서비스할 수 있는 회사입니다."

2021년이 글로벌 게임사로 발돋움하기 위한 필수 역량을 확보하면서 기본기를 다지는 해가 될 것이라고 김창한은 전했다. 그는 크래프톤이 쌓아야 할 기본이자 필수 역량으로 '게임 제작' '제작 지원' '제작 라인업 강화' '퍼블리싱' 'IP 확대'를 꼽았다.

2,000개의 생각

발표를 마무리하며 김창한은 '좋은 회사란 무엇인가?'라는 문구를 면에 띄웠다. 원래 예정에 없던 주제였다. 발표를 앞둔 주말 동안 급하게 준비했다. "최근 사회 분위기나 회사의 변화를 보면서 이 주제를 한번 꺼내봐야겠다는 생각이 들었습니다. 크래프톤의 리더로서 가장 깊게 하는 고민을 구성원과 나누고 함께 생각하고 싶어서 말씀드립니다."

20년이 넘게 회사 생활을 했다. 3명으로 구성된 회사에서 일했던 김창한은 어느새 2,000명 넘게 둔 회사의 CEO가 되어 있었다. 회사 생활을 처음 시작할 때부터 좋은 회사가 무엇인가에 대한 고민은 끊임없이 이어지는 화두였다.

"2,000명의 사람이 있으면 생각도 2,000개가 나옵니다. 그중에서 핵심적이고 중심이 되는 생각을 모아야 한 방향으로 나아갈 수 있고 서로 윈윈할 수 있습니다. 이는 우리가 어느 방향으로 생각을 모아야 할지를 묻는 질문이기도 합니다."

'좋은 회사란?'이라는 질문 앞에 괄호를 쳤다. '(누구에게) 좋은 회사란?' 괄호를 친 부분을 빼고 이야기한다면 답은 달라질 수밖에 없다. 또 괄호 안의 대상에 따라 대답은 다양해질 것이다. 임직원에게 좋은 회사란? 주주 및 투자자에게 좋은 회사란? 고객에게 좋은 회사란? 사회에 좋은 회사란? 그리고 지구에 좋은 회사란?

임직원에게 좋은 회사란 우수한 근무 환경을 갖추고 경쟁력 있는 보상을 주는 회사다. 투자자에게는 성장하는 회사가 좋은 회사다. 그들은 기업 가치와 매출, 이익이 꾸준히 증가하는 회사를 좋은 회사라고 말할 것이다. 고객에게 좋은 회사란 우수한 제품과 서비스를 통해 고객의 가치를 제공하는 회사다. 기업의 영향력이 커지면 기업이 사회적 책임을 져야 한다는 요구도 높아진다. 사회의 일원으로 사회적 가치를 창출하는 회사가 사회적 관점에서 좋은 회사다. 만약 지구 입장에서 회사를 바라본다면? 기후 문제로 대표되는 지구의 지속 가능성에 대해 기업이 책임을 져야 한다는 목소리가 더 높아질 것이다.

"결국 현 시대의 경영자들에게 이 5가지를 모두 책임지라고 할 겁니다. 그런데 저는 앞의 3가지만 하기에도 버거운 상태입니다." 김창한은 "앞의 3가지만이라도 한번 고민해보자"며 웃었다. 그는 좋은 회사가 되기 위한 선순환 고리를 언급했다. '최고의 인재'를 모아 '우수한 제품'을 만들어 '고객 가치를 창출'하고, 고객을 통해 '매출을 올리고' 임직원에게 '성과를 보상'하고 '회사의 성장'을 이뤄내 다시 인재가 몰려오는 선순환. 이런 선순환을 만들어내지 않고서는 다른 방법이 없었다. 이 고리의 어느 한 부분이라도 어굿나면 어쩌할 도리가 없는 악순환이 시작된다.

"선순환의 고리가 돌아가면 임직원에게, 주주와 투자자에게, 고객에게 좋은 회사로 계속 남을 수 있습니다. 이런 선순환을 만들기 어려우니까 성장하는 회사가 많지 않은 것이겠죠. 사실 시작할 엄두조차 내기 어려운 일입니다.

2017년 배틀그라운드를 출시하기 전까지 크래프톤에는 선순환을 시작할 자원이 없었습니다. 자원이 거의 말라가는 중이었죠. 심지어 2018년 PUBG가 추락하고 모바일 매출도 나오지 않았을 때, 우리가 인수하는 회사로부터 '내년도 재정이 안정적이냐'는 질문을 받기도 했습니다. 불과 2년 전의 일입니다.

크래프톤이 선순환을 시작할 수 있는 자원을 보유한 것은 행운입니다. 다만 자원이 있어도 이런 선순환을 쉽게 만들어낼 수 없다는 점을 알아주셨으면 합니다."

'좋다'는 평가를 받는 회사들은 세상에 많지만 모든 사람에게 좋은 회사는 없다. 김창한은 다음으로 '어떤 사람에게 좋은 회사인가'라는 질문을 던졌다. 이름을 대면 누구나 알 만한 회사들이 예시로 제시됐다.

세계 최대 전자상거래 기업인 아마존은 높은 보상과 기대 성과를 자랑한다. 아마존은 가파른 성장과 그에 걸맞은 높은 연봉으로 '일하기 좋은 회사' 순위에서 구글을 앞질렀다. 그 이면에는 완벽함을 추구하는 문화가 있었다. 회사는 성과 중심주의를 내세우며 직원 간 경쟁을 독려하고 공격을 조장했다. '워라밸'을 포기하고 일에 매달리는 사람들에게도 아마존은 고되고 두려운 직장이었다.

세계 최고의 OTT업체 넷플릭스 역시 보상이 큰 회사로 명성이 높았다. 파격적인 임금과 인센티브를 지급했다. "권한은 마음껏 갖는 대신 책임을 진다"는 모토 아래 자율과 책임을 보장했다. 하지만 넷플릭스는 그 반대급부로 '탁월함'을 요구했고, 그 기준에 미치지 못하면 곧바로 해고장을 날렸다. 탁월함 대신 '적절한' 성과를 내는 직원은 두둑한 퇴직금을 호주머니에 넣은 채로 책상을 비워야 했다.

한국에서도 비슷한 시도를 하는 유니콘(기업 가치 1조 원 이상 스타트업)들이 등장하고 있었다. '파격적인 대우로 인재를 모시는 기업'으로 언론과 대중의 관심을 받았지만, 한 꺼풀 벗겨보면 이직률이 매우 높았다. 어떤 회사는 동료 평가에서 낙제점을 받은 직원을 내보내는 제도가 있는 것이 알려져 질타를 받기도 했다.

"그런데 이 회사들이 제가 볼 땐 다 좋은 회사들입니다. 임직원 만족도가 높고 성장이 빠른 회사입니다. 제품이 좋으니 고객도 당연히 좋아합니다. 선순환의 고리가 잘 돌아가는 회사인 셈이죠. 문제는 모든 사람에게 좋은 회사가 아니라는 겁니다.

우리는 회사 생활을 하면 온갖 사람들을 만납니다. '난 일을 잘하고 있는데 동료와 상사가 전체 성과를 갉아먹고 있다'고 말하는 사람도 있습니다. 틀린 말도 아니죠. 그런데 이 입장을 극단적으로 강조하면 성과 중심의 회사가 됩니다. 그런 회사에 잘 적응하는 사람도 있고, 힘들어하는 사람도 있을 수 있습니다. 좋은 회사들 중에서도 말이죠."

김창한은 게임업에 종사하는 사람이라면 귀에 딱지가 앉을 정도로 자주 듣는 블리자드를 또 다른 예시로 꺼냈다. "우리가 좋아하는, 예전의 블리자드 같은 회사도 있습니다. MMORPG 월드 오브 워크래프트의 콘텐츠는 너무나 방대해서 베타(시범) 테스트에만 1년이 걸렸습니다. 그사이 돈줄이 말랐다고 해요. 블리자드는 나머지 프로젝트를 모두 중단하고 직원 전부를 테스트에 투입했습니다. 회사의 철학과 가치관에 구성원 모두가 공감하도록 만든 것입니다. 게임에 대한 열정을 가지고 하나의 팀으로 일하는 회사입니다. 이런 이야기가 저는 감동스럽습니다."

이어 미국 아웃도어 기업 파타고니아를 소개했다. "이 회사는 지구가 목적이고 사업은 수단이라고 말합니다. 말로 그치는 것이 아니라 직원들이 정말 이렇게 믿는 것 같아요. 성장을 목표로 삼지 않고 자신들이 만든 옷을 수선해서 입습니다. 환경 파괴를 최소화하길 바라면서요." 사회적이고 환경적인 가치를 강조하는 파타고니아는 아웃도어 스포츠를 즐기는 사람들로 직원을 구성한다. 파타고니아에서 일한다는 것은 환경에 책임을 지고, 노는 것을 좋아하며, 가족 중심의 가치를 신봉한다는 것을 의미했다. "파타고니아는 성장을 목표로 하지 않았는데도 점점 성장하고 있습니다. 이런 회사도 좋은 회사죠."

다음은 게임 개발자라면 모두가 선망하는 핀란드 게임업체 슈퍼셀이었다. 슈퍼셀은 '작지만, 강하게'라는 모토와 소수 정예의 문화를 강조하는 회사로, 전 세계에 지사를 두고 있지만 전체 인원이 300명에 불과하다. 각 분야에서 전문성과 역량이 검증된 인재만을 받아들이며, 그들이 회사에 합류해 '위대한 팀great team'을 만들 수 있을지를 면밀히 검토한다. 이 때문에 슈퍼셀은 채용을 서두르지 않는다. 회사의 평균 능력치와 역량을 높여줄 수 있는 사람만을 선발한다.

"슈퍼셀은 자신들이 잘 해낼 수 있는 게임에만 집중합니다. 특정 장르를 지배하는 글로벌 히트작을 여러 개 보유하고 있습니다. 하지만 개별 팀이 아니라 전체를 하나의 팀으로 여기는 문화를 갖고 있습니다." 슈퍼셀은 한 팀의 게임이 성공하면 모든 직원에게 동일한 성과급을 지급한다. 개개인의 능력을 평등하게 바라보고 새로운 도전을 격려하기 위해서였다.

"좋은 회사는 여러 가지 모습이 있습니다. 결국 우리 스스로에게 질문해야 합니다. 좋은 회사란? 좋은 게임 제작사란? 좋은, 크래프톤이라는 게임 제작사란? 모두 함께 고민해야 합니다. 우리에게 좋은 회사는 '크래프톤의 비전과 철학에 부합하는' 회사입니다.

개인적으로 상상해보면 아마존이나 넷플릭스처럼 극단적인 성과 경쟁을 추구하는 회사는 아닐 것입니다. 오히려 예전의 블리자드를 상상하면 좋을 것 같아요. 파타고니아는 멋있긴 하지만, 일단 저는 그렇게 운영하지 못할 것 같습니다. 지구에 아직까지 관심이 없거든요. 아웃도어 스포츠를 싫어해서요. 결과는 좋지만 소수 정예 문화를 가진 슈퍼셀을 따라 하기도 어려울 것 같습니다."

김창한은 게임 제작의 명가에 필요한 선순환의 고리를 구체화했다. "먼저 제작의 명가라는 비전에 공감하는 인재를 유치해야 합니다. 그런 인재가 도전하며 성장할 수 있어야 합니다. 명작의 탄생은 최고의 인재로도 이루기 어려운 목표지만, 끊임없이 도전해서 성공적인 결과물을 내야 합니다. 이로써 우리의 팬들에게 게임의 재미뿐만 아니라 게임 이상의 즐거움을 지속적으로 선사해야 합니다. 또 IP를 확장해 새로운 영역을 개척하면서 팬들의 만족감을 더 끌어올려야 합니다. 그다음으로 사회적 책임을 다하면서 임직원에게 최고의 보상을 해야 합니다."

세상에는 운 좋게 IP 하나를 성공으로 이끈 회사는 많지만, 성공한 IP를 또다시 만들어낸 회사는 드물다. 크래프톤의 비전인 '제작의 명가'는 그만큼 불가능에 가까우면서도 가치 있는 도전이었다. "제작의 명가를 이루겠다는 초심, 우리의 고유한 역사와 경험, 본질에 집중하는 자세로 포기하지 않는다면 언젠가는 이루어낼 수 있습니다. 이런 희망을 안고 CEO를 맡기로 결심했습니다. 혼자서는 당연히 실현할 수 없습니다. 우리 모두가 함께해야 합니다. 같은 비전과 철학, 가치관을 공유하는 인재들이 모여 팀을 이루고 함께 노력해야만 성공할 수 있습니다."

김창한은 '우리'라는 단어의 의미를 새롭게 정의했다.

"우리는 '우리'라는 말을 자주 씁니다. 저도 발표에서 계속 우리, 우리, 우리라고 말했습니다. 우리에 속하는 직원이 현재 2,000명 있습니다. 이들을 하나로 묶는 '우리'의 정의가 필요합니다. 사람들은 대개 자신을 투영해 '우리'라고 합니다. 내가 우리의 중심이라고 생각하는 성향이 있습니다. 특히 익명 게시판에서는 더욱 그렇습니다. 하지만 내가 있고, 옆에 동료가 있고, 주변에 리더나 조직장, 경영진 같은 상사가 있을 수 있습니다.

이들을 하나로 묶는 우리의 정체성을 확립하지 않으면 서로 다른 꿈을 꾸게 됩니다. 예로 든 기업들처럼 성과주의에 치우치면 '내 성과를 갉아먹는 동료나 상사는 치워야 한다'고 말할 것입니다. 반대로 공동체주의로 기울면 '혼자 튀는 사람은 안 돼. 우리는 모두 똑같아져야 해'라고 하는 모습이 나타날 것입니다. 양극단 사이 어딘가에서 우리의 가치에 맞는 '우리'를 새롭게 정의해야 '좋은 회사'에 대한 생산적인 논의를 할 수 있습니다."

김창한은 2020년에 대표이사로 취임한 후 했던 첫 발표에서 '미션에 동의하는 사람들을 중심으로 한 공동체'를 처음으로 언급했다. 2017년에 배틀그라운드를 출시하고 고속 성장을 이루던 시절, 그는 '조직 내 성과주의'를 강조했다.

실리콘밸리의 회사들을 동경하며 PUBG의 성과를 단 한 톨도 땅에 떨어뜨리고 싶지 않았던 그는 사내 동호회를 만들려는 직원을 나무라기도 했다. 회사에 와서는 일을 하고, 취미 활동은 집에서 하라고. 김창한의 머릿속 수첩 맨 윗줄에는 오로지 일과 성과만 자리하고 있었다. 인간관계는 한참 아래에 있어서 보이지도 않았다. 평생 직장이라는 개념은 사라졌고, 게임 개발자들은 자유롭게 이직할 수 있는 환경에 놓여 있었다. 김창한은 공동체라는 말을 그다지 좋아하지 않았다. 그런데 처음에 했던 발표에서 이 단어를 꺼냈다. 게임 만드는 일은 일반적인 업과 다르다는 걸 깨달았기 때문이다.

"우리는 팀으로 협력해 콘텐츠와 즐거움을 만들어 사람들에게 제공하는 업을 하고 있습니다. 혼자만 잘해서 되는 업이 아니었습니다. 오랜 시간 도전하고 실패하며 견뎌야 합니다. 아무리 견뎌도 성과가 나오지 않기도 하고, 성과를 측정하기 어렵기도 합니다. 그렇기 때문에 철저한 개인 성과주의는 게임업에 맞지 않습니다. 멋진 게임을 만들어내려면 의지와 팀워크, 가치관을 공유해야 했습니다. 이런 생각이 들어 공동체라는 단어를 쓰게 되었습니다.

공동체를 '누구나 다'라고 할 수는 없습니다. 우리는 목표가 있는 팀입니다. 목표와 미션, 철학에 동의하고 그것을 이뤄낼 수 있는 실력을 갖춘 조직이어야 합니다. 그래야 선순환의 고리를 만들어내고, 결국 우리가 꿈꾸는 좋은 회사를 만들 수 있을 것입니다.

이것은 열린 질문입니다. 제가 정답을 말씀드리는 것이 아닙니다. '실제로 이뤄지기 전까지는 된 것이 아니다'라는 말을 자주 합니다. 이 질문에 대한 답도 실제로 이뤄지기 전까지는 완성되지 않을 것입니다. 다만 오늘을 계기로 고민을 좀 더 깊이 하고 토론에 임하시면 좋겠습니다. 그런 의미에서 이 화두를 던지며 발표를 마무리하겠습니다."

김창한은 크래프톤 대표가 되고 나서 명상을 시작했다. 매일 아침 사무실에 도착하자마자 초월 명상을 다루는 유튜브 콘텐츠를 틀었다. 배경음악과 함께 흘러나오는 의미 없는 음성을 20분간 마음속으로 되뇌었다. 스스로에게 거는 만트라mantra(주문)였다. 그가 정신과 시간의 방에서 빠져나온 것인지, 아니면 또 다른 정신과 시간의 방으로 빠져든 것인지는 아무도 알 수 없었다. 김창한 발표 화면의 마지막 문구는 '함께, 제작의 명가를 품고 크래프톤을 좋은 회사로'였다.

배틀그라운드,
새로운 전장으로

2017년 알 수 없는 무언가가 다가오고 있다는 흥분과 두려움에 몸이 먼저 반응했다. '바람이 분다'라고 표현했다. 이것의 정체를 알기 위해 나보다 먼저 바람을 느꼈던 사람을 찾았다. "이것이 바로 그 느낌인가요?" "이제 나는 무엇을 해야 하죠?"

그해에 우리에게 펼쳐졌던 가능성을 어느 것 하나도 놓치고 싶지 않았다. 나에게나 회사의 구성원에게나 한국 게임 산업의 입장에서도 다시는 오지 않을 것 같은 기회로 보였다. 《슈독》에서 필 나이트가 외쳤던 "There is no finish line"은 마치 나를 독려하는 구호 같았다. 창업자나 CEO의 전기나 자서전만 눈에 들어왔다. 필 나이트, 에릭 슈미트, 에드 캣멀, 마스다 무네아키, 스티브 잡스, 제프 베조스, 권오현, 모리스 창, 마쓰이 타다미스, 사티아 나델라, 리드 헤이스팅스, 마크 베니오프, 이본 쉬나드, 빌 게이츠, 일론 머스크, 트래비스 캘러닉, 스포티파이, 리드 호프먼. 그들은 어떤 내적 동인으로 멈추지 않고 기업을 위대하게 성장시켰을까? 그들만의 방법은 무엇이었을까? 직접 경험하지 않은 사람의 말은 귀에 들어오지 않았다.

하루가 한 달 같았고, 한 달이 1년 같았다. 이것은 당시를 기억하는 모두의 느낌이었다. 17년간 게임 제작을 해왔던 나는 전선을 경영으로 확대하기로 결정했다. 이 결정으로 크래프톤의 미래가 어떻게 변했을지 모르지만 우리에게 펼쳐진 가능성을 붙잡는 데에는 최선이라고 판단했다.

2018년 전방위로 일과 조직을 확장하고 있었다. 팬데믹이 오기전까지 1년에 반 이상 해외출장을 다녔다. 마음은 급하고 조직은 커져갔지만 이것이 조직 역량으로 변모하는 데에는 시간의 축적이 필요하다는 점을 뒤늦게 깨달았다. 극단적인 오버 커뮤니케이션을 시도하고 반기에 한 번씩 조직을 개편하면서 체계적이고 단일한 팀으로 만들기 위해 노력했지만 절대적인 시간은 필요했고 고객은 우리를 기다려주지 않았다.

날이 갈수록 유저가 줄고 있었다. 분석팀에 의뢰한 회귀분석으로는 조만간 우리 서비스를 유지하지 못할 날이 다가오고 있었다. 배틀그라운드의 PC 서비스가 반등을 하는 데에는 이로부터 5년이라는 시간이 흐른 뒤이다. 장태석 EPD와 그의 팀은 매일 죽을 것 같은 두려움과 공포 속에서 이 5년을 묵묵히 나아갔다.

부족한 자료에도 불구하고 이때의 기록을 생생하게 서술해주신 것은 이기문 작가님의 공이다. 배틀그라운드 서비스를 안정화하고 지속 가능한 서비스로 만들기 위한 장태석과 팀의 여정이 많이 담기지 못한 것은 아쉬움으로 남는다. 서술의 특성상 주요 인물들을 통해서만 이야기되고 있으나 이 이야기는 당시에 함께했던 모든 구성원들의 이야기라고 생각한다.

어려서부터 작은 나라, 자원이 없는 나라라고 교육받았던 우리. 게임은 소수의 탤런트만으로 전 세계 유저를 대상으로 큰 사업을 일으킬 수 있는 몇 안 되는 분야다. 2007년 블루홀이 품었던 꿈, 2017년 우리들이 품었던 꿈은 아직도 현재 진행형이다.

김창한